Revisão em FRASES

Revisão das principais matérias cobradas no concurso de DELEGADO DE POLÍCIA CIVIL

Coordenadores
Leonardo Garcia | Roberval Rocha

Revisão em FRASES

Revisão das principais matérias cobradas no concurso de DELEGADO DE POLÍCIA CIVIL

Contempla as seguintes matérias:

- Administrativo
- Civil
- Processo civil
- Constitucional
- Penal
- Processual penal

Contempla as seguintes matérias como bônus:

- Humanos
- Ambiental

85% dos assuntos cobrados nos editais

2019

EDITORA JusPODIVM
www.editorajuspodivm.com.br

EDITORA *Jus*PODIVM
www.editorajuspodivm.com.br

Rua Território Rio Branco, 87 – Pituba – CEP: 41830-530 – Salvador – Bahia
Tel: (71) 3045.9051
• Contato: https://www.editorajuspodivm.com.br/sac

Diagramação: Lupe Comunicação e Design (*lupecomunicacao@gmail.com*)

Capa: Marcelo S. Brandão *(santibrando@gmail.com)*

Imagens de capa (fotolia.com.br): *Lupa: #85403492 – Robert Kneschke* | *Letras: #120600479 – aleciccotelli*

R454 Revisão em frases: revisão das principais matérias cobradas no concurso de delegado de polícia civil / coordenadores Leonardo Garcia e Roberval Rocha – Salvador: Editora JusPodivm, 2019.
704 p.

Vários autores
ISBN 978-85-442-3035-0

1. Provas. 2. Didática - Métodos de ensino instrução e estudo. 3. Métodos de estudo (para casa, livro de anotações, relatórios escritos. 4. Motivação. 5. Orientação vocacional e profissional. I. Garcia, Leonardo. II. Rocha, Roberval. III. Título.

CDD 371.425

APRESENTAÇÃO

O LIVRO **REVISÃO EM FRASES – DELEGADO DE POLÍCIA** apresenta ao leitor material prático e objetivo, visando promover ampla revisão das principais e mais cobradas disciplinas exigidas nas provas de Delegado, em formato de frases, abordando os pontos mais importantes de cada matéria.

A metodologia da revisão em frases, criada pelos professores Leonardo Garcia e Roberval Rocha, utilizada com sucesso na aprovação de milhares de estudantes na prova da OAB, agora também é lançada e disponibilizada especificamente para os concursos de Delegado de Polícia.

Preparada e orientada por professores comprometidos com os resultados e com a melhoria na performance de seus leitores e alunos, este livro proporciona excelente aproveitamento na compreensão dos principais pontos das disciplinas estudadas, otimizando bastante o tempo do leitor com revisões focadas naquilo que realmente traz diferencial na classificação dos concursos.

Com a experiência dos autores e professores que participam do projeto, as dicas e frases são elaboradas com base em matérias realmente muito exploradas, possibilitando ao candidato rever temas importantes com metodologia eficaz.

O material, sem dúvida, é um convite à aprovação ao concurso de Delegado de Polícia.

Contem sempre conosco.

Leonardo Garcia

Roberval Rocha

(Coordenadores do livro)

SOBRE OS AUTORES

CELSO AZOURY TELLES DE AGUIAR

Defensor Público Federal, em exercício no 7° ofício criminal da DPU/RJ. Mestrando em Direito Processual na UERJ.

EDUARDO MADRUGA

Mestre em Direito Processual Civil pela Universidade de Coimbra. Especialista em Processo Civil pela Unipê - Centro Universitário de João Pessoa. Bacharel em Ciências Jurídicas e Sociais pela UNIPÊ – Centro Universitário de João Pessoa. Professor do Complexo de Ensino Renato Saraiva – CERS, da Universidade de Ensino Superior da Paraíba – IESP e da Escola Brasileira de Ensino Jurídico pela Internet – EBEJI. Coordenador da Pós-Graduação de Direito Processual Civil - IESP. Membro da Associação Brasileira de Direito Processual – ABDPRO e da Associação Norte Nordeste de Professores de Processo – ANNEP. Diretor da Associação Brasileira de Advogados – ABA – João Pessoa. Advogado sócio do escritório Madruga, Wanderley, Valadares & Henriques - Advogados Associados.

EVERTON ARAUJO SILVA

Bacharel em direito, pós-graduando em Direito Público, coach e palestrante.

FERNANDO BALTAR

Advogado da União. Consultor Jurídico da União na Paraíba. Professor universitário. Pós-graduado em Direito Processual. Ex-Coordenador da Escola da Advocacia-Geral da União na Paraíba. Professor da Pós de Direito Administrativo e Administração Pública do UNIPE.

JOSÉ ROBERTO MELLO PORTO

Doutorando e Mestre em Direito Processual pela UERJ. Pós-graduado em Direito Privado pela UCAM. Defensor Público do Estado do Rio de Janeiro.

LEONARDO BARRETO MOREIRA ALVES

Promotor de Justiça do Ministério Público do Estado de Minas Gerais. Bacharel em Direito pela Universidade Federal da Bahia (UFBA). Especialista em Direito Civil pela PUC/MG. Mestre em Direito Privado pela PUC/MG. Professor de Direito Processual Penal dos cursos Pro Labore, Supremo Concursos e Portal IED. Professor de Direito Processual Penal da Fundação Escola Superior do Ministério Público de Minas Gerais (FESMPMG). Membro do Conselho Editorial do Ministério Público do Estado de Minas Gerais. Membro do Conselho Editorial da Revista de Doutrina e Jurisprudência do Tribunal de Justiça do Distrito Federal e dos Territórios.

MARCÍLIO DA SILVA FERREIRA FILHO

Professor, Palestrante, Master Coach, Procurador do Estado de Goiás e Doutorando em Direito Público. Autor de obras e artigos jurídicos.

MARIANA OLIVEIRA PINHEIRO

Advogada na área de concursos públicos e servidores públicos, pós graduanda em Direito Público.

RAFAEL SOARES LEITE

Procurador do Estado do Paraná. Mestre em Direito pela Universidade Federal do Paraná (UFPR). Coordenador do Grupo Permanente de Trabalho – Direitos Humanos da Procuradoria-Geral do Estado do Paraná. Membro do Comitê sobre Implementação dos Direitos dos Povos Indígenas da International Law Association (ILA). Analista em Relações Internacionais pela PUC-MG.

RINALDO MOUZALAS

Bacharel em Ciências Jurídicas e Sociais pela UFPB - Universidade Federal da Paraíba. Mestre em Processo e Cidadania pela UNICAP - Universidade Católica de Pernambuco. Especialista em Direito Processual Civil pela UNP - Universidade

Potiguar. Professor das Disciplinas Direito Processual Civil e Prática Jurídica da UFPB - Universidade Federal da Paraíba. Membro da ANNEP - Associação Norte e Nordeste dos Professores de Processo, da ABDPro - Associação Brasileira de Direito Processual, do IBDP - Instituto Brasileiro de Direito Processual e da APLJ - Academia Paraibana de Letras Jurídicas. Advogado sócio do escritório Mouzalas, Borba & Azevedo Advogados Associados.

ROMEU THOMÉ

Pós-Doutor em Direito Ambiental pela Université Laval, Canadá. Doutor em Direito Público com ênfase em Direito Ambiental pela PUC/MG. Mestre em Direito Econômico com ênfase em Direito Ambiental pela UFMG. Especialista em Direito Ambiental pela Université de Genève, Suíça. Professor do Programa de Pós-Graduação em Direito Ambiental da Escola Superior Dom Helder Câmara. Professor universitário e de cursos preparatórios para carreiras de Estado. Advogado e Consultor em Direito Ambiental.

Instagram: https://www.instagram.com/romeuthome_direitoambiental

website: https://independent.academia.edu/RomeuThome

Currículo Lattes: http://lattes.cnpq.br/2216980940476048

RONNY CHARLES

Advogado da União. Palestrante. Professor. Mestre em Direito Econômico. Pós-graduado em Direito tributário. Pós-graduado em Ciências Jurídicas. Membro da Câmara Nacional de Licitações e Contratos da Consultoria Geral da União. Autor de diversos livros jurídicos, pela editora JusPodivm.

VYCTOR AUGUSTO

Professor, Advogado e Pós-Graduando em Direito Público.

SUMÁRIO

DIREITO ADMINISTRATIVO

Ronny Charles e
Fernando Baltar

INTRODUÇÃO

Concursos relacionados à segurança pública têm demandado aprofundado conhecimento relacionado ao direito administrativo, demandando do candidato tanto o conhecimento doutrinário, quanto das decisões de nossa Corte Cidadã e Suprema, além do entendimento consolidado do sistema de controle preventivo e corretivo da Administração Pública.

INCIDÊNCIA EM CONCURSOS RECENTES

1. DIREITO ADMINISTRATIVO		
ASSUNTOS	**QUESTÕES**	**%**
1. Agentes Públicos	53	12,38%
2. Atos Administrativos	50	11,68%
3. Bens Públicos	8	1,87%
4. Controle da Administração Pública	51	11,92%
5. Entes da Administração Pública	48	11,21%
6. Intervenção do Estado na Propriedade	16	3,74%
7. Licitações e Contratos	56	13,08%

1. DIREITO ADMINISTRATIVO		
ASSUNTOS	**QUESTÕES**	**%**
8. Processo Administrativo	18	4,21%
9. Responsabilidade Civil do Estado	20	4,67%
10. Serviços Públicos	29	6,78%
11. Teoria e Princípios	79	18,46%
TOTAL	**428**	**100%**

À exceção do tópico **Teoria e Princípios**, que representa quase **um quinto** da matéria, os conteúdos de direito administrativo encontram-se equitativamente distribuídos, sem concentrações expressivas em determinados assuntos.

Merecem atenção os pontos referentes a **Licitações e Contratos**, **Agentes Públicos**, **Controle da Administração**, **Atos Administrativos** e **Entes da Administração Pública**, que, juntos, respondem por **mais de 60%** das questões desta disciplina.

Assuntos menos explorados: Processo Administrativo, Intervenção do Estado na Propriedade e Bens Públicos.

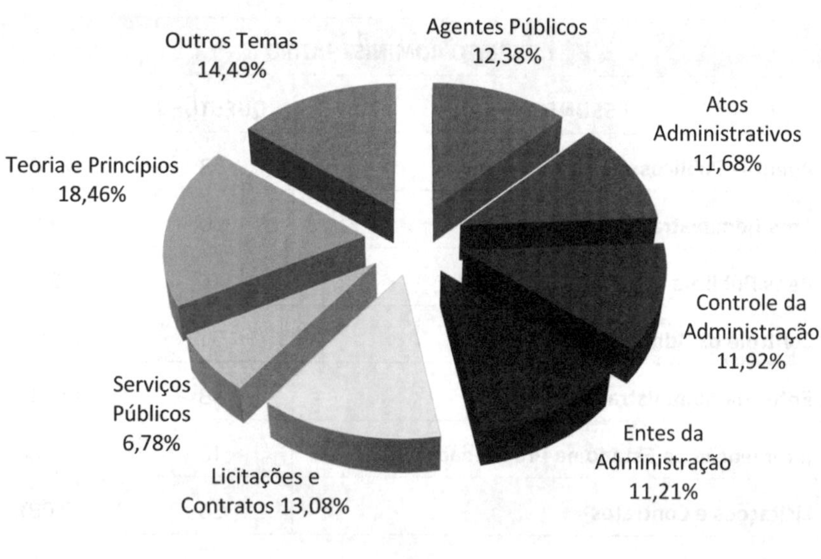

O que o estudante deve considerar quando se prepara para o concurso dessa carreira jurídica:

1. **Conhecer o Estatuto Jurídico dos Servidores Públicos do estado onde está ocorrendo o concurso**: Caso se trate de um concurso para Delegado da Polícia Federal o candidato deverá estudar detalhadamente a Lei nº 8.112/90 (Estatuto Jurídico dos Servidores Públicos Federais), que não é reproduzida em nenhum manual de direito administrativo em face de sua extensão. Todavia, os estados da federação não estão obrigados a seguir os ditames federais, podendo estabelecer regramento próprio para os seus servidores, razão pela qual os candidatos devem atentar para a leitura da lei estadual que disciplina o respectivo estatuto jurídico.

2. **Verificar se o estado possui legislação complementar à Lei de Licitações e Contratos.** A Lei nº 8.666/93 é a lei nacional que rege as licitações e contratos administrativos, mas estados e municípios podem editar lei própria complementar à norma nacional, portanto o candidato deve estar atento a essa possibilidade.

   Por fim, é relevante destacar que o candidato deverá estar atento às decisões exaradas pelo STF, STJ, Tribunal de Contas da União e orientações normativas da AGU.

1. DIREITO ADMINISTRATIVO E O REGIME JURÍDICO-ADMINISTRATIVO

A função administrativa

1. Consolidou-se o entendimento clássico de que o Estado possui três funções (legislativa, jurisdicional e administrativa), realizadas por seus Poderes (Legislativo, Judiciário e Executivo) de forma típica ou atípica. Em nossa opinião, parece mais adequada a alusão às funções **legislativa, jurisdicional e executiva**, subdividindo-se, a última, em **função política** (ou de governo) e em **função administrativa.**

2. A doutrina identifica as funções administrativas através de três critérios: (1º) **critério subjetivo ou orgânico**: leva em conta o sujeito responsável pelo exercício da função administrativa; (2º) **critério objetivo material**: busca reconhecer a função através de elementos intrínsecos, ou seja, através de seu conteúdo; (3º) **critério objetivo formal**: busca reconhecê-la pelo regime que a disciplina.

3. A **função administrativa** compreende diversas atividades, como: (a) **serviços públicos**: atividade direcionada a proporcionar utilidades ou

comodidades para os administrados, para satisfação de suas necessidades; (b) **poder de polícia**: atividade que contém ou restringe o exercício das liberdades, adequando-as ao interesse público; (c) **fomento**: atividade administrativa de estímulo à iniciativa privada de utilidade pública, que desenvolve atividades de interesse coletivo; (d) **intervenção**: atuação da Administração no domínio econômico, seja de forma direta (através de suas empresas estatais), seja de forma indireta, através da regulamentação e da fiscalização da atividade econômica.

Administração Pública

4. A Administração Pública é a faceta organizacional do Estado voltada para o atendimento das necessidades coletivas, no desempenho de sua função administrativa.

5. A expressão pode ser compreendida em dois sentidos: **sentido objetivo (administração pública)**: consiste na própria atividade administrativa exercida pelos órgãos e entes estatais; e **sentido subjetivo (Administração Pública)**: consiste no conjunto de órgãos, entidades e agentes que tenham a atribuição de executar a função administrativa. Nesse caso, a expressão se inicia com letras maiúsculas.

6. A Doutrina elenca diversos critérios, historicamente, utilizados para a conceituação do Direito Administrativo, indicando seus principais defensores:

a) **Critério do Poder Executivo**: (Lorenzo Meucci) de acordo com essa corrente, o objeto do Direito Administrativo estaria relacionado à atuação, exclusiva, do Poder Executivo. Essa corrente é insuficiente, uma vez que os Poderes Legislativo e Judiciário também exercem, atipicamente, a função administrativa.

b) **Critério do serviço público:** (Léon Duguit e Gaston Jéze), essa corrente defendia que o objeto do Direito Administrativo envolveria a disciplina jurídica dos serviços públicos prestados. Essa corrente também se apresentou insuficiente, uma vez que a Administração Pública, no exercício de sua função administrativa, exerce outras atividades, além da prestação de serviço público, que são também reguladas pelo Direito Administrativo, como: a atividade de fomento e de poder de polícia, entre outros.

c) **Critério das relações jurídicas:** (Laferrière) para essa corrente, o Direito Administrativo seria o conjunto de regras disciplinadoras das relações entre a Administração e os administrados. Também aqui pode ser suscitada certa imprecisão, uma vez que essas relações jurídicas, muitas vezes, são objeto de outros ramos do direito público, como o Constitucional, o Penal ou o Tributário. Ademais, esse critério despreza a atuação administrativa, em seu âmbito interno, como nas relações entre seus órgãos, sem participação dos administrados.

d) **Critério teleológico ou finalístico:** de acordo com seus pensadores, o Direito Administrativo seria o conjunto de normas que disciplinariam o Poder Público para a consecução de seus fins. Esse raciocínio, embora não esteja errado, parece insuficiente para delimitar, com precisão, esse ramo do Direito. No Brasil, essa corrente foi defendida por Oswaldo Aranha Bandeira de Mello.

e) **Critério negativo ou residual:** (Tito Prates da Fonseca) para seus defensores, o Direito Administrativo deveria ser definido por exclusão. Assim, pertenceriam ao Direito Administrativo as atividades que não pertencessem aos demais ramos jurídicos, nem aquelas relacionadas a sua função legislativa ou jurisdicional.

f) **Critério da Administração Pública:** (Hely Lopes Meirelles) essa corrente, que nos parece a mais acertada, prestigia o critério funcional, segundo o qual o Direito Administrativo seria o ramo do direito que envolve normas jurídicas disciplinadoras da Administração Pública, em seu sentido objetivo e subjetivo.

7. **A administração Pública Patrimonialista** decorre da confusão ente o Estado e o Governante, gerando um modelo em que o público confunde-se com o interesse privado do Governante ou de grupos de interesse a ele diretamente ligados, facilitando o uso indevido da máquina administrativa, através da corrupção e do nepotismo. Na administração pública patrimonialista, o interesse público se confunde com o interesse do governante.

8. A **administração pública burocrática** tem como princípios fundamentais a profissionalização dos agentes, sua organização em carreira, hierarquia funcional, impessoalidade e controle formal e *a priori*, partindo de uma desconfiança prévia em relação aos administradores. A qualidade fundamental da administração pública burocrática é o foco no controle dos abusos administrativos, já seus defeitos (ou disfunções) se manifestam no excesso de controle a priori e de formalismo, quando ilegitimamente prejudiciais à eficiência da atividade administrativa.

9. A **administração pública gerencial** teria surgido na segunda metade do século XX, como resposta à expansão da atuação estatal, ao desenvolvimento tecnológico e à globalização, que expuseram problemas relacionados à eficiência administrativa. Ela repousa na compreensão de que é necessária a redução de custos estatais, priorizando o resultado e buscando eficiência na atividade administrativa, com base em conceitos atuais de gestão, autonomia do administrador, controle de resultado (a posteriori), melhora a qualidade dos serviços públicos e participação popular.

10. A **administração pública dialógica** é uma tendência identificada em algumas atividades administrativas, notadamente na prestação de serviços públicos e nas contratações de grandes empreendimentos, que consiste na abertura de diálogo com os administrados, permitindo que eles colaborem para o aperfeiçoamento ou a legitimação da atividade administrativa.

11. **Administração pública extroversa** envolve a relação existente entre a Administração e os administrados, já a **Administração pública introversa** envolve a relação entre os próprios entes públicos. A administração pública extroversa é **finalística**, enquanto a administração pública introversa é **instrumental**, servindo como meio para a efetivação da Administração Pública extroversa.

Direito Administrativo: critérios para definição, conceito e fontes

12. A Doutrina elenca diversos critérios, historicamente, utilizados para a conceituação do Direito Administrativo, dentre eles: **critério do Poder Executivo** (estaria relacionado à atuação, exclusiva, do Poder Executivo); **critério do serviço público** (disciplina jurídica dos serviços públicos prestados); **critério das relações jurídicas** (conjunto de regras disciplinadoras das relações entre a Administração e os administrados); **critério teleológico ou finalístico** (conjunto de normas que disciplinariam o Poder Público para a consecução de seus fins); **critério negativo ou residual** (o Direito Administrativo deveria ser definido por exclusão, absorvendo as atividades que não pertencessem aos demais ramos jurídicos, nem aquelas relacionadas à sua função legislativa ou jurisdicional); **critério da Administração Pública** (essa corrente, que nos parece a mais acertada, prestigia o critério funcional, segundo o qual o Direito Administrativo seria o ramo do direito que envolve normas jurídicas disciplinadoras da Administração Pública, no exercício de sua função administrativa).

13. O Direito Administrativo é o ramo do Direito Público que envolve normas jurídicas disciplinadoras da Administração Pública em seus dois sentidos, enquanto atividade administrativa propriamente dita e enquanto órgãos, entes e agentes que possuem a atribuição de executá-la.

14. De acordo com a melhor doutrina, podemos apontar as seguintes fontes para o Direito Administrativo: a) princípios; b) leis; c) atos normativos infralegais; d) doutrina; e) jurisprudência (destaque para as súmulas vinculantes e decisões em ADI, ADC e ADPF); f) costumes; g) precedentes administrativos.

Regime jurídico-administrativo

15. A atuação da Administração Pública, em sua atividade administrativa, sofre a influência de um regime jurídico específico, denominado **regime jurídico-administrativo**, que se caracteriza pela incidência de normas próprias, que darão especiais contornos à atividade administrativa, fundamentais para a correta aplicação dos institutos pertinentes e para a compreensão das proteções e das restrições jurídicas que se refletem sobre tal atividade.

16. O regime jurídico-administrativo gera um conjunto de prerrogativas e de restrições, não identificadas comumente nas relações entre particulares, que podem potencializar ou mesmo restringir as atividades da Administração Pública. Assim, se, por um lado, no contrato administrativo, a Administração possui poder sancionatório extracontratual (prerrogativa), por outro, ela se submete a limites específicos, para alterações nesse contrato (restrições).

17. Os **princípios** se diferenciam das **regras**. Eles se expressam em estruturas abertas, flexíveis, podendo, por isso mesmo, ser mais ou menos observados. Havendo conflito entre dois princípios, é sempre possível uma solução que atenda em certa medida a um e em certa medida ao outro, o que não ocorre com o conflito entre regras, que exige, sob o prisma tradicional, opção por uma delas.

18. Os Princípios **consagram valores** fundamentadores do sistema jurídico, **orientam** de sua exata compreensão, interpretação e aplicação, além de **suplementar** as demais fontes do direito, do que decorre sua **tridimensionalidade funcional**.

19. Possível falar-se, ainda, no conceito de **força normogenética** dos princípios. Isso porque, a criação da regra é comumente baseada princípio (ou princípios) que a antecede e a fundamenta. Assim, por exemplo, o princípio da impessoalidade e da moralidade formaram uma base normativa que fundamentou a aprovação de regras para vedação ao nepotismo.

20. Celso A. B. de Mello sugere que o regime jurídico-administrativo é formado por **princípios magnos**, em função dos quais se originariam todos os demais princípios que conformam a atividade administrativa. Tais princípios magnos seriam: **supremacia do interesse público** e **indisponibilidade do interesse público**, bases fundamentais do regime jurídico-administrativo, que estabelecem prerrogativas e sujeições à atividade administrativa.

21. O conceito de interesse público envolve, conforme a doutrina, duas concepções, o **interesse público primário** (interesse da coletividade) e o **interesse público secundário** (interesse do Estado, enquanto sujeito de direitos).

22. A CF/88 estabeleceu expressamente que a administração pública direta e indireta de qualquer dos Poderes da União, dos Estados, do Distrito Federal e dos Municípios obedecerá aos princípios da **legalidade, impessoalidade, moralidade, publicidade** e **eficiência**.

23. **Legalidade.** No direito privado, de acordo com o princípio da **legalidade**, ao particular é permitido fazer tudo o que a lei não proíbe (vinculação negativa). No âmbito do Direito Administrativo, pela doutrina tradicional, existe uma **dupla vinculação** da ação do administrador, em função do que estabelece a lei **(legalidade estrita)**, de forma que ele, não apenas deve obedecer aos comandos legais de proibição (**vinculação negativa**), como só pode agir nos moldes e limites estabelecidos pela legislação, pois sua atuação depende de autorização legal (**vinculação positiva**).

24. O conceito de legalidade estrita, cunhado em reação ao modelo autoritário do Estado absolutista, precisou evoluir, com as mudanças sociais e no modelo de Estado. Nessa feita, a doutrina admite sua evolução para os conceitos de **legitimidade** e de **juridicidade**.

25. **Legitimidade**: representou um avanço em relação ao conceito tradicional de legalidade estrita, admitindo o controle do ato administrativo, aparentemente compatível com a lei, mas contrário aos princípios que conformam a Administração (ampliando a vinculação negativa).

26. **Juridicidade**: também representa um avanço ou uma nova compreensão ao conceito de legalidade, ampliando a vinculação positiva da Administração Pública ao ordenamento jurídico como um todo (formado não apenas pelas leis, mas também pela Constituição e pelos princípios jurídicos), permitindo uma margem maior de autonomia, dentro dos limites apresentados pelo ordenamento constitucional, para a satisfação das diretrizes apresentadas por ele.

27. **Impessoalidade.** Esse princípio repele e abomina favoritismos e restrições indevidas, exigindo tratamento equânime e marcado pela neutralidade, noutro prisma, em virtude da impessoalidade, convém firmar que, quando realiza a função administrativa, o gestor não age nem deve agir em nome próprio, mas em nome do Poder Público.

28. **Moralidade administrativa.** Ela exige que a ação da administração seja ética e respeite os valores jurídicos e morais. O administrador não pode, sob o argumento de exercício da discricionariedade (juízo de oportunidade e de conveniência) atentar contra a moralidade.

29. A nomeação de cônjuge, companheiro ou parente em linha reta, colateral ou por afinidade, até o terceiro grau, inclusive, da autoridade nomeante ou de servidor da mesma pessoa jurídica investido em cargo de direção, chefia ou assessoramento, para o exercício de cargo em comissão ou de confiança ou, ainda, de função gratificada na administração pública direta e indireta em qualquer dos Poderes da União, dos Estados, do Distrito Federal e dos Municípios, compreendido o ajuste mediante designações recíprocas, viola a Constituição Federal (**Súmula Vinculante 13/STF**).

30 Uma conduta praticada antes da edição da Súmula Vinculante n. 13 do STF (que rechaça o nepotismo) é igualmente ilegítima, podendo, inclusive, afigurar-se como ato de improbidade administrativa, não servindo o aludido verbete sumular como marco inicial da prática já vedada pela Constituição.

31. O nepotismo afronta princípios jurídicos, como a moralidade e a impessoalidade, expressamente constantes na Constituição de 1988, como base normativa para a Administração Pública, e não simplesmente ao verbete sumular aprovado pelo STF (que reconheceu a aplicação dos pertinentes princípios e consequente ilegitimidade deste tipo de conduta). Assim, uma conduta praticada antes da edição da Súmula Vinculante n. 13 do STF (que rechaça o nepotismo) é igualmente ilegítima, podendo, inclusive, afigurar-se como ato de improbidade administrativa, "não servindo o aludido verbete sumular como marco inicial da prática já vedada pela Constituição" (AgInt no AREsp 625.949/MG, DJe 08/11/2018).

32. **Publicidade.** A publicidade dos atos governamentais deve guardar um caráter exclusivamente educativo, informativo ou de orientação social, sendo absolutamente vedada a publicação de informativos que visem ao proveito individual do administrador.

33. A publicidade dos atos governamentais deve guardar um caráter exclusivamente educativo, informativo ou de orientação social, sendo absolutamente vedada a publicação de informativos que visem ao proveito individual do administrador.

34. **Eficiência.** Esse princípio foi inserido no texto constitucional pela EC 19/98, passando a expressamente vincular e nortear a administração pública. O princípio da eficiência exige que a atividade administrativa seja exercida com presteza, perfeição e rendimento funcional.

35. O STF já proclamou que "a lei pode, sem violação do princípio da **igualdade**, distinguir situações, a fim de conferir a uma, tratamento diverso do que atribui a outra. Para que possa fazê-lo, contudo, sem que tal violação se manifeste, é necessário que a discriminação guarde compatibilidade com o conteúdo do princípio" (**ADI 3070**).

36. O princípio da **segurança jurídica** tem por fundamento a necessária previsibilidade dos atos administrativos e **estabilização das relações jurídicas**. Têm-se limites para a atuação da Administração na prática de seus atos, como: vedação à aplicação retroativa de nova interpretação e sujeição do poder de autotutela a prazo razoável.

37. A **razoabilidade** (ou proporcionalidade ampla) impõe uma tríplice exigência ao desempenho da função administrativa, de forma que, para a realização de fins públicos, sejam adotados meios **adequados**, **necessários** e **proporcionais** (as vantagens devem superar as desvantagens criadas).

38. "Nos processos perante o Tribunal de Contas da União asseguram-se o **contraditório** e a **ampla defesa** quando da decisão puder resultar anulação ou revogação de ato administrativo que beneficie o interessado, excetuada a apreciação da legalidade do ato de concessão inicial de aposentadoria, reforma e pensão". **(Súmula Vinculante 3/STF)**.

2. ORGANIZAÇÃO DA ADMINISTRAÇÃO PÚBLICA

Órgãos Públicos

1. A Administração Direta é composta pelos órgãos públicos integrantes de sua estrutura, despidos de personalidade jurídica, enquanto a Administração Indireta, segundo informa o DL 200/67, compreende as autarquias, fundações públicas, empresas públicas e sociedades de economia mista.

2. Segundo Hely Lopes Meirelles, órgãos públicos são "*centros de competência instituídos para o desempenho de funções estatais, através de seus agentes, cuja atuação é imputada à pessoa jurídica a que pertencem*".

3. Como os entes da Federação (União, Estados, Distrito Federal e Municípios) possuem personalidades jurídicas próprias e, portanto, são sujeitos de direitos e obrigações no nosso ordenamento jurídico, surge a necessidade de explicar como uma ficção jurídica pode expressar sua vontade, tais como a **teoria do mandato**, a **teoria da representação** e a **teoria do órgão**.

4. A **teoria do órgão**, também chamada de **teoria da imputação volitiva,** estabelece que o Estado manifesta sua vontade por meio dos órgãos que integram a sua estrutura, de tal forma que quando os agentes públicos

que estão lotados nos órgãos manifestam a sua vontade, esta é atribuída ao Estado.

5. A teoria do órgão é a teoria mais aceita em nosso ordenamento jurídico e é por seu intermédio que se consegue justificar a validade dos atos praticados pelo "**servidor de fato**", que segundo Celso Antônio Bandeira de Mello seria "aquele cuja investidura foi irregular, mas cuja situação tem aparência de legalidade.

6. Nenhum órgão público possui personalidade jurídica própria, por mais relevantes que sejam as atribuições exercidas.

7. José dos Santos Carvalho Filho, destaca, com propriedade, que, apesar de os órgãos serem entes despersonalizados, os órgãos públicos representativos de poderes (ex.: tribunais, casas legislativas) podem defender, em juízo, as suas prerrogativas constitucionais.

8. Essa capacidade processual extraordinária ou anômala é chamada de **personalidade judiciária** e, apesar de não conferir personalidade jurídica a esses órgãos, confere legitimidade para estarem em juízo defendendo suas competências.

9. Quanto à posição estatal, os órgãos são classificados em:

a) **Independentes**: são órgãos representativos de poderes que não se subordinam hierarquicamente a nenhum outro, tais como a Chefia do Executivo, os tribunais, as casas legislativas.

b) **Autônomos**: formam a cúpula da Administração e se subordinam, apenas, aos órgãos independentes. Ex.: ministérios, secretarias estaduais e municipais.

c) **Superiores**: são órgãos que exercem atribuições de direção, controle e chefia, mas que se subordinam a órgãos superiores ou de hierarquia superior. Ex.: diretorias, coordenações.

d) **Subalternos**: são órgãos de execução, despidos de função de comando. Ex.: protocolo, seção de expediente, de material, portaria.

Autarquias

10. Pode-se conceituar **autarquia** como sendo a pessoa jurídica de direito público interno, criada por lei específica para prestação de serviço público específico, com autonomia administrativa, mas submetida a controle finalístico de suas atividades.

11. Decorrem do conceito acima as seguintes características: (a) personalidade jurídica de direito público interno; (b) criação por lei; (c) autonomia administrativa; (d) prestação de serviço público específico; (e) submissão a controle finalístico de suas atividades.

12. As autarquias, por serem pessoas jurídicas de direito público, possuem as prerrogativas administrativas do ente da federação que a criou, dentre elas cabe destacar: (a) imunidade relativa a impostos sobre o seu patrimônio, renda ou os serviços vinculados a suas finalidades essenciais (CF, art. 150, §§ 2º e 4º); (b) impenhorabilidade dos seus bens; (c) execução dos seus débitos via precatório; (d) execução fiscal dos seus créditos inscritos; (e) prazo em dobro para as suas manifestações processuais, salvo quando a lei, de forma expressa, determinar prazo diverso; (f) juízo privativo, se federais, de suas ações serem julgadas na justiça federal, dentre outras.

13. O regime de pessoal das autarquias deverá ser o mesmo da Entidade da Federação que a criou, o que significa que, atualmente, tais servidores públicos serão submetidos ao regime jurídico **estatutário**.

14. **Controle finalístico, tutela ou vinculação** é a capacidade de autoadministração e não pode ser confundida com independência absoluta. As autarquias não se submetem ao poder hierárquico da pessoa que a criou, ou seja, não há subordinação entre uma autarquia e um ministério ou secretaria, mas haverá um controle finalístico de suas atividades, também chamado de tutela ou supervisão.

15. As entidades de classe como CREA, CRM, dentre outras, possuem, conforme entendimento pacífico na nossa doutrina e jurisprudência, **natureza jurídica de autarquia federal**. São pessoas jurídicas de direito público interno, que exercem poder de polícia administrativo quando exercem a fiscalização da respectiva atividade profissional.

16. Como autarquias gozam de imunidade com relação a impostos que incidam sobre o seu patrimônio, renda ou serviços vinculados a suas finalidades essenciais (CF, art. 150, § 2º e 4º) e estão submetidas à fiscalização pelo Tribunal de Contas da União dos gastos com a arrecadação das contribuições compulsórias dos seus filiados.

17. No entanto, tendo em vista sua natureza jurídica de entidade pública, tais autarquias corporativas estão obrigadas a contratar seu pessoal por concurso público, havendo, inclusive, entendimento sumulado pelo TCU.

Agência Reguladora

18. As **agências reguladoras** são autarquias especiais, dotadas de maior independência técnica, que vieram a desempenhar os poderes que, na concessão, permissão e autorização de serviços públicos, eram, outrora, exercidos diretamente pela própria entidade estatal, na qualidade de poder concedente, cabendo-lhe a responsabilidade pela licitação e contratação dos serviços públicos, sua fiscalização e regulação.

19. Uma das principais características que conferem natureza técnica às agências reguladoras é o fato de que suas decisões não se submetem à revisão de outro órgão integrante do Poder Executivo, mas, apenas, ao controle de legitimidade exercido pelo Poder Judiciário.

20. Seus dirigentes são nomeados pelo Presidente da República, após aprovação do Senado e exercem mandatos fixos, somente podendo perdê-los em caso de renúncia, de condenação judicial transitada em julgado ou de processo administrativo disciplinar (Lei 9.986/2000, arts. 5º, 6º e 9º). A duração do mandato e composição da diretoria varia de acordo com a lei criadora da agência.

21. Expoente desse regime especial das agências reguladoras é a **quarentena**, prevista no art. 8º, da Lei 9.986/2000, que determina que terminado o mandato, o ex-dirigente ficará impedido, por um período de quatro meses, contado da data do término do seu mandato, de prestar qualquer tipo de serviço no setor público ou a empresa integrante do setor regulado pela Agência. Todavia, a Advocacia-Geral da União vem entendendo que a Lei nº 12.813/2013 alargou o prazo de quarentena para seis meses com relação aos dirigentes das agências reguladoras.

22. A Advocacia-Geral da União vem entendendo que a Lei nº 12.813 alargou o prazo de quarentena para seis meses com relação aos dirigentes das agências reguladoras.

23. Durante o período da **quarentena** o ex-dirigente ficará vinculado à agência, fazendo *jus* a remuneração equivalente à do cargo de direção que exerceu e aos benefícios a ele inerentes.

24. A Lei 9.986/2000 inicialmente previu que as agências reguladoras teriam suas relações de trabalho reguladas pela CLT, entretanto a Lei 10.871/2004 alterou tal disposição criando as carreiras das agências reguladoras, as quais serão ocupadas por integrantes de cargos públicos, possuindo, dessa forma, **relação estatutária**.

25. A **função reguladora** pode ser considerada como uma competência das agências expedirem normas com o intuito de regularem a prestação, a fiscalização e a fruição dos serviços públicos que lhe são afetos, sem, no entanto, poder inovar em nosso ordenamento jurídico.

26. Em relação às agências reguladoras, não há subordinação ou hierarquia, mas existe uma **tutela administrativa** quanto aos fins.

Fundação Pública

27. Segundo Hely Lopes Meirelles **fundação pública** "*é o patrimônio, total ou parcialmente público, dotado de personalidade jurídica, de direito público ou privado, e destinado, por lei, ao desempenho de atividades do Estado na ordem social, com capacidade de autonomia e mediante controle da Administração Pública, nos limites da lei*".

28. As fundações públicas podem possuir personalidade jurídica de direito público ou de direito privado, a depender da forma de sua criação. Se criadas diretamente da lei serão fundações públicas de direito público, mas se sua criação for apenas autorizada por lei, teremos fundação pública de direito privado.

29. A posição da fundação pública de direito privado é a mesma das sociedades de economia mista e empresas públicas, não dispondo dos privilégios outorgados às pessoas jurídicas de direito público, uma vez que a sua atuação será regida pelo direito privado. São exemplos de fundações públicas com personalidade jurídica de direito privado a FUNPRESP-EXE e FUNPRESP-JUD, recentemente criadas para gerir a previdência complementar oficial dos membros e servidores dos Poderes Executivo e Judiciário Federal.

30. No tocante aos bens das fundações públicas, importa destacar que o Supremo vem entendendo pela impenhorabilidade dos bens e pela imunidade das entidades públicas prestadoras de serviço público com relação aos impostos, ainda que se trate de empresas públicas, de forma que as fundações públicas, qualquer que seja a natureza jurídica de sua personalidade, possuem bens impenhoráveis e gozam de imunidade com relação a impostos.

31. Quanto à fiscalização das fundações públicas pelo Ministério Público, existem correntes que defendem a impossibilidade completa ou a mais ampla fiscalização pelo *parquet*, mas predomina o entendimento de que só as fundações privadas e as fundações públicas de direito privado estariam submetidas ao poder de fiscalização do Ministério Público.

Agência Executiva

32. Considera-se **agência executiva** a autarquia ou fundação pública assim qualificada por ato do chefe do Executivo, celebrando com o Ministério supervisor um **contrato de gestão**, passando, com isso, a gozar de maiores privilégios.

33. As agências executivas não são entidades criadas para o desempenho de competências específicas, são autarquias ou fundações públicas que recebem uma qualificação, um *status*, em razão de um contrato de gestão que uma ou outra celebra com o órgão da Administração Pública Direta a que se acha vinculada, com o escopo de assegurar uma maior eficiência no desempenho de suas atividades e redução de custos.

34. Para que a autarquia ou fundação pública venha a ser qualificada como agência executiva, faz-se necessário que, primeiramente, venha a preencher os seguintes **requisitos:**

a) ter um plano estratégico de reestruturação e de desenvolvimento institucional em andamento, contendo os planos estratégicos de reestruturação e de desenvolvimento institucional;

b) ter celebrado **contrato de gestão** com o respectivo Ministério supervisor, tendo o Ministério do Planejamento, Orçamento e Gestão e o Ministério da Fazenda como signatários intervenientes, que são órgãos e gestores dos instrumentos e verbas que irão garantir as condições operacionais para o cumprimento dos compromissos pactuados no contrato de gestão.

35. A qualificação como agência executiva ocorrerá por meio de **Decreto** do Presidente da República, após a celebração do **contrato de gestão** e perdurará enquanto estiver em vigor o referido contrato.

Empresas Estatais

36. Por **empresas estatais** devem-se considerar as **empresas públicas**, as **sociedades de economia mista** e as **empresas** que, não tendo as características destas, estão **submetidas ao controle do Estado**, tais como as que foram adquiridas por outras estatais e que não se enquadram no conceito de empresa pública ou sociedade de economia mista, em razão da ausência de lei que autorize a sua criação.

37. A Constituição Federal, ao tratar das empresas públicas e sociedades de economia mista, condiciona que, quando o objeto for **exploração de atividade econômica**, sua criação só poderá ocorrer quando indispensável à **segurança nacional** ou a **relevante interesse público**, nos termos da lei.

38. A Carta Magna, em seu art. 173, § 1º, II, insere as empresas estatais que exploram atividade econômica no **regime jurídico de direito privado** aplicável às empresas privadas, inclusive em relação às causas trabalhistas e tributárias.

39. No entanto, o STF entende que, ainda que editado estatuto jurídico próprio para as empresas públicas e sociedades de economia mista que explorem atividade econômica, tal estatuto não poderá excluir a obrigatoriedade do concurso público, vez que se trata de corolário dos princípios constitucionais da publicidade e da impessoalidade, não havendo que se falar em colisão com o conteúdo do art. 170, §1º da Constituição Federal de 1988.

40. No tocante às licitações e contratos foi editada a Lei nº 13.303/2016, que dispõe sobre o estatuto jurídico da empresa pública, da sociedade de economia mista e de suas subsidiárias, abrangendo toda e qualquer empresa pública e sociedade de economia mista da União, dos Estados, do Distrito Federal e dos Municípios que explore atividade econômica de produção ou comercialização de bens ou de prestação de serviços, ainda que a atividade econômica esteja sujeita ao regime de monopólio da União ou seja de prestação de serviços público.

41. A nova Lei das Estatais definiu que as empresas públicas e as sociedades de economia mista são dispensadas da observância de suas regras acerca de licitações, nas seguintes situações:

a) comercialização, prestação ou execução, de forma direta, de produtos, serviços ou obras especificamente relacionados com seus respectivos objetos sociais;

b) nos casos em que a escolha do parceiro esteja associada a suas características particulares, vinculada a "oportunidades de negócio" definidas e específicas, justificada a inviabilidade de procedimento competitivo.

42. Nas situações acima descritas não há que se falar em processo de dispensa ou de inexigibilidade de licitação, mas de não incidência da legislação de licitação, ainda que o legislador tenha feito referência à "inviabilidade" de procedimento competitivo, típico das hipóteses de inexigibilidade de licitação.

43. **Empresas Públicas** são pessoas jurídicas de direito privado, criadas mediante autorização legal, com capital exclusivamente público, para a prestação de serviço público ou a exploração de atividade econômica, podendo se revestir de qualquer forma e organização empresarial, inclusive sociedade anônima.

44. **Sociedades de Economia Mista** são pessoas jurídicas de direito privado, criadas mediante autorização legal, com capital público e privado, sendo que o Poder Público detém a maioria do capital votante, para a prestação de serviço público ou exploração de uma atividade econômica, sob a forma de sociedade anônima.

45. As chamadas **subsidiárias** são também identificadas pela nomenclatura **sociedades de economia mista de segundo grau,** vez que criadas por uma de primeiro grau. Para melhor ilustrar, podemos citar o caso do BB seguros, entidade pública, dotada de personalidade jurídica de direito privado.

46. A empresa pública ou sociedade de economia mista responsável pela constituição da subsidiária é também chamada de **sociedade ou empresa de primeiro grau ou primária**, enquanto a subsidiária de **sociedade ou empresa de segundo grau ou secundária**. Essas subsidiárias são controladas diretamente pela sociedade ou empresa primária, mas sofre controle indireto pelo ente político instituidor da sociedade ou empresa de primeiro grau.

47. O Supremo decidiu, em sede de repercussão geral, que os empregados públicos das empresas públicas e sociedades de economia mista não fazem jus à estabilidade prevista no art. 41 da CF, mas sua dispensa deve ser motivada.

Consórcios públicos

48. O art. 241, da CF/88, regulamentado pela Lei 11.107/2005 dispõe que a União, Estados, DF e Municípios, devem promover a gestão associada de serviços públicos por intermédio da celebração de **consórcios públicos**.

49. Para a formalização dos consórcios públicos é necessário o preenchimento dos seguintes requisitos: **celebração de protocolo de intenções e Constituição de pessoa jurídica de direito público ou de direito privado.**

50. Como a **associação pública** possui personalidade jurídica de direito público, pode-se afirmar que se trata de entidade pública da administração indireta com natureza autárquica. Uma autarquia que possui a peculiaridade de integrar a administração indireta de todos os entes integrantes do consórcio público, razão pela qual é nominada de **autarquia multifederativa.**

51. A associação pública ou pessoa jurídica de direito privado decorrente da constituição do consórcio público deterá competência para: celebrar contratos e convênios com entidades públicas e privadas; receber incentivos públicos; promover desapropriações; celebrar contratos de concessão ou permissão de serviços públicos; emitir documentos de cobrança e exercer atividades de arrecadação de tarifas e outros preços públicos; ser contratados sem licitação (dispensa) pela própria pessoa da administração direta ou indireta participante do ajuste.

52. A **retirada** do ente da Federação do consórcio público dependerá de ato formal de seu representante na assembleia geral, na forma previamente disciplinada por lei.

53. **Contrato de programa** é o instrumento pelo qual devem ser constituídas e reguladas as obrigações que um ente da Federação, inclusive sua administração indireta, tenha para com outro ente da Federação, ou para com consórcio público, no âmbito da prestação de serviços públicos por meio de cooperação federativa.

54. Portanto, o contrato de programa é **obrigatório** quando um ente da federação venha a prestar serviços públicos conjuntamente com outro ente político, por meio de consórcio público.

55. O contrato de rateio é o instrumento por meio do qual os entes consorciados se comprometem a custear as despesas do consórcio.

3. ENTES DE COOPERAÇÃO (TERCEIRO SETOR)

1. Além dos órgãos e das entidades que compõem a Administração Direta e Indireta, existem outras pessoas jurídicas que prestam atividades de interesse público, embora não integrem a Administração Pública, Direta ou Indireta.

2. Não há uniformidade na classificação dessas entidades; sendo comum a denominação "**entes de cooperação**", "**entidades paraestatais**", "**público não-estatal**", "**organizações da sociedade civil**" ou mesmo a expressão "**Terceiro Setor**".

3. **Terceiro Setor** é conjunto societário formado organizações de origem privada, autônomas, despidas de finalidade lucrativa e com objetivos de atendimento a atividades altruísticas de interesse público, passíveis de fomento pelo Estado. No Plano Diretor da Reforma do Aparelho do Estado, os reformistas preferiram determinar esse segmento da sociedade através da expressão "**público não-estatal**".

Serviços Sociais Autônomos ("Sistema S")

4. Os Serviços Sociais Autônomos ("Sistema S") são pessoas jurídicas de direito privado, sem fins lucrativos, criadas por Lei, que prestam atividades de interesse público (serviços não-exclusivos) em favor de certas categorias sociais ou profissionais.

5. O "**Sistema S**" apresenta certa vinculação com respectivas áreas econômicas, agrupamentos sociais ou profissionais (comércio, indústria, transporte, exportações, entre outros). A criação depende de lei, que autoriza as respectivas Confederações Nacionais a constituí-las formalmente, sob uma das formas jurídicas admitidas (fundações, associações...).

6. O "**Sistema S**" não está submetido à exigência de concurso público para contratação de pessoal, nem sujeito à observância dos estritos procedimentos da Lei Geral de Licitações e Contratos (Lei nº 8.666/93). Essas entidades podem utilizar seus regulamentos próprios, embora tais regulamentos devam estar pautados nos princípios gerais aplicáveis à Administração Pública.

7. De acordo com o TCU, embora as entidades integrantes do Sistema S não sejam obrigadas a utilizar a modalidade pregão, para a aquisição de bens e serviços comuns, quando elas adotarem esta modalidade, é recomendável que optem, sempre que possível, pela forma eletrônica. A adoção da forma presencial deve ser justificada, pois pode caracterizar ato de gestão antieconômico.

8. No âmbito do Sistema S, o administrador pode exigir, no todo ou em parte, apenas a documentação listada no regulamento licitatório próprio da entidade, na forma estabelecida pelo edital, uma vez que o rol de exigências de habilitação em licitação é taxativo.

9. As entidades do Sistema S não podem instituir em seus regulamentos novas hipóteses de contratação direta, haja vista que a matéria deve ser disciplinada por norma geral, de competência privativa da União.

10. Às entidades do Sistema S é vedada a contratação com aqueles que se encontrem em débito com a seguridade social ou com o FGTS, devendo a regularidade fiscal ser verificada, na forma estabelecida pelo gestor, durante toda a execução contratual.

Entidades de apoio

11. Entidades de apoio são pessoas jurídicas de direito privado, despidas de finalidade lucrativa, que exercem serviços não-exclusivos relacionados à ciência, pesquisa, saúde e educação.

12. Elas não são instituídas por iniciativa do Poder Público e devem estar constituídas sob a forma de fundações de direito privado.

13. As **entidades de apoio** não precisam realizar licitação, com obediência estrita à Lei nº 8.666/93, para firmar contratos. Há, ainda, hipótese de dispensa licitatória para a contratação, pela Administração Pública, de instituição brasileira incumbida regimental ou estatutariamente da pesquisa, do ensino ou do desenvolvimento institucional, desde que a contratada detenha inquestionável reputação ético-profissional e não tenha fins lucrativos.

14. De acordo com o artigo 3º da Lei 8.958/94, alterado pela Lei nº 12.243/2016, na execução de convênios, contratos, acordos e demais ajustes que envolvam recursos provenientes do poder público, as fundações de apoio adotarão regulamento específico de aquisições e contratações de obras e serviços, a ser editado por meio de ato do Poder Executivo de cada nível de governo.

15. Nas contratações que não envolvam a aplicação de recursos públicos, aplicam-se as regras instituídas pela instância superior da fundação de apoio, disponíveis em seu sítio eletrônico, respeitados os princípios da legalidade, impessoalidade, moralidade, publicidade, economicidade e eficiência.

16. É possível a contratação de fundação de apoio por dispensa de licitação, com fundamento no art. 24, inciso XIII, da Lei 8.666/93, para a realização de vestibular, desde que haja nexo efetivo entre a natureza da instituição e o objeto contratado, assim como compatibilidade com os preços de mercado.

Certificação das entidades beneficentes de assistência social (Cebas)

17. **CEBAS** é uma certificação concedida às pessoas jurídicas de direito privado, sem fins lucrativos, reconhecidas como entidades beneficentes de assistência social com a finalidade de prestação de serviços nas áreas de **assistência social**, **saúde** ou **educação**, e que atendam requisitos legais. Ela garante isenção (imunidade) de contribuições para a seguridade social, para a entidade.

18. A entidade que atue em mais de uma das áreas (saúde, educação e assistência social) deverá, na forma regulamentada, manter escrituração contábil segregada por área, fazendo o pedido de certificação ao Ministério responsável pela sua área de atuação preponderante.

19. A obtenção ou a renovação do **Certificado de Entidade Beneficente de Assistência Social (Cebas)** não exime a entidade do cumprimento dos requisitos legais supervenientes (Súmula STJ nº 352). O certificado de entidade beneficente de assistência social (CEBAS), no prazo de sua validade, possui natureza declaratória para fins tributários, retroagindo seus efeitos à data em que demonstrado o cumprimento dos requisitos estabelecidos por lei complementar para a fruição da imunidade.

20. O **prazo de validade** da certificação será de 1 (um) a 5 (cinco) anos, conforme critérios definidos em regulamento, podendo ser protocolados pedido de renovação da certificação, no decorrer dos 360 (trezentos e sessenta) dias que antecedem o termo final de validade.

Organizações Sociais (OS)

21. O marco legal das Organizações Sociais inclina-se para a atividade de fomento público no domínio dos serviços sociais, entendida tal atividade como a disciplina não coercitiva da conduta dos particulares, cujo desempenho em atividades de interesse público é estimulado por sanções premiais, em observância aos princípios da consensualidade e da participação na Administração Pública.

22. As organizações sociais, por integrarem o Terceiro Setor, não fazem parte do conceito constitucional de Administração Pública, razão pela qual não se submetem, em suas contratações com terceiros, ao dever de licitar, o que consistiria em quebra da lógica de flexibilidade do setor privado, finalidade por detrás de todo o marco regulatório instituído pela Lei (STF, ADI N. 1.923-DF).

23. O Poder Executivo poderá qualificar como Organizações Sociais pessoas jurídicas de direito privado, sem fins lucrativos, cujas atividades sejam dirigidas ao ensino, à pesquisa científica, ao desenvolvimento tecnológico, à proteção e preservação do meio ambiente, à cultura e à saúde, conforme os requisitos nela previstos. As organizações sociais, por integrarem o Terceiro Setor, não fazem parte do conceito constitucional de Administração Pública, razão pela qual não se submetem, em suas contratações com terceiros, ao dever de licitar.

24. O procedimento de qualificação, a celebração do contrato de gestão, os contratos a serem celebrados pela Organização Social com terceiros e a seleção de pessoal devem ser conduzidos de forma pública, objetiva e impessoal, com observância dos princípios do *caput* do art. 37 da CF.

25. De acordo com o STF, a atribuição de título jurídico de legitimação da entidade através da qualificação configura hipótese de *credenciamento*, no qual não incide a licitação pela própria natureza jurídica do ato, que não é contrato, e pela inexistência de qualquer competição, já que todos os interessados podem alcançar o mesmo objetivo, de modo inclusivo, e não excludente.

26. As Organizações Sociais, em suas contratações mediante uso de verbas públicas, não estão sujeitas à observância dos estritos procedimentos das normas gerais de licitações e contratos aplicáveis ao Poder Público, e sim aos seus regulamentos próprios, pautados nos princípios gerais aplicáveis à Administração pública.

27. É facultada ao Poder Executivo a cessão especial de servidor para as organizações sociais, com ônus para a origem. Não será incorporada aos vencimentos ou à remuneração de origem do servidor cedido qualquer vantagem pecuniária que vier a ser paga pela organização social.

28. Os empregados das Organizações Sociais não são servidores públicos, mas sim empregados privados, por isso que sua remuneração não deve ter base em lei (STF, ADI N. 1.923-DF)

29. A Lei nº 9.637/98 exige a permanência, no cerne da Organização Social, de representantes do Poder Público. Cite-se, como exemplo, a participação mínima de 20% na composição do **Conselho de administração**, podendo chegar até a 40% de sua totalidade.

30. **Contrato de gestão** é o instrumento firmado entre o Poder Público e a entidade qualificada como organização social, com vistas à formação de parceria entre as partes. Ele deve ser elaborado pelo órgão (ou entidade supervisora) e pela organização social (em comum acordo), discriminando as atribuições, responsabilidades e obrigações do Poder Público e da organização social, com critérios objetivos de avaliação e desempenho das atividades prestadas em virtude do contrato de gestão.

31. A figura do contrato de gestão configura hipótese de convênio, por consubstanciar a conjugação de esforços com plena harmonia entre as posições subjetivas, que buscam um negócio verdadeiramente associativo, e não comutativo, para o atingimento de um objetivo comum aos interessados (STF, ADI N. 1.923-DF)

32. O procedimento de qualificação da Organização Social, a seleção de seu pessoal e a celebração do contrato de gestão, embora prescindam de concurso ou licitação, devem ser conduzidos de forma pública, objetiva e impessoal, com observância dos princípios constitucionais da Administração Pública.

33. Havendo indícios fundados de malversação de bens ou recursos de origem pública, cabe representação ao Ministério Público, à Advocacia-Geral da União ou à Procuradoria da entidade, para requerimento, em juízo, da decretação da **indisponibilidade dos bens** da entidade e o **sequestro dos bens** dos seus dirigentes, bem como de agente público ou terceiro, que possam ter enriquecido ilicitamente ou causado dano ao patrimônio público.

34. Os responsáveis pela fiscalização da execução do contrato de gestão, ao tomarem conhecimento de qualquer irregularidade ou ilegalidade na utilização de recursos ou bens de origem pública por organização social, dela darão ciência ao Tribunal de Contas da União, sob pena de **responsabilidade solidária**.

Organização da Sociedade Civil de Interesse Público (OSCIP).

35. A Lei nº 9.790/99 criou o título jurídico Organização da Sociedade Civil de Interesse Público (OSCIP), vedando essa titulação para entidades de fins corporativos ou de favorecimento mútuo (como sociedades comerciais, sindicatos, associações de classes, organizações partidárias, instituições hospitalares privadas e não gratuitas, cooperativas, escolas privadas dedicadas ao ensino formal não gratuito, entre outros).

36. A qualificação como OSCIP é ato vinculado ao cumprimento dos requisitos legais, provocado após requerimento formulado ao **Ministério da Justiça**.

37. A Lei nº 9.790/99 estipulou prazo de **30 (trinta dias)** para o deferimento ou não do pedido (pelo Ministério da Justiça), a contar da data de recebimento do requerimento, e prazo de **15 (quinze) dias** para emissão de certificado, em caso de deferimento.

38. É vedado às Organizações da Sociedade Civil de Interesse Público (OSCIP), nessa condição, participar de processos licitatórios promovidos pela Administração Pública Federal (TCU. Acórdão nº 746/2014 - Plenário).

39. **Termo de parceria** é o instrumento de cooperação firmado entre o Poder Público e entidades qualificadas como OSCIPs. Ele permite a destinação de recursos públicos para a OSCIP.

40. De acordo com o Decreto nº 7.568/11, para firmar-se o termo de parceria com OSCIP, em regra, é obrigatória a seleção por meio de publicação de edital de concursos de projetos.

41. Caso a OSCIP adquira bem imóvel com recursos provenientes da celebração do termo de parceria, este será gravado com **cláusula de inalienabilidade**.

42. Os responsáveis pela fiscalização do termo de parceria, ao tomarem conhecimento de qualquer irregularidade ou ilegalidade na utilização de recursos ou bens públicos, devem dar imediata ciência ao Tribunal de Contas respectivo e ao Ministério Público, sob pena de **responsabilidade solidária**.

Instituições Comunitárias de Educação Superior (ICES)

43. A **Instituição Comunitária de Educação Superior (ICES)** deverá ofertar serviços gratuitos à população, proporcionais aos recursos obtidos do poder público, com programas permanentes de extensão e ação comunitária voltados à formação e desenvolvimento dos alunos e ao desenvolvimento da sociedade.

44. Quem detém **competência** para conceder a titulação de **ICES** é o **Ministério da Educação.**

45. Após o requerimento, o Ministério da Educação terá prazo de **30 (trinta) dias** para decidir pelo deferimento ou indeferimento do pedido.

46. A qualificação dessas entidades é **ato vinculado** ao cumprimento dos requisitos legais, não havendo margem à discricionariedade.

47. O pedido de qualificação será indeferido quando: a requerente não atender aos requisitos estabelecidos na Lei nº 12.881/2013; a documentação apresentada estiver incompleta.

Regime Jurídico das parcerias voluntárias (Lei nº 13.019, de 2014)

48. A **Lei nº 13.019, de 2014,** normas gerais para as parcerias voluntárias, envolvendo ou não transferências de recursos financeiros, estabelecidas pela União, Estados, Distrito Federal, Municípios e respectivas autarquias, fundações, empresas públicas e sociedades de economia mista prestadoras de serviço público, e suas subsidiárias, com o **Terceiro Setor**, Organizações da sociedade civil, em regime de mútua cooperação, para a consecução de finalidades de interesse público.

49. **Termo de colaboração** é o instrumento por meio do qual são formalizadas as parcerias estabelecidas pela administração pública com organizações da sociedade civil para a consecução de finalidades de interesse público e recíproco, **propostas pela administração pública**, que envolvam a transferência de recursos financeiros.

50. **Termo de fomento** é o instrumento por meio do qual são formalizadas as parcerias estabelecidas pela administração pública com organizações da sociedade civil para a consecução de finalidades de interesse público e recíproco, **propostas pelas organizações da sociedade civil**, que envolvam a transferência de recursos financeiros.

51. **Acordo de cooperação** é o instrumento por meio do qual são formalizadas as parcerias estabelecidas pela administração pública com organizações da sociedade civil para a consecução de finalidades de interesse público e recíproco **que não envolvam a transferência de recursos financeiros.**

52. **Chamamento público** é o procedimento seletivo indicado, pela lei, na seleção da entidade parceira, para fins de pactuação de **termo de cola-**

boração ou de **termo de fomento**, no qual se garanta a observância dos princípios da isonomia, da legalidade, da impessoalidade, da moralidade, da igualdade, da publicidade, da probidade administrativa, da vinculação ao instrumento convocatório, do julgamento objetivo e dos que lhes são correlatos.

53. O **Procedimento de Manifestação de Interesse Social** é o instrumento por meio do qual as organizações da sociedade civil, movimentos sociais e cidadãos poderão apresentar propostas ao poder público para que este avalie a possibilidade de realização de um chamamento público, objetivando a celebração de parceria.

4. ATOS ADMINISTRATIVOS

Conceito, requisitos, atributos

1. Maria Sylvia Zanella Di Pietro conceitua **ato administrativo** como "*a declaração do Estado ou de quem o represente, que produz efeitos jurídicos imediatos, com observância da lei, sob regime jurídico de direito público e sujeita a controle pelo Poder Judiciário*".

2. **Ato administrativo** não se confunde com **fato administrativo**. Os **fatos administrativos** são fatos concretos que produzem efeito no direito administrativo, como a reforma de um prédio, a construção de uma ponte ou morte de um servidor, enquanto os **atos administrativos** decorrem da manifestação de vontade da Administração, razão pela qual os atos podem ser revogados ou anulados, enquanto os fatos administrativos não admitem invalidação.

3. Os **requisitos do ato administrativo**, também chamados de **elementos do ato administrativo** são aqueles que constituem sua formação.

   a) a **competência**, também chamada de **sujeito**, é o elemento que indica quem é a autoridade administrativa que pode produzir (assinar) o ato administrativo. A principal característica da competência é que se trata de um elemento **sempre** vinculado, o que significa que a lei irá definir, em todas as situações, quem será a autoridade administrativa competente.

   b) a **finalidade** possui como característica a legalidade, tendo em vista que o ato administrativo deve sempre ser produzido de acordo com a previsão explícita ou tácita da lei.

c) o ato administrativo deve se revestir de alguma **forma**, que deverá ser determinada pela lei. Como a atividade administrativa é pública e se submete à fiscalização pelos órgãos públicos e pela população, via de regra o ato administrativo deve ser escrito, em obediência ao princípio da documentação, podendo a lei estabelecer uma forma mais solene. A ausência de forma resulta na inexistência do ato.

d) **motivo** é o pressuposto de fato e de direito que justifica a prática do ato administrativo. A lei pode ou não determinar expressamente os motivos, o que significa que esse elemento, ao contrário dos anteriores (competência, finalidade e forma), pode ser **vinculado** ou **discricionário**.

e) o **objeto** é o efeito jurídico imediato que o ato produz e, assim como no direito privado, deve ser lícito (conforme a lei), possível (realizável no mundo dos fatos e do direito), certo (definido quanto ao destinatário, aos efeitos, ao tempo e ao lugar) e moral (em consonância com os padrões comuns de comportamento, corretos, justos e éticos). Pode, também, ser conceituado como o resultado prático que a Administração se propõe a alcançar.

4. **Mérito administrativo** está relacionado com a possibilidade de a Administração Pública valorar os critérios de conveniência, oportunidade e conteúdo do ato administrativo.

5. Celso Antônio Bandeira de Mello não concorda com o estabelecimento de elementos ou requisitos do ato administrativo da forma tradicionalmente apontada pela doutrina administrativista, entendendo ser necessário separar os elementos do ato dos **pressupostos de existência** e dos **pressupostos de validade**.

6. Segundo Bandeira de Mello são **elementos do ato administrativo**: o **conteúdo** que seria aquilo que o ato dispõe, o que ele decide, enuncia, certifica, opine ou modifica na ordem jurídica. É o próprio ato, em sua essência; e a **forma** que é o revestimento exterior do ato. É o modo pelo qual o ato aparece e revela sua existência.

7. Já os **pressupostos de existência do ato administrativo** seriam: o **objeto** que é "é aquilo sobre o que o ato dispõe. Não pode haver ato sem que exista algo a que ele esteja reportado"; e a **pertinência temática** que decorre do ato ter sido exarado pelo Estado no exercício de sua função administrativa.

8. Por fim, Celso Antônio entende pela necessidade do ato administrativo possuir o que ele nomeia como **pressupostos de validade**: **pressuposto**

subjetivo (autoridade administrativa competente), **pressupostos objetivos** (motivo e requisitos procedimentais), **pressuposto teleológico** (finalidade), **pressuposto lógico** (causa) e **pressupostos finalísticos** (forma).

9. Atributos do Ato Administrativo: **presunção de legitimidade, imperatividade, auto-executoriedade e tipicidade.**

Atos Gerais e Individuais
Atos gerais são aqueles que possuem destinatários inespecificados, com caráter de norma, em face de sua abstração (não trata da situação de uma ou algumas pessoas identificadas). **Atos individuais** são aqueles que têm por destinatário sujeito ou sujeitos especificamente determinados. O ato individual pode ser singular ou plúrimo.
Atos de Império, de Gestão e de Expediente
Atos de Império são os atos administrativos propriamente ditos, revestidos de imperatividade, do chamado *jus imperie,* produzidos com supremacia sobre o administrado. **Atos de Gestão** são aqueles praticados com a finalidade de gerir os seus bens e serviços, sem a necessidade das prerrogativas do regime jurídico administrativo, razão pela qual a Administração age em situação de igualdade com o particular. **Atos de Expediente** são aqueles destinados a dar andamento aos processos e papéis que tramitam na administração.
Atos Vinculados e Discricionários
Atos Vinculados são aqueles em que o legislador consegue antever o caso concreto e definir previamente qual deve ser a conduta da Administração. **Atos Discricionários** são aqueles em que o legislador, justamente por não conseguir definir qual deve ser a melhor conduta da Administração para cada caso concreto, confere à Administração a faculdade de decidir, diante da situação fática, qual deve ser a solução que melhor atende ao interesse público.
Atos Simples, Complexos e Compostos
Atos Simples são os atos que, para existirem, dependem da manifestação de um único órgão. **Atos Complexos** são os atos que, para existirem, dependem da manifestação de vontade de mais de um órgão. **Atos Compostos** são os atos que dependem da manifestação de vontade de mais de um órgão, onde é possível identificar a existência de uma vontade principal e outra meramente acessória.

Ato Válido, Eficaz e Exequível
Ato Válido é o ato que foi praticado de acordo com a lei, é um ato sem vícios. **Ato Eficaz** é o ato que está apto a produzir os seus efeitos e completou todas as etapas de formação. Ainda sobre a eficácia, Celso Antônio Bandeira de Mello assevera que a eficácia seria a "situação de disponibilidade para produção dos efeitos típicos, próprios, do ato". Portanto, teríamos efeitos típicos e efeitos atípicos do ato administrativo: a) **efeitos típicos**, também chamados de próprios, correspondem à tipologia específica do ato e seriam uma consequência lógica, como é o caso do desligamento de um servidor no caso de uma demissão. O ato administrativo é a demissão e o efeito típico seria o desligamento. b) **efeitos atípicos** se dividem em: preliminares ou prodrômicos e reflexos. b.1.) **efeito preliminar ou prodrômico** seria aquele produzido enquanto perdura a situação de pendência do ato. O ato é eficaz, mas ainda não é exequível, visto que depende da implementação de uma condição futura, como a homologação por outro órgão. Nessa situação, segundo Celso Antônio, o efeito atípico do ato seria acarretar para o órgão controlador a obrigação de emitir o ato de controle (homologar ou não). b.2) **efeito reflexo**, seria aquele que, indiretamente, atinge terceiros, que não figuram como destinatários do ato administrativo, como é o caso de um locatário do bem desapropriado. O sujeito passivo da desapropriação é o proprietário, mas inegavelmente o locatário foi atingido, por via reflexa, pelo ato expropriatório. **Ato Exequível** é o ato apto a produzir efeitos imediatamente.
Ato Nulo, Ato Anulável e Inexistente
Ato nulo é o ato contaminado com vício insanável, eivado de nulidade absoluta, que não admite correção. **Ato anulável** é o ato contaminado com vício sanável, que admite convalidação. **Ato inexistente** é o ato que guarda, apenas, a aparência de ato administrativo, mas retrata, na verdade, uma conduta criminosa.

Invalidação dos atos administrativos

10. A Administração pode invalidar os seus atos sob o aspecto da **conveniência** e **oportunidade** ou, ainda, em face de sua **ilegalidade**, enquanto o Poder Judiciário, quando provocado, só poderá apreciar o ato administrativo sob o aspecto de sua legitimidade, sendo-lhe vedado substituir o gestor quanto ao mérito do ato administrativo.

11. **Revogação** é a invalidação do ato administrativo por razões de conveniência ou oportunidade da Administração.

12. Só a Administração pode revogar seus atos e só os atos válidos podem ser revogados, haja vista que, se o ato for inválido, só caberá a sua anulação, não havendo que falar em critérios de conveniência e oportunidade.

13. A revogação opera efeitos "*ex nunc*", da data de sua revogação em diante, permanecendo válidos todos os efeitos anteriores, mesmo porque o ato era válido e válidos serão todos os seus efeitos, até o momento da revogação. O Supremo decidiu, em sede de repercussão geral, que ao Estado é facultada a revogação de atos que repute ilegalmente praticados; porém, se de tais atos já tiverem decorrido efeitos concretos, seu desfazimento deve ser precedido de regular processo administrativo.

14. **Anulação** é a declaração de invalidade do ato administrativo produzido em desobediência à norma legal.

15. Tanto a Administração quanto o Poder Judiciário podem anular os atos administrativos ilegais, sejam eles vinculados ou discricionários.

16. A anulação opera efeitos "ex tunc", ou seja, retroage à época em que o mesmo fora praticado, invalidando os efeitos passados, presentes ou futuros do ato anulado.

17. **Cassação** é espécie do gênero anulação e consiste em invalidar um ato que nasceu regular, mas se tornou irregular no momento de sua execução.

18. Outras formas de invalidação:

    a) **caducidade**: o ato administrativo é invalidado em face de uma norma jurídica posterior que traz como consequência expressa ou tácita a impossibilidade de manutenção do ato até então válido. Ex.: Lei que proíbe determinada permissão de uso que, até então, era regularmente outorgada pela administração.

    b) **contraposição ou derrubada:** a extinção do ato administrativo decorre da edição de novo ato que produz efeito contraposto. Diante da contradição dos efeitos entre os dois atos administrativos prevalece apenas o ato mais recente, com a consequente invalidação do mais antigo.

    c) **renúncia**: é a modalidade de extinção que alcança apenas os atos constitutivos, também chamados de ampliativos, vez que o beneficiário pode se recusar a ser o detentor do direito, tal como ocorre quando o detentor de uma permissão de uso de bem público não mais a deseja.

    d) **recusa**: A recusa ocorre quando o beneficiário do ato administrativo rejeita os efeitos que o ato iria produzir. O ato ainda não está produzindo efeitos e, para tanto, necessitaria da concordância do destinatário que os recusa, invalidando o ato administrativo.

5. PODERES ADMINISTRATIVOS

1. Os poderes da administração podem ser classificados em: Poder Normativo, Hierárquico, Disciplinar e de Polícia.
2. A CF/88 estabelece a **separação de poderes**, conferindo ao Poder Legislativo a função típica de criar direitos e obrigações por meio de normas, mas a Administração Pública, também por determinação constitucional, possui competência atípica normativa, o que significa que a Administração Pública também poderá editar normas, desde que não venha a usurpar a competência do Poder Legislativo.
3. Cabe ao Poder Legislativo a edição das chamadas "obrigações primárias", enquanto a Administração Pública pode disciplinar por atos normativos administrativos as "obrigações subsidiárias, que são os requisitos que devem ser observados pelos administrados para que se faça *jus* **a determinado direito estabelecido em lei.**
4. A organização e o funcionamento da Administração se configuram perfeitamente na chamada **"reserva de administração"**, que seriam os espaços de atuação que o legislador constituinte outorgou para regulamentação pela Administração Pública, nos quais é vedada a intromissão do Poder legislativo, sob pena de inconstitucionalidade.
5. O Supremo decidiu, em sede de repercussão geral, que é inconstitucional, por afrontar a iniciativa privativa do Chefe do Poder Executivo, a normatização de direitos dos servidores públicos em lei orgânica do Município.
6. **Poder hierárquico, segundo Hely Lopes Meirelles,** "*é o instrumento disponibilizado à Administração para distribuir e escalonar as funções dos seus órgãos, ordenar e rever a atuação de seus agentes, estabelecendo a relação de subordinação entre os servidores do seu quadro de pessoal*".
7. Esse poder confere à autoridade administrativa a faculdade de ordenar, coordenar, controlar, corrigir as atividades administrativas, delegar e avocar competência e rever atos inferiores.
8. Deve-se diferenciar a subordinação hierárquica da vinculação administrativa (estudada em autarquias, fundações públicas e empresas estatais), pois a primeira admite todos os meios de controle do superior sobre o inferior, enquanto a segunda é exercida nos limites estipulados pela lei, sem suprimir a autonomia do ente supervisionado.

9. **Poder disciplinar** é o instrumento disponibilizado à Administração Pública para apurar infrações e aplicar penalidades aos servidores públicos e demais pessoas sujeitas à disciplina administrativa. Portanto, apenas os servidores públicos e pessoas vinculadas à Administração Pública, como as contratadas, submetem-se ao poder disciplinar.
10. O que marca o início do exercício do poder disciplinar e o fim do hierárquico é a abertura de processo administrativo para apurar a responsabilidade pela prática de uma irregularidade administrativa.
11. O **poder de polícia** pode ser compreendido como a faculdade conferida ao Estado para restringir o exercício de um direito individual em face de um potencial ou real benefício decorrente dessa restrição para a sociedade e possui como fundamento o princípio da supremacia do interesse público sobre o privado.
12. Sobre a possibilidade de delegação das atividades acessórias do Poder de Polícia, importa destacar que o STJ decidiu que toda notificação de trânsito tem que ser lavrada por autoridade administrativa, sob o fundamento da impossibilidade de delegação do Poder de Polícia, todavia, consignou a possibilidade de delegação dos atos materiais que precedem ao ato jurídico.
13. Para o STJ, somente os atos dos ciclos de polícia denominados "consentimento" e "fiscalização" são passíveis de delegação pela Administração Pública, posição exteriorizada da seguinte forma: "No âmbito da limitação do exercício da propriedade e da liberdade no trânsito, esses grupos ficam bem definidos: o CTB estabelece normas genéricas e abstratas para a obtenção da Carteira Nacional de Habilitação (legislação); a emissão da carteira corporifica a vontade o Poder Público (consentimento); a Administração instala equipamentos eletrônicos para verificar se há respeito à velocidade estabelecida em lei (fiscalização); e também a Administração sanciona aquele que não guarda observância ao CTB (sanção)".

Atributos

14. Os **atributos do Poder de Polícia** são: discricionariedade, autoexecutoriedade e coercibilidade.
15. Constituem **limitadores ao Poder de Polícia** os aspectos vinculados ao seu exercício, tais como a **competência**, a **finalidade** e a **forma**, vez que sempre estarão definidos em lei, o que configura uma garantia para o administrado.
16. Outro limite ao poder de polícia é a necessidade de que o ato respeite o princípio da **razoabilidade** e da **proporcionalidade**, tendo em vista que

o Estado, ao exercer o seu poder de polícia, deve restringir o exercício de direitos individuais, apenas, na exata proporção em que a restrição proporciona um benefício para a coletividade, razão pela qual a Administração deve procurar o meio menos gravoso que possa preservar o interesse público.

6. AGENTES PÚBLICOS

Conceito e classificação

1. **Agente público** é qualquer pessoa responsável, de forma definitiva ou transitória, pelo desempenho de uma função pública.
2. Os agentes públicos podem ser: agentes políticos, servidores públicos e particulares em colaboração com o Poder Público.
3. **Agentes políticos** são os agentes públicos responsáveis pela formação da vontade política do Estado.
   3.1. Segundo essa conceituação, adotada por doutrinadores como Celso Antônio Bandeira de Mello, dentre outros, os membros do Poder Judiciário e do Ministério Público não estariam inseridos dentro dessa classificação, justamente por faltar o elemento político no desempenho de suas funções, que são essencialmente técnicas. Contudo, nas decisões judiciais (STF RE 228977-2), verifica-se que os julgadores sempre classificam os membros dessas instituições como agentes políticos.
4. **Servidores públicos** são os agentes públicos que possuem vínculo com a Administração Pública direta, autárquica ou fundacional e recebem remuneração paga pelo erário. Os servidores públicos estão organizados dentro de uma estrutura hierárquica e desempenham as atribuições dos seus cargos, fixadas por lei e se subdividem da seguinte forma:
   a) **Servidores Estatutários** são aqueles submetidos a um regime estatutário (lei que estabelece os direitos e obrigações do servidor com o Estado empregador), estabelecido por lei de competência de cada um dos entes federados.
   b) **Empregados Públicos** são aqueles que ocupam emprego público, contratados pelo regime trabalhista e que, por se tratar de ajuste bilateral de vontades, não pode ser modificado unilateralmente por nenhuma delas, cabendo recordar, ainda, que só quem possui competência para legislar sobre matéria trabalhista é a União.
   c) **Servidores Temporários** são aqueles previstos na CF/88, os quais podem ser contratados, sem concurso, por tempo determinado para

atender à necessidade temporária de excepcional interesse público. O STF, na ADI nº 3068/DF, entendeu que, na contratação de servidores temporários, deverá ser demonstrada a **necessidade temporária de excepcional interesse público, quer para o desempenho das atividades de caráter eventual, temporário ou excepcional, quer para o desempenho das atividades de caráter regular e permanente**, e que, ainda que se demonstre a inércia da Administração em realizar tempestivamente concurso público, o interesse público não pode ser punido, em reverência ao princípio da continuidade da atividade estatal.

5. **Particulares em colaboração com o Poder Público**, segundo Celso Antônio, "são pessoas que, sem perderem sua qualidade de particulares – portanto, de pessoas alheias à intimidade do aparelho estatal (exceto os recrutas), mas que exercem função pública". Classificam-se em: **por delegação do Poder Público, por requisição, nomeação ou designação ou gestores de negócios.**

Cargo público, emprego público e função pública

6. Deve-se diferenciar cargos, empregos e funções públicas. **Cargo** é o local criado por lei, dentro do serviço público, que possui atribuições, nomenclatura e remuneração próprias.

6.1 **Cargo efetivo** é aquele cujo provimento decorre de prévia aprovação em concurso público de provas ou de provas e títulos.

6.2 **Cargo em comissão** é aquele de livre provimento e exoneração. São os cargos em comissão que, segundo estabelece a Constituição devem ser criados por lei apenas para desempenho das atribuições de direção, chefia e assessoramento.

6.3 O **emprego público** também é um local no serviço público, criado por lei, com atribuições, nomenclatura e remuneração próprias, podendo distinguir-se uma da outra pelo tipo de vínculo que liga o servidor ao Estado.

6.4 **Função** é a atribuição ou o conjunto de atribuições conferidas aos cargos isolados ou organizados em carreira ou, ainda, aos que desempenham função pública em caráter excepcional e transitório.

Regime jurídico, investidura e vacância

7. O STF já entendeu que o **servidor não tem direito adquirido a regime jurídico**, podendo o Estado modificá-lo unilateralmente ou transformá-

-lo em celetista, entretanto, caso o vínculo seja contratual ou celetista, o Estado não poderá obrigar o servidor a adotar o novo regime. Será uma questão de opção que ocorrerá sem solução de continuidade.

8. O art. 37, inc. II da Constituição dispõe que a investidura em cargo ou emprego público depende de aprovação prévia em **concurso público** de provas ou de provas e títulos, de acordo com a natureza e a complexidade do cargo ou emprego, na forma prevista em lei, ressalvadas as nomeações para **cargo em comissão** declarado em lei de livre nomeação e exoneração.
9. Os serviços sociais autônomos integrantes do denominado "Sistema S" **não** estão submetidos à exigência de concurso público para contratação de pessoal, nos moldes do art. 37, II, da CF/88.
10. A doutrina e a jurisprudência admitem que o **legislador** fixe **critérios limitativos** ao sexo e à idade dos candidatos, quando essas limitações guardem **correlação lógica** e sejam necessárias em razão das atribuições a serem exercidas. Segundo o Ministro Sepúlveda Pertence, no Agr. RE 327.784, *não cabe ao edital limitar o que a lei não restringiu.* Ex.: guarda de presídio feminino, policial, delegado.
11. A Suprema Corte também julgou inconstitucional, com repercussão geral, a **proibição de tatuagens** a candidatos a cargo público estabelecida em leis e editais de concurso público, por entender que se trataria de barreiras arbitrárias para impedir o acesso de candidatos a cargos públicos o que afrontaria os princípios constitucionais da isonomia e da razoabilidade e que qualquer obstáculo a acesso a cargo público deve estar relacionado unicamente ao exercício das funções públicas, salvo as tatuagens que representem obscenidades, ideologias terroristas, discriminatórias, que preguem a violência e a criminalidade, discriminação de raça, credo, sexo ou origem, temas inegavelmente contrários às instituições democráticas.
12. A exigência do exame psicotécnico em concurso depende de previsão em lei e no edital, e deve seguir critérios objetivos.
13. As provas de títulos não podem possuir natureza eliminatória, prestando-se apenas para classificar os candidatos.
14. Nos concursos que possuem fase de investigação social, não pode haver a exclusão do candidato condenado em ação penal, ainda não transitada em julgado, em respeito ao princípio da presunção de inocência.
15. As cotas raciais em concurso público são legítimas, assim como o critério legal da autodeclaração, com possibilidade de utilização subsidiária de critérios de heteroidentificação, no intuito de coibir fraudes, desde que respeitados a dignidade da pessoa humana, o contraditório e a ampla defesa.

16. Há direito subjetivo à nomeação dentro do prazo de validade do concurso para o candidato aprovado dentro do número de vagas, cabendo destacar que o Pretório Excelso ponderou que esse direito não é absoluto e cede diante de impossibilidades supervenientes devidamente demonstradas pela Administração.

17. O Pretório Excelso também entende que o surgimento de novas vagas durante o prazo de validade de concurso não gera, automaticamente, um direito à nomeação dos candidatos aprovados fora das vagas do edital, nem mesmo que novo concurso venha a ser aberto durante a validade do primeiro.

18. Saliente-se, ainda, que o candidato aprovado possui direito à nomeação imediata caso ocorra burla na ordem de classificação ou quando for contratado ou nomeado servidor, sem concurso público (nomeações "ad hoc" ou contratações de terceirizados).

19. A nomeação tardia de candidatos aprovados em concurso público, por meio de ato judicial, à qual atribuída eficácia retroativa, não gera direito às promoções ou progressões funcionais que alcançariam houvesse ocorrido, a tempo e modo, a nomeação, segundo entendimento do nosso Pretório Excelso.

20. O STF, inclusive, editou a Súmula nº 15, segundo a qual "dentro do prazo de validade do concurso, o candidato aprovado tem direito à nomeação, quando o cargo for preenchido sem observância da classificação".

21. O STJ já pacificou o entendimento de que o prazo para impetração do mandado de segurança no caso de desrespeito ao direito subjetivo à nomeação para os candidatos aprovados dentro do número de vagas não se esvai juntamente com o prazo de validade do concurso. Na verdade, o termo inicial do prazo decadencial para essas hipóteses é o término do prazo de validade do concurso.

22. O Supremo decidiu, em sede de repercussão geral, que o exercício do direito de greve, sob qualquer forma ou modalidade, é vedado aos policiais civis e a todos os servidores públicos que atuem diretamente na área de segurança pública. Também decidiu que a justiça comum, federal ou estadual, é competente para julgar a abusividade de greve de servidores públicos celetistas da Administração pública direta, autarquias e fundações públicas.

23. É constitucional a regra inserida no edital de concurso público, denominada cláusula de barreira, com o intuito de selecionar apenas os candidatos mais bem classificados para prosseguir no certame.

24. A administração pública deve proceder ao desconto dos dias de paralisação decorrentes do exercício do direito de greve pelos servidores públicos, em virtude da suspensão do vínculo funcional que dela decorre, permitida a compensação em caso de acordo. O desconto será, contudo, incabível se ficar demonstrado que a greve foi provocada por conduta ilícita do Poder Público.

25. **Provimento** é o fato administrativo que retrata o preenchimento de um cargo ou função pública. Há dois tipos de provimento: o **provimento originário**, também chamado **inicial**, indica que o vínculo do servidor com o cargo ou função pública não decorre de prévia vinculação com a Administração; e o **provimento derivado** é o que depende de um vínculo anterior do servidor com a Administração.

26. Quanto às formas de provimento, temos: **nomeação, promoção vertical, readaptação, recondução, reintegração, aproveitamento**, **reversão** e **disponibilidade**.

27. A Vacância é o fato administrativo pelo qual o servidor é destituído do cargo e ocorrerá nas seguintes situações: **exoneração, demissão, promoção, readaptação, aposentadoria, posse em outro cargo inacumulável** e **falecimento.**

Remuneração

28. Existem duas formas de remuneração dos servidores: os **vencimentos** e o **subsídio**. Os **vencimentos** consistem no pagamento de uma parcela fixa (vencimento) e de uma parcela variável (composta das gratificações, adicionais e indenizações). Já o **subsídio** é pago mediante uma parcela única.

29. A Constituição determina que alguns cargos necessariamente devem ser remunerados por **subsídio**, tais como os membros do Poder Judiciário, do Ministério Público, do Legislativo, dos Tribunais de Contas, da Advocacia Geral da União, Defensoria Pública e das polícias, bem como os primeiros escalões do Poder Executivo (ministros, secretários estaduais e municipais).

30. Os demais cargos que estejam organizados em carreira podem (trata-se de faculdade e não de direito) ser remunerados por subsídio.

31. A Carta Magna fixa, também, como **teto máximo** (de remuneração ou subsídio, de qualquer servidor ou agente político) o subsídio mensal dos Ministros do Supremo Tribunal Federal. Este teto não inclui as parcelas de caráter indenizatório, como diárias e auxílio moradia, por exemplo.

32. O STF decidiu, com repercussão geral, que nos casos autorizados constitucionalmente de acumulação de cargos, empregos e funções, a incidência do teto estabelecido pelo art. 37, XI, da CF pressupõe consideração de cada um dos vínculos formalizados, afastada a observância do teto remuneratório quanto ao somatório dos ganhos do agente público.

33. A **fixação** e a **alteração da remuneração** dos servidores públicos só podem ser realizadas por lei específica (ressalvados os servidores do Poder Legislativo, cuja remuneração é fixada por ato do Congresso Nacional) e depende de prévia dotação orçamentária e de autorização específica da lei de diretrizes orçamentárias.

34. Não cabe, ao Poder Judiciário, que não tem a função legislativa, aumentar vencimentos de servidores públicos sob o fundamento de isonomia.

35. A remuneração total do servidor não pode ser inferior ao salário mínimo, mas tal restrição não se aplica ao vencimento básico do seu cargo.

Responsabilidade dos servidores públicos

36. A **responsabilidade civil** obriga o servidor a reparar o dano causado no exercício de suas funções, desde que tenha agido com culpa ou dolo (responsabilidade subjetiva). Independe da responsabilidade administrativa e penal e todas podem ser apuradas de maneira concomitante, em razão da independência das instâncias.

37. A Advocacia-Geral da União com fundamento em recente manifestação (Parecer nº 040/2016/DECOR/CGU/AGU, aprovado pelo Advogado-Geral da União e, portanto, vinculante para todos os membros da AGU), posicionou-se pela possibilidade de desconto em folha dos valores referentes a prejuízos causados por servidores, bastando terem sido observados, em processo administrativo prévio, os princípios do contraditório, da ampla defesa e do devido processo legal, sendo desnecessária a concordância do servidor.

38. A Responsabilidade Administrativa é a responsabilidade decorrente do cometimento de ilícitos administrativos pelo servidor.

39. A Responsabilidade Penal é aquela advinda da prática de **ilícito penal** por servidor público no exercício de sua função ou a pretexto de exercê-la. Ela é aferida pelo Poder Judiciário.

40. Há independência entre as instâncias administrativa, civil e penal. Dessa forma, não há necessidade de se aguardar o desfecho de um processo criminal que apura conduta de servidor, também objeto de processo administrativo. Entretanto, o art. 126, da Lei 8.112/90, contempla uma possibilidade de **comunicação de instâncias** ou, em outras palavras, de repercussão da decisão de uma esfera em outra. Trata-se da **absolvição criminal pela inexistência do fato ou de sua autoria.**

41. A absolvição criminal do servidor por falta de provas não tem o poder de afastar a sua responsabilidade administrativa.

Acumulação de cargos, empregos e funções públicas

42. A CF/88, em seu art. 37, XVII, veda a acumulação remunerada de cargos, empregos e funções públicas na Administração Direta e Indireta, bem como nas suas subsidiárias e empresas controladas direta ou indiretamente pelo Poder Público.

43. Existem algumas **situações de cumulatividade**, desde que haja compatibilidade de horários, devendo sempre ser observado o teto remuneratório (subsídio de Ministro do STF), nas seguintes situações: (1ª) dois cargos de professor; (2ª) um cargo de professor com outro técnico ou científico; e (3ª) dois cargos ou empregos privativos de profissionais de saúde, com profissões regulamentadas.

44. Detectada a qualquer tempo a acumulação ilegal de cargos, empregos ou funções públicas, o servidor será notificado para apresentar opção no prazo improrrogável de dez dias, contados da data da ciência e, na hipótese de omissão, a administração adotará procedimento sumário para apurar o ilícito administrativo.

45. A opção pelo servidor até o último dia de prazo para defesa configurará sua boa-fé, hipótese em que se converterá automaticamente em pedido de exoneração do outro cargo.

46. No caso de acumulação ilegal de cargos públicos, a restituição de valores recebidos pelo servidor somente é devida caso seja constatada a não contraprestação de serviços, sob pena de se configurar enriquecimento sem causa da Administração.

47. A Constituição admite também que o servidor eleito para o **cargo de Vereador** venha a acumular os cargos e a remuneração, se houver compatibilidade de horários.

48. **É vedada a cumulação tríplice de vencimentos e/ou proventos, ainda que a investidura nos cargos públicos tenha ocorrido anteriormente à EC 20/98, segundo entendimento em sede de repercussão geral do Supremo.**

49. Por fim, o art. 37, § 10, da CF/88 veda a percepção simultânea de proventos de **aposentadoria** com a remuneração de cargo, emprego ou função pública, **ressalvados os cargos acumuláveis na forma desta Constituição, os cargos eletivos e os cargos em comissão declarados em lei de livre nomeação e exoneração.**

Estabilidade, Vitaliciedade e estágio probatório

50. Estabilidade é o direito outorgado ao servidor estatutário, nomeado em virtude de concurso público, de permanecer no serviço público após três anos de efetivo exercício (art. 41, da CF, com redação dada pela EC 19/98), que dependerá de avaliação especial de desempenho do servidor, a ser realizada por comissão funcional com esta finalidade.

51. O art. 19 do Ato de Disposições Constitucionais Transitórias (ADCT) estabeleceu, também, que serão considerados estáveis todos os servidores públicos civis federais, estaduais, distritais e municipais, da Administração Direta ou Indireta, que estivessem em exercício há pelo menos cinco anos na data da promulgação da Constituição Federal de 1988, ainda que tenham ingressado no serviço público sem concurso. José dos Santos Carvalho Filho chama essa garantia de **estabilização.**

52. Os empregados de **empresas públicas** e **sociedades de economia mista** não são servidores públicos, salvo nas situações específicas previstas em lei (ex.: lei penal-crimes contra a Administração Pública), e, portanto, não detém a estabilidade do art. 41, da Constituição.

53. Tendo adquirido a **estabilidade**, o servidor só poderá ser demitido nas seguintes hipóteses: – **sentença judicial transitada em julgado**; – **processo administrativo disciplinar** em que lhe seja assegurada ampla defesa e contraditório; – quando demonstrar **insuficiência de desempenho**, comprovada em processo administrativo, por meio de avaliações periódicas em que lhe seja assegurada oportunidade de defesa (alguns autores entendem que essa é uma situação de exoneração); e – para adequar os **gastos com pessoal** aos limites fixados na lei de responsabilidade fiscal, após ter sido providenciada a redução de pelo menos 20% das despesas com cargos em comissão ou funções de confiança e a exoneração de servidores não estáveis.

54. Estágio Probatório é o período de três anos dentro do qual o servidor é avaliado quanto aos requisitos necessários para o desempenho do cargo, tais como demonstração de iniciativa, adequação, disciplina, assiduidade e outros do mesmo gênero.

55. **Vitaliciedade** é a garantia conferida aos membros da magistratura, Ministério Público e Tribunais de Contas de permanecerem no serviço público, salvo determinação judicial transitada em julgado.

56. A vitaliciedade é adquirida após dois anos de exercício para os membros da magistratura e do Ministério Público de primeiro grau (aprovados em concurso público) e imediatamente para os membros da magistratura, do Ministério Público de segundo grau. Todos os membros dos Tribunais de Contas (ministro – TCU; conselheiros – TCE e TCM) adquirem a vitaliciedade com a investidura no cargo.

Aposentadoria

57. Os servidores efetivos e vitalícios se aposentam pelo regime especial de aposentadoria dos servidores públicos. Por sua vez, os servidores ocupantes exclusivamente de cargos em comissão, empregados públicos e servidores temporários serão aposentados pelo Regime Geral de Previdência Social – RGPS.

58. Os requisitos para que o servidor possa se aposentar voluntariamente são os seguintes:

Requisitos	Homem	Mulher
Idade	60 anos	55 anos
Tempo de contribuição	35 anos	30 anos
Tempo de serviço público	10 anos	10 anos
Tempo no cargo	05 anos	05 anos

59. Na **aposentadoria por invalidez**, via de regra, o servidor receberá **proventos proporcionais** ao tempo de contribuição. No entanto, perceberá **proventos integrais**, se a invalidez decorrer de acidente de serviço, moléstia profissional ou doença grave, contagiosa ou incurável, na forma da lei.

60. Incidirá **contribuição previdenciária** sobre as aposentadorias e pensões que ultrapassem o teto do RGPS.

61. O servidor que optar por permanecer em atividade após preencher os requisitos para aposentadoria voluntária (60/55; 35/30; 10 e 5) fará *jus* a um **abono de permanência** no valor da contribuição.

62. Pensão por morte – O dependente do servidor possui direito de receber 100% de sua remuneração a título de pensão na hipótese de seu falecimento, caso a remuneração ou aposentadoria não ultrapassasse o teto do RGPS (atualmente fixado em R$ 4.663,75). Em caso contrário, o pensionista receberá os 100% correspondente ao teto do RGPS + 70% do que exceder.

63. O benefício também deixa de ser, em regra, vitalício. A partir de agora dependerá da expectativa de sobrevida do cônjuge, companheiro ou companheira no momento do óbito.

64. A Lei nº 13.135/2015 estabeleceu para o cônjuge ou companheiro (a) uma série de exigências para que possa fazer *jus* à pensão, são elas:

a) Caso o óbito tenha ocorrido sem que o servidor tenha efetuado 18 contribuições mensais ou caso o casamento ou a união estável tiverem sido iniciados em menos de 2 anos antes do óbito do servidor a pensão só será devida por 4 meses;

b) Caso tenha sido superado o período de carência de 18 contribuições e o casamento conte com mais de dois anos o cônjuge ou companheira perceberá a pensão da seguinte forma:

b.1) por 3 anos, caso tenha menos de 21 anos de idade, na data do óbito;

b.2) por 6 anos, caso tenha entre 21 e 26 anos de idade, na data do óbito;

b.3) por 10 anos, caso tenha entre 27 e 29 anos de idade, na data do óbito;

b.4) por 15 anos, caso tenha entre 30 e 40 anos de idade, na data do óbito;

b.5) por 20 anos, caso tenha entre 41 e 43 anos de idade, na data do óbito;

b.6) de forma vitalícia, caso tenha 44 ou mais anos de idade, na data do óbito.

65. Nos casos de óbito decorrente de acidente de trabalho, salvo nas hipóteses de acidente de qualquer natureza ou de doença profissional ou do trabalho, serão dispensadas as carências de 18 contribuições mensais, bem como da comprovação de dois anos de casamento ou de união estável.

66. A **aposentadoria proporcional** ocorrerá nos casos de aposentadoria voluntária por idade (H/65 anos; M/60 anos) ou por invalidez, ou, ainda, quando ocorrer a aposentadoria compulsória (75 anos para homens e mulheres), e o servidor receberá os proventos proporcionalmente ao seu tempo de contribuição.

67. O tempo de contribuição federal, estadual ou municipal será contado para efeito de aposentadoria e o tempo de serviço correspondente para efeito de disponibilidade.

68. Pelo **regime complementar oficial de previdência**, a União, os Estados, o Distrito Federal e os Municípios, desde que instituam regime de previdência complementar para os seus respectivos servidores titulares de cargo efetivo, poderão fixar, para o valor das aposentadorias e pensões, o limite máximo pelo RGPS.

69. No âmbito federal, a matéria se encontra regulamentada pela Lei nº 12.618, de 30 de abril de 2012, que definiu os beneficiários obrigatórios e facultativos. Além disso, foram criadas a Fundação de Previdência Complementar do Servidor Público Federal do Poder Executivo (Funpresp-Exe), para os servidores públicos titulares de cargo efetivo do Poder Executivo; Fundação de Previdência Complementar do Servidor Público Federal do Poder Legislativo (Funpresp-Leg), para os servidores públicos titulares de cargo efetivo do Poder Legislativo e do Tribunal de Contas da União e para os membros deste Tribunal; e Fundação de Previdência Complementar do Servidor Público Federal do Poder Judiciário (Funpresp-Jud), para os servidores públicos titulares de cargo efetivo e para os membros do Poder Judiciário.

70. A alíquota da contribuição do participante será por ele definida anualmente. Por sua vez, a alíquota da contribuição do patrocinador será igual à do participante, observado o disposto no regulamento do plano de benefícios, e não poderá exceder o percentual de 8,5% (oito inteiros e cinco décimos por cento).

7. LICITAÇÕES PÚBLICAS

1. A **licitação** é o procedimento prévio de seleção por meio do qual a Administração, mediante critérios previamente estabelecidos, isonômicos, abertos ao público e fomentadores da competitividade, busca escolher a melhor alternativa para a celebração de um contrato.

2. A **competência privativa** da União para legislar sobre licitações se restringe às **normas gerais.** Assim, os demais entes federativos podem legislar sobre normas específicas em licitações e contratação. Naquilo que é geral, a lei federal que tratar sobre licitações possui **caráter nacional**, aplicando-se a todos os entes da Federação.

3. A licitação tem por **finalidade** garantir a observância do princípio constitucional da **isonomia**, a seleção da proposta mais vantajosa (**vantajosidade**) para a administração e a **promoção do desenvolvimento nacional sustentável**.

4. Nos processos de licitação, poderá ser estabelecida **margem de preferência** para:

a) produtos manufaturados nacionais, que atendam a normas técnicas brasileiras;

b) serviços nacionais, que atendam a normas técnicas brasileiras;

c) bens e serviços produzidos ou prestados por empresas que comprovem cumprimento de reserva de cargos prevista em lei para pessoa com deficiência ou para reabilitado da Previdência Social e que atendam às regras de acessibilidade previstas na legislação.

5. Embora, em geral, a realização de licitação seja obrigatória, a Lei Geral de Licitações prevê hipóteses de contratação direta (**dispensa** e **inexigibilidade**). De qualquer forma, essas formas de contratação direta devem obediência aos princípios do Direito Administrativo e a alguns passos burocráticos de controle.

6. As situações de **dispensa** previstas na legislação são **taxativas**, não podendo ser criadas pelo gestor (mas apenas pelo legislador) novas hipóteses. Nelas, a competição seria viável, mas o legislador entendeu por bem torná-la não obrigatória.

6.1. Diante da competência legislativa privativa, as hipóteses de dispensa apenas podem ser estabelecidas por Lei federal. Noutro prumo, outras leis federais podem estabelecer hipóteses de licitação dispensável, além das descritas no artigo 24 da Lei Geral de Licitações.

7. Diferentemente da dispensa, em que a competição é possível, porém o legislador permite não a fazer, **na inexigibilidade, a competição é inviável**, o que torna inócuo o procedimento licitatório, cuja razão de ser é, justamente, fomentar a competição em busca da melhor proposta para o atendimento do interesse público.

7.1. Na inexigibilidade, as situações apresentadas pelo legislador são exemplificativas. Sempre que a competição for inviável, restará caracterizada uma hipótese de inexigibilidade, mesmo que sem previsão da hipótese na Lei.

7.2. Os órgãos competentes pela contratação têm a obrigação de averiguar a veracidade do atestado de exclusividade apresentado. Outrossim, de acordo com a Jurisprudência do Tribunal de Contas da União, a "carta de exclusividade", por si só, é insuficiente para demonstrar que a empresa é fornecedora exclusiva de determinado produto.

7.3. Para a contratação direta descrita no inciso II, não basta a indicação de um dos serviços técnicos especializados apontados pelo artigo 13 da Lei. É necessária a **notória especialização** do contratado e a **natureza singular** (singularidade) do serviço.

7.4. Na contratação de profissional do setor artístico por inexigibilidade de licitação, **é irregular a apresentação de atestado de exclusividade restrito aos dias e à localidade do evento**, em vez do contrato de exclusividade entre o artista e o empresário contratado, haja vista que o contrato de exclusividade é imprescindível para caracterizar a inviabilidade de competição de que trata o art. 25, inciso III, da Lei 8.666/1993

8. Mesmo sem a observância dos procedimentos relativos às modalidades licitatórias, a contratação direta deve obediência aos princípios do Direito Administrativo. A Lei nº 8.666/93 exige, expressamente, a obediência **a condicionantes da eficácia** e a **elementos de instrução**.

8.1. **Condicionantes da eficácia.** As dispensas (excluídas as de pequeno valor, art. 24, I e II) e as inexigibilidades devem ser justificadas e comunicadas, dentro de 3 (três) dias, à autoridade superior, para ratificação e publicação na imprensa oficial, no prazo de 5 (cinco) dias, como condição para a eficácia dos atos.

8.2. **Elementos de instrução.** O parágrafo único do artigo 26 exige, no processo de contratação direta, os seguintes elementos: 1) caracterização da situação emergencial ou calamitosa (quando for o caso); 2) razão da escolha do fornecedor ou executante; 3) justificativa do preço; 4) documento de aprovação dos projetos de pesquisa aos quais os bens serão alocados (quando for o caso).

Modalidades

9. As modalidades usuais de licitação são **concorrência, tomada de preços, convite, concurso, leilão** e **pregão.**

9.1 Notadamente nos serviços continuados (art. 57, II) para fins de escolha das modalidades licitatórias convencionais (concorrência, tomada de preços e convite), bem como de enquadramento das contratações previstas no art. 24, I e II, da Lei nº 8.666/1993, a definição do valor da contratação levará em conta o período de vigência contratual e as possíveis prorrogações.

10. **Concorrência** é a modalidade de licitação utilizada, via de regra, para **maiores contratações** (art. 23, I e II). É aberta a quaisquer interessados que preencham os requisitos estabelecidos no edital. Além dos contratos de grande vulto econômico, o legislador fez questão de estabelecer hipóteses em que essa modalidade tem aplicação, independentemente dos valores envolvidos, como nas licitações internacionais, nas compras ou alienações de bens imóveis e nas concessões de direito real de uso.

11. **Tomada de preços** é uma modalidade em que a disputa ocorre entre os interessados cadastrados, podendo ser acrescida por aqueles que, mesmo não cadastrados, atenderem às condições editalícias de cadastramento, até o terceiro dia anterior à data do recebimento das propostas.

12. **Convite** é a modalidade utilizada para as relações negociais de **menor vulto**, o que permitiu que o legislador vislumbrasse um procedimento de formalidades reduzidas. Nele, o órgão contratante convida, pelo menos, três empresas ou profissionais, entre interessados do ramo (cadastrados ou não), para apresentar ofertas à pretensão contratual manifestada.

    12.1. A participação simultânea de empresas com sócios comuns em licitação não afronta a legislação vigente e somente merece ser considerada irregular quando puder alijar do certame outros potenciais participantes, como nos casos de: a) convite; b) contratação por dispensa de licitação; c) existência de relação entre as licitantes e a empresa responsável pela elaboração do projeto executivo; d) contratação de uma das empresas para fiscalizar serviço prestado por outra.

13. **Concurso** é a modalidade prevista pela legislação para escolha de **trabalho técnico, científico ou artístico**, mediante prêmios ou remuneração aos vencedores, conforme critérios apresentados pelo edital. No concurso, o julgamento será feito por uma comissão especial integrada por pessoas de reputação ilibada e reconhecido conhecimento da matéria em exame, **servidores públicos ou não**.

14. **Leilão** é a modalidade utilizada para a venda de bens móveis inservíveis para a Administração, de produtos legalmente apreendidos ou penhorados ou para a alienação de bens imóveis cuja aquisição haja derivado de procedimentos judiciais ou de dação em pagamento. Os bens arrematados serão pagos à vista ou no percentual estabelecido no edital, não inferior a 5% (cinco por cento).

15. **Pregão** é a modalidade de licitação utilizada para a aquisição de **bens e de serviços comuns**, independentemente do valor da contratação, e pode ocorrer nas formas **presencial** e **eletrônica**.

15.1. Nas licitações realizadas mediante pregão, constitui poder-dever da Administração a tentativa de negociação para reduzir o preço final do contrato, mesmo que eventualmente o valor da oferta tenha sido inferior à estimativa da licitação.

16. Consideram-se **bens e serviços comuns**, aqueles cujos padrões de desempenho e qualidade possam ser objetivamente definidos pelo edital, por meio de especificações usuais no mercado. O uso do pregão nas contratações de serviços comuns de engenharia encontra amparo na Lei nº 10.520/2002.

16.1. Em nível federal, a modalidade pregão não é aplicável à contratação de obras de engenharia, locações imobiliárias e alienações, sendo permitida a sua adoção nas contratações de serviços comuns de engenharia.

17. No pregão, o exame do registro da intenção de recurso deve limitar-se à verificação dos requisitos de sucumbência, tempestividade, legitimidade, interesse e motivação, não podendo o mérito do recurso ser julgado previamente à apresentação das razões e contrarrazões recursais.

18. Conforme precedente do STF, contratações complexas ou sujeitas à intensa atividade intelectual se afastam do conceito de bens e serviços comuns. Da mesma forma, o fato de estarem os serviços vinculados a diversas normas técnicas não é suficiente para caracterizá-los como comuns.

Fase externa (publicação do edital)

19. A fase externa da licitação se inicia com a publicação do instrumento convocatório (edital ou carta convite), seguida dos procedimentos relacionados à disputa licitatória.

19.1. O convite dispensa a publicação de edital em diário oficial ou jornal, mas a lei exige que a unidade administrativa afixe, em lugar adequado, uma cópia do instrumento convocatório.

19.2. É necessária a republicação do edital nos casos em que as respostas aos pedidos de esclarecimentos de licitantes, ainda que publicadas em portal oficial, impactem na formulação das propostas.

20. O prazo mínimo para receber as propostas ou realizar o evento será:

Prazo	Evento
45 dias	a) concurso; b) concorrência (regime de empreitada integral ou quando a licitação for do tipo "melhor técnica" ou "técnica e preço");

Prazo	Evento
30 dias	a) concorrência, nos demais casos; b) tomada de preços (licitação for do tipo "melhor técnica" ou "técnica e preço");
15 dias	a) tomada de preços, nos demais casos; b) leilão;
8 dias úteis	pregão;
5 dias úteis	convite.

21. **Na modalidade pregão**, a convocação dos interessados será efetuada por meio de publicação de aviso em diário oficial do respectivo ente federado ou, não existindo, em jornal de circulação local e facultativamente, por meios eletrônicos e conforme o vulto da licitação, em jornal de grande circulação.

22. **Licitações simultâneas** são aquelas com objetos similares e com realização prevista para intervalos não superiores a trinta dias.

23. **Licitações sucessivas** são aquelas com objetos similares, em que o edital subsequente tenha uma data anterior a cento e vinte dias após o término do contrato resultante da licitação antecedente.

Habilitação

24. A habilitação é o momento do procedimento licitatório em que o órgão licitante buscará identificar a aptidão ou capacidade do licitante. Os documentos exigidos, para fins de habilitação, estarão relacionados a: (a) habilitação jurídica; (b) qualificação técnica; (c) qualificação econômico-financeira; (d) regularidade fiscal e trabalhista; (e) cumprimento da proibição de trabalho noturno, perigoso ou insalubre a menores de dezoito anos e de qualquer trabalho a menores de dezesseis anos, salvo na condição de aprendiz, a partir de quatorze anos.

    24.1. O gestor público deve facultar aos licitantes a possibilidade de sua habilitação no certame ser aferida por meio do Sistema de Cadastramento Unificado de Fornecedores (Sicaf). No entanto, o cadastro no referido sistema não é condição necessária à habilitação em processo licitatório.

25. A **habilitação jurídica** tem por fundamento a necessidade de verificação da capacidade do licitante no exercício de direitos e deveres, para caso de eventual responsabilização pelas obrigações pactuadas.

25.1. É irregular a inabilitação ou a desclassificação de empresa licitante por não ter indicado os seus dados bancários, pois tal informação, além de não estar prevista no rol taxativo da Lei, pode ser obtida mediante simples diligência.

26. A **qualificação técnica** tem como escopo a verificação da habilidade ou aptidão (capacidade técnica) para a execução da pretensão contratual.

26.1. Os atestados de capacidade técnica emitidos com o nome da antiga razão social da empresa licitante são válidos para fins de habilitação.

27. A qualificação técnica em **capacidade técnico-operacional**, relacionada à aptidão da empresa, e **capacidade técnico-profissional**, relacionada à aptidão dos profissionais que atuarão pela empresa.

28. A **qualificação econômico-financeira** objetiva identificar a capacidade econômica do particular, de forma que fique resguardada a existência de condições suficientes e compatíveis com a posterior execução contratual.

29. Segundo o STJ, as empresas em recuperação judicial têm o direito de participar de licitações, mesmo com a exigência da Lei de Licitações de apresentação da "certidão negativa de falência ou concordata" (STJ – Medida Cautelar 23.499).

30. Conforme precedente do STF (ADI 173), a **regularidade fiscal** implica exigibilidade da quitação, quando o tributo não seja objeto de discussão judicial ou administrativa. A Administração Pública não deve exigir dos licitantes a apresentação de certidão de quitação de obrigações fiscais, e sim prova de sua regularidade.

31. A **regularidade trabalhista** foi instituída como exigência habilitatória, exigindo que o licitante prove a inexistência de débitos inadimplidos perante a Justiça do Trabalho, mediante a apresentação de **certidão negativa de débitos trabalhistas (CNDT)**.

32. A exigência de apresentação de certidões negativas de débitos salariais e de infrações trabalhistas junto à Delegacia Regional do Trabalho é indevida.

Homologação e adjudicação

33. **Homologação** é o ato administrativo pelo qual a autoridade superior manifesta sua concordância com a legalidade e a conveniência do procedimento licitatório.

34. **Adjudicação** é o ato administrativo pelo qual se declara como satisfatória a proposta vencedora do procedimento e afirma-se a intenção de celebrar o contrato com o seu ofertante. O primeiro classificado não tem direito subjetivo à adjudicação. Da mesma forma, o adjudicatário não tem direito subjetivo ao contrato, podendo a licitação ser revogada ou anulada.

Invalidação e revogação

35. A **invalidação da licitação** deve ocorrer quando identificada ilegalidade. Essa anulação pode ocorrer de ofício ou por provocação de terceiros, induz à invalidação do contrato e não gera obrigação de indenizar, ressalvado o dever de indenização pelo que o contratado houver executado até a data em que for declarada a nulidade e por outros prejuízos regularmente comprovados, contanto que não lhe seja imputável.

36. A **revogação da licitação** pressupõe um juízo de conveniência e oportunidade por parte do administrador. No caso da licitação, a revogação exige razões de interesse público decorrente de fato superveniente devidamente comprovado, pertinente e suficiente para justificar tal conduta.

36.1. A revogação de processo licitatório é condicionada à ocorrência de fato superveniente, devidamente comprovado, que justifique tal medida.

36.2. A revogação da licitação, quando antecedente da homologação e da adjudicação, é bastante pertinente e não enseja contraditório.

Responsabilidade do parecerista e parecer referencial

37. O STF tem firmado o entendimento de que é abusiva a responsabilização do parecerista à luz de uma alargada relação de causalidade entre seu parecer e o ato administrativo do qual tenha resultado dano ao erário. Segundo aquele Tribunal, **salvo demonstração de culpa ou de erro grosseiro, submetida às instâncias administrativo-disciplinares ou jurisdicionais próprias, não cabe a responsabilização do advogado público pelo conteúdo de seu parecer de natureza meramente opinativa** (MS 24631).

38. Os processos que sejam objetos **de manifestação jurídica referencial**, isto é, aquela que analisa todas as questões jurídicas que envolvam matérias idênticas e recorrentes, estão dispensados de análise individualizada pelos órgãos consultivos, desde que a área técnica ateste, de forma expressa, que o caso concreto se amolda aos termos da citada manifestação.

Licitações para estatais

39. A Lei federal nº 13.303/2016 estabeleceu regras licitatórias para as estatais, sejam exploradoras de atividade econômica ou prestadoras de serviços públicos.

40. É autoaplicável o regime de licitação e contratação previsto na Lei nº 13.303/2016, podendo ser aplicado antes do fim prazo de 24 meses, após a entrada em vigor da referida Lei.

41. A Lei das estatais adota um modelo procedimental flexível (como no RDC), no qual não há modalidades estáticas (como ocorre na Lei nº 8.666/93).

42. A Lei federal nº 13.303/2016 adota regime licitatório assemelhado ao do RDC, com possibilidade de **orçamento sigiloso; inovações para aquisição** (indicação de marca, exigência de amostra e certificação de qualidade); **contratação integrada; remuneração variável; contratações simultâneas; inversão das fases; modos de disputa**, entre outros.

43. A Lei das estatais admite ainda o regime de execução **contratação semi-integrada**, que será preferencial nas licitações de obras e serviços de engenharia.

44. Na **contratação semi-integrada**, o Poder Público é o responsável pela confecção do projeto básico, contudo, admite-se que o projeto básico seja alterado, desde que demonstrada a superioridade das inovações.

45. Nas licitações de obras e serviços de engenharia, **a contratação semi-integrada foi estabelecida como regime preferencial, para as estatais**, podendo ser utilizados outros regimes de execução, desde que devidamente justificados.

46. Para as dispensas de pequeno valor, a Lei federal nº 13.303/2016 previu o valor limite de **R$ 100.000,00** (para obras e serviços de engenharia) e de **R$ 50.000,00** (para outros serviços, compras e alienações).

47. As empresas públicas e as sociedades de economia mista são dispensadas da observância das regras de licitação e contratos nas seguintes situações:

a) comercialização, prestação ou execução, de forma direta, pelas empresas mencionadas no caput, de produtos, serviços ou obras especificamente relacionados com seus respectivos objetos sociais;

b) nos casos em que a escolha do parceiro esteja associada a suas características particulares, vinculada a oportunidades de negócio definidas e específicas, justificada a inviabilidade de procedimento competitivo.

8. CONTRATOS ADMINISTRATIVOS

1. Considera-se **contrato** todo e qualquer ajuste entre órgãos ou entidades da Administração Pública e particulares, em que haja um acordo de vontades para a formação de vínculo e a estipulação de obrigações recíprocas, seja qual for a denominação utilizada.

2. **Contratos administrativos.** Contratos em que há uma maior incidência das regras de direito público, com suas prerrogativas e restrições para a Administração.

3. **Contratos privados da Administração.** Contratos em que o Poder Público firma negócios regulados, predominantemente, pelo direito privado, situando-se no mesmo plano jurídico da outra parte, sem ter, como regra, as prerrogativas determinadas, pelo regime jurídico público, aos contratos administrativos.

4. **Cláusulas exorbitantes.** O regime jurídico dos contratos administrativos confere à Administração prerrogativas, que a colocam em um patamar de relativa superioridade, na relação contratual formada. Tais prerrogativas são autorizadas pela Lei e devem ser exercidas nos estritos limites estabelecidos por ela.

5. A **condição de desigualdade contratual** estabelecida pela Lei, em favor da Administração Pública, não pode ser ampliada arbitrariamente pelo gestor. Nesse sentido, o STJ tem se posicionado contrariamente à retenção do pagamento das faturas decorrente da imposição de exigências em relação à obrigação de manter a regularidade fiscal.

   5.1 Administração Pública poderá, nos editais de licitação para a contratação de serviços, exigir da contratada que um percentual mínimo de sua mão de obra seja oriundo ou egresso do sistema prisional, com a finalidade de ressocialização do reeducando, na forma estabelecida em regulamento.

Vigência

6. A Lei 8.666/93 veda contratos administrativos com vigência indeterminadas e prescreve que, como regra geral, os contratos devem durar enquanto vigentes os respectivos créditos orçamentários. Não obstante, a Lei apresenta algumas exceções, quais sejam: Projetos cujos produtos estejam contemplados no PPA; Serviços a serem executados de forma contínua (**60 meses**); Aluguel de equipamentos e a utilização de programas de

informática (**48 meses**); Hipóteses previstas nos incisos IX, XIX, XXVIII e XXXI do art. 24 (**120 meses**).

7. A **vigência do contrato de locação de imóveis** em que a Administração Pública é locatária **rege-se pelo art. 51 da Lei 8.245/91**, não estando sujeita ao limite máximo de sessenta meses, estipulado pelo inc. II do art. 57, da Lei 8.666/93.

8. A prorrogação contratual consiste no prolongamento do prazo contratual, com o mesmo contratado e nas mesmas condições. Termo aditivo que fixa novo período de prestação de serviço, mediante novas condições, acrescentadas mediante negociação superveniente, com elementos estranhos à licitação, constitui um novo contrato, que exige novo procedimento licitatório.

9. Em regra a prorrogação do contrato administrativo deve ser efetuada antes do término do prazo de vigência, mediante termo aditivo, para que não se opere a extinção do ajuste. Contudo, nos contratos de escopo, mesmo que não seja tempestivamente formalizado o devido aditamento, é possível considerar os períodos de paralisação das obras por iniciativa da Administração contratante como períodos de suspensão da contagem do prazo de vigência do ajuste.

   9.1. Nos **contratos por escopo**, a extinção do ajuste, em regra, somente se opera com a conclusão do objeto e o seu recebimento pela Administração, diferentemente dos ajustes por tempo determinado, nos quais o prazo constitui elemento essencial e imprescindível para a consecução ou a eficácia do objeto avençado.

Revisão econômica

10. **Reajuste** é o instrumento para recomposição econômica da álea ordinária, relacionada à possível ocorrência de um evento futuro (econômico) desfavorável, mas previsível ou suportável, por ser usual no negócio efetivado. Ele deve ser previsto nos contratos com prazo de duração igual ou superior a um ano e pode ser classificado em duas espécies: **reajuste em sentido estrito** e **repactuação**.

11. **Reajuste em sentido estrito.** Nele são aplicados índices previamente estabelecidos no edital ou no contrato (ex.: INCC, IPCA, IGPM), os quais corresponderão à variação ordinária de seu valor original.

   11.1. O estabelecimento dos critérios de reajuste dos preços, tanto no edital quanto no instrumento contratual, não constitui discricionariedade conferida ao gestor, mas sim verdadeira imposição, ante o disposto na Lei 8.666/93, ainda que a vigência prevista para o contrato não supere doze meses.

12. **Repactuação.** É uma forma de recomposição específica das prestações de serviços em que os custos do objeto licitado envolvem, essencialmente, mão-de-obra. Adota-se a efetiva alteração dos custos contratuais, de acordo com a variação dos componentes dos custos de mão de obra, como o aumento do salário da respectiva categoria profissional.

12.1. Quando a contratação envolver mais de uma categoria profissional, com datas-base diferenciadas, a repactuação deverá ser dividida em tantas quanto forem os acordos, dissídios ou convenções coletivas das categorias envolvidas na contratação.

12.2. Ocorre **preclusão lógica** do direito à repactuação de preços decorrente de majorações salariais da categoria profissional, quando a contratada firma termo aditivo de prorrogação contratual sem suscitar os novos valores pactuados no acordo coletivo, ratificando os preços até então acordados.

13. **Reequilíbrio econômico-financeiro.** É o instrumento para recomposição da álea extraordinária, relacionada a eventos imprevisíveis ou previsíveis, porém de consequências incalculáveis. Não há interregno mínimo para a utilização deste instrumento de recomposição da equação econômica nem limite na revisão.

13.1. O reequilíbrio econômico-financeiro pode ser concedido a qualquer tempo, independentemente de previsão contratual, desde que verificadas as circunstâncias elencadas na letra "d" do inc. II do art. 65, da Lei nº 8.666, de 1993.

14. A contratada, ao iniciar, tardiamente, a execução dos serviços sem condicioná-la a revisão de preços, implicitamente reconhece a adequação e a exequibilidade dos valores propostos na licitação, o que configura renúncia ao reequilíbrio econômico-financeiro das condições iniciais contratadas, **dando ensejo à preclusão lógica.**

15. Há garantia ao reequilíbrio econômico, quando a Administração altera o projeto, implicando em alterações, na execução contratual, que causam repercussão econômica na proposta outrora apresentada.

15.1. A mera variação de preços de mercado não é suficiente para determinar a realização de reequilíbrio econômico-financeiro do contrato.

Execução contratual

16. De acordo com a Lei 8.666/93 (art. 71), o contratado é responsável pelos encargos trabalhistas, fiscais e comerciais resultantes da execução do contrato. Recentemente, em sede da ADC 16, **o STF, por maioria de votos, julgou constitucional o dispositivo.**

17. Segundo a nova redação do **Enunciado 331 do TST**, os entes integrantes da administração pública direta e indireta respondem subsidiariamente, nos contratos de terceirização de serviços, **caso seja evidenciada a sua conduta culposa no cumprimento das obrigações da Lei 8.666/93**, especialmente na fiscalização do cumprimento das obrigações contratuais e legais da prestadora de serviço como empregadora. Importante frisar que, nos termos do Enunciado, **a aludida responsabilidade não decorre de mero inadimplemento das obrigações trabalhistas assumidas pela empresa regularmente contratada.**

18. Com relação **aos encargos previdenciários** resultantes da execução do contrato, a responsabilidade da Administração Pública é **solidária**.

19. A inexecução total ou parcial do contrato enseja a sua rescisão, com as consequências contratuais e as previstas em lei ou regulamento. A rescisão contratual poderá ser **unilateral, amigável** ou **judicial**. A rescisão unilateral constitui uma prerrogativa extraordinária da Administração, e como tal, só deve ocorrer nas situações expressamente autorizadas pela Lei.

20. Os casos de rescisão contratual serão formalmente motivados nos autos do processo, assegurado o contraditório e a ampla defesa. Essa garantia ampara, apenas, as hipóteses de contratos firmados validamente com a Administração.

Convênios e instrumentos congêneres

21. **Convênio** é o acordo, ajuste ou qualquer outro instrumento que discipline a transferência de recursos financeiros de dotações consignadas nos Orçamentos Fiscal e da Seguridade Social da União e tenha como partícipe, de um lado, órgão ou entidade da Administração Pública Federal, direta ou indireta, e, de outro lado, órgão ou entidade da Administração Pública Estadual, distrital ou municipal, direta ou indireta, ou ainda entidades privadas sem fins lucrativos, visando à execução de programa de governo, envolvendo a realização de projeto, atividade, serviço, aquisição de bens ou evento de interesse recíproco, em regime de mútua cooperação.

22. **Termo de execução descentralizada** é o instrumento por meio do qual é ajustada a transferência de crédito de órgão da Administração Pública Federal Direta, autarquia, fundação pública ou empresa estatal dependente para outro órgão ou entidade federal da mesma natureza.
23. **Contrato de repasse** é o instrumento administrativo por meio do qual a transferência dos recursos financeiros se processa por intermédio de instituição ou agente financeiro público federal.
24. A celebração de convênio ou contrato de repasse com entidades privadas sem fins lucrativos será precedida de chamamento público a ser realizado pelo órgão ou entidade concedente, visando à seleção de projetos ou entidades que tornem mais eficaz o objeto do ajuste.

Sanções administrativas

25. É inviável a aplicação de penalidade ao licitante adjudicatário que se recusa a assinar o contrato, quando não exista previsão de aplicação, no edital, de sanção para tal conduta (STJ, REsp 709378).
26. Nos contratos administrativos decorrentes das modalidades licitatórias previstas na Lei Geral de Licitações (Lei 8.666/93), a Administração Pública poderá, garantida a prévia defesa, aplicar ao contratado as seguintes **sanções**: advertência; multa; suspensão temporária.; e declaração de inidoneidade.
27. Nos contratos administrativos decorrentes da modalidade licitatória **pregão**, a administração pública poderá aplicar as seguintes **sanções**: impedimento de licitar e contratar; descredenciamento do SICAF ou sistema equivalente; e multa.
28. A aplicação das sanções de impedimento de licitar e contratar no âmbito da União (art. 7° da lei n° 10.520, de 2002) e de declaração de inidoneidade (art. 87, inc. IV, da Lei n° 8.666, de 1993) possuem efeito ex nunc, competindo à Administração, diante de contratos existentes, avaliar a imediata rescisão no caso concreto.
29. A sanção suspensão temporária, prevista no art. 87, inciso III, da Lei 8.666/93, tem efeito impeditivo limitado ao órgão ou entidade que a aplicou.
30. É competente para a aplicação das penalidades previstas nas Leis n°s 10.520, de 2002, e 8.666, de 1993, excepcionada a sanção de declaração de inidoneidade, a autoridade responsável pela celebração do contrato ou outra prevista em regimento.
31. Quanto à abrangência da sanção, o impedimento de contratar e licitar com o ente federativo que promove o pregão e fiscaliza o contrato (art. 7º da Lei 10.520/02) é pena mais rígida do que a suspensão temporária

de participação em licitação e o impedimento de contratar com um órgão da Administração (art. 87, inciso III, da Lei 8.666/93), e mais branda do que a declaração de inidoneidade para licitar ou contratar com toda a Administração Pública (art. 87, inciso IV, da Lei 8.666/93).

9. SERVIÇOS PÚBLICOS

1. **Serviço público** é a atividade administrativa pela qual o Poder Público objetiva, direta ou indiretamente, satisfazer necessidades coletivas ou individuais dos administrados, sob a incidência total ou parcial de um regime de direito público.
2. Conforme o STF, os regimes jurídicos sob os quais são prestados os serviços públicos, dentre eles o serviço postal, implicam que sua prestação seja desenvolvida sob privilégios, inclusive, em regra, o da exclusividade na exploração da atividade econômica em sentido amplo a que corresponde essa prestação.
3. **Serviço público adequado** é o que satisfaz as condições de regularidade, continuidade, eficiência, segurança, atualidade, generalidade, cortesia na sua prestação e modicidade das tarifas.
4. A prestação dos serviços públicos deve ser contínua, sem interrupções. Não se caracteriza como descontinuidade do serviço a sua interrupção em situação de emergência ou após prévio aviso, quando: motivada por razões de ordem técnica ou de segurança das instalações; por inadimplemento do usuário, considerado o interesse da coletividade.
5. Se o serviço é compulsório, a suspensão não será permitida, contudo, se o serviço é facultativo, a inadimplência pode justificar a suspensão do serviço. É inadmissível a interrupção do serviço público por inadimplemento relacionado a débitos antigos. Da mesma forma, não cabe o corte no fornecimento de serviços públicos essenciais, quando o débito decorrer de suposta fraude no medidor de consumo de energia ou hidrômetro, apurada, unilateralmente, pela concessionária.
6. Se o usuário do serviço for órgão público, tem-se entendido que a interrupção é indevida, quando o órgão presta serviço público essencial (ex.: hospital, escola, etc...). Outrossim, é ilegítimo o corte no fornecimento de serviços públicos essenciais, por débitos de usuário anterior, em razão da natureza pessoal da dívida.

   6.1 Não cabe o corte no fornecimento de serviços públicos essenciais, quando o débito decorrer de suposta fraude no medidor de consumo de energia ou hidrômetro, apurada, unilateralmente, pela concessionária (STJ, AREsp 473348/MG, DJe 21.02/2014).

7. Os **serviços públicos próprios** são aqueles que o Estado assume como seus (tem titularidade do serviço) e os executa diretamente (por seus agentes) ou por terceiros (por delegação). **Serviços públicos impróprios** seriam aqueles cuja titularidade não pertence exclusivamente ao Estado, embora possam ser regulamentados e fiscalizados por ele.

8. Os **serviços públicos delegáveis** são aqueles que o Estado pode prestar diretamente ou por terceiros. Os **serviços públicos indelegáveis** são aqueles cuja prestação não pode ser repassada pelo Estado, a terceiros, sendo executados por seus próprios agentes.

9. Os **serviços *uti singuli*** (ou individuais) atendem direta e individualmente ao administrado (ex.: serviços de telefonia, de energia elétrica residencial, entre outros). Os **serviços *uti universi*** (ou gerais) não possuem usuários determinados (ex.: serviços de iluminação pública, de limpeza urbana pública, saneamento, entre outros).

10. A **contraprestação** cobrada por concessionárias de **serviço público** de água e esgoto detém natureza jurídica de **tarifa** ou **preço público**, sendo a prescrição vintenária.

11. Os **serviços administrativos** são os executados pela Administração para atender as suas necessidades internas de funcionamento. Os **serviços comerciais** (ou industriais) são aqueles serviços de ordem econômica, que envolvem o oferecimento de utilidades materiais necessárias ao indivíduo. Os **serviços sociais** são aqueles que satisfazem necessidades de cunho social ou assistencial.

12. **Serviços públicos exclusivos** seriam aqueles atribuídos exclusivamente ao Estado (titularidade). **Serviços públicos não exclusivos** seriam aqueles para os quais nosso ordenamento permite a titularidade, tanto pelo Poder Público como pelo setor privado.

13. Os serviços públicos podem ser prestados de forma **centralizada** (diretamente pelo Ente Público), **desconcentrada** (através dos órgãos públicos) e **descentralizada** (através de terceiros, por outorga ou por delegação).

14. O ato do tabelião praticado na comarca para a qual não tem delegação não tem validade, mesmo que a parte, por sua livre escolha, eleja-o para praticar o ato (STJ, REsp 682399).

15. Instituições particulares de ensino superior e instituições públicas federais de ensino superior agem por delegação da União, assim, o foro competente

para eventuais litígios, em regra, é a Justiça Federal. Importante esclarecer que, no caso de instituições particulares de ensino superior, o foro competente é a Justiça Federal apenas nos casos de mandado de segurança, quando a impetração voltar-se contra ato de dirigente de universidade. Nas ações de conhecimento, cautelares ou quaisquer outras de rito especial que não o mandado de segurança, a competência será da Justiça Estadual (STJ, CC 108466).

16. Instituições públicas estaduais ou municipais de ensino superior agem por delegação dos Estados, de forma que o foro competente para eventuais litígios, em regra, é da Justiça Comum Estadual.

17. O ingresso na atividade notarial e de registro depende de concurso público de provas e títulos, não se permitindo que qualquer serventia fique vaga, sem abertura de concurso de provimento ou de remoção, por mais de seis meses.

18. A **concessão** e a **permissão** são formas negociais de delegação de serviços públicos, enquanto a **autorização** é instrumento unilateral de delegação (ato administrativo)

19. Com a Lei nº 11.079/2004, que instituiu as **parcerias público-privadas**, nosso ordenamento passou a registrar os seguintes tipos de concessões: **comuns** (Concessão de serviço público e Concessão de serviço público precedida de execução de obra); e **Especiais** (Concessão patrocinada e Concessão administrativa);

20. **Concessão de serviço público (simples).** É uma forma de delegação de sua prestação, feita pelo poder concedente, mediante licitação, na modalidade de concorrência, à pessoa jurídica ou ao consórcio de empresas que demonstre capacidade para seu desempenho, por sua conta e risco e por prazo determinado.

21. **Concessão de serviço público precedida da execução de obra pública.** É, também, uma forma de delegação, nos termos da concessão de serviço público, contudo, nela, a prestação do serviço é precedida de obra pública, realizada pela concessionária, cujo investimento será remunerado e amortizado através da exploração do serviço ou da obra, por prazo determinado.

21.1. Nas concessões rodoviárias, deve-se estabelecer de forma expressa na minuta do contrato que a conclusão das obras somente ocorre quando o projeto executivo estiver efetivamente implantado, de modo a evitar que a concessionária, visando a antecipação do atingimento de metas e da cobrança do pedágio, entregue a obra de forma incompleta.

22. **Concessão patrocinada.** É uma concessão comum que envolve, adicionalmente à tarifa cobrada dos usuários, contraprestação pecuniária do parceiro público ao parceiro privado.

23. **Concessão administrativa.** É apontada pela Lei 11.079/2004, como "*contrato de prestação de serviços de que a Administração Pública seja a usuária direta ou indireta, ainda que envolva execução de obra ou fornecimento e instalação de bens*".

24. A permissão do serviço público é uma forma de delegação de serviço público, também materializada através de contrato. Embora submeta-se à licitação, a delegação é realizada a **título precário**, à pessoa física ou jurídica, mediante **contrato de adesão**.

25. A autorização possui natureza de **ato administrativo unilateral**, **precário** e **discricionário**, através do qual o Poder Público consente que o particular realize determinada atividade.

26. Desde que expressamente autorizada pelo poder concedente e prevista no contrato de concessão, é admitida a subconcessão. Sua outorga será sempre precedida de concorrência, dando-se a subrogação, para o concessionário, de todos os direitos e obrigações da subconcedente, dentro dos limites da subconcessão.

27. O poder concedente poderá intervir na concessão para assegurar a adequada prestação do serviço e o fiel cumprimento das normas pertinentes. A intervenção far-se-á por decreto do poder concedente, que designará o interventor, o prazo da intervenção, os objetivos e limites da medida.

28. A extinção do contrato de concessão pode decorrer de:

a) advento do termo contratual;

b) encampação;

c) caducidade;

d) rescisão;

e) anulação;

f) falência ou extinção da empresa concessionária e falecimento ou incapacidade do titular, no caso de empresa individual.

g) Rescisão amigável (construção doutrinária).

29. O contrato de parceria pode prever requisitos e condições em que o parceiro público autorizará a **transferência do controle** ou a **administração temporária** da sociedade de propósito específico aos seus financiadores e garantidores com quem não mantenha vínculo societário direto, com o objetivo de promover a sua reestruturação financeira e assegurar a continuidade da prestação dos serviços.

10. RESPONSABILIDADE CIVIL DO ESTADO

Conceito, evolução histórica do tema e fundamento normativo

1. A **responsabilidade civil do Estado** é a obrigação imposta ao erário de reparar os danos causados a terceiros pelos seus agentes públicos, no desempenho de suas funções ou a pretexto de exercê-las.
2. A regra é genérica e abrange tanto a responsabilidade **contratual** como a **extracontratual**. A contratual decorre da previsão em cláusula específica do contrato, que identifique as condutas vedadas às partes e as sanções decorrentes da sua inobservância. A responsabilidade extracontratual, por sua vez, é aquela advinda das atividades estatais e que não se encontra prevista em qualquer instrumento de ajuste.

Teoria da irresponsabilidade do Estado

3. Durante séculos prevaleceu a ideia de que o Estado não tinha qualquer responsabilidade pelos atos praticados por seus agentes, secularizada na regra da infalibilidade real inglesa – **"the king can do no wrong"** – ou francesa – **"Le roi ne peut mal faire"** (o rei não pode errar ou o rei não pode fazer mal), que era extensiva aos seus representantes e auxiliares. Portanto, qualquer prejuízo decorrente da ação estatal deveria ser considerado de responsabilidade do administrado e por ele suportado.

Teoria da responsabilidade com culpa

4. O fim da teoria da irresponsabilidade do Estado marcou o surgimento dessa nova doutrina que, essencialmente, pregava a responsabilidade estatal quando demonstrado que o dano decorreu de um ato da administração regido pelo direito privado.
5. Segundo essa teoria, deve-se diferenciar os **atos de império** dos **atos de gestão**.

Teoria da culpa administrativa

6. Essa teoria não exige do lesado a identificação do agente público causador do dano, nem, tampouco, se o ato lesivo é ato de império ou de gestão, sendo suficiente demonstrar a falta do serviço público.

7. A prova da falta do serviço exige a demonstração de que o Estado tinha o dever legal de agir e falhou por:

   a) não prestar o serviço;

   b) por prestar o serviço de forma insuficiente; e

   c) por prestar o serviço com atraso. Ocorrendo qualquer destas hipóteses, presume-se a culpa administrativa e surge a obrigação de indenizar.

Teoria do risco administrativo

8. Trata-se de responsabilidade objetiva, sem a necessidade de demonstrar o elemento subjetivo (dolo ou culpa), nem sequer de identificar o agente causador do dano. **É suficiente a demonstração do dano decorrente da atuação do Estado, sem o concurso do lesado.**

Teoria da responsabilidade integral

9. Segundo essa teoria, o Estado seria responsável sempre que presente no evento lesivo. Essa teoria não admite as excludentes de responsabilidade, o que significa, por exemplo, que caso uma pessoa venha a se jogar de um prédio público, a responsabilidade seria do Estado, ainda que todo o evento lesivo tenha sido causado pela própria vítima.

A responsabilidade civil do Estado na Constituição

10. A CF/88, em seu art. 37, § 6º, dispõe: *"As pessoas jurídicas de direito público e as de direito privado prestadoras de serviços públicos responderão pelos danos que seus agentes, nessa qualidade, causarem a terceiros, assegurado o direito de regresso contra o responsável nos casos de dolo ou culpa"*. O legislador constituinte seguiu uma tradição que remonta a Constituição Federal de 1946, adotando a teoria da responsabilidade objetiva do Estado.

Requisitos

11. Para apuração da responsabilidade do Estado não é necessária a demonstração de conduta dolosa ou culposa por parte de algum agente ou de falha do serviço, bastando a presença de três pressupostos:

a) **ocorrência do fato administrativo**, sendo assim considerado como qualquer forma de conduta comissiva, legítima ou ilegítima, atribuída ao Poder Público, ainda que o agente estatal atue fora de suas funções, mas a pretexto de exercê-las;
b) **dano** material ou moral; e
c) **nexo de causalidade** entre o fato administrativo e o evento lesivo. Há que se demonstrar a relação de causa e efeito entre a conduta do Estado e o dano sofrido.

12. No caso do dano moral, via de regra, há a necessidade de que o lesado demonstre a sua ocorrência e a relação de causa e efeito com a conduta comissiva ou omissiva do Estado, no entanto, há situações onde a doutrina e a jurisprudência admitem o dano moral presumido, ou seja, independentemente da sua comprovação.

Excludentes

13. São apontadas como causas excludentes da responsabilidade do Estado, a **força maior/caso fortuito**, o **ato de multidão** e a **culpa exclusiva da vítima.**

Responsabilidade primária e subsidiária

14. A responsabilidade é considerada **primária** quando atribuída diretamente à pessoa jurídica a que pertence o agente autor do dano. Será **subsidiária** quando o responsável primário não tiver condições econômicas de reparar o dano.

Responsabilidade por danos decorrentes de atividades nucleares

15. A Constituição Federal de 1988, em seu art. 21, inc. XXIII, "d", estabelece: "*a responsabilidade civil por danos nucleares independe da existência de culpa*".

16. O entendimento majoritário da doutrina defende a recepção, por parte de nossa Lei Maior, da **teoria do risco integral para os danos decorrentes da atividade nuclear**, sob o argumento de que a lei não traz palavras inúteis e como a teoria do risco administrativo já estava albergada no já citado § 6º, do art. 37, não haveria necessidade deste dispositivo, salvo para conferir uma responsabilidade estatal ainda mais abrangente.

Responsabilidade dos concessionários e permissionários de serviço público

17. Conforme se depreende do art. 37, § 6º, a responsabilidade alcança entidades públicas de direito público (União, Estados, Distrito Federal, Municípios, suas autarquias e fundações públicas de direito público), de direito privado (fundações públicas de direito privado, empresas públicas e sociedades de economia mista prestadoras de serviço público, assim como empresas privadas concessionárias e permissionárias de serviço público).

18. O STF, modificando sua tradicional jurisprudência, passou a entender que as concessionárias e permissionárias de serviço público respondem objetivamente pelos danos causados por seus empregados, ainda que a vítima não esteja na condição de usuária de serviço público.

Responsabilidade por atos legislativos

19. A regra que prevalece em relação a **atos legislativos** é a da **irresponsabilidade**, porque a edição de leis, por si só, não tem o condão de acarretar danos indenizáveis aos membros da coletividade, em face de sua abstração. Entretanto, se a lei for julgada inconstitucional, poderá ensejar a responsabilidade do Estado, porque o dano é causado por ato emitido fora do exercício das competências constitucionais.

Responsabilidade por atos judiciais

20. No que concerne aos atos judiciais, se o dano deriva de um ato culposo, haverá responsabilização se o dano decorreu de decisão judicial proferida em processo penal (art. 5º, LXXV, da CF "o Estado indenizará o condenado por erros judiciários, assim como o que ficar preso além do tempo fixado na sentença") e irresponsabilidade, caso a lesão tenha como origem uma decisão judicial exarada em processo civil.

21. É interessante destacar que as prisões preventiva e temporária de acusados que venham a demonstrar sua inocência em processo penal não implicam na imediata responsabilização do Estado, vez que tais medidas visam instrumentalizar o processo penal, sem importar em juízo de condenação. Todavia, caso sejam decretadas as prisões preventiva e temporária comprovadamente sem que possuam os requisitos para sua decretação, surgirá a responsabilização do Estado decorrente da falha na prestação do serviço.

Prescrição e denunciação à lide

22. Segundo entendimento recente e ainda não pacificado do STJ, o **prazo prescricional** para que o lesado possa impetrar ação de indenização contra pessoas jurídicas de direito público e de direito privado prestadoras de serviço público é de **cinco anos**, nos termos estipulados pelo Dec. 20.910/32.

23. O direito de o Estado ser ressarcido regressivamente pelos danos causados por agente público é imprescritível (art. 37, § 5º, CF) se decorrente de ilícito penal ou de ato doloso de improbidade administrativa, contudo, caso o dano tenha como origem um ilícito civil ou um ato culposo de improbidade administrativa, prescreverá em cinco anos, conforme decisão da Suprema Corte.

24. Caso o lesado pretenda responsabilizar o Estado por danos causado pelo agente público no exercício de suas funções ou a pretexto de exercê-las, o Estado pode optar por **denunciar à lide** o agente causador do dano, para que a responsabilidade do Estado e do agente possam ser decididas no mesmo processo.

Responsabilidade do Estado por atos terroristas

25. O Estado só será obrigado a ressarcir os danos decorrentes de **atentados terroristas** quando ficar demonstrado o nexo de causalidade entre o atentado e a falha do Estado em seu dever de prestar o serviço de segurança pública.

11. BENS PÚBLICOS

Conceito e classificação

1. Segundo o art. 98 do Código Civil, são bens públicos todos aqueles que pertencem a pessoas jurídicas de direito público, isto é, União, Estados, DF, Municípios, respectivas autarquias e fundações públicas de direito público, sendo todos os outros considerados particulares, seja qual for a pessoa a que pertencerem.

2. Celso Antônio Bandeira de Mello amplia tal conceito por entender que, além dos que integram o patrimônio das pessoas jurídicas de direito público, também **serão públicos os que estejam afetados à prestação de**

um serviço público, ainda que o seu proprietário possua personalidade jurídica de direito privado.

3. O art. 99, do Código Civil traz a seguinte classificação para os bens públicos:

a) **bens de uso comum do povo**: são aqueles que, por lei ou em face de sua natureza, são destinados ao uso da coletividade, sem distinção de usuários, limitação de horários e remuneração, tais como ruas, rios navegáveis ou flutuáveis, praias naturais e mar.

b) **bens de uso especial**: os bens serão classificados como de uso especial nas seguintes situações: utilização pela Administração (repartições públicas, veículos empregados pela Administração); utilizados por particular com exclusividade por meio de ato unilateral (autorização e permissão de uso) ou bilateral (concessão de uso); e os que possuem restrições ou para o qual se exige pagamento.

c) **bens dominicais**: são também chamados de dominicais ou, ainda, bens do patrimônio disponível, os quais, apesar de integrarem o patrimônio público, não se encontram afetados para nenhum fim, podendo ser, ainda, alienados a qualquer tempo.

4. Os bens públicos podem ser utilizados pelos particulares, mas essa utilização será diferenciada de acordo com a afetação desses bens.

5. Características dos bens de uso comum do povo e especial: inalienabilidade, impenhorabilidade, imprescritibilidade e impossibilidade de oneração.

6. Características dos bens dominicais: impenhorabilidade, imprescritibilidade e impossibilidade de oneração.

Formas de utilização dos bens públicos

7. De acordo com Maria Sylvia Di Pietro, há a necessidade de se diferenciar as diferentes formas de utilização: (a) pelo critério da conformidade ou não da utilização com o destino principal a que o bem está afetado, o uso pode ser normal ou anormal; ou (b) pelo critério da exclusividade ou não do uso, combinado com o da necessidade ou não do consentimento expresso da Administração, o uso pode ser comum ou privativo.

8. **Autorização de Uso** é o ato unilateral, que **independe de autorização legal e prévia licitação,** discricionário e precário pelo qual a Administração legitima o uso de bem público por particular.

9. **Permissão de Uso** é o ato unilateral, discricionário e precário por meio do qual a Administração legitima a utilização exclusiva de bem público por particular.

10. **Concessão de Uso** é o **contrato administrativo** pelo qual a Administração legitima o uso exclusivo de bem público a particular. Diversamente da autorização e da permissão, na concessão há instrumento bilateral de ajuste de vontades e, portanto, **estável.**

11. **Concessão de Direito Real de Uso** é o contrato pelo qual a Administração transfere o direito real de uso de terreno público ou do seu espaço aéreo, de forma remunerada ou gratuita.

12. **Enfiteuse dos Terrenos de Marinha** ou aforamento é o instrumento que permite que a União venha a atribuir a outrem o domínio útil de terreno de marinha, mediante o pagamento de uma remuneração anual chamada de foro. Consiste na transferência da posse, do direito de uso e gozo perpétuos, mas não da propriedade do terreno de marinha.

13. **Bens públicos em espécie**
    a) **Terras Devolutas**: são chamadas de devolutas as terras que não possuem proprietários identificados. Via de regra, pertencem aos Estados.
    b) **Terrenos de Marinha**: são as áreas banhadas pelas águas do mar ou dos rios navegáveis em sua foz, estendem-se à distância de 33 metros para área terrestre contados da linha do preamar médio (média das maiores marés) de 1831. Pertencem à União, e o uso por particulares é admitido por enfiteuse.
    c) **Terrenos Reservados**: são os banhados pelos rios navegáveis que se estendem até a distância de 15 m para a terra. São de propriedade da União, se o rio for federal, e dos Estados, se estadual.
    d) **Terras tradicionalmente ocupadas pelos índios**: nos termos do art. 20, inciso XI e art. 231, § 1º, da Constituição Federal, as terras tradicionalmente ocupadas pelos índios pertencem à União e são consideradas bens públicos de uso especial, cujo uso e usufruto exclusivo são outorgados em caráter perpétuo aos índios.
    e) **Plataforma Continental**: é o prolongamento das terras continentais sob o mar, até a profundidade de 200 metros, a partir do qual o solo submarino descende abruptamente para regiões abissais.
    f) **Rios**: são públicos os rios navegáveis e flutuáveis. Navegável é o rio que admite navegação de embarcação de qualquer natureza, inclusive

jangadas em trecho não inferior à sua largura. Flutuável é o rio que possibilita o transporte de achas de lenha em trecho de, pelo menos, 50 vezes a largura média do curso no trecho.

g) **Faixa de Fronteira**: é a área de 150 km de largura que corre paralelamente à linha divisória do território nacional com países estrangeiros.

h) **Ilhas**: a Constituição, em seu art. 20, inciso IV, define que são bens da União: as ilhas fluviais e lacustres nas zonas limítrofes com outros países; e as ilhas oceânicas e as costeiras, excluídas destas as que contenham a sede de Municípios, exceto aquelas áreas afetadas ao serviço público e à unidade ambiental federal, e as referidas no art. 26, II.

12. INTERVENÇÃO ESTATAL NA PROPRIEDADE

1. A limitação administrativa é a modalidade de intervenção que gera **restrições gerais e abstratas**, atingindo o **caráter absoluto** do direito de propriedade. Ela se dá pelo exercício do Poder de Polícia, materializando-se através da restrição à prerrogativa de disposição do bem, pelo proprietário, em razão de interesse público legítimo.

2. Caso a limitação administrativa acabe por prejudicar totalmente a utilização da propriedade, será necessário pagamento de indenização, pois, neste caso, ter-se-á uma **desapropriação indireta**.

2.1 É indevida a equiparação da hipótese de desapropriação indireta, em que há transferência definitiva e irreversível da propriedade, com a de pretensão indenizatória por danos decorrentes de ocupação temporária do imóvel pelo poder público, na qual a prescrição é quinquenal (Neste sentido: REsp 1190271/RS, DJe 11/04/2018).

3. Servidão administrativa é o **direito real público** que autoriza o Poder Público a usar a propriedade imóvel para permitir a execução de obras e serviços de interesse público.

3.1. A servidão administrativa pode incidir tanto sobre bem privado quanto público.

4. A **ocupação temporária** é uma modalidade de intervenção do Estado que restringe o caráter exclusivo da propriedade, nos casos de interesse público.

5. Requisição administrativa é um ato administrativo unilateral e autoexecutório que consiste na utilização de bens ou de serviços particulares pela Administração, para atender necessidades coletivas em tempo de guerra ou em caso de perigo público iminente, mediante pagamento **de indenização *a posteriori***.

6. O **tombamento** é um procedimento administrativo realizado pelo poder Público para reconhecer o valor histórico, arqueológico, cultural, turístico, científico ou paisagístico de coisas ou locais que devam ser preservados.

7. Não há restrição legal à realização de tombamento de bens públicos por outros entes públicos. Assim, é possível tombamento, pela União de bens públicos estaduais e Municipais, ou o tombamento, pelo Município ou Estado, de bens federais.

8. A **desapropriação** é a transferência compulsória da propriedade para o Poder Público ou para seus delegados, por utilidade pública ou necessidade pública ou, ainda, por interesse social, mediante prévia e justa indenização em dinheiro, salvo exceções constitucionais.

9. No caso das expropriações (desapropriação-confisco) previstas no art. 243 da CF (por cultivo ilegal de plantas psicotrópicas, exploração de trabalho escravo e por tráfico ilícito de entorpecentes), não cabe qualquer indenização.

10. Podemos apresentar as seguintes modalidades de desapropriação:

Desapropriações comuns	**Competência**	**Indenização**
Por necessidade ou utilidade pública (CF, art. 5º, XXIV)	Todos os entes	Prévia e em dinheiro
Por interesse social (CF, art. 5º, XXIV)	Todos os entes	Prévia e em dinheiro
Desapropriações-sanção	**Competência**	**Indenização**
Para reforma urbana (CF, art. 182, § 4º)	Município	Títulos da dívida pública
Para fins de reforma agrária (CF, art. 186)	União	Títulos da dívida agrária
Desapropriações-confisco (CF, art. 243)	União	Inexiste (expropriação)

11. É privativa da União a competência legislativa para tratar sobre desapropriação (art. 22, CF), contudo, lei complementar federal poderá autorizar os Estados a legislar sobre a matéria.

12. A **competência material** envolve a prerrogativa de realização da desapropriação (competência para desapropriar) e dependerá do campo de atuação de cada ente e da competência estabelecida pela Constituição.

12.1. Não cabe aos estados-membros ou aos municípios, a pretexto de se utilizarem da desapropriação por interesse social prevista no art. 5º, inciso XXIV, da CF, implementarem projetos que visem a estabelecimento de colônias agrícolas e assentamentos rurais, cujos fins são inerentes à reforma agrária.

13. **Desapropriação indireta (apossamento administrativo).** Realiza-se sem a obediência às exigências legais, portanto, é decorrente de um ato ilícito. Ela também ocorre quando o Poder Público, a pretexto do exercício de uma intervenção restritiva (ex.: tombamento), acaba realizando, na prática, uma intervenção supressiva ou tolhendo demasiadamente o exercício do direito de propriedade.

14. **Desapropriação por zona (ou extensiva).** Abrange área contígua, necessária ao desenvolvimento da obra a que se destina, e as zonas que se valorizarem extraordinariamente em decorrência da realização do serviço.

15. **Direito de retrocessão.** É o direito do proprietário de exigir o bem de volta, caso seja-lhe dado destino não declarado na desapropriação. Para que o expropriado tenha direito à devolução do imóvel é necessário que o Poder Público dê ao bem, destinação que não atenda ao interesse público.

16. **Direito de extensão.** É o direito do expropriado de exigir que a desapropriação seja complementada, alcançando parte do bem que não foi incluída no ato declaratório, mas tornada inútil, pela desapropriação.

17. Os juros compensatórios destinam-se a compensar a perda de renda comprovadamente sofrida pelo proprietário. Já os juros moratórios destinam-se a recompor a perda decorrente do atraso no efetivo pagamento da indenização e somente serão devidos à razão de até seis por cento ao ano, a partir de 1º de janeiro do exercício seguinte àquele em que o pagamento deveria ser feito.

18. Os juros moratórios têm como fundamento o atraso no pagamento da indenização justa e devida; os juros compensatórios têm como fundamento a indenização (compensação) pela perda antecipada da propriedade/posse do bem expropriado. Conforme entendimento sumulado pelo STJ, na desapropriação podem ser cumulados os juros compensatórios e os juros moratórios.

19. A jurisprudência do STJ tem admitido a possibilidade de fixação de "astreintes", como forma de compelir o INCRA a adotar as medidas necessárias à emissão de títulos da dívida agrária, para fins de indenização de desapropriação por interesse social para fins de reforma agrária.

20. O consentimento do desapropriado com o preço ofertado em juízo pelo ente desapropriante não afasta a incidência do sistema de pagamentos por via de precatório nem, portanto, dos juros moratórios pertinentes.

21. O Poder Público deverá pagar pela área integralmente expropriada, ainda que a área registrada seja menor, sendo também certo que a indenização sobre a diferença entre a área medida e a registrada deverá permanecer em juízo até que se identifique o real proprietário.

13. PROCESSO ADMINISTRATIVO

1. O processo administrativo equivale a uma **sucessão de atos** realizados pela Administração, no intuito de se alcançar um objetivo relacionado à atividade administrativa.

2. A Lei 9.784/99, que estabelece regras gerais para o processo administrativo no âmbito federal, informa que a Administração Pública deve obedecer, entre outros, aos princípios da **legalidade, finalidade, motivação, razoabilidade, proporcionalidade, moralidade, ampla defesa, contraditório, segurança jurídica, interesse público e eficiência**.

2.1 Não é necessária a instauração de processo administrativo, a fim de assegurar o contraditório e a ampla defesa, para a demissão de servidor em exercício precário de função pública, sendo legítima a dispensa *ad nutum* do mesmo (AgInt no REsp 1388644/MT, DJe 07/12/2018).

3. Cada ente federativo (União, Estados, Município e DF) pode estabelecer regras próprias sobre seu processo administrativo.

4. A Administração não precisa aguardar o impulso das partes. Tal característica está relacionada ao princípio da oficialidade, que assegura a possibilidade de instauração do processo por iniciativa da Administração, independentemente de provocação do administrado.

5. A Lei 9.784/99 estabelece, como regra geral, a proibição de cobrança de despesas processuais. Tal proibição não é absoluta, sendo possível a previsão legal desse tipo de cobrança, desde que não se constitua em empecilho injustificável à utilização do processo.

6. O cidadão administrado não pode ficar, indefinidamente, à mercê dos efeitos da decisão administrativa. O princípio da **segurança jurídica** se justifica pela necessidade de previsibilidade dos atos administrativos e de estabilização das relações jurídicas.

7. Têm-se apontado limites para a atuação da Administração na prática de seus atos, como: vedação à aplicação retroativa de nova interpretação; sujeição do poder de autotutela a prazo razoável.
8. O art. 54 da Lei 9.784/99 consolidou o princípio da **segurança jurídica**, dentro do processo administrativo, ao estabelecer que o direito da Administração de anular os atos administrativos de que decorram efeitos favoráveis para os destinatários decai em cinco anos, contados da data em que foram praticados, salvo comprovada má-fé.
9. O prazo de cinco anos é de ser aplicado aos processos de contas que tenham por objeto o exame de legalidade dos atos concessivos de aposentadorias, reformas e pensões. Transcorrido *in albis* o interregno quinquenal, é de se convocar os particulares para participar do processo de seu interesse, a fim de desfrutar das garantias do contraditório e da ampla defesa (STF, MS 24448).
10. No processo administrativo, havendo vários interessados, a desistência ou renúncia atinge somente a quem a tenha formulado.
11. **Delegação de competência.** Nela, um órgão administrativo e seu titular poderão transferir (delegar) parte da sua competência a outro órgão ou titular. Cabe delegação, ainda que inexista subordinação hierárquica, caso seja conveniente, em razão de circunstâncias de índole técnica, social, econômica, jurídica ou territorial.
12. **Avocação de competência.** Envolve a atração, por órgão ou agente superior, de competência atribuída a um órgão ou agente subordinado. Ela é permitida excepcionalmente, por motivos relevantes, devidamente justificados. A avocação exige relação de subordinação entre os órgãos ou agentes envolvidos. Vale salientar que podemos ter avocação, mesmo sem existência de relação de subordinação entre os órgãos, quando a Lei, expressamente, estabelecer essa competência.
13. **Não podem ser objeto de delegação**: a edição de atos de caráter normativo; a decisão de recursos administrativos; as matérias de competência exclusiva do órgão ou autoridade.
14. Poderão ser recusadas, mediante decisão fundamentada, as provas propostas pelos interessados quando sejam ilícitas, impertinentes, desnecessárias ou protelatórias. As provas ilícitas, contudo, são sempre inadmissíveis.
15. **Parecer facultativo.** A manifestação não é obrigatória, não vinculando a autoridade nem afetando seu poder de decisão;
16. **Parecer obrigatório.** A manifestação é obrigatória, o administrador, fundamentadamente (outro parecer ou manifestação técnica), pode praticar o ato de forma diversa da opinião do parecerista;

17. **Parecer vinculante.** A manifestação é obrigatória, o administrador não pode decidir, senão nos termos da conclusão do parecer.
18. A **Coisa julgada administrativa** não goza do mesmo status de imutabilidade da coisa julgada das decisões do Poder Judiciário. Mesmo ocorrendo a coisa julgada administrativa, pode o administrado se insurgir contra a decisão proferida, perante o Judiciário.
19. Caso o ato administrativo contrarie, negue vigência ou aplique indevidamente enunciado de súmula vinculante, caberá reclamação ao STF, sem prejuízo dos recursos ou outros meios admissíveis de impugnação.
20. Contra omissão ou ato da administração pública, o uso da reclamação só será admitido após esgotamento das vias administrativas.
21. A falta de defesa técnica por advogado no processo administrativo disciplinar não ofende a Constituição (**Súmula Vinculante 5/STF**).
22. A ação disciplinar **prescreverá em:**
    a) **5 anos**: para as infrações puníveis com demissão, cassação de aposentadoria ou disponibilidade e destituição de cargo em comissão.
    b) **2 anos**: quanto à suspensão.
    c) **180 dias**: quanto à advertência.

    22.1 O termo a quo para a contagem do prazo prescricional é a data da ciência do fato pela autoridade competente para instauração do processo administrativo disciplinar.
23. A absolvição criminal afastará a persecução disciplinar no âmbito da administração, quando ficar provada na ação penal a inexistência do fato ou a negativa de autoria.
24. O artigo 170 da Lei 8.112/1990, o qual estipula que, mesmo ocorrendo prescrição, o fato deve ser registrado nos assentamentos individuais do servidor, é inconstitucional. Uma vez extinta a punibilidade, pela prescrição, a anotação da ocorrência em ficha funcional viola o princípio da presunção de inocência.
25. Ressalvada a hipótese de prescrição, não é necessariamente nulo o processo administrativo disciplinar por causa do decurso do prazo máximo de 140 dias para sua conclusão.
26. A autoridade julgadora do processo administrativo disciplinar não se vincula ao relatório da comissão processante.
27. Eventual tipificação jurídica diversa não ofende os princípios da ampla defesa e do contraditório, exceto no caso de agravamento da pena a ser aplicada" (AgInt no MS 23.837/DF, DJe 04/12/2018).

28. Inexistente normativo interno no âmbito da empresa estatal que estabeleça o rito processual prévio à aplicação de penalidades, admite-se a adoção, no que couber, do procedimento disciplinar previsto na Lei n° 8.112/90 para a apuração de responsabilidade de empregados públicos.

14. IMPROBIDADE ADMINISTRATIVA

1. A probidade administrativa envolve interesse transindividual, de natureza indivisível, titularizada por toda a sociedade e caracterizada como interesse difuso.

2. Para que o ato de improbidade administrativa acarrete a aplicação das respectivas medidas sancionatórias, é exigida a presença de determinados **elementos**, qual sejam: **sujeito passivo; sujeito ativo; ato de improbidade e elemento subjetivo.**

3. O **sujeito passivo** será aquele atingido pelo ato de improbidade, nos termos da Lei nº 8.429/92. A doutrina classifica-os em duas espécies: sujeitos passivos principais e sujeitos passivos secundários.

4. A pessoa física, ainda que receba benefício ou incentivo, fiscal ou creditício, do Estado, não será **sujeito passivo** de ato de improbidade administrativa, uma vez que a Lei se refere, exclusivamente, a entidades.

5. O **sujeito ativo** é aquele que pratica o ato de improbidade. De acordo com a Lei n° 8.429/92, são sujeitos ativos o agente público e o terceiro que, mesmo não sendo agente público, induza ou concorra para a prática do ato de improbidade ou dele se beneficie sob qualquer forma direta ou indireta.

6. Para os efeitos da Lei de improbidade, **agente público** é todo aquele que exerce, ainda que transitoriamente ou sem remuneração, por eleição, nomeação, designação, contratação ou qualquer outra forma de investidura ou vínculo, mandato, cargo, emprego ou função nas entidades mencionadas no artigo anterior.

7. Segundo o STJ, não existe foro privilegiado por prerrogativa de função para o processamento e julgamento da ação civil pública de improbidade administrativa.

7.1. Segundo o STF, os agentes políticos, com exceção do Presidente da República, encontram-se sujeitos a duplo regime sancionatório, de modo que se submetem tanto à responsabilização civil pelos atos de improbidade administrativa quanto à responsabilização político-administrativa por crimes de responsabilidade" (STF. Pet 3240 AgR/DF, julgamento em 10.5.2018).

7.2. "Inexiste foro por prerrogativa de função nas ações de improbidade administrativa propostas, em razão do seu nítido caráter civil" (AI 762136 AgR, Public. 09-11-2018).

8. O **ato de improbidade** pode corresponder a um ato administrativo, a uma omissão ou a uma conduta. A Lei n° 8.429/92 optou por dividi-los em três categorias ou modalidades. Os atos que: importam enriquecimento ilícito (art. 9°); causam prejuízo ao erário (art. 10°); atentam contra os princípios da Administração Pública (art. 11°).

Posteriormente, foi acrescida mais uma categoria, relativa a atos **decorrentes de concessão ou aplicação indevida de benefício financeiro ou tributário** (art. 10-A), em razão de alteração feita pela LC 157/2016.

9. O **elemento subjetivo** é essencial para a caracterização de um ato de improbidade. Admite-se a forma culposa, apenas, em relação ao ato de improbidade que causa dano ao erário (art. 10), exigindo, nos demais casos, a identificação do dolo do agente.

9.1 Para a configuração do ato de improbidade previsto no artigo 11 (que atenta contra princípios da administração pública) é necessária a presença de dolo, ao menos genérico, na conduta do agente.

9.2 O dolo genérico é verificado quando a parte implicada, tendo pleno conhecimento das normas, pratica o núcleo do tipo legal, mesmo que ausente uma finalidade especial de agir. Em outras palavras, "a existência de dolo genérico prescinde da comprovação de que o imputado tenha agido deliberadamente no sentido de causar prejuízo à Administração Pública, sendo suficiente a demonstração da vontade de descumprir determinado preceito legal" (STJ. AgInt no REsp 1510571/SE, DJe 11/06/2018).

10. É inviável o manejo da ação civil de improbidade exclusivamente e apenas contra o particular, sem a concomitante presença de agente público no polo passivo da demanda.

11. A má-fé torna-se premissa do ato ilegal e ímprobo: a ilegalidade só adquire o *status* de improbidade quando a conduta antijurídica ferir os princípios constitucionais da Administração Pública e se somar à má intenção do administrador (STJ, REsp 909446).

12. O **ressarcimento ao erário**, pelo dano ocorrido, deve ocorrer sempre que houver lesão ao patrimônio público por ação ou omissão, dolosa ou culposa, do agente ou de terceiro.

13. A perda da função pública e a suspensão dos direitos políticos só se efetivam com o trânsito em julgado da sentença condenatória. Ademais, o nosso ordenamento autoriza a suspensão dos direitos políticos, não a cassação desses direitos.

14. É possível, no âmbito de ação civil pública de improbidade administrativa, a condenação de membro do Ministério Público à pena de perda da função pública prevista no art. 12 da Lei 8.429/1992, mesmo possuindo este, a garantia de vitaliciedade.

15. As sanções de ressarcimento e indisponibilidade de bens podem ser aplicadas em **detrimento do sucessor** daquele que causar lesão ao patrimônio público ou se enriquecer ilicitamente, até o limite do valor da herança.

16. A aplicação das sanções da Lei de Improbidade independe: da efetiva ocorrência de dano ao patrimônio público, salvo quanto ao ressarcimento; da aprovação ou rejeição das contas pelo órgão de controle interno ou pelo Tribunal ou Conselho de Contas.

17. Independentemente das sanções penais, civis e administrativas previstas na legislação específica, está o responsável pelo ato de improbidade sujeito às sanções previstas pela Lei 8.429/92, que podem ser aplicadas isolada ou cumulativamente.

18. **Qualquer pessoa** poderá representar à autoridade administrativa competente ou ao Ministério Público para que seja instaurada investigação destinada a apurar a prática de ato de improbidade.

19. Existindo fundados indícios de responsabilidade, a decretação do sequestro (indisponibilidade) dos bens do agente ou do terceiro envolvido pode ser requerido cautelarmente ao juízo competente.

20. A **ação judicial**, de rito ordinário, será proposta pelo Ministério Público ou pela pessoa jurídica interessada (através de seu órgão da Advocacia de Estado). Neste último caso, deve o Ministério Público atuar no processo, como **fiscal da lei**, sob pena de nulidade.

21. "São imprescritíveis as ações de ressarcimento ao erário fundadas na prática de ato doloso tipificado na Lei de Improbidade Administrativa".

22. A tortura de preso custodiado em delegacia, praticada por policial, constitui ato de improbidade administrativa que atenta contra os princípios da administração pública.

23. Não configura bis in idem a coexistência de título executivo extrajudicial (acórdão do TCU) e sentença condenatória em ação civil pública de improbidade administrativa que determinam o ressarcimento ao erário e se referem ao mesmo fato.

24. Ainda que não haja dano ao erário, é possível a condenação por ato de improbidade administrativa que importe enriquecimento ilícito, excluindo-se, contudo, a possibilidade de aplicação da pena de ressarcimento ao erário.

25. Ao prever a demissão do servidor que incorre em ato de improbidade administrativa, o Estatuto dos Servidores da União faz remissão às condutas tipificadas na lei de improbidade administrativa, razão pela qual, nessa qualidade, podem ser apuradas e punidas pela própria Administração.

26. Segundo o STJ, a indisponibilidade de bens deve recair sobre o patrimônio dos réus em ação de improbidade administrativa de modo suficiente a assegurar futura execução, na eventualidade de ser proferida sentença condenatória de ressarcimento de danos, de restituição de bens e valores havidos ilicitamente, bem como de pagamento de multa civil, "excluídos os bens impenhoráveis assim definidos por lei, salvo quando estes tenham sido, comprovadamente, adquiridos também com produto da empreitada ímproba, resguardado, como já dito, o essencial para sua subsistência".

27. Conforme já externado pelo STJ, o dolo que se exige para a configuração de improbidade administrativa é a simples vontade consciente de aderir à conduta, produzindo os resultados vedados pela norma jurídica - ou, ainda, a simples anuência aos resultados contrários ao Direito, quando o agente público ou privado deveria saber que a conduta praticada a eles levaria -, sendo despiciendo perquirir acerca de finalidades específicas.

15. CONTROLE DA ADMINISTRAÇÃO PÚBLICA

1. No desempenho de suas funções a Administração Pública deve se guiar pelos princípios constitucionais da legalidade, impessoalidade, moralidade, publicidade e eficiência, submetendo-se à sua fiscalização interna, bem como à fiscalização dos Poderes Legislativo e Judiciário.

2. O controle da Administração pode ser classificado:

<table>
<tr><th colspan="3">Classificação do Controle da Administração</th></tr>
<tr><td rowspan="3">Conforme o momento a ser exercido</td><td>prévio, preventivo ou a priori</td><td>É todo aquele exercido com antecedência à prática do ato pela Administração.</td></tr>
<tr><td>concomitante ou sucessivo</td><td>É exercido durante a realização do ato para verificar a sua regularidade.</td></tr>
<tr><td>subsequente, corretivo a posteriori</td><td>É desempenhado após a conclusão do ato, visando a convalidar ou declarar a nulidade do ato administrativo.</td></tr>
</table>

Classificação do Controle da Administração		
Conforme a amplitude	hierárquico	É o que resulta automaticamente do escalonamento vertical dos órgãos da Administração Pública, em que os inferiores estão subordinados aos superiores.
	finalístico, tutela ou supervisão ministerial	É o exercido pela Administração Direta sobre as entidades integrantes da Administração Indireta
Conforme a origem	interno	É todo aquele realizado pela própria Administração, mais especificamente dentro de um mesmo Poder.
	externo	É o exercido por órgão integrante a Poder distinto do órgão responsável pela prática do ato controlado.

3. A Administração, em face do seu poder de **autotutela**, ainda que não tenha sido provocada, pode invalidar os seus atos sob o aspecto da conveniência e oportunidade (**revogação**) ou, ainda, em face de sua ilegalidade (**anulação**). Trata-se, portanto, de controle interno de legitimidade e de mérito.
4. O **controle legislativo ou parlamentar** é o exercido pelos órgãos legislativos (Senado, Câmara dos Deputados, Assembleia Legislativa e Câmaras de Vereadores) ou por comissões parlamentares sobre determinados atos do Executivo, das entidades da Administração indireta e o do Poder Judiciário, quando executa função administrativa, na dupla linha da legalidade e da conveniência pública. Tal controle se caracteriza como um **controle eminentemente político**.
5. A administração disponibiliza ao administrado a possibilidade de irresignação diante de atos e decisões administrativas por intermédio dos recursos administrativos.
6. O nosso ordenamento jurídico não admite decisões únicas e irrecorríveis. Noutro diapasão, a Lei nº 9.784/99, que traça regras gerais para os processos administrativos no âmbito federal, limita a **três** o número máximo de instâncias, salvo disposição legal em contrário.
7. Possuem legitimidade para interpor recurso administrativo: os titulares de direitos e interesses que forem parte no processo; aqueles cujos direitos ou interesses forem indiretamente afetados pela decisão recorrida; as organiza-

ções e associações representativas, no tocante a direitos e interesses coletivos; os cidadãos ou associações, quanto a direitos ou interesses difusos.

8. Salvo disposição legal específica, é de dez dias o prazo para interposição de recurso administrativo, contado a partir da ciência ou divulgação oficial da decisão recorrida.

9. Os recursos administrativos podem possuir efeito devolutivo e/ou suspensivo. O **efeito devolutivo** é inerente a todo e qualquer recurso e independe de previsão legal, visto que consiste na devolução da matéria para análise por parte da autoridade competente. Já o **efeito suspensivo** não se presume e depende de previsão legal, suspendendo os efeitos do ato impugnado até a decisão do recurso.

10. O recurso administrativo com efeito suspensivo produz de imediato duas consequências fundamentais: Impede a fluência do prazo prescricional; Impossibilita juridicamente a utilização das ações judiciais para impugnação do ato administrativo recorrido.

11. O STF julgou **inconstitucional** a exigência de prestação de garantia para interposição de recursos administrativos, ou seja, o depósito de quantias em dinheiro como condição para conhecimento e decisão do recurso.

12. Na análise dos recursos administrativos, a autoridade competente possui ampla capacidade de rever a decisão atacada. Poderá julgar total ou parcialmente procedente o recurso, modificando ou invalidando o ato impugnado ou, ainda, reformar a decisão, **piorando** a situação do recorrente. Trata-se da chamada ***reformatio in pejus.***

Espécies de Recursos

13. **Reclamação** é o recurso interposto pelo interessado que foi atingido pelo ato administrativo. Tal direito, **caso não haja outro prazo fixado em lei**, extingue-se em um ano, a contar da data do ato ou fato lesivo que rende ensejo à reclamação.

14. **Pedido de Reconsideração é** o recurso dirigido **à mesma autoridade** que praticou o ato contra o qual se insurge o recorrente, solicitando nova análise da matéria.

15. O **recurso hierárquico próprio** é dirigido à autoridade que proferiu a decisão, dentro do mesmo órgão em que o ato foi praticado. Caso a autoridade não reconsidere a decisão no prazo de cinco dias, deve encaminhar o recurso para decisão, pela autoridade superior.

16. **Recurso hierárquico impróprio** é o recurso dirigido à autoridade ou órgão estranho ao que expediu a decisão recorrida.

17. Por não se tratar de recurso inerente à hierarquia, esse recurso **só é admissível quando estabelecido por norma legal** que indique as situações que admitem a sua utilização, a forma, o prazo e a autoridade competente para julgamento.

18. **Revisão** é o recurso de que se utiliza o servidor público, punido pela Administração, para solicitar novo exame da decisão, quando surgirem fatos novos capazes de demonstrar a sua inocência.

19. A revisão pode ser requerida, a qualquer tempo, pelo próprio interessado, por seu procurador ou por terceiros, ou ainda ser declarada de ofício pela Administração. Na revisão não poderá ocorrer a ***reformatio in pejus*** (reforma para agravar a situação do recorrente).

20. O **controle político** dos atos administrativos está previsto na Constituição de 1988. No art. 49, X, por exemplo, está estabelecido que compete exclusivamente ao Congresso Nacional fiscalizar e controlar, diretamente, ou por qualquer das Casas, os atos do Poder Executivo, abrangendo administração direta e indireta. Trata-se de amplo poder de controle conferido pelo legislador constituinte ao Poder Legislativo e que alcança qualquer tipo de ato, seja dos órgãos da Administração Direta, seja das entidades integrantes da Administração Indireta.

21. A **Fiscalização financeira e orçamentária** é conferida ao Congresso Nacional para julgar anualmente as contas prestadas pelo Presidente da República. O exercício dessa fiscalização é executada com o auxílio do Tribunal de Contas da União e não é desempenhada em face da natureza pública do órgão, entidade ou do agente, mas da origem pública do bem administrado ou do dinheiro gerido que traz, como consequência, a necessidade de demonstrar a sua legítima gestão.

22. Os Tribunais de Contas são **órgãos independentes**, mas auxiliares das casas legislativas.

23. A Constituição, em seu art. 71 estabelece as seguintes **prerrogativas** para o Tribunal de Contas da União: (a) parecer prévio sobre as contas prestadas anualmente pelo Presidente da República; (b) julgamento das contas dos administradores e demais responsáveis por dinheiros, bens e valores públicos da Administração direta (Poder Legislativo e Poder Judiciário) e indireta (autarquias, empresas públicas, sociedades de economia mista e fundações instituídas e mantidas pelo Poder Público) e, ainda, das de todos aqueles que darem causa a perda, extravio ou outra irregularidade

de que resulte prejuízo ao erário público; (c) aplicações das sanções previstas em lei aos responsáveis pelas ilegalidades apuradas; (d) fixar prazo para que o órgão ou entidade adote as providências necessárias ao exato cumprimento da lei, bem como sustar, se não atendido, a execução do ato impugnado, comunicando a decisão ao Legislativo.

24. O **controle judicial** é o poder de fiscalização que os órgãos do Poder Judiciário exercem sobre os atos administrativos do Executivo, do Legislativo e do próprio Poder Judiciário.

Inovações trazidas pela Lei de Introdução às Normas do Direito Brasileiro – lei nº 13.655/2018 (LINDB)

25. A nova Lei de Introdução às Normas do Direito Brasileiro – LINDB (Lei nº 13.655/2018) buscou estabelecer alguns parâmetros que devem ser observados tanto pelos agentes públicos responsáveis pela condução da máquina pública, quanto pelos órgãos de controle da Administração Pública, vez que determinou uma série de medidas que deverão ser observadas no momento da tomada de decisões, bem como nas suas revisões que possuam o condão de interferir no funcionamento da máquina administrativa.

26. Nas esferas administrativa, controladora e judicial, não se decidirá com base em valores jurídicos abstratos sem que sejam consideradas as consequências práticas da decisão.

27. A decisão que, nas esferas administrativa, controladora ou judicial, decretar a invalidação de ato, contrato, ajuste, processo ou norma administrativa deverá indicar de modo expresso suas consequências jurídicas e administrativas.

28. Na interpretação de normas sobre gestão pública, serão considerados os obstáculos e as dificuldades reais do gestor e as exigências das políticas públicas a seu cargo, sem prejuízo dos direitos dos administrados.

29. A decisão administrativa, controladora ou judicial que estabelecer interpretação ou orientação nova sobre norma de conteúdo indeterminado, impondo novo dever ou novo condicionamento de direito, deverá prever regime de transição quando indispensável para que o novo dever ou condicionamento de direito seja cumprido de modo proporcional, equânime e eficiente e sem prejuízo aos interesses gerais.

30. A revisão, nas esferas administrativa, controladora ou judicial, quanto à validade de ato, contrato, ajuste, processo ou norma administrativa cuja produção já se houver completado levará em conta as orientações gerais da época, sendo vedado que, com base em mudança posterior de orientação geral, se declarem inválidas situações plenamente constituídas.

31. Para eliminar irregularidade, incerteza jurídica ou situação contenciosa na aplicação do direito público, inclusive no caso de expedição de licença, a autoridade administrativa poderá, após oitiva do órgão jurídico e, quando for o caso, após realização de consulta pública, e presentes razões de relevante interesse geral, celebrar compromisso com os interessados, observada a legislação aplicável, o qual só produzirá efeitos a partir de sua publicação oficial.

32. A decisão do processo, nas esferas administrativa, controladora ou judicial, poderá impor compensação por benefícios indevidos ou prejuízos anormais ou injustos resultantes do processo ou da conduta dos envolvidos.

33. O agente público responderá pessoalmente por suas decisões ou opiniões técnicas em caso de dolo ou erro grosseiro.

34. Em qualquer órgão ou Poder, a edição de atos normativos por autoridade administrativa, salvo os de mera organização interna, poderá ser precedida de consulta pública para manifestação de interessados, preferencialmente por meio eletrônico, a qual será considerada na decisão.

35. As autoridades públicas devem atuar para aumentar a segurança jurídica na aplicação das normas, inclusive por meio de regulamentos, súmulas administrativas e respostas a consultas.

16. INTERVENÇÃO DO ESTADO NO DOMÍNIO ECONÔMICO

1. A Constituição Federal de 1988, no seu art. 170, parágrafo único, assegura a todos o livre exercício de qualquer atividade econômica, independente de autorização de órgãos públicos, salvo nos casos previstos em lei.

2. Os princípios norteadores da ordem econômica se encontram estampados nos incisos do já mencionado art. 170 da nossa Carta Política, são eles:

   a) soberania nacional;

   b) propriedade privada;

   c) função social da propriedade;

   d) livre concorrência;

   e) defesa do consumidor;

   f) defesa do meio ambiente, inclusive mediante tratamento diferenciado conforme o impacto ambiental dos produtos e serviços e de seus processos de elaboração e prestação;

g) redução das desigualdades regionais e sociais;

h) busca do pleno emprego;

3. **Atuação Regulatória** – A atuação regulatória do Estado, segundo José dos Santos Carvalho Filho, está concentrada basicamente na elaboração de normas com o intuito de: **1) reprimir o abuso do poder econômico; 2) interferir na iniciativa privada; 3) regular preços; e 4) controlar o abastecimento.**

   3.1. A dominação de mercado ocorre quando uma empresa venha a dominar o mercado ela terá o poder de ditar as regras relativas à qualidade do produto ou serviço, assim como o preço a ser praticado.

4. A eliminação da concorrência é o processo de busca pela dominação do mercado que passa necessariamente pela eliminação da concorrência, seja por meio de aquisições agressivas ou falsas fusões e incorporações.

5. O aumento arbitrário dos lucros é a consequência decorrente da eliminação da concorrência e da dominação de mercado.

6. Truste ocorre quando uma ou algumas empresas dominam o mercado, seja pela fusão e incorporação de empresas, eliminando a concorrência, seja pressionando os concorrentes e, com isso, dominando o mercado e suprimindo a livre concorrência.

7. Cartel ocorre quando há um acordo comercial entre empresas de um determinado segmento visando impor preços e impedir ou eliminar concorrentes.

8. Dumping ocorre quando uma empresa pratica preços abaixo do custo, normalmente quando recebe subsídio governamental.

9. O Estado pode intervir diretamente por meio da criação de empresas públicas e sociedades de economia mista, visando explorar um determinado segmento da economia, mas tal prerrogativa deve ser considerada como uma exceção e nunca como regra, nos termos do que preconiza o art. 173 da CF/1988.

10. **Monopólio** – Segundo Diógenes Gasparini "monopólio é a supressão de uma atividade do regime da livre iniciativa, imposta pelo Estado, em benefício do interesse coletivo", não podendo ser admitido o monopólio privado, vez que violaria os princípios básicos das leis de mercado.

DIREITO CIVIL

Luciano Figueiredo,
Roberto Figueiredo e
Wagner Inácio Dias

1. QUESTÕES POR TEMA

ASSUNTOS	QUESTÕES	%
1. Das Pessoas	21	23,33%
2. Dos Bens	7	7,78%
3. Dos Fatos Jurídicos	19	21,11%
4. Do Direito das Obrigações	13	14,44%
5. Do Direito das Coisas	14	15,56%
6. Do Direito de Família	5	5,56%
7. Do Direito das Sucessões	2	2,22%
8. Lei de Introdução às Normas do Direito Brasileiro	9	10,00%
TOTAL	**90**	**100%**

A parte geral é a disciplina de maior incidência isolada nas provas analisadas para a carreira para Delegado. Somados, os três livros que a compõem correspondem a mais da metade das questões cobradas.

Na parte especial o destaque está em Direito das Coisas, mormente a teoria da propriedade.

As Disposições Finais e Transitórias do CC/2002 não foram abordadas em concursos recentes. Outros tópicos **pouco pedidos em provas** são os que concernem a Direito das Sucessões (CC, arts. 1.784 a 2.027).

Fundamental observar que as bancas possuem vertentes diferenciadas, partindo-se de uma construção altamente legalista, como a FUMARC até exames baseados, parcialmente, em jurisprudência dos Tribunais Superiores, como a CESPE. O destaque, efetivamente, vem sendo a letra da lei!

É muito importante que o candidato/leitor tenha especial foco às inovações legislativas, mormente aquelas que, a par de não se referirem diretamente ao Código Civil, afetam, indiretamente o conjunto de direito que toca à pessoa.

Convém observar que as questões referentes ao direito de empresa foram deslocadas para capítulo próprio: Direito Empresarial.

Gráfico 05

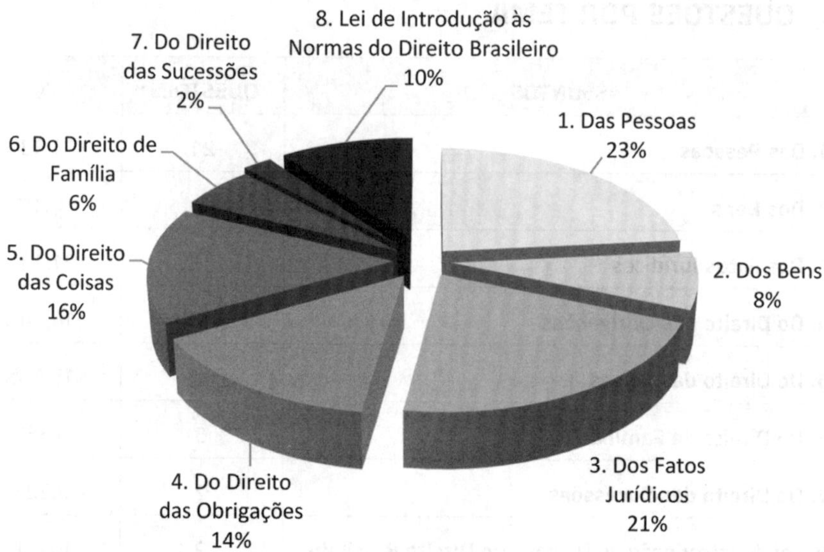

2. DAS PESSOAS

2.1. Das Pessoas Naturais

1. Para o Código Civil a aquisição da personalidade "começa do nascimento com vida" (art. 2°, CC). Adota-se majoritariamente, portanto, a teoria natalista, apesar da polêmica doutrinária.

2. O registro da pessoa natural consiste em ato meramente declaratório, pois a personalidade é adquirida desde o nascimento com vida. Retroage, portanto, o registro, à data do nascimento.

4. O natimorto, em respeito ao princípio da dignidade da pessoa humana, no que concerne aos direitos da personalidade, é protegido, assim como o nascituro. Tem, em especial, tutela ao nome, a imagem e a sepultura, como entende o 1º Enunciado do Conselho da Justiça Federal (CJF).

   4.1. Os direitos da personalidade são deferidos em razão da condição humana e não em razão da personalidade. Por isto, as pessoas jurídicas, mesmo sendo pessoas, não possuem tais direitos, mas apenas uma tutela equivalente (art. 52, CC e STJ, súmula 227).

5. Capacidade de Direito, Jurídica ou de Gozo: é uma capacidade genérica, adquirida juntamente com a personalidade. Adquirida a personalidade jurídica, a pessoa passa a ser capaz de direitos e deveres na ordem jurídica.

6. Capacidade de Fato, Exercício ou Ação: consiste na capacidade de pessoalmente praticar atos da vida civil, agindo de forma autônoma. Desta forma, malgrado todos possuírem capacidade de direito, nem todos detêm capacidade de exercício, a exemplo dos recém-nascidos.

7. Quando a pessoa física cumula as duas capacidades, afirma-se que ela possui capacidade jurídica plena ou geral. Todavia, embora uma pessoa física possua a capacidade jurídica geral, há determinados atos que ela não poderá praticar sem uma legitimação, ou seja: sem uma autorização específica. Verificam-se como exemplos:

   a) Vênia Conjugal: A Outorga Uxória e Marital. A isto importante lembrar que caso o cônjuge, isoladamente, venha a praticar o ato que necessite da outorga (vide art. 1647 do CC), sem a respectiva autorização, a hipótese é de anulabilidade do ato, no prazo decadencial de 2 (dois) anos, contados do término da sociedade conjugal. O STJ, contudo, compreende que a fiança prestada sem autorização de um dos cônjuges implica a ineficácia total da garantia (Súmula 332).

   b) Venda de Ascendente para Descendente. Para ser válida depende de autorização expressa de todos os demais descendentes e do cônjuge, salvo se casado no regime de separação obrigatória (art. 496 do CC), ou participação final nos aquestos se o pacto antenupcial liberar (art. 1656 do CC), sob pena de anulabilidade no prazo de dois anos, contatos da conclusão do ato. Já a troca entre ascendente e descendente somente exigirá a outorga dos demais descendentes se envolver valores desiguais (art. 533, II do CC).

8. Com o Estatuto da Pessoa com Deficiência (Lei 13.146/15) passa a existir apenas uma classe de absolutamente incapazes, os por idade (menores de 16 anos).

9. Por outro lado, são relativamente incapazes (art. 4º, CC): I. Os maiores de 16 (dezesseis) e menores de 18 (dezoito) anos. II. os ébrios habituais e os viciados em tóxico; III. aqueles que, por causa transitória ou permanente, não puderem exprimir sua vontade. IV. Pródigos.

10. O suprimento da incapacidade absoluta dá-se através da representação, quando o representante age no interesse do incapaz. De outro modo, na incapacidade relativa dá-se por meio da assistência, vale dizer, o relativamente incapaz pratica o ato jurídico juntamente com seu assistente, sob pena de anulabilidade.

11. São hipóteses que cessam a incapacidade:

I-Maioridade (18 anos completos),

II-Emancipação (ato irretratável e irrevogável). Pode ser: voluntária, judicial e legal. Não é a antecipação da maioridade, mas sim a aquisição da plena capacidade antes dos 18 anos.

Voluntária: aquela concedida por ambos os pais, ou por um deles na falta do outro, mediante instrumento público. Atente-se para as questões usuais das provas:

a) Se um dos genitores detiver a guarda, ainda que unilateral, não poderá sozinho conceder a emancipação, pois guarda não extingue o poder familiar.

b) Se houver conflito na decisão dos pais (exemplo: o genitor quer emancipar, mas a genitora não quer fazê-lo, o Juiz decide).

c) A emancipação voluntária não afasta a responsabilidade dos pais sobre os atos os filhos, persistindo esta enquanto durar a menoridade (STJ, AgRg no Ag 1239557 / RJ).

Judicial: ocorre em duas situações apenas. É aquela concedida pelo tutor ao pupilo, com dezesseis anos completos, mediante decisão judicial ou, ainda, aquela determinada pela Justiça em casos de divergência entre os genitores.

Legal: São as hipóteses previstas no art. 5°, parágrafo único, II e ss. do CC:

a) Pelo casamento. Neste caso importante lembrar que a nulidade do matrimônio leva à inexistência da emancipação, pois do nada, nada provêm. Todavia, há de ser ressalvada a hipótese de casamento putativo, o qual tem efeitos para aquele que estiver de boa-fé até a sentença anulatória (art. 1.561, CC);

b) Exercício de emprego público efetivo;

c) Colação de grau em ensino superior;

d) O estabelecimento civil ou comercial, ou a existência de relação de emprego, desde que o menor, com 16 (dezesseis) anos completos tenha economia própria.

12. Extinção da Pessoa Física ou Natural: termina a existência da pessoa natural com a morte. A morte, no direito nacional, pode ser:

a) Real

b) Presumida: são hipóteses em que há impossibilidade de localização do cadáver:

b.1) Sem procedimento de ausência (art. 7º, CC): há incidência normativa em duas hipóteses: a) quando extremamente provável a morte de quem estava em perigo de vida; b) na hipótese de desaparecimento em decorrência de campanha ou prisão, quando o desaparecido não for encontrado após 2 (dois) anos do término da guerra. Tais situações abarcam também o disposto no art. 88, da LRP (Lei 6.015/73).

b.2) Com procedimento de ausência: processo desdobrado em três fases:

Primeira fase – Curadoria de Bens do Ausente: O curador (mero detentor dos bens) não será necessariamente quem iniciou o procedimento, havendo uma ordem preferencial estabelecida no artigo 25 do CC:

a) O cônjuge, desde que não esteja separado judicialmente e nem de fato há mais de dois anos;

b) Os pais;

c) Os descendentes, preferindo os mais próximos em relação aos mais remotos;

d) Curador dativo, à escolha do Juiz.

Segunda fase – Sucessão Provisória: começa após 1 (um) ano contado da data da decisão que mandou arrecadar os bens, ou 3 (três) anos após tal decisão, caso o ausente tenha deixado procurador (art. 26, CC). Nesta fase, para ingressar na posse dos bens, os sucessores (ressalvados os herdeiros necessários), precisam dar caução para garantir a conservação dos bens em caso de retorno do ausente. A sentença de abertura desta fase, assim que transitar em julgado, viabilizará a abertura do inventário (ou testamento) e partilha dos bens. Mas, os sucessores ingressarão na posse provisória dos bens.

Terceira fase – Sucessão Definitiva: inicia-se 10 (dez) anos após o trânsito em julgado da sentença que declarou aberta a sucessão provisória, ou 5 (cinco) anos depois das últimas notícias do ausente, se maior de 80 (oitenta) anos, como pontuam os artigos 37 e 38 do CC, ocorrendo a transmissão, a título resolúvel, dos bens. Ao final desta fase há transmissão dos bens, em caráter definitivo.

13. Atenção: a morte presumida com decretação de ausência (art. 6º) dissolve o casamento, quando da abertura da 3ª fase (sucessão definitiva).

14. Comoriência (artigo 8º do CC): traduz a declaração de morte simultânea de duas ou mais pessoas, quando não for possível precisar os instantes das mortes. Tal fato acarreta importantes consequências práticas, pois serão abertas cadeias sucessórias autônomas e distintas, de maneira que um comoriente não herdará do outro. A comoriência pode ser afastada por prova definitiva em contrário (prova de premoriência).

15. Os direitos da personalidade são constantemente visitados pelo STJ em suas decisões. No Resp 1138103/PR reconheceu a imutabilidade relativa do nome civil, ou seja, em situações reconhecidas pela lei ou como excepcionais por decisão judicial, o nome (nome e prenome) pode ser modificado. Já foi deferida a exclusão do patronímico do ex-padrasto, no Resp 1072402/M. O abandono do genitor autoriza a exclusão dos sobrenomes paternos 1304718/SP. A genitora pode modificar seu patronímico no assento de nascimento do filho em caso de divórcio (REsp 1279952/MG). Existe ofensa à imagem com a simples veiculação desta, mesmo não havendo ofensa à honra (Resp 794586/RJ). A Súmula 403 do STJ determina que *Independe de prova do prejuízo a indenização pela publicação não autorizada da imagem de pessoa com fins econômicos ou empresariais.* O uso de imagem de pessoa pública com fins econômicos ou publicitários enseja indenização (Resp 1102756/SP). O direito ao esquecimento é reconhecido, analisado o caso concreto, pelo STJ (Resp 1335153/RJ).

Já o STF tem importante decisão quanto às biografias não autorizadas, compreendendo que estas não geram por si só direito à indenização ou retirada prévia do mercado (o que caracterizaria censura). Uma vez detectado o dano, cabível o pedido de retirada e/ou indenizatório para o biografado.

2.2. Das Pessoas Jurídicas

1. A existência da pessoa jurídica começa com a inscrição do ato constitutivo desta no registro competente, ex vi do artigo 45 do Código Civil. O registro tem, portanto, natureza constitutiva.

2. Tal registro da pessoa jurídica acontecerá em diferentes locais, a depender de sua natureza. O assento dos atos constitutivos das sociedades simples, associações e fundações há de ser realizado no Registro Civil das Pessoas Jurídicas (Cartório de Registro das Pessoas Jurídicas). Já o registro das sociedades empresárias deverá ser realizado no Registro Público das Sociedades Mercantis, através das Juntas Comerciais.

3. O ato constitutivo das pessoas jurídicas é um estatuto ou um contrato social. O Estatuto é destinado às fundações, associações e sociedades anônimas. O contrato social, por sua vez, é utilizado, em regra, pelas sociedades.

4. Desconsideração da Personalidade Jurídica da Pessoa Jurídica ("Disregard Doutrine"): Em linhas gerais, pretende o superamento episódico, e por via de exceção, da personalidade jurídica da pessoa jurídica, objetivando a satisfação do terceiro lesado junto ao patrimônio dos próprios integrantes, que passam a ter responsabilidade pessoal pelo ilícito causado. O legislador civilista optou pelo o que denomina a doutrina de uma teoria maior, ao passo que elencou alguns requisitos, quais sejam:

a) Pedido Expresso: Da Parte ou do Ministério Público, quando couber intervir no Processo - é vedada no Código Civil a desconsideração de ofício pelo juiz. Até o fechamento desta obra a MP 881/19 ainda não havia sido convertida.

b) Abuso da Personalidade: seja através do desvio de finalidade ou confusão patrimonial.

4.1. Já o CDC caminhou no sentido da teoria menor, ou seja, desnecessária a existência de abuso da personalidade.

4.2. A previsão, no CPC, do incidente de desconsideração da personalidade jurídica (arts. 133 e ss), não alterou as disposições do direito material acerca da fundamentação jurídica para o pedido, mas apenas regulou o procedimento judicial, cobrindo um vazio legislativo.

4.3. A desconsideração inversa, ou seja, a possibilidade de se alcançar o patrimônio social da pessoa jurídica a partir de uma execução em face de um dos sócios está prevista de maneira expressa no CPC em vigor (art. 133, § 2º). Reconhecida pelo STJ no Resp 1236916/RS.

5. Sociedades: São pessoas jurídicas de direito privado formadas pela união de indivíduos, denominados de sócios, que se organizam por meio de um contrato social, visando à partilha lucros.

4.4. O encerramento das atividades, por si só, mesmo sendo irregular, não enseja causa para o pedido de desconsideração da personalidade jurídica (Resp 1306553/SC).

5.1. As sociedades simples são pessoas jurídicas que, embora persigam proveito econômico, não empreendem atividade empresarial, mas sim de prestação de serviços. São registradas no Cartório de Registro das Pessoas Jurídicas.

5.2. Já a sociedade empresária é aquela que tem por objeto o exercício de atividade própria de empresário (art. 966, CC), ou seja: organizada economicamente para produção ou circulação de bens ou serviços. O seu registro dar-se-á no Registro Público de Empresas (Junta Comercial).

6. Associações: São entidades de direito privado formadas pela união de indivíduos com o propósito de realizarem atividades com fins não econômicos ou ideais, na forma do artigo 53 do CC. Nesta não há sócios, mas sim associados. O ato constitutivo é o estatuto (art. 54, CC). O registro é feito no Cartório de Registro de Pessoa Jurídica (não é na Junta Comercial). Fim não econômico não se confunde com impossibilidade de lucro. O resultado positivo ao final do exercício fiscal (lucro) não poderá ser rateado para os associados, mas sim ser empregado na melhoria da associação.

6.1. Da mesma forma, em caso de dissolução da associação, as eventuais sobras patrimoniais (depois de pagos os débitos e devolvidos os valores pagos pelos associados) não poderão reverter como acréscimos patrimoniais. Deverão ser revertidos para outra associação similar (mediante escolha dos associados em assembleia) se outra não apontar o estatuto.

7. Fundações (universitas bonorum) – resultam da afetação de um patrimônio, livre, desembaraçado e idôneo, por escritura pública (ato inter vivos) ou testamento (ato mortis causa), visando à finalidade de assistência social; cultura, defesa e conservação do patrimônio histórico e artístico; educação; saúde; segurança alimentar e nutricional; defesa, preservação e conservação do meio ambiente e promoção do desenvolvimento sustentável; pesquisa científica, desenvolvimento de tecnologias alternativas, modernização de sistemas de gestão, produção e divulgação de informações e conhecimentos técnicos e científicos; promoção da ética, da cidadania, da democracia e dos direitos humanos e atividades religiosas. O ato constitutivo é o estatuto e o Ministério Público Estadual é seu guardião.

2.3. Do Domicílio

1. O Domicílio civil da pessoa natural é o lugar onde ela estabelece sua residência com ânimo definitivo (art. 70, CC). Verifica-se, neste conceito, a presença de um elemento:

a) objetivo – ato de fixação em determinado local (residência);
b) subjetivo – o ânimo definitivo de permanência (animus manendi).

2. Domicílio profissional: aquele "concernente à profissão" (art. 72, CC).

2.1. É possível uma mesma pessoa natural ter domicílio pessoal e profissional diversos, falando-se em uma pluralidade de domicílios.

3. Domicílio aparente ou ocasional: previsto no artigo 73 do CC. Regula o instituto o domicílio da pessoa natural, que não tenha residência habitual, sendo considerado esse o lugar onde for encontrada.

4. Domicílio da Pessoa Jurídica: O domicílio civil da pessoa jurídica de direito privado será o local eleito no seu ato constitutivo e, na falta de eleição expressa, onde funcionar sua diretoria ou administração. No que tange às pessoas jurídicas de direito público, o artigo 75 do Código Civil também enuncia seus domicílios, de forma cogente, sendo:

a) União – Distrito Federal;
b) Estados e Territórios – Respectivas Capitais;
c) Município – Local onde funcione a sede da Administração ou da Prefeitura.

5. A mudança de domicílio ocorre com a modificação do local de residência acompanhada do animus de se estabelecer no novo local. Este ânimo pode ser comprovado, por exemplo, com a notificação das autoridades do local que se deixa e do local para o qual se muda.

6. São estes os domicílios legais ou necessários:

a) do incapaz – o domicílio de seus representantes ou assistentes;
b) do servidor público – o local de exercício permanente de suas funções;
c) do militar – o local em que servir;
d) do marítimo (ou aeronáutico) – o local a que estiver imediatamente subordinado;
e) do preso – o local em que cumprir pena.

7. No Brasil não se reconhece pessoa sem domicílio e, por outro lado, é possível que se tenha mais de um (pluralidade de domicílios).

3. DOS BENS

1. As principais classificações dos bens jurídicos assim são apresentadas:

1.1. Imóveis e Móveis.

Bens Imóveis	Bens Móveis
São adquiridos mediante escritura pública e Registro no Cartório de Registro de imóveis (art. 1.245, CC)	São adquiridos por tradição, em regra.
Alienação exige outorga uxória, salvo no regime de separação de bens e no de participação final nos aquestos, se o pacto antenupcial liberar tal exigência (art. 1.647 e 1.656, CC)	Alienação não exige outorga uxória.
Usucapião se dá em prazo maior	Usucapião em prazo menor
Direito real de garantia é a hipoteca.	Direito real de garantia é o penhor
Sujeitos à Concessão da Superfície (art. 1.369, CC).	Prestam-se ao contrato de mútuo

1.1.1. São bens imóveis:

a) Naturalmente imóveis: o solo e tudo quanto se lhe incorporar natural ou artificialmente.

b) Por força da lei: I - os direitos reais sobre imóveis e as ações que os asseguram; II - o direito à sucessão aberta; III - as edificações que, separadas do solo, mas conservando a sua unidade, forem removidas para outro local e IV - os materiais provisoriamente separados de um prédio, para nele se reempregarem.

1.1.2. São bens móveis:

a) Naturalmente móveis: os bens suscetíveis de movimento próprio, ou de remoção por força alheia, sem alteração da substância ou da destinação econômico-social.

b) Móveis por Força da Lei: I - as energias que tenham valor econômico; II - os direitos reais sobre objetos móveis e as ações correspondentes; III - os direitos pessoais de caráter patrimonial e respectivas ações; IV - Os materiais destinados a alguma construção, enquanto não forem empregados e V - conservam sua qualidade de móveis; readquirem essa qualidade os provenientes da demolição de algum prédio.

1.2. Fungíveis e Infungíveis (Classificação dos bens móveis): São fungíveis os bens móveis que podem ser substituídos por outros da mesma espécie, qualidade e quantidade (art. 85, CC).

1.3. Consumíveis e Inconsumíveis. São consumíveis os bens móveis cujo uso importa destruição imediata da própria substância, sendo também considerados tais os destinados à alienação. (art. 86, CC). Os inconsumíveis, por dedução, são o oposto disto.

1.4. Divisíveis e Indivisíveis. Bens divisíveis são os que se podem fracionar sem alteração na sua substância, diminuição considerável de valor, ou prejuízo do uso a que se destinam. Observa-se que os bens naturalmente divisíveis podem se tornar indivisíveis por determinação da lei ou por vontade das partes (arts. 87 e 88, CC).

1.5. Singulares e Coletivos. São singulares os bens que, embora reunidos se consideram de per si, independentemente dos demais. Os coletivos formam as universalidades, as quais podem ser:

a) Universalidade de fato: pluralidade de bens singulares que, pertinentes à mesma pessoa, tenham destinação unitária. Os bens que formam essa universalidade podem ser objeto de relações jurídicas próprias.

b) Universalidade de direito: o complexo de relações jurídicas, de uma pessoa, dotadas de valor econômico.

1.6. Públicos são os bens pertencentes a uma pessoa jurídica de direito público e pode ser de uso comum do povo, de uso especial e dominicais. Privados são todos os demais bens. Os bens públicos de uso comum do povo e de uso especial são inalienáveis, diferentemente dos dominicais, os quais, observadas as exigências legais, podem ser alienados. Outrossim, os bens públicos não podem ser usucapidos (CC, art. 102 e STF, súmula 340).

4. DOS FATOS JURÍDICOS

4.1. Do Negócio Jurídico

1. O art. 104, CC elenca os requisitos necessários à validade do negócio jurídico. Quais sejam: I) Agente Capaz; II) Objeto Lícito, Possível, Determinado ou Determinável; III) Forma Prescrita ou Não Defesa em Lei.

2. As hipóteses de nulidade absoluta estão elencadas nos artigos 166 e 167 do CC. Possuem as seguintes características:

a) Pode ser arguido pelas partes, por terceiro interessado, pelo Ministério Público, quando lhe couber intervir, ou até mesmo pronunciada de ofício (ex oficio) pelo Juiz;

b) A ação declaratória de nulidade é decidida por sentença com efeitos ex tunc (retroativos) e contra todos (erga omnes);

c) A nulidade pode ser reconhecida a qualquer tempo, não se sujeitando a prazo prescricional (imprescritível) ou decadencial.

3. As hipóteses de nulidade relativa estão elencadas no art. 171 do CC, sendo elas:

a) por incapacidade relativa do agente;

b) por vício resultante de erro, dolo, coação, estado de perigo, lesão ou fraude contra credores.

4. O negócio jurídico anulável possui as seguintes características:

a) Somente pode ser arguida pelos legítimos interessados;

b) A ação anulatória é decidida por sentença de natureza desconstitutiva com efeitos ex nunc (não retroativa) e aproveita exclusivamente aos que a alegarem, salvo o caso de solidariedade ou indivisibilidade;

c) A anulabilidade somente pode ser arguida pela via judicial, em prazos decadenciais de 4 (regra geral) ou 2 (regra supletiva) anos, salvo norma específica em sentido contrário (art. 178 e 179, CC).

4.1.1. Disposições Gerais, Da Representação

1. O representante atua em nome e no interesse do representado. O que realizar nos limites dos poderes conferidos vinculará o representado.

2. Há duas espécies de representação: a decorrente da incapacidade do representado e a que surge da impossibilidade de presença física para o ato por parte do representado.

3. Salvo se o permitir a lei ou o representado, é anulável o negócio jurídico que o representante, no seu interesse ou por conta de outrem, celebrar consigo mesmo. O mandato com cláusula "em causa própria" é uma exceção.

4. O prazo para a anulação de negócio jurídico levado a cabo pelo representante em conflito de interesses com o representado é de 180 a contar da conclusão do negócio ou da cessação da incapacidade.

4.1.2. Da Condição, do Termo e do Encargo

1. Condição, termo, modo (ou encargo) são elementos acidentais ou acessórios do negócio jurídico. Também conhecidos como modalidades do negócio jurídico.
2. Condição é evento futuro e incerto que condiciona o negócio jurídico e deriva da vontade humana (art. 121, CC).
3. A condição suspensiva torna os efeitos do negócio jurídico pendentes.
4. A condição resolutiva é aquela que, quando implementada, coloca fim ao negócio jurídico (resolve).
5. O Termo relaciona-se a um evento futuro e certo. Consiste no dia ou momento em que o negócio começa (termo inicial ou *dies a quo*) ou extingue a sua eficácia (termo final ou *dies ad quem*).
6. Modo ou Encargo é uma restrição imposta para que a parte usufrua o benefício.
7. As modalidades vistas acima não alcançam os atos jurídicos imunes que são, por terem seus efeitos predeterminados em lei.

4.1.3. Dos Defeitos do Negócio Jurídico

1. São defeitos do negócio jurídico:
   a) Erro ou Ignorância (arts. 138 a 144, CC): falsa percepção da realidade. O erro há de ser essencial.
   b) Dolo (Art. 145 a 150, CC): consiste no induzimento malicioso de alguém à prática de um ato que lhe seja prejudicial, mas proveitoso ao autor do dolo ou a terceiro.
   c) Coação Moral (arts. 151 a 155, CC): tal coação pode ser: i) Coação Absoluta ou física (vis absoluta); ii) Coação Relativa ou moral (vis compulsiva).
   d) Estado de Perigo (art. 156, CC): configura-se o estado de perigo quando alguém, premido da necessidade de salvar-se, a pessoa de sua família, ou até mesmo terceiro, de grave dano, conhecido pela outra parte, assume obrigação excessivamente onerosa. Difere-se da lesão por ser subjetivo (o estado de perigo é subjetivo e exige dolo de aproveitamento).
   e) Lesão (art. 157, CC): dois são os requisitos da lesão em destaque: i) Objetivo: manifesta desproporção entre as prestações estabelecidas no

negócio; ii) Subjetivo: inexperiência ou premente necessidade de uma das partes, a qual é percebida pelas condições pessoais do contratante.

2. A simulação não é vício, mas sim uma causa de nulidade absoluta do negócio jurídico.

4.1.4. Da Invalidade do Negócio Jurídico

1. **Negócio jurídico nulo** - É o que agride de forma ampla o sistema jurídico, deixando de considerar o interesse social do ato. Vale frisar que cada negócio jurídico pode possuir causas específicas de nulidade, mas, em todos os casos elas deverão estar apresentadas na lei, uma vez que **não existe nulidade sem texto expresso**. A **simulação** é causa de nulidade e é a realização de um negócio para que produza efeitos diverso (ou nenhum efeito) daquele que lhe é natural, como a realização de doação para a amante através da transmissão do bem a um amigo.
2. **Negócio jurídico anulável** – Trata-se de um vício leve, apenas atingindo interesse pessoal, podendo o negócio ser confirmado pelas partes ou mesmo convalescer com o tempo.
3. Como recurso para memorização o quadro abaixo sintetiza o tema.

NULIDADES - QUADRO RESUMO		
Âmbito de alcance	**Nulidade**	**Anulabilidade**
Qual o interesse envolvido?	Público	Particular
Opera de pleno direito?	Sim	Não
Quem tem legitimidade para arguir?	Partes, terceiros, Ministério Público e o Juiz *(ex officio)*	Somente os interessados
Alcance temporal da sentença	*Ex tunc*	*Ex nunc*
Prazo para propositura da ação	Não há prazo. O negócio jurídico nulo não convalesce com o tempo.	Sujeita-se a prazo. 4 anos – erro, dolo, coação, fraude contra credores, lesão e estado de perigo.

NULIDADES - QUADRO RESUMO		
Âmbito de alcance	**Nulidade**	**Anulabilidade**
Causas	Arts. 166 e ss. (além do que estiver disposto na parte especial).	Art. 171 (além do que estiver disposto na parte especial).
Pode ser ratificado (confirmado) pelas partes?	Não	Sim
Pode ser aproveitado como outro negócio – Teoria da conversão – art. 170 do CC?	Sim	Não

4.2. Da Prescrição e da Decadência

1. Inércia do titular + decurso do tempo + pretensão (direito subjetivo) = prescrição.

2. Inércia do titular + decurso do tempo + potestade (direito potestativo) = decadência.

2.1. A suspensão do prazo prescricional prevista no art. 200, CC, somente se aplica, na visão do STJ se houver instauração de inquérito penal para apuração do fato (Resp 1180237/MT), voltando a correr com a sentença condenatória (REsp 1.631.870/SE).

3. A decisão fundada em prescrição gera extinção do processo com a resolução de mérito (art. 487, II CPC) de modo que não será mais possível renovar a pretensão, sob pena de violência à coisa julgada material.

4. Os prazos prescricionais estão contidos nos artigos 205 e 206 do CC: O maior prazo prescricional existente é o de dez anos e ocorre "quando a lei não lhe haja fixado prazo menor", a teor do artigo 205 do CC/02. Consiste, portanto, na regra geral.

5. A única prescrição bienal (de dois anos) prevista no CC/02 é para os alimentos (art. 206, § 2º, CC).

6. O prazo prescricional de três anos ocorre para temas envolvendo aluguéis, empresa, ressarcimento decorrente de enriquecimento sem causa, reparação civil, entre outras (art. 206, § 3º, CC).

7. A única prescrição de quatro anos prevista no § 4º, do artigo 206, do CC/02 é para "a pretensão relativa à tutela, a contar da data da aprovação das contas".

8. A prescrição quinquenal (§ 5º, do art. 206) nos seguintes casos:

a) a pretensão de cobrança de dívidas líquidas constantes de instrumento público ou particular;

b) a pretensão dos profissionais liberais em geral, procuradores judiciais, curadores e professores pelos seus honorários, contado o prazo da conclusão dos serviços, da cessação dos respectivos contratos ou mandato;

c) a pretensão do vencedor para haver do vencido o que despendeu em juízo.

9. Prescrição intercorrente é aquela que ocorre dentro do processo.

10. Para o CC/02 não corre a prescrição "entre os cônjuges, na constância da sociedade conjugal" (art. 197, I, CC).

11. Por esta mesma noção não correrá prazo de prescrição "entre ascendentes e descendentes, durante o poder familiar" (art. 197, II, CC) e "entre os tutelados ou curatelados e seus tutores ou curadores, durante a tutela ou curatela" (art. 197, III, CC).

12. "não corre a prescrição contra os incapazes de que trata o art. 3º" do CC/02, ou seja, contra os absolutamente incapazes, portanto, os menores de 16 anos. Contudo, quanto aos relativamente incapazes a prescrição corre, a teor do artigo 195 do CC/02.

13. Causas Interruptivas (art. 202) zeram o prazo, interrompendo-o para impor nova contagem, desde o início. A interrupção só poderá ocorrer uma única vez, como determina o caput do artigo 202.

14. A prescrição, que somente decorre da lei, na ótica do Código Civil, pode ser alegada em qualquer grau de jurisdição pela parte a quem aproveita.

15. O prazo decadencial pode ser legal (decorrente da lei, a exemplo dos supramencionados arts. 178 e 179) ou convencional (decorrente do próprio negócio por ato de vontade – como as garantias contratuais de produtos adquiridos no comércio), pois assim autoriza a lei (art. 211, CC).

16. A prescrição por ser uma defesa do devedor, pode ser renunciada, nos termos do artigo 191 CC; na mesma linha, a decadência convencional que também pode ser renunciada, não se admitindo, porém, a renúncia ao prazo decadencial legal (art. 209, CC).

17. Assim como a prescrição, a decadência legal pode ser reconhecida de ofício pelo juiz (a convencional não).

18. A decadência, em regra, não se impede, se suspende ou se interrompe, salvo disposição legal em contrário. Vaticina o Código Civil que não corre decadência, assim como prescrição, em face dos absolutamente incapazes.

4.3. Da Prova

1. O intuito do legislador civil foi fixar regras gerais para a prática de determinados atos e negócios jurídicos que dependam de forma especial para respectiva prova.

2. O Código Civil, portanto, define os 'meios de prova' e apresenta as primeiras linhas do regime a que se submeterá a comprovação do fato jurídico, natural ou voluntário, e especialmente a declaração de vontade.

3. Já o direito processual preocupa-se com os preceitos que orientam à apreciação da prova em Juízo e à técnica de trazê-la à consciência do julgador (PEREIRA, 2006, p. 589).

4. Enquanto o direito processual preocupa-se com a valoração probatória em Juízo, especialmente quanto à sua produção perante o julgador, o direito civil se atém ao valor intrínseco de cada prova apresentada, notadamente no contexto dos fatos jurídicos em sentido amplo.

5. Os atos jurídicos que dependam de formato solene para constituição ("ad substantiam" ou "ad solemnitatem") são regidos por comandos específicos. Assim, ao contrário dos atos jurídicos "ad probationem", nos "ad solemnitatem" a formalidade é essencial à existência e validade do negócio.

6. Além dos negócios "ad probationem" e "ad substantiam", há outros que dependem de forma especial de publicidade para se tornarem eficazes perante terceiros. Assim, inobservada a regra legal, o negócio jurídico será eficaz apenas em relação àqueles que dele participaram ou tomaram conhecimento formal, não atingindo terceiros estranhos à relação e desconhecedores do seu conteúdo.

7. O art. 107 do CC adota o princípio da **liberdade das formas**. Significa dizer que, em regra, inexiste forma para a prática dos atos e negócios jurídicos em geral. A regra é, portanto, a **liberdade**. Por outro lado, há certos atos e negócios que são regidos por exigências formais, como a escritura pública necessária à validade dos negócios jurídicos que visem à constituição, transferência, modificação ou renúncia de direitos reais sobre imóveis de valor superior a trinta vezes o maior salário mínimo vigente no País (art. 108 do CC).

Espécies de prova

8. Segundo o art. 212 do CC, o fato jurídico pode ser provado mediante: **confissão, documento, testemunha, presunção e perícia.** Tenha-se que tal rol é meramente exemplificativo.

9. **A confissão** pode ser judicial ou extrajudicial.

10. A confissão pode ser feita pelo próprio confitente ou por mandatário com poderes especiais. Essa prerrogativa deve ser expressa e específica para determinado negócio (art. 390, §1º, CPC). Caso o representante extrapole o estipulado no instrumento de mandato, sua declaração, naquilo que exceder, será considerada ineficaz (art. 213, CC).

11. O Código de Processo Civil cuida ainda da confissão ficta, decorrente de matéria fática não impugnada oportunamente (art. 341, CPC).

12. A confissão, como ato jurídico que é, sujeita-se à disciplina das invalidades dos negócios. Assim, em que pese o art. 214 do CC, ter feito menção expressa apenas ao erro de fato e à coação, qualquer outro vício, formal e do consentimento, pode ser alegado para invalidá-la (PEREIRA, 2006, p. 604). Caberá ao Magistrado, em cada caso, apreciar se o vício alegado foi capaz de influir na confissão.

13. **Prova documental** - O art. 219 do CC dispõe que as declarações constantes de documentos assinados **presumem-se verdadeiras** em relação aos signatários.

14. **Documento público** é aquele exarado por agente público no exercício de suas funções (art. 215 a 218, CC). São dotados de fé pública. Os demais documentos, por exclusão, são considerados **particulares.**

15. A veracidade e a autenticidade dos documentos particulares podem ser certificadas pela própria assinatura do declarante ou de seu representante. Contudo, só terá efeitos "erga omnes" depois de registrado no cartório de títulos e documentos (art. 221, "caput", CC).

16. O atual Código Civil aboliu a sistemática de duas testemunhas instrumentárias para provar o teor do documento particular.

17. A **autenticação de documento** diz respeito ao reconhecimento de firma ou da letra do subscritor, formalidade esta quase dispensada no atual regime de provas.

18. O **telegrama**, quando lhe for contestada a autenticidade, faz prova mediante conferência com o original assinado.

19. A **cópia fotográfica de documento**, conferida por tabelião de notas, valerá como prova de declaração da vontade, mas, impugnada sua autenticidade, deverá ser exibido o original.

20. A prova não supre a ausência do título de crédito, ou do original, nos casos em que a lei ou as circunstâncias condicionarem o exercício do direito à sua exibição.

21. Os documentos redigidos em língua estrangeira serão traduzidos para o português para ter efeitos legais no País.

22. As **reproduções fotográficas, cinematográficas, os registros fonográficos** e, em geral, quaisquer outras reproduções mecânicas ou eletrônicas de fatos ou de coisas fazem prova plena destes, se a parte, contra quem forem exibidos, não lhes impugnar a exatidão.

23. Os livros e fichas dos empresários e sociedades provam contra as pessoas a que pertencem, e, em seu favor, quando, escriturados sem vício extrínseco ou intrínseco, forem confirmados por outros subsídios.

24. A prova resultante dos livros e fichas não é bastante nos casos em que a lei exige escritura pública, ou escrito particular revestido de requisitos especiais, e pode ser ilidida pela comprovação da falsidade ou inexatidão dos lançamentos.

25. Sobre a escrita contábil-empresarial pende princípio do sigilo, só podendo haver exibição parcial por determinação judicial ou no interesse da fiscalização tributária. A exibição total é praticamente vedada, só sendo aplicável em casos especialmente declarados por lei. Ex.: liquidação de sociedade, falência, sucessão de sócio por morte, etc.

26. **A prova testemunhal** é de prova de natureza oral, aferida por meio dos sentidos da visão e da audição.

27. O sistema civil não admite como testemunha os menores de 16 anos. (art. 447, §1º, III, CPC).

28. O magistrado pode, em relação aos menos de 16 anos, colher sua manifestação como informantes do juízo (art. 447, §4º). Do mesmo modo, pode ouvir os impedidos e suspeitos, que serão tratados a seguir.

29. Por motivos de suspeição, também não pode depor o inimigo da parte ou o seu amigo íntimo ou o que tiver interesse no litígio.

30. Por fim, estão impedidos de depor (art. 447. §2º, CPC): **a)** o cônjuge, o companheiro, o ascendente e o descendente em qualquer grau e o colateral, até o terceiro grau, de alguma das partes, por consanguinidade ou afinidade, salvo se o exigir o interesse público ou, tratando-se de causa relativa ao estado da pessoa, não se puder obter de outro modo a prova que o juiz repute necessária ao julgamento do mérito; **b)** o que é parte na causa; e **c)** o que intervém em nome de uma parte, como o tutor, o representante legal da pessoa jurídica, o juiz, o advogado e outros que assistam ou tenham assistido as partes.

31. A pessoa com deficiência poderá testemunhar em igualdade de condições com as demais pessoas, sendo-lhe assegurados todos os recursos de tecnologia assistiva.

32. É certo que todos têm o dever de contribuir com a Justiça. Porém, em alguns casos admite-se que a pessoa **recuse-se a depor**.

O art. 448 do CPC dispõe que ninguém pode ser obrigado a depor sobre fatos:	
que lhe acarretem grave dano, bem como ao seu cônjuge ou companheiro e aos seus parentes consanguíneos ou afins, em linha reta ou colateral, até o terceiro grau.	a cujo respeito, por estado ou profissão, deva guardar sigilo.

33. Como se pode observar, a recusa é admitida quando o testemunho conflitar com outros interesses juridicamente relevantes. Esses interesses podem dizer respeito ao próprio depoente ou aos seus parentes próximos, ou mesmo quando a pessoa, por motivo de estado ou profissão, deva guardar segredo sobre determinado fato.

34. A presunção surge da determinação legal ou da observação do operador do direito.

35. No campo legal, a presunção *juris et de jure* (ou absoluta) não pode ser afastada por prova em sentido contrário. Nestes casos, o legislador, a partir de determinados fatos, aponta uma situação jurídica como incontroversa.

36. Já a presunção *juris tantum* (ou relativa) traz regra de inversão de ônus *probandi*. Significa que a situação presume-se existente, ou inexistente a depender do caso concreto e da disposição legal, até prova em sentido contrário.

37. O Código Civil não obriga a pessoa a se submeter a exame médico-pericial, autorizando, assim, a recusa. Contudo, aquele que se nega a submeter-se a exame médico necessário não poderá aproveitar-se de sua recusa. (art. 231 do CC).

38. Além disso, a recusa à perícia médica ordenada pelo juiz poderá suprir a prova que se pretendia obter com o exame (art. 232 do CC).

39. Neste contexto, caso o pretenso pai, por exemplo, se recuse a coletar material para a perícia, o julgador geralmente inverte o ônus probante em favor do demandante.

40. Quando a observação do fato não puder ser efetivada por testemunha comum, recorre-se ao perito técnico, que goza da confiança do Juízo e dispõe de conhecimentos técnicos.

41. A perícia pode consistir em: **exame, vistoria ou avaliação.**

42. Vale lembrar que, apesar do manifesto valor probante da perícia, **o juiz não está adstrito ao laudo pericial**, podendo formar a sua convicção com outros elementos ou fatos provados nos autos.

43. O juiz pode, de ofício ou a requerimento da parte, **inspecionar pessoas ou coisas,** a fim de se esclarecer sobre fato, que interesse à decisão da causa.

44. Ao realizar a inspeção direta, o juiz poderá ser assistido de um ou mais peritos.

45. A inspeção judicial tem lugar quando:

- o juiz a julgar necessária para a melhor verificação ou interpretação dos fatos que deva observar;
- a coisa não puder ser apresentada em juízo, sem consideráveis despesas ou graves dificuldades;
- ou quando determinar a reconstituição dos fatos.

46. Em homenagem aos princípios do contraditório e da ampla defesa, as partes têm sempre direito a assistir à inspeção, prestando esclarecimentos e fazendo observações que reputem de interesse para a causa.

5. DO DIREITO DAS OBRIGAÇÕES

5.1. Das Modalidades das Obrigações

1. Conceito: relação prestacional de caráter patrimonial cujo desrespeito se resolve mediante a execução do patrimônio penhorável do inadimplente.
2. Distinguem-se dos direitos reais ao passo em que são, os direitos obrigacionais, numerus apertus.
3. Obrigações propter rem ou ambulatórias (ou reipersecutórias) aderem à coisa (e não à pessoa), transmitindo-se automaticamente ao novo titular do bem a exemplo do IPTU, ITR, IPVA e das taxas condominiais.
4. Os direitos obrigacionais são patrimoniais (em regra), inter partes, prescritíveis e transmissíveis.
5. A obrigação de dar é positiva porque a prestação que a mesma encerra consiste na entrega, na apresentação, de uma determinada coisa, mediante tradição (bem móvel) ou registro (bem imóvel).

6. Importante para as provas de concurso é saber que se a coisa perece sem que ninguém tenha incorrido em dolo ou culpa, aplicando-se o princípio res perit domino de modo que o dono suportará o prejuízo experimentado pois ninguém deu causa a isto. Hipótese distinta, evidentemente, acontecerá se a coisa perecer por culpa de alguém. Neste caso, não se aplica a regra acima, pois a hipótese será de responsabilidade civil por perdas e danos (subjetiva, decorrente de dolo ou culpa).

6.1. A regra res perit domino apresenta exceções, como a prevista no art. 524, CC, em que a coisa transmitida com reserva de domínio, antes de pago integralmente o preço, permanece na propriedade do alienante mas, caso venha a ser destruída sem culpa deste, se perderá para o adquirente (que ainda não é dono).

7. Ademais, nos termos do artigo 237 do Código Civil "Até a tradição pertence ao devedor a coisa, com os seus melhoramentos e acrescidos, pelos quais poderá exigir aumento no preço; se o credor não anuir, poderá o devedor resolver a obrigação".

8. Ainda na linha do artigo 237, agora no seu parágrafo único, precisa-se consignar que "Os frutos percebidos são do devedor, cabendo ao credor os pendentes". Percebidos são os frutos já colhidos; pendentes, o que ainda não estão aptos a tal situação.

9. Na obrigação de dar coisa incerta, a coisa "será indicada, ao menos, pelo gênero e pela quantidade" (art. 243, CC) cabendo ao devedor escolher, a coisa no momento ajustado se do contrário não resultar o título.

10. Como o gênero nunca perece não se aplicará para as obrigações de dar coisa incerta o regramento do res perit domino. Veja, a propósito, o artigo 245: "Antes da escolha, não poderá o devedor alegar perda ou deterioração da coisa, ainda que por força maior ou caso fortuito".

11. A obrigação de fazer pode ser fungível ou infungível.

12. Antes de pleitear a indenização nas obrigações de fazer, o credor tem que pedir o cumprimento in natura da mesma, inclusive mediante astreintes, ex vi do artigo 497, do CPC e 84 do CDC.

13. Novidade importante está no art. 249 do CC, parágrafo único, autorizando "em caso de urgência, pode o credor, independentemente de autorização judicial, executar ou mandar executar o fato, sendo depois ressarcido".

14. As obrigações negativas (de não fazer) são, quase sempre, infungíveis, personalíssimas e indivisíveis pela sua natureza (art. 258, CC).

15. A obrigação de não fazer configura-se pela abstenção de uma conduta. Desta maneira, o devedor fica proibido de praticar um ato determinado, sob pena de inadimplemento. São, por sua natureza, infungíveis.

16. As obrigações compostas pela multiplicidade de objetos podem ser cumulativas, ou seja, aquelas que obrigam o devedor ao adimplemento de todas as prestações (objetos) da relação obrigacional; ou alternativas, na qual o devedor somente necessitará adimplir uma das duas prestações.

17. Em relação às obrigações alternativas, o artigo 252 do CC disciplina que a escolha caberá ao devedor se outra coisa não for estipulada no ajuste. É possível até mesmo delegar a terceiro o ato de escolha.

18. Na obrigação alternativa se a escolha competir ao devedor e por culpa deste não se puder cumprir nenhuma das prestações ficará (este devedor) obrigado a pagar o valor da que por último se impossibilitou, mais perdas e danos.

19. Na obrigação alternativa se a escolha couber ao credor terá este o direito de exigir a prestação subsistente ou o valor da outra com perdas e danos. E mais: se as duas prestações perecerem nestas condições poderá o credor cobrar o valor de qualquer das duas (prestações perecidas) mais indenização por perdas e danos.

19.1 Já nas obrigações facultativas, perecendo a obrigação principal, extinta estará a obrigação. Perdendo-se a obrigação facultada, haverá concentração na principal.

19.2 Segundo doutrina, nas obrigações alternativas há duas coisas na obrigação e uma na solução. Por outro lado, nas facultativas, há uma coisa na obrigação e duas na solução.

20. No que diz respeito a solidariedade, que não podem ser presumidas, o artigo 273 do CC veda ao devedor opor exceções pessoais indistintamente aos credores solidários tendo em vista a natureza personalíssima destas exceções.

21. O artigo 270 do CC traz relevante preceito alusivo à eventual morte de um dos credores na solidariedade ativa. Sabe-se que a obrigação se transmite causa mortis até as forças da herança, de modo que, com o óbito, haverá o fracionamento do crédito, ou seja, cada herdeiro poderá cobrar nos limites da quota hereditária recebida.

22. Importante, ainda, o artigo 274 do CC ao afirmar que "O julgamento contrário a um dos credores solidários não atinge os demais" enquanto que "o julgamento favorável aproveita-lhes, a menos que se funde em exceção pessoal".

23. O artigo 201 do CC prevê uma vez suspensa a prescrição em favor de um dos credores solidários, que esse efeito só aproveitará aos outros se a obrigação for indivisível.

24. Sobre a solidariedade passiva, o Enunciado 348 em Jornada de Direito Civil: "o pagamento parcial não implica, por si só, renúncia à solidariedade, a qual deve derivar dos termos expressos da quitação ou, inequivocadamente, das circunstâncias do recebimento da prestação pelo credor".

25. Lembrar também do Enunciado 349 do CJF, segundo o qual: "Com a renúncia da solidariedade quanto a apenas um dos devedores solidários, o credor só poderá cobrar do beneficiado a sua quota na dívida; permanecendo a solidariedade quanto aos demais devedores, abatida do débito a parte correspondente aos beneficiados pela renúncia".

5.2. Da Transmissão das Obrigações

1. Tanto a posição de credor quanto a posição de devedor podem ser transmitidas.

2. A cessão de crédito deve ser notificada ao devedor para que este saiba a quem pagar. Enquanto isto não se der, será ineficaz perante o devedor a transmissão. A ausência da notificação não importa, assim, invalidade ou qualquer forma de nulidade para a cessão. Mas, mesmo sem tal notificação, pode o cessionário exercer atos de conservação do direito cedido.

3. A notificação do devedor não faz dele parte na cessão do crédito. Partes são o credor original (cedente) e o novo credor (cessionário).

4. Fundamental ter em mente as regras de apresentação de exceções por parte do devedor. Primeiramente, a ele toca objetar ao cessionário tudo que lhe for pessoal e também as exceções de natureza material. Mas pode também opor exceções que tinha em face do cedente, desde que originadas até o momento da notificação.

5. A transmissão do crédito não gera para o cedente, em regra, responsabilidade pela solvência do devedor, mas apenas pela existência do crédito ao tempo da cessão. Caso se responsabilize pela solvência do devedor, somente poderá ser acionado pelo valor recebido na cessão, acrescido de juros e do valor de despesas com a cessão e com a cobrança.

6. Uma vez penhorado o crédito e tendo o credor ciência de tal ato, não poderá mais ceder o direito a terceiro.

7. Ao lado da cessão de crédito, figura a assunção de dívidas.

8. Na assunção, a transmissão somente pode se dar por iniciativa ou com a aquiescência do credor. Isto provoca o surgimento de duas espécies: uma primeira, feita entre o credor e o novo devedor, denominada **expromissão**;

e outra, realizada entre o antigo devedor e o novo devedor, denominada **delegação**.

9. Importante não confundir o **pagamento com sub-rogação e a assunção de dívida**. No primeiro, o ato do pagamento é realizado por terceiro interessado que recebe os direitos do credor em relação ao devedor, sub-rogando-se. Já na assunção de dívida, o novel devedor não atua apenas solvendo, mas integrando a relação até que chegue o momento do adimplemento, que pode, ou não, demorar.
10. As garantias especiais dadas pelo antigo devedor na assunção somente se estenderão à nova composição das partes se ele assim consentir.
11. Uma especial forma de assunção de dívida, único caso previsto no Código Civil em que o silêncio do credor importa em anuência da transmissão, é o do adquirente do imóvel hipotecado, que pode tomar para si o débito existente como forma de minorar eventuais prejuízos. Vale destacar que ele irá, também, sub-rogar-se nos direitos do credor, após o pagamento.
12. Em relação às exceções, não é dado ao novo credor opor ao credor as exceções pessoais que competiam ao antigo.
13. Por fim, importante frisar que a anulação da assunção provocará a ressurreição do débito com todas as suas garantias, exceto as prestadas por terceiros. Eventualmente podem tais garantias retornar em vigência se os envolvidos souberem do vício que inquinava a transmissão.

5.3. Do Adimplemento e Extinção das Obrigações

1. No que concerne ao pagamento da obrigação, regra geral, qualquer interessado pode pagar.
2. Importante também a dicção do art. 308 do CC, para quem "O pagamento deve ser feito ao credor ou a quem de direito o represente, sob pena de só valer depois de por ele ratificado, ou tanto quanto reverter em seu proveito".
3. No que concerne ao credor putativo (que parece, mas não é), o art. 309 dispõe que será válido o pagamento de boa-fé ainda provado depois que não era credor.
4. O "credor não é obrigado a receber prestação diversa da que lhe é devida, ainda que mais valiosa" (art. 313, CC). Trata-se da regra da identidade do pagamento.

5. A regra geral é que a dívida seja quesível (querable), ou seja, exigível, pagável no domicílio do devedor. Exceção será a denominada dívida portável (portable), que é aquela a ser efetuada no domicílio do credor.
6. Importante a ressalva feita pelo artigo 328 CC, segundo o qual se o pagamento consistir na tradição de um imóvel ou em prestações relativas à imóvel, far-se-á no lugar onde situado o bem.
7. Deve-se ficar atento para o fato de que a cessão de débito exige expresso consentimento do credor, sendo o silêncio hipótese de recusa. Já a cessão de crédito não exige a concordância do devedor, mas apenas sua notificação.

5.4. Do Inadimplemento das Obrigações

1. O inadimplemento absoluto, ou seja, o que não comporta purgação do atraso, faz incidir sobre o devedor a responsabilidade por perdas e danos, mais juros e atualização monetária segundo índices oficiais regularmente estabelecidos, e honorários de advogado.
2. O inadimplemento absoluto é a regra nas obrigações negativas, mas não se pode olvidar que certas obrigações de não-fazer comportam o desfazimento do que se realizou em descumprimento ao acordo (como a obrigação de não construir acima de certa altura), o que levaria à conclusão da possibilidade excepcional de mora em tais circunstâncias.
3. Importante destacar que o inadimplemento provoca a presunção de culpa, devendo aquele que tiver sobre si a imputação comprovar que tal se deu por causas que suplantam sua vontade (como o caso fortuito e a força maior, ou melhor, demonstrando a ocorrência do fortuito externo).
4. Nas liberalidades, como a doação (contratos benéficos), aquele que recebeu o benefício responde por simples culpa; já o que não é beneficiado, responderá mediante análise do dolo.
5. Mora
   5.1. Mora é o atraso, a demora no cumprimento do que toca à parte na obrigação. Pode haver mora tanto do devedor quanto do credor. Como exemplo de mora, pode-se apontar o pagamento feito em local indevido, gerando dever de pagar, novamente, com cômputo do devido atraso.

   5.2. A mora pode existir na forma *ex re* (mora *ex re*), partindo-se da regra de que uma vez assinalado o prazo de cumprimento, o termo final já é bastante para constituir a parte em mora (*dies interperllat pro homine*); e na forma *ex persona* (mora *ex persona*), aquele em que se faz necessário interpelar judicial ou extrajudicialmente a parte para que se possa consolidar sobre ela a mora (como a denúncia vazia na lei de locações, o prazo de retirada no comodato, a notificação para cobrança de honorários advocatícios contratados, e nos contratos garantidos por alienação fiduciária (Sumula 245 STJ).

5.2.1. Contrato de alienação fiduciária – teses fundamentais do STJ sobre busca e apreensão - É necessária a cientificação do garante acerca da venda do bem dado em alienação fiduciária para que persista sua responsabilidade por eventual saldo devedor (REsp 844778/SP). É possível a conversão da ação de busca e apreensão em ação de depósito quando o bem se encontra na posse do devedor e em péssimo estado de conservação (REsp 916107/SC). É possível a conversão da ação de busca e apreensão em ação de depósito e o prosseguimento da cobrança nos próprios autos, pelo equivalente em dinheiro, no caso de desaparecimento do bem dado em garantia (AgRg no Ag 1309620/DF). Na ação de busca e apreensão de bem alienado fiduciariamente, é possível a discussão sobre a legalidade de cláusulas contratuais como matéria de defesa (AgRg no AgRg no Ag 1209799/GO). A simples propositura da ação de revisão de contrato não inibe a caracterização da mora do autor. (Súmula n. 380/STJ). É válido, para caracterização da mora, o protesto do título efetivado por edital, desde que comprovado nos autos que foram esgotadas todas as tentativas para a localização do devedor (AgRg no AREsp 357407/RS). É válida, para caracterização da mora, a notificação extrajudicial expedida por intermédio do Cartório de Títulos e Documentos e entregue no domicilio do devedor, dispensada sua notificação pessoal (AgRg no AREsp 350109/MS). A mora do devedor, nos contratos de alienação fiduciária, constitui-se *ex re*, decorrendo do simples vencimento do prazo para pagamento (AgRg no AREsp 385511/RS). A notificação destinada a comprovar a mora nas dívidas garantidas por alienação fiduciária dispensa a indicação do valor do débito. (Súmula n. 245/STJ)

5.2.2. A taxa de juros prevista pelo Código Civil no art. 406 é a SELIC (sistema especial de liquidação e custódia) e exclui a incidência de correção monetária, já que esta está inclusa naquela (Resp 1025298).

5.3. A mora proveniente do ato ilícito corre desde a prática do ato (art. 398, CC), mas a jurisprudência construiu dois momentos distantes, a depender da forma do dano: para o dano material, os juros começam a contar do evento danoso (Enunciado 54 da Súmula do STJ), enquanto para o dano moral incidem os juros a contar do seu arbitramento (Enunciado 362 da Súmula do STJ).

5.4. A mora provoca vários efeitos, mas o mais importante é a extensão da responsabilidade pelo caso fortuito e a força maior sobre o moroso, gerando uma responsabilidade agravada. Ocorrendo dano à coisa, responderá o moroso mesmo que alegue fortuito externo (caso fortuito ou força maior), ressalvado o direito de demonstrar que o fato ocorreria mesmo que adimplisse no prazo.

5.5. O credor também pode incidir em mora quando, por exemplo, não busca o pagamento no local e hora ajustados (dívidas quesíveis), o que retira do devedor a obrigação de conservar a coisa, obriga o moroso ao pagamento das despesas de conservação, devendo ele ainda receber a coisa pela melhor estimativa da coisa entre a data do início da mora e de seu fim.

5.6. O fim da mora, ou seja, o adimplemento em atraso, é denominado purgação da mora. Ela se dá quando, ainda sendo possível adimplir (pois há situações – como a realização de um show em festa de aniversário – em que não existirá mais interesse do credor), trata o devedor de pagar o débito acrescido de juros e demais valores decorrentes do atraso (como multa, por exemplo). Já o credor purga a mora oferecendo-se para receber o pagamento e assumindo as eventuais responsabilidades até o momento (como a depreciação da coisa).

5.7. Resolução por onerosidade excessiva

5.8. O Código Civil adotou a teoria da imprevisão para justificar a revisão contratual, tendo como requisitos: i) ser a relação obrigacional de prazo ou de trato sucessivo; ii) ocorrência de excessiva onerosidade em razão de circunstância imprevisível, sem culpa da parte prejudicada; iii) vantagem da parte contrária.

5.9. A resolução é uma das alternativas possíveis, sendo que o caminho da revisão judicial pode reequalizar a justiça contratual, como quando a parte beneficiada oferece a modificação das prestações.

5.5. Dos Contratos em Geral

1. A natureza jurídica do contrato é de negócio jurídico. Sobre o ponto de vista da principiologia é regido pela autonomia, relativismo, força obrigatória, boa-fé, função social e equilíbrio contratual:

a) a autonomia impinge a força da voluntas sobre o acordo, visando resguardar as partes de situações de submissão ou de coação, sempre em busca da máxima liberdade contratual. A liberdade contratual envolve contratar, com quem contratar, o que contratar, quando contratar e como contratar.

b) o relativismo, por sua vez, estabelece que os efeitos do contrato se estabelecem e fazem sentir, precipuamente, entre as partes. Exceções a este princípio (sem contar com a ampliação do princípio da função social do contrato) podem ser detectadas no contrato com pessoa a declarar, na estipulação em favor e a promessa por fato de terceiro.

c) pelo princípio da força obrigatória o contrato vincula coercitivamente as partes. Este princípio é o fundamento dos pedidos junto ao Judiciário para o cumprimento no avençado contratualmente.

d) com a formação do pensamento moderno, em que a figura do contratante foi revisitada e recebeu maior importância e responsabilidade, mormente após as duas grandes guerras mundiais, firmaram-se três novos princípios contratuais. O primeiro, a boa-fé, de natureza objetiva, imprime para os contratantes deveres de cuidado, atenção, respeito, informação, atenção, enfim, de pleno interesse na figura do outro.

e) Ao lado da boa-fé, figura o princípio da função social do contrato que, na feliz expressão de Tereza Negreiros, leva o contrato além do contrato. Com tal princípio a figura do terceiro passa a ter fundamental importância na relação contratual, podendo ele atuar como: a) terceiro ofendido – quando a relação contratual atinge a esfera de outrem, causando-lhe prejuízo material ou moral; b) terceiro ofensor – a atuação de terceiro prejudicando a relação contratual, como o disposto no art. 608, CC.

f) Por fim, o equilíbrio (ou justiça) contratual deve ser preservado em face dos riscos exorbitantes do mercado. Nesta principiologia estão calcados a teoria da imprevisão e a teoria da quebra da base do negócio jurídico.

2. O contrato preliminar, ou pré-contrato, é em regra irretratável, salvo se possuir cláusula de arrependimento. Ele respeitará os requisitos do contrato final, exceto quanto à forma.

2.1. A Lei 13.786, de 27 de dezembro de 2018, estabeleceu alguns regramentos para a promessa de compra e venda de imóvel. O novo art. 35-A estabelece um quadro sinótico inicial que deve fazer parte do contrato, deixando patente as condições gerais de negocial (preço total, parcela, corretagem etc.).

2.2. O atraso até 180 dias corridos do prazo final de entrega não enseja resolução por parte do adquirente nem implica em qualquer multa para o incorporador.

2.3. Sendo o atraso superior a 180 dias e não se tratando de resolução do contrato, será devida ao adquirente adimplente, por ocasião da entrega da unidade, indenização de 1% (um por cento) do valor efetivamente pago à incorporadora, para cada mês de atraso, pro rata die, corrigido monetariamente conforme índice estipulado em contrato.

2.4. A pena convencional não pode ser superior a 25% das quantias pagas, em caso de distrato ou inadimplemento absoluto por parte do adquirente. Se o regime de construção for o de patrimônio de afetação, a pena poderá ser de até 50% das quantias pagas.

3. O prazo para a propositura de ação edilícia por vício redibitório na coisa, sendo tal de fácil constatação, é de 30 (trinta) dias para bem móvel e 1 (um) ano para bem imóvel. Tratando-se de vício oculto (de complexa identificação) o prazo será de 180 (cento e oitenta) dias para bens móveis; e 1 (um) ano quando bem imóvel (art. 45 do CC). As ações edilícias se dividem em ação redibitória e estimatória (ou quantis minoris).

4. Cuidado! É usual a pergunta sobre a possibilidade de evicção em hasta pública e perda por execução de ato administrativo, sendo, ambas as respostas, positivas.

5. É possível, por cláusula expressa, a diminuição, o reforço ou a exclusão das garantias decorrentes da evicção (art. 448 do CC). Todavia, a cláusula de exclusão ainda permite reembolso das quantias pagas. Para que não haja direito algum, além da referida cláusula haverá o evicto de ser informado sobre o risco da evicção e assumir a possibilidade de sua ocorrência (art. 449 do CC). Caso, porém, saiba o evicto que a coisa adquirida era alheia ou litigiosa, não haverá direito decorrente da evicção (art. 457 do CC).

6. O exercício das prerrogativas decorrentes da evicção (art. 450 do CC) dar-se-á através da denunciação da lide (art. 456 do CC).

7. Apenas aplica-se imprevisão em contrato comutativo e de duração (execução continuada, por exemplo). Não é possível sua incidência em contrato instantâneo e aleatório.

8. Não confundir Resolução: desfazimento contratual em caso de inadimplemento, a exemplo de imprevisão, exceção do contrato não cumprido e vícios redibitórios, com Resilição: desfazimento contratual por simples manifestação de vontade de uma das partes (resilição unilateral ou denúncia), ou de ambas as partes (resilição bilateral ou distrato) e com Rescisão: desfazimento do contrato por fato concomitante ou posterior à sua formação. Todas são formas de extinção do contrato.

9. A denúncia apenas poderá ser realizada se houver permissivo expresso ou implícito na norma (art. 473 do CC). Ademais, tal resilição unilateral será ineficaz caso não tenha decorrido prazo compatível com os vultosos investimentos realizados. A resilição bilateral (distrato) far-se-á pela mesma forma exigida para o contrato (art. 472 do CC).

5.6. *Das Várias Espécies de Contrato*

5.6.1. *Da Compra e Venda*

1. No Brasil a compra e venda não é suficiente para aquisição (transferência) da propriedade. Portanto, não há efeito translativo, mas apenas obrigacional neste negócio jurídico. Assim, para os bens móveis a transferência da propriedade se dá por meio da tradição, ou seja, da entrega do bem (art.1.267, CC). Para os imóveis, o registro transfere a propriedade (art. 1.227, CC).

2. Natureza Jurídica: sinalagmático, ou bilateral perfeito, consensual, oneroso, comutativo, de execução instantânea ou duração.

3. Contudo, em alguns casos a compra e venda pode exigir formalidade, a ser atendida sob pena de nulidade. Exemplo mais cobrado é o art. 108 do CC o qual se refere a alienações de imóveis cujo valor é superior a trinta vezes o maior salário mínimo vigente no país.

4. O Código Civil veicula exceções ao caráter comutativo da compra e venda, quais sejam: a) Emptio spei ou contrato esperança (art. 458, CC): É a compra e venda de coisa futura com assunção de risco pela existência, estando aqui à álea; b) Emptio rei speratae ou contrato de coisa esperada (art. 459, CC): É a compra e venda de coisa futura sem assunção de risco pela existência, havendo álea sobre a quantidade; e c) Compra e venda de coisa futura, mas exposta a risco (art. 460, CC).

5. A teor do art 496 do Código Civil: "É anulável a venda de ascendente a descendente, salvo se os outros descendentes e o cônjuge do alienante expressamente houverem consentido".

6. Por outro lado, o art. 499, ao afirmar que: "É lícita a compra e venda entre cônjuges, com relação a bens excluídos da comunhão".
7. É sabido, pois que a venda de bens imóveis por pessoa casada depende da outorga uxória. A ausência da referida outorga acarreta anulabilidade do negócio jurídico, sendo o prazo decadencial para ajuizamento da ação de dois anos, contados após o término da sociedade conjugal (art. 1.649, CC).
8. A necessidade de outorga não se impõe no regime de separação absoluta, (art. 1.647, CC), bem como no regime de participação final nos aquestos quando haja expressa dispensa no pacto antenupcial (art. 1.656, CC).
9. Sobre os riscos, impende aplicar o regramento do artigo 492 segundo o qual "Até o momento da tradição, os riscos da coisa correm por conta do vendedor, e os do preço por conta do comprador".
10. A cláusula de retrovenda é cláusula especial do contrato de compra e venda e somente se aplica para bens imóveis. Está prevista no art. 505 segundo o qual: "O vendedor de coisa imóvel pode reservar-se o direito de recobrá-la no prazo máximo de decadência de três anos, restituindo o preço recebido e reembolsando as despesas do comprador, inclusive as que, durante o período de resgate, se efetuaram com a sua autorização escrita, ou para a realização de benfeitorias necessárias".

5.6.2. Da Troca ou Permuta, Do Contrato Estimatório

1. Permuta ou troca é uma forma contratual derivada da compra e venda, aplicando-se a ela as disposições referentes à tal forma, ressalvados dois pontos: a troca entre ascendentes e descendentes, para ser anulável deve ser de valores desiguais e os custos (entrega e transferência) serão divididos igualmente, ressalvada disposição das partes em contrário.
2. Contrato estimatório - neste contrato o consignatário recebe bens do consignante para vender, tendo a possibilidade de devolvê-los. Para facilitar a compreensão, é comum em festas de fundos de formaturas o recebimento de bens (bebidas, por exemplo) que, se não forem vendidos, são restituídos.
3. Contrato bilateral, comutativo, oneroso.
4. A coisa consignada se torna um patrimônio afetado, pois "o consignante não pode dispor da coisa antes de lhe ser restituída ou de lhe ser comunicada a restituição" e "a coisa consignada não pode ser objeto de penhora ou sequestro pelos credores do consignatário, enquanto não pago integralmente o preço".

5.6.3. Da Doação

1. Para o artigo 538 do Código Civil "Considera-se doação o contrato em que uma pessoa, por liberalidade, transfere do seu patrimônio bens ou vantagens para o de outra".
2. O aceite pode ser tácito, como admite o Superior Tribunal de Justiça na Súmula 328, quando o donatário, embora não aceite expressamente a doação, quita o imposto de transmissão inter vivos de um imóvel.
3. Classificação: gratuito e unilateral, comutativo, formal e instantâneo.
4. Excepcionalmente, a doação poderá ser onerosa e bilateral (com encargo ou remuneratória). A estas se aplicam o regime de contratos onerosos, falando-se em responsabilidade pela evicção e vícios redibitórios.
5. Lembra-se, que não se autoriza que insolventes celebrem doações, assim como pródigos.
6. Reza o artigo 544 do Código Civil que a doação de ascendente para descendente gera presunção de antecipação de legitima (da herança). Esta presunção (do adiantamento da legítima) é juris tantum, ou seja, pode ser ilidida mediante prova em sentido contrário. De igual sorte, é possível que o doador, no ato da liberalidade, dispense do donatário da colação, como autoriza o artigo 2.006 do Código Civil, afirmando partir o bem da cota disponível.
7. A doação ao nascituro é válida desde que seja aceita pelo seu representante legal. Também existe doutrina admitindo doação à prole eventual, ou seja, a quem sequer fora concebido, aplicando, por analogia, o artigo 1.800, IV do Código Civil. Assim, em regra a concepção haverá de ser feita até o prazo máximo de dois anos após a morte do doador, salvo disposição de vontade em contrário. Não obedecido o referido prazo, o bem retorna ao monte mor para ser partilhado entre os herdeiros legítimos.
8. A regra é que a doação entre os cônjuges é juridicamente possível, exemplo de exceção é a doação entre os cônjuges no regime da comunhão universal, sendo a mesma nula por impossibilidade jurídica do seu objeto, salvo se esta referir-se aos bens excluídos da comunhão, ou seja, aos bens exclusivos de um dos cônjuges em favor do outro (art. 1.668, CC).
9. Em regra, a doação é irrevogável e irretratável, pois uma vez ocorrida enseja a aquisição do direito de propriedade em face de outrem. Contudo, é possível invalidar o contrato de doação diante de vícios de consentimento, como erro, dolo, coação... Alia-se a isso as hipóteses excepcionais nas quais

a doação pode ser revogada, quais sejam: ingratidão e descumprimento de encargo.

10. As casuísticas autorizadoras da ingratidão estão elencadas nos artigos 557 e 558 do CC, sendo elas: I - se o donatário atentou contra a vida do doador ou cometeu crime de homicídio doloso contra ele; II - se cometeu contra ele ofensa física; III - se o injuriou gravemente ou o caluniou; IV - se, podendo ministrá-los, recusou ao doador os alimentos de que este necessitava. V - quando o ofendido, nos casos do artigo anterior, for o cônjuge, ascendente, descendente, ainda que adotivo, ou irmão do doador.

5.6.4. Da Locação de Coisas, Do Empréstimo

1. da leitura do artigo supracitado percebe-se que o objeto do contrato, necessariamente, deve abranger bens infungíveis, ante a obrigação contratual de restituir o bem após o término do contrato, o que não poderia ocorrer se a coisa fosse fungível (substituível, ou consumível pelo uso).

2. Classificação: Oneroso, comutativa, consensual e de duração.

3. É possível alienar (doar ou vender) a coisa alugada, entretanto, terá o locatário direito de preferência, tanto por tanto, em relação à alienação. Assim, haverá o locatário de ser notificado sobre a intenção de venda e condições de pagamento.

4. Acaso seja desrespeitada a referida prelação, o locatário será titular de direito à adjudicação compulsória, depositando o preço e reavendo a coisa para si, desde que; a) o contrato de locação esteja registrado há pelo menos 30 (trinta) dias antes da venda; b) o direito à adjudicação compulsória seja exercida no prazo máximo de 6 (seis) meses após a referida venda. Se não houver registro do contrato, subsiste o direito de preferência o qual, acaso desrespeitado, gera ao locatário mera ação de perdas e danos, não havendo de falar-se em responsabilidade civil.

5. Salvo disposição em contrário, somente serão indenizáveis as benfeitorias necessárias, independentemente de autorização, e as úteis autorizadas. Quanto às voluptuárias, subsiste o direito a levantá-las, desde que não estrague a estrutura da coisa principal.

6. No que diz respeito às benfeitorias necessárias e úteis autorizadas, terá ainda o locatário direito de retenção.

7. "Morrendo o locador, a locação transmite-se aos herdeiros" (art. 10 da Lei 8.245/91), circunstância que demonstra que o aludido contrato não possui natureza jurídica personalíssima, sendo transmissível.

9. Em arremate, deve-se lembrar que a sublocação, o empréstimo ou a cessão no aludido contrato de locação sempre dependerão do consentimento prévio e escrito do locador, o qual não se presume. E mais. Deve haver notificação, com prazo mínimo de 30 dias, da intenção de sublocar, oportunidade na qual o locador deverá anuir por escrito.

10. Classificação: Informal, gratuito, temporário, unilateral, comutativo e real.

    10.1. O contrato de empréstimo consiste na entrega de uma coisa a outrem, de forma gratuita, com autorização de uso. Este gênero (empréstimo) pode ser dividido em duas espécies: a) comodato: relativo aos bens infungíveis; b) mútuo: relacionado aos bens fungíveis.

11. Excepcionalmente admite-se o comodato de bens fungíveis destinados à ornamentação (enfeites de festas ou cerimônias), denominando-se comodato ad pompam vel ostentationem. Aqui haverá posterior obrigação de devolução do bem.

12. Curioso observar, nos termos do artigo 583 do Código Civil que as excludentes da responsabilidade por caso fortuito e força maior não se aplicam à hipótese do comodato, devendo o comodatário empregar diligência prioritária ao salvamento da coisa emprestada, em prejuízo do próprio patrimônio.

13. No mútuo o objeto consiste no empréstimo para uso (consumo da coisa). Daí porque se fala em empréstimo de bem fungível e consumível. Quem recebe a coisa emprestada (mutuário) não se obriga a devolver a mesma. A obrigação é outra, qual seja: entrega de bem pertencente ao mesmo gênero, quantidade e qualidade.

14. A regra da gratuidade tem como importante exceção o mútuo feneratício (de dinheiro), prevendo o pagamento de juros, que consiste na remuneração do capital.

15. Mútuo feito à menor: segundo a norma, caso se realize empréstimo para consumo (mútuo) em face de um menor, aquele que emprestou (mutuante), sem autorização do representante legal do menor (mutuário), estará proibido de reaver a coisa deste e dos fiadores (art. 588, CC).

5.6.5. Da Prestação de Serviço

1. O prestador de serviço se compromete a realizar um fazer em favor do tomador de serviço, a preço certo. Não se confunde com contrato de trabalho, regulamentado pela CLT.

2. Contrato bilateral, consensual e oneroso.
3. Pode envolver qualquer tipo de serviço, material ou imaterial.
4. Se a remuneração não houver sido estipulada será arbitrada conforme os costumes do lugar.
5. Não pode ser estipulada por mais de 4 (quatro) anos.

5.6.6. Da Empreitada, Do Depósito

1. Empreitada - Pelo contrato de empreitada o se empreiteiro obriga a realizar certo trabalho, sem subordinação, para o dono da obra. O empreiteiro pode apenas realizar **serviços** ou prestar **serviços e materiais**. É contrato bilateral, comutativo (em regra, podendo ser aleatório se aceitar reajuste de preço conforme mercado), oneroso e consensual.
2. Quando a empreitada é contratada pela obra inteira (mesmo que os pagamentos sejam parciais) leva o nome de empreitada a **preço global ou forfaitário.**
3. Depósito - na forma do artigo 627 do Código Civil "Pelo contrato de depósito recebe o depositário um objeto móvel, para guardar, até que o depositante o reclame".
4. É da essência do contrato a não utilização da coisa pelo depositário, sob pena de configurar-se mútuo ou comodato (se a coisa for fungível ou infungível, inexistindo contraprestação), ou ainda locação (acaso haja pagamento de aluguel pelo uso).
5. Classificação: real, gratuito e personalíssimo.
6. A primeira hipótese de depósito é denominada de voluntário por emanar da livre vontade das partes, dividindo-se em: a) Regular: quando disser respeito a bens infungíveis, b) Irregular: quando disser respeito a bens fungíveis, a exemplo do depósito de dinheiro (depósito bancário).
7. A segunda é a do denominado depósito necessário previsto no artigo 647: "É depósito necessário: I - o que se faz em desempenho de obrigação legal; II - o que se efetua por ocasião de alguma calamidade, como o incêndio, a inundação, o naufrágio ou o saque".
8. A terceira hipótese é intitulada de depósito do hospedeiro, decorrente da guarda de bens móveis pelos hotéis e estabelecimentos congêneres (art. 649, CC), quando há responsabilidade do hoteleiro para com as bagagens dos hóspedes no caso de perda ou deterioração destas, salvo se provar caso fortuito e força maior.

5.6.7. Do Mandato

1. Mandato: Por este contrato, uma parte (mandante) concede a outra (mandatário) poderes para realizar atos ou administrar interesses. Fisicamente, quem pratica o ato é o mandatário; juridicamente, o mandante. É contrato personalíssimo, consensual (deve-se atentar para a aderência de forma, pois a procuração - instrumento do contrato de mandato - deve ter a forma do contrato final que será realizado - para celebrar uma escritura pública, mandato por instrumento público), em regra gratuito (admitindo a forma onerosa) e bilateral.
2. Contrato personalíssimo, consensual (deve-se atentar para a aderência de forma, pois a procuração - instrumento do contrato de mandato - deve ter a forma do contrato final que será realizado - para celebrar uma escritura pública, mandato por instrumento público), em regra gratuito (admitindo a forma onerosa) e bilateral.
3. O menor, relativamente incapaz (maior de 16, menor de 18), pode ser mandatário, mas não pode ser mandante (art. 666 CC).
4. Não cabe mandato em atos personalíssimos ou existenciais, como testar.
5. Os poderes de um mandato envolvem, em regra, apenas a administração. Para poder alienar, gravar de ônus, transigir ou realizar qualquer ato além da mera administração, é necessário que o instrumento contenha expressamente tais poderes.
6. O mandatário tem direito de retenção para obrigar ao mandante o pagamento do que é devido em razão do mandato.
7. Todos os atos praticados pelo mandatário além dos poderes que lhe forem conferidos, estarão subordinados à gestão de negócios, enquanto não ratificados pelo mandante.
8. É proibida a compensação, por parte do mandatário, dos prejuízos que causou com os lucros que obteve.
9. Em regra é possível o substabelecimento (que gera responsabilidade para o procurador sempre que aquele que o substituiu proceder com culpa), salvo menção expressa de proibição.
10. muita atenção para o mandato "a meio caminho", conforme art. 674 CC, pois "embora ciente da morte, interdição ou mudança de estado do mandante, deve o mandatário concluir 5º negócio já começado, se houver perigo na demora".
11. O mandato se extingue: "**I** - pela revogação ou pela renúncia; **II** - pela morte ou interdição de uma das partes; **III** - pela mudança de estado

que inabilite o mandante a conferir os poderes, ou o mandatário para os exercer; **IV** – pelo término do prazo ou pela conclusão do negócio." Nas duas observações acima, melhor compreender-se, a bem da nova terminologia, interdição por curatela.

12. Os atos realizados pelo mandatário sem saber da revogação do contrato ou da morte do mandante são válidos. Assim também pode ele (o mandatário) concluir o mandato a meio-caminho (já iniciados os atos de formalização do contrato final). Atente-se, ainda, que o mandato com cláusula "em causa própria" não poderá ser revogado nem mesmo se resolve com a morte do mandante.

5.6.8. Da Comissão, Da Agência e Distribuição, Da Corretagem

1. Comissão - por este contrato, o comissário contrata, em seu nome e por conta do comitente, a aquisição ou venda de bens.

2. Contrato bilateral, oneroso e consensual.

3. Esta forma contratual se aproxima do mandato, mas com ele não se confunde, porque o comissário age em nome próprio (atente-se que as regras do mandato são subsidiárias sempre que as disposições da comissão não bastarem para solucionar o caso – art. 709 CC).

4. Em regra o comissário não responde pela insolvência dos com quem tratar. Mas será responsável se agir com culpa ou se assumir a cláusula *del credere.*

5. A cláusula del credere importa em ônus extra para o comissário (art. 698 CC), que passa a ser solidariamente responsável, para com o comitente, pelo adimplemento das pessoas com quem contratou. Por isso, deverá receber remuneração melhor, de modo a compensar o risco que assumiu.

6. Agencia e Distribuição - pelo contrato de agência, o representante deverá, em nome e por conta de outro (agenciador ou representado), com habitualidade e sem subordinação, realizar negócios em determinada região geográfica. Se ele, o representante, também tiver à sua disposição os bens negociados, será um contrato de distribuição.

7. Contrato bilateral, oneroso e consensual.

8. Este contrato denota importância pela cláusula de exclusividade imposta às partes (podendo por elas ser afastada): "Art. 711. Salvo ajuste, o proponente não pode constituir, ao mesmo tempo, mais de um agente, na mesma zona, com idêntica incumbência; nem pode o agente assumir o encargo de nela tratar de negócios do mesmo gênero, à conta de outros proponentes".

9. Corretagem - Trata-se de forma subsidiária aplicada sempre que não houver contrato de mandato, prestação de serviços ou qualquer outra relação de dependência e uma das partes se obrigar a obter um ou mais negócios para a outra, conforme instruções recebidas.
10. Contrato bilateral, oneroso, aleatório e consensual.
11. Não havendo restrição expressa, é possível a designação de subcorretor.
12. A prestação do corretor pode envolver tanto intermediar a venda/compra de um bem, quanto colocar possíveis compradores/vendedores em simples contato.

5.6.9. Do Transporte

1. Neste contrato uma parte (o transportador) se obriga a levar o passageiro ou coisa de um a outro determinado lugar.
2. Contrato bilateral, oneroso e consensual.
3. No transporte de pessoas, não chegando o viajante ao destino, inadimpliu o transportador com o que lhe cabia.
4. contrato pode (não é requisito de validade) ser instrumentalizado – modo mais comum, bilhete de passagem.
5. é ineficaz cláusula que afaste a responsabilidade do transportador.
6. A conduta culposa de terceiro não elide a responsabilidade do transportador (atente-se para a discussão jurisprudencial acerca do fortuito interno e externo), que deverá indenizar o passageiro-vítima e regredir contra o terceiro-agressor.
7. Quando a coisa é enviada, o contratante é chamado expedidor ou remetente na visão de Caio Mário.
8. A coisa transportada deve ser especificamente discriminada, de modo a não se confundir com outras.
9. Esta forma contratual possibilita ao transportador emitir um título denominado "conhecimento de transporte" estudado na teoria dos títulos de crédito.
10. As bagagens estão atreladas ao transporte de pessoas, pois seguem com elas.

5.6.10. Do Seguro

1. Pelo contrato de seguro, o segurador se obriga, mediante o pagamento do prêmio, a garantir interesse legítimo do segurado, relativo a pessoa ou a coisa, contra riscos predeterminados (art. 757 CC).
2. Contrato bilateral, oneroso, aleatório e consensual.
3. O segurador necessita de uma qualidade especial, deve ser uma entidade autorizada, pelas autoridades competentes, a figurar como tal.
4. A apólice de seguro é apenas um meio de prova da existência do contrato, não requisito de validade.
5. Os contratos de seguros não podem garantir atos dolosos.
6. O valor pago pelo segurado é o prêmio, o valor pago pela seguradora é o "pagamento do sinistro" ou indenização; v) o valor pago a título de ocorrência do sinistro pode ser efetivado em dinheiro ou coisa; vi) se o segurado agravar o risco perderá direito ao valor do sinistro; vii) se o segurador sabe que não mais existe risco sobre o que está segurado, deverá pagar em dobro o valor do prêmio.
   - Seguro de Dano: i) não pode haver seguro que supere o valor da coisa segurada; ii) o interesse segurado abrange "todos os prejuízos resultantes ou consequentes, como sejam os estragos ocasionados para evitar o sinistro, minorar o dano, ou salvar a coisa" (art. 779 CC); iii) após pagar a indenização o segurador se sub-roga nos direitos do segurado para cobrar os custos do autor do dano; iv)os seguros de responsabilidade civil (forma de seguro em que se cobrem os prejuízos causados a terceiros pelo segurado) criam situação especial pois é "defeso ao segurado reconhecer sua responsabilidade ou confessar a ação, bem como transigir com o terceiro prejudicado, ou indenizá-lo diretamente, sem anuência expressa do segurador" (art. 787, § 2º).
   - Seguro de Pessoas: i) no seguro de pessoas a apólice não pode ser ao portador; ii) é possível fazer seguro sobre a vida de outrem, desde que se declare estimar tal vida (esta declaração é presumida em caso de cônjuge, descendente e ascendente); iii) se não houver indicação de beneficiários, a metade será paga ao cônjuge não separado judicialmente (não importando o regime) e a outra entregue à ordem de vocação do art. 1829; iv) é totalmente nulo transigir com o pagamento do seguro de pessoas, no sentido de reduzir o que deve ser pago em caso de sinistro; v) a concubina não pode ser beneficiária de seguro de pessoa; vi) o seguro recebido pelos beneficiários não é considerado

herança (logo, não necessita ser colacionado), nem responde pelas dívidas do falecido.

7. No caso de suicídio, o art. 798 CC, estabelece a obrigatoriedade de cobertura se o contrato já tiver mais 2 (dois) anos. Este artigo não pode ser interpretado sem se lembrar das súmulas 105 STF (Salvo se tiver havido premeditação, o suicídio do segurado no período contratual de carência não exime o segurador do pagamento do seguro) e 61 STJ (O seguro de vida cobre o suicídio não premeditado). Assim, mesmo em prazo inferior a dois anos, é necessário à seguradora provar a má-fé ou premeditação do segurado em caso de suicídio. Súmula 465 Ressalvada a hipótese de efetivo agravamento do risco, a seguradora não se exime do dever de indenizar em razão da transferência do veículo sem a sua prévia comunicação. Descabe promoção de ação de indenização por parte de terceiros diretamente em face da Seguradora. Os valores da cobertura de seguro de vida devem ser acrescidos de correção monetária a partir da data em que celebrado o contrato entre as partes (AgInt no AREsp 1164869 / MG).

8. A ação de cobrança do seguro obrigatório (DPVAT) prescreve em 3 anos (Súmula 405 STJ). A ação de cobrança da complementação do seguro obrigatório (DPVAT) prescreve em três anos a contar do pagamento feito a menor (AgRg no REsp 1382252/PR). Nos casos de invalidez permanente, o termo inicial do prazo prescricional da ação de cobrança do seguro obrigatório (DPVAT) é a data em que o segurado teve ciência inequívoca da incapacidade laboral (AgRg no AREsp 023292/GO). O pedido do pagamento de indenização à seguradora suspende o prazo prescricional da ação de cobrança do seguro obrigatório (DPVAT) até que o segurado tenha ciência da decisão (AgRg no AREsp 341788/RS). As seguradoras integrantes do consórcio do seguro obrigatório (DPVAT) são solidariamente responsáveis pelo pagamento das indenizações securitárias (REsp 1108715/PR).

5.6.11. Da Fiança

1. Neste contrato um terceiro se compromete a arcar com o pagamento de determinada obrigação contraída pelo devedor (assume uma responsabilidade sem débito).

2. Contrato unilateral, em regra gratuito, formal (tem de ser escrito, sempre), personalíssimo e acessório (está vinculado a um mútuo ou outro contrato que necessite de uma garantia - como a locação). A interpretação desta forma contratual é restritiva, não fugindo ao que se encontra escrito.

3. Na fiança, garantia pessoal, a garantia dada alcança todo o patrimônio do fiador, mas não vincula nenhum bem de forma real ou gera privilégio de execução.
4. Não se pode interpretar extensivamente uma fiança dada.
5. Na fiança não requer participação do devedor, podendo ser estipulada entre credor e fiador, diretamente.
6. Se não houver limitação, a fiança abrange todos os acessórios da dívida principal.
7. Em regra, tem o fiador o "benefício de ordem", pois primeiro deve-se buscar o pagamento no patrimônio do devedor, e só depois no do fiador – logo a fiança cria responsabilidade subsidiária.
8. Uma fiança sobre uma obrigação nula é nula também, exceto se a nulidade decorrer apenas da incapacidade do devedor.
9. A fiança gera solidariedade entre os fiadores, salvo adoção do "benefício da divisão".
10. Se um dos fiadores for insolvente, sua cota será redistribuída aos demais.
11. Se o credor paralisar injustamente a execução já iniciada contra o devedor, o fiador pode dar nela andamento.
12. Em fianças por prazo indeterminado o fiador pode se exonerar, ficando responsável durante 60 (sessenta) dias após a notificação de retirada feita ao credor. Em se tratando de fiança locatícia, o fiador poderá exonerar-se das suas responsabilidades no prazo de 30 (trinta) dias contado do recebimento da comunicação oferecida pelo sub-rogado, ficando responsável pelos efeitos da fiança durante 120 (cento e vinte) dias após a notificação ao locador.
13. O STJ entende, com o enunciado 332 de sua Súmula, que A fiança prestada sem autorização de um dos cônjuges implica a ineficácia total da garantia. Assim, será ela NULA.
14. A obrigação decorrente da fiança passa aos herdeiros, dentro das forças da herança.
15. O fiador pode opor suas exceções pessoais ao credor, além das que forem do devedor e puderem promover a extinção do débito/responsabilidade.
16. O fiador fica exonerado se o atraso na execução (depois de requerido o benefício de ordem – neste caso, benefício de excussão), sempre que o atraso possibilitar a insolvência do devedor.
17. É anulável a fiança prestada sem consentimento conjugal, na forma do art. 1.647 CC – recorde-se que o consentimento não é exigido no regime

de separação total), sendo o prazo de 2 (dois) anos, contados a partir da dissolução da sociedade conjugal (separação - note-se que apesar de o posicionamento majoritário advogar o fim da separação, ainda há pessoa separadas judicialmente -, anulação, divórcio ou morte).

5.6.12. Da Transação, Do Compromisso

1. As partes resolvem, por mútuo acordo, por fim, ou prevenir, um litígio.
2. É contrato bilateral e formal.
3. Só é possível em relação a direitos pessoais.
4. Pode ser feito por escritura particular, pública ou por termo nos autos, dependendo do direito envolvido (se vinculado a acordo de forma pública ou se contestado em juízo).
5. A transação não serve para a transmissão de direitos.
6. A nulidade de qualquer das cláusulas da transação, anula todo o acordo; v) é nula a transação sobre direito já reconhecido em juízo se uma das partes não tiver conhecimento da sentença; vi) a transação só pode ser anulada por dolo, coação ou erro essencial quanto à pessoa ou à coisa sobre a qual se faz o acordo.
7. Cláusula Compromissória - Através da cláusula compromissória as partes acordam levar ao juízo arbitral uma eventual disputa entre elas em determinado tema.
9. É contrato bilateral.
10. Não podem ser objeto de compromisso questões de estado, de direito pessoal de família e todas as demais de não tenham caráter estritamente patrimonial.

5.7. Dos Atos Unilaterais

1. São formas especiais de negócios jurídicos unilaterais que visam à produção de efeitos quando seu instituidor ainda está em vida.
2. Promessa de recompensa: ocorre quando um sujeito se compromete por anúncios direcionados ao público em geral a efetivar pagamento de determinada quantia ou a gratificar sob qualquer forma, aquele que realizar determinada prestação ou preencher determinada condição. É situação comum, quando, por exemplo, perde-se um animal e colocam-se cartazes

pelas ruas informando a existência de uma gratificação para aquele que localizar dito mascote.

3. A promessa feita ao público sem prazo pode ser a qualquer tempo retirada, desde que se faça pelo mesmo modo e publicidade da promessa. Esta situação é complexa, pois quem houver realizado despesas na intenção de corresponder ao pedido, poderá requerer indenização (art. 856, parágrafo único CC).

4. Interessante notar que se a promessa ao público for um concurso, as obras apresentadas somente serão de propriedade do promitente se isso estiver estipulado quando da promessa.

5. Gestão de negócios: nesta forma de ato unilateral, um terceiro, sem autorização do titular do interesse, gere negócio alheio. Tudo deve ser feito de acordo com a vontade presumível do titular do interesse (pois, do contrário, responderá o gestor pelo fortuito que ocorrer).

6. Sendo vários os gestores, haverá entre eles solidariedade. Deve-se observar que o gestor, ao assumir operações arriscadas (mesmo que sejam de comum realização por parte do gerido) responderá pelo fortuito. Assim também de colocar em primeiro lugar seus interesses.

7. O dono do negócio gerido desejando se aproveitar da gestão deverá indenizar completamente o gestor. Mesmo que o dono do negócio não ratifique deverá reembolsar o gestor que pagou alimentos devidos por aquele a terceiros.

8. Pagamento indevido: ocorre esta forma especial de ato unilateral sempre que alguém efetiva um pagamento que não tem causa (já pago, a obrigação originária é nula etc.). Observe-se que não haverá pagamento indevido quando a obrigação for ineficaz (exemplo, jogo e aposta, prescrição), pois nesse caso haverá débito (sem responsabilidade), dando causa ao pagamento. Havendo pagamento indevido, fica obrigado quem recebeu a restituir. Aplica-se a noção de pagamento indevido ao ato de quitar um débito ainda pendente de condição suspensiva, antes de ocorrida a condição. Não terá direito a receber o que pagou se o adimplente indevido provocou (com seu ato), a prescrição da pretensão do credor, conforme art. 880 CC.

9. Enriquecimento sem causa: sempre que o aumento do patrimônio de uma pessoa não tiver um suporte legal, deve ela restituir ao legítimo credor/proprietário o valor indevidamente recebido. Aplica-se ao pagamento indevido e a todas as outras formas de enriquecimento sem fundamento. A mesma ideia se aplica aos casos de pagamentos sucessivos, quando a

causa deixou de existir (imagine o caso do seguro, em que a seguradora sabe do fim do risco devendo restituir o prêmio indevidamente pago pelo outro contratante). A ação de enriquecimento sem causa é subsidiária, somente se aplicando se alternativa não houver e requer a inexistência de título que justifique o aumento patrimonial. (PEREIRA, 2003. p. 604).

5.8. Dos Títulos de Crédito

1. Título de crédito, segundo conhecida lição de Cesare Vivante, é "o documento necessário para o exercício do direito literal e autônomo, nele mencionado". A doutrina trabalha com três características básicas: a literalidade, a autonomia e a abstração. De acordo com a literalidade, vale nos títulos apenas o que neles estiver escrito. A autonomia, possibilidade ao título força obrigatório sem que esteja o seu adimplemento vinculado a qualquer outra obrigação. E, por fim, a abstração estabelece que o título não está ligado a nenhum negócio jurídico base, não tendo, assim, causa necessária a ser demonstrada.
2. O sistema estabelecido no Código Civil, com atenção ao avanço tecnológico, tratou também dos títulos escriturais, conforme art. 889, §3º: "O título poderá ser emitido a partir dos caracteres criados em computador ou meio técnico equivalente e que constem da escrituração do emitente, observados os requisitos mínimos previstos neste artigo". O referido artigo, trata de elementos essenciais aos títulos de crédito, sendo eles a data da emissão, a indicação precisa dos direitos que confere, e a assinatura do emitente. O Código considera o título sem data de emissão, vencível à vista. Ainda, como mecanismo de suprimento de lacunas, considera-se lugar de emissão e de pagamento, quando não indicado no título, o domicílio do emitente.
3. O aval é garantia autônoma de pagamento do título. O Código Civil veda o aval parcial (art. 897, p.u.). O aval deve ser dado no verso ou no anverso (frente) do título. Para a validade do aval que se faça lançar no anverso, basta a simples assinatura.
4. Títulos nominativos são os que trazem em sua literal composição pessoa beneficiária dos direitos que cartulariza. Estes títulos são transferidos através de termo de cessão ou termo de transferência, ou endosso (sendo a transferência completada por tradição da cédula).
5. Os títulos à ordem contêm um beneficiário, mas junto ao nome deste apresentam uma cláusula que viabiliza a transferência a terceiro, que se

apresentará como o *accipiens*. Desta forma, haverá disposição "pague a X ou à sua ordem". É possível, ainda, impedir a circulação de alguns títulos, com a supressão da referida cláusula.

6. Considera-se legítimo possuidor o portador do título à ordem com série regular e ininterrupta de endossos, ainda que o último seja em branco.
7. Considera-se não escrita no endosso qualquer condição a que o subordine o endossante. O endosso parcial é nulo.
8. Cláusula constitutiva de mandato, lançada no endosso, confere ao endossatário o exercício dos direitos inerentes ao título, salvo restrição expressamente estatuída (**endosso-mandato**). Já a cláusula constitutiva de penhor, lançada no endosso, confere ao endossatário o exercício dos direitos inerentes ao título (**endosso-penhor**).
9. Títulos ao portador são os que não indicam pessoa beneficiária, sendo esta a que tiver consigo a cártula. São transferidos por simples tradição.

Atenção para os seguintes enunciados da Súmula do STJ
Súm. 475. Responde pelos danos decorrentes de protesto indevido o endossatário que recebe por endosso translativo título de crédito contendo vício formal extrínseco ou intrínseco, ficando ressalvado seu direito de regresso contra os endossantes e avalistas.
Súm. 476. O endossatário de título de crédito por endosso-mandato só responde por danos decorrentes de protesto indevido se extrapolar os poderes de mandatário.
Súm. 503. O prazo para ajuizamento de ação monitória em face do emitente de cheque sem força executiva é quinquenal, a contar do dia seguinte à data de emissão estampada na cártula.
Súm. 504. O prazo para ajuizamento de ação monitória em face do emitente de nota promissória sem força executiva é quinquenal, a contar do dia seguinte ao vencimento do título.

5.9. *Da Responsabilidade Civil*

1. As instâncias entre responsabilidade civil e criminal são independentes e autônomas. A independência das instâncias se relativiza em três hipóteses, quando a decisão penal tem efeitos na esfera cível, quais sejam: ausência de materialidade do fato, negativa de autoria (art. 935, CC) e reconhecimento de excludentes (art. 65 do CPP).

2. A doutrina enuncia como elementos indispensáveis para a responsabilização, os quais hão de estar presentes em qualquer hipótese, a conduta humana (por ato comissivo ou omissivo), o nexo de causalidade e o dano ou prejuízo.

3. Tal conduta há de ser voluntária, sendo que se alguém praticar um dano decorrente de um ato desprovido de vontade – atos reflexos, sonambulismo ou hipnose – não há de falar-se em responsabilização.

4. Todavia, não se deve entender voluntariedade como dolo, ao passo que a exigência é a voluntariedade na conduta, e não no seu resultado, o que é exigido para configuração do dolo. Assim culpa e dolo implicam em responsabilidade. A culpa leve, contudo, pode interferir no quantum indenizatório.

5. É possível o pleito de dano material e moral de forma independente, ou cumulada, segundo os permissivos do artigo 5º, V e X da CF, art. 186 do CC, S. 37 e 387 do STJ.

6. O ressarcimento do evento danoso que atinge patrimônio deverá conter, no seu bojo, como noticia o artigo 402 do CC o dano emergente ou positivo ou real prejuízo da vítima e/ou os lucros cessantes, quer dizer, patrimônio futuro lesionado, é o lucro frustrado ou aquilo que razoavelmente se perdeu. Dentro dos danos emergentes poder-se falar, até mesmo, na responsabilidade civil pela perda de uma chance.

7. A indenização mede-se pela extensão do dano. Caso, porém, haja excessiva desproporção entre a gravidade da culpa e o dano (culpa mínima e dano máximo), é possível que o juiz realize uma redução equitativa (art. 944 do CC).

8. A Responsabilidade civil subjetiva: decorre de um ato ilícito culposo (art. 186, CC), entendendo como culpa uma expressão lato, a qual envolve tanto o dolo, quanto à culpa *stricto sensu*, seja no viés de negligência, imprudência ou imperícia.

9. A Responsabilidade civil objetiva: decorre de um ato antijurídico, não sendo exigida a presença do elemento culpa, mas sendo necessário, ressalta-se, a verificação dos elementos gerais já delineados neste capítulo.

10. São causas excludentes da responsabilidade civil: caso fortuito e força maior, estado de necessidade e legítima defesa, estrito cumprimento do dever legal e exercício regular de direito, culpa exclusiva da vítima e o fato de terceiro.

11. Malgrado a equivalência de efeitos pregada pelo vigente Código Civil, há autores que tentam relatar critérios distintivos entre o caso fortuito e a força maior. Em uma análise doutrinária percebe-se uma grande diversidade de posicionamentos, ganhando força a diferenciação mais avançada, entre fortuito interno e fortuito externo. O primeiro, o interno, faz parte do processo de prestação de serviço ou de produção, não eximindo a responsabilidade do fornecedor. Já o externo está fora de tal cadeia, criando novo nexo e retirando a responsabilidade do fornecedor.

12. O estado de necessidade consiste na situação de agressão a um direito alheio, de valor jurídico igual ou inferior aquele que se quer preservar, visando à remoção de um perigo atual ou iminente (art. 188, II, CC). Na legitima defesa o agente reage a uma agressão injusta, atual ou iminente, utilizando os meios necessários (art. 188, I, 1º parte, CC), de forma proporcional e moderada.

13. Caso, porém, no exercício do estado de necessidade ou da legítima defesa seja atingido interesse de terceiro inocente, este haverá de ser indenizado (art. 929 e 930 do CC).

14. Segundo a ótica do Código Civil a responsabilidade civil pelo fato da coisa e do animal é do seu dono ou detentor (aquele que, transitoriamente, está com o animal sob seu comando). Tal responsabilidade indireta admite, ainda, como excludentes a culpa exclusiva da vítima e a força maior.

15. É objetiva também a responsabilidade pela ruína de edifício ou construção por ausência de reparos cuja necessidade é manifesta. Observa-se que a responsabilidade é do proprietário, o que é sistemático na visão do vigente Código Civil, ao passo que este é o responsável, segundo o próprio código, pelas benfeitorias necessárias.

16. Responsabilidade civil por ato de terceiro está disciplinado no art. 932, CC. São hipóteses nas quais o agente responde pelo ato de um terceiro, de forma objetiva. Não há de falar-se em presunções de culpa (como a culpa in vigilando). Agora são todos calcados em responsabilidade objetiva, conforme dispõe o artigo 933 do CC, bem como solidária (art. 942, CC). Assim, incide tal responsabilidade segundo o Código Civil e em enumeração taxativa (art. 932, CC):

a) os pais, pelos filhos menores que estiverem sob sua autoridade e em sua companhia;

b) o tutor e o curador, pelos pupilos e curatelados, que se acharem nas mesmas condições;

c) o empregador ou comitente, por seus empregados, serviçais e prepostos, no exercício do trabalho que lhes competir, ou em razão dele;

d) os donos de hotéis, hospedarias, casas ou estabelecimentos onde se albergue por dinheiro, mesmo para fins de educação, pelos seus hóspedes, moradores e educandos;

e) os que gratuitamente houverem participado nos produtos do crime, até a concorrente quantia.

17. A Obrigação de indenizar é transferida aos herdeiros, assim como o direito subjetivo de responsabilização civil (art. 943, CC).

18. O art. 938, CC, que trata da responsabilidade por coisas lançadas de prédio, envolve a teoria da causalidade alternativa, em que todos os titulares condominiais responderão pelo fato, mesmo que não se possa vincular a conduta deles ao acontecido. Terão, logicamente, direito de regresso contra o responsável.

6. DO DIREITO DAS COISAS

6.1. Da Posse

1. O Direito das Coisas é o grande gênero, que engloba a propriedade, a posse e os direitos de vizinhança.

2. O Direito das Coisas traduz o conjunto de normas e princípios reguladores das relações jurídicas sobre as coisas suscetíveis de apropriação pelo homem, segundo uma finalidade social.

3. De acordo com o art. 1.196 do CC "Considera-se possuidor todo aquele que tem de fato o exercício, pleno ou não, de algum dos poderes inerentes à propriedade".

4. A posse se adquire "desde o momento em que se torna possível o exercício, em nome próprio, de qualquer dos poderes inerentes à propriedade", a teor do art. 1.204 do Código.

5. O CC, em seu art. 1.198, considera detentor "aquele que, achando-se em relação de dependência para com o outro, conserva a posse em nome deste e em cumprimento de ordens e instruções suas", instituindo a figura do fâmulo da posse, ou seja, do detentor. É o caso, por exemplo, de uma empregada doméstica, de um caseiro que, de rigor, não são titulares de posse alguma: atuam apenas como longa manus, prepostos, do verdadeiro possuidor (empregador).

5.1. **Súmula 619:** A ocupação indevida de bem público configura mera detenção, de natureza precária, insuscetível de retenção ou indenização por acessões e benfeitorias.

6. Digno de nota a propósito disto é a disciplina do art. 1.208 do Código Civil segundo o qual atos de mera detenção, permitidos e tolerados, não são capazes de gerar a posse, configurando-se detenção. Igualmente aplica-se aos atos decorrentes de violência ou clandestinidade, enquanto não cessada a violência ou clandestinidade.
7. Também se deve recordar que o Código Civil Brasileiro, influenciado no particular pela legislação cível da Alemanha e da Grécia, segue a orientação segundo a qual apenas coisas (corpóreas) são objetos de posse. Talvez por isto o STJ tenha afirmado: "É inadmissível o interdito proibitório para proteção de direito autoral" (súmula 228).
8. Sob o ponto de vista legislativo, a posse pode ser direta ou indireta. Posse direta é aquela em que o possuidor tem o contato material e imediato com a coisa. Ex: inquilino (locatário). Posse indireta é aquela na qual o possuidor está afastado da coisa, mas aufere vantagens desta, como proprietário no contrato de locação. O possuidor direito como o indireto poderão sair na defesa da coisa em face de terceiros. Igualmente tem possessórias uma em face do outro (art. 1.197 do CC).
9. Quando duas ou mais pessoas exercem a posse de maneira simultânea sobre coisa indivisível a isto se denomina composse (art. 1.199, CC), sendo possível a todas estas exercer sobre o bem os atos possessórios, desde que não excluam os outros direitos reais.
10. Para o art. 1.200 do CC "É justa a posse que não for violenta, clandestina ou precária", razão pela qual injusta é a posse, por óbvio, se violenta, clandestina ou precária.
11. Enquanto não cessar a injusta posse não se pode falar em início de prazo para usucapião.
12. Importantes considerações podem ser elaboradas a respeito do artigo 1.210 do Código Civil. A partir deste preceito surge o fundamento jurídico para ajuizamento dos chamados interditos possessórios (ações possessórias), vale dizer, ação de reintegração (caso de perda da posse, ou seja, de esbulho), ação de manutenção (caso de turbação) e, finalmente, ação de interdito proibitório (caso de asseguramento da posse).
13. Também se extrai do artigo 1.210 acima a noção do desforço incontinente, ou seja, da possibilidade do possuidor manso e pacífico que está a sofrer dano possessório agir imediatamente, desde que de forma proporcional e sem necessitar da atuação Judicial, para repelir a lesão (§ 1º).
14. Reza o Código Civil, em seu art. 1.201, que "É de boa-fé a posse, se o possuidor ignora o vício, ou o obstáculo que impede a aquisição da coisa",

advertindo ainda o parágrafo único - do mesmo preceito - que "O possuidor com justo título tem por si a presunção de boa-fé, salvo prova em contrário, ou quando a lei expressamente não admite esta presunção".

15. Imagine a hipótese na qual alguém vende um imóvel a outrem, mas continua a habitar naquele bem, que antes lhe pertencia (agora mediante o pagamento de aluguel). Nesta situação, este alienante possuía, originariamente, em nome próprio. Contudo, agora, passa a possuir em nome alheio. A isto se denomina constituto possessório ou cláusula constituti.

16. A tradittio breve manu é o inverso. Ocorre quando alguém possuía originariamente algo em nome alheio e, agora, passa a possuir em nome próprio.

17. A posse "transmite-se aos herdeiros ou legatários do possuidor com os mesmos caracteres", ex vi do artigo 1.206 do Código Civil, sendo que o "sucessor universal continua de direito a posse do seu antecessor; e ao sucessor singular é facultado unir sua posse à do antecessor, para efeitos legais" (art. 1.207, CC), como no caso da soma das posses para fim da usucapião.

18. A percepção dos frutos em sede possessória estará diretamente relacionada à boa ou à má-fé do possuidor.

19. Detalhe importante a este respeito é que "Os frutos naturais e industriais reputam-se colhidos e percebidos, logo que são separados; os civis reputam-se percebidos dia por dia", na forma do artigo 1.215, do Código Civil.

20. Nada disto ocorrera na hipótese de má-fé. Este possuidor malicioso "responde por todos os frutos colhidos e percebidos, bem como pelos que, por culpa sua, deixou de perceber (fruto percipiendo), desde o momento em que se constituiu de má-fé; tem direito às despesas da produção e custeio" (art. 1.216, CC).

21. Utilizando-se do raciocínio anterior, é possível afirmar que o possuidor de boa-fé só responde se der causa a perda ou deterioração da coisa, incorrendo em dolo ou culpa. O possuidor de má-fé responderá até mesmo pelos danos acidentais ocorridos.

22. Se a lei protege o possuidor de boa-fé, este terá direito à indenização das benfeitorias necessárias e úteis, podendo reter a coisa até que estas sejam pagas. Quanto às voluptuárias, poderá apenas levantá-las, quando possível (sem prejuízo da coisa).

23. Já o possuidor de má fé, somente será ressarcido nas benfeitorias necessárias, sem direito à retenção.

6.2. Da Propriedade

6.2.1. Da Propriedade em Geral

1. A partir do artigo 1.225, o Código Civil apresenta as disposições gerais do que denomina Direitos Reais, enumerando-os para afirmar, inicialmente, que "Os direitos reais sobre coisas móveis, quando constituídos, ou transmitidos por atos entre vivos, só se adquirem com a tradição" (artigo 1.226), enquanto que "Os direitos reais sobre imóveis constituídos, ou transmitidos por atos entre vivos, só se adquirem com o registro no Cartório de Registro de Imóveis dos referidos títulos, salvo os casos expressos neste Código" (artigo 1.227).
2. O legislador preocupou-se em definir o proprietário, elencando suas faculdades no artigo 1.228, quais sejam as de usar, gozar/fruir, dispor e reivindicar a coisa, segundo a sua função social.
3. Dentro daquilo que se convencionou denominar princípio da taxatividade ou numerus clasulus do direito real, somente pode ser qualificado como direito real aquele que estiver explicitamente contido na legislação civil ou especial, daí a enumeração do artigo 1.225: São direitos reais: a propriedade, a superfície; as servidões; o usufruto; o uso; a habitação; o direito do promitente comprador do imóvel; o penhor; a hipoteca; a anticrese; a concessão de uso especial para fins de moradia; a concessão de direito real de uso.
4. O caráter taxativo destes direitos decorre, justamente, da necessidade de se identificar a imediata titulação da propriedade para, com isto, permitir a oponibilidade erga omnes (caráter absoluto, oponível em face de todos).
5. Em fiel respeito ao mandamento constitucional prescreve o artigo 1.230 do Código Civil que "A propriedade do solo não abrange as jazidas, minas e demais recursos minerais, os potenciais de energia hidráulica, os monumentos arqueológicos e outros bens referidos por leis especiais".
6. A propriedade não é mais analisada como um direito absoluto, sendo "defesos os atos que não trazem ao proprietário qualquer comodidade, ou utilidade, e sejam animados pela intenção de prejudicar outrem", como bem adverte o § 2º, do artigo 1.228, do Código Civil.

6.2.2. Da Aquisição/Perda da Propriedade

1. Nos termos do artigo 1.241 do Código Civil "Poderá o possuidor requerer ao juiz que seja declarada adquirida, mediante usucapião, a propriedade

imóvel", de forma que "A declaração obtida na forma deste artigo constituirá título hábil para o registro no Cartório de Registro de Imóveis".

2. A usucapião é modo originário de aquisição da propriedade por meio da posse mansa e pacífica ao longo do tempo fixado em lei.
3. Nenhum bem público pode ser usucapido (STF, súmula 340 e CC, art. 102: "Os bens públicos não estão sujeitos à usucapião).
4. Usucapião extraordinária (art. 1.238, CC): Trata-se de espécie de usucapião que independe de título ou de boa-fé, contentando-se com o mero decurso do prazo de 15 anos, em regra. Contudo, este prazo é reduzido para 10 anos no caso da denominada posse trabalho (moradia habitual ou obras, serviços de caráter produtivo), como reza o artigo 1.238.
5. Usucapião ordinária (art. 1.242, CC): Nesta modalidade, exige-se tanto o justo título, quanto a boa-fé. Exatamente por isto, o lapso temporal é menor, de 10 ou 5 anos. Será de 5 anos se o imóvel houver sido adquirido onerosamente, com base em registro posteriormente cancelado, e os possuidores tiverem estabelecido moradia ou realizado investimentos sociais e econômicos (posse trabalho).
6. Usucapião especial rural, pró-labore ou rústico (art. 1.239, CC; art. 191, CF/88 e Lei 6.969/81): "Aquele que não sendo proprietário de imóvel rural ou urbano, possua como sua, por cinco anos ininterruptos, sem oposição, área de terra em zona rural não superior a cinquenta hectares, tornando-a produtiva por seu trabalho ou de sua família, tendo nela sua moradia".
7. Usucapião urbano ou "pro misero" (art. 1.240, CC; art. 183, CF/88 e arts. 9º do Estatuto das Cidades - Lei Federal n. 10.257/01): focado na efetivação da primeira moradia na área urbana, à luz da função social da propriedade, o Código Civil prevê a aquisição da propriedade àquele "que possuir, como sua, área urbana de até duzentos e cinquenta metros quadrados, por cinco anos ininterruptamente e sem oposição, utilizando-a para sua moradia ou de sua família, adquir-lhe-á o domínio, desde que não seja proprietário de outro imóvel urbano ou rural".
8. Usucapião coletivo (art. 10 do Estatuto da Cidade - Lei 10.257/01 e art. 1.228, § 4º do CC): "As áreas urbanas com mais de duzentos e cinquenta metros quadrados, ocupadas por população de baixa renda para sua moradia, por cinco anos, ininterruptamente e sem oposição, onde não for possível identificar os terrenos ocupados por cada possuidor, são susceptíveis de serem usucapidas coletivamente, desde que os possuidores não sejam proprietários de outro imóvel urbano ou rural" (art. 10).
9. Aquisição da propriedade imóvel por acessão: Outra forma de aquisição da propriedade imóvel. Resulta da união física de uma coisa acessória a uma

coisa principal, aumentando o volume desta última em favor do proprietário que, dono da coisa principal, passa também a ser titular da coisa acessória.

10. A acessão pode ocorrer em seis hipóteses: por formação de ilhas, por aluvião, por avulsão, por abandono de álveo, por plantação, por construções (art. 1.248, CC).
11. A usucapião de bem móvel somente ocorre em duas formas, a ordinária e a extraordinária. A forma ordinária exige o justo título e a boa-fé, estando prevista no artigo 1.260: "Aquele que possuir coisa móvel como sua, contínua e incontestadamente durante três anos, com justo título e boa-fé, adquirir-lhe-á a propriedade".
12. A forma extraordinária está prevista no artigo 1.261: "Se a posse da coisa móvel se prolongar por cinco anos, produzirá usucapião, independentemente de título e boa-fé".
13. São causas de perda da propriedade: a alienação, a renúncia, o abandono, o perecimento da coisa e a desapropriação.

6.2.3. Dos Direitos de Vizinhança

1. Uso anormal da propriedade: ninguém pode, ao exercer seu direito, perturbar o bom uso alheio. As interferências no âmbito do direito de vizinhança devem ser consideradas de acordo com o zoneamento urbano e horário, mas não há autorização legal para que se possa, em determinado horário, perturbar os vizinhos. Neste mesmo sentido, o proprietário pode requerer a destruição do prédio (vale lembrar que prédio, em Direito Civil, também tem o significado de bem imóvel) ou embargar a construção da obra que gerar perigo para seus bens;
2. Árvores limítrofes: nesta temática deve-se lembrar da ideia de que o acessório segue o principal. Se a árvore está na divisa, pertencerá aos dois proprietários do terreno. Já os frutos, caso a árvore se projete sobre o terreno alheio, enquanto a elas ligadas seguem o principal, sendo, portanto do proprietário do terreno onde a árvore se encontra. Quando caídos, poderão ser colhidos pelo proprietário do terreno vizinho onde caíram. Também os galhos e raízes não podem incomodar o bom uso do terreno alheio, logo, podem ser cortados na extrema da divisa;
3. Passagem forçada: o proprietário do prédio encravado tem direito a passar pelo prédio alheio de modo a que possa ter acesso à via pública, nascente ou porto. Este direito necessita de indenização ao que sofrer constrangimento. Nada tem a ver com as servidões, pois estas são nascidas, em regra, da vontade em acordo das partes;

4. Passagem de tubos e cabos: observe-se que esta situação nada tem de igualdade com a construção de posteamentos, pois aqui se trata de condutos subterrâneos. Deverá haver indenização ao proprietário que sofrer a constrição e sempre será realizada do modo menos gravoso, com todas as medidas de segurança necessárias;
5. Águas: primeiramente, deve-se perceber que as águas podem ser naturais (chuvas, por exemplo) ou artificiais (águas de serviço, por exemplo). Se se tratarem de águas naturais o prédio inferior (inferior e superior, aqui, fazem referência a um plano íngreme em que os prédios (imóveis) estão em subida (ou descida) um em relação ao outro) tem o dever de suportá-las, salvo se o prédio preexistir ao superior e este realizar obras para agravar a situação. Em relação às águas artificiais, poderá o dono do prédio inferior solicitar que sejam desviadas ou que lhe seja pago valor a título de indenização para que suporte o ônus. Importante destacar que desta indenização será descontado o proveito que o prédio inferior teve com a água (por exemplo, serviu de irrigação);
6. Limites e direito de tapagem: o proprietário pode exigir do vizinho divisão de gastos para realizar obras necessárias a marcar e bem definir o limite entre prédios. A exceção a esta obrigatoriedade de divisão de gastos ocorre quando um dos proprietários tem de fazer tapagem para evitar ingresso de animais pequenos de seu vizinho. Neste caso, somente o vizinho que deu causa à necessidade de tapagem (dono dos animais) será responsável pelo custeio das obras.
7. Direito de construir: aqui vale a regra do "não incomodar". O proprietário que deseje construir não pode projetar águas (como as calhas) no prédio vizinho. Mesmo mote, as janelas não podem ser abertas, seguindo-se as seguintes regras: a) se perpendiculares deverão estar afastadas 75 cm da divisa; b) se frontais devem respeitar 1,5 metros; c) estas limitações não se aplicam a aberturas até 10 cm x 20cm, se colocadas a mais de 2 metros de altura (como os basculantes de banheiro). Se o proprietário prejudicado reclamar no prazo de ano e dia, não mais poderá fazê-lo, e deverá respeitar a distância quando for construir. Na zona rural o limite de distância é de 3 metros.

6.2.4. Do Condomínio Geral/Edilício

1. Condomínio: o condomínio, ou seja, a copropriedade confere a cada um dos donos em comum o direito de usar da coisa conforme a sua destinação, mas também o dever de concorrer com as despesas de conservação ou

divisão da coisa, suportando o ônus a que estiver sujeita, presumindo-se, até prova em contrário, que estas partes ideais pertencem de maneira igual a cada um dos condôminos.

2. A responsabilidade civil entre os condôminos está disciplinada no artigo 1.319 do Código de forma que cada um destes "responde aos outros pelos frutos que percebeu da coisa e pelo dano que lhe causou", sendo lícito ao condômino, a todo tempo, exigir a divisão da coisa em comum, respondendo o quinhão de cada um pela parte nas despesas da dívida.

3. Condomínio necessário: existem situações jurídicas nas quais o condomínio é obrigatório, necessário. Exemplo disto ocorre para casos de meação de paredes, cercas, muros e valas, regulando a matéria os artigos 1.327/1.330 do Código Civil.

4. Condomínio edilício: os arts 1.331 a 1.338 regulam situações de condomínios decorrentes de edificações que podem conter partes exclusivas e partes comuns (loteamentos fechados, clubes de campo, flats, entre outras).

5. A legislação cível permite, não apenas mediante ato constitutivo ou convenção, mas também em face de deliberação de dois terços da assembleia geral, que multas sejam aplicadas a condôminos que desrespeitem os deveres jurídicos. Sanção esta que jamais poderá ser superior a cinco vezes o valor de suas contribuições mensais.

6. Administração do condomínio: "A assembleia escolherá um síndico, que poderá não ser condômino, para administrar o condomínio, por prazo não superior a dois anos, o qual poderá renovar-se" (art. 1.347, CC). Portanto, o mandato do síndico é de dois anos e pode ser renovado repetidas vezes.

7. Extinção do condomínio: o artigo 1.357 do Código Civil disciplina a extinção do condomínio em casos de considerável ruína ou ameaça de ruína, quando se permite até mesmo a venda do condomínio desde que metade mais uma das frações ideais assim deliberem.

8. O condomínio também pode ser extinto em decorrência de desapropriação, hipótese na qual "a indenização será repartida na proporção" do valor das unidades imobiliárias, como prevê o artigo 1.358.

6.2.5. Da Propriedade Resolúvel, Da Propriedade Fiduciária

1. Propriedade resolúvel (art. 1.359 CC): forma de propriedade que possui, em seu título constitutivo prazo ou condição de sua extinção. Os direitos constituídos durante o período em que pendia a condição ou termo serão

desfeitos, não havendo em se falar de proteção aos terceiros (que, no caso, sabiam desta possibilidade).

2. Propriedade revogável ou *ad tempus* ou temporária (art. 1.360 CC): aqui, a causa de extinção da propriedade não consta do título (como a revogação da doação por ingratidão, a perda de um bem da herança por petição de um novo herdeiro), e os terceiros de boa-fé estarão protegidos.
3. Propriedade fiduciária - É conhecida por sua forma contratual, a alienação fiduciária em garantia. A propriedade resolúvel entregue pelo devedor ao credor, em garantia da dívida, é a propriedade fiduciária (fidúcia remete à ideia de confiança).
4. O devedor continuará com o bem, a título de possuidor direto. Deve ser oriunda de um contrato escrito, registrado no Cartório de Títulos e documentos ou, no caso de veículos, no órgão regulador competente. Importante destacar que não há direito de o credor ficar com o bem se a dívida não for paga, logo, a esta situação se aplica, portanto, a vedação de pacto comissório.

6.3. Da Superfície, Das Servidões

1. Superfície: trata-se da concessão, gratuita ou onerosa, pelo proprietário a outrem do "direito de plantar ou construir em seu terreno, por tempo determinado, mediante escritura pública devidamente registrada no Cartório de Registro de Imóveis", nos termos do artigo 1.369 do Código Civil.
2. Importante lembrar do Enunciado 93 da I Jornada em Direito Civil que "Os direitos e obrigações vinculados ao terreno e, bem assim, aqueles vinculados à construção ou à plantação formam patrimônios distintos e autônomos, respondendo cada um dos seus titulares exclusivamente por suas próprias dívidas e obrigações, ressalvadas as fiscais decorrentes do imóvel" (Enunciado 321).
3. Servidões (art. 1.378, CC): "A servidão proporciona utilidade para o prédio dominante e grava o prédio serviente, que pertence a diverso dono, e constitui-se mediante declaração expressa dos proprietários, ou por testamento, e subsequente registro no Cartório de Registro de Imóveis".
4. Digno de nota é que "O exercício incontestado e contínuo de uma servidão aparente, por dez anos [...] autoriza o interessado a registrá-la em seu nome no Registro de Imóveis, valendo-lhe como título a sentença que julgar consumado a usucapião" (art. 1.379, CC), que também acontecerá, se o possuidor não tiver justo título, no prazo de vinte anos.

6.4. Do Usufruto, Do Uso, Da Habitação

1. Usufruto: trata-se de direito real de gozo e fruição que pode recair em um ou mais bens, móveis ou imóveis, em um patrimônio inteiro, ou parte deste, abrangendo-lhe frutos e utilidades.
2. O usufruto é personalíssimo e inalienável.
3. Da Habitação: trata-se de uma modalidade de uso que consiste no direito de habitar gratuitamente casa alheia, sendo vedado ao titular deste direito alugar, ou emprestar a coisa: deve tão somente ocupá-la com a família.

6.5. Do Direito do Promitente Comprador

1. É direito real de aquisição, pois concede ao seu titular (promitente comprador) adquirir a propriedade de bem imóvel, em face do promissário vendedor, desde que oriundo de promessa de compra e venda, sem direito de arrependimento, escrita e registrada no Cartório de Registro de Imóveis.
2. Este direito pode ser exercido contra terceiros e, não havendo em qualquer hipótese satisfação voluntária, pode o promitente comprador buscar a adjudicação judicial do imóvel.

6.6. Do Penhor, da Hipoteca e da Anticrese

1. O Penhor, a Hipoteca e a Anticrese são direitos reais de garantia.
2. Do Penhor: constitui-se o penhor pela transferência efetiva da posse de bem móvel em garantia de débito ao credor. O penhor também pode ser rural, industrial, mercantil e de veículos. Em tais hipóteses, as coisas empenhadas continuam em poder do devedor, que as deve guardar e conservar.
3. Em relação a hipoteca importante a disciplina do art. 1.475 do Código Civil para quem "É nula a cláusula que proíbe ao proprietário alienar imóvel hipotecado".
4. Também é possível constituir outra hipoteca sobre imóvel já hipotecado, mediante novo título, em favor do mesmo ou de outro credor, quando, então, o credor da segunda hipoteca não poderá executar o imóvel antes de vencida a primeira.
5. Anticrese é a cessão do direito de se perceber frutos e rendimentos de imóvel para fim de compensação de certa dívida.

Laje

6. O direito real de laje consiste na possibilidade de coexistência de unidades imobiliárias autônomas de titularidades distintas situadas na mesma área a permitir que o proprietário ceda a superfície (**superior ou inferior**) de sua construção a fim de que terceiro edifique unidade distinta daquela originalmente construída sobre o solo, desde que haja isolamento funcional e acesso independente, de modo que será possível realizar matrícula própria para fim de alienação destacada deste direito real.
7. Quando da alienação da laje, deve o lajeário respeitar a preferência dos demais envolvidos. São regras de preferência: a) tem preferência máxima o proprietário da construção-base; b) se a concorrência se der entre lajeários, as lajes ascendentes têm preferência sobre as descendentes; c) se todos os pretendentes forem da mesma linha (ascendente ou descendente), terá preferência o que detiver a laje mais próxima.
8. A preferência terá seu respeito comprovado através de notificação por escrito aos interessados, dando a estes prazo legal subsidiário de 30 dias. O contrato que constituir a laje poderá prever prazo diverso.
9. Se um lajeário pretender constituir nova laje (sobre o espaço construído por ele), deverá solicitar a autorização de todos os demais proprietários e lajeários para que a nova cessão se dê.

Multipropriedade

10. Instituída pela Lei 13.777/18, de 20 de dezembro de 2018, com 45 dias de *vacatio*.
11. A lei a conceitua como "o regime de condomínio em que cada um dos proprietários de um mesmo imóvel é titular de uma fração de tempo, à qual corresponde a faculdade de uso e gozo, com exclusividade, da totalidade do imóvel, a ser exercida pelos proprietários de forma alternada."
12. Trata-se de uma ampliação do conceito de condomínio, que passa a alcançar, também, o parcelamento ou fracionamento individual do tempo. A propriedade, agora plena, passa a ser fracionada no tempo em favor de cada um dos condôminos.
13. Diferentemente do condomínio espacial, a multipropriedade (condomínio temporal) não se extingue automaticamente se todas as frações de tempo forem do mesmo multiproprietário.
14. Podemos apontar que o imóvel sobre o qual recai a multipropriedade é indivisível não sendo possível a ação de divisão ou de extinção de con-

domínio, já que todos os multiproprietários podem usar e gozar o bem em sua plenitude, dentro do espaço temporal que lhes caiba.

15. Cada fração de tempo deve ter, no mínimo, 7 (dias) podendo ser seguidos ou intercalados. Este período pode ser fixo e determinado (recaindo sobre o mesmo período de cada ano), flutuante (sendo decidido cada período, de forma isonômica e prévia, entre os multiproprietários) ou misto (reunindo os dois sistemas).

16. Não havendo aquisição de tempo ou disposição original diversa, cada um dos multiproprietários dispõe do mesmo intervalo de tempo a cada ano.

17. Institui-se a multipropriedade por ato entre vivos ou testamento, registrado no competente cartório de registro de imóveis, devendo constar daquele ato a duração dos períodos correspondentes a cada fração de tempo.

7. DO DIREITO DE FAMÍLIA

7.1. Do Direito Pessoal

7.1.1. Do Casamento

1. Casamento: homens e mulheres podem se casar a partir dos 16 anos, sendo proibido o casamento antes dessa idade.

2. Os relativamente incapazes podem casar desde que obtenham autorização dos pais ou tutores, ou ainda a supressão judicial. A respeito deste assunto duas questões são dignas de nota: (i) se o casamento ocorrer por força de supressão judicial, em função de uma negativa injusta de autorização, o regime de bens será o da separação obrigatória, a teor do artigo 1.641 do Código Civil; (ii) a autorização concedida pode ser revogada até a data da celebração.

3. Impedimentos: são situações taxativamente previstas na norma que, acaso presentes, vedam o casamento. Diz o artigo 1.521 do Código Civil: "Não podem casar...". Como se vê, trata-se de uma proibição jurídica cujo desrespeito acarreta a nulidade do casamento, a teor do artigo 1.548 do Código Civil.

4. É possível excepcionalmente o casamento entre colaterais de 3º grau (tios e sobrinhas), conforme Decreto-Lei 3.200, em seu artigo 2º, e desde que se apresente atestado de dois médicos que examinem os nubentes e

reconheçam tecnicamente a ausência de problema genético. Trata-se de norma especial.

5. Causas suspensivas: são obstáculos transponíveis, constituindo meras recomendações do legislador, para quem certas pessoas "Não devem casar", nas hipóteses indicadas no art. 1.523 do CC. A única consequência jurídica decorrente de um casamento que não observa a recomendação legislativa será a imposição do regime da separação obrigatória de bens, disciplinado no art. 1.641 do Código Civil.

6. Segundo o artigo 1.514 do Código Civil "O casamento se realiza no momento em que o homem e a mulher manifestam, perante o juiz, a sua vontade de estabelecer vínculo conjugal, e o juiz os declara casados", após o que se deve proceder ao registro daquele matrimônio, de acordo com o artigo 29, inciso II, da Lei de Registros Públicos, para que, "Serão registrados no registro civil de pessoas naturais os casamentos".

7. A incompetência da autoridade celebrante é causa apenas de anulabilidade do casamento, conforme art. 1.550 VI do Código Civil. Entretanto, é possível a celebração do casamento sem a presença da autoridade competente para o ato. É o denominado casamento in extremis ou nuncupativo. Ocorre na hipótese em que um dos nubentes se encontra em iminente risco de vida, sendo o casamento celebrado na presença de 6 (seis) testemunhas.

8. Casamento civil: a teor do artigo 1.534 e seguintes do Código Civil, o casamento se realiza, regra geral, na sede do cartório. Entretanto, poderá acontecer em outro edifício público ou particular. Se realizado em edifício particular o ato deverá ser feito na presença de quatro testemunhas. Serão as testemunhas em número de quatro também se um dos nubentes não puder ou não souber escrever. Caso contrário, bastam duas testemunhas para o ato solene realizado em cartório.

9. Moléstia grave: está disciplinado no artigo 1.539 do Código Civil. Seria mais um caso específico em que a celebração não será realizada em cartório. Neste caso, o presidente do ato irá até o local em que se encontra o nubente que possui a moléstia grave e lá celebrará o casamento na presença de duas testemunhas que saibam ler e escrever. Sendo urgente, o ato poderá ser feito a noite. A falta ou o impedimento do presidente do ato será suprido por um dos seus substitutos legais ou por um oficial ad hoc, nomeado pelo presidente do ato. Sendo celebrado por oficial *ad hoc*, o termo avulso, lavrado por ele, será registrado no respectivo registro dentro em cinco dias, perante duas testemunhas, ficando arquivado.

10. Casamento por procuração: previsto no art. 1.542 CC, esta procuração terá validade por apenas 90 dias (mesmo prazo de validade da habilitação) e somente poderá ser feita por instrumento público (forma também exigida para sua revogação), contendo poderes especiais, sendo incabível nos casos de casamento in extremis.

23. De acordo com o Código Civil Brasileiro, a dissolução da sociedade conjugal termina com a morte de um dos cônjuges, com a nulidade, ou anulação do casamento, pela separação judicial ou, finalmente, pelo divórcio.

24. O CPC/15 inovou ao disciplinar o procedimento litigioso das ações de família para os casos de divórcio, separação, reconhecimento e extinção de união estável, guarda, visitação e filiação.

25. O instituto da separação, portanto, continua existindo e vigorando no ordenamento jurídico.

26. É possível o casamento por procuração.

27. O art. 734 do CPC prevê o divórcio e a separação administrativas realizado perante um tabelião e desde que não haja litígio entre os divorciando, nem incapazes, ou nascituros envolvidos. A presença do advogado ou do defensor público é imprescindível sendo possível, inclusive, um só causídico para ambos os clientes.

28. Ocorrido o divórcio, a manutenção ou não do nome de família, é uma faculdade prevista no § 2º do artigo 1.571, CC.

7.1.2. Das Relações de Parentesco

1. A teor do artigo 1.591 "São parentes em linha reta as pessoas que estão para com as outras na relação de ascendentes e descentes". Portanto, só existem dois tipos de parentes em linha reta: os ascendentes e os descendentes. Os parentes colaterais (ou transversais) são "as pessoas provenientes de um só tronco, sem descenderem uma da outra" e até o quarto grau, como esclarece o artigo 1.593 do Código Civil. São, por exemplo, os irmãos, sobrinhos, tios e primos.

2. Os parentes afins são aqueles referidos no artigo 1.595 do Código Civil segundo o qual "Cada cônjuge ou companheiro é aliado aos parentes do outro pelo vínculo da afinidade", limitando-se este parentesco "aos ascendentes, aos descendentes e aos irmãos do cônjuge ou companheiro" (§ 1º, art. 1.595, CC) sendo que "Na linha reta, a afinidade não se extingue com a dissolução do casamento ou da união estável", razão pela qual haverá um parentesco eterno por afinidade, nestas condições.

3. O artigo 1.594 do Código Civil estabelece que o grau de parentesco seja dado pelo número de gerações existentes entres os parentes. Desta forma, pais e filhos, por exemplo, são parentes em primeiro grau, pois só há uma geração entre os dois. Por sua vez, netos e avôs são parentes em segundo grau, pois há duas gerações entre os dois. Para se determinar o grau de parentesco na linha colateral, o mencionado artigo 1.594, dispõe que o grau será determinado subindo de um dos parentes até ao ascendente comum, e descendo até encontrar o outro parente. Assim, por exemplo, irmãos são parentes de segundo grau, pois há duas gerações entre eles, a que liga um filho ao pai e o pai ao outro filho.
4. No que concerne a filiação, importante lembrar que é irrevogável o reconhecimento do filho "mesmo quando feito em testamento", por expressa imposição do artigo 1.610, sendo que "O filho havido fora do casamento, reconhecido por um dos cônjuges, não poderá residir no lar conjugal sem o consentimento do outro", pois isto é o que dispõe o artigo 1.611 do mesmo Diploma, sendo "ineficazes a condição e o termo apostos ao ato de reconhecimento do filho" (art. 1.613, CC).
5. Investigação de Paternidade: trata-se de pretensão declaratória e imprescritível, por se referir a direito da personalidade (estado civil) por meio da qual alguém - que se qualifica como filho na petição inicial - postula em face do suposto pai o reconhecimento do estado de filiação.
6. Assunto muito discutido nos últimos tempos em sede de investigação de paternidade é a presunção de paternidade nos casos em que houver recusa do suposto pai ao exame de DNA (súmula 301, STJ). Trata-se de presunção relativa, admitindo-se prova em contrário.
7. No direito de família, importante ainda o instituto da adoção. Assim, deve-se ficar atento para o fato de que somente a pessoa maior de dezoito anos pode adotar, salvo na hipótese de um casal e desde que um deles tenha completado a maioridade e comprove a estabilidade da família.
8. Considerando que a adoção constitui ficção jurídica que imita a realidade biológica, exige-se que o adotante seja, pelo menos, dezesseis anos mais velho que o adotado.
9. A adoção pressupõe um processo judicial e depende do consentimento dos pais, ou dos representantes legais de quem se deseja adotar, além da concordância deste, se contar mais de doze anos. O consentimento somente será dispensado se os pais desta pessoa forem desconhecidos, ou destituídos do poder familiar, por razões intuitivas. Nada impede, contudo, que o aludido consentimento seja revogado de maneira eficaz até a publicação da sentença constitutiva da adoção.

7.2. Do Direito Patrimonial

7.2.1. Do Regime de Bens entre os Cônjuges

1. Uma das questões mais inovadoras do Código Civil está na possibilidade de alteração do regime de bens entre os cônjuges. Isto é possível desde que: o pedido seja conjunto, sem litígio algum e, apuradas as razões do requerimento, haja decisão judicial, com a máxima publicidade e sem causar um só prejuízo a terceiros, artigo 1.639 CC. A mudança de regime é *ex nunc*, ou seja, não retroage, não altera o passado, nem as relações jurídicas perfeitas e acabadas. O art. 734 do CPC regulamenta este procedimento judicial.
2. Cinco são as espécies de regime de bens, quais sejam: o regime legal, também denominado de comunhão parcial de bens, o regime da separação obrigatória, o regime da separação convencional, o regime da comunhão universal e, finalmente, o regime da participação final nos aquestos.
3. Atenção, é possível que o casal escolha um regime misto de forma a definir disciplina distinta das acima indicadas. Lembre-se que para exercitar a escolha, de forma diversa da comunhão parcial e quando não houver imposição da separação obrigatória, os nubentes deverão lançar mão de um pacto antenupcial. Este será por escritura pública, sob pena de nulidade absoluta; e apenas produzirá seus efeitos com o casamento. Leia-se: se não houver casamento, será ineficaz.
4. O regime legal da comunhão parcial de bens: aplica-se nos casos em que não há convenção, ou seja, pacto antenupcial quanto aos bens entre os cônjuges, ou sendo este nulo, ineficaz, a teor do artigo 1.640 do Código Civil.
5. No regime legal, com as exceções previstas no artigo 1.659 do CC, todos os demais bens "entram na comunhão", nos termos do artigo 1.660, dentre os quais os "adquiridos na constância do casamento por título oneroso, ainda que só em nome de um dos cônjuges, como ainda os "adquiridos por fato eventual, com ou sem o concurso de trabalho ou despesa anterior", os adquiridos por doação, ou herança, feita a ambos os cônjuges, as "benfeitorias em bens particulares de cada cônjuge" e os "frutos dos bens comuns, ou dos particulares de cada cônjuge, percebidos na constância do casamento, ou pendentes ao tempo de cessar a comunhão".
6. O regime da comunhão universal: este regime de bens importa na comunicação de todo o patrimônio presente e futuro do casal, inclusive as dívidas, com poucas exceções de incomunicabilidade, que estão previstas no artigo 1.668 do Código Civil.

7. Separação obrigatória: o artigo 1.641 do Código civil impõe o regime de separação obrigatória de bens para três hipóteses específicas: casamento celebrado com maior de setenta anos de idade; casamento decorrente de supressão judicial de autorização para casar em favor de relativamente incapaz e, finalmente, casamento que não observa as causas suspensivas previstas no artigo 1.523 do Código Civil, segundo o qual "Não devem casar" as pessoas submetidas àquele regime.
8. O STJ entende que a restrição do regime da separação obrigatória aos maiores de 70 anos também se aplica aos casos de uniões estáveis.
9. Na separação obrigatória não deve haver comunicação entre os bens adquiridos pelos cônjuges, seja no passado, no presente ou no futuro. A incomunicabilidade é a marca característica deste regime. Caso, porém, a prova pergunte sobre o posicionamento do STF, recorde-se que a Súmula 377 afirma comunicarem os bens adquiridos onerosamente na constância do regime de separação legal.
10. Separação convencional: é possível a um casal que não esteja obrigado ao regime da separação obrigatória, mas queira optar, mediante convenção matrimonial, pelo regime da separação convencional de bens. Neste caso, o regime jurídico é idêntico ao da separação obrigatória sendo que a única diferença reside no fato de o mesmo não surgir de imposição normativa, mas sim da autonomia privada.
11. Participação final nos aquestos: segundo dispõe o artigo 1.672, CC, neste tipo específico de regime, cada cônjuge possui patrimônio próprio, e lhe caberá a época da dissolução da sociedade conjugal, direito à metade dos bens adquiridos pelo casal, a título oneroso, na constância do casamento.
12. Pacto antenupcial: acaso os nubentes desejem optar por outro regime que não seja o da comunhão parcial, o negócio jurídico de família que há de ser realizado para atingir esta finalidade é denominado pacto antenupcial, ou convenção matrimonial. Trata-se de negócio jurídico que somente poderá ser feito por escritura pública, sob pena de nulidade. Perante terceiros, somente produzirá efeitos se registrado pelo oficial de Registro de Imóveis do domicílio conjugal (art. 1.657, CC).

7.2.2. Dos Alimentos

1. Quanto aos alimentos, importante lembrar que estes quando devidos e vencidos prescrevem em dois anos (art. 206, § 2º, CC) se não pretendidos pelo credor.

2. O conceito não se limita à comida, abrangendo lazer, educação, vestuário, ou seja, tudo o que se faz necessário para a manutenção da dignidade pessoal e de sua colocação social.

3. São regidos por alguns princípios específicos:

a) Reciprocidade: Aquele que é credor de alimentos de outrem, é também dele devedor. A necessidade e a possibilidade irão definir quem ocupará qual lugar (art. 1.696 CC).

b) Preferência: Os parentes mais próximos têm preferência quando do pagamento dos alimentos; havendo uma classe, a de grau maior está excluída, exceto se aplicável o princípio da complementaridade – uma classe paga o pouco que pode, sendo complementada pela outra. (art. 1.697 CC).

c) Complementaridade: Se o primeiro que for convocado não puder arcar com a necessidade, parte-se para o próximo grau, pelo que faltar (art. 1.698 CC), o que se dá, por exemplo, nos alimentos avoengos (pedidos pelo neto aos avós, na ausência, impossibilidade ou incapacidade de seu genitor). Neste sentido, o STJ editou o Enunciado 596 de sua Súmula, afirmando que a obrigação alimentar dos avós tem natureza complementar e subsidiária, somente se configurando no caso de impossibilidade total ou parcial de seu cumprimento pelos pais.

d) Mutabilidade: O binômio que sustenta o quantum dos alimentos (necessidade do alimentando e possibilidade do alimentante) se modificado, dá razão à revisão judicial. (art. 1.699 CC). Entre necessidade e possibilidade deve haver, por lógica, proporcionalidade. Importante frisar que o simples alcance da maioridade (18 anos) não é causa automática para a cessação dos alimentos, devendo o alimentante ingressar com a ação da a desoneração e comprovar o fim da necessidade do alimentando.

e) Transmissibilidade: Se o herdeiro puder ser chamado a pagar alimentos ele receberá a obrigação que cabia ao de cujus.

f) Alternatividade: Qualquer bem (desde que não atentatório contra a moral e os bons costumes) pode ser dado como alimentos.

g) Irrenunciabilidade: O credor pode deixar de exercer, mas não é possível abrir mão do direito a alimentos.

4. Origem dos alimentos:

A) Voluntários: podem ocorrer, por exemplo, em um acordo no divórcio ou através de disposição testamentária.

B) Parentesco: são os comumente conhecidos, como os devidos entre pais e filhos. São limitados, na linha colateral ao 2º grau. Somente se pode passar a uma classe posterior se a anterior não houver ou se não tiverem seus componentes capacidade financeira para poder satisfazer a necessidade do requerente. O STJ reconheceu no enunciado 594 de sua Súmula que o Ministério Público tem legitimidade ativa para ajuizar ação de alimentos em proveito de criança ou adolescente independentemente do exercício do poder familiar dos pais, ou do fato de o menor se encontrar nas situações de risco descritas no art. 98 do Estatuto da Criança e do Adolescente, ou de quaisquer outros questionamentos acerca da existência ou eficiência da Defensoria Pública na comarca.

C) Casamento ou união estável: observe-se que não são alimentos decorrentes de parentesco, visto não haver tal relação entre os companheiros e entre os cônjuges. Hoje os Tribunais constroem pensamento no sentido de que tendo o cônjuge requerente meios de se adaptar ao mercado (em razão de idade, qualificação etc.), serão determinados alimentos transitórios ou pro tempore.

D) Ato ilícito: uma vez que o juiz, ao determinar a indenização e as perdas e danos, pode mandar que o montante seja pago em parcelas periódicas, dotadas da qualidade de alimentos. Aqui também deve ser observada a necessidade do alimentando, uma vez que a morte do provedor da família (comprovado ou presumido) faz nascer tal obrigação para o autor do dano.

A indignidade do alimentando é causa de exoneração, assim como se não houver pedido de alimentos até o divórcio, não mais haverá razão para a fixação deles.

7.2.3. Do Bem de Família

1. Há duas espécies, o legal e o voluntário.

2. Legal: a Lei 8.009/90 trata da impenhorabilidade do imóvel residencial, alcançando, também os móveis que guarnecem a residência. Tem as seguintes características:

   A) Decorre da lei, não sendo necessária qualquer forma de registro;

   B) Segundo jurisprudência, podem se valer desta lei os irmãos que coabitem e mesmo pessoas solteiras;

   C) Não protege o imóvel das seguintes dívidas: a) provenientes de financiamento para compra ou reforma do imóvel; b) decorrentes de créditos alimentícios, resguardados os direitos, sobre o bem, do seu coproprietário que, com o devedor, integre união estável ou conjugal, observadas as hipóteses em que ambos responderão pela dívida; c) para cobrança de impostos, predial ou territorial, taxas e contribuições devidas em função do imóvel familiar; d) garantidas por hipoteca do imóvel; e) provenientes de crime, que possibilitou a aquisição do bem ou para pagamento de débito proveniente de sentença condenatória penal; f) decorrentes de fiança dada em contrato de locação.

2. Convencional: é regulado pelo Código Civil e pode ser instituído pelo proprietário, a entidade familiar ou um terceiro (mediante testamento ou doação). Não precisa mais ser apenas imóvel, podendo recair sobre valores mobiliários que visem garantir a dignidade da família. Tem como requisitos:

A) Vontade dos instituidores;

B) Titularidade dos bens – os beneficiados devem ser ou se tornar (no caso de instituição por terceiro) proprietários do bem;

C) Solvência ao tempo da instituição – as dívidas pendentes não serão obstadas pela constituição do bem de família e deve a entidade familiar possuir higidez patrimonial quando da instituição;

D) Limite legal de 1/3 (um terço) do patrimônio líquido da família;

E) Imutabilidade da destinação – se o imóvel deixar de ser a residência da família, perderá a qualidade de bem de família – notam-se decisões no sentido de possibilitar a locação do bem de família como meio de ampliar ou criar renda para a família;

F) Inalienabilidade – deverá ser desafetado (mediante autorização do Ministério Público) para que se possa vender o bem;

G) Publicidade – deve ser levado a registro no Cartório de Imóveis.

3. Bem de família na visão do STJ: A impenhorabilidade do bem de família prevista no art. 3º, III, da Lei n. 8.009/90 não pode ser oposta ao credor de pensão alimentícia decorrente de vínculo familiar ou de ato ilícito (AgRg no AREsp 516272/SP). A proteção contida na Lei n. 8.009/1990 alcança não apenas o imóvel da família, mas também os bens móveis indispensáveis à habitabilidade de uma residência e os usualmente mantidos em um lar comum (AgRg no REsp 606301/RJ). É impenhorável o único imóvel residencial do devedor que esteja locado a terceiros, desde que a renda obtida com a locação seja revertida para a subsistência ou a moradia da sua família (Súmula n. 486/STJ). É impenhorável o único imóvel residencial do devedor que esteja locado a terceiros, desde que a renda obtida com a locação seja revertida para a subsistência ou a moradia da sua família (Súmula n. 486/STJ). O conceito de impenhorabilidade de bem de família abrange também o imóvel pertencente a pessoas solteiras, separadas e viúvas. (Súmula n. 364/STJ). A impenhorabilidade do bem de família é oponível às execuções de sentenças cíveis decorrentes de atos ilícitos, salvo se decorrente de ilícito previamente reconhecido na esfera penal (REsp 1021440/SP). O fato do terreno encontrar-se desocupado ou não edificado são circunstâncias que sozinhas não obstam a qualificação do imóvel como bem de família, devendo ser perquirida, caso a caso, a finalidade a este atribuída (REsp 1417629/SP). Afasta-se a proteção conferida pela Lei n. 8.009/90 ao bem de família, quando caracterizado abuso do direito de propriedade, violação da boa-fé objetiva e fraude à execução (AgRg no AREsp 689609/PR). A impenhorabilidade do bem de família hipotecado não pode ser oposta nos casos em que a dívida garantida se reverteu em proveito da entidade familiar (AgRg nos EDcl no REsp 1463694/MS). A impenhorabilidade do bem de família é questão de ordem pública, razão pela qual não admite renúncia pelo titular (AgRg nos EDcl no REsp 1463694/MS).

7.3. Da União Estável

1. União Estável: prevista nos artigos 1.723 a 1.726 do Código Civil, trata-se da união pública, fixa, perene, habitual, estável, entre homem e mulher com o objetivo de constituir família. Três são os requisitos objetivos da união estável (diversidade de sexos, publicidade e habitualidade). Um será o requisito subjetivo (animus de constituir família).
2. Os impedimentos do casamento se aplicam à união estável, à exceção do impedimento matrimonial; ou seja: é possível a união estável do casado que é separado de fato ou judicial. Quanto às causas suspensivas do casamento, previstas no artigo 1.523 do Código civil, estas não se aplicam à união estável, de modo que sua eventual inobservância não acarreta a imposição do regime obrigatório da separação de bens a que alude o artigo 1.641 do Código Civil.
3. A união estável, regra geral, submete-se ao regime da comunhão parcial de bens, salvo contrato particular, escrito, que pode em tese, eleger outro tipo de regime. Denomina-se tal contrato de contrato de convivência.
4. O STF reconheceu ao companheiro sobrevivente os mesmos direitos hereditários do cônjuge sobrevivente, de modo que hoje ambos se sub-

metem à disciplina do art. 1.829 do CC, tendo a Suprema Corte declarado inconstitucional o art. 1790 do CC.

5. Os princípios legais que regem a sucessão e a partilha não se confundem: a sucessão é disciplinada pela lei em vigor na data do óbito; a partilha deve observar o regime de bens e o ordenamento jurídico vigente ao tempo da aquisição de cada bem a partilhar (REsp 1118937/DF). A coabitação não é elemento indispensável à caracterização da união estável (AgRg no AREsp 649786/GO). Não é possível o reconhecimento de uniões estáveis simultâneas (AgRg no AREsp 609856/SP). Na união estável de pessoa maior de setenta anos (art. 1.641, II, do CC/02), impõe-se o regime da separação obrigatória, sendo possível a partilha de bens adquiridos na constância da relação, desde que comprovado o esforço comum (EREsp 1171820/PR). O companheiro sobrevivente tem direito real de habitação sobre o imóvel no qual convivia com o falecido, ainda que silente o art. 1.831 do atual Código Civil (REsp 1203144/RS). O direito real de habitação pode ser invocado em demanda possessória pelo companheiro sobrevivente, ainda que não se tenha buscado em ação declaratória própria o reconhecimento de união estável (REsp 1203144/RS). É de quatro anos o prazo decadencial para anular partilha de bens em dissolução de sociedade conjugal ou de união estável, nos termos do art. 178 do Código Civil (AgInt no REsp 1546979/SP). As verbas de natureza trabalhista nascidas e pleiteadas na constância da união estável ou do casamento celebrado sob o regime da comunhão parcial ou universal de bens integram o patrimônio comum do casal e, portanto, devem ser objeto da partilha no momento da separação (AgInt no REsp 1696458/RS). Após a separação de fato ou de corpos, o cônjuge que estiver na posse ou na administração do patrimônio partilhável - seja na condição de administrador provisório, seja na de inventariante - terá o dever de prestar contas ao ex-consorte, enquanto perdurar o estado de mancomunhão (REsp 1274639/SP). Admite -se o arbitramento de aluguel a um dos cônjuges por uso exclusivo de bem imóvel comum do casal somente na hipótese em que, efetuada a partilha do bem, um dos cônjuges permaneça residindo no imóvel (REsp 1375271/SP).

7.4. Da Tutela, da Curatela e da Tomada de Decisão Apoiada

1. Tutela: reza o artigo 1.728 do Código Civil que os filhos menores serão postos em tutela para caso do falecimento dos pais destes, ou se "os pais decaírem do poder familiar", competindo aos genitores nomear tutor em conjunto, mediante testamento ou documento outro, desde que autêntico

sendo "nula a nomeação de tutor pelo pai ou pela mãe que, ao tempo de sua morte, não tinha o poder familiar" (art. 1.730, CC).

2. A tutela incumbe aos parentes do menor, preferencialmente aos ascendentes mais próximos. Na falta destes, aos colaterais até o terceiro grau ou, na pior das hipóteses, ao Magistrado (art. 1.744, I, CC) que "nomeará tutor idôneo e residente no domicílio do menor" (art. 1.732, CC).

3. Os bens do menor serão entregues ao tutor mediante termo especificando tanto os bens, quanto os respectivos valores, permitindo-se ao Juiz condicionar o exercício da tutela à prestação de caução bastante, a ser dispensada se o tutor for de reconhecida idoneidade, razão pela qual: "Antes de assumir a tutela, o tutor declarará tudo o que o menor lhe deva, sob pena de não lhe poder cobrar, enquanto exerça a tutoria, salvo provando que não conhecia o débito quando a assumiu" (art. 1.751, CC).

4. A curatela constitui instituto mais amplo a se dirigir não apenas aos incapazes maiores de dezoito anos, como ainda ao nascituro, ao ausente, ao revel citado por edital, entre outras hipóteses.

5. Estão sujeitos à curatela aqueles que por causa transitória ou permanente não puderem exprimir sua vontade, os ébrios habituais, os viciados em tóxicos e os pródigos, a teor do art. 1.767 do CC e de acordo com o Estatuto da Pessoa com Deficiência.

6. Deve ser nomeado curador o cônjuge, ou o companheiro, ou, sucessivamente, o pai ou a mães. Na falta destes, o descendente que se demonstrar mais apto, sendo que os descendentes mais próximos precedem aos mais remotos. O juiz também poderá indicar outro curador na falta das pessoas acima mencionadas. Na nomeação de curador para a pessoa com deficiência, o juiz poderá estabelecer curatela compartilhada a mais de uma pessoa.

7. Tomada de decisão apoiada - Este novo instituto, mecanismo que é servível a suprir especiais limitações da pessoa não curatelada, é definido no art. 1.783-A, do Código Civil, com redação dada pelo EPD, nos seguintes termos: "a tomada de decisão apoiada é o processo pelo qual a pessoa com deficiência elege pelo menos 2 (duas) pessoas idôneas, com as quais mantenha vínculos e que gozem de sua confiança, para prestar-lhe apoio na tomada de decisão sobre atos da vida civil, fornecendo-lhes os elementos e informações necessários para que possa exercer sua capacidade".

8. Devem ser escolhidos do círculo de amizades próximas (e de vida idônea) da pessoa com deficiência, podendo ou não ser parentes.

9. A tomada de decisão apoiada surge de pedido formulado pela pessoa interessada e seus apoiadores, constando:

a) os limites do apoio a ser oferecido e os compromissos dos apoiadores;
b) o prazo de vigência do acordo;
c) e o respeito à vontade, aos direitos e aos interesses da pessoa que devem apoiar.

10. Desta forma, o apoio à decisão está limitado a um conjunto específico de atos, tomados aqui pela qualidade e não pela ocorrência. Logo, o pedido pode estabelecer que a tomada será utilizada em todas as alienações realizadas pela pessoa com deficiência. Ainda, não é possível que se estabeleça a tomada por prazo incerto ou mesmo que seja este prazo limitador desarrazoadamente extenso. Como meio interpretativo e nos limites deste trabalho, recomenda-se o prazo de 2 anos para a vigência, devendo a tomada ser renovada ao final do período. O que agora se defende parte do período de prestação de contas da tutela e da curatela e busca evitar o abusa da condição da pessoa com deficiência. Isto porque a decisão tomada por pessoa apoiada terá validade e efeitos sobre terceiros, sem restrições, desde que esteja inserida nos limites do apoio acordado (art. 1.783-A, § 4º, CC).

11. A qualquer tempo as partes da tomada de decisão apoiada podem requerer o fim do acordo, sendo que se o pedido partir dos apoiadores está condicionado à decisão do magistrado (art. 1.783-A, § 10). Por outro lado, agindo em prejuízo do apoiado, pode o apoiador ser denunciado (por qualquer pessoa) ao MP ou ao Magistrado.

12. Havendo divergência entre a pessoa apoiada e um dos apoiadores e sendo de risco o negócio, decidirá o Magistrado, ouvido o MP.

8. DO DIREITO DAS SUCESSÕES

8.1. Da Sucessão em Geral

1. O Código Civil estabelece que a sucessão se dá no momento da morte, sendo a herança desde logo transmitida aos herdeiros legítimos ou testamentários (art. 1.784, CC). A isto se chama Saisine ou Droit Saisine. Trata-se de um princípio que cria uma importante ficção jurídica objetivando que a propriedade sempre tenha um dono, um herdeiro, para, assim, atender a sua função social.

2. A sucessão é tida como imóvel (artigo 80, II, CC), submetida ao regime de um condomínio indivisível (artigo 1.791, CC), surgindo, a partir de então, o juízo universal da herança (artigo 91, CC). Na qualidade de imóvel, a transmissão da herança exige escritura pública (artigo 1.793, CC) sob pena de nulidade (artigo 166, IV, CC), como também da outorga uxória se o regime de bens não for o da separação absoluta (artigo 1.647, I, CC).

3. A lei brasileira, na melhor forma do artigo 426 do Código Civil proíbe a existência de contrato que tenha como objeto a herança de pessoa viva. A isto a doutrina chama pacto sucessório, ou sucessão pactícia, ou mesmo pacto de corvina.

4. Herdeiro legítimo: é o indicado pela lei consoante ordem de vocação hereditária (art. 1.829, CC), ou seja, são os legitimados a suceder nos casos de herança não testamentária.

5. Herdeiros necessários: são os descendentes, os ascendentes e o cônjuge, a quem pertencerá metade da herança, denominada legítima. (art. 1.845, CC). Todo o herdeiro necessário é legítimo, mas nem todo herdeiro legítimo é necessário. Isso porque há herdeiros legítimos facultativos, que apenas irão herdar no silencio do de cujos. São facultativos os colaterais até o quarto grau. O companheiro não é herdeiro necessário, para efeito de questões objetivas de concurso público, isto porque não está contido no preceito legal acima indicado.

6. Herdeiro universal: é o que recebe uma universalidade, um quinhão, uma quota da herança, seja em virtude de lei (sucessão legítima), ou de testamento (sucessão testamentária).

7. Herdeiro legatário: é aquele que recebe a coisa individuada, ex re certa. Ex.: deixo para Tício uma casa de praia (Tício é o herdeiro singular).

8. Herdeiro testamentário, nomeado ou instituído: é o designado pelo testador no ato de última vontade.

9. Como é sabido "A sucessão abre-se no lugar do último domicílio do falecido" (art. 1.785, CC), sendo este, regra geral, o foro competente para o ajuizamento do inventário.

10. Nada impede que o quinhão hereditário seja objeto de "cessão por escritura pública", pois assim autoriza o art. 1.793, do mesmo Diploma. Ressalve-se também que os herdeiros terão preferência legal na hipótese. Tanto isto é verdade que o Código Civil estabelece no art. 1.795 que "o coerdeiro, a quem não se der conhecimento da cessão, poderá, depositado o preço, haver para si a quota cedida a estranho, se o requerer até cento e oitenta dias após a transmissão".

11. A lei do dia da morte rege todo o direito sucessório. Também será tal norma que irá regular a capacidade passiva para suceder. Já a ativa (de testar) é aferida no momento da confecção do testamento.

12. O vigente Código Civil legitima como sucessores as pessoas nascidas ou já concebidas no momento da abertura da sucessão (art. 1.789). Observa-se que há ainda a possibilidade, na sucessão testamentária, que a prole dita eventual suceda, desde que concebida, salvo disposição de vontade em contrário, até dois anos após a morte do *de cujus* (arts. 1.799, 1.800, CC).

13. O concubino, assim como o deserdado, ou o indigno, não podem receber herança, por razões intuitivas (art. 1.802, CC). O filho, porém, fruto do concubinato, tem os mesmos direitos daquele filho fruto de união estável ou casamento, posto que se falar em igualdade filial.

14. Tanto a aceitação como a renúncia da herança são atos irrevogáveis, indivisíveis, irretratáveis e inter vivos.

15. A legislação pátria não admite a aceitação ou a renúncia de maneira parcial, sob condição ou a termo.

16. Se o herdeiro falecer antes mesmo de declarar se aceita ou não a herança, este direito (de se manifestar a respeito do aceite ou da renúncia, com todos os efeitos jurídicos disto decorrente) passará aos sucessores do próprio herdeiro.

17. A aceitação da herança a teor do artigo 1.805 pode ser expressa ou tácita.

18. A renúncia não se presume, nem pode ela ser inferida de simples conjecturas. Requer ato positivo de vontade e forma solene. Inexiste renúncia tácita como sucede na aceitação. Além de solene, exige que o instrumento seja público ou por termo nos autos homologado pelo juiz. Exige plena capacidade, não podendo ser realizada por incapaz, nem por seu representante legal, a menos que obtenha prévia permissão do juízo. Feita por mandatário, a procuração deve conter poderes especiais e expressos, conforme o artigo 661 e seu parágrafo primeiro do Código Civil.

19. Na sucessão legítima a parte do renunciante acresce à dos outros herdeiros da mesma classe e, sendo ele único, devolve-se aos da subsequente.

20. Não há representação quando ocorre a renúncia da herança, pois ninguém pode suceder representando herdeiro renunciante. O quinhão do renunciante somente passará aos seus filhos se ele for o único da sua classe ou se todos da mesma classe renunciarem. Neste caso os filhos do renunciante sucederão por cabeça e por direito próprio, não como representantes.

21. A renúncia pode ser inválida se tiver por finalidade fraudar credores. Estes poderão, com autorização do juiz, no prazo de trinta dias, contados a partir da data que tiveram ciência, aceitá-las em nome do renunciante, até o limite dos seus créditos, obviamente.

22. Nada impede que o herdeiro aceite certos quinhões e renuncie outros, distintos, ante a autonomia de cada uma destas universalidades.

23. É possível a reabilitação do indigno, a teor do artigo 1.818 do Código Civil "se o ofendido o tiver expressamente reabilitado em testamento, ou em outro ato autêntico", assim sendo também considerado o indigno "contemplado em testamento do ofendido, quando o testador, ao testar, já conhecia a causa da indignidade".

8.2. Da Sucessão Legítima

1. O STF declarou inconstitucional o art. 1.790 do CC que regulava a sucessão na união estável. Diante disto, a ordem de vocação hereditária do art. 1.829 do CC passou a se aplicar tanto para o matrimônio, quanto para a união estável.

2. Sucessão dos descendentes: prescreve o art. 1.835 que "Na linha descendente, os filhos sucedem por cabeça, e os outros descendentes por cabeça ou por estirpe, conforme se achem ou não no mesmo grau".

3. O cônjuge sobrevivente não concorrerá com os descendentes tão somente se era casado com o de cujus no regime da comunhão universal, da separação obrigatória, ou, em certos casos, da comunhão parcial de bens (art. 1829 do CC). Na comunhão parcial, somente sucederá em concorrência com os descendentes no montante dos bens particulares.

4. Sucessão dos ascendentes: não havendo herdeiros da classe dos descendentes, chamar-se-ão a suceder em concorrência com o cônjuge sobrevivente qualquer que seja o regime matrimonial de bens, os ascendentes do de cujus (art. 1.836, CC), sendo que o grau mais próximo exclui o mais remoto, não se devendo atender à distinção de linhas (art. 1.836, p.u.). Inexiste o direito de representação na linha de ascendência (vide o art. 1.852, *in fine*).

5. Diz o art. 1.837, CC que "Concorrendo com ascendente em primeiro grau, ao cônjuge tocará um terço da herança; caber-lhe-á metade desta se houver um só ascendente ou se maior for aquele grau".

6. "Em falta de descendentes e ascendentes, será deferida a sucessão por inteiro ao cônjuge sobrevivente" (art. 1.838, CC).

7. Sucessão dos colaterais: os colaterais são chamados a suceder na falta dos descendentes, ascendentes e cônjuge. São sucessíveis os colaterais até o quarto grau apenas. Segundo o artigo 1.840 do CC: Na classe dos colaterais, os mais próximos excluem os mais remotos, salvo o direito de

representação concedido aos filhos de irmãos. Portanto, na linha colateral o direito de representação somente se dá em favor de filhos de irmãos do falecido, quando com irmãos deste concorrerem (art. 1.853, CC).

8. O artigo 1.841 do CC, para efeito de sucessão de colateral, distingue o irmão bilateral ou germano (filho do mesmo pai e da mesma mãe), do irmão unilateral ou consanguíneo ou uterino (aquele em que só um dos genitores é comum (o mesmo): concorrendo à herança do falecido irmãos bilaterais com irmãos unilaterais, cada um destes herdara metade do que cada um daqueles herdar.

9. Os sobrinhos são parentes em terceiro grau que, na falta dos irmãos, são chamados a herdar (art. 1.843, CC). Depois dos sobrinhos, chamam-se os tios do finado e, depois, os sobrinhos netos, tios avós e primos irmãos do autor da herança, que se encontram no quarto grau de parentesco para com este. Inexistindo representação, sucedem por direito próprio, partilhando-se a herança por cabeça. Os sobrinhos preferem aos tios no terceiro grau, pois o direito sucessório sempre vai privilegiar a descendência.

10. A teor do art. 1.830 "somente é reconhecido o direito sucessório ao cônjuge sobrevivente se, ao tempo da morte do outro, não estavam separados judicialmente, nem separados de fato há mais de dois anos, salvo prova, neste caso, de que essa convivência se tornara impossível sem culpa do sobrevivente".

11. A teor do artigo 1.831 do Código Civil "Ao cônjuge sobrevivente, qualquer que seja o regime de bens, será assegurado, sem prejuízo da participação que lhe caiba na herança, o direito real de habitação relativamente ao imóvel destinado à residência da família, desde que seja o único daquela natureza a inventariar". Também se deve registrar que o direito real de habitação se aplica à hipótese de união estável, como já assentou a doutrina majoritária mediante o Enunciado 117 em Jornada de Direito Civil.

12. É assegurado ao cônjuge (por expressa determinação do art. 1.832 do CC) direito hereditário a um quinhão igual ao dos que sucederem por cabeça, não podendo a sua quota ser inferior à quarta parte se for ascendente dos herdeiros com que concorre. Inovação. Trata-se de reserva hereditária mínima de 1/4. Ex.: se o falecido deixou três filhos, a partilha se faz por cabeça, dividindo-se a herança em partes iguais entre os filhos e o cônjuge. Agora, no caso de o extinto deixar quatro filhos ou mais, e tendo de ser reservada a quota hereditária mínima de 1/4 em favor do supérstite, os filhos receberão o restante. Esta reserva pressupõe que o cônjuge sobrevivente seja ascendente dos herdeiros com que concorrer.

12. O companheiro terá os mesmos direitos sucessórios do cônjuge.

8.3. Da Sucessão Testamentária

1. Sucessão testamentária: Pode-se afirmar que o testamento é um negócio jurídico unilateral e gratuito, de natureza solene, essencialmente revogável, personalíssimo, pelo qual alguém dispõe dos bens para depois de sua morte, ou determina a própria vontade sobre a situação dos filhos e outros atos de última vontade, que não poderão, porém influir na legítima dos herdeiros necessários.
2. Reza o artigo 1.857 do CC que toda pessoa pode dispor por testamento da totalidade de seus bens ou de parte deles, para depois de sua morte, acrescentando o parágrafo primeiro que a legítima dos herdeiros necessários não poderá ser incluída no testamento.
3. Os pródigos poderão testar, porque não estarão dilapidando seu patrimônio, já que as disposições testamentárias irão vigorar só depois da morte. Quanto ao surdo mudo, há preceito específico. Artigo 1.866, CC: o indivíduo inteiramente surdo, que saiba ler, lerá seu testamento, e se não souber, designará quem o leia em seu lugar, presentes as testemunhas. Tanto o cego (art. 1.867, CC) como o analfabeto (art. 1.869, CC) podem testar. A nulidade do testamento por incapacidade ativa só pode ser ajuizada no juízo privativo, no prazo de cinco anos, contados do registro do testamento, conforme o art. 1.859, CC.
4. Os maiores de 16 (dezesseis) anos podem testar, a teor do parágrafo único do artigo 1.860, CC. Ademais, "A incapacidade superveniente do testador não invalida o testamento, nem o testamento do incapaz se valida com a superveniência da capacidade" (art. 1.861, CC).
5. Formas de testamento: as formas especiais. Em número de três, compreende o testamento militar, aeronáutico e marítimo, segundo dispõe o artigo 1.886 do CC. Já as formas ordinárias, também em número de três, engloba o testamento público, o testamento cerrado e o testamento particular.
6. O testamento público é a única forma do analfabeto e do impedido de assinar testarem, como também do cego.
7. O testamento cerrado, também chamado de testamento secreto ou místico, é o escrito pelo próprio testador, ou por alguém a seu rogo e por aquele assinado, com caráter sigiloso, completado pelo instrumento de aprovação lavrado pelo tabelião ou oficial público substituto, presente duas testemunhas. Por se tratar de documento particular, pode ser escrito em língua estrangeira, conforme permite o artigo 1.871 do CC. Reza o artigo 1.872 que aquele que não saiba ler não pode firmar testamento cerrado. O fato de saber escrever pouco importa.

8. O surdo mudo pode fazer testamento cerrado.
9. O testamento particular, também denominado de testamento hológrafo é o escrito e assinado pelo testador, lido na presença de três testemunhas que também o assinarão.
10. O codicilo é o negócio jurídico de última vontade em que o autor dispõe sobre assuntos de menor importância, despesas e donativos de reduzido valor. Reza o artigo 1.881 do CC que toda pessoa capaz de testar poderá, mediante escrito particular seu, datado e assinado, fazer disposições especiais sobre seu enterro, sobre esmolas de pouca monta a certas e determinadas pessoas, ou, indeterminadamente, aos pobres de certo lugar, assim como legar móveis, roupas ou joias, de pouco valor, de seu uso pessoal.
11. Serve ainda o codicilo para nomear ou substituir testamenteiros (art. 1.883), perdoar o indigno (art. 1.818), bem como para reservar parcelas para sufrágio de sua alma, obrigando, neste caso, a herança (art. 1.998). Não serve para reconhecer filhos, nem deserdar pessoa.
12. De acordo com o artigo 1.884 do CC: Considera-se revogado o codicilo se sobrevier testamento que não o confirme, ou modifique.
13. O Código Civil permite que o testador nomeie mais de um testamenteiro, conjunta ou separadamente, a quem compete o dever jurídico de dar cumprimento às disposições de última vontade.
14. O legado é uma disposição causa mortis no qual o testador deixa coisa certa, ou direito determinado, em benefício de alguém (denominado de legatário).

8.4. Do Inventário e da Partilha

1. O inventário e a partilha são duas medidas tomadas em um único corpo processual que visam levantar todo o patrimônio do de cujus, reunindo dívidas e bens em um monte (monte partilhável). Uma vez retirada a meação, chega-se ao monte-mor, que será, então liquidado.
2. O inventário deve ser iniciado em até sessenta dias (art. 983, CPC; na nova dicção da lei processual, dois meses, art. 597, NCPC) após a abertura da sucessão. Contudo, este prazo não é peremptório, implicando em algum tipo de multa sobre a alíquota do ITCD ou outra penalidade que a legislação estatal definir. Não há, contudo, decadência do direito de iniciar o procedimento.
3. Enunciado 542 da Súmula do STF: Não é inconstitucional a multa instituída pelo estado-membro, como sanção pelo retardamento do início ou da ultimação do inventário.

4. Tanto é possível que se proceda ao inventário/partilha judicial quanto extrajudicial (cartorário). Neste ponto, vale destacar que a lei determina como requisitos para a via extrajudicial (art. 610, CPC):
   a) Inexistência de testamento;
   b) Capacidade de todos os envolvidos;
   c) Consenso.
5. Deve-se observar o primeiro requisito legal (inexistência de testamento) cum grano salis. Isto porque não pode o negócio jurídico testamentário afastar das partes o direito a uma via mais célere, pelo simples fato de que em sua fase inicial (registro do testamento) ser necessária a intervenção judicial. Em razão disto, muito bem se posicionou o CJF, na VII Jornada de Direito Civil, através do enunciado 600: Após registrado judicialmente o testamento e sendo todos os interessados capazes e concordes com os seus termos, não havendo conflito de interesses, é possível que se faça o inventário extrajudicial.
6. O administrador da herança é o inventariante. Sua nomeação depende de trâmite específico que culmina com o compromisso de bem inventariar. Até lá a administração será exercida na seguinte ordem:
   (I) Cônjuge ou companheiro ao tempo da abertura da sucessão
   (II) Herdeiro que estiver na posse e administração dos bens. Havendo mais de um, será o mais velho
   (III) Testamenteiro
   (IV) Administrador ad hoc, se o caso requerer, e conforme nomeação do magistrado
7. A partir da assinatura do termo até a homologação da partilha a administração cabe ao inventariante. Nada impede que seja ele um herdeiro, segundo a ordem do art. 990 CPC: a) cônjuge ou companheiro; b) herdeiro que estiver na posse dos bens; c) qualquer herdeiro; d) testamenteiro; e) inventariante judicial; f) inventariante ad hoc.

9. DAS DISPOSIÇÕES FINAIS E TRANSITÓRIAS

1. Serão os da lei anterior os prazos, quando reduzidos por este Código, e se, na data de sua entrada em vigor, já houver transcorrido mais da metade do tempo estabelecido na lei revogada.
2. As modificações nos atos constitutivos de pessoas jurídicas criadas antes do novo Código Civil serão reguladas pelas novas regras.

3. Fica proibida a constituição de enfiteuses e subenfiteuses, subordinando-se as existentes, até sua extinção, às disposições do Código Civil anterior e leis posteriores

10. LEI DE INTRODUÇÃO ÀS NORMAS DO DIREITO BRASILEIRO (DL 4.657/42)

1. Trata-se de norma jurídica autônoma aplicável a todo o ordenamento jurídico. Uma norma sobre normas.

2. Lembre-se que a vacatio legis, é, em regra, de 45 (quarenta e cinco) dias no território nacional e 3 (três) meses no território estrangeiro após publicada a norma. Tem como exceção as hipóteses em que a própria norma autodeclara sua vacatio. Normas de pequena repercussão podem ser liberadas da vacatio. De outro tanto, as normas de grande relevância social merecem uma vacatio legis maior.

2.1. O Brasil adotou o princípio da vigência sincrônica, ao estabelecer que a norma entrará em vigor (tornando-se obrigatória), ao mesmo tempo, em todo o território nacional.

3. O artigo 8º, §1º, da LC 95/98 estabelece regra para a contagem da vacatio, devendo ocorrer "com a inclusão da data da publicação e do último dia do prazo, entrando em vigor no dia subsequente à sua consumação integral".

4. A modificação da lei deverá seguir, essencialmente, duas regras, amplamente cobradas em alguns certames jurídicos, quais sejam:

a) A modificação de lei já em vigor somente poderá ocorrer por meio de lei nova, conforme § 4º, do artigo 1º, da Lei de Introdução às Normas do Direito Brasileiro, havendo novo prazo de vacatio.

b) A modificação de lei que esteja em vacatio legis pode acontecer mediante "nova publicação de seu texto, destinada à correção", oportunidade em que o prazo "começará a correr da nova publicação".

5. Se a lei superou a vacatio e entrou em vigor, em regra se submete ao princípio da continuidade ou permanência, leia-se: permanece em vigor até que outra, no todo ou em parte, venha revogá-la. Portanto, usos e costumes não revogam lei, não se admitindo o denominado consuetudo ab-rogatorio ou dessuetudo.

6. A revogação é gênero, o qual tem como espécies: a) Ab-Rogação - revogação total; b) Derrogação - revogação parcial.

7. A revogação da lei pode ocorrer de forma expressa ou tácita. A revogação tácita decorre do critério hierárquico (norma superior revoga norma inferior), cronológico (norma mais nova revoga a mais antiga) e especial (norma específica revoga norma geral tratando do mesmo tema).

8. Lembre-se que o art. 2º, § 2º, da Lei de Introdução às Normas do Direito Brasileiro dispõe que: "A lei nova, que estabeleça disposições gerais ou especiais a par das já existentes, não revoga nem modifica a lei anterior".

9. Como relação ao instituto da repristinação (restauração da norma), no ordenamento jurídico pátrio é aceito excepcionalmente, demandando disposição normativa expressa.

10. Obrigatoriedade das Normas (art. 3º da Lei de Introdução às Normas do Direito Brasileiro): em regra, o direito brasileiro proíbe a alegação do erro de direito, há exceções no direito civil: o casamento putativo (art. 1.561, CC) e o instituto do erro ou ignorância como vício de vontade (defeito do negócio jurídico), regra do artigo 139, inciso III, do Código Civil.

11. Integração Normativa (art. 4º, Lei de Introdução às Normas do Direito Brasileiro): sabe-se que é vedado ao magistrado deixar de julgar a lide alegando lacuna ou qualquer outra justificativa (vedação ao *non liquet* – art. 140 do CPC). Nesse caso deve o magistrado lançar mão do artigo 4º da Lei de Introdução às Normas do Direito Brasileiro, utilizando-se da analogia, dos costumes e dos princípios gerais do direito, nessa ordem preferencial, a fim de solucionar tais problemas.

12. Interpretação da Norma (art. 5º, Lei de Introdução às Normas do Direito Brasileiro): a chamada interpretação autêntica é aquela conferida pelo próprio legislador criador da norma (Poder Legislativo). Nela, o próprio órgão que cria o texto normativo, o interpreta, para que dúvidas não pairem sobre o mesmo. Ao lado dessa interpretação autêntica, admite-se ainda a interpretação realizada pelo próprio Poder Judiciário e pela doutrina. Recorde-se que na interpretação o magistrado deve sempre buscar os fins sociais e as exigências do bem comum.

13. Aplicação da Lei no Tempo (art. 6º, Lei de Introdução às Normas do Direito Brasileiro): a regra é que não pode alcançar a nova lei fatos pretéritos à sua vigência. Nada obstante, o mesmo dispositivo legal prevê exceção a esta regra (retroatividade normativa), desde que atendidos os seguintes requisitos: i) expressa disposição nesse sentido; ii) se esta retroatividade não violar o ato jurídico perfeito, a coisa julgada e o direito adquirido. Ademais, permanece possível a ultratividade normativa quando uma norma já revogada (sem vigência) ainda possui vigor. Aplica-se a:

a) normas circunstanciais: àquelas relativas a regrar um determinado fato, durante a sua vigência, a exemplo de uma guerra.

b) normas temporárias: aquelas criadas para regular uma determinada circunstância, vigendo durante a existência desta, a exemplo de normas que alteraram o trânsito no Rio de Janeiro durante o evento da Copa do Mundo de Futebol, ocorrida no Brasil.

13.2. São muitas as hipóteses de ultratividade, normativa, sendo a mais lembrada pelo avaliador de concursos a relativa à norma que se aplica ao inventário e à partilha. A norma sucessória regente será a da época do óbito (abertura da sucessão), e não a do curso do inventário, sua abertura ou finalização, na dicção do artigo 1.787 do Código Civil (Droit de Saisine).

13.1. Retroatividade mínima: por vezes, apesar de não alcançar a validade ou a essência do ato (respeito ao ato jurídico perfeito), a norma alcança os efeitos atuais daquele, ocorridos na vigência da nova regra. O STJ vem entendendo que tal situação não fere a proteção ao ato jurídico perfeito. Vide, como exemplo, o REsp 1096244 / SC

14. Eficácia da Lei no Espaço (direito internacional privado): Tendo em vista a soberania nacional o Direito Brasileiro está submetido ao Princípio da Territorialidade Moderada/Mitigada; vale dizer: no território brasileiro se aplica, em regra, a lei brasileira. Excepcionalmente, porém, é aplicável a norma estrangeira no território brasileiro, desde que haja disposição legal expressa neste sentido. Sobre tais hipóteses de mitigação, lembrar que:

a) Conflito sobre bens imóveis situados fora do Brasil aplica-se a lei do lugar onde estiver situado (art. 8º da Lei de Introdução às Normas do Direito Brasileiro).

b) Para qualificar e reger as obrigações são aplicadas às normas do país em que se constituírem (art. 9º, §2º, Lei de Introdução às Normas do Direito Brasileiro).

c) Aplica-se a lei sucessória mais benéfica para sucessão de bens de estrangeiros situados no Brasil, quando há cônjuge ou descendentes brasileiros (art. 10, § 1º da Lei de Introdução às normas do Direito Brasileiro e 5º, XXXI CF/88).

14.1 A aplicação de regras estrangeiras não se confunde com as situações de competência exclusiva da jurisdição brasileira, como as estabelecidas no art. 23, CPC.

15. O Princípio da Territorialidade Moderada permite que sejam cumpridas decisões judiciais, cartas rogatórias e laudos arbitrais estrangeiros no Brasil, desde que certos requisitos sejam observados. São eles:

a) homologação pelo STJ (*exequatur*);

b) prova do trânsito em julgado da sentença estrangeira, consoante orientação da súmula 420 do STF e com observância do devido processo legal;

c) filtragem constitucional, pois só é permitida a execução no Brasil de sentença estrangeira compatível com a ordem interna, sem violação à soberania nacional, ordem pública e bons costumes.

DIREITO PROCESSUAL CIVIL

Rinaldo Mouzalas
Eduardo Madruga

ASSUNTOS	QUESTÕES	%
1. Das Normas Processuais Civis	2	1,30%
2. Da Função Jurisdicional	22	14,29%
3. Dos Sujeitos do Processo	23	14,94%
4. Dos Atos Processuais	12	7,79%
5. Da Tutela Provisória	10	6,49%
6. Da Formação, da Suspensão e da Extinção do Processo	2	1,30%
7. Do Processo de Conhecimento e do Cumprimento...	38	24,68%
8. Do Processo de Execução	7	4,55%
9. Dos Processos nos Tribunais e dos Meios de Impugnação...	27	17,53%
10. Disposições Finais e Transitórias	3	1,95%
11. Lei dos Juizados Especiais	5	3,25%
12. Teoria e Princípios	3	1,95%
TOTAL	154	100%

Devido à entrada em vigor do Novo Código de Processo Civil, em março de 2016, praticamente todas as questões de certames anteriores perderam a referência em relação aos objetivos dos concursos públicos. Assim, o meio encontrado para integrar a obra foi catalogar questões novas de processo civil, de diversas carreiras jurídicas.

Em tema de processo civil, **quase um quarto** das questões cobradas em concursos jurídicos versavam sobre o mais extenso dos livros do NCPC: **Do Processo de Conhecimento e do Cumprimento de Sentença.** Portanto, o leitor deve dar atenção aos conteúdos dos títulos que o compõem: Do Procedimento Comum (arts. 318 a 512), Do Cumprimento da Sentença (arts. 513 a 538) e Dos Procedimentos Especiais (arts. 539 a 770).

O Livro III da Parte Geral, **Dos Sujeitos do Processo** (arts. 70 a 187), também origina muito material de prova. Assim como Livro III da Parte Especial, **Dos Processos nos Tribunais e dos Meios de Impugnação das Decisões Judiciais** (arts. 926 a 1.044). Juntos, correspondem a **quase um terço** das questões. Nesse ponto a leitura da lei seca é crucial como premissa inaugural de estudo.

Já os livros do NCPC intitulados "Das Normas Processuais Civis", "Da Formação, da Suspensão e da Extinção do Processo" e "Disposições Finais e Transitórias" são **pouco explorados** pela banca. A mesma visão aplica-se a parte mais doutrinária (Teoria e Princípios).

Convém registrar que as questões referentes ao direito processual constitucional encontram-se inseridas no capítulo Direito Constitucional.

Gráfico 09

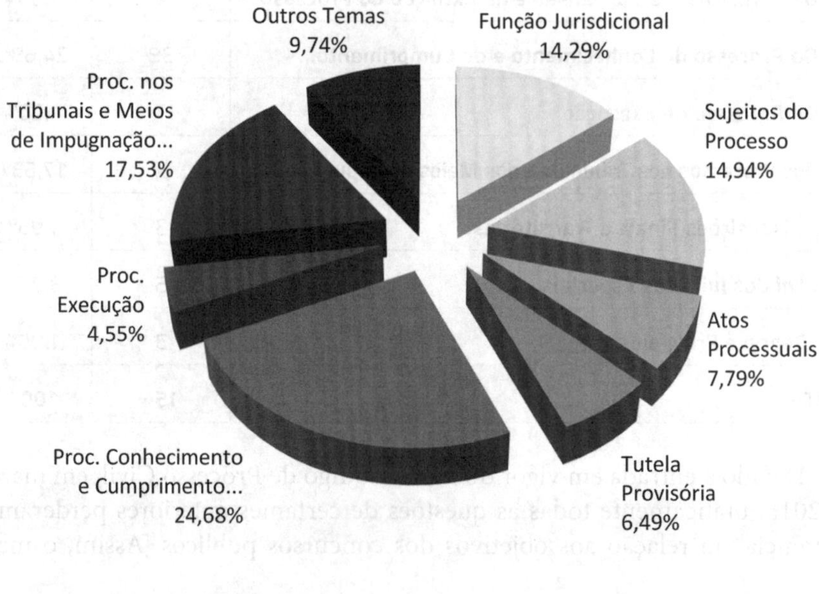

1. NORMAS FUNDAMENTAIS

1. O legislador, na elaboração dos textos que trazem as normas fundamentais do processo, utilizou-se preponderantemente da técnica **legislativa aberta.**

2. O processo civil será ordenado, disciplinado e interpretado conforme os **valores e as normas fundamentais** estabelecidos na Constituição da República Federativa do Brasil (constitucionalização do processo civil).

3. A norma é o produto, a síntese da interpretação do texto, ou seja, toda e qualquer aplicação normativa enseja uma prévia interpretação. **Não se deve confundir o texto** (objeto da interpretação) com a **norma** (resultado da interpretação).

4. O CPC/2015 inaugura um novo modelo processual, chamado pela doutrina de **cooperativo ou comparticipativo.**

MODELO DE DEVIDO PROCESSO CONSTITUCIONAL – PRINCÍPIOS E GARANTIAS CONSTITUCIONAIS DO PROCESSO	
Devido Processo Legal (Art. 5º LIV)	LIV - ninguém será privado da liberdade ou de seus bens sem o devido processo legal;
Contraditório e Ampla Defesa (Art. 5º, LV)	LV - aos litigantes, em processo judicial ou administrativo, e aos acusados em geral são assegurados o contraditório e ampla defesa, com os meios e recursos a ela inerentes;
Razoável Duração do Processo (Art. 5º, LXXVIII)	LXXVIII a todos, no âmbito judicial e administrativo, são assegurados a razoável duração do processo e os meios que garantam a celeridade de sua tramitação.
Publicidade (Art. 5º, LX)	LX - a lei só poderá restringir a publicidade dos atos processuais quando a defesa da intimidade ou o interesse social o exigirem;
Isonomia Material (Art. 5º, caput)	Caput - Todos são iguais perante a lei, sem distinção de qualquer natureza (...)
Motivação das Decisões (Art. 93, IX)	IX - todos os julgamentos dos órgãos do Poder Judiciário serão públicos, e fundamentadas todas as decisões, sob pena de nulidade, podendo a lei limitar a presença, em determinados atos, às próprias partes e a seus advogados, ou somente a estes, em casos nos quais a preservação do direito à intimidade do interessado no sigilo não prejudique o interesse público à informação

MODELO DE DEVIDO PROCESSO CONSTITUCIONAL – PRINCÍPIOS E GARANTIAS CONSTITUCIONAIS DO PROCESSO	
Juiz Natural (Art. 5º, XXXVII)	XXXVII - não haverá juízo ou tribunal de exceção;
Inafastabilidade da Jurisdição (Art. 5º XXXV)	XXXV - a lei não excluirá da apreciação do Poder Judiciário lesão ou ameaça a direito;
Proibição das Provas Ilícitas (art. 5º, LVI, CF)	LVI - são inadmissíveis, no processo, as provas obtidas por meios ilícitos;

5. O rol de normas fundamentais do primeiro capítulo do CPC é **meramente exemplificativo.**

6. A regra de **distribuição de ação por dependência**, quando o processo é extinto sem resolução do mérito (art. 286, II, do CPC) concretiza nitidamente o **juiz natural,** pois visa a evitar que sejam intentadas quantas ações sejam necessárias para a escolha de determinado magistrado.

ROL MERAMENTE EXEMPLIFICATIVO DE NORMAS FUNDAMENTAIS DO PROCESSO CIVIL	
Art. 2.	Dispositivo, Impulso Oficial
Art. 3.	Inafastabilidade da Jurisdição e Estímulo à Resolução Consensual dos Conflitos
Art. 4.	Razoável Duração do Processo, Primazia das Decisões de mérito e Efetividade
Art. 5.	Boa-Fé- Objetiva Processual
Art. 6.	Cooperação
Art. 7.	Isonomia Material ou Paridade de Armas
Art. 8.	Dignidade da Pessoa Humana, Proporcionalidade, Razoabilidade, Legalidade, Publicidade e Eficiência
Art. 9.	Contraditório Comparticipativo
Art. 10.	Vedação às decisões por emboscada (surpresas)
Art. 11.	Publicidade e Fundamentação
Art. 12.	Ordem Cronológica

7. O princípio do devido processo legal possui a **faceta formal** (direito de processar e ser processado de acordo com garantias processuais pré-determinadas: modelo constitucional de devido processo) e **material** (STF: proporcionalidade e razoabilidade).

8. A **duração razoável do processo** visa proporcionar aceleração sem desrespeitar o devido processo legal e sem comprometer a qualidade das decisões.

9. A **inafastabilidade da jurisdição** é a garantia do direito de ação, por conferir, àquele que for ou que possa ser lesado em seus direitos, o **acesso amplo e irrestrito ao Poder Judiciário**, bem como ter a devida e a efetiva prestação da tutela jurisdicional.

10. A **busca e o estímulo pelos desfechos consensuais** deve ser uma constante durante toda a marcha processual, inclusive nas instâncias recursais

11. Importa destacar que o elaborador das questões, por muitas vezes, tenta induzir o candidato a erro, ao afirmar que determinados sujeitos da relação processual não devem incentivar as decisões consensuais e que isto não seria um papel fundamental do Poder Judiciário. Desta feita, atentar para considerar tais assertivas incorretas.

12. As partes devem **cooperar entre si,** a atuar com **ética e lealdade**, agindo de modo a evitar a ocorrência de vícios que extingam o processo sem resolução do mérito e cumprindo os deveres mútuos de esclarecimento e transparência (enunciado 273 do FPPC).

13. É correto afirmar que **todos os sujeitos do processo** devem cooperar entre si para que se obtenha, em tempo razoável, decisão de mérito justa e efetiva, tal exigência não se restringe apenas às partes, como muitas vezes tenta inferir o elaborar das questões de concurso.

14. As partes têm o direito de obter, em prazo razoável, a **solução integral de mérito**

15. O enunciado 372 do FPPC orienta que: "o art. 4º tem aplicação em todas as fases em todos os tipos de procedimento, inclusive em incidentes processuais e na instância recursal, impondo ao órgão jurisdicional viabilizar **o saneamento de vícios para examinar o mérito**, sempre que seja possível a sua correção". Desta feita, importa evidenciar que a solução integral do mérito deve incluir também a fase de cumprimento de sentença.

16. A **exigência de ética** nas condutas aplica-se a **todos os sujeitos processuais** que, de qualquer forma, participam do processo, inclusive, aos magistrados.

17. A boa-fé objetiva processual manifesta-se em três funções: **interpretativa; integrativa e limitadora.**

18. A boa-fé objetiva impede que o julgador **profira, sem motivar a alteração, decisões diferentes sobre uma mesma questão de direito** aplicável às situações de fato análogas, ainda que em processos distintos (enunciado 377 do FPPC).

19. O enunciado 297 do FPPC adverte que "o juiz que promove julgamento antecipado do mérito por **desnecessidade de outras provas não** pode proferir sentença de **improcedência por insuficiência de provas**".

20. Todos os sujeitos do processo devem **cooperar entre si** para que se obtenha, em tempo razoável, decisão de mérito justa e efetiva.

21. O núcleo normativo da cooperação reside na imposição de um **feixe de deveres processuais** que devem ser respeitados nas relações entre os intervenientes processuais (**esclarecimento, consulta, diálogo e auxílio**).

22. Insta pontuar que o elaborador sempre busca induzir o candidato a erro, ao afirmar uma concepção mais restritiva de que a cooperação só deve ser direcionada às partes que integram a relação processual, onde na verdade tal norma alcança juízes e demais sujeitos processuais.

23. A **isonomia** viabiliza aos litigantes um tratamento justo e equilibrado, capaz de, suprindo as desigualdades naturais existentes entre as partes, garantir, dentro do processo, uma **isonomia material**

24. Ao aplicar o ordenamento jurídico, o juiz atenderá aos fins sociais e às exigências do bem comum, resguardando e promovendo a **dignidade da pessoa humana** e observando a **proporcionalidade, a razoabilidade, a legalidade, a publicidade e a eficiência.**

25. A **vedação às decisões surpresa** não elimina ou atenua a liberdade do juiz de identificar a disposição jurídica aplicável ao caso concreto;

26. Importante: é recorrente o enfoque que é dado nas provas de concurso à necessidade do juiz, em qualquer grau de jurisdição, oportunizar o contraditório às partes, ainda que se **trate de matéria sobre a qual deva decidir de ofício.**

27. A vedação à decisão surpresa impõe o **redimensionamento do *iura novit curia***, a fazer com que o juiz consulte previamente as partes e colha suas manifestações a respeito do assunto, antes de aplicar a norma jurídica ao caso concreto.

28. O art. 10º veda que o juiz, sem ativação do contraditório, agregue à sua decisão questão de direito, **que não foi ventilada por nenhuma das partes**.

29. Existem situações de contraditório diferido ou postecipado que autoriza o juiz proferir decisão contra uma das partes sem que ela seja previamente ouvida (decisão *inaudita altera pars*), tal como ocorre com a concessão de tutelas provisórias liminarmente.

30. Ainda que o juízo detenha **competência para decidir de ofício** determinado assunto, **só poderá fazê-lo** se permitir às partes a **manifestação expressa sobre a matéria.**

31. Nos termos do enunciado n. 282 do FPPC: "para julgar com base em enquadramento normativo diverso daquele invocado pelas partes, ao juiz cabe observar o **dever de consulta**, previsto no art. 10".

32. Não pode o juiz, em grau algum de jurisdição, decidir com base em fundamento a respeito do qual não se tenha dado às partes oportunidade de se manifestar, ainda que se trate de matéria sobre a qual deva decidir de ofício.

33. Todos os julgamentos dos órgãos do Poder Judiciário **serão públicos**, sob pena de nulidade.

34. Os juízes e os tribunais atenderão, **preferencialmente, à ordem cronológica de conclusão** para proferir sentença ou acórdão.

Princípios da Administração Pública: **aplicável ao Poder Legislativo, Executivo e Judiciário (dimensão administrativa)**		***Dimensão Processual***
Legalidade	**=>**	Legalidade (art. 8° do CPC)
Impessoalidade	**=>**	Juiz Natural (Art. 5°, XXXVII da CF)
Moralidade	**=>**	Boa-fé Objetiva Processual (art. 5° do CPC)
Publicidade	**=>**	Publicidade (art. 8° e 11° do CPC)
Eficiência	**=>**	Eficiência (art. 8°)

2. JURISDIÇÃO

1. A **jurisdição é a função do Estado de resolver o objeto litigioso** posto à sua apreciação, criando, com amparo no sistema jurídico, a norma jurídica individualizada aplicável ao caso concreto.

2. O objetivo principal da jurisdição é a **pacificação social**, visando ao bem comum (**escopo social**). Busca também **afirmar o poder do Estado**, preservando seus preceitos fundamentais (**escopo político**), e aplicar o direito ao caso concreto (**escopo jurídico**).
3. A **autotutela**, vedada pelo ordenamento jurídico, em regra, consiste na **imposição da vontade da parte**, por conta própria, em detrimento da outra.
4. A **arbitragem** consiste em atividade jurisdicional exercida pelo particular, com permissão legal do Estado, onde a solução do conflito se dá pela **intervenção de terceiro imparcial**, denominado árbitro.
5. A instituição de arbitragem pelas partes é feita por meio da **convenção de arbitragem,** que compreende a **cláusula compromissória** (firmada previamente ao litígio) e o **compromisso arbitral** (firmado pelas partes após o surgimento da controvérsia).
6. A sentença arbitral transitada em julgado é **título executivo judicial** e independe de homologação pelo Poder Judiciário.
7. De acordo com o Informativo 508 do é **nula** a cláusula que determine a utilização **compulsória da arbitragem** em contrato que envolva **relação de consumo**, ainda que de compra e venda de imóvel, salvo se houver posterior concordância de ambas as partes
8. A existência de cláusula arbitral válida alegada pela parte retira da jurisdição estatal a competência para apreciar, na fase de processo de conhecimento, eventual litígio oriundo de relação contratual.
9. Na **mediação,** as partes chegam a um acordo por **induzimento** advindo da intervenção de um terceiro (denominado mediador). Ao contrário do que ocorre na **conciliação**, onde **não há sugestão de solução** para o litígio por parte do mediador.
10. São características da jurisdição: **inércia, imparcialidade, substitutividade e definitividade.**
11. São princípios da jurisdição: **investidura, inafastabilidade, territorialidade (aderência), juiz natural, indelegabilidade e inevitabilidade**.

JURISDIÇÃO VOLUNTÁRIA	
DOUTRINA TRADICIONAL	**DOUTRINA REVISIONISTA (MODERNA)**
É mera atividade administrativa;	É atividade jurisdicional;

Não há partes, mas interessados;	Há partes;
Não há lide;	Pode haver Lide;
Não há coisa julgada;	Há Coisa Julgada

12. O Superior Tribunal de Justiça, no entanto, mantém a posição tradicional, no sentido de que a decisão tomada em jurisdição voluntária **não produz coisa julgada** (STJ. REsp 1.418.189/RJ, DJe 01.07.14).
13. A jurisdição pode ser: **penal ou civil**; **contenciosa ou voluntária**; **especial e comum**; **inferior e superior**.
14. Os artigos 21 a 25 do CPC/2015 traçam os limites entre a **jurisdição nacional** e as **jurisdições estrangeiras.**
15. Os artigos 21 e 22 tratam da "**competência concorrente ou cumulativa**", observando que o Poder Judiciário brasileiro, por meio de seus órgãos jurisdicionais, é competente para processar e julgar litígios sobre os quais órgãos judiciais de Estados estrangeiros também têm jurisdição.

3. AÇÃO

1. A ação pode ser conceituada como o **direito público subjetivo autônomo e abstrato** de provocar a atividade jurisdicional.
2. A **ação processualizada**, isto é, o direito de ação efetivamente exercitado por meio de petição inicial, recebe a denominação de **demanda.**
3. A categoria condições da ação se resume a: **interesse de agir e legitimidade das partes.**

Condições da ação CPC/1973	Condições da ação CPC/2015
Interesse de agir =>	Interesse de agir
Legitimidade de partes =>	Legitimidade de partes
Possibilidade jurídica do Pedido =>	Passa a ser uma questão de mérito

4. A **possibilidade jurídica do pedido** passa a ser enfrentada não como integrante do interesse de agir, mas como uma questão de **mérito.** Essa questão é muito cobrada em questões, tentando induzir o candidato a erro, incluindo a possibilidade jurídica como condição da ação.

5. São partes **legítimas** aquelas cujos interesses estejam em conflito.
6. A **legitimidade ativa** (do autor) cabe ao titular do direito afirmado na petição inicial, e a **legitimidade passiva** (do réu), ao titular do interesse que se opõe à pretensão do autor.
7. A legitimação se divide em **ordinária e extraordinária**. Na primeira, a parte, em seu nome, ativa ou passivamente, procura **defender em juízo o direito que afirma possuir**. Na **legitimação extraordinária**, a parte, quando autorizada pelo ordenamento jurídico, defende, **em juízo, direito de outrem.**
8. O **interesse de agir** fundamenta-se no binômio **necessidade/utilidade**, que qualifica a tutela jurisdicional postulada.
9. O **interesse-necessidade** repousa na premissa de que a jurisdição deve ser a **necessária forma de solução de conflitos**.
10. O **interesse-utilidade** verifica-se quando a prestação jurisdicional requerida puder trazer algum **benefício ao autor.**
11. O art. 485, § 3º, do CPC permite que o juiz, em qualquer e grau de jurisdição, analise (ou reanalise) o **preenchimento das condições da ação,** mesmo de ofício.
12. A teoria da asserção ou da prospectação é adotada pela maioria da doutrina, sendo a teoria segundo a qual **as condições da ação devem ser aferidas pelo julgador no momento do juízo de admissibilidade da petição inicial**, conforme alegações do autor, *in status assertionis*, caso em que a carência da ação acarretará extinção do feito sem julgamento do mérito.
13. São elementos da ação: **partes, causa de pedir e pedido (objeto)**.
14. Há a classificação ternária da ação (ações constitutivas, declaratórias e condenatórias) e a teoria quinária da ação (ações constitutivas, declaratórias, condenatórias, executivas e mandamentais).
15. Traço marcante do Código de Processo Civil de 2015 é a busca pela tutela efetiva de direitos, de modo que a possibilidade de o autor requerer apenas a declaração de existência ou inexistência de relação jurídica foi prevista expressamente no CPC/2015.
16. Cabe ao Supremo Tribunal Federal expedir cartas rogatórias para órgãos judiciais estrangeiros.

4. COMPETÊNCIA

1. A competência é a **atribuição jurisdicional** outorgada aos diversos órgãos do Poder Judiciário.

2. São **órgãos do Poder Judiciário:** a) o Supremo Tribunal Federal; b) o Conselho Nacional de Justiça; c) o Superior Tribunal de Justiça; d) os Tribunais Regionais Federais e Juízes Federais; e) os Tribunais e Juízes do Trabalho; f) os Tribunais e Juízes Eleitorais; g) os Tribunais e Juízes Militares; h) os Tribunais e Juízes dos Estados e do Distrito Federal e Territórios.
3. De acordo com a Súmula 570 do STJ: Compete à **Justiça Federal** o processo e julgamento de **demanda em que se discute a ausência de ou o obstáculo ao credenciamento de instituição particular de ensino superior no Ministério da Educação** como condição de expedição de diploma de ensino a distância aos estudantes. STJ. 1ª Seção. Aprovada em 27/04/2016, DJe 02/05/2016.
4. De acordo como entendimento do STJ: "**É do TRF da 1º Região** - e não do TJDFT - a competência para processar e julgar **mandado de segurança impetrado contra ato do Procurador – Geral de Justiça do Distrito Federal** que determinou a retenção de Imposto de Renda (IR) e de contribuição ao Plano de Seguridade Social (PSS) sobre valores decorrentes da conversão em pecúnia de licenças - prêmio" (1ª Turma. REsp 1.303.154 - DF, Rel. Min. Gurgel de Faria, julgado em 16/6/2016)
5. De acordo como entendimento do STF, "compete à **justiça federal** processar e julgar ações em que a **Ordem dos Advogados do Brasil (OAB)**, quer mediante o conselho federal, quer seccional, **figure na relação processual**. STF. Plenário. RE 595332/PR, Rel. Min. Marco Aurélio, julgado em 31/8/2016 (repercussão geral).
6. A **cooperação jurídica internacional** será regida por tratado de que o Brasil fizer parte ou, na sua ausência, poderá realizar-se com base em **reciprocidade,** manifestada por via diplomática.
7. A **cooperação jurídica internacional** observará: a) o respeito às garantias do devido processo legal no Estado requerente; b) a igualdade de tratamento entre nacionais e estrangeiros, residentes ou não no Brasil, em relação ao acesso à justiça e à tramitação dos processos, assegurando-se assistência judiciária aos necessitados; c) a publicidade processual, exceto nas hipóteses de sigilo previstas na legislação brasileira ou na do Estado requerente; d) a existência de autoridade central para recepção e transmissão dos pedidos de cooperação; e) a espontaneidade na transmissão de informações a autoridades estrangeiras.
8. Após verificar se o **Estado Brasileiro tem jurisdição para julgar a ação,** investiga-se qual a área do direito relacionada ao conflito apresentado. Tal permite identificar se a ação será julgada pela **Justiça Comum ou pela**

Justiça Especializada. Se a ação for de competência da Justiça Comum, deve-se observar **se a ação está relacionada às hipóteses de competência da Justiça Federal** (art. 109 da CF). Se não corresponder, a competência, porque residual, **será da Justiça Estadual.**

9. Segundo o entendimento do STJ: "é da Justiça do Trabalho (e não da Justiça Comum) a competência para processar e julgar a **ação de indenização movida por atleta de futebol em face de editora pelo suposto uso indevido de imagem em álbum de figurinhas** quando, após denunciação da lide ao clube de futebol (ex-empregador), este alegar que recebeu autorização expressa do jogador para ceder o direito de uso de sua imagem no período de vigência do contrato de trabalho" (2ª Turma. CC 128.610- RS, Rel. Min. Raul Araújo, julgado em 22/6/2016).

10. Definir-se-á a competência segundo os critérios (cumulativos) **objetivo** (considera a natureza da causa, seu valor e as pessoas envolvidas), **territorial** (considera os limites da circunscrição territorial do órgão jurisdicional) **e funcional** (considera os poderes jurisdicionais de cada um dos órgãos julgadores).

11. A ação fundada em direito pessoal ou em direito real sobre bens móveis será proposta, em regra, no foro de domicílio do réu.

12. No caso acima, sendo incerto ou desconhecido o domicílio do réu, ele poderá ser demandado onde for encontrado ou no foro de domicílio do autor. Quando o réu não tiver domicílio ou residência no Brasil, a ação será proposta no foro de domicílio do autor, e, se este também residir fora do Brasil, a ação será proposta em qualquer foro. Havendo 2 (dois) ou mais réus com diferentes domicílios, serão demandados no foro de qualquer deles, à escolha do autor.

13. A ação fundada em direito sobre bens imóveis será proposta, em regra, no foro da situação da coisa.

14. O foro de domicílio do autor da herança, no Brasil, é o competente para o inventário, a partilha, a arrecadação, o cumprimento de disposições de última vontade, a impugnação ou anulação de partilha extrajudicial e para todas as ações em que o espólio for réu, ainda que o óbito tenha ocorrido no estrangeiro.

15. É competente o foro para a ação de divórcio, separação, anulação de casamento e reconhecimento ou dissolução de união estável: a) de domicílio do guardião de filho incapaz; b) do último domicílio do casal, caso não haja filho incapaz; c) de domicílio do réu, se nenhuma das partes residir no antigo domicílio do casal;

16. A **competência absoluta** é insuscetível de sofrer alterações, seja por vontade das partes, seja pelos motivos legais de modificação (conexão ou continência), porquanto sua fixação decorre do **interesse público**, que se sobrepõe ao das partes.

17. A **competência relativa**, por sua vez, é firmada com ênfase no **interesse das partes.** Por isso, pode ser modificada por vontade delas ou por determinação legal. Em razão disso, "a incompetência relativa não pode ser declarada de oficio".

18. Segundo entendimento firmado pelo STJ[1] em patente concretização do princípio da primazia das decisões de mérito (art. 4.), em caso de **incompetência absoluta**, mesmo diante de impossibilidade técnica do sistema eletrônico, o juiz tem o dever de viabilizar a remessa dos autos ao juízo competente, sem extinguir o processo sem julgamento de mérito

19. A **competência é firmada no momento do registro ou da distribuição da ação**. A partir de então, irrelevantes são as modificações do estado de fato ou de direito que venham a ocorrer, **salvo quando suprimirem o órgão judiciário ou alterarem a competência absoluta.**

20. Regra geral, reputam-se **conexas duas ou mais ações quando lhes for comum o pedido ou a causa de pedir**. Por outro lado, dá-se a **continência** entre duas ou mais ações quando houver **identidade quanto às partes e à causa de pedir,** mas o **pedido de uma (a proposta posteriormente), por ser mais amplo, abrange o das demais (a que foi proposta anteriormente).**

21. Importante destacar que a conexão não determina a reunião dos processos, caso um deles já tenha sido julgado. Desta feita, na hipótese de existir outra ação com idêntica causa de pedir de uma ação civil pública proposta e de tal ação ter sido sentenciada por outro juízo, não haverá reunião dos processos (conexão atrativa).

22. Para as ações de reparação de dano sofrido em razão de **delito ou acidente de veículos, inclusive aeronaves**, será competente o foro de domicílio do autor ou do local do fato. Não há, como se poderia pensar, uma benesse temporal, concedida ao autor por ter primeiramente exercido o direito de ação. Ao contrário. A benesse decorre da afirmação apresentada pelo autor, de **que foi vítima de delito ou de acidente.**

---

1 INFO 586: STJ. 2ª Turma. REsp 1.526.914-PE, Rel. Min. Diva Malerbi (Desembargadora convocada do TRF da 3ª Região), julgado em 21/6/2016 (Info 586).

23. Segundo entendimento definido pelo Superior Tribunal de Justiça, ainda sob a égide do Código de Processo Civil de 1973, **deve o vocábulo 'veículos' ser interpretado de maneira ampla**" (STJ. AgInt no REsp 1512184/ RS. DJe 15/10/2018).

24. O negócio jurídico processual que estabelece **eleição de foro deve ser bilateral e escrito**, aludindo expressamente ao negócio jurídico material a que se refere (além de obrigar as partes, o foro de eleição obriga os herdeiros e os sucessores das partes). A eleição, contudo, é do foro, e não do juiz, já que, se assim fosse permitido, estar-se-ia a ferir a garantia do juiz natural.

25. A cláusula de eleição de foro, se for abusiva, pode ser declarada ineficaz, de ofício, pelo juiz, antes da citação do réu.

26. A **competência do juízo é pressuposto de validade do processo,** pelo que deve ser observada. Se a incompetência do órgão jurisdicional é relativa, somente poderá ser reconhecida por provocação das partes. Se absoluta, as partes podem provocar, mas o juiz pode reconhecê-la de ofício A incompetência poderá ser arguida: a) contestação; b) arguição ou declaração de incompetência absoluta; c) conflito de competência.

27. A competência para processar e julgar **demandas cíveis com pedidos ilíquidos contra massa falida**, quando em litisconsórcio passivo com pessoa jurídica de direito público, é do **juízo cível no qual for proposta a ação de conhecimento**, competente para julgar ações contra a Fazenda Pública, de acordo as respectivas normas de organização judiciária, conforme tema 976, do Informativo 617 do STJ.

28. Os juízos (inclusive de diferentes ramos do Poder Judiciário) poderão formular (entre si) pedido de cooperação para prática de qualquer ato processual (independentemente da natureza e da fase em que se encontre o processo), o qual, além de prescindir de forma específica, deve ser prontamente atendido. Dito pedido pode ser executado como: a) auxílio direto; b) reunião ou apensamento de processos; c) prestação de informações; d) atos concertados entre os juízes cooperantes.

5. PARTES E PROCURADORES

1. Partes são os **sujeitos parciais do processo**, cujas pretensões conflitantes implicam na **sujeição de uma em relação à outra**.

2. Autor e réu, dentro da relação processual, formam o polo ativo e passivo da demanda – aquele que pretende a tutela jurisdicional de **um bem da**

vida contra aquele a quem é dirigida a pretensão –, cabendo a um e a outro a perseguição e defesa daquilo que entenderem ser de direito.

3. A capacidade processual das partes lato senso se manifesta em três facetas: a) **capacidade de ser parte** (personalidade judiciária ou processual); b) **capacidade processual *stricto sensu*** (capacidade de "estar em juízo" ou legitimidade ad processum) e; c) **capacidade postulatória**.
4. A **capacidade de ser parte**, segundo a doutrina, é um **pressuposto pré--processual**, e pode ser conceituada como a aptidão processual de poder **figurar como sujeito de direitos no processo para exercer uma pretensão ou oferecer resistência a ela**.
5. Toda pessoa que se encontre no exercício de seus direitos tem capacidade para estar em juízo. Ser detentor de **capacidade processual** é ter aptidão de **estar em juízo por si (pessoalmente),** efetuando e recepcionando atos processuais, válida e eficazmente sem necessidade de assistência ou representação.
6. A limitação da capacidade não é obstáculo para que o incapaz atue processualmente. Basta que esteja representado, **assistido ou apoiado** (tomada de decisão apoiada).
7. Tanto as **pessoas jurídicas** (dotadas de personalidade jurídica), como os **entes despersonalizados**, podem se revestir da qualidade de parte.
8. Para que o indivíduo, como parte, postule em juízo, é preciso estar acompanhado por um **advogado legalmente habilitado**, por gozar de **capacidade postulatória,** que é a aptidão técnica para o exercício das faculdades próprias do processo (capacidade postulatória).
9. O juiz nomeará curador especial ao réu preso revel, bem como ao réu revel citado por edital ou com hora certa, enquanto não for constituído advogado.
10. Constatada a irregularidade de representação da parte na fase recursal, o relator deve oportunizar prazo razoável para a parte saná-la.
11. O **Ministério Público** poderá funcionar no processo civil exercendo o direito de ação na **qualidade de parte**, como também poderá ser **fiscal da lei.**
12. O **terceiro interveniente**, em algumas situações, poderá ingressar no processo na condição de parte, participando do contraditório e suportando os ônus processuais respectivos. Noutras, porém, a exemplo da assistência simples, se intervir no processo, continuará na condição de terceiro.
13. Só é permitida, no curso do processo, a **substituição ou a sucessão voluntária** das partes ou terceiros intervenientes nos casos **expressos em**

lei. Em relação à substituição dos procuradores, a lei processual preconiza que, se revogado o mandato outorgado ao advogado, deve-se constituir outro que assuma o patrocínio da causa.

14. Salvo para os cônjuges casados sob o regime de separação absoluta de bens, o cônjuge necessitará do consentimento do outro para propor ação que verse sobre direito real imobiliário e os cônjuges serão necessariamente citados para a ação que verse sobre direito real imobiliário.

6. DEVERES DAS PARTES E DE SEUS PROCURADORES

1. O **ônus** se consubstancia numa **faculdade que deve ser exercida como condição para se alcançar determinada vantagem**. Já o **dever**, conquanto também tenha a vontade como elemento comum ao ônus, tem **vínculo relacionado à tutela do interesse alheio**. Por isso, se não cumprido o dever, o respectivo sujeito sofrerá uma **sanção jurídica**.

2. São **deveres dos sujeitos processuais**, ou seja, das partes, de seus procuradores e de todos os demais que, de qualquer forma, participem do processo, dentre outros, os seguintes: a) expor os fatos em juízo conforme a verdade; b) não formular pretensão ou de apresentar defesa quando cientes de que são destituídas de fundamento; c) não produzir provas e não praticar atos inúteis ou desnecessários à declaração ou à defesa do direito; d) cumprir com exatidão as decisões jurisdicionais, de natureza provisória ou final, e não criar embaraços à sua efetivação; e) declinar, no primeiro momento que lhes couber falar nos autos, o endereço residencial ou profissional onde receberão intimações, atualizando essa informação sempre que ocorrer qualquer modificação temporária ou definitiva; f) não praticar inovação ilegal no estado de fato de bem ou direito litigioso;

3. Cumpre ao juiz advertir aos sujeitos do processo que o não cumprimento dos deveres previstos nos itens "d" (cumprir com exatidão as decisões jurisdicionais, de natureza provisória ou final, e não criar embaraços à sua efetivação) e "f" (não praticar inovação ilegal no estado de fato de bem ou direito litigioso) constituem **ato atentatório à dignidade da justiça** e que, por isso, sem prejuízo das sanções criminais, civis e processuais cabíveis, poderá aplicar ao responsável **multa de até 20% do valor da causa,** de acordo com a gravidade da conduta.

4. Além da imunidade identificada, o **representante judicial da parte não pode ser compelido a cumprir decisão em seu lugar**, pois que, além de o encargo exercido não se compatibilizar com o cumprimento da obrigação imposta contra seu constituinte, muita das vezes o ato é de **natureza personalíssima**, somente podendo ser praticado pelo representado.

5. As partes, seus procuradores, os juízes, os membros do Ministério Público e da Defensoria Pública e qualquer pessoa que participe do processo, **não podem empregar expressões ofensivas.**

6. O art. 80 do CPC traz **rol meramente exemplificativo de hipóteses de litigância de má-fé.** Nesses termos, considera-se litigante de má-fé aquele que: I - deduzir pretensão ou defesa contra texto expresso de lei ou fato incontroverso; II - alterar a verdade dos fatos; III - usar do processo para conseguir objetivo ilegal; IV - opuser resistência injustificada ao andamento do processo; V - proceder de modo temerário em qualquer incidente ou ato do processo; VI - provocar incidente manifestamente infundado; VII - interpuser recurso com intuito manifestamente protelatório.

7. O juiz, de ofício ou a requerimento, condenará o **litigante de má-fé a pagar multa,** que deverá ser superior a um por cento e inferior a dez por cento do valor corrigido da causa.

8. Ao litigante de má-fé, além de aplicada multa e imposta a responsabilidade pelo pagamento dos custos processuais, ele deve **reparar/indenizar integralmente a parte contrária pelos prejuízos que sofreu**, cujo valor será fixado pelo juiz (na própria decisão que reconhecer a litigância de má-fé) ou, caso não seja possível mensurá-los, mediante liquidação por arbitramento ou pelo procedimento comum, nos próprios autos.

9. A multa fixada em razão de ato atentatório à dignidade da justiça será inscrita como dívida ativa da União ou do Estado após o trânsito em julgado da decisão que a fixou, e sua execução observará o procedimento da execução fiscal.

7. DESPESAS, HONORÁRIOS ADVOCATÍCIOS E MULTAS

1. As despesas processuais compreendem os gastos despendidos pelos sujeitos parciais durante o curso do processo. Geralmente, são **adiantadas pela parte que pratica o ato processual ou que requer a sua prática**.

2. Insta pontuar que caso uma associação autora seja parte legítima para propor uma ação civil pública não terá que adiantar custas ou honorários periciais; no entanto, a associação será condenada em honorários advocatícios caso seja comprovada a sua má-fé.

3. Por **despesas processuais** compreendam-se todos os gastos realizados pelos sujeitos processuais, especialmente os parciais, necessários a possi-

bilitar que o processo seja instrumento para que, por seu intermédio, o Estado proporcione a oferta de prestação jurisdicional.

4. Há duas **espécies de honorários advocatícios**: os **contratuais e os sucumbenciais**. A primeira espécie decorre de negócio jurídico firmado entre o advogado e o sujeito cujos interesses serão patrocinados por meio de **mandato judicial.** A segunda espécie decorre do êxito alcançado pelo advogado em razão do trabalho por ele desempenhado, constituindo obrigação em detrimento da parte vencida (pelo menos, em regra), porque, indevidamente, deu causa ao ajuizamento da ação.
5. As **despesas processuais contemplam os honorários de advogado**, pois aquelas são gênero do qual estes são espécie.
6. As **multas sancionatórias** são aplicadas aos sujeitos do processo em razão da prática de ilícitos processuais, que podem ser atos atentatórios à dignidade da justiça (art. 77, § 2º, do CPC) ou atos de litigância de má-fé (art. 81 do CPC).
7. De acordo com entendimento do STF, cabe a fixação de honorários recursais, prevista no art. 85, § 11, do CPC/2015, **mesmo quando não apresentadas contrarrazões ou contraminuta pelo advogado da parte recorrida.** (1ª Turma. AI 864689 AgR/MS e ARE 951257 AgR/RJ, rel. orig. Min. Marco Aurélio, red. p/ o ac. Min. Edson Fachin, julgado em 27/09/2016).
8. De acordo com entendimento do STJ, "**nos embargos de terceiro cujo pedido foi acolhido para desconstituir a constrição judicial, os honorários advocatícios serão arbitrados com base no princípio da causalidade**, responsabilizando-se o atual proprietário (embargante), se este não atualizou os dados cadastrais. Os **encargos de sucumbência serão suportados pela parte embargada,** porém, na hipótese em que esta, depois de tomar ciência da transmissão do bem**, apresentar ou insistir na impugnação ou recurso para manter a penhora sobre o bem cujo domínio foi transferido para terceiro**" (recurso repetitivo) (1ª Seção. REsp 1.452.840 - SP, Rel. Min. Herman Benjamin, julgado em 14/9/2016).

   Configura supressão de grau de jurisdição o arbitramento no STJ de honorários de sucumbência com base no CPC/2015, na hipótese em que as instâncias ordinárias utilizaram equivocadamente o CPC/1973 para a sua fixação (REsp 1.647.246-PE, julgado em 21/11/2017, DJe 19/12/2017).

   Segundo entendimento do STF, "é **incabível a fixação de honorários recursais** (art. 85, § 11, do CPC/2015) em caso de recurso interposto no curso de processo cujo rito **exclua a possibilidade de condenação em**

honorários". (1ª Turma. ARE 948578 AgR/RS, ARE 951589 AgR/PRe ARE 952384 AgR/MS, Rel. Min. Marco Aurélio, julgados em 21/6/2016).

Segundo entendimento do STF, "após 18 de março de 2016, data do início da vigência do Novo Código de Processo Civil, é possível condenar a parte sucumbente em honorários advocatícios na hipótese de o recurso de embargos de declaração, interposto perante Tribunal, **não atender os requisitos previstos no art. 1.022 e tampouco se enquadrar em situações excepcionais que autorizem a concessão de efeitos infringentes**". (1ª Turma. RE 929925 AgR-ED/RS, Rel. Min. Luiz Fux, julgado em 7/6/2016).

De acordo com entendimento do STJ, "se a decisão judicial que ensejou a fixação de honorários de sucumbência for parcialmente rescindida, é possível que o autor da rescisória, em posterior ação de cobrança, pleiteie a restituição da parte indevida da verba advocatícia, ainda que o causídico, de boa-fé, já a tenha levantado". (3ª Turma. REsp 1.549.836 - RS, Rel. Min. Ricardo Villas Bôas Cueva, Rel. para acórdão Min. João Otávio de Noronha, julgado em 17/5/2016).

É adequada a inclusão dos honorários periciais em conta de liquidação quando o dispositivo da sentença com trânsito em julgado condena o vencido, genericamente, ao pagamento de custas processuais (EREsp 1.519.445-RJ., julgado em 19/09/2018, DJe 10/10/2018, Inf. 635).

De acordo com entendimento firmado no STJ, "aplica-se a dispensa de condenação em honorários advocatícios previstos no art. 19, § 1º, I, da Lei nº 10.522/2002, na hipótese em que a Fazenda Nacional contesta a demanda, mas, ato contínuo, antes de pronunciamento do juízo ou da parte contrária, apresenta petição em que reconhece a procedência do pedido e requer a desconsideração da peça contestatória. (2ª Turma. REsp 1.551.780-SC, Rel. Min. Mauro Campbell Marques, julgado em 9/8/2016).

9. Nas causas em que a Fazenda Pública for parte, haverá diferenciação de parâmetros de fixação da verba honorária, na forma da tabela abaixo:

PORCENTAGEM	VALOR DA CONDENAÇÃO OU PROVEITO ECONÔMICO OBTIDO
Mínimo de 10% e máximo de 20%	Até 200 salários mínimos;
Mínimo de 8% e máximo de 10%	Até 2.000 salários mínimos;
Mínimo de 5% e máximo de 8%	Acima de 2.000 salários mínimos até 20.000 salários mínimos;

PORCENTAGEM	VALOR DA CONDENAÇÃO OU PROVEITO ECONÔMICO OBTIDO
Mínimo de 3% e máximo de 5%	Acima de 20.000 salários mínimos até 100.000 salários mínimos;
Mínimo de 1% e máximo de 3%	Acima de 100.000 salários mínimos;

8. GRATUIDADE DE JUSTIÇA

1. A **gratuidade da justiça** é um benefício processual concedido ao litigante **hipossuficiente** consistente na dispensa do adiantamento de despesas processuais e honorários de advogado.
2. O benefício da justiça gratuita abrange todos os custos previstos no art. 98, § 1º, do CPC. Pode ser concedido em relação a **alguma ou a todos os atos do processo**, bem como pode consistir **na redução de percentual das despesas a serem adiantadas ou, ainda, no parcelamento desses valores**. A gratuidade judiciária **não dispensa o pagamento de multas processuais.**
3. Pode gozar do benefício **qualquer pessoa, seja ela natural ou jurídica, brasileira ou estrangeira, domiciliada ou não no país**, independentemente de ser parte ou terceiro.
4. Também é estendido o benefício aos **entes despersonalizados**, a exemplo do condomínio edilício.
5. Para fazer jus ao benefício, é preciso que o requerente **não disponha de dinheiro para arcar com os custos do processo**, não sendo necessário estar em situação de miséria.
6. A alegação de hipossuficiência feita por **pessoa natural** tem **presunção relativa** de veracidade. Já a **pessoa jurídica** precisa **comprovar a indisponibilidade de recursos.**
7. O pedido de gratuidade da justiça pode ser feito a **qualquer momento**, mas o seu deferimento **não possui efeito retroativo**. O juiz só pode indeferi-lo após intimar a parte requerente, para que comprove o seu estado de hipossuficiência.
8. Deferido o benefício, a parte contrária deve ser intimada para oferecer impugnação, em 15 dias. O magistrado, acolhendo a impugnação ou mesmo de ofício, pode **revogar o benefício**, se constatar que a parte tem condições de arcar com as despesas processuais e com os honorários de

advogado, podendo, em caso de má-fé, fixar multa de até décuplo do valor das despesas, a qual será revertida em favor da Fazenda Pública federal ou estadual e inscrita em dívida ativa.

9. Tratando-se do **autor**, o não recolhimento das despesas levará à **extinção do processo sem resolução do mérito;** nos demais casos, não poderá ser deferida a realização de nenhum ato ou diligência requerida pela parte, até que seja efetuado o depósito.

10. As obrigações decorrentes da sucumbência do beneficiário sujeitam-se a **condição suspensiva,** somente podendo ser executadas se, nos **cinco anos seguintes ao trânsito em julgado da decisão que as certificou,** o credor demonstrar que deixou de existir a situação de insuficiência de recursos que justificou a concessão da gratuidade; passado esse prazo, extinguem-se as obrigações.

11. Em consonância com o entendimento firmado no STJ, "é **possível o deferimento de assistência judiciária gratuita a jurisdicionado que tenha firmado com seu advogado contrato de honorários com *cláusula ad exitum*".** (2ª Turma. REsp 1.504.432 - RJ, Rel. Min. Og Fernandes, julgado em 13/9/2016).

    O art. 85, § 7º, do CPC/2015 não afasta a aplicação do entendimento consolidado na Súmula 345 do STJ, de modo que **são devidos honorários advocatícios nos procedimentos individuais de cumprimento de sentença decorrente de ação coletiva, ainda que não impugnados e promovidos em litisconsórcio** (REsp 1.648.238-RS, julgado em 20/06/2018, DJe 27/06/2018 (Tema 973). Inf. 628.

    A gratuidade da justiça passou a **poder ser concedida a estrangeiro não residente no Brasil** após a entrada em vigor do CPC/2015 (Pet 9.815-DF, julgado em 29/11/2017, DJe 15/03/2018. Inf. 622.

9. LITISCONSÓRCIO

1. Algumas vezes mais de uma pessoa atua, em conjunto, no polo ativo e/ou no polo passivo da relação processual, a formar o denominado litisconsórcio. É a **pluralidade de pessoas que assumem, em processo judicial, a condição de autores e/ou réus.**

2. A formação de litisconsórcio é justificada em atenção à **economia processual e à segurança jurídica.**

3. O litisconsórcio pode ser classificado **quanto ao polo processual em que se forma:** o litisconsórcio é classificado em **ativo, passivo e misto**. Será:

ativo, quando houver pluralidade de autores; passivo, quando houver pluralidade de réus; misto, quando houver, simultaneamente, pluralidade de autores e de réus.

4. O litisconsórcio pode ser classificado **quanto ao momento de formação**: o litisconsórcio é classificado em **inicial**, quando formado no ato da propositura da ação, ou **ulterior**, quando formado após a propositura da ação.

5. O litisconsórcio pode ser classificado **quanto à obrigatoriedade de sua formação**: será **facultativo** quando os litisconsortes não estão obrigados a litigar em conjunto, mas optam por fazê-lo por economia ou por algum outro motivo; será **necessário** quando as partes são obrigadas a litigar em conjunto, não havendo a possibilidade de propositura de ações distintas e isoladas.

6. O litisconsórcio pode ser classificado **quanto aos efeitos do julgamento:** será **unitário** quando, pela natureza da relação jurídica, o juiz tiver de decidir o mérito de modo uniforme para todos os litisconsortes; será **simples** quando o pronunciamento jurisdicional definitivo não será necessariamente igual para todos, porque a relação jurídica em debate não é una ou, se for, não é incindível.

7. Quanto às **hipóteses de formação de Litisconsórcio**, a primeira hipótese, prevista no inciso I do art. 113, diz que o litisconsórcio se formará quando entre as pessoas houver **comunhão de direitos ou de obrigações**. Já o inciso II, diz respeito às causas em que houver **conexão pelo objeto ou pela causa de pedir**. E o inciso III refere-se à afinidade de questões por **ponto comum de fato ou de direito**.

8. O juiz poderá **limitar o litisconsórcio facultativo** quanto ao número de litigantes na fase de conhecimento, na liquidação de sentença ou na execução, quando este comprometer a rápida solução do litígio ou dificultar a defesa ou o cumprimento da sentença.

9. Os litisconsortes serão considerados, em suas relações com a parte adversa, como **litigantes distintos, exceto no litisconsórcio unitário**, caso em que os atos e as omissões de um não prejudicarão os outros, mas os poderão beneficiar.

10. De acordo com entendimento do STJ, "em ação demarcatória de parte de imóvel, é facultativo - e não necessário – o litisconsórcio passivo entre o réu e os confinantes da área do bem que não é objeto de demarcação" (3ª Turma. REsp 1.599.403 - MT, Rel. Min. João Otávio de Noronha, julgado em 23/6/2016).

10. INTERVENÇÃO DE TERCEIROS

1. Parte é quem pede (autor) e a quem é pedido (réu). **Essa condição de parte** é adquirida, invariavelmente, pela: a) **propositura da ação; b) citação; c) sucessão processual d) por determinadas espécies de intervenção de terceiro.**
2. A intervenção de terceiros não possui natureza de processo incidente mas sim de um **incidente processual.**
3. As intervenções podem ser **espontâneas** (assistência, *amicus curiae*) ou **provocadas** (denunciação da lide chamamento ao processo). O IDPJ pode ser espontâneo ou provado pelas partes. E o *amicus curiae* pode ser espontâneo ou provocado pelas partes ou pelo juiz.
4. São modalidades típicas de intervenção de terceiros, consagradas no CPC/2015: **a) assistência; b) denunciação da lide; c) chamamento ao processo; d) desconsideração da personalidade jurídica; e) amicus curiae**;
5. Segue quadro-resumo de tais alterações:

CPC/1973 (REVOGADO)		CPC/2015
Sem correspondência	=>	**Assistência**
Denunciação da Lide	=>	**Denunciação da Lide**
Chamamento ao processo	=>	**Chamamento ao Processo**
Sem correspondência	=>	**Incidente de Desconsideração da Personalidade Jurídica**
Sem correspondência	=>	**Amicus Curiae (amigo da Corte)**
Oposição	=>	**Procedimento Especial**
Nomeação à Autoria	=>	**Incidente de Correção da Legitimidade passiva da demanda**

6. A **assistência** é modalidade de intervenção, em que terceiro (assistente), juridicamente interessado, ingressa no processo em curso para **auxiliar uma das partes,** a fim de evitar que as consequências da decisão jurisdicional lhe atinjam.
7. Para admissibilidade da assistência o **interesse há de ser, em regra, jurídico**.

8. A assistência será admitida em qualquer procedimento e em todos os graus de jurisdição; recebendo o assistente o **processo no estado em que se encontre.**

9. A assistência pode ser **simples e litisconsorcial.**

10. No que atine ao **regime jurídico**, o assistente simples submete-se a **eficácia preclusiva da decisão**, enquanto o assistente litisconsorcial submete-se à **coisa julgada.**

11. O recurso do terceiro prejudicado é hipótese de assistência em grau de recurso.

12. A **denunciação da lide** é modalidade provocada de intervenção em que a parte integra um terceiro ao processo em curso a fim de auxiliá-la no litígio originário com o adversário comum, e de figurar como demandado em um segundo litígio de natureza eventual e regressiva a ser desenvolvido no mesmo processo (no caso de sucumbência).

13. Assim, **será admissível a denunciação da lide**, promovida por qualquer das partes: a) ao alienante imediato, no processo relativo à coisa cujo domínio foi transferido ao denunciante, a fim de que possa exercer os direitos que da evicção lhe resultam; b) àquele que estiver obrigado, pela lei ou pelo contrato, a indenizar, em ação regressiva, o prejuízo do que perder a demanda.

14. O CPC/2015 suprimiu a **obrigatoriedade da denunciação da lide** em todos os casos de sua aplicação.

15. O CPC/2015 **vedou a denunciação *per saltum* e a coletiva**. E só admite uma única denunciação sucessiva.

16. O **chamamento ao processo** é um ato com que o réu, na condição de devedor solidário ou de fiador, demandado sozinho para responder pela totalidade da dívida, pede a intervenção de terceiro (devedor principal ou codevedor solidário) ao processo, para que, se julgada procedente a demanda inicial do autor, o terceiro também seja condenado, ficando ele abrangido pela coisa julgada material, a valer a sentença, para este mister, de título executivo judicial.

17. Será cabível o chamamento ao processo: **do afiançado na ação em que o fiador for réu**; b) **dos demais fiadores, na ação proposta contra um ou alguns deles**; c) dos **demais devedores solidários**, quando o credor exigir de um ou de alguns deles, o pagamento da dívida comum.

18. No que atine aos **aspectos materiais do incidente de desconsideração da personalidade jurídica,** em caso de abuso da personalidade jurídica,

caracterizado pelo **desvio de finalidade, ou pela confusão patrimonial**, pode o juiz decidir, a requerimento da parte, ou do Ministério Público quando lhe couber intervir no processo, que os efeitos de certas e determinadas relações de obrigações sejam estendidos aos bens particulares dos administradores ou sócios da pessoa jurídica".

19. No que atine aos **aspectos procedimentais do incidente de desconsideração da personalidade jurídica**: a) **obrigatoriedade do respeito ao contraditório**; b) **veda-se a atuação oficiosa do juiz**; c) **o incidente de desconsideração é cabível em todas as fases do processo de conhecimento, no cumprimento de sentença e na execução fundada em título executivo extrajudicial.** d) impõe ao juiz o dever de, uma vez instaurado o incidente, determinar a anotação, no cartório do distribuidor, dos dados relativos não só ao fato que o incidente foi instaurado mas, também, o registro de quem são o requerente e o requerido.

20. Pode ajuizar embargos de terceiro quem sofrer constrição de seus bens por força de desconsideração de personalidade jurídica de cujo incidente não fez parte.

21. O ***amicus curiae*** é um instituto de cariz democrático com o fulcro de promover a pluralização do debate em juízo, conferir maior qualidade às decisões judiciais e **aprimorar a prestação da tutela jurisdicional**.

22. O amicus curiae é uma espécie de intervenção de terceiro que possui **interesse institucional.**

23. O CPC/2015 amplia consideravelmente a legitimidade interventiva, ao admitir tanto o ***amicus* público quanto o privado.**

24. A doutrina defende que essa figura interventiva cabe em **qualquer fase processual ou grau de cognição,** seja em processo individual ou coletivo, seja na fase de conhecimento ou na fase executiva, na tutela provisória, em grau recursal, desde que preenchidos os requisitos legais.

25. O amigo da corte comporta a **forma voluntária (espontânea) ou provocada**. Na primeira, o terceiro, espontaneamente, requer a sua participação no feito, podendo o magistrado autorizar ou não. Na provocada, poderá ser admitido por determinação das partes ou por determinação de ofício do juiz (espécie de intervenção *iussu iudicis).*

26. São **requisitos subjetivos do amigo da corte**: a) representatividade adequada; b) respeitabilidade e autoridade do terceiro. São requisitos objetivos, e alternativos: i) relevância da matéria; ii) especificidade do tema objeto da demanda ou; iii) repercussão social da controvérsia.

27. O **pronunciamento judicial** que admite ou não o amigo da corte é **irrecorrível,** salvo a possibilidade dos embargos de declaração para esclarecimento ou integração da decisão.
28. Caberá ao juiz ou relator, na decisão que solicitar ou admitir a intervenção, **definir os poderes do *amicus curiae.***
29. As intervenções realizadas pelo amigo da corte possuem **natureza meramente opinativa e informativa.**
30. É possível **negócio jurídico processual** que **estipule mudanças no procedimento das intervenções de terceiro,** observada a necessidade de anuência do terceiro quando lhe puder causar prejuízo.

11. JUIZ E AUXILIARES DA JUSTIÇA

1. O juiz é o servidor público a quem cabe **exercer a jurisdição.** Dotado das garantias da **vitaliciedade, da inamovibilidade e da irredutibilidade de subsídio**, compete-lhe dirigir o processo, conforme os ditames do art. 139 do CPC. Não se exime de decidir sob a alegação de lacuna ou obscuridade no ordenamento jurídico.
2. Na prestação da tutela jurisdicional, o **julgador atua em conjunto com órgãos auxiliares da Justiça,** a quem cabe, sob a coordenadoria do juiz, a prática de atos processuais próprios.
3. São **auxiliares permanentes**: escrivão, chefe de secretaria, oficial de justiça, distribuidor e contabilista.
4. São **auxiliares eventuais:** perito, depositário, administrador, intérprete, tradutor, partidor e regulador de avarias.
5. O **conciliador,** que deve atuar preferencialmente nos casos em que não houver vínculo anterior entre as partes, **pode sugerir soluções para o litígio**. Ao **mediador,** que deve atuar preferencialmente nos casos em que já haja relação anterior entre as partes, **cabe apenas auxiliar as partes a compreender as questões e os interesses em conflito**, de modo que eles possam, pelo reestabelecimento da comunicação, identificar soluções consensuais.

12. IMPEDIMENTOS E SUSPEIÇÃO

1. O **impedimento** representa **presunção legal absoluta de parcialidade do juiz**, do membro do Ministério Público ou dos auxiliares da justiça.

Já a **suspeição** é simples **indício da falta de imparcialidade**. Ambos conduzem ao afastamento do juiz, sem alteração da competência do órgão jurisdicional.

2. É **vedado ao juiz exercer suas funções no processo**: a) em que interveio como mandatário da parte, oficiou como perito, funcionou como membro do Ministério Público ou prestou depoimento como testemunha; b) de que conheceu em outro grau de jurisdição, tendo proferido decisão; c) quando nele estiver postulando, como defensor público, advogado ou membro do Ministério Público, seu cônjuge ou companheiro, ou qualquer parente, consanguíneo ou afim, em linha reta ou colateral, até o terceiro grau, inclusive; d) quando for parte no processo ele próprio, seu cônjuge ou companheiro, ou parente, consanguíneo ou afim, em linha reta ou colateral, até o terceiro grau, inclusive; e) quando for sócio ou membro de direção ou de administração de pessoa jurídica parte no processo; f) quando for herdeiro presuntivo, donatário ou empregador de qualquer das partes; g) em que figure como parte instituição de ensino com a qual tenha relação de emprego ou decorrente de contrato de prestação de serviços; h) em que figure como parte cliente do escritório de advocacia de seu cônjuge, companheiro ou parente, consanguíneo ou afim, em linha reta ou colateral, até o terceiro grau, inclusive, mesmo que patrocinado por advogado de outro escritório; i) quando promover ação contra a parte ou seu advogado; j) em que tenha já funcionado juiz parente seu, consanguíneo ou afim, em linha reta ou colateral, até o terceiro grau.

3. **Há suspeição do juiz**: a) amigo íntimo ou inimigo de qualquer das partes ou de seus advogados; b) que receber presentes de pessoas que tiverem interesse na causa antes ou depois de iniciado o processo, que aconselhar alguma das partes acerca do objeto da causa ou que subministrar meios para atender às despesas do litígio; c) quando qualquer das partes for sua credora ou devedora, de seu cônjuge ou companheiro ou de parentes destes, em linha reta até o terceiro grau, inclusive; d) interessado no julgamento do processo em favor de qualquer das partes.

4. A **petição de arguição,** que independe de procuração com poderes específicos e suspende automaticamente o processo, **deve ser dirigida ao juiz, em quinze dias,** contados do conhecimento do fato. Tal **prazo é preclusivo** para a alegação de suspeição (embora o juiz possa averbar-se suspeito por motivo de foro íntimo), mas o impedimento pode ser arguido a qualquer tempo, inclusive de ofício.

5. Se **o juiz**, ao receber a petição, **não reconhecer a sua parcialidade**, deve apresentar suas **razões, em quinze dias,** e remeter os autos ao tribunal,

onde o incidente será distribuído a um relator, que declarará os efeitos em que o recebe.

6. Se o **tribunal** acolher a arguição, fixará o instante a partir do qual o juiz não poderia ter atuado, **anulando os atos praticados após tal momento**.
7. Cuidando-se de suspeição ou de impedimento de **membro do Ministério Público ou de auxiliar da justiça,** o incidente processa-se perante o próprio juiz da causa, em separado e sem suspensão do processo.
8. De acordo como entendimento firmado pelo STJ: "a autodeclaração de suspeição realizada por magistrado em virtude de motivo superveniente **não importa em nulidade dos atos processuais praticados em momento anterior ao fato ensejador da suspeição**. Isso porque essa declaração não gera efeitos retroativos" (1ª Seção. PET no REsp 1.339.313 - RJ, Rel. Min. Sérgio Kukina, Rel. para acórdão Min. Assusete Magalhães, julgado em 13/4/2016).
9. Decisão que não aprecia o mérito **não gera impedimento por parentesco entre magistrados** (REsp 1.673.327-SC, julgado em 12/9/2017, DJe 15/9/2017. Inf. 611).
10. A prerrogativa de imparcialidade do julgador aplica-se à **arbitragem e sua inobservância resulta em ofensa direta à ordem pública nacional** – o que legitima o exame da matéria pelo Superior Tribunal de Justiça, independentemente de decisão proferida pela Justiça estrangeira acerca do tema (SEC 9.412-EX, julgado em 19/4/2017, DJe 30/5/2017. Inf. 605).

13. MINISTÉRIO PÚBLICO

1. O Ministério Público é **instituição permanente, una, indivisível, independente e essencial à função jurisdicional do Estado**, incumbindo-lhe a defesa da ordem jurídica, do regime democrático e dos interesses sociais e individuais indisponíveis.
2. A **organização do Ministério Público compreende**: a) o Ministério Público da União, que abrange o Ministério Público Federal, o Ministério Público do Trabalho, o Ministério Público Militar e o Ministério Público do Distrito Federal e Territórios; b) os Ministérios Públicos dos Estados. Há, outrossim, o Ministério Público Eleitoral, que não possui estrutura própria, mas formação mista, sendo composto por membros do Ministério Público Federal e dos Ministérios Públicos dos Estados.
3. São **princípios institucionais do Ministério Público** a unidade, a indivisibilidade e a independência funcional. Além disso, tem ganhado

destaque o princípio do promotor natural, que visa a impedir que haja a designação de promotor ad hoc ou de exceção para processar pessoa ou caso específico.

4. São **garantias institucionais do Ministério Público**: a) autonomia funcional; b) autonomia administrativa; c) autonomia financeira. São garantias dos membros do Ministério Público: a) vitaliciedade; b) inamovibilidade; c) irredutibilidade de subsídio.

5. É **vedado ao membro do Ministério Público**: a) receber, a qualquer título e sob qualquer pretexto, honorários, percentagens ou custas processuais; b) exercer a advocacia (salvo nas hipóteses do art. 29, § 3º, do ADCT e arts. 1º e 2º da Resolução nº 8/2006 do CNMP); c) participar de sociedade comercial, na forma da lei; d) exercer, ainda que em disponibilidade, qualquer outra função pública, salvo uma de magistério; e) exercer atividade político-partidária; f) receber, a qualquer título ou pretexto, auxílios ou contribuições de pessoas físicas, entidades públicas ou privadas, ressalvadas as exceções previstas em lei; g) exercer a advocacia no juízo ou tribunal do qual se afastou, antes de decorridos 03 anos do afastamento do cargo por aposentadoria ou exoneração.

6. O Ministério Público pode atuar como **órgão agente (parte)** ou como órgão **interveniente** (fiscal da ordem jurídica ou *custos legis*).

7. O Ministério Público, como órgão agente (parte), pode atuar como **legitimado ordinário** (quando em defesa de direito da instituição) ou **extraordinário** (quando em defesa de direito alheio, por expressa disposição legal).

8. O MP deve atuar como fiscal da ordem jurídica, nas hipóteses previstas na **Constituição e na lei**, quando deverá ser intimado, para, no prazo de 30 dias, intervir no processo.

9. O MP deve ser **intimado pessoalmente** de todos os atos do processo, tendo vista dos autos depois das partes, para manifestar-se, tendo amplos poderes, podendo produzir provas, requerer medidas processuais pertinentes e recorrer.

10. **O MP deve intervir**: a) nos processos que envolvam interesse público ou social; b) nos processos que envolvam interesse de incapaz; c) nos processos que envolvam litígios coletivos pela posse de terra rural ou urbana; d) na reclamação constitucional; e) no incidente de resolução de demandas repetitivas; f) no incidente de assunção de competência; g) no mandado de segurança; h) na ação popular, entre outras hipóteses.

11. O MP possui prerrogativa de **intimação pessoal de todos os atos do processo**, o que deve ocorrer por carga, remessa ou meio eletrônico. A

contagem dos prazos processuais não se inicia com a comunicação ao membro do Ministério Público, mas com a entrega dos autos a ele. Além disso, goza de **prazo em dobro para todas as suas manifestações processuais**, salvo quando houver prazo próprio, estabelecido em lei.

12. O membro do Ministério Público que agir com dolo ou fraude no exercício de suas funções **responde civilmente pelos danos causados**. Sua responsabilidade é **regressiva, frente ao estado, que é primariamente responsável pela reparação ao particular**.

13. O promotor ou procurador não responde pelas **multas decorrentes de atos atentatórios à dignidade da justiça,** mas o juiz deve oficiar à respectiva corregedoria, para que apure a sua responsabilidade disciplinar.

14. O Ministério Público, nas causas em que oficiar, pode alegar a incompetência relativa.

15. Nos casos em que o Ministério Público atua como fiscal da lei, ele poderá produzir provas, requerer as medidas processuais pertinentes e recorrer.

16. O CPC determina que, nos procedimentos das ações de família, a intervenção ministerial como fiscal da ordem jurídica somente seja exigida se houver interesse de incapaz, caso em que o MP será ouvido antes da eventual homologação de acordo.

14. ADVOCACIA PÚBLICA

1. Os advogados públicos são os **representantes judiciais da União, dos Estados, do Distrito Federal, dos Municípios** e das demais pessoas jurídicas de direito público que integram a Administração Direta e Indireta. Como o poder de representação dos advogados públicos decorre de lei, dispensa-se a juntada de procuração aos autos.

2. A Fazenda Pública goza **de prazo em dobro** para todas as suas manifestações processuais, salvo se a lei previr prazo específico para a prática do ato. Assim, por exemplo, não são contados em dobro os prazos para embargos à execução e para impugnação ao cumprimento de sentença, previstos especificamente nos arts. 910 e 535 do CPC.

3. A dobra de prazo para a Fazenda Pública não é cumulável com aquela estabelecida no art. 229, por isso **não há que se falar em prazo em quádruplo caso o ente público atue em litisconsórcio.**

4. Todos os advogados públicos, sem exceção, têm **a prerrogativa da intimação pessoal, independentemente do tipo de procedimento.**

5. O membro da Advocacia Pública que agir com dolo ou fraude no exercício de suas funções responde civilmente pelos danos causados. Sua **responsabilidade é regressiva, frente ao estado, que é primariamente responsável pela reparação ao particular.**

6. O advogado público **não responde pelas multas decorrentes de atos atentatórios à dignidade da justiça,** mas o juiz deve oficiar à respectiva corregedoria, para que apure a sua responsabilidade disciplinar.

15. DEFENSORIA PÚBLICA

1. Incumbe à Defensoria Pública a **orientação jurídica, a promoção dos direitos humanos e a defesa judicial e extrajudicial dos direitos individuais e coletivos dos necessitados**, de forma integral e gratuita.

2. A Defensoria Pública, instituição **una, indivisível e independente**, abrange: a) a Defensoria Pública da União, que atua junto às Justiças Federal, do Trabalho, Eleitoral e Militar; b) a Defensoria Pública do Distrito Federal e Territórios, que atua na Justiça Distrital; c) as Defensorias Públicas dos Estados, que oficiam perante as Justiças Estaduais.

3. É **desnecessária a juntada de procuração aos autos**, pois os poderes de representação do defensor público decorrem de lei. Porém, se o ato processual exigir poderes específicos que extrapolem aqueles inerentes à procuração geral para o foro, é preciso que a parte outorgue ao defensor instrumento de mandato.

4. As Defensorias Públicas dos Estados podem atuar perante o STF e o STJ. Entretanto, os Estados devem **organizar suas Defensorias, mediante lei, para atuar continuamente em Brasília/DF**, inclusive com sede própria, sob pena de prevalecer a legitimidade da Defensoria Pública da União para atuar nos tribunais superiores.

5. A Defensoria Pública, os escritórios de prática jurídica das faculdades de Direito e as entidades prestadoras de assistência judiciária conveniadas com a Defensoria Pública gozam **de prazo em dobro para todas as suas manifestações processuais**, salvo se a lei previr prazo específico para o ato.

6. As intimações da Defensoria Pública devem ser **sempre pessoais**, por carga, remessa ou meio eletrônico. Além disso, a requerimento da Defensoria Pública, o juiz determinará a intimação pessoal da parte, quando o ato processual depender de providência ou de informação que somente por ela possa ser realizada ou prestada.

7. A Defensoria Pública tem **legitimidade** para defender, por meio de **ação civil pública,** os interesses difusos, coletivos e individuais homogêneos não só dos necessitados econômicos, mas também dos necessitados jurídicos, isto é, dos grupos sociais vulneráveis (crianças e adolescentes, idosos, pessoas portadoras de necessidades especiais, mulheres vítimas de violência doméstica e familiar, entre outros).

8. Além disso, a Defensoria Pública tem legitimidade para requerer a **instauração dos incidentes de assunção de competência e de resolução de demandas repetitivas.**

9. O membro da Defensoria Pública que agir com dolo ou fraude no exercício de suas funções responde civilmente pelos danos causados. Sua **responsabilidade é regressiva, frente ao Estado, que é primariamente responsável pela reparação ao particular.**

10. O defensor público não responde pelas multas decorrentes de atos atentatórios à dignidade da justiça, mas o juiz deve oficiar à respectiva corregedoria, para que apure a sua responsabilidade disciplinar.

16. ATOS PROCESSUAIS

1. Os atos processuais constituem **manifestações de vontade dos diversos sujeitos processuais e visam a criar, a modificar e a extinguir a relação jurídica processual**, culminando, por isso, e depois de observado o devido processo legal, num provimento jurisdicional, que pode (e, precisamente, deve) resolver o objeto litigioso do processo.

2. Os atos processuais **independem de forma determinada**, senão quando a lei expressamente a exigir considerando-se válidos os que, realizados de outro modo, preencham-lhe a finalidade essencial.

3. De acordo com a instrumentalidade das formas, consideram-se válidos os atos se, mesmo que realizados sem observância das formas, alcançarem a finalidade a que se destinam (e contanto que não cause prejuízo ao sujeito protegido por elas).

4. O **uso da língua portuguesa (do vernáculo)** constitui exceção à prescindibilidade de forma. Ele é obrigatório para a prática dos atos processuais, embora se tolere o emprego de "jargões jurídicos" em idiomas estrangeiros.

5. Os atos processuais, em regra, **são públicos,** na medida em que todos podem ter acesso aos autos e assistir aos atos praticados em audiência, mesmo que não sejam partes. A exceção alcança os processos que correm

em segredo de justiça, conforme rol exemplificativo estabelecido pelo art. 189 do CPC.

6. Os atos das **partes** podem ser **postulatórios; probatórios e dispositivos**.
7. Os atos do **juiz** podem ser: **sentença; decisões interlocutórias e despachos**.

Pronunciamento do juiz	Conteúdo	Aptidão
Sentença	Algumas das situações previstas nos artigos 485 ou 487	Põe fim à fase de cognição ou ao processo de execução
Decisão interlocutória	Diversificado, mas podem contemplar algumas das situações previstas nos artigos 485 ou 487	Não põe fim à fase de cognição ou ao processo de execução
Despacho	Diversificado, mas não contempla qualquer das situações previstas nos artigos 485 ou 487	Não põe fim à fase de cognição ou ao processo de execução

8. Os atos do escrivão ou chefe de secretaria: **documentação, movimentação e certificação.**
9. Os atos processuais devem ser **realizados nos dias úteis**. São considerados feriados, para efeitos forenses, além dos dias assim declarados por lei, os sábados, os domingos e os dias em que não haja expediente forense.
10. Nos dias úteis, os atos processuais devem ser praticados **das 6h às 20h, a** considerar o horário adotado no juízo em que será praticado o respectivo ato processual, **mas serão concluídos após as 20h os atos iniciados antes**, quando o adiamento prejudicar a diligência ou causar grave dano.
11. Independentemente de autorização judicial, as citações, as intimações e as penhoras poderão realizar-se no período de **férias forenses**, onde as houver, e nos feriados ou dias úteis fora do horário acima indicado, observada a garantia da inviolabilidade domiciliar.
12. De acordo com a cláusula geral de negociação processual, o processo sobre direitos que admitam autocomposição, é lícito às partes plenamente capazes **estipular mudanças no procedimento para ajustá-lo às especificidades da causa e convencionar sobre os seus ônus, poderes, faculdades e deveres processuais, antes ou durante o processo**.
13. Os autos processuais podem ser **total ou parcialmente digitais**, de forma a permitir que os atos sejam produzidos, comunicados, armazenados e validados por meio eletrônico, na forma da lei.

14. Versando o processo sobre direitos que admitam autocomposição, é lícito às partes plenamente capazes estipular mudanças no procedimento para ajustá-lo às especificidades da causa e convencionar sobre os seus ônus, poderes, faculdades e deveres processuais, antes ou durante o processo.
15. De comum acordo, o juiz e as partes podem fixar calendário para a prática de atos processuais, quando for o caso.
16. O calendário vincula as partes e o juiz, e os prazos nele previstos somente serão modificados em casos excepcionais, devidamente justificados.

17. PRESSUPOSTOS PROCESSUAIS

1. O processo, sob o enfoque da teoria do fato jurídico, apresenta-se como um conjunto de atos processuais sequenciados, que formam o procedimento (ato complexo), que precede e condiciona a consecução de um ato final (a sentença).
2. Os pressupostos processuais lato sensu são elementos indispensáveis à regular existência, validade e eficácia da relação jurídica processual. Sem a presença deles, o processo reputar-se-á inexistente (pressupostos de existência), inválido (requisitos de validade) ou ineficaz (condições de eficácia do procedimento). Estes são os pressupostos positivos.
3. Além dos pressupostos processuais positivos, há também alguns elementos que não podem estar presentes, pois obstam o desenvolvimento válido e regular do processo. São os chamados pressupostos negativos (ou extrínsecos).
4. Os pressupostos processuais são elementos indispensáveis à regular formação da relação jurídica. A análise dos pressupostos processuais é uma questão precedente (preliminar) e prejudicial ao mérito, relacionadas às formalidades meramente processuais.
5. Apesar de o tratamento prático dos pressupostos e das condições ser assaz semelhante (ambas são preliminares e, por isso, podem ser prejudiciais ao mérito), há uma importante diferenciação: os pressupostos são observados sob o amparo das regras processuais, enquanto que as condições são aferidas sob o amparo do direito material.
6. Os **pressupostos processuais de existência** são positivos, pois são elementos sem os quais o processo não existe. Ausentes quaisquer deles, o processo inexiste juridicamente. Subdividem-se em: a) subjetivos (investidura do juiz e capacidade de ser parte); b) objetivos (existência de uma demanda).

7. Preenchidos os pressupostos de existência, é possível perquirir os **requisitos processuais de validade**, a se analisar se os atos jurídicos até então praticados são válidos e se permitem o desenvolvimento regular do processo. Ato inválido é ato que existe, porém, com algum defeito, que pode ensejar a decretação de invalidade.

8. Os requisitos de validade também podem ser classificados como subjetivos e objetivos. Para que o processo possa se desenvolver validamente sob o viés subjetivo, o **órgão julgador deve ser competente e o seu ocupante imparcial** e as partes, por seu lado, devem possuir **capacidade processual** e estar munidas de **capacidade postulatória.**

9. Já sob o critério **objetivo** leva em consideração a **citação válida** e a **aptidão da petição** que veicula direito de ação.

10. Os pressupostos processuais **negativos ou extrínsecos** são aqueles que decorrem de **fatos externos** ao processo em curso, mas que têm influência negativa sobre este. Não podem estar presentes para que o processo possa se desenvolver validamente. São eles: **litispendência, coisa julgada, perempção e convenção de arbitragem.**

11. A litispendência não implica a reunião dos processos para julgamento conjunto, ao passo que a conexão só implica reunião, caso não tenha havido julgamento em alguma das ações.

12. Alguns mencionam o respeito às formas processuais e procedimentais pré-estabelecidas como sendo **pressuposto processual intrínseco**. Tal pressuposto é corolário do devido processo legal e sua inobservância pode ser causa de invalidade processual e, até mesmo, de prolação de sentença não resolutiva de mérito.

13. No que se refere ao reconhecimento de ofício dos pressupostos processuais, essa é uma questão de direito positivo, pois o legislador é quem definirá se a ausência do pressuposto será ou não cognoscível de ofício.

18. COMUNICAÇÃO DOS ATOS PROCESSUAIS

1. As comunicações processuais objetivam dar ao processo a **impulsão necessária** para atingir a efetiva prestação da tutela jurisdicional.

2. A citação é o ato pelo qual são convocados o réu, o executado ou o interessado para integrar a relação processual. São **modalidades de citação**: a) pelos correios; b) por oficial de justiça; c) por escrivão ou chefe de secretaria; d) por edital; e) por meio eletrônico.

3. Feita a citação com hora certa, o escrivão ou chefe de secretaria enviará ao réu, executado ou interessado, no prazo de 10 (dez) dias, contado da data da juntada do mandado aos autos, carta, telegrama ou correspondência eletrônica, dando-lhe de tudo ciência.

4. Salvo para evitar o perecimento do direito, não se fará a citação de noivos nos 3 (três) primeiros dias seguintes ao casamento.

EFEITOS DA CITAÇÃO	
CPC/1973 (cinco efeitos)	**CPC/2015 (três efeitos)**
1. Faz litigiosa a coisa para o réu	1. Faz litigiosa a coisa para o réu
2. Constitui em mora o devedor	2. Constitui em mora o devedor
3. Induz a litispendência em relação ao réu	3. Induz a litispendência em relação ao réu
Alterações	
4. Torna prevento o juízo	A prevenção se dará com o **registro ou distribuição da petição inicial** (artigos 59, 284 e 312 do CPC/2015) e não mais com a citação válida.
5. Interrompe a prescrição	O marco inicial da interrupção da prescrição passa ser o **despacho que ordena a citação** e não mais a citação válida
No CPC/1973 a citação ordenada por juízo incompetente só operava os efeitos: 3 e 5	A citação ordenada por juízo incompetente opera todos os três efeitos previstos no CPC/2015.

5. A **intimação** é o ato pelo qual se dá **ciência a alguém (partes ou terceiros) dos atos e dos termos do processo.** Não sendo o caso de citação, todos os demais atos de comunicação processual serão operados mediante intimação (lógica residual).

6. São **modalidades de intimação**: a) por Oficial de Justiça; pelo correio; pela publicação no Diário da Justiça; por meio eletrônico.

7. De acordo com o entendimento do STF, "nos casos **de intimação pessoal** realizada por oficial de justiça, a contagem do prazo para a interposição de recursos ou a eventual certificação de trânsito em julgado começa a partir da juntada aos autos do mandado devidamente cumprido". (2ª Turma. ARE

892732/SP, Rel. Min. Teori Zavascki, red. p/ o acórdão Min. Dias Toffoli, julgado em 5/4/2016).

8. As **cartas são instrumentos que garantem a direção do processo pelo juiz**, mesmo quando os atos necessários tiverem que se desenvolver além dos limites de sua circunscrição territorial, porque possibilitam o intercâmbio entre órgãos jurisdicionais diversos. As modalidades de cartas são as seguintes: **rogatória, precatória e de ordem.**

19. INVALIDADES PROCESSUAIS

1. O defeito do ato jurídico existe desde o momento em que ele é praticado ou é preexistente a ele. **Não há defeito posterior à perfectibilização do ato**. A invalidade é apenas a sanção aplicável ao ato defeituoso, que, só após decisão judicial constitutiva negativa, torna-se inválido. No processo, não há nulidades de pleno direito.
2. Segundo o princípio da instrumentalidade das formas e o brocardo ***pas de nullité sans grief***, invalidação do ato processual depende, invariavelmente, da presença de dois pressupostos: um **defeito na sua formação e um prejuízo dele decorrente**, consistente no não atendimento da sua finalidade.
3. As **nulidades absolutas** relacionam-se ao **interesse público** e decorrem de vícios mais graves, por isso podem ser arguidas a qualquer tempo ou mesmo apreciadas de ofício pelo juiz, não estando sujeitas à preclusão, por constituírem matéria de ordem pública.
4. Já as **nulidades relativas** (também chamadas de anulabilidades) são resultado de vícios de **menor gravidade e dizem respeito exclusivamente ao interesse das partes**, razão por que devem ser arguidas pela parte interessada no primeiro momento em que lhe couber falar nos autos, sob pena de preclusão.
5. Segundo o princípio da **interdependência ou da concatenação dos atos processuais**, uma vez invalidado o ato, são apanhados pela nulidade todos os atos subsequentes que dele dependam. Não é suficiente que o ato seja posterior; é preciso que seja subordinado ao ato cuja invalidade foi decretada, de modo que não possa subsistir sozinho.
6. De acordo com a **boa-fé processual** e vedação do venire contra factum proprium: a decretação de nulidade **não pode ser requerida pela parte que lhe deu causa**. Porém, isso só ocorre com as nulidades relativas, pois as absolutas podem ser decretadas de ofício pelo juiz.
7. A falta de intimação do Ministério Público, nos casos em que deva atuar como custos legis, **acarreta nulidade do processo**, a partir do instante

em que ele deveria ter sido intimado. A nulidade do processo somente pode ser decretada depois de ouvido o membro do Ministério Público, que deve se manifestar sobre a existência de prejuízo.

8. Em se tratando de **nulidade relativa,** o ato viciado convalida-se pela imediata preclusão. Se o defeito constituir causa de nulidade absoluta, o ato somente se convalidará com o trânsito em julgado da sentença de mérito, por força da eficácia preclusiva da coisa julgada.

9. Todavia, alguns vícios, com o trânsito em julgado, tornam-se hipóteses de **rescindibilidade da coisa da coisa julgada**, a autorizar o ajuizamento de ação rescisória (art. 966, CPC).

   A ausência de citação dos confinantes e respectivos cônjuges na ação de usucapião ensejará nulidade relativa, caso se constate o efetivo prejuízo (REsp 1.432.579-MG, julgado em 24/10/2017, DJe 23/11/2017. Inf. 616).

20. DISTRIBUIÇÃO E REGISTRO

1. **Registro** é o ato de **documentação de um processo**, por meio do qual são registradas as principais características de uma relação processual, como suas partes, o tipo de procedimento, o valor da causa, o número do processo, a data do protocolo da petição inicial, entre outras.

2. **Distribuição** é o ato processual por meio do qual se **determina a competência para julgar determinada causa,** naquelas comarcas, seções ou subseções em que haja mais de um juízo.

3. Havendo **pluralidade de órgãos judiciais materialmente competentes** na mesma unidade territorial, cabe ao distribuidor estabelecer a vara em que tramitará o processo, por meio de sorteio, que deve obedecer à alternância e à igualdade entre os juízos.

4. Excepcionalmente, a distribuição deve ocorrer **por dependência**: a) quando houver conexão ou continência entre a ação a ser distribuída e outra anteriormente ajuizada; b) quando, tendo sido extinto o processo sem resolução do mérito, for reiterado o pedido, ainda que em litisconsórcio ativo ou que sejam parcialmente alterados os réus; c) quando ocorrer a hipótese do art. 55, § 3º, do CPC.

21. VALOR DA CAUSA

1. É a expressão monetária do pedido. Pode ser **legal ou estimado**. Em regra, o valor da causa equivale ao **proveito econômico** pretendido pela parte.

2. O juiz pode, a qualquer momento, antes da sentença, corrigir, de ofício, o valor da causa, quando verificar que **não corresponde ao benefício econômico pleiteado** pela parte, determinando, então, a complementação das custas processuais.

3. O réu só pode impugnar o valor da causa em **preliminar da contestação**, sob pena de preclusão.

22. TUTELA PROVISÓRIA

1. A tutela provisória é um juízo baseado em **cognição sumária** e que **não** tem aptidão para formar **coisa julgada material.**

2. A tutela provisória pode fundamentar-se **em urgência ou evidência.** Por seu turno, a tutela de urgência subdivide-se, então, em: i) cautelar; ii) antecipada (satisfativa).

3. A tutela provisória conserva sua eficácia **na pendência do processo**, mas pode, a qualquer tempo, ser **revogada ou modificada**.

4. O juiz é dotado de um **poder geral de cautela**, onde definir as medidas que considerar adequadas para efetivação de toda e qualquer espécie de tutela provisória (atipicidade dos meios executivos).

5. Na decisão que conceder, negar, modificar ou revogar a tutela provisória o juiz **justificará, de modo claro e preciso**, as razões de seu convencimento.

6. A tutela provisória será requerida ao **juízo da causa**; e, quando antecedente, ao juízo competente para conhecer da demanda principal.

7. Apesar de posições contrárias, por não haver previsão expressa sobre a iniciativa no CPC, defende-se a possibilidade de uma **atuação *ex officio* do juiz, a depender do caso concreto.**

8. O CPC/2015 firmou pressupostos comuns para concessão da tutela provisória de urgência, seja ela cautelar ou satisfativa (antecipada). São eles: i) **fumus boni iuris e; ii) *periculum in mora.***

9. Mesmo durante as férias forenses e nos feriados, onde, por regra, não se praticam atos processuais, o código admite a **prática de atos relativos à tutela de urgência**.

10. A tutela de urgência pode ser requerida: a) em **caráter antecedente**; ou b) **incidentalmente** (tutela interinal).

11. Quanto ao **momento para concessão a tutela de urgência** poderá ser concedida: a) liminarmente (antes da oitiva da parte contrária); b) no curso do processo (incidente processual); c) em sentença; d) em grau recursal.

12. O juiz pode, conforme o caso, **exigir caução real ou fidejussória** idônea para ressarcir os danos que a outra parte possa vir a sofrer, podendo a caução ser dispensada se a parte economicamente hipossuficiente não puder oferecê-la.
13. O CPC admite a **fungibilidade entre as tutelas de urgência.**
14. A parte beneficiária do procedimento provisório de urgência, **deve assumir todo o risco oriundo da execução provisória,** devendo, pois responder ao requerido pelo prejuízo que a efetivação da tutela causa à parte adversa, se: a) a sentença lhe for desfavorável; b) obtida liminarmente a tutela em caráter antecedente, não fornecer os meios necessários para a citação do requerido no prazo de 5 (cinco) dias; c) quando ocorrer a cessação da eficácia da medida em qualquer hipótese legal; d) quando o juiz acolher a alegação de decadência ou prescrição da pretensão do autor.
15. A tutela antecipada exerce papel fundamental ao ser um instrumento de **antecipação provisória dos resultados fáticos do direito disputado em juízo**, concedendo à parte o bem da vida que só seria concedido após longo trâmite processual da tutela definitiva.
16. Para a concessão da tutela provisória satisfativa é necessário que, em regra, a **reversibilidade da medida seja possível**.
17. Todas as **ações cautelares típicas ou atípicas** que eram objeto de ação autônoma apartada do processo principal no código anterior, passarão a ser veiculadas em **procedimento único**.
18. O magistrado será detentor de poderes indeterminados para adotar "qualquer outra medida idônea para asseguração do direito", o chamado **poder geral de cautela ou de prevenção.**
19. As medidas antecedentes só são aplicáveis às tutelas de urgência, já que, para doutrina majoritária, **inadmite-se a modalidade antecedente no caso da tutela de evidência, por ela não ser baseada em urgência**.
20. Outro destaque essencial é que, diferentemente do código antecessor, que só admitia a chamada cautelar preparatória (sob a veste de um processo cautelar autônomo), o CPC/2015 **universaliza a sistemática e consente o pedido antecedente tanto para tutela de urgência cautelar quanto para satisfativa**.
21. Por fim, o ponto nevrálgico que divisa as duas espécies de tutela de urgência antecedente é, exatamente, o regime diferenciado de procedimentos que será aplicável em caso de falecimento do pedido antecedente. A tutela de urgência antecipada antecedente **prevê o inovador mecanismo da estabilização da tutela, ao passo que o cautelar não o prevê.**

22. A lógica da **tutela de evidência** é realizar uma distribuição do ônus do tempo mais equitativa, visando evitar que a delonga da prestação jurisdicional seja suportada pela parte detentora de uma **posição de alta probabilidade do direito** (posição jurídica provável).

23. Essa modalidade de tutela diferenciada, que será, nos moldes do art. 311 do CPC, sempre satisfativa, **dispensa o requisito do perigo de dano** e destaca como elemento principal a existência de uma alta carga probatória apta a evidenciar a liquidez do direito material (fumus boni iuris). O *periculum in mora*, portanto, não é um requisito essencial para sua concessão.

24. **Será cabível a tutela de evidência**: a) quando ficar caracterizado o abuso do direito de defesa ou manifesto propósito protelatório; b) quando as alegações de fato puderem ser comprovadas apenas documentalmente e houver tese firmada em julgamento de casos repetitivos ou em súmula vinculante; c) quando se tratar de pedido reipersecutório fundado em prova documental adequada do contrato de depósito, caso em que será decretada a ordem de entrega do objeto custodiado, sob cominação de multa; d) a petição inicial for instruída com prova documental suficiente dos fatos constitutivos do direito do autor, a que o réu não oponha prova capaz de gerar dúvidas razoáveis.

25. Só se **admite a tutela liminar nas hipóteses dos incisos II e III do art. 311 do CPC**, situações que prescindem de avaliação da defesa apresentada pelo réu. No que se refere aos incisos I e IV, hipóteses nas quais um dos requisitos para concessão é a análise do comportamento do réu, por óbvio, veda-se a concessão liminar.

26. A tutela antecipada contra da Fazenda Pública encontra disciplinamento específico na Lei nº 9.494/1997. Por força da referida disposição legal, fica vedada a concessão de tutela antecipada contra a Fazenda Pública quando se tenha por objeto a liberação de recurso, inclusão em folha de pagamento, reclassificação, equiparação, concessão de aumento ou extensão de vantagens a servidores da União, dos Estados, do Distrito Federal e dos Municípios, inclusive de suas autarquias e fundações. No entanto, as vedações não são absolutas a ponto de se impedirem a concessão de medida liminar antecipatória contra a Fazenda Pública.

27. O Superior Tribunal de Justiça decidiu que a estabilização somente ocorrerá se não houver qualquer tipo de impugnação pela parte contrária, sob pena de se estimular a interposição de agravos de instrumento, sobrecarregando desnecessariamente os Tribunais, além do ajuizamento da ação autônoma, prevista no art. 304, § 2º, do CPC/2015, a fim de rever, reformar ou invalidar a tutela antecipada estabilizada" (STJ. REsp 1.760.966/SP. DJe 07.12.18).

23. FORMAÇÃO, SUSPENSÃO E EXTINÇÃO DO PROCESSO

1. O processo, que se consubstancia na **composição ordenada de atos processuais**, destinados ao exercício da jurisdição pelo juiz e da ação/defesa pelas partes, se vier a se formar, ele, obrigatoriamente, extinguir-se-á, podendo, entre um e outro ato jurídico processual, suspender-se.
2. A formação do processo obedece à inércia. Embora possa se desenvolver por impulso oficial, ele (o processo) **começa por iniciativa do autor**, necessariamente, que, pelo exercício do direito de ação, provoca o Estado-juiz a prestar a tutela jurisdicional. Mas, não quer dizer que a prestação jurisdicional não possa ser ofertada em favor do réu.
3. Pode ocorrer de, entre a formação e a extinção, o **processo se suspender**. Ela não é de necessária verificação no curso processual. Eventualmente, em decorrência de decisão judicial fundada em fatos jurídicos, atos jurídicos das partes ou atos judiciais legalmente previstos, pode haver suspensão do processo. Ela consiste na **abstenção da prática dos atos processuais destinados à prestação jurisdicional.**
4. **Suspende-se o processo**: a) pela morte ou pela perda da capacidade processual de qualquer das partes, de seu representante legal ou de seu procurador; b) pela convenção das partes; c) pela arguição de impedimento ou de suspeição; d) pela admissão de incidente de resolução de demandas repetitivas; e) quando a sentença de mérito: i) depender do julgamento de outra causa ou da declaração de existência ou de inexistência de relação jurídica que constitua o objeto principal de outro processo pendente; ii) tiver de ser proferida somente após a verificação de determinado fato ou a produção de certa prova, requisitada a outro juízo; f) por motivo de força maior; g) quando se discutir em juízo questão decorrente de acidentes e fatos da navegação de competência do Tribunal Marítimo; h) nos demais casos que este Código regula.
5. Embora se chame "**da extinção do processo**", no mais das vezes deve ser compreendida como da extinção da fase de conhecimento. O ideal é que haja resolução de mérito. Tanto que o Código de Processo Civil estimula a primazia da resolução de mérito. Contudo, alguns fatos processuais impedem o órgão julgador de alcançar este objetivo, sendo a fase de cognição (pelo menos) extinta sem resolução de mérito.

6. **Hipóteses sem resolução do mérito**: o art. 485 dispõe a respeito das hipóteses de não resolução do mérito, que ocorrerá quando: a) indeferir a petição inicial; b) o processo ficar parado durante mais de 1 (um) ano por negligência das partes; c) por não promover os atos e as diligências que lhe incumbir, o autor abandonar a causa por mais de 30 (trinta) dias; d) verificar a ausência de pressupostos de constituição e de desenvolvimento válido e regular do processo; e) reconhecer a existência de perempção, de litispendência ou de coisa julgada; f) verificar ausência de legitimidade ou de interesse processual; g) acolher a alegação de existência de convenção de arbitragem ou quando o juízo arbitral reconhecer sua competência; h) homologar a desistência da ação; i) em caso de morte da parte, a ação for considerada intransmissível por disposição legal; e nos demais casos prescritos neste Código.
7. **Hipóteses com resolução do mérito**: o art. 487 do Código de Processo Civil apresenta um rol de situações em que será proferida sentença de resolução de mérito. De acordo com o seu texto, haverá resolução de mérito quando o juiz: I – acolher ou rejeitar o pedido formulado na ação ou na reconvenção; II – decidir, de ofício ou a requerimento, sobre a ocorrência de decadência ou prescrição; III – homologar: a) o reconhecimento da procedência do pedido formulado na ação ou na reconvenção; b) a transação; c) a renúncia à pretensão formulada na ação ou na reconvenção.

24. PETIÇÃO INICIAL

1. A petição inicial é o meio utilizado para se **exercitar o ato de demandar.**
2. São **requisitos da petição inicial**: a) o juízo a que é dirigida; b) os nomes, os prenomes, o estado civil, a existência de união estável, a profissão, o número de inscrição no Cadastro de Pessoas Físicas ou no Cadastro Nacional da Pessoa Jurídica, o endereço eletrônico, o domicílio e a residência do autor e do réu; c) o fato e os fundamentos jurídicos do pedido; d) o pedido com as suas especificações; e) o valor da causa; f) as provas com que o autor pretende demonstrar a verdade dos fatos alegados; g) a opção do autor pela realização ou não de audiência de conciliação ou de mediação.
3. Protocolada a petição inicial, mas antes de sua distribuição, pode o **autor aditar ou alterar qualquer dos elementos** (objetivos ou subjetivos) da ação exercida (demanda).
4. Se não houver necessidade de distribuição perante a unidade judiciária respectiva, **até a citação, será permitida a modificação dos elementos subjetivos, independentemente do consentimento do réu.**

5. O juiz, ao verificar que a petição inicial não preenche os requisitos necessários (conforme indicado acima e que estão dispostos nos arts. 319 e 320 do CPC) ou que apresenta defeitos e irregularidades capazes de dificultar o julgamento de mérito, **determinará que o autor, no prazo de 15 dias, a emende ou a complete**, indicando **com precisão** o que deve ser corrigido ou completado.
6. Indefere-se a petição inicial quando não for possível a correção do vício de ordem processual pertinente ou quando, instado a assim fazer, o autor não tenha atendido a determinação.
7. Nas causas que **dispensem a fase instrutória**, o juiz, independentemente da citação do réu, julgará liminarmente improcedente o pedido que contrariar: a) enunciado de súmula do Supremo Tribunal Federal ou do Superior Tribunal de Justiça; b) acórdão proferido pelo Supremo Tribunal Federal ou pelo Superior Tribunal de Justiça em julgamento de recursos repetitivos; c) entendimento firmado em incidente de resolução de demandas repetitivas ou de assunção de competência; d) enunciado de súmula de tribunal de justiça sobre direito local.
8. Admite-se emenda à inicial de ação civil pública, em face da existência de pedido genérico, ainda que já tenha sido apresentada a contestação (REsp 1.279.586-PR, julgado em 03/10/2017, DJe 17/11/2017. Inf. 615).

25. PEDIDOS

1. A parte, quando exercita o direito de ação, **pretende que o bem jurídico lhe seja reconhecido pelo Estado-juiz.** Para tanto, em petição, formula (no comum das vezes) pedidos.
2. Em todo pedido formulado perante o Poder Judiciário (no exercício da função jurisdicional), sobressaem-se o **bem da vida pretendido**, que constitui o pedido mediato (objetivo), e a providência jurisdicional, que constitui o pedido imediato (meio), necessária à sua obtenção (declaração, constituição e condenação).
3. O **pedido deve ser certo e determinado**. O pedido certo é aquele que está expresso. A sua formulação, por consequência, não deve (pelo menos em regra) ser implícita. Por sua vez, o pedido será determinado quando delimitado em relação à sua quantidade e à sua qualidade. A parte diz quanto e de que qualidade quer.
4. A interpretação do pedido considerará o **conjunto da postulação e observará o princípio da boa-fé.**

5. **Em relação à cumulação, quanto ao momento**: a) **inicial:** quando os pedidos forem formulados no ato que, originariamente, apresenta a demanda (petição inicial da ação ou da reconvenção; b) **ulterior**: quando o novo pedido for formulado depois da postulação inicial.

6. **Em relação à cumulação, quanto à forma: i) cumulação própria** (quando forem formulados vários pedidos, esperando-se que todos eles sejam acolhidos simultaneamente): i1) **simples**: quando os pedidos formulados não guardarem relação de precedência ou prejudicialidade um com os outros; **i2) sucessiva**: a cumulação própria quando os pedidos formulados guardarem entre si relação de precedência ou prejudicialidade. ii) **cumulação imprópria** (quando forem formulados vários pedidos ao mesmo tempo, esperando-se que apenas um deles (ou que nem todos) seja acolhido): **ii1) eventual** quando a cumulação se dirige a garantir um proveito efetivo, por admitir, a parte, uma situação de impossibilidade de atendimento do pedido principal. **ii2) alternativa** a cumulação quando, pela natureza da obrigação, o devedor puder cumprir a prestação de mais de um modo.

7. Para que os pedidos possam ser cumulados, **não é necessário que haja, entre eles, conexão.** Exige-se o preenchimento de 03 outros requisitos, que são: a) compatibilidade entre os pedidos; b) competência; c) compatibilidade ou adequação do procedimento.

8. Se houver vários credores de **obrigação indivisível**, qualquer um deles, individualmente (ou mesmo em litisconsórcio ativo facultativo, se assim convier para alguns dos legitimados) pode pedir o **seu cumprimento integral**. Entretanto, julgada procedente a ação, somente poderá receber aquilo que lhe pertence.

26. AUDIÊNCIA DE CONCILIAÇÃO OU MEDIAÇÃO

1. Para tentar aumentar o percentual de solução consensual de conflitos, o legislador importou a experiência dos Juizados Especiais, de maneira que, logo após apresentada a petição inicial, **designa-se audiência de conciliação ou de mediação.**

2. Nessa audiência, apropriada à irradiação da cooperação, o mediador ou conciliador, auxiliares da justiça, gerirão o litígio de modo dialógico, a fomentar o debate e o **diálogo entre os sujeitos processuais em uma plataforma horizontalizada,** sem protagonismos, em busca de uma solução consensual do conflito.

3. Nessa audiência, apropriada à irradiação da cooperação, o mediador ou conciliador, auxiliares da justiça, gerirão o litígio **de modo dialógico, a fomentar o debate e o diálogo entre os sujeitos processuais.**

27. RESPOSTAS DO RÉU

1. O processo civil brasileiro se submete às **garantias do contraditório e da ampla defesa.** Por isso, antes de ser ofertada jurisdição, é obrigatória a concessão de oportunidade para ouvir as partes
2. A contestação é a modalidade de resposta consistente na apresentação de resistência à ação processualizada pela parte adversa.
3. As **defesas processuais** são todas consideradas indiretas e consistem em invocar consequências relacionadas ao processo. Podem ser **dilatórias** (capazes de retardar a relação processual sem, por conseguinte, extingui-la) e **peremptórias** (se acolhidas, implicam a extinção terminativa do processo).
4. Por seu turno, a **defesas de mérito** podem ser **diretas ou indiretas**. São diretas quando enfrentam a ação processualizada, a negar os fatos que lhe sustenta ou os efeitos jurídicos a eles atribuídos. É indireta quando objetiva a rejeição da ação em decorrência de fato outro (modificativo, impeditivo ou extintivo) não sustentado pelo autor.
5. Só há uma oportunidade para apresentar defesa. Por conta disso, o réu é livre para cumular na sua resposta todas as matérias de defesa.
6. As **preliminares são questões processuais,** as quais antecedem a eventual discussão de mérito. Ei-las: a) inexistência ou nulidade da citação; b) incompetência absoluta e relativa; c) incorreção do valor da causa; d) inépcia da petição inicial; e) perempção; f) litispendência; g) coisa julgada; h) conexão; i) incapacidade da parte, defeito de representação ou falta de autorização; j) convenção de arbitragem; k) ausência de legitimidade ou de interesse processual; l) falta de caução ou de outra prestação que a lei exige como preliminar; m) indevida concessão do benefício de gratuidade de justiça.
7. Se, dentre as preliminares, houver **alegação de incompetência relativa ou absoluta**, a contestação poderá ser protocolada no foro de domicílio do réu, fato que será imediatamente comunicado ao juiz da causa, preferencialmente por meio eletrônico.
8. Depois das questões preliminares (processuais), cabe ao réu a alegação de eventuais **defesas indiretas de mérito**, consistentes nos fatos extintivos, modificativos e impeditivos do direito do autor.

9. Alegando o réu, na contestação, ser parte ilegítima ou não ser o responsável pelo prejuízo invocado, o juiz facultará ao autor, em 15 dias, a alteração da petição inicial para substituição do réu.

10. Na contestação, o réu deve **concentrar todas suas afirmações de defesa**, a se manifestar especificamente contra todos os fatos afirmados e documentos trazidos pelo autor na petição inicial (ônus de impugnação específica)

11. Assim, por exemplo, eventual impugnação do réu relativa à competência do foro no qual a ação foi ajuizada deverá ser manejada na preliminar da contestação e não por meio de exceção de incompetência.

12. São **requisitos da petição inicial:** a) juízo ou tribunal a que é dirigida; b) nomes e prenomes das partes; c) fatos e fundamentos jurídicos da defesa; d) pedidos com as suas especificações; e) documentos indispensáveis; f) requerimento de provas com que pretende demonstrar os fatos alegados na defesa.

13. A **forma pode ser variada** (desde que disponível para o juízo).

14. No procedimento comum, a **contestação deve ser apresentada no prazo de até 15 dias.**

15. A **reconvenção** é modalidade de resposta, em que o réu formula, em seu favor, pedido diferente do da simples improcedência da ação intentada pelo autor

16. Como exercício do direito de ação, a reconvenção deverá preencher as duas condições a) **legitimação para reconvenção; b) interesse em reconvir**.

17. A **desistência da ação inicial**, desde que obedecidos os requisitos formais, fica impossibilitada a posterior apresentação de reconvenção.

18. A reconvenção seguirá a **mesma forma da contestação**.

19. A reconvenção será distribuída **por dependência à ação inicial**.

20. A reconvenção deverá cumprir os **requisitos da petição inicial**, inclusive com atribuição de valor à causa.

21. Se resolver indeferir a petição de reconvenção, o órgão julgador assim o fará por **decisão interlocutória.**

22. Além da defesa, que deverá ser apresentada no prazo de 15 dias, o autor (reconvindo), **como réu na reconvenção, poderá, na mesma petição (e, por óbvio, em igual prazo) também reconvir**.

23. A ação e a reconvenção serão saneadas e organizadas, oportunidade em que já poderão, em conjunto ou isoladamente, **ser resolvidas, com ou sem análise de mérito.**

24. **A revelia** consiste na **não apresentação de contestação**, seja pelo transcurso do prazo, seja pela consumação da oportunidade, seja pela prática de ato incompatível.

25. A revelia consiste num fato processual e, por isso, da revelia, **podem-se decorrer alguns efeitos**. São eles: a) perda do direito de o réu-revel ser intimado; b) preclusão do direito de alegar determinadas matérias de defesa; c) impossibilidade de apresentar reconvenção conexa com o fundamento da defesa; d) presunção de veracidade das alegações de fatos formuladas pelo autor; e) possibilidade de julgamento imediato do mérito.

26. O curador especial tem legitimidade para **propor reconvenção em favor de réu revel citado por edital** (REsp 1.088.068-MG, julgado em 29/08/2017, DJe 09/10/2017. Inf. 613.

28. FASE DE SANEAMENTO

1. É depois de transcorrido o prazo para apresentação de resposta, que se inicia a **fase (predominantemente) de saneamento**, cabendo ao juiz analisar a regularidade do processo sob o ângulo da **utilidade e da necessidade**.
2. Findo o prazo para a resposta (inclusive para a da reconvenção, se houver), o escrivão fará a conclusão dos autos ao juiz que, conforme o caso, no prazo de 05 dias (art. 226, I do CPC), tomará as **providências preliminares necessárias**. Estas emanam dos atos postulatórios até então praticados, objetivam manter o processo sob o império do contraditório e têm por finalidade dar ao processo curso adequado, inclusive em afirmação à duração razoável.
3. Depois de cumpridas as providências preliminares ou não havendo necessidade delas, **haverá julgamento conforme o estado do processo** (art. 353 do CPC), podendo: a) proferir sentença sem resolução de mérito ou proferir decisão parcial sem resolução do mérito; b) proferir sentença com resolução de mérito (em decorrência da prescrição, decadência, autocomposição das partes ou do "julgamento antecipado total do mérito"); c) julgar antecipadamente parte do mérito (art. 356 do CPC);d) proferir despacho de saneamento e organização do processo, declarando a regularidade formal da relação processual.
4. De acordo com as circunstâncias do caso, o art. 357 do CPC **prescreve que na decisão de saneamento e organização do processo, adotar-se-á as seguintes atividades:** a) resolverá as questões processuais pendentes, se houver; b) delimitará as questões de fato sobre as quais recairá a ativi-

dade probatória, especificando os meios de prova admitidos; c) definirá a distribuição do ônus da prova; d) delimitará as questões de direito relevantes para a decisão de mérito; e) designará, se necessário, audiência de instrução e julgamento.

5. É preciso adotar como meio preferencial de organização e ordenação do processo a audiência prévia **compartilhada de saneamento em cooperação.**

29. JULGAMENTO ANTECIPADO DO MÉRITO

1. O julgamento imediato do processo constitui **modalidade de julgamento conforme o estado do processo, a**o levar este à resolução do mérito, ante a prolação de sentença, que acolhe ou rejeita o pedido do autor, com a vantagem de eliminar atos inúteis.
2. São **hipóteses de julgamento imediato do mérito**: quando não houver necessidade de produção de outras provas; quando o réu for revel, ocorrer efeito previsto no art. 344 e não houver requerimento de prova na forma do art. 349.
3. O julgamento imediato do mérito não é **uma faculdade do juiz**, mas **obrigação, sempre que já estiverem presentes nos autos elementos suficientes para a formação de seu convencimento.**
4. O **julgamento imediato do mérito** e a **tutela provisória** não se confundem. Enquanto que o primeiro implica em **tutela definitiva, baseada em cognição exauriente**, com aptidão para formação da coisa julgada, a **tutela de evidência é provisória, baseada em cognição superficial** e que, por isso, não possui aptidão para formar coisa julgada.
5. Quando numa mesma decisão, seja julgado imediatamente o mérito e concedida tutela de evidência, a apelação contra o capítulo da sentença que concede, confirma ou revoga a tutela antecipada da evidência ou de urgência **não terá efeito suspensivo automático.**
6. O CPC/2015 afasta, por definitivo, qualquer dúvida a respeito acerca da possibilidade de julgamento imediato parcial do mérito e consigna expressamente a **possibilidade de fracionamento do objeto litigioso**. Assim, quando parcela do mérito mostrar-se incontroversa ou quando estiver apta a imediato julgamento (art. 356 do CPC), tal deve ocorrer.
7. Com o julgamento imediato do mérito, os atos processuais seguintes às **providências preliminares são eliminados** porquanto se revelam desnecessários ao deslinde do processo.

8. O cerceamento de defesa ocorre geralmente quando o julgador profere, de imediato, sentença de mérito sem, porém, determinar a produção de provas indispensáveis para a formação de um convencimento juridicamente sustentável.

30. AUDIÊNCIA DE INSTRUÇÃO E JULGAMENTO

1. É ato processual **complexo e público**, realizado sob a **presidência do juiz**, no qual é produzida a **prova oral e é debatida e decidida a causa.**
2. No dia e hora designados, o juiz declarará aberta a audiência, mandando apregoar as partes e seus advogados, bem com outras pessoas que devam participar da audiência.
3. Instalada a audiência, cabe ao juiz **tentar conciliar as partes, independentemente do anterior emprego de outros métodos de solução consensual de conflitos**, ou de ter havido infrutífera audiência de conciliação.
4. Frustrada a autocomposição, deve-se iniciar a **produção das provas**. Preferencialmente, colhem-se, primeiro, os **esclarecimentos do perito e dos assistentes técnicos**. Em seguida, as partes prestam seus **depoimentos pessoais,** começando pelo autor. Por último, são ouvidas as **testemunhas** – primeiro, as arroladas pelo autor e, após, as arroladas pelo réu, começando sempre pelas perguntas da parte que as arrolou, ressalvada a possibilidade de juiz formular perguntas antes e depois da inquirição pelas partes.
5. **Finalizada a instrução**, o juiz concederá a palavra sucessivamente aos advogados do autor e do réu e ao membro do Ministério Público, se for o caso de sua intervenção, pelo prazo de vinte minutos, prorrogável por mais dez, a critério do magistrado. Oferecidas as **alegações finais** (orais ou escritas), o juiz proferirá sentença em audiência ou no prazo (impróprio) de trinta dias.
6. O **adiamento da audiência de instrução** pode ocorrer: a) por **convenção das partes**; b) **se não puder comparecer**, por motivo justificado, qualquer pessoa que dela deva necessariamente participar, desde que a justificação seja comprovada antes da abertura da audiência; c) **por atraso injustificado** de seu início superior a trinta minutos do horário marcado.
7. A audiência é **una e contínua**, somente podendo ser suspensa excepcionalmente, quando deverá ser retomada em data próxima, em pauta preferencial.
8. O servidor lavrará, sob ditado do juiz, **termo** que conterá, em resumo, o ocorrido na audiência, bem como, por extenso, os **despachos, as decisões**

e a sentença, se proferida na ocasião. Quando não for registrado por meio eletrônico, subscrevê-lo-ão o juiz, os advogados, o membro do Ministério Público e o escrivão ou chefe de secretaria, exceto se houver ato dispositivo para o qual os procuradores não tenham poderes.

31. PROVAS EM ESPÉCIE

1. Na fase de conhecimento, ultrapassada a etapa em que predomina a prática de atos postulatórios, dá-se início, depois efetuado o saneamento e a organização do processo, e quando necessária, à etapa que se caracterizará pela prática de atos **predominantemente probatórios**.
2. Caberá ao juiz, de ofício ou a requerimento da parte, a fim de formar seu convencimento, determinar as provas necessárias ao julgamento do mérito. Mas, ele deverá **indeferir, em decisão fundamentada**, as diligências consideradas **inúteis ou meramente protelatórias.**
3. No que atine à classificação das provas: a) **quanto aos fatos**: diretas, ou indiretas (indiciárias); b) **quanto ao sujeito:** pessoais ou reais; c) **quanto à preparação**: casuais ou pré-constituídas.
4. A prova, em regra, tem como **objeto as proposições fáticas relevantes** para a solução do mérito delimitado pelas afirmações de existência de direito trazidas pela ação e/ou pela defesa. Todavia, há fatos que, por suas características ou circunstâncias, **não precisam ser demonstrados**. São eles: a) notórios: b) afirmados por uma parte e confessados pela parte contrária; c) admitidos no processo como incontroversos; d) em cujo favor, milita a presunção legal de existência ou de veracidade.
5. Como decorrência lógica de seu próprio objeto, as provas devem buscar a **formação da convicção do juiz,** a possibilitar a solução do mérito sob o amparo de uma verdade aparente, a se evitar pronunciamentos jurisdicionais sob o estado de perplexidade.
6. As provas, por serem elementos de formação da convicção do juiz, têm como **destinatário direto o Estado**, representado na pessoa daquele embora possa ser que ele sequer faça apreciação.
7. São três os **critérios de valoração das provas**: a) critério legal; b) livre convicção (ou convicção íntima do juiz); c) convencimento motivado (ou persuasão racional do juiz).
8. No que atine **ao ônus pode ser**: distribuição **estática, por convenção, distribuição dinâmica ou inversão do ônus da prova**.

9. No que se refere **à comunhão**: as provas pertencem ao processo, pouco importando o sujeito quem as produziu. Ao juiz, incumbe analisar o conjunto probatório em sua globalidade, sem perquirir a quem competiria o ônus probatório.

10. A **proposição de provas, a** princípio, cabe **às partes,** pois conhecem bem os fatos e, por conseguinte, encontram-se em melhores condições de identificar as fontes. Contudo, **o juiz indeferirá, em decisão fundamentada, as diligências inúteis ou meramente protelatórias**. De igual modo, caberá ao juiz, **de ofício** ou a requerimento da parte, determinar as provas necessárias ao julgamento do mérito.

11. Consiste no **transporte da prova**, via certidão ou mesmo em cópia, de um processo para outro.

12. São **provas ilícitas** aquelas obtidas em violação a disposições de direito material, principalmente as contidas na Constituição da República (violação da intimidade, da vida privada, da honra, da imagem, do domicílio, e das comunicações). Ilícita, portanto, é a forma de obtenção e não a espécie.

13. Entre os meios típicos de prova, estão previstos no Código de Processo Civil o **depoimento pessoal, a prova documental, a prova testemunhal, a prova pericial e a inspeção judicial**. Por outro giro, entre os meios de provas **atípicos (ou inominados)**, estão as informações constantes em certidão lavrada pelo oficial de justiça e o comportamento processual das partes.

14. A **produção antecipada da prova** será admitida, qualquer que seja a sua espécie, nos casos em que: a) haja fundado receio de que venha a tornar-se impossível ou muito difícil a verificação de certos fatos na pendência da ação; b) a prova a ser produzida seja suscetível de viabilizar a autocomposição ou outro meio adequado de solução de conflito; c) o prévio conhecimento dos fatos possa justificar ou evitar o ajuizamento de ação.

15. A **ata notarial** se conjuga diretamente com os modernos meios de produção e transmissão de dados. É instrumento utilizado para garantir a necessária segurança à prova trazida aos autos do processo. Para se dar um exemplo, não teria muita valia os prints da tela de um computador ou de um telefone, que captasse informações nelas trazidas, se não houvesse uma ata notarial para atestar a **identidade de seu remetente e de seu receptor**.

16. O **depoimento pessoal** é o meio de prova que tem por fonte as partes litigantes. Sua principal finalidade é obter a **confissão da parte depoente** sobre as proposições fáticas relevantes ao deslinde da causa.

17. A **confissão não é um meio de prova**. Pode ser objeto de um meio de prova (advindo, por exemplo, do depoimento pessoal, do comportamento processual, da prova documental), mas meio de prova não é. Há confissão quando a parte, relativamente a direitos disponíveis, **admite a verdade de uma proposição fática contrária ao seu interesse** e, ao mesmo tempo, favorável ao da parte adversa, ou quando a parte nega proposições fáticas favoráveis ao seu interesse.

18. A **exibição de documento ou coisa** é um ônus para a parte e um dever para o terceiro, pois ninguém se exime do dever de colaborar com o Poder Judiciário para o descobrimento da verdade. Apesar de não ser um meio de prova, é através da exibição de documento ou coisa que se busca, de ofício ou a requerimento, carrear aos autos o documento e/ou objeto úteis a fim de submetê-los à perícia ou de simplesmente ser visto.

19. **A prova documental** funda-se em documento, que é todo objeto capaz de cristalizar um fato efêmero, tornando-o permanente.

20. A **prova testemunhal** consiste na narração, por pessoa capaz, imparcial e estranha à relação processual, de fatos importantes à solução do mérito, os quais são conhecidos sensorialmente por aquela.

21. **A perícia** se consubstancia na verificação realizada em pessoas ou coisas, por profissional detentor de conhecimentos técnicos ou científicos, com a finalidade de obter informações capazes de esclarecer dúvidas quanto a assertivas relacionadas a fatos complexos

22. A **inspeção judicial** é o meio de prova consistente na percepção sensorial direta do juiz sobre qualidades e/ou circunstâncias corpóreas de pessoas, coisas ou lugares relacionados com o litígio.

32. SENTENÇA

1. Ressalvadas as disposições expressas dos procedimentos especiais, **sentença é o pronunciamento por meio do qual o juiz**, com fundamento nos arts. 485 e 487, **põe fim à fase cognitiva do procedimento comum**, bem como **extingue a execução.**

2. São **requisitos da sentença** o **relatório** (resumo dos principais dados e ocorrências do processo), a **fundamentação** (exigência de origem constitucional, onde o juiz, de forma suficiente, aprecia e decide os pontos controvertidos surgidos ao longo do processo, evidenciando os motivos de sua convicção em face do material que lhe foi apresentado e do respectivo

plano jurídico) e **o dispositivo** (conclusão da sentença, onde o juiz resolve as questões que lhe foram submetidas pelas partes).

3. Podem ser classificadas em **terminativa e definitiva** (que, por sua vez, podem ser classificadas em predominantemente **declaratórias,** predominantemente **constitutivas,** predominantemente **condenatórias,** predominantemente mandamentais e predominantemente executivas *latu sensu*).

4. Por consectário do **princípio da inércia**, o juiz deve julgar a demanda exatamente nos limites em que ela foi intentada. A prestação jurisdicional deve ficar adstringida à provação estabelecida pelas partes, a observar, assim, a necessária correlação entre sentença e demanda. Portanto, o juiz não deve julgar fora, além ou aquém da provocação objetiva e subjetiva apresentada pelas partes. Ele deve, por assim dizer, analisar todos os elementos de demanda que lhe são apresentados.

5. São **efeitos da sentença** o **principal** (que está previsto no **dispositivo da sentença**), o **anexo** (que a lei atribui a determinadas espécies de sentença, independentemente de formulação de pedido e de o efeito estar previsto no dispositivo do ato decisório) e **o secundário** (que para ser produzido, embora não dependa de pedido certo formulado pela parte, precisa estar contemplado no dispositivo da sentença).

6. No momento em que **é publicada,** a sentença passa a existir juridicamente, produzindo os efeitos que lhe são próprios. Com sua publicação, o juiz só pode alterá-la: a) para lhe corrigir, de ofício ou a requerimento da parte, inexatidões materiais, ou lhe retificar erros de cálculo; b) por meio de embargos de declaração (quando a sentença for omissa, obscura ou contraditória.

33. COISA JULGADA

1. É instituto processual que afirma a **segurança jurídica** (e não a justiça) nas relações firmadas entre as partes (a envolver, às vezes, até terceiros), a partir da imutabilidade (e, por óbvio, da indiscutibilidade) do pronunciamento jurisdicional definitivo proferido em julgamento de determinada ação.

2. Segundo o STJ: "os efeitos da sentença transitada em julgado que reconhece o vínculo de parentesco entre filho e pai em ação de investigação de paternidade alcançam o avô, **ainda que este não tenha participado da relação jurídica processual**" (REsp 1.331.815-SC, Rel. Min. Antonio Carlos Ferreira, julgado em 16/6/2016, DJe 1/8/2016).

3. Quando a decisão não resolve o mérito, forma-se apenas a coisa julgada formal, com **efeitos internos** ao processo (**endoprocessuais ou intraprocessuais**), a impossibilitar, no mesmo processo, a modificação da decisão definitiva por outra superveniente.

4. Por outro lado, quando o processo tem seu mérito resolvido (obviamente por decisão), forma-se, além da coisa julgada formal, a material, com efeitos que vão além do respectivo processo (**panprocessuais ou extraprocessuais**), a impossibilitar, em qualquer processo, a modificação do ato decisório.

5. Quanto ao **regime jurídico da coisa julgada, temos**: a) **coisa julgada de questão principal**: a decisão que julgar total ou parcialmente o mérito tem força de lei nos limites da questão principal expressamente decidida. A teor do que se extrai do texto legal, a formação de coisa julgada, quando relativa à questão principal, depende, apenas, de decisão judicial expressa, ainda que proferida por juízo incompetente; b) **coisa julgada de questão prejudicial**: a decisão, que julga questão prejudicial, decidida expressa e incidentemente no processo, faz coisa julgada se, cumulativamente: i) dessa resolução depender o julgamento do mérito; ii) a seu respeito tiver havido contraditório prévio e efetivo, não se aplicando no caso de revelia; iii) o juízo tiver competência em razão da matéria e da pessoa para resolvê-la como questão principal; iv) não houver restrições probatórias ou limitações à cognição que impeçam o aprofundamento da análise da questão prejudicial.

6. O sistema processual brasileiro passou a admitir a **formação progressiva de coisa julgada**. Na medida em que os atos decisórios definitivos vão sendo proferidos, caso transitado em julgado, eles passam a formar, em partes que se adicionam, coisa julgada.

7. O **efeito positivo** impõe respeito pelo juízo, relativamente à prática de atos, inclusive em ações judiciais seguintes, àquilo que foi decidido na ação que ensejou a formação da coisa julgada. Ele pode ser utilizado como fundamento de uma ação seguinte, devendo o juiz ser coerente em sua decisão, a harmonizá-la com a coisa julgada. Por outro giro, o efeito negativo impede novo julgamento em torno do caso julgado.

8. Todas as questões deduzidas que poderiam sê-lo e não o foram encontram-se sob o manto da coisa julgada, não podendo constituir novo fundamento para discussão da mesma causa, mesmo que em ação diversa (**eficácia preclusiva decorrente da formação da coisa julgada).**

9. Sendo proferidas duas ou mais decisões definitivas, a resolver questões idênticas, quando transitadas em julgado, o segundo julgamento deve

prevalecer sobre o primeiro, pelo menos se não ou enquanto não for intentada ação rescisória.

10. A **coisa julgada material** tem limites, sendo eles: a) **objetivo; b) subjetivo; c) temporal; d) espacial (ou territorial).**
11. As decisões de mérito transitadas em julgado podem ser impugnadas, e assim os são feitos, em regra, mediante a propositura de **ação rescisória**, nas taxativas hipóteses de cabimento.

34. LIQUIDAÇÃO DE SENTENÇA

1. A sentença só será hábil a prover satisfatoriamente a pretensão executivo--condenatória da parte vencedora se for, **além de certa e exigível, líquida**.
2. Quando a **apuração do valor da prestação** (reconhecida em decisão definitiva de mérito) depender apenas de cálculo aritmético, o credor poderá promover, desde logo, o cumprimento da sentença (sendo desnecessário procedimento de liquidação de sentença, em extensão da fase cognitiva, ou mesmo da instauração de incidente ou de propositura de ação específica). Basta que instrua o respectivo pedido com a **memória cálculo.**
3. Quanto às modalidades de liquidação de sentença: **a) liquidação por arbitramento:** o que realmente define a necessidade da liquidação por arbitramento, é a necessidade de esclarecer fato complexo, contanto que não seja ele novo, ou seja, apresentado ao processo, mas não esclarecido. A determinação constante na sentença (mesmo que transitada em julgado) e a vontade das partes pouco importam. Se não houver fato complexo, não será realizada a liquidação por arbitramento. Nesse caso, o juiz intimará as partes para a apresentação de pareceres (técnicos) ou documentos elucidativos, no prazo que fixar, e, caso não possa decidir de plano, nomeará perito, observando-se, no que couber, o procedimento da prova pericial.
4. **b) Liquidação pelo procedimento comum**: far-se-á a liquidação por artigos, quando, para determinar a repercussão monetária da obrigação de pagar quantia, forem insuficientes cálculos e conhecimentos técnicos, havendo, por isso, necessidade de apresentar fato(s) novo(s) que, não necessariamente, tenha(m) ocorrido depois da sentença, mas que nela não restou (restaram) decidido(s).
5. O Código de Processo Civil **é omisso quanto à competência para processar e julgar a liquidação de sentença.** Assim, será competente para a liquidação o juízo que processou a causa no primeiro grau de jurisdição,

considerando que, no mais das vezes, aquela (a liquidação) é uma fase continuativa do processo.

6. Se pendente recurso, ainda que ele disponha de efeito suspensivo, qualquer das partes poderá requerer a liquidação provisória da sentença. Ela deverá ser processada em **autos apartados, instruídos com cópias das peças processuais necessárias à compreensão da questão**. Se o recurso for parcial, a reconhecer parte incontroversa, a liquidação, quanto a esta parte, será definitiva, sendo provisória somente a realizada com relação à parte controversa.

7. A liquidação por forma diversa da estabelecida na sentença **não ofende a coisa julgada.**

8. Na ação relativa à obrigação de pagar quantia, ainda que formulado pedido genérico, a decisão definirá desde logo a extensão da obrigação, o índice de correção monetária, a taxa de juros, o termo inicial de ambos e a periodicidade da capitalização dos juros.

9. **Se ocorrer a liquidação zero**, não haverá o que se executar tendo o respectivo pronunciamento judicial (que decide a liquidação de sentença) eficácia declaratória.

10. **Cumprimento de Parte Líquida e liquidação da parte ilíquida**: se tal ocorrer, a liquidação poderá ser processada em autos apartados. Logo, não é preciso liquidar todo o valor para, somente então, requerer o seu adimplemento. Pode haver execução da parte líquida e liquidação da parte ilíquida. Mas, se for da conveniência das partes, pode-se aguardar a liquidação total para só então iniciar o cumprimento da sentença.

11. **Condenação para reparar danos extrapatrimoniais**: a sentença não deverá ser ilíquida. Quando de sua prolatação, ela (a sentença) deve identificar de imediato o valor fixado a título de reparação, pois que o direito referido não depende do conhecimento de fatos novos ou de conhecimentos técnico-científicos específicos para ser liquidado.

12. A decisão que resolve a liquidação de sentença, em fase continuativa ou em incidente, será (geralmente) **uma decisão interlocutória**, recorrível por **agravo de instrumento.**

13. **Recursos interponíveis contra decisão ilíquida e contra decisão que julga a liquidação de sentença:** se proferida sentença ilíquida, apesar de "formulado pedido certo e determinado, somente o autor tem interesse recursal em arguir o vício da sentença ilíquida".

14. No caso, a **indevida iliquidez** pode advir de decisão interlocutória (proferida nos moldes do art. 356), sentença, decisão monocrática de membro de tribunal ou acórdão. A depender da situação, pode caber agravo de instrumento, apelação, agravo interno, recurso especial ou recurso extraordinário.

15. Situação diferente ocorre quando é **julgada a própria liquidação de sentença**, que pode advir de uma fase (continuativa) ou incidente, bem assim de uma ação. Aqueles dois (fase ou incidente) podem ser resolvidos em decisão interlocutória, se iniciados perante o juízo monocrático de primeira instância, ou em decisão monocrática ou acórdão, se iniciados no tribunal, ou se, mesmo que iniciados no juízo monocrático de primeira instância, as decisões sejam objeto recurso.

16. A sentença condenará o vencido a **pagar honorários ao advogado do vencedor**.

17. De acordo com o entendimento firmado pelo STJ, "é possível ao julgador, na fase de liquidação de sentença por arbitramento, **acolher as conclusões periciais** fundadas em presunções e **deduções para a quantificação do prejuízo sofrido** pelo credor a título de lucros cessantes. (3ª Turma. REsp 1.549.467- SP, Rel. Min. Marco Aurélio Bellizze, julgado em 13/9/2016).

18. De acordo com o entendimento firmado pelo STJ, "a sentença, qualquer que seja sua natureza, de procedência ou improcedência do pedido, constitui título executivo judicial, desde que **estabeleça obrigação de pagar quantia, de fazer, não fazer ou entregar coisa**, admitida sua prévia liquidação e execução nos próprios autos" (Corte Especial. REsp 1.324.152 - SP, Rel. Min. Luis Felipe Salomão, julgado em 4/5/2016).

35. CUMPRIMENTO DE SENTENÇA

1. A execução fundada em **título executivo judicial** (cumprimento de sentença) dá-se por meio de **fase de execução,** nos mesmos autos do processo de conhecimento, **sem necessidade de nova citação do devedor**, independentemente de se tratar de obrigação de pagar quantia, de fazer, de não fazer ou de dar coisa distinta de dinheiro.

2. Para que seja requerida a execução fundada em sentença, é necessário o reconhecimento, por título executivo judicial, da ex**istência de uma obrigação líquida e exigível.** Ausente o título executivo, nula será a execução *(nulla executio sine titulo).*

3. **São títulos executivos judiciais**: a) as decisões (condenatórias ou não) proferidas no processo civil que reconheçam a exigibilidade de obrigação

de pagar quantia, de fazer, de não fazer ou de entregar coisa; b) a decisão homologatória de autocomposição judicial, que pode versar, inclusive, sobre questões estranhas ao objeto litigioso do processo; c) a decisão homologatória de autocomposição extrajudicial de qualquer natureza; d) o formal e a certidão de partilha, exclusivamente em relação ao inventariante, aos herdeiros e aos sucessores a título singular ou universal; e) o crédito de auxiliar da justiça, quando as custas, emolumentos ou honorários tiverem sido aprovados por decisão judicial; f) a sentença penal condenatória transitada em julgado; g) a sentença arbitral; h) a sentença estrangeira homologada pelo Superior Tribunal de Justiça; i) a decisão interlocutória estrangeira, após a concessão do *exequatur* à carta rogatória pelo Superior Tribunal de Justiça.

É cabível o pedido de **indenização por danos morais em razão de descumprimento de ordem judicial em demanda pretérita envolvendo as mesmas partes**, na qual foi fixada multa cominatória (REsp 1.689.074-RS, Rel. Min. Moura Ribeiro, por unanimidade, julgado em 16/10/2018, DJe 18/10/2018. Inf. 636).

4. O **cumprimento de sentença efetuar-se-á perante**: a) os **tribunais,** nas causas de competência originária; b) o **juízo que decidiu a causa no primeiro grau de jurisdição**; c) o **juízo cível competente**, quando se tratar de sentença penal condenatória transitada em julgado, de sentença arbitral, de sentença estrangeira homologada pelo STJ ou de decisão interlocutória estrangeira. O exequente poderá optar pelo juízo do local onde se encontrem os bens sujeitos à execução ou pelo juízo do local onde deva ser executada a obrigação de fazer ou de não fazer, casos em que a remessa dos autos do processo será solicitada ao juízo de origem.

5. Em se tratando de **obrigação de prestar alimentos**, o credor pode optar pelo: a) o **foro do seu domicílio ou residência**; b) o **juízo que proferiu a sentença exequenda;** c) o **juízo do local onde se encontram bens do alimentante**, sujeitos à execução; d) o **juízo do atual domicílio do executado**.

6. Cumprimento de sentença que **reconhece obrigação de fazer ou de não fazer**: o juiz poderá determinar, de ofício ou a requerimento, as medidas necessárias à satisfação do exequente, para efetivar a **tutela específica** ou para obter **resultado prático equivalente,** tais como a imposição de multa, a busca e apreensão, a remoção de pessoas e coisas, o desfazimento de obras e o impedimento de atividade nociva, podendo, se necessário, requisitar força policial. Predomina, na execução, o princípio da atipicidade dos meios executivos.

7. **Cumprimento de sentença que reconhece obrigação de dar coisa distinta de dinheiro:** nas obrigações de entrega de coisa, o juiz fixará prazo para o cumprimento da obrigação. Não satisfeita no prazo, o magistrado determinará a **expedição de mandado de busca e apreensão ou de imissão na posse em favor do exequente,** conforme se trate de coisa móvel ou imóvel.
8. **Cumprimento de sentença que reconhece obrigação de pagar quantia certa**: o cumprimento de sentença que certifica obrigação de pagar quantia certa se dá por requerimento do credor. O requerimento do exequente deve ser instruído com demonstrativo discriminado e atualizado do crédito, devendo a petição conter: a) o nome completo e o número de inscrição no Cadastro de Pessoas Físicas ou no Cadastro Nacional da Pessoa Jurídica do exequente e do executado; b) o índice de correção monetária adotado; c) os juros aplicados e as respectivas taxas; d) os termos inicial e final dos juros e da correção monetária utilizados; e) a periodicidade da capitalização dos juros, se for o caso; f) a especificação dos eventuais descontos obrigatórios realizados; g) a indicação dos bens passíveis de penhora, sempre que possível. Além disso, se a decisão exequenda disser respeito à relação jurídica sujeita a termo ou a condição, o credor deverá demonstrar a realização da condição ou a ocorrência do termo.
9. É **provisório o cumprimento fundado em título executivo judicial provisóri**o, porque pendente o trânsito em julgado, o que ocorre quando a decisão a ser executada é impugnada por recurso **sem efeito suspensivo**.
10. **Só é possível o cumprimento provisório fundado em título executivo judicial, nunca em título extrajudicial**. A sentença arbitral, a sentença penal condenatória transitada em julgado e a sentença estrangeira homologada pelo STJ, por não mais comportarem impugnação mediante recurso, não poderão ser executadas provisoriamente, mas apenas definitivamente.
11. **Escoado o prazo para pagamento espontâneo previsto** no art. 523 do CPC, inicia-se o **prazo de 15 dias** para que o executado apresente**, nos próprios autos**, impugnação ao cumprimento de sentença.
12. A impugnação pode versar sobre: a) falta ou nulidade da citação, se, na fase de conhecimento, o processo correu à revelia; b) ilegitimidade das partes; c) inexequibilidade do título ou inexigibilidade da obrigação; d) penhora incorreta ou avaliação errônea; e) excesso de execução ou cumulação indevida de execuções (o que ocorre quando as pretensões executivas fundam-se em títulos distintos e o devedor não é o mesmo, quando o juízo não é competente para processar todas as execuções e quando não é idêntico o procedimento de cada uma das execuções); f) incompetência

absoluta ou relativa do juízo; g) qualquer causa modificativa ou extintiva da obrigação, como pagamento, novação, compensação, transação ou prescrição, desde que supervenientes à sentença; h) qualquer causa de nulidade da sentença arbitral (nulidade da convenção de arbitragem; incapacidade do árbitro; falta de relatório, fundamentação, dispositivo, data ou lugar em que proferida; extrapolação dos limites da convenção de arbitragem; comprovação de que foi proferida por prevaricação, concussão ou corrupção passiva; prolação fora do prazo; desrespeito aos princípios do contraditório, da igualdade entre as partes, da imparcialidade do árbitro e do livre convencimento).

Na fase de cumprimento de sentença, **é incabível a rejeição do seguro garantia judicial pelo exequente, salvo por insuficiência, defeito formal ou inidoneidade da salvaguarda oferecida** (REsp 1.691.748-PR, Rel. Min. Ricardo Villas Bôas Cueva, por unanimidade, julgado em 07/11/2017, DJe 17/11/2017. Inf. 615).

13. São devidos **honorários sucumbenciais no cumprimento de sentença**, independentemente de a execução ser impugnada ou não, **desde que escoado o prazo para cumprimento voluntário da obrigação**, quando haverá propriamente execução.

14. Extrapolado o prazo para pagamento voluntário, incidirão, de imediato, **honorários de 10% sobre o valor da execução**. Oferecida impugnação ao cumprimento de sentença e sendo esta acolhida, ainda que parcialmente, devem ser fixados honorários sucumbenciais em favor do advogado do executado. Por outro lado, rejeitada a defesa, o juiz pode majorar os honorários fixados inicialmente em favor patrono do exequente, **até o limite de 20%.**

A **multa de 10% (dez por cento)** prevista pelo art. 523, § 1º, do CPC/2015 não integra a **base de cálculo dos honorários** advocatícios conforme RE 913536/RS, julgamento em 24.6.2018, Informativo 908).

É válido o fracionamento dos honorários advocatícios em litisconsórcio simples facultativo, por se tratar de cumulação de ações com o mesmo pedido, de acordo com o entendimento do STF no RE 913536/RS, julgamento em 24.6.2018 Informativo 908).

15. Em se tratando **de cumprimento definitivo de sentença**, o título executivo judicial exequendo poderá ser levado a protesto, desde que já esgotado o prazo de 15 dias para pagamento voluntário.

16. A requerimento do exequente, o devedor será intimado, para, em 3 dias: a) pagar o débito; b) provar que o fez; c) justificar a impossibilidade absoluta de efetuar o pagamento. Se o executado não tomar qualquer dessas atitudes ou se sua justificativa não for aceita, o juiz, independentemente de requerimento, mandará **protestar a decisão judicial.**

17. Caso o executado seja **funcionário público, militar, diretor ou gerente de empresa ou empregado sujeito à legislação trabalhista**, o juiz, a requerimento do exequente, poderá determinar o desconto em folha de pagamento da importância da prestação alimentícia. Frustrado o adimplemento por meio de desconto em folha, poderá o juiz, a requerimento do exequente, decretar a prisão civil do executado.

18. O débito alimentar que autoriza a prisão é o que compreende as **03 prestações vencidas imediatamente antes do ajuizamento da execução** e as que se vencerem no curso do processo.

    É possível, em sede de execução de alimentos, **a dedução na pensão alimentícia fixada exclusivamente em pecúnia das despesas pagas "in natura", com o consentimento do credor,** referentes a aluguel, condomínio e IPTU do imóvel onde residia o exequente (REsp 1.501.992-RJ, Rel. Min. Paulo de Tarso Sanseverino, por unanimidade, julgado em 20/03/2018, DJe 20/04/2018. Inf. 624).

    É possível a aplicação imediata do art. 528, § 7º, do CPC/2015 **em execução de alimentos iniciada e processada, em parte, na vigência do CPC/1973** (RHC 92.211-SP, Rel. Min. Nancy Andrighi, por unanimidade, julgado em 27/02/2018, DJe 02/03/2018. Inf. 621).

    Havendo meios executivos mais adequados e igualmente eficazes para a satisfação da dívida alimentar dos avós, **é admissível a conversão da execução para o rito da penhora e da expropriação**, a fim de afastar o decreto prisional em desfavor dos executados (HC 416.886-SP, Rel. Min. Nancy Andrighi, por unanimidade, julgado em 12/12/2017, DJe 18/12/2017. Inf. 617.

    Cumprimento de sentença que reconhece obrigação de pagar quantia pela Fazenda Pública: o exequente deverá apresentar demonstrativo discriminado e atualizado do crédito. O ente público será, então, intimado na pessoa do seu representante judicial, por carga, remessa ou meio eletrônico, para, querendo, apresentar impugnação à execução, nos próprios autos, no prazo de 30 dias. A impugnação é dotada de efeito suspensivo. Não impugnada a execução ou rejeitada a defesa do ente público (por decisão transitada em julgado), expedir-se-á o precatório ou a requisição de pequeno valor.

    Em adequação ao entendimento do Supremo Tribunal Federal, a Corte Especial do STJ adota orientação jurisprudencial no sentido de que **incidem juros da mora no período compreendido entre a data da realização**

dos cálculos e a da requisição ou do precatório (EREsp 1.150.549-RS, Rel. Min. Og Fernandes, por unanimidade, julgado em 29/11/2017, DJe 12/12/2017. Inf. 617.

36. PROCEDIMENTOS ESPECIAIS

1. Quanto mais o legislador consiga, por intermédio de boas técnicas, homogeneizar os procedimentos, mais se concede **previsibilidade e segurança jurídica.** Assim, juiz, partes, advogados e servidores podem lidar, de forma mais hábil e prática, com o processo.
2. Os procedimentos especiais podem ser divididos em **procedimentos especiais de jurisdição contenciosa**, que, no Código, estão previstos entre os artigos 539 a 718, e **procedimentos especiais de jurisdição voluntária**, que, no Código, estão previstos entre os artigos 719 e 770.

   Tribunal de Justiça não tem competência para, por meio de provimento da respectiva Corregedoria, estabelecer prazo para a propositura de ação de restauração de autos (REsp 1.722.633-MA, Rel. Min. Nancy Andrighi, por unanimidade, julgado em 07/08/2018, DJe 10/08/2018. Inf. 630)

37. PROCESSO DE EXECUÇÃO

1. Trata-se de verdadeira prestação jurisdicional a proporcionar que o direito subjetivo do exequente seja satisfeito da forma possível, a mais se aproximar do cenário onde aquele não tivesse sido desrespeitado/ameaçado pela parte executada.
2. São **princípios da execução**: a) patrimonialidade; b) exato adimplemento; c) disponibilidade do processo pelo exequente; d) utilidade; e) realização em benefício do exequente; f) menor onerosidade.
3. A atividade jurisdicional de execução pode fazer uso de dois instrumentos: **a) sub-rogação,** que dispensa a atividade do devedor, porque o estado-juiz supre a atividade do devedor; **b) coerção,** que objetiva vencer a resistência do devedor no cumprimento da obrigação, sendo mais comum nas obrigações personalíssimas.
4. O sistema jurídico pátrio prevê duas condições da ação: **legitimidade de partes e interesse processual.**
5. De acordo com os termos do referido dispositivo legal, a execução fundada em título extrajudicial será processada perante o **juízo competente**,

observando-se o seguinte: a) a execução poderá ser proposta no **foro de domicílio do executado**, de eleição constante do título ou, ainda, de situação dos bens a ela sujeitos; b) tendo mais de um domicílio, o executado poderá ser demandado no foro de qualquer deles; c) sendo incerto ou desconhecido o domicílio do executado, a execução poderá ser proposta **no lugar onde for encontrado ou no foro de domicílio do exequente;** d) havendo mais de um devedor, com diferentes domicílios, a execução será proposta no **foro de qualquer deles, à escolha do exequente**; e) a execução poderá ser proposta **no foro do lugar em que se praticou o ato ou em que ocorreu o fato que deu origem ao** título, mesmo que nele não mais resida o executado.

6. O atual Código inova, ao **ampliar o território de atuação do oficial**, que poderá cumprir os atos executivos, determinados pelo juiz, também nas comarcas contíguas, de fácil comunicação, e nas que se situem na mesma região metropolitana (§ 1º do art. 782), a se evitar a expedição de cartas precatórias, que demandam tempo e custos.

7. Sempre que, para efetivar a execução, for necessário o emprego da força policial, dispõe o § 2º do art. 782 do Código de Processo Civil, o juiz a requisitará, mediante comunicação a ser enviada ao comandante da respectiva unidade.

8. **São títulos executivos extrajudiciais**: a) a letra de câmbio, a nota promissória, a duplicata, a debênture e o cheque; b) a escritura pública ou outro documento público assinado pelo devedor; c) o documento particular assinado pelo devedor e por 2 (duas) testemunhas; d) o instrumento de transação referendado pelo Ministério Público, pela Defensoria Pública, pela Advocacia Pública, pelos advogados dos transatores ou por conciliador ou mediador credenciado por tribunal; e) o contrato garantido por hipoteca, penhor, anticrese ou outro direito real de garantia e aquele garantido por caução; f) o contrato de seguro de vida em caso de morte; g) o crédito decorrente de foro e laudêmio; h) o crédito, documentalmente comprovado, decorrente de aluguel de imóvel, bem como de encargos acessórios, tais como taxas e despesas de condomínio; i) a certidão de dívida ativa da Fazenda Pública da União, dos Estados, do Distrito Federal e dos Municípios, correspondente aos créditos inscritos na forma da lei; j) o crédito referente às contribuições ordinárias ou extraordinárias de condomínio edilício, previstas na respectiva convenção ou aprovadas em assembleia geral, desde que documentalmente comprovadas; k) a certidão expedida por serventia notarial ou de registro relativa a valores de emolumentos e demais despesas devidas pelos atos por ela praticados, fixados

nas tabelas estabelecidas em lei; l) todos os demais títulos aos quais, por disposição expressa, a lei atribuir força executiva.

9. **Para os títulos executivos judiciais**, a execução será definitiva quando verificado o trânsito em julgado. Será provisória, quando o título executivo for impugnado mediante recurso ao qual não foi atribuído efeito suspensivo. Para os títulos executivos extrajudiciais, a execução é definitiva. Acontece que podem ser opostos embargos, que, nalgumas hipóteses, estão autorizados a serem recebidos no efeito suspensivo, tornando-se provisória a execução.

10. Para o cumprimento de suas obrigações, o devedor não responde pessoalmente. Ao contrário, a responsabilidade **recairá sobre o seu patrimônio** (bens presentes e futuros, salvo as restrições estabelecidas em lei). Poderá, igualmente, recair sobre patrimônio de terceiro, considerando-se que a responsabilidade patrimonial não se confunde com legitimação passiva para a execução.

11. No que atine à **responsabilidade patrimonial do fiador**, o fiador, que é de regra **devedor subsidiário,** quando executado, tem direito de exigir que primeiro sejam executados os bens do devedor situados na mesma comarca, livres e desembargados, indicando-os pormenorizadamente à penhora. A tal prerrogativa, dá-se o nome de benefício de ordem, instituído pelo legislador como forma de afirmar a economia processual.

12. Os bens integrantes do **espólio respondem pelas dívidas do falecido dentro das forças da herança e na proporção do quinhão que lhe couber.** Se a partilha não se efetivou definitivamente, o credor poderá exigir aquilo que lhe é devido diretamente contra o espólio, a bastar que ele requeira sua habilitação.

13. A alienação ou a oneração de bem é considerada **fraude à execução:** a) quando sobre o bem pender ação fundada em direito real ou com pretensão reipersecutória, desde que a pendência do processo tenha sido averbada no respectivo registro público, se houver; b) quando tiver sido averbada, no registro do bem, a pendência do processo de execução, na forma do art. 828; c) quando tiver sido averbado, no registro do bem, hipoteca judiciária ou outro ato de constrição judicial originário do processo onde foi arguida a fraude; d) quando, ao tempo da alienação ou da oneração, tramitava contra o devedor ação capaz de reduzi-lo à insolvência; e) nos demais casos expressos em lei.

14. O Código de Processo Civil, no art. 776, dispõe que "o exequente **ressarcirá ao executado os danos que este sofreu,** quando a sentença, transitada em

julgado, declarar inexistente, no todo ou em parte, a obrigação, que deu lugar à execução".

15. Se a legislação não dispuser de modo diverso, o juiz determinará **os atos executivos** (que variarão em razão da pessoa, das condições de solvência do devedor, da natureza da obrigação e da forma de realização do direito) e os oficiais de justiça os cumprirão. Para tal, sempre que for necessário o emprego da força policial, o juiz a requisitará.

16. Aplicam-se **subsidiariamente** à execução (quando não houver disposição específica a respeito) as **disposições que regem o processo de conhecimento**.

Cabe **Habeas Corpus para impugnar decisão judicial que determinou a retenção de passaporte** (RHC 97.876-SP, Rel. Min. Luis Felipe Salomão, por unanimidade, julgado em 05/06/2018, DJe 09/08/2018. Inf. 631).

Não cabe Habeas Corpus para impugnar decisão judicial que determinou a suspensão de Carteira Nacional de Habilitação – CNH (RHC 97.876-SP, Rel. Min. Luis Felipe Salomão, por unanimidade, julgado em 05/06/2018, DJe 09/08/2018. Inf. 631).

Os **direitos do devedor fiduciante sobre imóvel objeto de contrato de alienação fiduciária em garantia possuem a proteção da impenhorabilidade do bem de família legal** (REsp 1.677.079-SP, Rel. Min. Ricardo Villas Bôas Cueva, por unanimidade, julgado em 25/09/2018, DJe 01/10/2018. Inf. 635.

O contrato eletrônico de mútuo com assinatura digital pode ser considerado título executivo extrajudicial (REsp 1.495.920-DF, Rel. Min. Paulo de Tarso Sanseverino, por maioria, julgado em 15/05/2018, DJe 07/06/2018. Inf. 627).

A impenhorabilidade da pequena propriedade rural não exige que o débito exequendo seja oriundo da atividade produtiva, tampouco que o imóvel sirva de moradia ao executado e à sua família (REsp 1.591.298-RJ, Rel. Min. Marco Aurélio Bellizze, por unanimidade, julgado em 14/11/2017, DJe 21/11/2017. Inf. 616).

38. DIVERSAS ESPÉCIES DE EXECUÇÃO

1. O Código de Processo Civil trata das seguintes **espécies de execução**: a) execução para entrega de coisa certa; b) execução para entrega de coisa incerta; c) execução de obrigação de fazer; d) execução de obrigação

de não fazer; e) execução por quantia certa contra devedor solvente; f) execução por quantia certa contra devedor insolvente; g) execução por quantia certa contra a Fazenda Pública; h) execução por quantia certa de prestação alimentícia.

2. As regras **do processo de conhecimento**, no que forem compatíveis, aplicar-se-ão **subsidiariamente ao processo de execução.** Neste trilhar, além dos requisitos dos artigos 39, 282 e 283, todos do CPC, quando forem compatíveis, a petição inicial do processo de execução conterá: a) pedido de citação do devedor; b) título executivo; c) a prova de que se verificou a condição, ou ocorreu o termo. Não preenchidos os requisitos da petição inicial, ela deve ser indeferida. Antes, contudo, o órgão julgador deve possibilitar, no prazo de 10 dias, a emenda da petição inicial, mesmo que o devedor tenha apresentado resistência neste sentido, através da oposição de embargos à execução. Acrescido aos requisitos encimados, nas execuções fundadas em título executivo extrajudicial, cumpre ao credor, na petição inicial: a) indicar a espécie de execução que prefere, quando por mais de um modo pode ser efetuada; b) requerer a intimação do credor pignoratício, hipotecário, ou anticrético, ou usufrutuário, quando a penhora recair sobre bens gravados por penhor, hipoteca, anticrese ou usufruto: c) pleitear medidas acautelatórias urgentes.

3. **Execução para a entrega de coisa certa**: existindo obrigação, definida em título executivo extrajudicial, de entrega de coisa certa, o devedor será citado para, dentro de 10 dias, satisfazer aquela ou, no prazo de 15 dias, apresentar **embargos.**

4. Comunicado, o devedor pode apresentar alguns comportamentos. Dentre eles, tem-se a possibilidade de: a) depositar a coisa; b) entregar a coisa; c) não entregar a coisa e não opor embargos; d) não entregar a coisa e opor embargos. Se a coisa não for entregue ou o for deteriorada, os prejuízos correspondentes serão apurados através de liquidação, possibilitando posterior execução por quantia certa.

5. A liquidação será dispensada quando o prejuízo estiver devidamente aferido ou quando o devedor concordar com o valor apontado pelo credor. Efetuada a liquidação, se houver saldo em favor do devedor, o credor o depositará ao requerer a entrega da coisa; se houver saldo em favor do credor, este poderá cobrá-lo nos autos do mesmo processo.

6. **Execução para a entrega de coisa incerta**: quando a execução recair sobre coisa incerta, o devedor será citado para entregá-la individualizada, se lhe couber a escolha. Mas, se essa couber ao credor, este a indicará na petição inicial, individualizando-a. A individualização da coisa pode ser

questionada pela parte adversa no prazo de 48h, contadas a partir de sua citação. Se for o caso, o juiz decidirá a respeito. Havendo necessidade, antes de decidir, o juiz poderá nomear perito. Individualizada a coisa, segue-se execução para entrega de coisa certa.

7. **Execução das obrigações de fazer:** quando o objeto da execução for obrigação de fazer devidamente reconhecida por título executivo extrajudicial, o devedor será citado para satisfazê-la no prazo que o juiz lhe assinar, se outro não estiver determinado no título executivo.
8. Além de citado, o executado será intimado pessoalmente acerca da fixação da multa. Durante o transcurso do interregno para satisfação, o obrigado pode adotar alguns comportamentos, dentre eles: a) cumprir a obrigação; b) não cumprir a obrigação; c) opor embargos.
9. **Execução das obrigações de não fazer:** as obrigações de não fazer, que decorrem de lei ou de contrato, podem ser: a) instantânea; b) permanente. A primeira, se descumprida, não poderá ser desfeita. A última, conquanto descumprida, pode ser desfeita.
10. **Execução por quantia certa contra devedor solvente**: a execução por quantia certa contra devedor solvente, que também é realizada em benefício do exequente, tem por objeto a expropriação de bens do executado, a fim de, com o resultado da alienação, satisfazer o direito do exequente.
11. Antes da expropriação, é ordem natural que, através da prestação jurisdicional, os bens sejam penhorados e avaliados. Com o recebimento da petição inicial, serão fixados os honorários advocatícios, sendo o executado citado, com a primeira via do mandado judicial, para, no prazo de 3 dias (contados independentemente da juntada do mandado aos autos), efetuar pagamento – do principal, juros, custas processuais e honorários.
12. Não efetuado o pagamento, o oficial de justiça, munido da segunda via do mandado, procederá de imediato à penhora de bens quanto bastem para garantir o pagamento do débito, procedendo à devida avaliação e lavrando o respectivo auto. De tudo, o executado será intimado.
13. **Execução por quantia certa contra a fazenda pública**: as execuções contra a Fazenda Pública podem ser por quantia certa, de obrigação de fazer, de não fazer ou de entregar coisa. As últimas seguirão as sistemáticas antes estudadas.
14. Mas, a execução por quantia certa (seja ela fundada em título executivo judicial ou extrajudicial), face à impenhorabilidade dos bens públicos e da essencialidade prioritária dos serviços públicos, obedecerá às disposições dos artigos 730 e 731 do CPC.

15. **Execução por quantia certa de prestação alimentícia**: a execução de alimentos, que pode estar fundada em título executivo judicial ou extrajudicial, seguirá o mesmo rito da execução por quantia certa contra devedor solvente. Recaindo a penhora em dinheiro, o oferecimento de qualquer defesa não obsta que o exequente levante mensalmente a importância da prestação alimentícia.

16. Quando o executado for funcionário público, militar, diretor ou gerente de empresa, bem como empregado sujeito à legislação do trabalho, o juiz mandará descontar em folha de pagamento a importância da prestação alimentícia.

17. Quando não for possível o desconto em folha, a execução poderá alcançar as prestações de alugueres de prédios ou de quaisquer outros rendimentos do executado, as quais serão recebidas diretamente pelo exequente.

39. EXECUÇÃO POR QUANTIA CERTA CONTRA DEVEDOR INSOLVENTE

1. O Código estabeleceu, nas **disposições finais e transitórias** (art. 1.052 do CPC/2015), que, até a edição de lei específica, as execuções contra devedor insolvente, em curso ou que venham a ser propostas, permanecem reguladas pelo Livro II, Título IV, ou seja, pelos artigos 748 a 786-A do CPC/1973.

2. O credor, através de petição inicial dirigida ao juízo competente da comarca em que o devedor tem o seu domicílio, requererá a **decretação de insolvência,** instruindo o pedido com título executivo judicial ou extrajudicial - além, evidentemente, de outras provas essenciais a evidenciar a **presunção de insolvência.**

3. É lícito ao devedor ou ao seu espólio, a todo tempo, **requerer a decretação de insolvência.** Para tanto, deverá apresentar petição inicial dirigida ao juízo competente da comarca em que o devedor tem o seu domicílio, a qual conterá (de modo a possibilitar a aferição da insolvência): a) a relação nominal de todos os credores, com a indicação do domicílio de cada um, bem como da importância e da natureza dos respectivos créditos; b) a individuação de todos os seus bens, com a estimativa do valor de cada um; c) o relatório do estado patrimonial, com a exposição das causas que determinaram a insolvência.

4. **Decretação judicial de insolvência**: diz o CPC/1973, que na sentença (predominantemente constitutiva - STJ. REsp 794364/SP. DJU 18.12.06), que decretar a insolvência, o juiz: a) nomeará, dentre os maiores credo-

res, um administrador da massa; b) mandará expedir edital, convocando os credores para que apresentem, no prazo de 20 dias, a declaração do crédito (devidamente atualizado – STJ. REsp 8980/SP. DJU 03.06.91), acompanhada do respectivo título.

5. **Ao administrador cumprirá**: a) arrecadar todos os bens do devedor, onde quer que estejam, requerendo para esse fim as medidas judiciais necessárias; b) representar a massa, ativa e passivamente, contratando advogado, cujos honorários serão previamente ajustados e submetidos à aprovação judicial; c) praticar todos os atos conservatórios de direitos e de ações, bem como promover a cobrança das dívidas ativas; d) alienar em praça ou em leilão, com autorização judicial, os bens da massa.
6. **Findo o prazo a que se refere o inciso II do art. 761 do CPC/1973**, o escrivão, dentro de 5 dias, ordenará todas as declarações, autuando cada uma com o seu respectivo título. Em seguida intimará, por edital, todos os credores para, no prazo de 20 dias, que lhes é comum, alegarem as suas preferências, bem como a nulidade, simulação, fraude, ou falsidade de dívidas e contratos. Neste prazo, o devedor poderá também impugnar quaisquer dos créditos apresentados.
7. **Transitada em julgado a sentença** que julgou as impugnações, ou não havendo qualquer impugnação dos créditos, o escrivão remeterá os autos ao contador, que organizará o quadro geral dos credores, observando, quanto à classificação dos créditos e dos títulos legais de preferência, o que dispõe a lei civil. Sobre o quadro geral dos credores, serão ouvidos todos os interessados no prazo de 10 dias. Em seguida, também no prazo de 10 dias, o juiz proferirá sentença.
8. Se os bens não foram alienados antes da organização do quadro geral, o juiz determinará a alienação em praça ou em leilão, destinando-se o produto ao pagamento dos credores de acordo com suas esferas de preferência.
9. **Liquidada a massa**, efetuado o pagamento integral aos credores, o eventual saldo sobejante será devolvido ao devedor. Se não tiver sido efetuado o pagamento integral àqueles, o devedor insolvente continua obrigado pelo saldo. Pelo pagamento deste, respondem os bens penhoráveis que o devedor vier adquirir.
10. **A prescrição das obrigações**, interrompida com a instauração do concurso universal de credores, recomeça a correr no dia em que passar em julgado a sentença que encerrar o processo de insolvência. A partir de então, considerar-se-ão extintas todas as obrigações do devedor, se decorrido o prazo de 5 anos contados da data do encerramento do processo de insolvência.

40. EMBARGOS À EXECUÇÃO

1. Os embargos constituem **ação autônoma de conhecimento** (com cognição ampla e exauriente), incidente à execução, proposta como instrumento de defesa do executado. Ela pode ostentar **natureza declaratória ou constitutiva negativa**, a depender do pedido formulado pelo embargante.

2. A **impugnação pode versar sobre**: a) inexequibilidade do título ou inexigibilidade da obrigação; b) penhora incorreta ou avaliação errônea; c) excesso de execução ou cumulação indevida de execuções (o que ocorre quando as pretensões executivas fundam-se em títulos distintos e o devedor não é o mesmo, quando o juízo não é competente para processar todas as execuções e quando não é idêntico o procedimento de cada uma das execuções); d) retenção por benfeitorias necessárias ou úteis, nos casos de execução para entrega de coisa certa; e) incompetência absoluta ou relativa do juízo; g) qualquer matéria que seria lícito ao executado deduzir como defesa em processo de conhecimento. O impedimento e a suspeição devem ser arguidos na forma dos arts. 146 a 148, e não mediante impugnação ao cumprimento de sentença, porque o incidente respectivo será julgado pelo tribunal.

3. Os **embargos devem ser inaugurados por petição inicial**, que deverá indicar: indicará: a) o juízo ou tribunal, a que é dirigida; b) os nomes, os prenomes, o estado civil, a existência de união estável, a profissão, o número do CPF ou do CNPJ, o endereço eletrônico, o domicílio e a residência do requerente e do requerido; c) o fato e os fundamentos jurídicos do pedido; d) o pedido, com as suas especificações; e) o valor da causa; f) as provas com que o autor pretende demonstrar a verdade dos fatos alegados. A petição deverá ser instruída com cópias das peças processuais relevantes (que poderão ser autenticadas pelo próprio advogado, sob sua responsabilidade pessoal), bem como com outros documentos necessários à demonstração dos fatos que compõem a causa de pedir dos embargos.

4. Os embargos podem ser opostos pelo executado, independentemente de qualquer garantia (penhora, depósito ou caução), **no prazo de 15 dias**, contados na forma do art. 231 do CPC, sendo distribuídos por dependência e autuados em apartado.

5. Nas **execuções por carta,** o prazo é contado: a) da juntada, na carta, da certificação da citação, quando os embargos versarem unicamente sobre vícios ou defeitos da penhora, da avaliação ou da alienação dos bens; b) da juntada, nos autos de origem, do comunicado eletrônico de cumprimento da carta enviado pelo juízo deprecado ao juízo deprecante ou, não havendo

este, da juntada da carta devidamente cumprida, quando versarem sobre questões diversas das citadas no item "a".

6. Os **embargos serão liminarmente rejeitados**: a) quando intempestivos; b) nos casos de indeferimento da petição inicial e improcedência liminar do pedido; c) quando manifestadamente protelatórios, caso em que o seu ajuizamento será considerado conduta atentatória à dignidade da justiça.
7. Os **embargos não têm efeito suspensivo**, mas o juiz pode lhes atribuir tal efeito, total ou parcialmente, desde que conjugados três requisitos: a) **requerimento do embargante**; b) **presença dos requisitos da tutela provisória**; c) **garantia do juízo.**
8. A atribuição de efeito suspensivo aos embargos **não impede a efetivação dos atos de substituição, de reforço ou de redução da penhora.**
9. Recebidos os embargos, o exequente será intimado, para, **no prazo de 15 dias, querendo, apresentar impugnação, vedada a reconvenção.** Transcorrido esse prazo, se o juiz tiver condições de decidir imediatamente o pedido, assim o fará. Caso contrário, adotará as medidas saneadoras, designando audiência, e, encerrada a instrução, proferirá sentença.
10. A Fazenda Pública será citada, para, **em 30 dias, oferecer embargos, que têm efeito suspensivo ope legis.** Neles, o ente público pode alegar qualquer matéria que lhe seria lícito alegar como defesa no processo de conhecimento. No mais, aplicam-se-lhe as disposições relativas à impugnação ao cumprimento de sentença contra a Fazenda Pública (art. 535, CPC).
11. No prazo para opor embargos, **reconhecendo o crédito do exequente e comprovando o depósito de 30% do valor em execução, acrescido de custas e honorários de advogado**, poderá o executado (exceto a Fazenda Pública) **requerer que lhe seja permitido pagar o restante em até 6 parcelas mensais, com incidência de correção monetária e acréscimo de juros de 1% ao mês.**
12. Verificado o não pagamento integral de qualquer das prestações, ocorrerá, de pleno direito, cumulativamente: a) o vencimento das prestações subsequentes e o prosseguimento da execução com o imediato reinício dos atos executivos; b) a imposição ao executado de multa de 10% sobre o valor das prestações não pagas.

41. SUSPENSÃO E EXTINÇÃO DO PROCESSO DE EXECUÇÃO

1. O processo forma-se e **extingue-se**, podendo, entre um e outro acontecimento, suspender-se.

2. A suspensão da execução consiste na **abstenção da prática dos atos processuais** destinados à satisfação da prestação jurisdicional, em decorrência de decisão judicial fundada em fatos jurídicos, atos jurídicos das partes ou atos judiciais legalmente previstos. O juiz apenas poderá ordenar providências cautelares urgentes.

3. A **execução se suspende**: a) nas hipóteses dos arts. 313 e 315, no que couber; b) no todo ou em parte, quando recebidos com efeito suspensivo os embargos à execução; c) quando o executado não possuir bens penhoráveis; d) se a alienação dos bens penhorados não se realizar por falta de licitantes e o exequente, em 15 (quinze) dias, não requerer a adjudicação nem indicar outros bens penhoráveis; e) quando concedido o parcelamento de que trata o art. 916.

4. Assim como todo e qualquer processo, o de execução tem que ser extinto. Nos termos do CPC, **extingue-se a execução quando**: a) a petição inicial for indeferida; b) a obrigação for satisfeita; c) o executado obtiver, por qualquer outro meio, a extinção total da dívida; d) o exequente renunciar ao crédito; e) ocorrer a prescrição intercorrente.

42. PROCESSOS NOS TRIBUNAIS

1. O CPC traz disposições gerais relacionadas à **aplicação e superação dos precedentes nos tribunais**, além de outras, também gerais, relativas à ordem dos processos no tribunal.

2. Os tribunais devem uniformizar sua jurisprudência e mantê-la **estável, íntegra e coerente.**

3. A jurisprudência pode sim de modificada. Mas, para tanto, será necessário esforço argumentativo. Em razão da segurança jurídica, na hipótese de alteração de jurisprudência dominante do Supremo Tribunal Federal e dos tribunais superiores ou daquela oriunda de julgamento de casos repetitivos, pode haver **modulação dos efeitos da alteração (prospective overruling) no interesse social e no da segurança jurídica.**

4. Os tribunais darão **publicidade a seus precedentes**, organizando-os por questão jurídica decidida (em temas) e divulgando-os, preferencialmente, na rede mundial de computadores.

5. São considerados **casos repetitivos,** que podem ter por objeto questão de direito material ou processual, a decisão proferida em: a) incidente de resolução de demandas repetitivas; b) recursos especial e extraordinário repetitivos.

6. Os autos (de ações originárias, recursos ou remessas necessárias, enfim, de todos os feitos que se originam ou chegam ao tribunal) **serão registrados no protocolo do tribunal no dia de sua entrada,** cabendo à secretaria ordená-los, com imediata distribuição.

7. **Cabe ao relator**: i) dirigir e ordenar o processo no tribunal, inclusive em relação à produção de prova, bem como, quando for o caso, ii) homologar autocomposição das partes; apreciar o pedido de tutela provisória nos recursos e nos processos de competência originária do tribunal; iii) não conhecer de recurso inadmissível, prejudicado ou que não tenha impugnado especificamente os fundamentos da decisão recorrida; iv) negar provimento a recurso que for contrário: à súmula do Supremo Tribunal Federal, do Superior Tribunal de Justiça ou do próprio tribunal; a acórdão proferido pelo Supremo Tribunal Federal ou pelo Superior Tribunal de Justiça em julgamento de recursos repetitivos; a entendimento firmado em incidente de resolução de demandas repetitivas ou de assunção de competência; v) depois de facultada a apresentação de contrarrazões, dar provimento ao recurso se a decisão recorrida for contrária a: súmula do Supremo Tribunal Federal, do Superior Tribunal de Justiça ou do próprio tribunal; acórdão proferido pelo Supremo Tribunal Federal ou pelo Superior Tribunal de Justiça em julgamento de recursos repetitivos; entendimento firmado em incidente de resolução de demandas repetitivas ou de assunção de competência; vi) decidir o incidente de desconsideração da personalidade jurídica, quando este for instaurado originariamente perante o tribunal; vii) determinar a intimação do Ministério Público, quando for o caso; viii) exercer outras atribuições estabelecidas no regimento interno do tribunal.

8. Se o relator constatar a ocorrência de fato superveniente à decisão recorrida ou a existência de **questão apreciável de ofício ainda não examinada que devam ser considerados no julgamento do recurso,** intimará as partes para que se manifestem **no prazo de 05 dias.**

9. Não sendo o caso de julgamento monocrático, o relator, depois de estudar o caso e **adotar as providências necessárias**, apresentará os autos ao **presidente do órgão,** que designará dia para julgamento, ordenando a publicação da pauta no órgão oficial.

10. Entre a data de publicação da pauta e a da sessão de julgamento decorrerá, pelo menos, o **prazo de 05 dias**, incluindo-se em nova pauta os processos que não tenham sido julgados, salvo aqueles cujo julgamento tiver sido expressamente adiado para a primeira sessão seguinte.

11. Ressalvadas as preferências legais e regimentais, os recursos, a remessa necessária e os **processos de competência originária serão julgados na**

seguinte ordem: a) aqueles nos quais houver sustentação oral, observada a ordem dos requerimentos; b) os requerimentos de preferência apresentados até o início da sessão de julgamento; c) aqueles cujo julgamento tenha iniciado em sessão anterior; d) os demais casos.

12. Na sessão de julgamento, depois da exposição da causa pelo relator, **o presidente dará a palavra, sucessivamente**, ao recorrente, **ao recorrido** e, nos casos de sua intervenção, ao membro do **Ministério Públic**o, pelo prazo improrrogável de 15 minutos para cada um.

13. Se ocorrer de qualquer das partes **suscitar questão prelimi**nar, no julgamento, ela será decidida antes do mérito, deste não se conhecendo caso seja incompatível com a decisão.

14. Por ocasião da sessão de julgamento, o relator ou outro juiz que não se considerar habilitado a proferir imediatamente seu voto poderá solicitar vista pelo prazo máximo de 10 dias.

15. Proferidos os votos, o presidente **anunciará o resultado do julgamento**, designando para redigir o acórdão o relator ou, se vencido este, o autor do primeiro voto vencedor.

16. Quando o **resultado da apelação for não unânime**, o julgamento terá prosseguimento em sessão a ser designada com a presença de outros julgadores, que serão convocados nos termos previamente definidos no regimento interno, em número suficiente para garantir a **possibilidade de inversão do resultado inicial**, assegurado às partes e a eventuais terceiros o direito de sustentar oralmente suas razões perante os novos julgadores.

17. Os votos, os acórdãos e os demais atos processuais podem ser registrados em documento eletrônico inviolável e assinados eletronicamente, na forma da lei, devendo ser impressos para juntada aos autos do processo quando este não for eletrônico.

18. Os acórdãos serão publicados perante o órgão oficial no prazo de até 30 dias, contado da data da sessão de julgamento.

19. Se **interposto agravo de instrumento no mesmo processo, ele será julgado antes da apelação.** Se ambos os recursos houverem de ser julgados na mesma sessão, terá precedência o agravo de instrumento.

43. INCIDENTE DE ASSUNÇÃO DE COMPETÊNCIA

1. O incidente de assunção de competência é **um instrumento de uniformização de jurisprudência.** Ele, essencialmente (mas não apenas), busca

prevenir a divergência jurisprudencial interna (de qualquer tribunal), mediante transferência da competência, a um **órgão colegiado de maior composição**, com a finalidade de julgar o recurso, a remessa necessária ou a ação originária no tribunal, cujas respectivas decisões terão efeito vinculante.

2. É admissível o incidente de assunção de competência quando o **julgamento de recurso, de remessa necessária ou de ação de competência originária** envolver relevante questão de direito, com grande repercussão social, **sem repetição em múltiplos processos.**

3. Ocorrendo a hipótese de assunção de competência, o relator proporá, de ofício ou a requerimento da parte, do Ministério Público ou da Defensoria Pública, que seja o recurso, **a remessa necessária ou o processo de competência originária julgado pelo órgão colegiado que o regimento indicar**.

4. O incidente de assunção de competência **será julgado, juntamente** com o **recurso, a remessa necessária e a ação originária**, pelo órgão colegiado que o regimento indicar.

5. A alteração de tese jurídica adotada em enunciado de súmula ou em julgamento de casos repetitivos poderá ser precedida de audiências públicas e da participação de pessoas, órgãos ou entidades que possam contribuir para a rediscussão da tese.

44. INCIDENTE DE ARGUIÇÃO DE INCONSTITUCIONALIDADE

1. Quando realizado o controle difuso pelos tribunais, faz-se mediante a instauração de incidente processual (ao contrário do que ocorre com controle abstrato, não se forma novo processo). A inconstitucionalidade de dispositivo(s) legal(is) e ato(s) normativo(s) constitui causa de pedir do caso concreto, que envolve o interesse direto do legitimado.

2. A **decretação de inconstitucionalidade pode ser realizada por qualquer juiz ou tribunal, no julgamento de casos concretos.** Se realizado o controle pelo juiz, assim o fará, de regra, em sentença, onde lhe caberá basicamente apresentar os fundamentos que lhe levaram a decretar a inconstitucionalidade do(s) dispositivo(s) apresentado(s), que era colocada como causa de pedir.

3. Somente pelo voto da maioria absoluta de seus membros ou dos membros do respectivo órgão especial poderão os tribunais decretar a inconstitucionalidade de lei ou ato normativo do Poder Público (**cláusula de reserva de plenário**).

4. Em regra, os efeitos da decretação incidental de inconstitucionalidade **somente se aplicam às partes do processo** e com **eficácia retroativa.**

45. CONFLITO DE COMPETÊNCIA

1. Pode ocorrer de, depois de distribuída a ação, **02 ou mais juízes se declarem competentes para julgar a ação**, ou 02 ou mais juízes se consideram **incompetentes**, atribuindo um ao outro a competência. Também, entre aqueles, pode surgir controvérsia acerca da reunião ou separação de processos. Diante dessas situações, pode ser instaurado, de forma incidental, um **conflito de competência,** que, ao ser julgado pelo tribunal *ad quem*, **definirá o órgão competente para processar e julgar a ação pendente**, ou, se for o caso, se os processos devem ser reunidos ou separados.
2. O conflito de competência pode ser suscitado por **qualquer das partes,** pelo **Ministério Público** ou pelo **Juiz.**
3. Quando alegada a incompetência do juízo, é este mesmo quando decide se é ou não competente para julgar a ação processualizada. Entretanto, quando suscitado o conflito de competência dentre 02 ou mais juízos, o julgamento caberá ao tribunal comum hierarquicamente superior àqueles. Entre juízos vinculados a tribunais diversos, ainda que de diferentes Justiças, a competência para conhecer o conflito será o **Superior Tribunal de Justiça**. Se o conflito envolver tribunais superiores, a competência para resolvê-lo será do Supremo Tribunal Federal.

46. HOMOLOGAÇÃO DE SENTENÇA ESTRANGEIRA E CONCESSÃO DE *EXEQUATUR* À CARTA ROGATÓRIA

1. Para que uma decisão estrangeira, assim entendida o ato definitivo proferido por autoridade jurisdicional de outro país, possa surtir efeitos no Brasil, é necessário que ela seja **homologada pelo Superior Tribunal de Justiça**.
2. A expressão sentença estrangeira deve compreender **todas as decisões definitivas**, que são proferidas por órgãos colegiados ou monocráticos, bem como os atos jurídicos que, no Brasil, equiparar-se-iam às sentenças, ante sua natureza jurisdicional, como ocorre com as sentenças arbitrais.
3. Constituem **requisitos indispensáveis à homologação da decisão** estrangeira, bem assim para a concessão do *exequatur* às cartas rogatórias: a) ser

proferida por autoridade competente; b) ser precedida de citação regular, ainda que verificada a revelia; c) ser eficaz no país em que foi proferida; d) não ofender a coisa julgada brasileira; e) estar acompanhada de tradução oficial, salvo disposição que a dispense prevista em tratado; f) não conter manifesta ofensa à ordem pública.

Com a entrada em vigor do CPC/2015, **tornou-se necessário que a sentença estrangeira esteja eficaz no país de origem para sua homologação no Brasil** (SEC 14.812-EX, Rel. Min. Nancy Andrighi, por unanimidade, julgado em 16/05/2018, DJe 23/05/2018. Inf. 626).

É inadmissível a renúncia em sede de homologação de provimento estrangeiro. (SEC 8.542-EX, Rel. Min. Luis Felipe Salomão, por unanimidade, julgado em 29/11/2017, DJe 15/03/2018. Inf. 621)

47. AÇÃO RESCISÓRIA

1. A ação rescisória é a ação de **impugnação autônoma**, nomeadamente porque forma outra relação processual. Não se trata, por isso, de recurso. Pode ser intentada por **qualquer das partes** da ação originária (ou pelo seu sucessor a título universal ou singular), pelo **Ministério Público** ou por **terceiro interessado**.
2. Deve observar **prazo decadencial**, que será de, no mínimo**, 02 anos**. E visa a desconstituir decisão, que tenha a aptidão de impossibilitar a discussão do mérito por intermédio de outra ação.
3. São **pressupostos gerais da ação rescisória**: a) existência: a.1) subjetivos: investidura do juiz; capacidade de ser parte; a.2) objetivos: existência de ação intentada; b) validade: b.1) subjetivos: competência do juízo; imparcialidade do juiz; capacidade processual; capacidade postulatória; b.2) objetivos: petição inicial apta; citação válida; c) negativos: litispendência; coisa julgada; perempção; convenção de arbitragem.
4. São **pressupostos específicos da ação rescisória**: a) existência de decisão transitada em julgado, que pode ser de mérito ou, ainda, terminativa, mas, nesse último caso, que impeça a propositura de nova ação ou a rediscussão em torno da inadmissibilidade de recurso; b) a afirmação pelo autor, como causa de pedir, de pelo menos uma das hipóteses de rescindibilidade previstas no CPC; c) exercício do direito de ação no respectivo prazo decadencial.
5. A **decisão de mérito, transitada em julgado, pode ser rescindida quando**: a) se verificar que foi proferida por força de prevaricação, concussão

ou corrupção do juiz; b) for proferida por juiz impedido ou por juízo absolutamente incompetente; c) resultar de dolo ou coação da parte vencedora em detrimento da parte vencida ou, ainda, de simulação ou colusão entre as partes, a fim de fraudar a lei; d) ofender a coisa julgada; e) violar manifestamente norma jurídica; f) for fundada em prova cuja falsidade tenha sido apurada em processo criminal ou venha a ser demonstrada na própria ação rescisória; g) obtiver o autor, posteriormente ao trânsito em julgado, prova nova cuja existência ignorava ou de que não pôde fazer uso, capaz, por si só, de lhe assegurar pronunciamento favorável; h) for fundada em erro de fato verificável do exame dos autos.

6. Como exercício de direito de ação que é, para se propor a rescisória, evidentemente, faz-se necessário que **estejam preenchidas as condições da ação**: legitimidade das partes e interesse processual.

7. Os atos de disposição de direitos, praticados pelas partes ou por outros participantes do processo e homologados pelo juízo, bem como os atos homologatórios praticados no curso da execução, **estão sujeitos à anulação, nos termos da lei**. Assim, cabe ação anulatória para desconstituir: a) atos de disposição de direitos praticados pelas partes ou por outros participantes do processo e homologados pelo juízo; b) atos homologatórios praticados no curso da execução.

8. A propositura da ação rescisória **não impede o cumprimento da decisão rescindenda,** ressalvada a concessão de tutela provisória.

48. INCIDENTE DE RESOLUÇÃO DE DEMANDAS REPETITIVAS

1. O IRDR, importante instrumento de tutela dos direitos individuais homogêneos, é **incidente processual que acarreta a suspensão de todos os processos que versem sobre idêntica questão controvertida de direito material ou processual**, para que o tribunal de justiça ou o tribunal regional federal, por intermédio de seu órgão uniformizador, decida qual é a tese jurídica aplicável ao suporte fático comum.

2. A instauração do IRDR depende da conjugação de dois requisitos cumulativos: a) **efetiva repetição de processos que contenham controvérsia sobre a mesma questão unicamente de direito;** b) **risco de ofensa à isonomia e à segurança jurídica.**

3. Não é necessário que haja grande número de processos, pois o CPC apenas exige **multiplicidade,** não falando em quantidade mínima. Já a ofensa à isonomia e à segurança jurídica evidencia-se pela **prolação, por diferentes**

órgãos jurisdicionais, de decisões que apliquem teses jurídicas diferentes a situações fáticas idênticas.

4. Não há perigo de quebra da igualdade e da segurança jurídica, para efeito de cabimento do IRDR, se a **questão de direito**, embora recorrente em vários processos, for, por exemplo, **objeto de enunciado da súmula vinculante ou tiver sido decidida no julgamento de recurso repetitivo**.

5. É **inadmissível o incidente**, se, apesar de ainda não ter sido julgado recurso extraordinário ou especial repetitivo sobre a matéria, já tiver sido afetado recurso representativo da controvérsia pelo STF ou pelo STJ.

6. Compete aos tribunais de justiça e aos tribunais regionais federais **julgar os incidentes de resolução de demandas repetitivas.** O julgamento cabe ao órgão indicado pelo regimento interno como responsável pela uniformização da jurisprudência da corte. Também cabe a ele julgar o recurso, a remessa necessária ou o processo de competência originária em que foi suscitado o IRDR.

7. A **instauração do incidente** de resolução de demandas repetitivas pode ser requerida: a) pelo juiz da causa, por ofício; b) pelo relator do recurso, da remessa necessária ou do processo de competência originária do tribunal, por ofício; c) pelas partes, por petição; d) pelo Ministério Público, por petição; e) pela Defensoria Pública, por petição.

8. O pedido deve ser dirigido ao **presidente do tribunal de justiça ou do tribunal regional federal,** instruído com todos os documentos necessários à demonstração do preenchimento dos requisitos de admissibilidade do incidente.

9. A inadmissão do incidente, por ausência de preenchimento de alguma das suas condições de admissibilidade, **não impede que ele seja novamente suscitado**, uma vez satisfeitos os requisitos.

10. O IRDR **não depende do pagamento de custas processuais**.

11. Suscitado o incidente, será ele distribuído a um relator e, então, submetido ao juízo de admissibilidade pelo órgão uniformizador da corte. É **vedada, nesse caso, a decisão monocrática.** A decisão que admite ou rejeita o processamento do IRDR é **irrecorrível,** salvo por meio de embargos de declaração, em face da sua natureza integrativa.

12. Admitido o IRDR, o relator, independentemente da demonstração dos requisitos da tutela de urgência, **suspenderá todos os processos pendentes**, individuais ou coletivos, que tramitem no Estado ou na Região, comunicando, então, os órgãos jurisdicionais competentes.

13. É possível às partes, ao Ministério Público e à Defensoria Pública requerer ao STF, se a questão for constitucional, ou ao STJ, se a questão for federal, a **extensão da suspensão a todos os processos individuais ou coletivos em trâmite no território nacional** que versem sobre a questão objeto do IRDR, visando à garantia da segurança jurídica.

14. Independentemente dos limites da competência territorial, as partes de qualquer processo em que se discuta a mesma questão objeto do IRDR têm **legitimidade para requerer ao STF ou ao STJ a ampliação da suspensão processual**.

15. Se o **processo for suspenso**, mas não contiver questão idêntica à submetida ao IRDR, cabe à parte requerer ao juízo competente o seu prosseguimento, observando, analogicamente, o disposto no art. 1.037, §§ 9º a 13, do CPC.

16. Durante a suspensão, apesar da **vedação à prática de atos processuais**, é possível a **realização de atos urgentes,** a fim de evitar dano irreparável, entre os quais se inclui a concessão de tutela de urgência, que deve ser requerida ao juízo em que tramita o processo suspenso.

17. É possível a **suspensão apenas parcial do processo**, na hipótese de haver cumulação simples de pedidos, sendo apenas um deles dependente da resolução da questão submetida ao IRDR.

18. A **suspensão processual cessa em duas hipóteses:** a) se julgado o incidente, não for interposto recurso especial ou extraordinário contra o acórdão; b) se o incidente não for julgado dentro de um ano, salvo decisão fundamentada do relator em sentido contrário.

19. O relator do incidente ainda poderá requisitar **informações aos órgãos jurisdicionais em que tramitam processos em que se discute a questão objeto do IRDR**, os quais as prestarão no prazo de 15 dias.

20. O relator **intimará o Ministério Público**, para que este, querendo, manifeste-se por escrito, no prazo de 15 dias.

21. São admissíveis, no IRDR, **a intervenção de amicus curiae e a assistência simples.** As partes de qualquer processo que tenha sido suspenso podem intervir como assistentes no IRDR.

22. No prazo de 15 dias, as partes, os interessados e os *amici curiae* poderão requerer a **juntada de documentos**, bem como as d**iligências necessárias para a elucidação da questão jurídica.** Em seguida, no mesmo prazo, manifestar-se-á o Ministério Público.

23. O relator poderá, se entender necessário, **realizar audiência pública**, para ouvir depoimentos de pessoas com experiência e conhecimento sobre a matéria.

24. O IRDR deve ser julgado no **prazo de um ano**, contado da publicação do acórdão de admissão do incidente, tendo preferência sobre todos os demais processos, **salvo aqueles que envolvam réu preso e os pedidos de habeas corpus.**

25. No julgamento, o relator inicialmente fará **a exposição do seu objeto**. Em seguida, poderão sustentar suas razões sucessivamente: a) o autor e o réu do processo originário e o Ministério Público, pelo prazo de 30 minutos cada; b) os demais interessados e os *amici curiae*, no prazo de 30 minutos, divididos entre todos, sendo exigida a inscrição com dois dias de antecedência. Este último prazo poderá ser ampliado, considerando a quantidade de inscritos.

26. O **acórdão** deve conter a an**álise de todos os fundamentos apresentados pelas partes, pelo MP, pelos interessados, pelos *amici curiae* e pelos magistrados**, sejam eles favoráveis ou contrários à tese fixada pelo tribunal.

27. Da decisão que julga o IRDR cabe **recurso extraordinário, recurso especial e embargos de declaração.**

28. Podem recorrer da decisão as **partes do processo de que se originou o incidente, o amicus curiae, a Defensoria Pública, o Ministério Público** (ainda que este tenha funcionado apenas como fiscal da ordem jurídica), bem como a parte de qualquer processo que tenha sido suspenso.

29. O recurso extraordinário, nesse caso, **independe da demonstração de repercussão geral, que é presumida.** Além disso, recursos extraordinário e especial gozam de efeito suspensivo ope legis.

30. Julgado o mérito do recurso pelo STF ou pelo STJ, a **tese adotada será aplicada em todo território nacional**.

31. A **revisão da tese** pode ser realizada **de ofício pelo tribunal ou mediante requerimento do Ministério Público, da Defensoria Pública ou das partes**.

32. A necessidade de superar a tese jurídica pode decorrer, dentre outros motivos, de **alteração legislativa ou de mudança no contexto econômico, político, cultural ou social e pode ser precedida de audiências públicas e da participação de pessoas**, órgãos ou entidades que possam contribuir para a rediscussão da tese.

33. O tribunal, na superação do precedente, deve adotar **fundamentação adequada e específica,** considerando os princípios da segurança jurídica, da proteção da confiança e da isonomia.

34. Com base na segurança jurídica e também no interesse social, a corte pode **modular os efeitos da alteração**, atribuindo **eficácia prospectiva** ao novo precedente.

35. A instauração e o julgamento do IRDR devem ser seguidos de **ampla divulgação e publicidade,** por meio de registro eletrônico no Conselho Nacional de Justiça.

36. Os tribunais de justiça e tribunais regionais federais devem manter **bancos eletrônicos de dados atualizados com informações sobre questões jurídicas decididas em sede de IRDR**, contendo os fundamentos determinantes das decisões e os dispositivos legais relacionados a elas. Tais dados devem ser informados ao CNJ, para inclusão no cadastro.

37. A **desistência ou o abandono do IRDR** pelo sujeito suscitante não impede a análise do mérito pelo tribunal. Nesses casos, o Ministério Público, que atua obrigatoriamente como custos legis no IRDR, deve assumir a titularidade do polo ativo do incidente.

49. RECLAMAÇÃO CONSTITUCIONAL

1. A **reclamação** originou-se na jurisprudência do Supremo Tribunal Federal, com base na teoria dos poderes implícitos (*implied and inherent powers theory*). Está prevista na Constituição como meio de **garantia da autoridade das decisões do STF e do STJ, bem como de preservação da sua competência.**

2. Além disso, é cabível contra **ato judicial ou administrativo que contrarie ou aplique indevidamente enunciado da súmula vinculant**e.

3. A reclamação constitucional não se confunde com a **reclamação correicional (correição parcial),** que tem natureza administrativa e não visa à impugnação de decisões judiciais, mas à fiscalização da atividade do juiz, pela corregedoria, a fim de puni-lo, em caso de omissão ou de abuso.

4. A **reclamação é uma ação de competência originária**, pois: a) provoca a atividade jurisdicional do Estado, quebrando-lhe a inércia; b) tem partes (reclamante e reclamado), causa de pedir (usurpação da competência da corte ou desobediência à decisão sua) e pedido (cassação do ato ou medida adequada à solução da controvérsia); c) a decisão que a julga faz coisa julgada material; d) a Constituição, ao instituí-la, fê-lo nos artigos 102, I, e 105, I, que preveem, respectivamente, as competências originárias do STF e do STJ.

5. Segundo a Constituição, **é cabível reclamação**: a) para preservar a competência do STF e do STJ; b) para garantir a autoridade das decisões do STF e do STJ; c) contra ato administrativo ou decisão judicial que contrariar enunciado da súmula vinculante ou aplicá-lo indevidamente.
6. Em se tratando **de ato da Administração Pública, é necessário o esgotamento das vias administrativas.**
7. **De acordo com o CPC, cabe reclamação:** a) para preservar a competência de qualquer tribunal; b) para garantir a autoridade das decisões de qualquer tribunal; c) para garantir a observância de enunciado da súmula vinculante e de decisão do STF em controle concentrado de constitucionalidade; d) para garantir a observância de precedente de incidente de resolução de demandas repetitivas ou de incidente de assunção de competência, ainda que o tribunal não tenha competência para conhecer do recurso interposto contra a decisão reclamada. Não cabe reclamação contra decisão transitada em julgado. Entretanto, o trânsito em julgado posterior à propositura da reclamatória não a prejudica, pois, uma vez julgada procedente, fica desconstituída a eficácia de todos os atos posteriores à decisão reclamada.
8. Cabe reclamação perante qualquer tribunal cuja competência tenha sido usurpada ou cuja autoridade tenha sido desrespeitada. Sempre que possível, a **reclamação será distribuída ao relator do processo principal.**
9. Em se tratando de reclamatória fundada no descumprimento de enunciado da súmula vinculante ou de decisão de controle concentrado de constitucionalidade, a **distribuição é livre.**
10. A **legitimidade** para intentar reclamação constitucional é da **parte interessada** (o sujeito prejudicado pelo ato, inclusive o terceiro interessado) e do **Ministério Público,** ainda que este, no processo originário, tenha atuado exclusivamente como fiscal da ordem jurídica.
11. Se o *parquet* não for o reclamante, deverá oficiar **como *custos legis***. O polo passivo da reclamação deve ser ocupado pela autoridade a quem for imputada a prática do ato impugnado. Em se tratando de **decisão colegiada**, cabe ao presidente do órgão a sua representação em juízo.
12. Também deve ser citada, para compor o polo passivo, a **parte beneficiária da decisão reclamada.**
13. Qualquer interessado pode impugnar o pedido do reclamante, desde que demonstre **interesse jurídico no julgamento da reclamatória**.
14. A reclamatória deve ser proposta por meio de **petição inicial dirigida ao presidente do tribunal,** contendo a prova documental necessária, pois não se admite dilação probatória no processo da reclamação.

15. **Autuada e distribuída a ação, o relator:** a) requisitará informações à autoridade a quem for imputada a prática do ato impugnado, que as prestará em dez dias; b) se necessário, suspenderá o processo ou o ato impugnado, para evitar dano irreparável; c) determinará a citação do beneficiário da decisão reclamada, que terá o prazo de 15 dias para apresentar contestação.

16. Decorridos tais prazos, o Ministério Público, se não for o reclamante, terá **vista dos autos por 05 dias.** O processo será, então, incluído em pauta para julgamento.

17. Na sessão de julgamento da reclamação, as partes e o Ministério Público poderão **sustentar suas razões**, sucessivamente, pelo prazo de 15 minutos cada. Julgada a reclamação, o presidente da corte determinará o imediato cumprimento da decisão, lavrando-se o acórdão posteriormente.

18. A decisão da corte que cassa o ato reclamado é **constitutiva negativa**. A decisão que determina medida adequada à solução da controvérsia é **mandamenta**l, a exemplo da ordem de remessa dos autos ao tribunal, no caso de usurpação da sua competência. Se julgada improcedente a reclamação, a decisão é declaratória.

19. De acordo com o julgado do STF, "**não é cabível a propositura de reclamação preventiva, já que ela não serve para impedir a eventual prática de decisão judicial ou ato administrativo**. Para que haja reclamação é preciso que exista um ato que efetivamente já tenha usurpado a competência do Tribunal, violado a autoridade de alguma de suas decisões que possua efeito vinculante ou incidido em alguma das outras hipóteses de cabimento deste instituto". (Rcl 25310 MC,Rel.Min. Celso de Mello, julgado em 03/10/2016 – Decisão Monocrática)

50. TEORIA GERAL DOS RECURSOS

1. Em sentido estrito, recurso é o **remédio jurídico-processual**, que, voluntariamente, pode ser utilizado pelas partes, pelo Ministério Público e por terceiro prejudicado, em prazo peremptório, para **reformar, anular ou aperfeiçoar decisão judicial**, por parte do próprio órgão julgador ou do tribunal *ad quem*, dentro do mesmo processo em que foi proferida.

2. Dentre várias razões, **justificam a existência de um sistema recursal**: a) as falhas e as imperfeições humanas, particularmente da pessoa do juiz, que personifica o Estado na prestação jurisdicional; b) a irresignação que é ínsita ao ser humano, no caso, daqueles que têm suas esferas jurídicas

alcançadas e dos que fiscalizam a ordem jurídica; c) a uniformização da aplicação do direito; d) a utilidade preventiva.

3. São **vícios dos pronunciamentos jurisdicionais:** ***error in procedendo*** (defeito formal, que contamina a decisão jurisdicional enquanto ato jurídico, tornando-a inválida, pelo que se justifica sua cassação); ***error in iudicando*** (injustiça ocorrida na solução de questões de fato e de direito (mesmo que de natureza processual), não subsistindo vício formal, o que justifica a reforma do julgado).

4. São **pressupostos de admissibilidade dos recursos**: cabimento; legitimidade recursal; interesse recursal; inexistência de fato extintivo ou impeditivo; tempestividade; regularidade formal; preparo.

5. É a verificação do preenchimento dos pressupostos de admissibilidade, necessários à apreciação do mérito recursal. É **obrigatório e anterior ao juízo de mérito, devendo ser realizado de ofício**. Em regra, ele é realizado pelo órgão recursal.

6. São **princípios do sistema recursal**: Taxatividade; singularidade; esgotamento das vias recursais; proibição do *reformatio in peius*; fungibilidade; aplicação da lei vigente ao tempo da publicação da decisão; consumação; dialeticidade; voluntariedade; complementaridade; atos decisórios juridicamente relevantes.

7. São **efeitos dos recursos**: impedimento ao trânsito em julgado (obstativo); suspensivo; devolutivo; substitutivo; expansivo; regressivo (retratação); ativo; desobstrutivo.

8. **Em relação à classificação dos recursos**: a) quanto ao objeto imediato visado (ordinário e extraordinário); b) quanto à possibilidade de suspender a eficácia da decisão recorrida (suspensivos e não suspensivos); c) quanto à extensão da matéria impugnada (totais e parciais).

9. Certificado **o trânsito em julgado**, com menção expressa da data de sua ocorrência, o escrivão ou o chefe de secretaria, independentemente de despacho, providenciará a **baixa dos autos ao juízo de origem**, no prazo de 05 dias.

10. De acordo com entendimento firmado pelo STF, "o reconhecimento da repercussão geral no Plenário Virtual não **impede sua rediscussão no Plenário físico**, notadamente quando tal reconhecimento tenha ocorrido por virtude de falta de manifestações suficientes" (RE 584247/RR, Rel. Min. Roberto Barroso, julgado em 27/10/2016 - Plenário).

11. De acordo com entendimento firmado pelo STF, "o prazo de 5 dias previsto no parágrafo único do art. 932 do CPC/2015 **só se aplica aos casos em**

que seja necessário sanar vícios formais, como ausência de procuração ou de assinatura, e não à complementação da fundamentação. Assim, esse dispositivo não incide nos casos em que o recorrente não ataca todos os fundamentos da decisão recorrida. Isso porque, nesta hipótese, seria necessária a complementação das razões do recurso, o que não é permitido. STF. 1ª Turma. ARE 953221 AgR/SP, Rel. Min. Luiz Fux, julgado em 7/6/2016 (Info 829).

10. O colegiado formado com a convocação dos novos julgadores (art. 942 do CPC/2015) **poderá analisar de forma ampla todo o conteúdo das razões recursais, não se limitando à matéria sobre a qual houve originalmente divergência** (REsp 1.771.815-SP, Rel. Min. Ricardo Villas Bôas Cueva, por unanimidade, julgado em 13/11/2018, DJe 21/11/2018. Inf. 638)

51. APELAÇÃO

1. A **apelação,** pois, é o recurso pelo qual o inconformado, em qualquer procedimento (comum ou especial, ressalvadas, quanto a este último, as disposições expressas em lei), **insurge-se contra a sentença** (vocábulo empregado em sentido estrito), tenha ela apreciado o mérito da ação (definitiva) ou não (terminativa).
2. A apelação deve ser interposta no **prazo de 15 dias**, contados da intimação da sentença.
3. A petição do recurso de apelação conterá, sob pena de não preenchimento do **pressuposto da regularidade formal**: os nomes e a qualificação das partes; a exposição do fato e do direito; as razões do pedido de reforma ou de decretação de nulidade; o pedido de nova decisão.
4. O **preparo deve ser recolhido**.
5. A primeira parte do art. 995 do CPC dispõe que "**os recursos não impedem a eficácia da decisão**". Entretanto, em sua segunda parte, excepciona: "salvo disposição legal ou decisão judicial em sentido diverso". Logo, quando o recurso eventualmente possui efeito suspensivo, o texto legal ou a decisão que o atribui faz (qualquer delas) expressa ressalva (atribuição).
6. No caso do recurso de apelação, o art. 1.012 do CPC dispõe que ela terá efeito suspensivo. Mas, seu § 1º estabelece que, além de **outras hipóteses previstas em lei, começa a produzir efeitos imediatamente após a sua publicação a sentença que: a) homologa divisão ou demarcação de terras**; b) condena a pagar alimentos; c) extingue sem resolução do mérito

ou julga improcedentes os embargos do executado; d) julga procedente o pedido de instituição de arbitragem; e) por urgência ou evidência, confirma, concede ou revoga tutela provisória; f) decreta a interdição.

7. Em razão do efeito regressivo, autoriza-se que o órgão jurisdicional a quo, ante a **interposição de apelação, reveja sua sentença, a fim de se retratar.** Este efeito não é comum a todas as apelações, sendo admitido unicamente quando houver expressa autorização legal.

8. Para tal espécie recursal (apelação), só se pode atribuir efeito regressivo quando for interposta contra sentenças de **indeferimento da petição inicial** (art. 331 do CPC[2]), **de julgamento de improcedência liminar** (§ 3º do art. 332 do CPC[3]) e **terminativas** (§ 7º do art. 485 do CPC).

9. O juízo de retratação, quando permitido, somente poderá ser exercido se a apelação for **tempestiva.**

10. A admissibilidade da apelação **transfere ao órgão jurisdicional *ad quem* (tribunal local) o conhecimento da matéria recorrida** e, pelo menos em regra, daquela que deveria ser conhecida pelo juízo a quo, mas não foi.

11. Em razão do efeito desobstrutivo, nos casos de extinção do processo sem resolução de mérito, bem assim de prolação de sentença nula (por falta de congruência ou de fundamentação), **a instância *ad quem* deve, de logo, independentemente da formulação de pedido pelo recorrente, julgar a questão apresentada perante a instância a quo**.

12. O art. 1.008 do Código de Processo Civil dispõe que "o julgamento proferido pelo tribunal substituirá a decisão impugnada no que tiver sido objeto de recurso". Em razão do efeito **substitutivo, o julgamento recursal proferido pelo tribunal substitui a sentença recorrida no que tiver sido objeto de recurso (pode ser total ou parcial).**

13. Se a **apelação for provida apenas para anular a sentença recorrida, não haverá substituição, mas, sim, rescisão.** O julgamento do recurso determinará que outra sentença seja proferida pelo juízo a quo em substituição àquela rescindida. O efeito é comum às situações onde se tenha verificado erro de procedimento e não seja possível realizar, de imediato, no próprio órgão recursal, novo julgamento.

---

2. Art. 331. Indeferida a petição inicial, o autor poderá apelar, facultado ao juiz, no prazo de 5 (cinco) dias, retratar-se.

3. Art. 332. Nas causas que dispensem a fase instrutória, o juiz, independentemente da citação do réu, julgará liminarmente improcedente o pedido que contrariar:[...] § 3º Interposta a apelação, o juiz poderá retratar-se em 5 (cinco) dias.

14. **Proíbe-se a inovação em sede recursal**, ainda que com anuência da parte adversa. Não seria diferente com a apelação. Apenas excepcionalmente, pois, é permitido que as partes suscitem questões de fato novas, desde que provem que deixaram de fazê-lo por motivo de força maior.

15. Além dessa hipótese, **fazem exceção à regra da impossibilidade de inovação, em sede recursal,** questões: a) relativas a fatos supervenientes; b) de fato, suscitadas pela primeira vez na apelação do terceiro prejudicado; c) relativas a direito superveniente; d) que competiria ao juiz conhecê-las de ofício; e) que, por expressa autorização legal, puderem ser formuladas em qualquer tempo e juízo.

52. AGRAVO DE INSTRUMENTO

1. O agravo passou a ser **apenas de instrumento (foi extinta a forma retida)**. Além disso, foi instituído, em regra, um rol taxativo de cabimento do agravo de instrumento. Agora, não cabe, contra qualquer decisão interlocutória, agravo de instrumento, mas somente contra aquelas expressamente previstas em lei.

2. Para tornar o assunto ainda mais complexo, o STJ no julgamento dos Recursos Especiais 1.696.396 e 1.704.520, pela sistemática repetitiva, entendeu que o rol de cabimento do Agravo de Instrumento, constante no art. 1.015 do CPC, é de **taxatividade mitigada,** a possibilitar de tal forma a recorribilidade imediata de decisões interlocutórias, para além da lista disposta no art. 1.015 do CPC, sempre em caráter excepcional, quando houver comprovada urgência.

3. Portanto, afasta-se a lógica da taxatividade estrita, sendo cabível a **interposição do agravo de instrumento contra qualquer decisão interlocutória na fase de conhecimento, como decisões que indeferem a produção de prova ou um pedido de sigilo processual, desde que preenchido o requisito da urgência.**

4. Cabe agravo de instrumento contra as decisões interlocutórias que versarem sobre: a) tutelas provisórias; b) mérito do processo; c) rejeição da alegação de convenção de arbitragem; d) incidente de desconsideração da personalidade jurídica; e) rejeição do pedido de gratuidade da justiça ou acolhimento do pedido de sua revogação; f) exibição ou posse de documento ou coisa; g) exclusão de litisconsorte; h) rejeição do pedido de limitação do litisconsórcio; i) admissão ou inadmissão de intervenção de terceiros; j) concessão, modificação ou revogação do efeito suspensivo aos

embargos à execução; l) redistribuição do ônus da prova nos termos do art. 373, § 1º; m) outros casos expressamente referidos em lei; n) contra decisões interlocutórias proferidas na fase de liquidação de sentença ou de cumprimento de sentença, no processo de execução e no processo de inventário.

5. A Quarta Turma do STJ, em 14.11.17, **deu interpretação extensiva ao art. 1.015, III, reconhecendo ser cabível agravo de instrumento contra a decisão interlocutória que verse sobre competência** (STJ. REsp 1.679.909/RS. DJe 01.02.18. Inf. 618).

6. Isso porque, a rigor, a decisão que acolhe a alegação de convenção de arbitragem, tratada textualmente no referido dispositivo, é pronunciamento que reconhece a incompetência do juízo estatal e a competência do juízo arbitral. É, portanto, decisão que versa sobre competência, assim como aquela que reconhece a competência de um juízo estatal sobre outro. Por isso, o STJ, acolhendo tese já difundida na doutrina, **entendeu ser amplamente cabível agravo de instrumento contra decisão que verse sobre competência.**

7. O agravo de instrumento deve ser interposto no prazo de 15 dias, contados da intimação da decisão.

8. 1) Requisitos da Petição: a) os nomes das partes; b) a exposição do fato e do direito; c) as razões do pedido de reforma ou de invalidação da decisão e o próprio pedido; d) o nome e o endereço completo dos advogados constantes do processo; 2) Instrumento do Agravo: É formado por peças destinadas a fazer com que os membros do órgão colegiado do tribunal, que julgará o recurso possam, dentre outras funções, compreender o contexto em que se insere a questão decidida pelo juízo a quo: a) peças obrigatórias: i) petição inicial, contestação e petição que ensejou a decisão agravada; ii) decisão agravada; iii) certidão da respectiva intimação ou outro documento oficial que comprove a tempestividade; iv) procurações outorgadas aos advogados do agravante e do agravado: b) peças facultativas: "a petição de agravo de instrumento será instruída: [...] facultativamente, com outras peças que o agravante reputar úteis". 3) Comprovação da Interposição: O agravante poderá requerer a juntada, aos autos do processo, de cópia da petição do agravo de instrumento, do comprovante de sua interposição e da relação dos documentos que instruíram o recurso.

9. De acordo com o entendimento do STJ, "as peças que devem formar o instrumento do agravo podem ser apresentadas em mídia digital (DVD)". (2ª Turma. REsp 1.608.298-SP, Rel. Min. Herman Benjamin, julgado em 1/9/2016).

10. De acordo com o entendimento do STJ, "admite - se a aplicação da teoria da causa madura (art. 515, § 3º, do CPC/1973 / art. 1.013, § 3º do CPC/2015) em julgamento de agravo de instrumento".

11. O preparo deve ser recolhido.

53. AGRAVO INTERNO

1. O agravo interno é o **recurso cabível contra decisão proferida pelo relator,** sendo interposto por qualquer dos legitimados recursais para que a decisão tomada monocraticamente seja submetida ao respectivo órgão colegiado.

2. "Contra decisão proferida pelo relator caberá agravo interno [...]". A referência ao relator é indicativa da adoção de decisão monocrática. Não é que, no julgamento colegiado, possa-se, por agravo interno, impugnar o voto do relator. Não é isso. Contra decisões colegiadas cabem outros recursos, mas não o agravo interno. **Nos casos em que o relator decidir de forma unipessoal é que cabe o agravo.**

3. O agravo interno deve ser interposto **no prazo de 15 dias** (§ 5º do art. 1.003), contados da intimação da decisão.

4. O **agravo de instrumento será dirigido diretamente ao tribunal competente**, por meio de petição com os seguintes requisitos: a) os nomes das partes; b) a exposição do fato e do direito; c) as razões do pedido de reforma ou de invalidação da decisão e o próprio pedido; d) o nome e o endereço completo dos advogados constantes do processo.

5. **Se a legislação local previr o preparo, deve ser recolhido**.

54. EMBARGOS DE DECLARAÇÃO

1. Os embargos de declaração é o recurso que tem por fim o **aperfeiçoamento da prestação jurisdicional,** a partir da supressão de omissões, eliminação de contradições e esclarecimento de obscuridades, relacionadas aos atos judiciais.

2. Cabem embargos de declaração contra qualquer decisão judicial para: **esclarecer obscuridade ou eliminar contradição; suprir omissão de ponto ou questão sobre o qual devia se pronunciar o juiz de ofício ou a requerimento; corrigir erro material.**

3. Os embargos serão opostos, **no prazo de 5 (cinco) dias**, em petição dirigida ao juiz, com indicação do erro, obscuridade, contradição ou omissão, e não se sujeitam a preparo.
4. Na hipótese específica de serem interpostos embargos de declaração contra ato jurisdicional que julgou anteriores embargos de declaração, aqueles devem prender-se à decisão integrante (posterior), **descabendo a rediscussão de fundamentos examinados e vencidos na decisão integrada** (anterior).
5. A petição do recurso de embargos de declaração será dirigida **ao órgão que proferiu a decisão embargada**, por meio de petição com os seguintes requisitos, sob pena de não preenchimento do pressuposto da regularidade formal: a) os nomes das partes e as qualificações das partes; as razões do pedido de reforma ou de invalidação da decisão; c) pedido de reforma ou anulação da decisão monocrática.
6. A interposição de embargos de declaração **dispensa o recolhimento do preparo**.
7. O órgão julgador conhecerá dos embargos de declaração como **agravo interno se entender ser este o recurso cabível**, desde que determine previamente a intimação do recorrente para, no prazo de 05 dias, (em exceção à consumação) complementar as razões recursais, de modo a ajustá-las às exigências típicas daquele recurso (fungibilidade).
8. Quando **manifestamente protelatórios os embargos de declaração,** o juiz ou o tribunal, em decisão fundamentada, ao declarar que o são, deve condenar o recorrente a pagar ao **embargado multa não excedente a 2% sobre o valor atualizado da causa.**
9. Na **reiteração de embargos de declaração** manifestamente protelatórios, a multa será elevada (a se somar àquela antes aplicada) a **até 10% sobre o valor atualizado da causa**, ficando, agora, condicionada a interposição de qualquer outro recurso ao depósito prévio do valor respectivo.
10. A decisão que julga os embargos de declaração terá a **mesma natureza jurídica da decisão embargada.** Se os embargos forem interpostos contra decisão interlocutória, serão julgados por decisão interlocutória. Se interpostos contra sentença, serão julgados por sentença. Se interpostos contra decisão monocrática, serão julgados por decisão monocrática. Se interpostos contra acórdão, serão julgados por acórdão.
11. Facultada a apresentação **de contrarrazões ou não sendo o caso, o juiz julgará os embargos em 05 dias.** Quando os embargos de declaração forem opostos contra decisão de relator ou outra decisão unipessoal pro-

ferida em tribunal, o órgão prolator da decisão embargada decidi-los-á monocraticamente.

12. Súmula 579 - STJ: **Não é necessário ratificar o recurso especial interposto na pendência do julgamento dos embargos de declaração, quando inalterado o resultado anterior** (STJ. Corte Especial. Aprovada em 01/07/2016, DJe 01/08/2016).

13. Mesmo após a vigência do CPC/2015, não cabem embargos de declaração contra **decisão que não se pronuncie tão somente sobre argumento incapaz de infirmar a conclusão adotada.** Os embargos de declaração, conforme dispõe o art. 1.022 do CPC/2015, destinam-se a suprir omissão, afastar obscuridade ou eliminar contradição existente no julgado. O julgador não está obrigado a responder a todas as questões suscitadas pelas partes, quando já tenha encontrado motivo suficiente para proferir a decisão. STJ. 1ª Seção. EDcl no MS 21.315 - DF, julgado em 8/6/2016 (Info 585)

55. RECURSO ORDINÁRIO

1. O recurso ordinário constitucional, em sua essência, **muito se assemelha ao recurso de apelação.** Inclusive, todos os requisitos de admissibilidade da apelação, previstos no CPC, são aplicáveis ao recurso ordinário. Todavia, ele apresenta alguns elementos de diferenciação.

2. **Caberá recurso ordinário**: a) a ser julgado pelo Supremo Tribunal Federal, contra acórdão, proferido em única instância pelos tribunais superiores, denegatório de ordem em mandados de segurança, habeas data e mandados de injunção; b) a ser julgado pelo Superior Tribunal de Justiça: i) contra acórdão, proferido em única instância pelos tribunais regionais federais ou pelos tribunais de justiça dos Estados e do Distrito Federal e Territórios, denegatório de ordem em mandado de segurança; ii) contra sentença, proferida pelo juízo federal de primeira instância, nos processos em que forem partes, de um lado, Estado estrangeiro ou organismo internacional e, de outro, Município ou pessoa residente ou domiciliada no País.

3. A **interposição de recurso extraordinário ou especial em lugar de recurso ordinário** constitui **erro grosseiro,** não sendo possível a utilização da fungibilidade para a sua aceitação como tal.

4. O recurso ordinário deve ser interposto no **prazo de 15 dias** (§ 5º do art. 1.003), contados da intimação da decisão.

5. A petição do recurso ordinário, que será **dirigida ao juízo de primeiro grau**, conterá, sob pena de não preenchimento do pressuposto da regularidade formal: a) os nomes e a qualificação das partes; b) a exposição do fato e do direito; c) as razões do pedido de reforma ou de decretação de nulidade (invalidação); o pedido de nova decisão.

6. No caso do recurso ordinário, por ocasião de sua interposição, exige-se o **recolhimento de preparo.**

7. Conquanto o recurso ordinário seja julgado pelo Supremo Tribunal Federal ou pelo Superior Tribunal de Justiça, o prequestionamento não é requisito de sua admissibilidade.

56. RECURSOS ESPECIAL E EXTRAORDINÁRIO

1. O **recurso especial** é julgado pelo **Superior Tribunal de Justiça** e objetiva manter a **unidade e integridade da legislação federal**. O recurso **extraordinário** (sentido estrito) é julgado pelo **Supremo Tribunal Federal** e objetiva resguardar a **ordem constitucional**.

2. **São pressupostos Gerais de Admissibilidade**: 1) Recurso Extraordinário: Caberá quando a decisão recorrida, decidida em única ou última instância: a) contrariar dispositivo da Constituição Federal; b) declarar a inconstitucionalidade de tratado ou lei; c) julgar válida lei ou ato de governo local contestado em face da Constituição; d) julgar válida lei local contestada em face de lei federal; 2) Recurso Especial: Caberá quando a decisão recorrida, decidida em única ou última instância: a) contrariar tratado ou lei federal, ou negar-lhes vigência: b) julgar válido ato de governo local contestado em face de lei federal; c) der à lei federal interpretação divergente da que lhe haja atribuído outro tribunal.

3. O recurso extraordinário e o recurso especial devem ser interpostos no prazo de **15 dias**

4. Serão interpostos perante o presidente ou vice-presidente do tribunal local, conquanto destinados a tribunais superiores. Elas conterão, nos termos do art. 1.029 do Código de Processo Civil, sob pena de não preenchimento do pressuposto da regularidade formal, a exposição do fato e do direito, a demonstração do cabimento do recurso interposto e as razões do pedido de reforma ou de invalidação da decisão recorrida.

5. No caso do recurso extraordinário e do recurso especial, por ocasião da interposição, **exige-se o recolhimento de preparo.**

6. São pressupostos de admissibilidade específicos: **esgotamento das instâncias ordinárias; prequestionamento.**
7. É pressuposto de admissibilidade específico do recurso extraordinário, a **repercussão geral.**

57. AGRAVO EM RECURSO ESPECIAL E EM RECURSO EXTRAORDINÁRIO

1. Contra decisão do presidente ou do vice-presidente do tribunal local que não admite recurso extraordinário ou especial, **cabe agravo a ser julgado, respectivamente, pelo Supremo Tribunal Federal e pelo Superior Tribunal de Justiça.**
2. O agravo deve ser interposto no **prazo de 15 dias** (§ 5º do art. 1.003), contados da intimação da decisão.
3. A petição do recurso de agravo será **interposta perante o presidente ou vice-presidente do tribunal local** e será dirigida ao presidente do tribunal superior, com os seguintes requisitos, sob pena de não preenchimento do pressuposto da regularidade formal: a) os nomes das partes; b) a exposição do fato e do direito; c) as razões do pedido de reforma ou de invalidação da decisão e o próprio pedido; d) o nome e o endereço completo dos advogados constantes do processo.
4. A petição de agravo será **dirigida ao presidente ou ao vice-presidente do tribunal de origem e independe do pagamento de custas e despesas postais**

58. EMBARGOS DE DIVERGÊNCIA

1. Cabem embargos de divergência **contra o acórdão de órgão fracionário do STF ou do STJ** que: a) **em recurso extraordinário ou em recurso especial**, divergir do julgamento de qualquer outro órgão do mesmo tribunal, sendo os acórdãos, embargado e paradigma, de mérito; b) **em recurso extraordinário ou em recurso especial**, divergir do julgamento de qualquer outro órgão do mesmo tribunal, sendo um acórdão de mérito e outro que não tenha conhecido do recurso, embora tenha apreciado a controvérsia.
2. Podem ser confrontadas teses jurídicas contidas em julgamentos de recursos e de ações de competência originária, porém ambas as decisões devem ser acórdãos, não se admitindo o manejo dos embargos contra decisão monocrática ou, ainda, a utilização desta como paradigma.

3. Além disso, cabem embargos de divergência quando **o acórdão paradigma for da mesma turma que proferiu a decisão embargada**, desde que sua composição tenha sofrido alteração em mais da metade de seus membros.
4. A **divergência** que autoriza a interposição de embargos de divergência pode verificar-se na aplicação do **direito material ou do direito processual**.
5. A questão processual objeto de divergência **não pode dizer respeito à admissibilidade do recurso especial ou extraordinário**. Na verdade, a questão processual deve constituir o **próprio mérito do anterior recurso especial ou extraordinário.**
6. Os embargos de divergência devem ser interpostos no **prazo de 15 dias úteis, contados da intimação da decisão.**
7. A petição dos embargos de divergência, que será dirigida ao **ministro responsável pela lavratura do acórdão embargado**, conterá, sob pena de não preenchimento do requisito da regularidade formal: a) os nomes e a qualificação das partes; b) a exposição do fato e do direito; c) razões do pedido de reforma ou de decretação de nulidade (invalidação); d) o pedido de nova decisão.
8. O **preparo deve ser recolhido**.
9. **Não há necessidade de que a matéria objeto dos embargos tenha sido prequestionada pelo órgão fracionário**. Entretanto, se se tratar de questão suscitada desde o recurso especial ou extraordinário, o conhecimento dos embargos não prescinde do prequestionamento pelo tribunal local.

DIREITO CONSTITUCIONAL

MARCÍLIO DA SILVA FERREIRA FILHO
MARIANA OLIVEIRA PINHEIRO
EVERTON ARAUJO SILVA
VYCTOR AUGUSTO

APRESENTAÇÃO

O Direito Constitucional representa uma das matérias mais cobradas nos concursos públicos em geral, já que a Constituição é o centro do ordenamento jurídico, fundamentando todas as demais disciplinas. Neste livro, elaboramos frases sobre os principais tópicos, de acordo com o que é mais cobrado especificamente no concurso público de Delegado.

Em uma pequena amostra de parte das questões analisadas, você consegue encontrar a preferência das bancas entre os assuntos de "Poder Constituinte", "Controle de Constitucionalidade", "Organização Político-Administrativa", "Organização dos Poderes", além da "Defesa do Estado e das Instituições Democráticas". O assunto mais cobrado, como regra, envolve a "Organização dos Poderes", assunto para o qual você deve dar mais atenção.

ASSUNTOS	QUESTÕES	%
1. Dos Princípios Fundamentais	9	1,87%
2. Dos Direitos e Garantias Fundamentais	82	17,01%
3. Da Organização do Estado	46	9,54%
4. Da Organização dos Poderes	113	23,44%

5. Da Defesa do Estado e das Instituições Democráticas	37	7,68%
6. Da Ordem Econômica e Financeira	16	3,32%
7. Da Ordem Social	25	5,19%
8. Direito Processual Constitucional	86	17,84%
9. Teoria Constitucional	68	14,11%
TOTAL	**482**	**100%**

Veja uma pequena amostra a partir dos últimos concursos realizados: Direito Constitucional e a Constituição (2 questões); Poder Constituinte (41 questões); Controle de Constitucionalidade (67 questões); Dos Princípios, Direitos e Garantias Fundamentais (13 questões); Dos Direitos e Deveres Individuais e Coletivos (12 questões); Tutela Constitucional das Liberdades (69 questões); Direitos Sociais (7 questões); Direito de Nacionalidade (15 questões); Direitos Políticos (16 questões); Dos Partidos Políticos (6 questões); Organização Político-Administrativa do Estado (54 questões); Entes Federativos (19 questões); Intervenção (9 questões); Da Administração Pública (13 questões); Organização dos Poderes (87 questões); Funções Essenciais à Justiça (13 questões); Da Tributação e do Orçamento: Sistema Orçamentário e Finanças Públicas (5 questões); Defesa do Estado e das Instituições Democráticas (63 questões); Das Forças Armadas e da Segurança Pública; Ordem Econômica e Financeira (13 questões); Ordem Social (31 questões).

Assim, as frases foram formuladas para facilitar uma revisão dos candidatos em época aproximada da prova ou ao final dos estudos. Afinal, é fato que uma boa revisão é o diferencial para obter a aprovação nas provas.

Assim, espero que vocês aproveitem ao máximo o conteúdo!

Marcílio Ferreira

Professor, Master Coach, Procurador do Estado e Doutorando

@profmarcilioferreira

1. DIREITO CONSTITUCIONAL E A CONSTITUIÇÃO

1. O **Direito Constitucional** é uma das vertentes do direito **público** que estuda a relação do ordenamento jurídico com a sua norma fundamental, ou seja, como a Constituição que fundamenta o Direito de cada país.

2. A **Constituição** é considerada como uma reunião de normas fundamentais e supremas, escritas ou não (no Brasil, a Constituição é escrita), que promove a formação, estruturação e organização político-jurídica do Estado. Sendo assim, pode-se afirmar que Constituição é um enumerado de normas que possuem o chamado *status* constitucional.

3. O Direito Constitucional promove estudos por meio de três parâmetros: *positivo*, *comparado* e *geral*.

    3.1. O **direito constitucional positivo** é aquele que tem as constituições como objeto de estudo. Estes têm por objetivo as normas fundamentais vigentes, a sua interpretação, crítica e sistematização. O estudo sistemático da Constituição Federal de 1988, por exemplo, é feito pelo direito constitucional positivo, onde se estuda desde seu contexto histórico (como foi formada) até sua adequação daquela população onde é a Constituição é aplicada.

    3.2. O **direito constitucional comparado** é aquele em que duas Constituições são estudadas para que sejam destacadas entre elas suas singularidades e semelhanças, de maneira a construir um estudo jurídico mais complexo, observando o funcionamento das normas no direito externo. Em outras palavras, é o encarregado de realizar comparações entre Constituições para se chegar a informações que construa o estudo jurídico.

    3.3. O **direito constitucional geral** não estuda especificamente uma constituição. Aqui, o estudo é feito sobre a Teoria Geral do Direito Constitucional, onde analisa-se a hermenêutica, a interpretação das normas, e outros princípios de aplicação geral em todas as constituições. Em outras palavras, é uma ciência indutiva que torna comuns os princípios e institutos presentes nas diversas Constituições particulares.

4. O **Direito Constitucional** compõe um dos pilares do **Direito Público**, tendo como ideia inicial a **limitação do poder estatal** diante da organização estrutural do Estado, além de garantias e direitos fundamentais. Atualmente, no entanto, a Constituição de 1988 vai além da limitação estatal, possuindo normas que tratam de obrigações estatais, como – por exemplo – os direitos sociais (prestações do Estado). Ou seja, além de limitar o Estado em suas prerrogativas, a Constituição ainda o obriga a garantir certos direitos à sua população, como por exemplo, à dignidade humana (efeitos limitativo e garantidor).

5. A doutrina trabalha alguns conceitos de Constituição, dividindo-os de acordo com o seu sentido. Em provas, o mais comum é a cobrança quanto aos sentidos *sociológico*, *político*, *jurídico* e *culturalista*.

5.1. Pelo **sentido sociológico,** defendido pelo autor **Ferdinand Lassale,** existem dois modelos de constituição: a escrita (considerada por ele apenas como um pedaço de papel) e a real (o que de fato rege a sociedade). Para este autor, a Constituição é apenas a **somatória das condições efetivas do poder** dentro da sociedade. Logo, pode-se dizer que a Constituição é considerada como **aquilo que se aplica de fato na sociedade**. A Constituição escrita, então, é apenas um pedaço de papel escrito, possuindo pouca relevância, já que não há correspondência com as normas aplicáveis concretamente no meio social. Para ele, o que predomina são os fatores de poder.

5.2. Pelo **sentido político,** propagado por **Carl Schmitt**, seriam consideradas como Constituição apenas as normas que tratassem de assuntos relativos à **decisão política** essencial do Estado. **A decisão política** é baseada na organização dos órgãos do Estado, dos direitos individuais, da vida democrática, entre outros. Ou seja, seria constitucional apenas a matéria que falasse da constituição. Todo o excedente (normas que não tratam da decisão política estatal) seriam apenas uma espécie de "Lei Constitucional", ou seja, teriam uma hierarquia inferior. Dessa forma, o conceito cria uma hierarquia entre *Constituição* e *Lei Constitucional.* No Brasil, não é adotada essa hierarquia/distinção, pois adotamos um modelo de Constituição formal, o que significa dizer que tudo o que estiver na constituição será de matéria constitucional, sem hierarquia nem distinção.

5.3. Pelo **sentido jurídico da Constituição,** atribuído à **Hans Kelsen**, a Constituição é o mundo do **dever ser**, consequência da vontade racional humanística e não de leis naturais. Segundo este autor, a constituição não deverá ser analisada sobre o sentido sociológico, político ou filosófico, e sim sobre a ciência jurídica em si. Atribui ainda duas subdivisões, onde a constituição deverá ser entendida sob o aspecto **jurídico-positivo**, que é a norma em que se baseia todo o ordenamento jurídico (no caso do Brasil, por exemplo, é a Constituição Federal de 1988); e sob o aspecto lógico-jurídico. Kelsen é bastante conhecido pela classificação piramidal das normas, onde coloca a Constituição no topo, e as demais leis e normas logo abaixo. Veja:

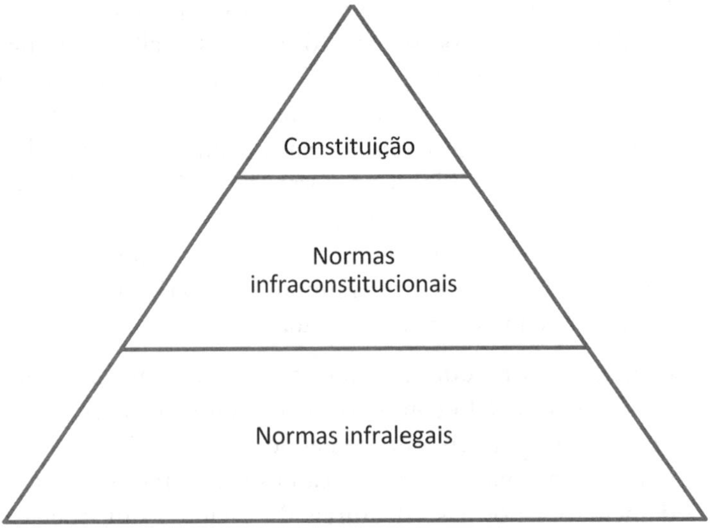

5.4. Por fim, o **sentido culturalista,** defendido por **J.H. Meirelles**, considera que a Constituição é o resultado de um **fato cultural**. Não contempla apenas um aspecto para conceituar a constituição, mas sim toda a contextualização cultural das normas básicas da sociedade.

6. A doutrina **classifica** também as Constituições existentes nos diversos países de acordo com **critérios** pré-selecionados, que varia de acordo com o autor. Aqui, mencionaremos quanto à *origem*, *alterabilidade*, *conteúdo*, *extensão*, *forma*, *elaboração*, *sistemática*, *dogmática*, *correspondência com a realidade*, *sistema*, *função* e *origem de sua decretação.*

6.1. Quanto à **origem**, as Constituições podem ser: **outorgadas** (geralmente chamadas de "Cartas", são as constituições impostas, ditadas de forma autocrática, sem qualquer participação popular, geralmente por um agente revolucionário - Constituições de *1824, 1937 e 1967*), **promulgadas** (objeto de um debate democrática, com participação do povo e normalmente por meio de uma Assembleia Nacional Constituinte - Constituições de *1891, 1934, 1946 e* ***1988.***), **cesaristas** (elaboradas por uma pessoa e outorgada por esta, mas posteriormente sujeita a plebiscito ou referendo) e **pactuadas** (É aquela em que o poder constituinte originário está nas mãos de mais de uma pessoa, de um titular. Ambos pactuam para a formação de uma só constituição. Em outras palavras, é objeto de acordo entre grupos dominantes da sociedade).

6.2. Quanto à **alterabilidade**, as Constituições podem ser: **rígidas** (dependem de um processo rigoroso para sua alteração, mais difícil do que uma simples lei ordinária - *caso do Brasil*), **flexíveis** (podem ser alteradas pelo mesmo processo legislativo de uma lei ordinária), **transitoriamente flexíveis** (apenas por um período pré-determinado podem ser modificadas de forma flexível), **semirrígidas** (alguns artigos são de alteração rígida, enquanto que outros são de alteração flexível), **superrígidas** (alguns artigos não podem ser modificados), **fixas** (apenas o poder constituinte originário poderá alterá-la) e imutáveis (não podem ser alteradas).

6.3. Quanto ao **conteúdo**, as Constituições podem ser: **formal** (tudo o que foi aprovado como norma constitucional será assim considerado, independente do conteúdo - *caso do Brasil*) ou **material** (Contém normas de organização estatal, direitos e garantias fundamentais e normas estruturais do estado. Aqui, apenas normas com conteúdo de decisão política estatal são consideradas como Constituição).

6.4. Quanto à **extensão**, as Constituições podem ser: **sintéticas** (poucos artigos. Que versam de maneira especificamente sobre decisões políticas fundamentais) ou **analíticas** (aborda todos os tipos de assuntos, com vários artigos e disposições, que muitas vezes não tratam de decisão política fundamental - *caso do Brasil*).

6.5. Quanto à **forma**, as Constituições podem ser: **escritas** (é formada por um conjunto de normas externalidades por um código solene, ou até por leis esparsas ou fragmentadas - *caso do Brasil*) e **costumeiras** (sinônimos: não-escritas; consuetudinárias - é aquela constituição que é baseada nos costumes, nos usos, nas jurisprudências e até em pactos).

6.6. Quanto à **elaboração**, as Constituições podem ser **dogmáticas** (editadas como ruptura de um regime jurídico anterior, ou seja, são formadas de modo a refletir o momento atual vivido pela sociedade, revelando seus atuais dogmas - *caso do Brasil*) ou **históricas** (são formadas a partir da evolução da sociedade, como produto de um processo longo de produção histórica das normas jurídicas. Normalmente são também não escritas).

6.7. Quanto à **sistemática**, as Constituições podem ser**:** **reduzidas** (editadas em um só documento - *caso do Brasil*) e **variadas** (editada em documentos esparsos).

6.8. Quanto à **dogmática**, as Constituições podem ser: **ortodoxa** (uma ideologia única) ou **eclética/compromissória** (adota múltiplas ideologias - *caso do Brasil*).

6.9. Quanto à **correspondência com a realidade**, as Constituições podem ser**: normativas** (a realidade se adequa às disposições constitucionais perfeitamente), **nominalistas** (sinônimo: nominativas - a Constituição tenta adequar a realidade aos seus preceitos, mas nem sempre consegue - *caso do Brasil*) ou **semânticas** (a Constituição é utilizada apenas como forma de legitimação da dominação de poderes existentes, não assegurando direitos fundamentais. Normalmente típica em regimes autoritários);

6.10. Quanto ao **sistema**, as Constituições podem ser de caráter: **principiológico** (possuem mais princípios - *caso do Brasil*) e **preceitual** (possuem mais regras);

6.11. Quanto à **função,** as Constituições podem ser: **provisórias** (vigentes por apenas um tempo pré-determinado) ou **definitivas** (vigoram indefinidamente - *caso do Brasil*).

6.12. Quanto à origem de sua **decretação,** as Constituições podem ser: **heterônomas** (ditadas por um outro Estado) ou **autônomas** (elaboradas pelo Estado que a editou - *caso do Brasil*).

6.11. Quanto à **finalidade** podem ser: **garantia** (restringe o poder do Estado), **balanço** (para Manoel Gonçalves Filho "é a *constituição que descreve e registra a organização política estabelecida*". Degrau de evolução socialista), **dirigente/compromissórias** (Projeto de Estado, com programas e projetos com a finalidade de alcançar certos ideais políticos. Aqui estão elencadas muitas das normas de caráter programática. *Normas de Caráter Programático – normas que fixam programas que serão usados para guiar os poderes públicos na obtenção dos planejamentos traçados)

7. A natureza **polifacética** da Constituição faz com que esta reúna normas que cuidem das mais diversificadas matérias e que apresentem as mais distintas finalidades, ou seja, a natureza polifacética da Constituição faz com que ela *possua várias faces e que trate de várias matérias.*

8. A doutrina também divide a Constituição de acordo com os **elementos** que ela contém, quais sejam: elementos **orgânicos, limitativos, socioideológicos**, de **estabilização constitucional** e **formais de aplicabilidade**.

8.1 Os **elementos orgânicos** são normas que resguardam a estrutura do Estado e do Poder (Estão presentes em sua grande maioria nos

Títulos: III – Da Organização do Estado; IV – Da Organização dos Poderes e do Sistema de Governo; V – Das Forças Armadas e da Segurança Pública, Capítulos II e III e Título V – Da Tributação e do Orçamento).

8.2 Os **elementos limitativos** são os que se referem aos direitos e garantias fundamentais, delimitando a atuação dos poderes estatais. (Ex.: Título II – Dos direitos e garantias fundamentais).

8.3 Os **elementos socioideológicos** se referem a uma ideologia adotada pelo Estado. No caso do brasil, adota-se uma ideologia de Estado Social, que intervém na busca do bem-estar da sociedade. (Ex.: Título II – Dos Direitos Sociais, Capítulo II; Título VII – Da Ordem Econômica e Financeira; Título VIII – Da Ordem Social).

8.4 Os **elementos de estabilização constitucional** dispõem sobre normas para garantia da ordem e da segurança, mediante aplicação das normas constitucionais. (Ex.: Título V – Da Defesa do Estado e das Instituições Democráticas).

8.5 Os **elementos formais de aplicabilidade** são normas de aplicabilidade da própria Constituição, especialmente para regrar o período de transição do regime constitucional anterior e a nova Constituição. (Ex.: ADCT).

9. Sobre a eficácia das normas constitucionais, a classificação mais cobrada em concursos públicos é a proposta por José Afonso da Silva, dividindo-as em normas de eficácia **plena, contida e limitada.**

10. **As normas de eficácia plena** são aquelas que produzem efeitos **diretos**, **integral e imediatos**, não dependendo da criação de uma norma regulamentadora para produzir efeitos e também não podendo ser restringida por normas futuras.

11. **As normas de eficácia contida** são aquelas que, mesmo aptas a produzirem os seus efeitos desde a promulgação da Constituição, podem ter seus efeitos futuramente restritos por uma norma que regulamente o dispositivo constitucional. Tem eficácia direta e imediata, porém não integral, pois pode ser restringida futuramente por uma norma. – sinônimo: **restringível**

12. As **normas de eficácia limitada** são aquelas que **não** produzem efeito direto e imediato, pois é necessário que exista uma regulamentação para que ocorra a produção de tais efeitos. Tem aplicabilidade direta, mediata e reduzida, pois só produzem efeitos a partir de uma regulação posterior que lhe dê essa eficácia.

1.1 As normas de eficácia limitada se subdividem ainda em **norma de princípios institutivos** e **normas de princípios programáticos.** As de princípio institutivos são aquelas onde a constituição traz um esquema geral de atribuições de órgãos e instituições públicas, e deixa para que a lei os estruture de forma mais concreta (ex.: Art. 91, da Constituição Federal). As de princípios programáticos são aquelas relacionadas a planos de governo, que concretizem os fins sociais do estado.

1.2 Apesar de as normas de eficácia limitada não possuírem eficácia direta e imediata, elas possuem dois efeitos básicos ao serem editadas: **efeito revogador** (revoga as disposições contrárias a ela) e **efeito inibidor** (inibe a edição de normas futuras contrárias ao seu conteúdo).

13. O **constitucionalismo** se caracteriza por uma junção **política e jurídica** que institui um regime constitucional de determinado país, tratando-se de um processo que foi vivenciado por boa parte dos países ocidentais ao editar suas Constituições.

14. O **neoconstitucionalismo** refere-se a um processo de constitucionalização do Direito, trazendo uma nova abordagem do papel da Constituição, partindo para a sua reafirmação como norma jurídica central do ordenamento jurídico, através da ampliação de sua força normativa e da aplicação sistêmica dos seus preceitos.

15. A **diferença entre o constitucionalismo e o neoconstitucionalismo** é que o primeiro foi um movimento onde se preocupou em criar constituições, para regular e limitar o poder estatal, dando um maior direito às pessoas. O segundo movimento, por sua vez, se preocupou em dar maior importância e validade no cumprimento do que fora ali escrito, de modo a gerar uma maior força normativa à constituição.

16. As normas constitucionais possuem **supremacia hierárquica,** garantindo que elas prevaleçam em relação a outras normas e a qualquer ato jurídico de *status* normativo inferior.

17. A **Constituição é composta por um conjunto de normas de *status*** supremo no ordenamento jurídico (textos editados pelo constituinte originário e derivado federal), estabelecendo regras e princípios fundamentais que devem ser observados pelos demais atos normativos.

18. A **ADCT (Ato das Disposições Constitucionais Transitórias)** são normas de *status* constitucional e, portanto, fazem parte da Constituição. Tanto é assim que, se uma lei violar um artigo da ADCT, poderá ele ser declarado inconstitucional.

19. Com a edição da EC 45/2004, os "**tratados e convenções internacionais** sobre **direitos humanos** que forem aprovados, em **cada Casa do Congresso Nacional**, em **dois turnos**, por **três quintos** dos votos dos respectivos membros, serão equivalentes às **emendas constitucionais**", conforme **art. 5º, §3º da Constituição Federal.**

20. O **somatório das normas constitucionais** (Constituição, Emendas Constitucionais, ADCT e normas incorporadas na forma do **art. 5º, §3º** da Constituição Federal) compõem o que a doutrina denomina de **bloco de constitucionalidade.**

2. PODER CONSTITUINTE

1. O **Poder Constituinte** é a manifestação de um novo poder que **cria** ou **muda** as normas constitucionais. É a inauguração traduzida na emissão da vontade do povo, podendo ser elaborado por órgãos **diretos** (o próprio povo) ou **indiretos** (representante(s) do povo ou por meio da *Assembleia Constituinte* ou *Convenção Nacional*).

2. O **Poder Constituinte** se subdivide em **Originário** e **Derivado.**

2.1 **Poder Constituinte Originário** *inaugura* uma nova constituição.

2.2 **Poder Constituinte Derivado** *modifica* ou *revisa* a Constituição Federal, assim como também *edita* Constituições Estaduais.

3. O **Poder Constituinte Originário** é aquele que estabelece uma nova Constituição. Ocorre o rompimento com a ordem jurídica anterior formando um novo Estado, além de constituir poderes a ele, tendo como titular o **povo.**

1.1 Tem como características: *Inicial, Ilimitado, Incondicionado, Latência, Instantaneidade, Inalienabilidade, Especialidade.*

3.1.1 **Inicial:** desencadeia uma nova ordem jurídica; **Ilimitado:** por não se sujeitar a limites jurídicos; **Incondicionado:** por não condicionar a formalidades; **Latência:** pois o poder constituinte fica inerte podendo manifestar a qualquer hora segundo desejo do povo; **Instantaneidade:** já que pode entrar em atividade a qualquer momento; **Inalienabilidade:** sendo o poder único do povo, não podendo ser alienável a outrem; **Especialidade:** como fim a elaboração de uma nova constituição.

3.1.2 A característica **Ilimitada** não é *absoluta*, tendo em vista que poderá sofrer limitações, como por exemplo as de cunhos culturais ou religiosos.

3.2 Quanto as formas de manifestação, poderá ser pelo(a): **Ruptura Abrupta, Ruptura Jurídica, Poder Exógeno, Poder Supranacional.**

3.2.1 **Ruptura Abrupta:** quando se dá por meio de revoluções;

3.2.2 **Ruptura Jurídica:** quando se dá por passagem de regime jurídico de forma pacífica;

3.2.3 **Poder Exógeno:** quando se dá por poderes externos;

3.2.4 **Poder Supranacional:** quando se dá por Estados em integração econômica e política.

1.3. O **Direito Adquirido** não pode ser alegado diante do Poder Constituinte Originário, já que este é ilimitado e incondicionado.

3. O **Poder Constituinte Derivado** advém do originário, existindo a *subordinação* e *condição* ao que foi estatuído inicialmente. Seu exercício se estabelece dentro dos limites e condições do texto constitucional originário. O Poder Constituinte Derivado pode ser divido em **três** tipos: **Reformador**, **Decorrente** e **Difuso**.

4. O **Poder Constituinte Derivado Reformador** é aquele competente para alterar o texto constitucional através do instrumento previsto pelo originário, qual seja: **Emenda Constitucional** e pela **Revisão Constitucional**.

5.1 Tem como características: **Limitado**, **Condicionado** e **Não Inicial**.

5.2 Quanto aos limites do Poder Constituinte Reformador através das Emendas Constitucionais, existem dois tipos: (a) **Limites Explícitos:** que são subdivididos em: Materiais, Formais, Circunstanciais e Temporais. Já os (b) **Limites Implícitos** é dividido em: Titularidades do poder constituinte; Imutabilidade do Art. 60 da Constituição Federal; Preservação do Mínimo Existencial.

5.2.1 **Limites Explícitos - Formais:** é quanto ao processo/forma de elaboração das emendas constitucionais (forma de aprovação do art. 60, §2º, da CF); **Materiais**: são aquelas matérias que não podem ser abolidas pelas emendas constitucionais, como as cláusulas pétreas (CF, art. 60, §4º); **Circunstanciais:** é quando ocorrem circunstancias em que não se pode emendar a constituição, como por exemplo, estado de defesa, sítio e intervenção federal (CF, art. 60, §1º); **Temporais:** Períodos determinados em que não é possível a mudança do texto constitucional (**não existe este tipo de limite na Constituição Federal de 1988**).

5.2.2 **Limites Implícitos - Titularidade do Poder Constituinte:** é a impossibilidade de modificar a titularidade do povo para exercício do Poderes Constituintes; **Imutabilidade do art. 60, §4º da Constituição Federal**: é a vedação à alteração das cláusulas pétreas com o objetivo de retirar, em seguida, o direito protegido por elas (trata-se da vedação à Dupla Revisão); **Preservação do Mínimo Existencial:** os direitos sociais mínimos à garantia de uma existência digna devem ser sempre preservados.

5.3 Por sua vez, a **Revisão Constitucional** tem previsão no art. 3º do ADCT. Será exercida uma **única vez** após 5 anos da promulgação da Constituição Federal, tendo voto **maioria absoluta**, em **sessão unicameral**. Tal norma possui eficácia exaurida, pois já foi aplicada integralmente e não poderá ser repetida.

5. **Poder Constituinte Decorrente** é a capacidade de **auto-organização que os Estados** possuem em elaborar sua própria Constituição, conforme se verifica no art. 25, *caput*, da Carta Magna, também denominado como Poder Constituinte Derivado Decorrente **Institucionalizador**.

6.1 O **Poder Constituinte Decorrente** deve observar a Constituição Federal, sob pena de ter suas normas declaradas inconstitucionais. As limitações são divididas em três tipos: **Princípios Constitucionais Sensíveis**, **Princípios Constitucionais Estabelecidos** e **Princípios Constitucionais Extensíveis**.

6.1.1 **Princípios Constitucionais Sensíveis:** são os princípios constantes do art. 34, VI da CF e que, caso violados, admitem a intervenção entre os entes federativos; **Princípios Constitucionais Estabelecidos:** são aquelas que a própria Constituição impõe aos Estados, restringindo a capacidade organizatória dos Estados; **Princípios Constitucionais Extensíveis:** são normas organizatórias da União, previstas pela Constituição, que estendem aos Estados em virtude do princípio da simetria.

6. **Poder Constituinte Difuso** ocorre por meio da **Mutação Constitucional.** Esta consiste em uma evolução de situações de fato ou de uma nova visão jurídica vigorada na sociedade, sendo mudada a **interpretação** da Constituição sem que o texto da norma constitucional seja **modificada**, ou seja, o texto é o mesmo, porém muda o sentido que lhe é atribuído.

7. Poderá ser alegado **Direito Adquirido** perante o Poder Constituinte Derivado, uma vez ele é limitado e condicionado à observância das regras do Poder Constituinte Originário.

8. O **Direito Constitucional Intertemporal** tem como finalidade estudar o efeito de normas jurídicas novas diante do ordenamento jurídico antecedente, analisando se devem ser consideradas como compatíveis ou não.

9.1 O fenômeno da **Repristinação** corresponde a volta de uma norma já revogada, que retoma sua posição no ordenamento jurídico em razão da revogação da norma que a revogou. Ex.: a Lei "A" foi revogada pela Lei "B". Contudo, a Lei "B" é revogada do ordenamento jurídico. A Lei "A" não volta a vigorar, a não ser expressa previsão legal (LINDB, Art. 2º, §3º).

9.2 Importante destacar que a **Repristinação** difere do **Efeito Repristinatório**. Este corresponde à volta de uma norma revogada quando a lei que a revogou é declarada inconstitucional. Decorre de uma declaração de inconstitucionalidade pelo Poder Judiciário, voltando a vigorar a norma antiga.

9. O fenômeno da **Recepção** envolve a relação intertemporal entre leis anteriores ao advento de uma nova Constituição. Assim, quando uma nova Constituição é editada, as leis anteriores podem ser recepcionadas ou não, se de acordo com a existência de compatibilidade material. Para a recepção de uma norma anterior à Constituição, exige-se apenas a sua compatibilidade material, não sendo necessária compatibilidade formal (ex: um Decreto-Lei compatível com a nova Constituição será recepcionado como lei ordinária se a matéria dever ser disposta nesta).

10. A **revogação** é o instituto da perda de vigência de uma norma jurídica precedente, se dividindo em total (ab-rogação) ou parcial (derrogação), na hipótese de uma nova Constituição a revogação é integral não permanecendo qualquer dispositivo, se não por expressa disposição do novo ordenamento jurídico.

11.1 A **Teoria da Desconstitucionalização** é quando a norma anterior pode ser mantida caso seja materialmente compatível com a nova, tendo status de lei. **Não é admitido no Brasil,** salvo previsão em nova constituição.

11. **Hermenêutica Constitucional** consiste no estudo de interpretações das normas sob a visão da Constituição acarretada por sua supremacia.

3. CONTROLE DE CONSTITUCIONALIDADE

1. O **Controle de Constitucionalidade** é o meio de adequação de compatibilidade entre uma lei ou ato normativo com as normas de status Constitucional (*bloco de constitucionalidade*), de modo que - caso haja uma discordância entre o dispositivo legal e o texto constitucional -, *prevalecerá* a norma constitucional.

1.1. As leis e os atos normativos possuem *presunção de constitucionalidade*. No entanto, esta presunção é relativa, pois as leis podem ser objeto de controle de constitucionalidade.

2. Quanto aos **elementos** que são analisados em sede de controle de constitucionalidade, fala-se em duas categorias jurídicas: o **objeto**, que é o ato sob o qual incidirá a análise de compatibilidade com a Constituição; e o **parâmetro**, que é a norma constitucional que se alega haver violação.

3. Quanto às **espécies de inconstitucionalidade,** elas se dividem de acordo com os seguintes critérios: (a) quanto ao tipo de *conduta* (por ação ou omissão); (b) quanto à norma constitucional *ofendida* (formal ou material); (c) quanto à *extensão* (total ou parcial); (d) quanto ao *momento* (originária ou superveniente); (e) quanto ao prisma de *apuração* (direta ou indireta).

3.1 **Tipo de Conduta**: (a) Por *Ação*, quando editada lei ou ato normativo incompatível ou em dissonância com o texto constitucional; (b) Por *Omissão*, quando a Constituição prevê o dever dos Poderes Legislativo, Executivo ou Judiciário em editar leis ou atos normativos, entretanto, não o fazem, permanecendo em inertes e descumprindo, portanto, a obrigação constitucional de agir.

3.2 **Norma Constitucional Ofendida**: (a) Inconstitucionalidade *Formal*: quando ocorre vício na elaboração, produção da norma ou na competência do órgão que a editou; (b) Inconstitucionalidade *Material*: quando ocorre vício na matéria/conteúdo do ato normativo, contrário com a Constituição.

3.3 **Extensão**: (a) *Total*: quando a lei ou ato normativo é inconstitucional em sua integralidade; (b) *Parcial*: quando a lei ou ato normativo é inconstitucional em parte.

3.4 **Momento:** (a) *Originária*: quando a lei ou ato normativo já nasce com a violação à Constituição, desde seu início; (b) *Superveniente*: quando a inconstitucionalidade ocorre após a entrada no ordenamento jurídico da lei ou ato normativo. **No Direito Brasileiro, não se admite a inconstitucionalidade superveniente**, já que a compatibilidade é aferida no exato momento em que a norma ingressa no ordenamento jurídico, sendo que a incompatibilidade futura ensejará revogação (e não inconstitucionalidade).

3.5 **Prisma de Apuração**: (a) *Direta*: quando a constituição é afrontada diretamente pela lei ou ato normativo; (b) *Indireta*, quando a violação ocorre de modo indireta à Constituição, atingindo primeiro um ato normativo infraconstitucional.

4. Quanto aos **Tipos de Controle de Constitucionalidade,** eles se dividem em: quanto ao *momento* (preventivo ou repressivo); quanto à *finalidade* (concreto ou abstrato); quanto à *competência* (difuso ou concentrado); quanto à *natureza do órgão* (político, jurisdicional/jurídico ou misto); quanto ao tipo de *pretensão* (processo objetivo e subjetivo).

4.1 **Momento**: (a) *Preventivo*: é realizado durante o processo legislativo, antes que este se torne uma lei, objetivando o impedimento da entrada da norma eivada de vício no ordenamento jurídico; (b) *Repressivo*: é realizado em momento posterior da edição da lei ou ato normativo.

4.1.1 A atuação do controle *preventivo* é ampla, podendo se estender pelos três poderes: **Legislativo**, pelas Comissões de Constituição e Justiça, no momento de tramitação do projeto de lei, por exemplo; **Executivo**, pelo *veto jurídico* a projeto de lei considerado inconstitucional; **Judiciário**, ocorre de maneira excepcional, através de Mandado de Segurança, *exclusivamente* impetrado por parlamentar, quando ocorre violação no processo legislativo ou de cláusulas pétreas.

4.1.2 A atuação do controle *repressivo*, também, é ampla, podendo se estender pelos três poderes: **Legislativo**, quando decreta a sustação de atos do Presidente da República que excedeu em seus atos, por exemplo; **Executivo**, diante do *princípio da supremacia da constituição*, o chefe do poder executivo poderá negar cumprimento de leis ou atos normativos que sejam considerados inconstitucionais, desde que de maneira motivada, publicitando e ajuizando ação de controle abstrato; **Judiciário**, função típica deste órgão, ocorre por meio do *controle de constitucionalidade*.

4.2 **Finalidade**: (a) *Concreto*: quando ocorre de forma incidental, tendo como objetivo principal assegurar direitos subjetivos, tendo partes litigando sobre algo, sendo a inconstitucionalidade a causa de pedir, não ensejando como pedido principal, a questão levantada é a **prejudicial**; (b) *Abstrato*: objetiva a **proteção da ordem constitucional**, tendo como propósito a análise da constitucionalidade de lei ou ato normativo que confronte a Constituição e não um caso concreto específico com partes estabelecidas.

4.3 **Competência**: (a) *Difuso*: quando é realizado por *qualquer* juízo seja de primeira ou última instância; (b) *Concentrado*: quando é realizado por meio de controle de constitucionalidade *apenas* pelos tribunais superiores, em ações e legitimados específicos.

4.3.1 **Teoria da Abstrativização**: Segundo esta teoria, adotada recentemente pelo STF em virada de jurisprudência, as ações *concretas* decididas pelo **Supremo** terão efeitos *erga omnes* e *vinculante*, assim como as abstratas, devendo o Senado Federal publicizar as decisões proferidas pelo referido órgão.

4.4 **Natureza do Órgão**: (a) *Político*: aquele realizado por órgãos públicos de natureza política, ou seja, os Poderes Legislativo, Executivo ou órgãos especiais criados para este fim; (b) *Jurisdicional/Jurídico*: aquele realizado por órgãos que integram o Poder Judiciário, sendo o controle repressivo típico; (b) *Misto*: junção do controle político e jurisdicional/jurídico, entretanto, alguns atos sujeitam ao controle político e outros ao controle jurisdicional/jurídico.

4.5 **Tipo de Pretensão**: (a) *Objetivo*: não há situações subjetivas em discussão, aqui é analisada a norma em tese, não havendo análise de caso concreto, tendo como pedido unicamente a declaração de inconstitucionalidade; (b) *Subjetivo*, há situações e interesses subjetivos em discussão, com partes específicas.

5. A Constituição Federal prevê, no seu art. 97, a **Cláusula de Reserva de Plenário,** dispondo que a declaração de inconstitucionalidade de leis ou atos normativos só poderá ocorrer pelo órgão plenário (todos os julgadores) ou pelo órgão especial (que recebe delegação do plenário para decidir, conforme art. 93, XI, da CF/88) e o quórum para tanto deverá ser de **maioria absoluta**. Assim, os órgãos fracionários (Turmas ou Câmaras) **não** podem decidir pela inconstitucionalidade de leis ou atos normativos como regra.

5.1 Segundo a Súmula Vinculante 10: Viola a cláusula de reserva de plenário (CF, artigo 97) a decisão de órgão fracionário de tribunal que, embora não declare expressamente a inconstitucionalidade de lei ou ato normativo do Poder Público, afasta sua incidência, no todo ou em parte.

5.2 Os órgãos fracionários dos tribunais não submeterão ao plenário ou ao órgão especial a arguição de inconstitucionalidade quando já houver pronunciamento destes ou do plenário do Supremo Tribunal Federal sobre a questão. (CPC, art. 949, parágrafo único)

6. A **Ação Direta de Inconstitucionalidade** tem como finalidade a *declaração de incompatibilidade* de lei ou ato normativo **federal** ou **estadual** em confronto com a Constituição Federal/Bloco Constitucional, tendo previsão no art. 102, I, "a" da CF, sendo o STF o órgão competente para processa-la e julgá-la. Trata-se de um processo **objetivo**.

6.1 Poderá o STF julgar ADI em face lei estadual mesmo que está se encontre ajuizada perante o Tribunal de Justiça do Estado também por violação à Constituição Estadual. Neste caso, estaremos diante de um controle de constitucionalidade simultâneo (STF e TJ). A ação do TJ deverá ficar sobrestada até o julgamento pelo STF da ADI principal.

6.2 Apesar de ser aplicado o **princípio da congruência/adstrição ao pedido**, é admitido a declaração de inconstitucionalidade de uma norma que não tenha sido objeto do pedido, ato denominado como *inconstitucionalidade por arrastamento.*

7. A ADI possui alguns **efeitos** em suas decisões, sendo eles: (a) *Eficácia Erga Omnes*: os efeitos estendem a todos; (b) *Efeitos Retroativos*: em razão da nulidade do ato normativo, a declaração de inconstitucionalidade retroage, salvo modulação de efeitos; (c) *Efeito Vinculante*: a decisão da ADI vincula os demais órgãos do Poder Judiciário e a administração pública direta e indireta em todas as esferas, segundo art. 102, §2° da CF, não vinculando, contudo, o próprio STF e o Poder Legislativo; (d) *Efeito Ambivalente*: quando declarada ADI improcedente, subsequentemente, é declara a constitucionalidade da lei ou ato normativo, assim como também o contrário, em sede de ADC improcedente, consequentemente, será declarada inconstitucional a lei ou ato normativo.

7.1 O efeito da decisão de inconstitucionalidade é *ex tunc,* retroagindo desde a criação da lei. Porém, existe a alteração dos efeitos temporais da decisão, de acordo com o Art. 27 da Lei 9.868/99, denominado *modulação de efeitos*, devendo preencher dois requisitos: **Motivos de segurança jurídica** ou de **excepcional interesse social** e Quórum de maioria de **dois terços** dos membros do STF.

8. O **ajuizamento** da ADI é realizado *apenas* pelos legitimados presentes no art. 103 da CF, sendo divididos em **universais e especiais**. Os **Legitimados Universais** são aqueles que *estão dispensados* em demonstrar a pertinência temática, pois a Constituição já lhe atribuiu a função, sendo aqueles que podem impugnar qualquer lei ou ato normativo. Já os **Legitimados Especiais** são aqueles que *devem comprovar* a pertinência temática, que é a relação entre a norma objeto de impugnação e a entidade que ingressa com ADI.

9. Quanto aos **Legitimados Ativos** para a propositura de **ADI, ADO, ADC e ADPF,** presente no art. 103, da CF, são eles: (a) ***Universais***: O Presidente da República; Mesa do Senado Federal; Mesa da Câmara dos Deputados; o Procurador Geral da República; Conselho Federal da Ordem dos Advogados do Brasil; Partido Político com Representação no Congresso Nacional; (b) ***Especiais***: o Governador do Estado ou do Distrito Federal; Mesa da Assembleia Legislativa ou Câmara Legislativa do Distrito Federal; Confederação Sindical; Entidade de Classe de Âmbito Nacional.

9.1 De acordo com a *ADI 2159 AgR/DF*, a aferição da legitimidade deverá ser feita da **propositura** da ação e não será desqualificada a ADI caso ocorra a **perda superveniente** de representação do partido político no Congresso Nacional.

10. Quando o STF apreciar a ADI deverá citar, previamente, o **Advogado--Geral da União**, para defender o ato ou texto normativo. O **Procurador-Geral da República** também deverá ser previamente ouvido.

10.1. Apesar disso, segundo entendimento do STF, o AGU está dispensado de defender a constitucionalidade da lei ou ato normativo quando já houver decisão do plenário do STF ou quando contrariar os interesses da União.

11. Na ADI, pode ser deferida **Medida Cautelar**, que ocasionara à suspensão da eficácia da lei ou ato normativo impugnado, devendo estar presente os pressupostos da probabilidade do direito, também conhecido como *fumus boni iuris* ou *periculum in mora*. Em regra, terá eficácia *erga omnes* e *efeito ex nunc*, tornando aplicável a legislação anterior se expressa na decisão em sentido contrário.

11.1 Para ser concedida a *Medida Cautelar,* deverá ser aprovada por maioria absoluta, presentes oito ministros. Terá efeito vinculante e *erga omnes* e *ex nunc*, em regra.

11.2 **Procedimento da Medida Cautelar**, em regra: Audiência do legitimado passivo em **cinco dias**, *salvo se urgente*, podendo neste caso dispensar a audiência; Manifestação da AGU e PGR em **três dias**, se for *considerado indispensável*; Publicação no DOU/DJU em **dez dias**. A decisão terá efeito da *ata da sessão de julgamento*.

12. Quanto à **Intervenção de Terceiros**, não é permitida pelo ordenamento jurídico já que há natureza objetiva. Porém, é admitida a manifestação de outros órgãos ou entidades, correspondendo à figura do ***amicus curiae***, conforme o art. 7º, §2º da Lei 9.868/99 e arts. 948 e 950, §3º do CPC, que, mesmo sem ser parte, é chamado ou se oferece para emitir a sua *opinião* sobre o debate constante dos autos, *colaborando* por uma decisão que seja justa, por meio de uma participação meramente informativa.

13. No procedimento da **Ação Direta de Inconstitucionalidade,** é cabível a oposição de *Embargos de Declaração*, com o objetivo de obter a modulação dos efeitos da decisão.

14. A **Ação Direta de Inconstitucionalidade Interventiva**, com base no art. 36, III, da CF/88, é uma outra modalidade de ADI, que deve ser proposta em desfavor da unidade federada, com o objetivo de preservar os *princípios constitucionais sensíveis* do art. 34, VII da CF. É legitimado exclusivo para a sua propositura o Procurador Geral da República.

15. A **Ação Declaratória de Inconstitucionalidade por Omissão (ADO),** prevista no art. 103, §2º da CF/88 e na Lei 9.868/99 nos arts. 12-A a 12-E, é cabível diante de omissão normativa *total* ou *parcial* do Poder Legislativo ou Executivo que *não torna efetivo um direito constitucional,* pois existe uma norma de *eficácia limitada* que depende de lei que não foi editada fazem, inviabilizando o exercício de um direito disposto na Constituição.

15.1 A ADO é ajuizada perante o **STF**, sendo os legitimados os mesmos da ADI, presente no art.103 da CF/88.

16. Haverá um tratamento diferenciado quanto à *mora legislativa*, dependendo da natureza do órgão: se a mora for do Poder Legislativo, o Judiciário apenas comunicará a omissão; se a mora for do Poder Executivo, será fixado prazo de **30 dias** para a solução.

17. Na ADO, poderá ser concedida **Medida Cautelar**, presente no art. 12-F e 12-G da Lei 9.868/99, consistindo na *suspensão da aplicação da lei ou ato normativo* que está em questionamento caso ocorra **omissão parcial**, e também pela *suspensão de processos judiciais ou administrativos*, caso ocorra **omissão total**, conforme art. 12-F, §2º da Lei 9.868/99.

18. A **Ação Declaratória de Constitucionalidade (ADC)** objetiva declarar a constitucionalidade de uma *lei ou ato normativo federal*, com base no art. 102, I "a" da CF/88. É requisito para sua propositura a comprovação de **controvérsia judicial relevante** (art. 14, III, da Lei 9.868/99) para que não ocorra o ajuizamento de várias propostas.

18.1 A ADC é ajuizada perante o **STF**, sendo os legitimados os mesmos da ADI, presentes no art. 103 da CF/88.

19. A ADC abrange **somente** leis ou atos normativos **federais,** ficando fora do campo material as leis ou atos normativos estaduais e municipais.

20. Na ADC está presente também a **Medida Cautelar** com base no art. 21 da Lei 9.868/99, devendo estar presentes a probabilidade do direito *(fumus bonis iuris)* e perigo de dano ou risco ao resultado útil do processo *(periculum in mora),* suspendendo-se o julgamento de processos em que há controvérsia judicial relevante. O prazo de vigência da Medida Cautelar é de *180 dias,* podendo ser prorrogado pelo STF.

21. A **Arguição de Descumprimento de Preceito Fundamental**, prevista no art. 102, §1º da CF/88, compõe o elenco de mecanismos do controle abstrato de constitucionalidade das leis ou atos normativos, **porém de forma subsidiária**, quando **não puder ser admitido outro meio** eficaz de sanar a lesividade, conforme dispõe o art. 4º, §1º da Lei 9.882/99.

21.1 A ADPF tem como *finalidade* a proteção de preceitos fundamentais decorrentes da Constituição, podendo ser empregado para o controle dos atos concretos ou individuais do Estado e da administração pública. Cabe ADPF sobre ato de efeitos concretos como decisões judiciais.

22. Na ADPF, também é prevista a possibilidade de deferimento da **Medida Cautelar,** conforme o art. 5º, §1º da Lei 9.882/99. Tal medida será concedida por maioria absoluta dos membros do STF, em caso de *extrema urgência, relevante perigo* ou *recesso*, consistindo na suspensão do andamento do processo ou dos efeitos das decisões judiciais até o julgamento da arguição, respeitando a coisa julgada.

23. O relator **solicitará** as informações ao órgão ou autoridade responsáveis pelo ato questionado no prazo de 10 dias e, se **necessário,** poderá ouvir as partes nos processos e designar perícia. Decorrido o prazo das informações, o Ministério Público terá vista dos autos no prazo de 5 dias, posteriormente o relator lançará seu relatório com cópia a todos os ministros, e pedirá dia para julgamento.

24. A **Súmula Vinculante** também é instrumento para garantir a segurança jurídica e tem como objetivo a *validade*, a *interpretação* e a *eficácia* de normas determinadas, acerca das quais haja **controvérsia** atual entre órgãos judiciários ou entre esses e a administração pública que acarrete grave insegurança jurídica e relevante multiplicação de processos sobre questão idêntica, prevista no Art. 103-A da Constituição Federal.

24.1 A súmula, por não apresentar características de *ato normativo*, não está sujeita à jurisdição constitucional concentrada.

25. Compete *exclusivamente* ao STF a edição de Súmulas Vinculantes. Terá como iniciativa por **ofício** ou por **provocação** dos legitimados previstos no Art. 3º da Lei 11.417/06.

25.1 Para que ocorra sua revisão e anulação deverá *haver evidencias de superação da jurisprudência do assunto no STF, alteração substantiva do contexto político, econômico ou social* ou *alteração legislativa sobre a matéria.*

26. Para que seja aprovada, a Súmula Vinculante deverá ser aprovada pelo quórum de **2/3 dos membros do STF**, sendo necessário que *oito ministros* estejam favoráveis à edição.

27. São **pressupostos** para edição de Súmula Vinculante: *Reiteradas* decisões sobre o assunto; *Aprovação* da edição da súmula respeitado o quórum; *Controvérsia* entre os órgãos judiciários ou entre eles e a administração pública.

28. Em caso de violação à Súmula Vinculante, o interessado poderá ser valer da **Reclamação Constitucional** para garantir a incidência do enunciado, conforme art. 103-A, § 3º da Constituição Federal.

4. DOS PRINCÍPIOS, DIREITOS E GARANTIAS FUNDAMENTAIS

1. O **Preâmbulo da Constituição de 1988**, segundo o STF, não possui força normativa, não havendo relevância jurídica, sendo parte introdutória da Constituição expressado por palavras a *posição ideológica* do Poder Originário.

1.1. De acordo com a *ADI 2.076* o preâmbulo da Constituição Federal não é considerado como norma de **reprodução obrigatória** para as Constituições Estaduais.

1. Quanto aos **Princípios Fundamentais,** estes estão presentes na Constituição de 1988, como: *Fundamentos da República*, Art.1º; *Independência entre Poderes*, Art. 2º; *Objetivos Fundamentais*, Art. 3º; e *Relações Internacionais*, Art. 4º.

2.1 São **Fundamentos da República Federativa do Brasil, Art. 1º**: *Soberania Nacional, Cidadania, Dignidade da Pessoa Humana, Valores Sociais do Trabalho, Livre Iniciativa, Pluralismo Político.*

2.1.1 O *Princípio do Estado Democrático de Direito* está disciplinado no *caput* do artigo 1º da Constituição Federal, sendo um princípio nuclear, o qual alude ao pluralismo político, à separação de poderes e à legalidade.

2.1.2 De acordo com a doutrina, a **dignidade da pessoa humana** é composta com base à *Teoria dos Cinco Componentes*: Integridade Física e Espiritual do Homem; Livre Desenvolvimento da Personalidade; Libertação da Angustia da Existência; Garantia da Autonomia Individual através da Vinculação dos Poderes Públicos a conteúdo, formas e procedimentos do Estado de Direito; Igualdade de Tratamento perante a Lei.

2.2 **Independência entre Poderes**, **Art. 2º**: Prevê que os Poderes da União são *independentes* e *harmônicos* entre si, de acordo com o *Princípio da Separação dos Poderes.*

2.2.1 A independência dos poderes estabelece que não deve haver intervenção entre eles, cada um exercendo suas funções típicas de maneira regular. Entretanto, é possível o exercício de funções atípicas, desde que autorizado pela própria Constituição;

2.2.2 A harmonia entre os poderes autoriza que haja um controle recíproco em caso de abusos (ex.: o Poder Judiciário pode declarar a inconstitucionalidade de uma lei ou ato normativo editado pelo Poder Legislativo com violação à Constituição).

2.3 **Objetivos Fundamentais**, **Art. 3º**: *Construir uma sociedade livre, justa e igualitária; Garantir o Desenvolvimento Nacional; Erradicar a pobreza e a marginalização e reduzir as desigualdades sociais e regionais; Promover o bem de todos, sem preconceitos de origem, sexo, cor, idade e quaisquer outras formas de discriminação.*

2.4 **Princípios das Relações Internacionais**, **Art. 4º**: *Independência Nacional; Prevalência dos Direitos Humanos; Autodeterminação dos Povos; Não-Intervenção; Igualdade entre os Estados; Defesa da Paz; Solução Pacífica dos Conflitos; Repúdio ao Terrorismo e ao Racismo; Cooperação entre os Povos para o Progresso da Humanidade; Concessão de Asilo Político.*

2.4.1 A *Perseguição Política* se dá por divergência políticas, restrição de manifestação de pensamento ou até mesmo crimes contra a segurança do Estado. Decorrente da perseguição de caráter individual, podendo ser requisitado a outros países soberanos *Asilo Político,* entretanto a *Concessão de Asilo Político* é discricionária dos Estados.

2. A doutrina divide os **Direitos Fundamentais** em três gerações, sendo elas: **Primeira Geração**, direitos ligados a *liberdades individuais,* conexo portanto aos direitos civis e políticos; **Segunda Geração**, direitos ligados a *igualdade*, conexo portanto aos direitos sociais, culturais e econômicos; **Terceira Geração**, direitos ligados a *fraternidade*, ou seja, aqueles cujo objetivo tenham a proteção de interesses difusos.

3.1 Os **Direitos e Garantias Fundamentais** possuem competência *negativa*, ou seja, há o dever de o Estado proteger o livre exercício desses direitos pelas pessoas. Já os **Direitos Sociais** possuem competência *positiva* do Estado, devendo este atuar nestes direitos.

3.2 A doutrina elenca ainda direitos de: **Quarta Geração**, relacionado os *direitos universais*, gerado a partir da *globalização dos direitos fundamentais*; **Quinta Geração**, direito à *paz global.*

3. Os Direitos Fundamentais tem como **características**: *Universalidade*, considerando que tais direitos são extensíveis a todos; *Historicidade,* pois são lastreados historicamente, no qual deverão ser analisados em um período determinado; *Indivisibilidade*, devendo ser considerados com proteção integral; *Imprescritibilidade*, já que, por não haver caráter patrimonial, estes direitos não podem prescrever pelo tempo; *Inalienabilidade*, que é a impossibilidade de dispor destes direitos; *Relatividade*, podendo ser restringidos em cada caso concreto a partir de uma ponderação entre eles (nenhum direito fundamental é absoluto); *Inviolabilidade*, pois não podem ser violados, sob pena de responsabilização daquele que o fez; *Complementaridade*, já que há complementação destes direitos com outros, visando a proteção da dignidade da pessoa humana; *Efetividade*, que é a atuação efetiva e positiva do Estado para garantir estes direitos; *Interdependência*, relacionando a dependência entre os direitos fundamentais com mecanismos que visam sua proteção.

4.1 De acordo com a característica da *Universalidade*, os Direitos Fundamentais são **extensíveis** a todos os **brasileiros** e aos **estrangeiros residentes no país**, conforme preceitua o *caput* do art. 5º da Constituição Federal. Segundo o STF, apesar da literalidade do referido artigo, tais direitos também são garantidos aos estrangeiros não residentes no país e mesmo aos apátridas.

4. As normas de Direitos Fundamentais, de acordo com o art. 5º, § 1º da Constituição Federal, tem aplicação **imediata**. Porém, de acordo com a doutrina, algumas normas, por serem *limitadas*, precisam de regulamentação normativa para que possam ser, de fato, aplicadas (normas de eficácia limitada).

5. Segundo a doutrina, os Direitos Fundamentais se expandem tanto nas relações entre indivíduos e Estado (relação jurídica vertical) como também das *relações privadas* entre dois particulares (relação jurídica horizontal), sendo dividida a eficácia dessas normas em três tipos de eficácia: **Eficácia Vertical**, quando há relação entre particulares e Estado; **Eficácia Horizontal**, quando há relação entre particulares; **Eficácia Diagonal**, quando há relação jurídica entre dois particulares, mas um possui maior poder do que o outro (relação de desigualdade).

6. A Constituição Federal de 1988 é conhecida como a **"Constituição Cidadã"**, já que possui um amplo rol de direitos e garantias fundamentais. Estes se diferenciam, logo que os direitos se *declaram*, enquanto as *garantias* têm um conteúdo assecuratório daqueles.

7. Caso ocorra a violação grave de direitos humanos, o Procurador-Geral da República, com a finalidade de assegurar o cumprimento de obrigações decorrentes de tratados internacionais de direitos humanos dos quais o Brasil seja parte, poderá suscitar, perante o Superior Tribunal de Justiça, em qualquer fase do inquérito ou processo, *incidente de deslocamento de competência* para a Justiça Federal (CF, art. 109, § 5º).

8. Os Direitos e Garantias fundamentais não estão previstos apenas no art. 5º da CF, mas sim espalhados ao longo de toda a Constituição Federal.

9. Sistematicamente, os **Direitos e Garantias fundamentais** são divididos em, *Direitos e Deveres Individuais e Coletivos*, Art. 5º; *Direitos Sociais*, Art. 6º - Art. 9º; *Direitos de Nacionalidade*, Art. 12º – Art. 13º; *Direitos Políticos*, Art. 14º - Art. 16º; *Partidos Políticos*, Art. 17º. Isto, contudo, não impede a existência de outros artigos garantindo direitos dessa natureza.

5. DOS DIREITOS E DEVERES INDIVIDUAIS E COLETIVOS

1. Os **direitos e deveres individuais e coletivos,** embora estejam concentrados no art. 5º da CF, também constam de outros artigos esparsos pelo Texto Constitucional. Servem como tipos de direitos fundamentais protegidos pela Constituição de 1988.

   1.1 A Constituição de 1988 demonstrou preocupação com a construção dos **Direitos e Garantias** e, para tanto, destacou um dos fundamentos da República como o vetor principal do ordenamento jurídico vigente: a *Dignidade da Pessoa Humana*.

2. Conforme descrito no *caput* do art. 5º da Constituição Federal, todos são iguais perante a lei, sem qualquer tipo de distinção, sendo garantido a todos os brasileiros e estrangeiros residentes no país a inviolabilidade do *Direito à Vida*, à *Liberdade*, à *Igualdade*, à *Segurança* e à *Propriedade*. Lembre-se, contudo, que o STF admite que tais direitos também são assegurados aos estrangeiros não residentes no país e aos apátridas.

3. O **Direito à Vida** é um dos direitos mais valiosos da Constituição, já que sem vida não há o que se tutelar. Porém, como não há direito absoluto, este é relativizado na hipótese da *pena de morte* em caso de *guerra declarada* (CF, art. 5º, XLVII), embora haja discussão jurisprudencial de outras hipóteses adicionais.

3.1 O **Direito à Vida** é desdobrado em: *Direito à Integridade Física e Moral, Proibição da pena de Morte, Penas Cruéis, Caráter Perpétuo* e a *Proibição da Venda de Órgãos.* É vedado penas de *Caráter Perpétuo*, *Trabalhos Forçados*, de *Banimento* e *Cruéis*.

4. O Estado deverá assegurar o **Direito à Vida** em três aspectos: *não ser morto*; *condições mínimas de vida*; *tratamento digno por parte do Estado.*

4.1 **Direito de Não ser Morto**: O Estado deverá preservar e resguardar o direito de *estar* e *continuar vivo*. Como todo direito não é absoluto, este é mitigado em casos específicos, como previsto na Constituição Federal no Art. 84, XIX.

4.2 **Condições Mínimas de Vida**: O Estado deverá *garantir* às pessoas condições mínimas e dignas de vida, sejam eles, por exemplo, à previdência, educação, garantia do salário, habitação, etc.

4.3 **Direito a um Tratamento Digno por Parte do Estado**: Toda pessoa deverá viver dignamente, sendo vedado *tortura*, *tratamento desumano* ou *degradante*, inclusive, deverá ser assegurado aos presos o respeito à integridade física e moral.

5. O **Direito à Igualdade** consagra que todos são iguais perante a lei, sem distinção de qualquer natureza. Entretanto, o Estado deve buscar além da *igualdade formal* prevista em lei, atingindo também a *igualdade material*, aquela que se adequa à *realidade social*, objetivando tratar os iguais igualmente e os desiguais desigualmente.

5.1. O art. 5º, XLII da Constituição Federal prevê claramente o objetivo da *igualdade material*, o qual veda e pune a prática de *racismo*, constituindo crime **inafiançável** e **imprescritível**.

5.2. O art. 5º, XLVIII, XLIX e LI da Constituição Federal prevê o tratamento diferenciado aos *presidiários*, sendo separados por *sexo*, *idade* e a *natureza do delito* e lhes sendo assegurada a *integridade física e moral*; às presidiárias devem ser asseguradas condições para *amamentar* seus filhos.

6. O **Princípio da Legalidade**, previsto no Art. 5º, II da Constituição Federal, denota que ninguém será obrigado a fazer ou deixar de fazer alguma coisa senão em *virtude de lei*.

7. A **não submissão à tortura nem a tratamento desumano ou degradante**, previsto no Art. 5º, III da Constituição Federal, proíbe a tortura ou outros meios desumanos de punição, que, caso praticados, serão considerados como crime inafiançável.

7.1 Será considerado tratamento desumano ou degradante o *uso ilícito de algemas*, que poderá ocasionar a tanto a responsabilidade disciplinar, civil e penal do agente ou autoridade, decorrendo a *nulidade* da prisão ou do ato processual. (vide Súmula Vinculante 11)

8. A **manifestação do pensamento**, prevista no art. 5º, IV, da Constituição Federal, assegura a todos *liberdade de expressão*, devendo, nos moldes do inciso V, ser garantido o direito de resposta proporcional ao agravo, assim como também a indenização por dano material, moral ou à imagem. É **vedado** o anonimato.

8.1 A *Marcha da Maconha* foi considerada legítima, de acordo com a **ADPF 187**, já que a manifestação de descriminalização de determinado ilícito penal *difere* do ato de *incitação à prática do crime* ou *apologia de fato criminoso*.

8.2 Por meio do **RE 898.450**, o STF decidiu que os editais de concursos públicos não podem restringir pessoas com *tatuagem*, porém, excepcionalmente os limitará em razão de conteúdo que viole valores constitucionais.

9. A **liberdade de consciência e de crença**, previsto no Art. 5º, VI, da Constituição Federal, prevê a *inviolabilidade* da liberdade destes direitos, sendo assegurado o livre exercício dos cultos (norma de eficácia plena) e garantida, *na forma da lei*, a proteção aos locais de culto (norma de eficácia limitada).

9.1 Este direito assegura, por exemplo: *prestação do serviço alternativo* aqueles que, no momento do alistamento militar, alegarem dispensa por motivos de *convicções ideológicas e religiosos*;

10. A **liberdade de expressão da atividade intelectual, artística, cientifica e de comunicação**, prevista no art. 5º, IX da Constituição Federal, assegura este direito independentemente de censura ou licença, porém, este direito é relativizado já que cabe ao Estado regular os conteúdos em *faixa etária* adequada para o acesso a determinados tipos de entretenimentos, por exemplo.

11. A **inviolabilidade da intimidade, vida privada, honra e imagem das pessoas**, prevista no art. 5º, X, da Constituição Federal, assegura indenização caso este direito seja violado. Este direito se estende à *figura* e *essência interna* da pessoa humana, assegurando, portanto, danos morais contra violações contrárias e não autorizadas de sua pessoa.

11.1 A **ADI 4.815** abordou a questão das *biografias não autorizadas.* Segundo o STF não é preciso de autorização da pessoa constantes da obra biográfica, em consonância com os direitos da **liberdade de pensamento**, sendo relativizado, portanto, o **direito a inviolabilidade da intimidade, vida privada, honra e imagem das pessoas**.

12. A **inviolabilidade do domicílio**, previsto no Art. 5º, XI da Constituição Federal, disciplina que *ninguém* poderá adentrar nas residências domiciliares sem a devida *permissão* de quem ali reside. Entretanto, este direito é *relativizado* nas hipóteses em *caso de flagrante delito ou desastre*, *prestação de socorro* ou por *determinação judicial durante o dia.*

12.1 O sentido de "casa" explicitado no inciso mencionado abrange o espaço de moradia da pessoa, mesmo que *inexista habitualidade*, podendo incluir nesta o aposento de *exercício de atividade profissional.*

12.2 Segundo posicionamento do STF, a polícia poderá adentrar domicílios no período noturno, desde que sejam *fundadas razões devidamente justificadas* a posteriori, indicando a ocorrência de *crime permanente.*

13. A **inviolabilidade do sigilo de correspondência ou comunicação**, previsto no art. 5º, XII da Constituição Federal, denota a proteção nos meios de comunicação dos indivíduos. Estes serão relativizados caso seja decretado *Estado de Defesa ou de Sítio* assim como também segundo a ponderação e decisão de *autoridade judiciária competente*, devendo ser analisado a necessidade da quebra de sigilo adequada ou não no caso concreto.

14. A **liberdade do exercício de trabalho, ofício e profissão**, previsto no Art. 5º, XIII, da Constituição Federal, é assegurada desde que atendidas as *qualificações estabelecidas em lei* (norma de eficácia limitada). O **RE 603.583** declarou a constitucionalidade do Exame de Ordem, como requisito para exercício da advocacia.

15. O **acesso à informação**, previsto no art. 5º, XIV, da Constituição Federal, é assegurado a todos, assim como também a proteção ao *sigilo da fonte*, desde que necessário ao exercício profissional. O inciso XXXIII retrata o direito de informação perante os *órgãos públicos*, que deverão ser prestados à população sob pena de responsabilidade, ressalvadas aqueles de *conteúdo sigiloso* devido à segurança da sociedade ou do Estado.

15.1 O inciso XXXIV garante para todos, sem cobrança de taxas, o **Direito de Petição** aos Poderes Públicos para assegurar a *defesa* ou *legalidade*; *certidões* em repartições públicas.

15.2 O inciso LXXVI reconhece como *gratuito* o fornecimento de *registro civil de nascimento e certidão de óbito* para aqueles reconhecidos como *pobres*, na forma da lei.

16. A **liberdade de locomoção** no território nacional, previsto no art. 5º, XV, da Constituição Federal, é livre à todos em tempos de paz. Este direito poderá ser restringido enquanto perdurar o *Estado de Defesa* e *Sítio*.

17. O **Direito a Reunião**, previsto no art. 5º, XVI, da Constituição Federal, é assegurado a todos, porém deverá obedecer aos seguintes **requisitos**: *reunião pacífica*; *sem armas*; não poderá *frustrar* outra reunião convocada anteriormente para o mesmo local. É desnecessária a autorização de autoridade competente, bastando que seja dado a este apenas *aviso prévio*.

18. O **Direito de Associação**, previsto no art. 5º, XVII – XXI, da Constituição Federal, apresenta determinadas características: a) Será permitida a associação apenas para *fins lícitos*, vedada a de caráter paramilitar; b) *Independe de autorização* a criação de associações e cooperativas (estas na forma da lei), sendo *vedada* a interferência estatal no funcionamento destas; c) Poderá ter sua *atividade suspensa* por decisão judicial, porém, para ser dissolvida precisará do *trânsito em julgado da decisão*; d) *É livre a associação*, fazendo-o aquele que quiser por livre e espontânea vontade, vedada a obrigatoriedade compulsória de permanecer nela vinculado; e) As entidades associativas poderão representar seus filiados judicial ou extrajudicialmente desde que *expressamente autorizadas*.

19. O **Direito de Propriedade**, previsto no art. 5º, XXII – XXVI, da Constituição Federal, é garantido pela Carta Magna, devendo atender a função social. Este direito é **relativizado** já que poderá sofrer *imposições exógenas*, sendo elas: ***desapropriação*** por *necessidade ou utilidade pública ou interesse social*, sendo devido *indenização* ***justa*** *e* ***prévia***; caso ocorra *iminente perigo público* a propriedade particular poderá ser utilizado por autoridade competente, sendo devido ***indenização ulterior se houver dano***.

19.1 A ***propriedade rural***, definida em lei, não poderá ser objeto de *penhora* nem *pagamento de débitos* de sua atividade produtiva caso nela seja ***trabalhada pela família***. Deverá a lei dispor os meios de financiamento para o desenvolvimento da propriedade.

20. **Direito de Propriedade Intelectual**, previsto no art. 5º, XXVII - XXIX, da Constituição Federal, abrange o a *reprodução*, *publicação* ou *utilização das obras*, sendo *transmissíveis aos herdeiros* de acordo com o prazo fixado em lei. É assegurado aos autores: proteção as *participações individuais* em obras coletivas assim como a *reprodução da imagem e voz humana*; direito em *fiscalizar* o aproveitamento das obras que criarem.

20.1 Para os autores de **inventos industriais** será assegurado *Privilégio Temporário*, para sua *utilização*, *proteção* e garantia da *propriedade* das marcas.

21. A **garantia da herança**, prevista no art. 5º, XXX e XXXI, da Constituição Federal, assegura o *direito sucessório* aos legitimados para a sucessão. Quanto aos *bens de estrangeiros* situados no Brasil, em regra, a sucessão será regulada pela lei pátria se for para *beneficiar* os herdeiros ou o cônjuge.

22. O **Direito do Consumidor**, previsto no art. 5º, XXXII da Constituição Federal, abrange a proteção da parte *vulnerável* da relação consumerista, devendo o Estado zelar e garantir a prestação desse direito.

23. O **Princípio da Inafastabilidade da Jurisdição**, previsto no art. 5º, XXXV, da Constituição Federal, prevê a todos o direito de levar ao Poder Judiciário a ocorrência de uma lesão ou ameaça de lesão a direito, seja de maneira *preventiva* ou *repressiva*.

23.1. Como exceção a esse princípio, o art. 217, § 1º, da CF prevê que: "O Poder Judiciário só admitirá ações relativas à disciplina e às competições desportivas após esgotarem-se as instâncias da justiça desportiva, regulada em lei". Assim, no caso do **Direito Desportivo**, é necessário esgotar primeiramente a justiça desportiva (que não exerce jurisdição no sentido do termo);

23.2. O **Habeas Data** também mitiga o princípio da inafastabilidade de jurisdição, pois, conforme a Súmula 2 do STJ, "não cabe o *habeas data* (CF/88, art. 5º, LXXII, 'a') se não houve recusa de informações por parte da autoridade administrativa";

23.3. Por fim, o instrumento da **reclamação**, regulada pela Lei 11.417/06 também só pode ser utilizada quando esgotada a instância administrativa, conforme art. 7º, §1º da referida lei.

24. Os **limites à retroatividade da lei**, previstos no art. 5º, XXXVI, da Constituição Federal, abarcam três hipóteses: proteção ao *Direito Adquirido*, que é aquele que *não pode ser prejudicado* por uma nova norma jurídica, já que o indivíduo preencheu todos os requisitos sob a vigência da norma anterior (ex: preenchimento dos requisitos da aposentadoria sob regime anterior); proteção ao *Ato Jurídico Perfeito*, que é aquele já *consumado* pelas normas jurídicas que o regulavam quando operado; proteção à *Coisa Julgada*, que ocorre quando a decisão judicial se torna irrecorrível.

25. Quanto aos aspectos **Processuais e Assecuratórios no Âmbito Penal e Administrativo**, a Constituição Federal prevê no art. 5º: a *proibição* de juízo ou tribunal de exceção (XXXVII); o reconhecimento do *júri* lhe sendo competente os ***crimes dolosos contra à vida*** (XXXVIII); a *transcendência da pena*, não podendo está passar da pessoa condenada, entretanto, persistirá a *reparação de dano* podendo ser *estendida aos sucessores* até o *limite do valor do patrimônio* a ser transferido, em previsão legal (XLV); ***a proibição de extradição ao brasileiro nato***, podendo ser apenas aos *naturalizados* em duas hipóteses: *crime comum* praticado antes da naturalização e caso seja comprovado envolvimento em *tráfico ilícito de entorpecentes e drogas* (LI); a ***proibição de extradição de estrangeiro*** por *crime político ou de opinião* (LII); previsão do *Princípio do Juiz Natural*, devendo a pessoa ser processada e julgada apenas por autoridade competente (LIII); O ***Devido Processo Legal***, sendo o único meio possível para que alguém seja privado da *liberdade* ou de seus *bens* (LIV); garantia do *contraditório* e *ampla defesa* nos ***processos judiciais e administrativos*** (LV); *inadmissibilidade* das provas obtidas por meios ilícitos (LVI); apenas *mediante sentença penal condenatória* alguém será considerado culpado (LVII); previsão da ***ação penal privada subsidiária da pública***, caso haja inércia no oferecimento da denúncia (LIX); apresenta requisitos da prisão, que deverá ser feita ou por *flagrante delito* ou *ordem escrita e fundamentada* por ***autoridade policial judiciária competente***, com exceção de transgressão ou crime militar (LXI); ***comunicabilidade do preso***, devendo caso seja restrito de sua liberdade ser comunicada ao juiz competente, família dou preso ou qualquer pessoa que ele indique (LXII); é assegurado o direito do preso em permanecer *calado* (LXIII); garantia do preso em saber quem foram os responsáveis por sua *prisão* ou *interrogatório* (LXIV); se a *prisão for ilegal* deverá ser relaxada pela autoridade judiciária (LXV); deverá ser concedida *liberdade provisória* quando assim a lei permitir (LXVI); única exceção de *prisão civil* será a de inadimplemento voluntario e inescusável de *obrigação alimentar*, já que o STF não admite prisão de depositário infiel, conforme Súmula Vinculante 25 (LXVII); dever de indenização por parte do Estado caso ocorra *erro judiciário* (LXXV).

25.1 Os crimes de *Tortura, Tráfico Ilícito de Entorpecentes e Drogas Afins, Terrorismo* e os *Crimes Hediondos* são ***inafiançáveis*** e ***insuscetíveis*** de *graça anistia e indulto.*

25.2 A prática do ***racismo*** e a ***ação de Grupos Armados, Civis ou Militares*** contra a Ordem Constitucional e o Estado Democrático serão considerados crimes ***inafiançáveis*** e ***imprescritíveis***.

25.3 Os incisos XLVI e XLVII tratam dos tipos de penas que podem ser adotadas pelo Estado: privação ou restrição da liberdade, perda de bens, multa, prestação social alternativa, suspensão ou interdição de direitos; e a ***proibição de penas*** de *morte*, em regra, *caráter perpétuo, trabalhos forçados, banimento* e *cruéis.*

25.4 O inciso LXXVIII assegura, nos processos judiciais e administrativos, o princípio da *Duração Razoável do Processo.*

6. TUTELA CONSTITUCIONAL DAS LIBERDADES

1. As **garantias constitucionais** são meios assecuratórios de proteção aos direitos relacionados na Constituição, sendo denominado de *remédios constitucionais* os instrumentos utilizados para este fim. Cada remédio corresponde à proteção de uma espécie de direito, havendo atualmente seis tipos de remédios principais: *Mandado de Segurança* (CF, art. 5º, LXIX e LXX c/c Lei 12.016/09); *Mandado de Injunção* (CF, art. 5º, LXXI c/c Lei 13.300/16); *Habeas Data* (CF, art. 5º, LXXII c/c Lei 9.507/97); *Habeas Corpus* (CF, art. 5º, LXVIII c/c CPP); *Ação Popular* (CF, art. 5º, LXXIII c/c Lei 4.717/65) e *Ação Civil Pública* (CF, art. 129, III e §1º c/c Lei 7.347/85).

2. O **Mandado de Segurança** é cabível para proteção de ***direito líquido e certo***, comprovado *documentalmente.* Os fatos deste direito devem ser comprovados de plano no *momento do ajuizamento da ação*, portanto, deve haver prova *pré-constituída*, sem necessidade de *dilação probatória.*

2.1 O interessado utilizará do **Mandado de Segurança** não só em *contrariedade com a lei ou abuso de poder***,** mas também para afastar a *ameaça de um ato ilegal ou abusivo*, contra ato de autoridades que exerçam funções públicas, ***não sendo possível*** a impetração contra um *particular* em atividade própria.

2.2 O **prazo decadencial** para impetrar um MS é de *120 dias*, salvo para MS preventivo, já que ainda não houve lesão à direito. Quanto ao **legitimado ativo**, qualquer pessoa jurídica ou física, ***nacional*** ou ***estrangeira***, sempre que *ilegalmente* ou com *abuso de poder, sofrer violação de direito líquido e certo.* O **legitimado passivo** envolverá a autoridade coatora e a entidade (pessoa jurídica) a qual ela é vinculada.

2.3 De acordo com a **Súmula 268, 266 e 625 do STF**, subsequentemente, é incabível Mandado de Segurança contra *decisão judicial com trânsito em julgado*; por versar direitos subjetivos é incabível contra *lei em tese*, não cabendo substituição de qualquer ação de controle de constitucionalidade; controvérsia na matéria de direito *não impedirá* a concessão deste remédio constitucional.

2.4 É incabível a impetração de Mandado de Segurança contra atos de gestão de administradores de *empresas públicas*, *sociedade de economia mista* e de *concessionários de serviço público.*

2.5 O **Direito de Certidão** é direito e líquido e certo para qualquer pessoa, portanto para que se possa obter certidões de qualquer tipo, inclusive de antecedentes criminais, o remédio constitucional cabível será o *Mandado de Segurança.*

2.6 Existem particularidades quanto à **competência** para julgamento do respectivo remédio constitucional. Como o legitimado passivo é autoridade coatora que pratica o ato ilegal ou abusivo, poderão existir hipóteses de *foro por prerrogativa de função*, de acordo com a Constituição Federal. Vide, por exemplo: **STF**, art. 102, I, "d" e II, "a"; **STJ**, art. 105, I, "b" e II, "b"; **TRF**, art. 108, I, "c"; **Justiça Federal**, art. 109, VIII; **Justiça do Trabalho**, art. 114, IV.

3. O **Mandado de Segurança** poderá ser **Individual** ou **Coletivo**. Quanto ao primeiro, versa a proteção de direito de pessoas físicas ou jurídica *individualmente.* Quanto ao segundo, versa proteção aos *interesses coletivos*, *transcendendo* o indivíduo, de origem, atividade ou situação específica e comum entre eles, sendo representada por *pessoas específicas.*

4. Será impetrado pelos legitimados do art. 5º, LXX da Constituição Federal, sendo eles: *Partido político com representação no Congresso Nacional* e *Organização Sindical, Entidade de Classe ou Associação.* Quanto a este último deverão ser observados os seguintes **requisitos**: a) Estar *legalmente constituída*, b) Estar em ***funcionamento*** há pelo menos ***um ano***.

4.1 O **Mandado de Segurança Coletivo** possui algumas particularidades, sendo elas: A sentença fará coisa julgada *somente* ao grupo ou categoria do impetrante; As ações individuais não induzem *litispendência*; Para que os efeitos do MS Coletivo possa abranger aqueles que impetraram individualmente, estes deverão *desistir* das ações individuais em trinta dias, contando o prazo desde da ciência comprovada da impetração do remédio coletivo.

4.2 De acordo com a **Súmula 629 e 630 do STF**, subsequentemente, a impetração de MS coletivo relativo *à entidades de classe* em favor dos associados, independe de *autorização destes*; persiste legitimidade à associação para impetrar MS coletivo mesmo que a pretensão seja apenas para ***uma parte*** da respectiva categoria.

5. O **Mandado de Injunção** busca suprir uma *omissão* do Poder Público, visando proteger o exercício de um direito, combatendo a ineficácia de normas constitucionais por ausência de regulamentação. É o remédio constitucional apto à confrontar inconstitucionalidade por omissão, por meio do *controle difuso.*

5.1 O objeto de estudo são as normas de *eficácia limitada*, já que estas necessitam de uma *norma integradora* para atingir sua plena eficácia. Portanto, a finalidade será o combate a omissão dos Poderes Legislativos, Executivo e Judiciário quanto a edição das normas.

5.2 A edição da *norma regulamentadora superveniente* terá efeito *ex nunc* para aqueles que impetraram o Mandado de Injunção beneficiados pela decisão transitada em julgado.

5.3 Quanto a **legitimidade ativa**, será composta por qualquer pessoa física ou jurídica desde que tenha um *direito constitucional afetado*. Por outro lado, no **polo passivo**, é composto pela *pessoa ou entidade competente para elaboração da norma*. ***Nunca*** um *particular* terá a legitimidade passiva, pois não cabe a ele regulamentar a norma.

5.4 Assim como o Mandado de Segurança, o Mandado de Injunção possui particularidades quanto a **competência**, segundo a Constituição Federal. Vide por exemplo: **STF**, art. 102, I, a", "q"; III, "a"; **STJ**, art. 105, I, "h", III, "a" e "c"; **Justiça Eleitoral, Militar ou do Trabalho**, art. 105, I, "h, **TSE**, art. 121§4º, V, CF.

6. O **Mandado de Injunção** poderá ser **Individual** ou **Coletivo**. Quanto ao primeiro, poderá ser impetrado por qualquer pessoa física ou jurídica que se afirmam *titulares de direito*. Quanto ao segundo, pelo Ministério Público, Partido Político com Representação no Congresso Nacional, Organização Sindical, Entidade de Classe ou Associação (legalmente constituída e em funcionamento há pelo menos **um ano**) e pela Defensoria Pública.

7. Quanto aos **efeitos** do **Mandado de Injunção**, a doutrina classifica em *não concretistas* e *concretistas*. O efeito ***não concretista*** defende que a decisão judicial limitar-se-á em *declarar a mora* da autoridade ou órgão competente, notificando-a acerca desta situação. Já o efeito ***concretista*** não se limita ao reconhecimento da inércia do Poder Público, pois o Poder Judiciário dirá como o direito será exercido. Este efeito é dividido em: *Posição Concretista Geral, Posição Concretista Individual Direta e Posição Concretista Individual Intermediária.*

   7.1 **Posição Concretista Geral**: A decisão final do MI confere o efeito *erga omnes*, produzindo efeitos para *todos aqueles* que se incluem na mesma situação, até que seja suprida a omissão pela autoridade ou poder competente.

   7.2 **Posição Concretista Individual Direta:** A decisão final do MI confere eficácia *inter partes*, já que defende que a decisão final concessiva de injunção deverá ser aplicada *apenas as partes* do caso concreto, devendo o Poder Judiciário realizar o direito imediatamente.

   7.1 **Posição Concretista Individual Intermediária**: Da decisão final procedente do MI, o Poder Judiciário estabelecerá um prazo para que o Poder Omisso *elabore a norma regulamentadora*. Caso não seja realizada a edição com o fim do prazo, o Poder Judiciário *dirá na decisão como o autor exercitará o direito.*

8. O **Habeas Data** é uma *ação gratuita*, que objetiva assegurar o direito de ***acesso****/conhecimento de informações*, ***retificação*** *de dados* de forma a *proteger* os *dados personalíssimos* do impetrante e ***anotação*** *de informação*, no caso de ser necessária a complementação de dados. Será cabível esse instrumento caso as informações constem de registros ou banco de dados de *entidades governamentais* ou que tenham *caráter público* (isto é, não cabe de banco de dados exclusivamente privados).

   8.1 Quanta à **legitimidade ativa**, será composta por qualquer *pessoa física ou jurídica*, brasileira ou estrangeira. É uma ação gratuita, mesmo que o impetrante tenha ou não recursos financeiros. Logo, no **polo passivo**, deverá constar a autoridade *coatora* e as *entidades governamentais* ou *entidades de caráter público*.

   8.2 Este remédio tem *caráter personalíssimo*, no qual apenas o impetrante poderá buscar suas informações, sendo admitido também excepcionalmente pela jurisprudência, a legitimidade aos herdeiros do *de cujus* e ao *cônjuge supérstite*.

   8.3 De acordo com a **Súmula 2 do STJ**, será cabível este remédio constitucional se *houver negativa* ou *omissão prévia* pela autoridade coatora. Tendo portanto duas fases: ***administrativa***, quando ocorre a solicitação de acesso, retificação ou anotação; e a fase ***judicial***, posterior à administrativa.

8.4 Assim como o Mandado de Segurança, o ***Habeas Data*** possui particularidades quanto a competência em casos de foro por prerrogativa de função, sendo ela atribuída, segundo a Constituição Federal. Vide por exemplo: **STF**, art. 102, I, "d", II, "a"; **STJ**, art. 105, I, "b"; **TRF**, art. 108, I, "c"; **Justiça Federal**, art. 109, VIII; **Justiça do Trabalho**, art. 114, IV.

9. O **Habeas Corpus** é uma *ação gratuita* que objetiva à proteção da *liberdade de locomoção*. Este remédio constitucional pode ser impetrado por duas formas: **Preventiva**, por aquele que se achar ameaçado de sofrer violência ou coação quanto à sua liberdade de locomoção; e, **Repressivo**, por aquele que já estiver preso, sendo objetivado o *alvará de soltura* para sua libertação.

9.1 Neste remédio existe a pessoa do *impetrante* (autor), o *paciente* (aquele que será o beneficiário da medida) e o *impetrado* (autoridade coatora). Poderá ser impetrado em favor de terceiro, sendo desnecessária autorização expressa.

9.2 Será ***incabível*** HC: Alegar neste remédio *Princípio da Insignificância* em lesões corporais cometidas na seara de violência doméstica contra mulher; Contra decisão condenatória em *multa*; Contra, durante o processo penal, pena pecuniária, desde que está seja a *única imposta* (salvo, se houver possibilidade nesta ser *convertida* em privativa de liberdade); *Extinta* a pena privativa de liberdade.

9.3 Assim como os remédios constitucionais descritos, a competência deste remédio está prevista nos seguintes artigos da Constituição Federal. Vide por exemplo: **STF** - art. 102, I, "d" e "i"; **STJ** - art. 105, I, "c" e II, "a"; **TRF** – art. 108, I, "d"; **Justiça Federal** - art. 109, VII; **Justiça do Trabalho** - art. 114, IV.

10. A **Ação Popular** é uma ação gratuita e tem como finalidade a proteção de ***direitos coletivos ou difusos*** envolvendo moralidade administrativa, meio ambiente, patrimônio histórico, etc. Possui dois requisitos fundamentais para sua propositura: a) Obrigatoriedade da parte autora ser *cidadão*, ou seja, possuir *capacidade eleitoral ativa*; b) A lesão ou ameaça de lesão ao patrimônio público ser causada por *ilegalidade* ou *imoralidade.*

1.1 Quanto à **legitimidade ativa**, será composta por qualquer cidadão, condição esta comprovada pelo título de eleitor, devendo ser sempre pessoa física com nacionalidade brasileira. *Não poderão* figurar neste polo os estrangeiros, apátridas, brasileiros com direitos políticos suspensos ou perdidos e as pessoas jurídicas. Por outro lado, o **polo passivo** será composto por todos os responsáveis pelo ato ilegal, de forma solidária. A ação popular tramitará independente de quem seja o réu pelo juízo de **primeiro grau.**

1.2 Quanto à impossibilidade de Pessoa Jurídica impetrar Ação Popular, o STF por meio da **Súmula 365** denotou a ilegitimidade.

1.3 Poderá o Ministério Público atuar como *custus legis*, no qual, assegurará que o processo tramite regularmente, podendo assumir o polo ativo nos casos de *desistência* ou *abandono* pela parte do autor e se após 60 dias da publicação do acordão não seja promovida a execução, promoverá está no prazo de 30 dias.

1.4 O **prazo prescricional** para a impetração da Ação Popular é de 5 anos.

10 Os **efeitos da decisão** serão: contra todos os que praticaram ato lesivo ao patrimônio pública, sendo portanto, *erga omnes*; condenação das autoridades; ressarcimento dos danos causados e das perdas causadas; custas e honorários de sucumbência.

11 A **Ação Civil Pública** é uma ação que busca a proteção do patrimônio público e a defesa de *interesses difusos e coletivos*. Será cabível para responsabilizar agentes que causem danos morais e patrimoniais ao meio ambiente, consumidor, bens históricos, etc.

11.1 Quanto a **legitimidade ativa**, será composta pelo Ministério Público, Defensoria Pública, União, Estados, Municípios, Autarquias, Empresas Públicas, Fundações, Sociedades de Economia Mista e Associações Interessadas, desde que constituída há pelo menos um ano e incluídas em seus objetivos institucionais proteção ao meio ambiente, consumidor ou outros interesses difusos ou coletivos. ***Obrigatoriamente*** deverá ter atuação do ***Ministério Público***, nem que seja como *fiscal da lei*. Logo, o **polo passivo** será composto pelos responsáveis pelo ato ilegal.

11.2 A ***sentença*** procedente obrigará o ente da administração pública a reparar o ato ilícito, não o sendo possível, deverá responder patrimonialmente pelos danos causados, sendo cabível ação de regresso contra terceiros.

7. DIREITOS SOCIAIS

1. Os **Direitos Sociais** estão previstos no Capítulo II da Constituição, do art. 6º ao 11 (dentre outras passagens, como seguridade social, art. 194; saúde, art. 196; e educação art. 205). Tem como objetivo principal a *redução das desigualdades sociais*, garantindo os *direitos mínimos* à coletividade com o condão de melhora das condições de vida dos indivíduos.

2. Como direitos fundamentais, eles pertencem aos ***direitos de segunda geração,*** indicando liberdades *positivas* quanto à prestação obrigacional do Estado.

3. A Constituição enumera, em seu art. 6º, os *Direitos Sociais* de maneira geral, quais sejam: o direito à educação, à saúde, à alimentação, ao trabalho, à moradia, ao transporte, ao lazer, à segurança, à previdência social, à proteção à maternidade e à infância e, por fim, à assistência aos desamparados.

4. O conteúdo dos direitos sociais é **prestacional,** decorrendo de *ações positivas* do Estado para garantir melhores condições de vida aos que necessitam. Contudo, existem também direitos sociais de ***abstenção***, os quais exigem a não intervenção do Estado, como ocorre por exemplo no direito de greve e nos de liberdade de associação sindical.

5. Como teorias relacionadas à discussão judicial de matérias relacionadas aos Direitos Sociais, existem duas teses contrapostas mencionadas pela doutrina e jurisprudência: **reserva do possível** e **mínimo existencial**.

5.1 A **Reserva do Possível** está relacionada à concretização dos direitos sociais e fundamentais com a *realidade econômica do Estado.* Segundo esta teoria, caso a Fazenda Pública demonstre que em determinado momento não possui condições de cumprir determinada obrigação social por não possuir *recursos*, ela não poderia ser obrigada pelo Poder Judiciário. A **Cláusula da Reserva do Possível** é reconhecida como limite fático à expansão de certas políticas públicas, mas não como *obstáculo à prestação* de serviços públicos essenciais. O STF entende que a alegação genérica de reserva do possível não deve impedir a garantia de direitos fundamentais, especialmente aqueles que visem proteger o mínimo existencial.

5.2 O **Mínimo Existencial**, por sua vez, pretende assegurar os direitos fundamentais formados pelos bens mais básicos e essenciais à uma vida digna, ou seja, são prerrogativas que garantem a *existência básica* concretizadas por meio da *prestação positiva do Estado.*

5.3 Diante deste confronto entre o *Mínimo Existencial* x *Reserva do Possível*, o STF tem entendido como possível a *intervenção judiciária* no intuito em concretizar os direitos fundamentais, prevalecendo, portanto, o ***mínimo existencial.***

6. Os **Direitos Sociais** são classificados em: *Direitos Sociais dos Trabalhadores; Direitos Sociais de Seguridade Social; Direitos Sociais de Natureza Econômica; Direitos Sociais da Cultura; Direitos Sociais de Segurança.*

7. Há também menção da doutrina e jurisprudência a **Princípio da Vedação do Retrocesso,** visando impedir que se edite medida tendente a revogar ou reduzir os direitos sociais já regulamentados, resguardando os direitos sociais constitucionalizados e impedindo que sejam suprimidos pelo Poder Constituinte Reformador.

8. DIREITO DE NACIONALIDADE

1. **Nacionalidade** é o vínculo jurídico que une à pessoa a um determinado Estado, estabelecendo uma relação *jurídica-política* que o capacita a exigir uma proteção estatal, bem como o sujeita ao cumprimento de deveres.

2. Segundo a **Declaração dos Direitos Humanos**, em seu artigo XV, a nacionalidade é um *direito* que todo indivíduo possui, não podendo dela ser privado.

3. Quanto à Nacionalidade, é notório destacar a diferença existente entre **Nação** e **Nacionalidade: Nação** consiste no agrupamento de pessoas, localizados em *territórios específicos*, apresentando *vínculos afetivos*, possuidores das mesmas *tradições*, *costumes* e *ideais*, como por exemplo os ciganos; **Nacionalidade** é o vínculo do sujeito ao Estado, estando mais próximo ao termo "povo", já que este representa o *conjunto de nacionais* que compõem o elemento humano de um Estado.

4. Já **"população"** corresponde à *quantidade* de pessoas em determinado território, relacionado em um conceito *numérico*, visto que abrange não só os nacionais, assim como também os estrangeiros e apátridas. Referente a isto, importante destacar as diferenças entre os *Apátridas*, *Polipátridas* e *Cidadãos*.

   4.1 **Apátridas** são aqueles que são *desprovidos de pátria*, não possuindo nenhum vínculo jurídico-políticos com o Estado;

   4.2 **Polipátridas** são aqueles que possuem *mais de uma nacionalidade*;

   4.3 **Cidadãos** são os nacionais, sendo nato ou naturalizado, que possuem *pleno gozo* de seus direitos políticos.

5. Existem dois tipos de nacionalidade, a **nacionalidade primária (originária)** e a **secundária (adquirida)**: a primeira se caracteriza pelo *nascimento*, um fator natural involuntário, podendo ser estabelecido por critérios

sanguíneos (nacionalidade dos pais), *territoriais* (local do nascimento) ou *mistos* (sanguíneo + territorial); a segunda é aquela resultante de um *ato voluntário*, posterior ao nascimento.

6. Quanto à **Nacionalidade Primária (originária),** a doutrina menciona a existência de dois critérios para sua definição: *jus soli* (critério territorial) *e jus sanguinis* (critério sanguíneo). O critério *jus solis* (territorial) considera o local de nascimento da pessoa. Já o critério *jus sanguinis* (sanguíneo) diz respeito ao "direito de sangue" considerando nacional o descendente do nacional.

7. A Constituição Federal aborda **quatro hipóteses** relacionadas ao brasileiro nato (nacionalidade primária):

7.1. **Critério territorial (CF, art. 12, I)**: os nascidos na República Federativa do Brasil, ainda que de pais estrangeiros, desde que estes não estejam a serviço de seu país;

7.2. **Filhos de Pais em Serviço pelo País (CF, art. 12, II)**: os nascidos no estrangeiro, de pai brasileiro ou mãe brasileira, desde que qualquer deles esteja a serviço da República Federativa do Brasil;

7.3. **Registro em Repartição Brasileira (CF, art. 12, III, primeira parte):** os nascidos no estrangeiro de pai brasileiro ou de mãe brasileira, desde que sejam registrados em repartição brasileira competente;

7.4. **Opção Pela Nacionalidade**: os nascidos no estrangeiro de pai brasileiro ou de mãe brasileira que optem, em qualquer tempo, depois de atingida a maioridade, pela nacionalidade brasileira.

8. A **Nacionalidade Secundária (adquirida)** é a *naturalização*, feita de modo ato voluntário. Ocorrerá de duas maneiras: **a) Aquisição Tácita:** é a hipótese de quando a Constituição garante aos estrangeiros localizados pelo território nacional a aquisição da nacionalidade, desde que não decidam permanecer como estrangeiros dentro do *prazo determinado*; **b) Aquisição Expressa**: hipótese prevista na Constituição Federal de 1988 decorrente de uma *declaração de vontade do interessado*, podendo ocorrer por **via ordinária** ou **extraordinária.**

9. No Brasil, temos **duas hipóteses** de naturalização (nacionalidade secundária ou adquirida):

9.1 **Aquisição Ordinária**: os que, na forma da lei (Lei 13.445/17, denominada Lei de Migração), adquiram a nacionalidade brasileira, exigidas aos originários de países de língua portuguesa apenas residência por um ano ininterrupto e idoneidade moral;

9.2 **Aquisição Extraordinária**: Requisitos previstos na Constituição Federal, sendo eles: **a)** Residência no Brasil há mais de *quinze anos ininterruptos*; **b)** Não tenha *condenação penal*; **c)** Apresentação de *requerimento* de nacionalidade brasileira.

10. Na Lei de Imigração (Lei 13.445/17), em seus arts. 64, 68, 70, existem duas possibilidades de aquisição da nacionalidade brasileira, sendo elas a **Naturalização Provisória** e a **Naturalização Especial.**

10.1 **Naturalização Provisória:** Ocorre quando a criança passa a residir no Brasil com até **dez anos de idade** e haja o pedido de naturalização por seu representante legal (o naturalizado, para que torne efetiva a naturalização, deverá, *depois de dois anos*, após ser atingido a maioridade, requerer de *forma expressa*). Essa hipótese era conhecida no revogado Estatuto do Estrangeiro como "**Radicação Precoce**".

10.2 **Naturalização Especial**: Será concedida ao estrangeiro que preencha uma das seguintes condições: **a)** Cônjuge ou companheiro, há mais de cinco anos, de integrante do Serviço Exterior Brasileiro em atividade ou de pessoa a serviço do Estado brasileiro no exterior; **b)** Tenha sido empregado em missão diplomática ou em repartição consular do Brasil por mais de dez anos ininterruptos.

11. Quanto aos *brasileiros por equiparação ou quase nacionalidade*, a Constituição prevê a figura do português equiparado ("quase nacional"). Assim, havendo reciprocidade em favor de brasileiros residentes em Portugal (como de fato há em virtude do Tratado da Amizade – Decreto 3.927/2001), os portugueses que residem no Brasil terão tratamento jurídico similar ao brasileiro naturalizado, excepcionado os casos previstos na Constituição.

12. A Constituição de 1988 traz **diferenças** de tratamento entre brasileiros natos e naturalizados, levando em consideração o *princípio da igualdade* neste artigo. Entretanto a Constituição estabeleceu algumas situações nas quais coloca-se os brasileiros natos com direitos que os naturalizados não possuem, sendo hipóteses taxativas referentes: **a)** aos cargos/função (CF, art. 12, §3º); **b)** extradição (CF, art. 5º, LV); **c)** propriedade de empresa jornalística e de radiodifusão sonora de sons e imagens (CF, art. 222).

13. Alguns cargos por serem estratégicos à República Federativa, serão **privativos de brasileiros natos** por figurarem à linha sucessória da Presidência da República ou por razões de segurança nacional.

13.1 **Cargos Privativos à Brasileiros Natos:** Presidente da República; de Vice-Presidente da República; Presidente da Câmara dos Deputados; Presidente do Senado Federal; Ministro do Supremo Tribunal Federal; Carreira Diplomática; oficial das Forças Armadas e Ministro de Estado da Defesa.

13.2 Quanto aos assentos no **Conselho da República,** poderão ser ocupados por brasileiros naturalizados, órgão superior de consulta do Presidente da República, sendo formado por: Vice-Presidente da República; Presidente da Câmara dos Deputados; Presidente do Senado Federal, deverão ser necessariamente *brasileiros natos* (assim como seis cidadãos com mais de trinta e cinco anos de idade, sendo dois nomeados pelo Presidente da República, dois eleitos pelo Senado Federal e dois eleitos pela Câmara dos Deputados, todos com mandato de três anos, vedada a recondução); Líderes da maioria e da minoria na Câmara dos Deputados; Líderes da maioria e minoria no Senado Federal; Ministro da Justiça, poderão ser *brasileiros natos ou naturalizados.*

14. A **propriedade de empresa jornalística e de radiodifusão sonora e de sons e imagens** é privativa de **brasileiros natos ou naturalizados** há mais de dez anos, ou de **pessoas jurídicas** constituídas sob as leis brasileiras e que tenham sede no País.

15. Extradição é o ato que o Estado entrega um indivíduo que acusado de um crime ou já condenado pelo ato praticado à justiça de outro Estado, julgando-o ou punindo-o. Existem duas espécies de extradição, **a passiva** e a **ativa: Passiva:** ocorre quando um Estado solicita a extradição ao Brasil; **Ativa:** o Brasil é quem requere a extradição para outro Estado.

15.1 O **brasileiro nato** não pode ser extraditado, ***em hipótese alguma***, nem mesmo aquele que possuir dupla nacionalidade, sendo proibida a *extradição passiva.*

15.2 O **brasileiro naturalizado** poderá ser extraditado em duas hipóteses: em razão da prática de *crime comum antes da naturalização* e na hipótese de envolvimento comprovado com o *tráfico ilícito de entorpecentes ou drogas afins.*

16. Quanto à **perda da nacionalidade** ela poderá ocorrer por dois meios previstos: pelo cancelamento da naturalização ou pela aquisição voluntária de outra nacionalidade.

16.1 Quanto ao **cancelamento**, atinge unicamente aos *naturalizados.* Para que ocorra é necessário atender aos seguintes requisitos: a prática de *atividade nociva ao interesse nacional*, ou seja, atividade que viole a ordem pública ou a segurança social; desse fato decorra *sentença judicial transitada em julgada* firmada no sentido de *cancelamento da naturalização*. Trata-se de **uma perda sancionatória,** com efeitos *ex nunc*, declarada pelo Poder Judiciário perante a Justiça Federal

16.2 Quanto à **aquisição de outra nacionalidade**, ocorre tanto para brasileiros natos quanto naturalizados, por ***processo administrativo*** em trâmite perante o Ministério da Justiça com efeitos *ex nunc*. Para que esta possibilidade ocorra, é preciso que o indivíduo, de forma voluntária, *adquira outra nacionalidade.*

16.3 Não ocorrerá essa última hipótese quando a **aquisição de nacionalidade** decorrer: de reconhecimento de nacionalidade originária pela lei estrangeira; e de imposição de naturalização, pela norma estrangeira, ao brasileiro residente em estado estrangeiro, como condição para permanência em seu território ou para o exercício de direitos civis.

9. DIREITOS POLÍTICOS

1. Os **Direitos Políticos** são aqueles referentes ao exercício da *cidadania* e da *democracia*. Por meio deles é possível a participação na vida política do País, sendo **ativa** ou **passivamente**. É levado em consideração a *atuação democrática*, nela incluída, o voto, o plebiscito, referendo, iniciativa popular, etc.
2. O exercício dos direitos políticos é **gratuito**, sendo ele ato *necessário* ao exercício da cidadania, conforme preceituado no art. 5º, LXXVII da Constituição Federal. Importante destacar o art. 1º, parágrafo único da Constituição Federal, ao dispor que o poder emana do povo pela *participação democrática*, por meios *indiretos* (representantes eleitos) ou *diretos* (através do exercício dos direitos políticos da sociedade).
3. A doutrina classifica os direitos políticos em **Positivos e Negativos.** Os **Diretos Políticos Positivos** correspondem ao *exercício ativo* da cidadania, como o de votar e ser votado; Os **Direitos Políticos Negativos** são aqueles que correspondem quando ocorre a perda ou suspensão dos direitos políticos.
4. Dos **Direitos Políticos Positivos** se desdobra a **"Soberania Popular"**, que tem como característica ser una, indivisível, inalienável e imprescritível, podendo ser exercida por meio do **Sufrágio Universal**; **Plebiscito** e **Referendo**; **Iniciativa Popular; Ação Popular.**

4.1 Características das **Soberania Popular:** (a) *Una:* impossibilidade da existência de dois poderes soberanos em um mesmo território; (b) *Indivisível:* já que este poder não pode ser fracionado, podendo ser repartido ***apenas*** as funções; (c) *Inalienável:* dada a impossibilidade de ser transferida; *Imprescritível*, uma vez que não possui prazo para sua duração.

4.2 O **Sufrágio** é o *direito público subjetivo* que o cidadão possui de participar da organização estatal, sendo o ***centro*** dos direitos políticos, pois permite *eleger* e ser *eleito*, envolvendo, portanto, o direito de votar e de ser votado.

4.2.1 O **sufrágio** é dividido em *universal* ou *restrito:* (a) O **Sufrágio Universal** é garantido a *todos os cidadãos* de forma isonômica, sem que exista qualquer elemento discriminatório, entretanto, pela atual Constituição Federal ***não há direito absoluto***, portanto existem hipóteses de *limitação* deste tipo de sufrágio; (b) O **Sufrágio Restrito** é aquele em que existe *diferença* entre os que podem ou não votar, dando pesos diferentes para cada pessoa. A Constituição Federal de 1988 adota o sistema de Sufrágio Universal.

4.3 O **Plebiscito** é uma *consulta popular* sobre um ato do governo. Podendo abranger matérias de relevância constitucional, legislativa ou administrativa. Para que possa ocorrer deverá haver sua convocação, sendo preciso pelo menos a proposta de um *terço dos membros* que integram ***qualquer uma das casas do Congresso Nacional***. A consulta é ***prévia*** à decisão que será tomada.

4.4 O **Referendo Popular** é uma manifestação popular pela qual o eleitor *aprova* ou *rejeita* um determinado ato legislativo. A consulta será ***posterior*** à decisão.

4.4.1 Em 2005, fora realizado o **referendo do Estatuto do Desarmamento**, no qual 63% da população decidiu ser desfavorável à flexibilização do comércio de armas.

4.5 **Iniciativa Popular** poderá ser exercida por meio da apresentação de um *projeto de lei*. Para que possa ocorrer, deverá a proposta ser encaminhada à Câmara dos Deputados, subscrito por, no mínimo, um por cento do eleitorado nacional, distribuído pelo menos por cinco Estados, com não menos três décimos por cento dos eleitores de cada um deles.

4.6 A **Ação Popular** é uma ação que tem por legitimado ativo o *cidadão* para fins de controle de ato e proteção do *interesse público* e é considerado como instrumento legítimo para exercício dos direitos políticos.

5. A **Capacidade Eleitoral Ativa** ou **Alistabilidade Eleitoral** é a *possibilidade* de votar, sendo classificado em: voto obrigatório, facultativo e proibido.

5.1 **O Alistamento Eleitoral** é o ato pelo qual o cidadão *adquire* **capacidade eleitoral ativa**, sendo realizado pela Justiça Eleitoral. Após a aquisição eleitoral por meio do título de eleitor, passará a ser um *cidadão* integrando, portanto, o corpo de eleitores de determinada zona e seção eleitoral.

5.2 O **Alistamento Eleitoral** e o **Voto** são ***obrigatórios*** para os cidadãos que se encontram entre 18 e 70 anos; É ***facultativo*** para os cidadãos analfabetos, para os maiores de dezesseis e menores de dezoito, bem como para os maiores de setenta anos.

5.3 Além destes, é facultativo o *alistamento eleitoral* para aqueles que se encontram fora do País, enfermos, daqueles que estão fora do seu domicílio eleitoral e servidores públicos em serviço que os impeça de votar; É ***proibido*** para os estrangeiros e durante o período de serviço militar obrigatório, os que forem convocados para prestar serviço militar, sendo denominado **"conscritos"**.

6. A **Capacidade Eleitoral Passiva** é a capacidade de ser eleito. A Constituição determina algumas condições de elegibilidade da pessoa, sendo elas: a *nacionalidade* brasileira; o pleno *exercício* dos direitos políticos; o *alistamento eleitoral*; o *domicílio* eleitoral na circunscrição; a *filiação* partidária; *idade* mínima. Não possuem esta capacidade os *inalistáveis* e os *analfabetos*.

6.1 Alguns cargos são definidos pelo **critério de idade** pela Constituição Federal, sendo eles: **35 anos** para os cargos de Presidente e Vice-Presidente da República, além do cargo de Senador; **30 anos** para os cargos de Governador e Vice-Governador de Estado e do Distrito Federal; **21 anos** para os cargos de Deputado Federal; Deputado Estadual ou Distrital, Prefeito, Vice-Prefeito e juiz de paz; **18 anos** para o cargo de Vereador.

7. Os **Direitos Políticos Negativos** são ocasionados pela *perda* ou *suspensão* do exercício da soberania popular, ou seja, da participação como cidadão na vida política do País. São negativos pois impedem que o cidadão possa se eleger, ou de ser eleito ou de praticar qualquer *atividade partidária* ou *função pública*.

7.1 Quanto a **perda** dos direitos políticos, ela poderá ocorrer mediante: *cancelamento* da naturalização por sentença transitada em julgado.

7.2 Quanto a **suspensão** dos direitos políticos, ocorrem nas seguintes hipóteses: incapacidade civil absoluta; condenação criminal transitada em julgado, enquanto durarem seus efeitos; atos de improbidade administrativa; recusa de cumprir obrigação a todos imposta ou prestação alternativa.

8. A **Inelegibilidade** são circunstâncias que impedem o cidadão do exercício total ou parcial da capacidade eleitoral passiva, ou seja, de se eleger. A doutrina e jurisprudência trazem algumas hipóteses de inelegibilidade, tais como a *absoluta, relativa, por sucessão, reflexa, fixada em lei complementar.*

8.1 A **Inelegibilidade Absoluta** é aquela no qual o indivíduo não poderá se candidatar para nenhum cargo eletivo. Está condição perdurará até que *cesse* a causa que a deu origem. Está hipótese abrange os analfabetos e os inalistáveis (sendo estes, estrangeiros e conscritos).

8.1.1 De acordo com a **Súmula 15 do TSE**: "*O exercício de cargo eletivo não é circunstância suficiente para, em recurso especial, determinar-se a reforma da decisão, mediante a qual o candidato foi considerado analfabeto*".

8.2 A **Inelegibilidade Relativa** ocorre quando não é permitido que determinada pessoa possa ser votada para alguns cargos em específico, porém, não impede a elegibilidade em outros.

8.3 A **Inelegibilidade por Sucessão** está prevista na Constituição Federal, que dispõe que os Chefes do Poder Executivo em cada seara, logo, Presidente da República, Governadores do Estado ou Distrito Federal, os Prefeitos e quem os suceder, ou substituir no curso dos mandatos poderão ser *reeleitos* para um **único período subsequente**.

8.3.1 Caso os chefes do Poder Executivo desejem concorrer a outros cargos, deverão abdicar seus mandatos no prazo de até *seis meses* antes da nova eleição, hipótese denominada como ***"desincompatibilização"***.

8.4 A **Inelegibilidade Reflexa** é aplicada apenas ao *cônjuge* e aos *parentes ou afins, incluindo os adotados, até o segundo grau,* do titular do Chefe do Executivo. Não se estende aos parentes de titulares de outros cargos. Segundo o art. 14, § 7º, da CF, São inelegíveis, no território de jurisdição do titular, o cônjuge e os parentes consanguíneos ou afins, até o segundo grau ou por adoção, do Presidente da República, de Governador de Estado ou Território, do Distrito Federal, de Prefeito ou de quem os haja substituído dentro dos seis meses anteriores ao pleito, salvo se já titular de mandato eletivo e candidato à reeleição.

8.4.1 De acordo com a **Súmula 18 do STF**: "*A dissolução da sociedade ou do vínculo conjugal, no curso do mandato, não afasta a inelegibilidade prevista no § 7º do artigo 14 da Constituição Federal.*"

8.5 A **Inelegibilidade fixada em Lei Complementar (LC 64/90)** trouxe importantes modificações definindo com melhor entendimento o termo "*vida pregressa*" do candidato presente no art. 14, § 9º, da Constituição Federal. A nova redação da LC 64/90 traz hipóteses de inelegibilidade não apenas diante de decisão judicial transitada em julgado, mas também sob efeito de *decisão judicial proferida por órgão colegiado*, ainda que **não transitada em julgado**.

9. Por meio da **Ação de Impugnação de Mandato Eletivo**, poderão ser impugnados os mandatos por ação específica na Justiça Federal, no prazo de quinze dias da ***diplomação***, devendo estar instruída com provas de abuso de poder econômico, corrupção ou fraude. Deverá tramitar em *segredo de justiça*.

10. De Acordo com o **Princípio da Anterioridade Eleitoral**, deverá o pleito respeitar a legislação eleitoral atual que a regule, salvo aquela que ocorra *até um ano da data de sua vigência*. O STF entende que este princípio é cláusula pétrea, não podendo ser abolido por Emenda Constitucional.

10. DOS PARTIDOS POLÍTICOS

1. **Partido Político**, com fundamento legal no art. 17 da Constituição Federal, é considerado como um *grupo de pessoas* que se unem em propósito de seus *ideais políticos e sociais* com a finalidade em organizar e coordenar a vontade popular no intuito de assumir a realização do *programa de governo*.

1.1 Os Partidos Políticos possuem liberdade partidária para "*sua criação, fusão, incorporação e extinção de partidos políticos, resguardados a soberania nacional, o regime democrático, o pluripartidarismo, os direitos fundamentais da pessoa humana*". É **vedada** a utilização pelos partidos políticos de *organização paramilitar*.

2. Os partidos políticos devem observar os seguintes princípios: I - caráter nacional; II - proibição de recebimento de recursos financeiros de entidade ou governo estrangeiros ou de subordinação a estes; III - prestação de contas à Justiça Eleitoral; IV - funcionamento parlamentar de acordo com a lei.

3. O processo de **constituição dos partidos políticos** ocorre com a *aquisição da personalidade jurídica* na forma da lei civil; *caráter nacional*; *registro na Justiça Eleitoral*. E, para sua **instituição,** é necessário observar os requisitos legais: caráter nacional; proibição de recebimento de recursos financeiros de entidade ou governo estrangeiros ou de subordinação a estes; prestação de contas à Justiça Eleitoral; funcionamento parlamentar de acordo com a lei.

3.1 A Emenda Constitucional 52 definiu a *dispensabilidade* da **verticalização das coligações partidárias** (hipótese em que era obrigatória a vinculação entre as candidaturas/coligações em todo âmbito nacional, federal e estadual).

4. Quanto aos **recursos do fundo partidário,** estes têm por finalidade angariar verbas para financiar as atividades do partido, bem como os Arts. 38 e 39 da Lei dos Partidos, dispõe sobre a origem das verbas que constituirão o Fundo Partidário, conforme Art. 44, em virtude da *natureza da verba pública.*

5. É garantido aos partidos políticos o **acesso gratuito ao rádio e à televisão,** com o objetivo de difundir seus *ideais políticos* em massa e adquirir mais adeptos. Todavia, com o advento da Emenda Constitucional 97 de 2017, tal direito passou a ser restringido.

5.1. Somente terão direito a recursos do fundo partidário e acesso gratuito ao rádio e à televisão, na forma da lei, os partidos políticos que alternativamente: I - obtiverem, nas eleições para a Câmara dos Deputados, no mínimo, 3% (três por cento) dos votos válidos, distribuídos em pelo menos um terço das unidades da Federação, com um mínimo de 2% (dois por cento) dos votos válidos em cada uma delas; ou II - tiverem elegido pelo menos quinze Deputados Federais distribuídos em pelo menos um terço das unidades da Federação.

6. Os partidos políticos possuem **algumas prerrogativas**, como: são legitimados para propor a *Ação Indireta de Inconstitucionalidade, Ação de Descumprimento de Preceito Fundamental,* desde que contem representação no Congresso Nacional.

6.1 Também podem **promover denúncias por irregularidades da administração** perante os Tribunais de Contas, conforme art. 74, §2º, além de promover MS Coletivo em nome de seus filiados, art. 5º, LXX, "a", da CF/88.

6.2 Os **partidos políticos** possuem prioridade postal durante *60 dias* anteriores à realização das eleições, para o envio de material de propagandas de seus candidatos registrados, conforme Art. 239, Código Eleitoral.

6.3 Possuem *imunidade tributária*, conforme art. 150, VI, "c" da Constituição Federal, em relação a impostos sobre *patrimônios*, *rendas* ou *serviços*.

11. ORGANIZAÇÃO POLÍTICO-ADMINISTRATIVA DO ESTADO

1. A **Organização do Estado** decorre da divisão política e administrativa do território nacional, consistindo na forma de governo e na repartição de competências. Poderá ter algumas formas, tais como: **na Forma de Governo** (*república* ou *monarquia*)**; Sistema de Governo** (*presidencialismo*, *parlamentarismo*, ou *diretorialismo*); **Forma de Estado** (*unitário* ou *federado*).

1.1 A **Forma de Governo** é a maneira pela qual o poder é estabelecido na sociedade e a relação aplicada entre o *povo* e seus *governantes.* Importante destacar que a forma de governo adotada pelo Brasil é a **República**.

1.2 O **Sistema de Governo** é a relação entre os *poderes*, relacionado entre o Legislativo e o Executivo. O regime de governo pode ser *democrático* ou *autocrático*. O sistema de governo adotado pelo Brasil o **Presidencialismo**.

1.3 A **Forma de Estado** está relacionada a distribuição do exercício do poder político em razão de um território, objetivando estruturar o Estado com a existência ou não de descentralização. Se divide em duas, sendo, **Estado Unitário** e **Estado Federado**.

1.3.1 O **Estado Unitário** tem como principal característica a centralização política, existindo apenas *um núcleo estatal* de onde emanam todas as decisões e se concentram o poder por um único homem ou órgão.

1.3.2 O **Estado Federado** é a forma de Estado em que ocorre a *descentralização* política na qual o poder se encontra dividido em mais de uma entidade. Essa forma de Estado dá aos estados o direito à auto-organização, autogoverno, autoadministração, indissolubilidade do vínculo da federação e rigidez constitucional, entre outras.

2. O art. 1º da Constituição Federal define o Brasil como uma **República Federativa**, formada pela união indissolúvel dos Estados, Municípios e do Distrito Federal. Dessa forma, adotou-se o *princípio federativo*, caracterizado pela descentralização do poder.

3. Existem algumas características das federações que são comuns a todo Estado Federal, sendo elas: ***Constituição Rígida***, objetiva a garantia da distribuição de competências; ***Indissolubilidade***, caracterizado pelo *princípio da indissolubilidade do pacto federativo*, não sendo possível hipótese de secessão, sendo que, na ocasião de sua tentativa, uma das hipóteses previstas será a *intervenção federal.*

4. No regime federalista brasileiro, embora as entidades da federação sejam autônomas, apenas o Estado Federal é ***soberano***. Os demais entes previstos na Constituição possuem apenas ***autonomia***.

4.1 Os Estados Federados têm sua própria constituição. Logo, embora não sejam soberanos, autorizados pela **Forma de Estado Federado**, cada unidade da Federação terá um texto de *status* constitucional em nível estadual, que fundamentará validade de toda normatividade local.

5. Quanto **à classificação das competências**, existem as: **a) Competências Administrativas (Material ou Não Legislativa)**, que correspondem à função de não legislar e à capacidade de se auto-organizar. Esta competência se divide em: *comum e residual*; **b) Competências Legislativas**, que correspondem aquelas conferidas ao ente político para editar normas imperativas, gerais e abstratas. São classificadas em *expressa, residual, delegada, concorrente e suplementar*.

5.1 ***Competência Administrativa***: (a) **Comum**: aquela universal a todos os entes; (b) **Residual**: aquelas que sobram dos outros entes, tais quais, da União, Munícipios e Distrito Federal, serão determinadas aos Estados.

5.2 ***Competência Legislativa*: (a) Expressa:** Aquelas que os Estados preveem por meio de suas Constituições e Leis, respeitando a Constituição Federal; (b) **Residual:** aquilo que sobrar será da competência dos Estados, respeitando as competências de cada ente; (c) **Delegada:** União poderá delegar aos Estados a competência para criarem normas de sua competência; (d) **Concorrente:** concorrência entre os entes federativos, cabendo aos Estados a edição de normas específicas, enquanto que à União normas gerais; (e) **Suplementar:** se a União não legislar matérias de sua competência, poderão os Estados regularem normas gerais acerca do tema inerte, se a lei estadual for contra a lei federal quando editada, aquela será suspensa.

5.2.1 A doutrina divide em duas a competência suplementar em: (a) **Complementar:** nela já existe lei federal sobre a matéria cabendo aos demais entes federativos completá-la; (b) **Supletiva:** ausente lei federal, caberá aos Estados-membros, Distrito Federal e Municípios a competência sobre a matéria, provisoriamente.

12. ENTES FEDERATIVOS

1. O **Brasil é um Estado federal,** segundo o art. 1º da CF/88, e possui a seguinte composição: União, Estados, Distrito Federal e Municípios, sendo estes entes políticos estatais, pessoas jurídicas de direito público interno.

2. A **União é pessoa jurídica de Direito Público Interno,** que possui competência administrativa, bem como a legislativa, existindo dois aspectos para se analisar, o campo interno e o campo externo.

2.1 A **competência legislativa** da União está prevista no art. 22 de forma privativa (ou seja, poderá delegar aos estados tais competências por meio de Lei Complementar). A constituição permite também a união legislar de **modo concorrente** com os demais entes da federação. Esta competência está prevista no Art. 24 da Constituição Federal.

2.2 A constituição prevê ainda uma **competência residual,** prevista no art. 154, I da CF/88, onde a União, por meio de lei complementar, poderá criar impostos não previstos no art. 153, da Constituição Federal desde que seja **não cumulativo** e **não tenham fato gerador ou base de cálculo próprios dos definidos na Constituição**.

2.3 A **Competência Administrativa da União** está prevista no art. 21, e este trata desde sua representação internacional até sobre o interesse econômico da união. Esta competência é exclusiva e indelegável. O art. 23 da Constituição Federal é fixado a **competência administrativa comum** entre os demais entes da federação.

3. A constituição trata a respeito da união, fazendo uma divisão implícita, dividindo em campo externo e campo interno, para melhor regular.

3.1 O **campo interno** é analisado a partir do Art. 18 da Constituição Federal, no qual faz a divisão acima tratada: União, Estados, Distrito Federal e Municípios.

3.2 Ao versar sobre o **campo externo** da União, a Constituição a caracteriza como representante exclusivo da República Federativa do Brasil.

4. O Estado Federal brasileiro e todos os seus entes possuem autonomia financeira, administrativa e política e legislativa (mesmo que limitada).

5. O art. 18 trata ainda do chamado **princípio da autonomia dos entes federativos**, ao dizer que todos os entes são autônomos, nos termos da constituição.

6. **Não é permitido aos Estados se separarem da Federação Brasileira,** ou seja, não há o direito de secessão. Esta é uma clausula pétrea, prevista no art. 60, §4, I, da Constituição Federal, e caso haja uma tentativa, haverá intervenção federal.

7. O art. 20 trata a respeito dos bens da união, mas não conceitua o que vem a ser patrimônio público. O **patrimônio público** consiste nos bens pertencentes aos entes que compõem o Estado Federal, às autarquias e paraestatais de toda a natureza e espécie que tenham interesse para a Administração e para a comunidade administrada.

8. Os **Estados-Membros ou Estados Federados** são pessoas jurídicas de direito público interno que integram a federação, atuando como núcleos autônomos de poder, com legislação, governo, administração e jurisdição própria (princípio da autonomia dos entes).

9. Quanto **à autonomia dos Estados-Membros**, estes possuem a capacidade de auto-organização, autogoverno, autoadministração e auto legislação, conforme o art. 25 da Constituição Federal.

9.1 A **auto-organização** está intimamente ligada à capacidade de **auto legislação**, onde os estados podem se organizar e se regerem por suas próprias leis, respeitando o disposto na constituição.

9.2 O **autogoverno** diz respeito aos estados membros poderem eleger seus próprios representantes do executivo (governador) e legislativo (Deputados) com base no domicílio eleitoral daquele estado. Esta característica também e expressada por meio da capacidade que o Estado possui de organizar o seu governo estruturando através de seus "Poderes", por meio da escolha dos seus dirigentes, sendo formado o governo pelo: governador como chefe do Executivo Estadual, Assembleia Legislativa, Tribunais e Juízes pelo Judiciário.

9.3 A **autoadministração** inerente aos estados diz respeito a todas as atribuições que não foram previstas de forma exclusiva para a União ou aos municípios. Alguns exemplos estão previstos no art. 23, da Constituição Federal.

9.3.1. A **capacidade de auto legislação e autoadministração** possui a finalidade de cumprir os diplomas legais produzidos pelo Estado.

10. Quanto aos **bens do Estado** este se encontra presente no art. 26 da CF/88, porém quanto **à formação dos Estados** estão previstos no art. 18, §3º da CF/88 o qual o Congresso Nacional é o órgão responsável para tratar sobre incorporação, subdivisão ou desmembramento de áreas de Territórios ou Estados, ouvidas as respectivas Assembleias Legislativas e mediante sanção do Presidente da República, conforme art. 48, inciso VI da CF/88.

11. Quanto as competências, a Constituição traz a **competência administrativa ou não legislativa do Estado-membro,** que se subdivide em **comum** (cumulativa ou paralela) ou **residual** (remanescente ou reservada) com fundamento no art. 23 da Constituição Federal. Comum é aquela inerente a todos os entes federativos e a **residual,** com base no art. 25, §1º da Constituição Federal, trata-se de tudo aquilo que não for peculiar aos demais entes federativos, ou seja, tudo o que não foi designado à União e aos municípios.

12. O **Distrito Federal** é pessoa jurídica de direito público interno que possui capacidade político -administrativa, dotada de autonomia, sendo equiparado aos Estados-membros. O DF possui **competência legislativa cumulativa**, ou seja, pode legislar sobre matérias estaduais e municipais.

13. O **Distrito Federal** rege-se por Lei Orgânica, que é equiparada a Constituição Estadual, admitindo controle abstrato de norma distrital.

14. O **chefe do Executivo é o governador,** e o Poder Legislativo é representado pela **Câmara Distrital**, cujos membros são os deputados distritais.

15. O **Distrito Federal**, assim como os demais entes, **possui as características** de autogoverno, auto-organização, autoadministração e auto legislação.

16. A **competência administrativa é comum,** segundo o art. 23, da Constituição Federal, pertencente aos 4 entes federativos. A **competência legislativa** é reservada aos Estados e Municípios segundo o art. 32, §1º da Constituição Federal.

17. Os **Municípios** são **pessoas jurídicas de direito público interno** que dispõem de governo próprio e usufruem de autonomia, sendo regidos por Lei Orgânica que deve estar de acordo com a Constituição Estadual.

18. Quanto às **características dos Municípios,** a Constituição prevê que a estes são inerentes a auto-organização, autogoverno, autoadministração e auto legislação.

19. A **auto-organização** será realizada por lei orgânica, votada em dois turnos, com o intervalo mínimo de dez dias, e aprovada por dois terços dos membros da Câmara Municipal, que a promulgará, atendidos os princípios estabelecidos na Constituição do respectivo Estado conforme o art. 29, I a XIV, da Constituição Federal.

20. O **autogoverno** ocorre com a eleição direta do Prefeito, Vice-Prefeito e os Vereadores, com mandatos de 4 anos, realizado em todo país.

21. A **auto legislação** está intimamente ligada a auto-organização do estado. Assim como a União e os Estados, os Municípios também se organizam pelas leis que adotam, desde que não contrarie a Carta Magna. A Constituição faz algumas menções de tais competências, como nos artigos 156, ou ainda no 182, §§1º e 4º, dentre outros.

22. A constituição normatiza também como os estados serão formados, conforme art. 18, §4. Segundo este, a **formação do Estado ocorrerá por 4 fases,** a 1ª é o plebiscito, a 2ª é a propositura do projeto de lei complementar, a 3ª audiência das Assembleias Legislativas e a 4ª aprovação no Congresso Nacional.

23. O **plebiscito** é uma consulta popular que ocorre antes da criação de uma norma. Neste caso, a votação da população é no intuito da formação de um novo Estado.

24. A **propositura do projeto de Lei Complementar** ocorre com o resultado favorável do plebiscito para a alteração territorial. O projeto de lei complementar respectivo será proposto perante qualquer das Casas do Congresso Nacional, conforme art. 4, §1º da Lei 9.709/98 (lei que regula o disposto nos incisos I, II e III do art. 14, da Constituição Federal).

25. O art. 4, §2, da lei 9.709/98 faz referência a chamada **audiência das Assembleias Legislativas.** Esta, por sua vez, refere-se diz que é de competência da Casa perante a qual tenha sido apresentado o projeto de lei complementar proceder à audiência das respectivas Assembleias Legislativas conforme art. 4º, § 2º, da Lei n. 9.709/98.

26. Para a **aprovação do Congresso Nacional** é necessário um quórum de maioria absoluta, conforme art. 69 da Constituição Federal. É importante observar que o Congresso Nacional não é obrigado a aprovar o projeto de lei nem o Presidente da República obrigado a sancioná-lo.

27. A Constituição, ao trazer o **procedimento de criação e dissolução dos Estados,** utilizou algumas modalidades para melhor regular, quais sejam: **fusão, cisão ou subdivisão, desmembramento (por anexação ou por formação).**

28. 20.1 Todos estes, far-se-ão por meio de Lei Estadual, por meio de prazo estipulado por Lei Complementar Federal, dependendo de plebiscito.

29. A **fusão** ocorre quando dois ou mais Estados se unem, e formam um novo Estado, deixando de existir aquele ente que se reuniu para fusão. Com isto, haverá a perda da personalidade jurídica, pois se agregará ao novo Estado.

30. A **cisão ou subdivisão** é a divisão de um Estado preexistente, formando dois ou mais Estados-membros que não existiam, com personalidade diversa do criador, que **deixa de existir politicamente.**

31. O **desmembramento** se diferencia da cisão ou subdivisão pois o desmembramento ocorre que com a divisão ou anexação em outro, o **Estado-membro originário não deixa de existir.**

31.1 Existem duas formas de desmembramento: **por anexação** e **por formação.** No desmembramento por anexação haverá um Estado já existente, e não ocorrerá a criação de um novo Estado, permanecendo o originário.

31.2 O **desmembramento por formação** ocorre quando a parte desmembrada forma um novo Estado que anteriormente não existia, não havendo o desaparecimento do originário.

32. Para o STF, a consulta a ser feita em caso de desmembramento de estado-membro deve envolver a população de todo o estado-membro e não só a do território a ser desmembrado.

33. O **território** é uma divisão administrativa, uma descentralização da União; não sendo um ente da Federação como os demais. Distintamente do Distrito Federal, admite-se a sua divisão em Municípios conforme art. 33, § 1º da Constituição Federal.

34. O **Governador do Território** é nomeado pelo Presidente da República, após a aprovação do seu nome pelo Senado Federal nos termos do inciso XIV do art. 84 da CF.

35. Para a criação dos Territórios é necessária a aprovação da proposta diretamente pela população interessada mediante plebiscito, que deverá ser proposto por **1/3** dos **Deputados federais ou por 1/3 dos Senadores,** e a **aprovação pelo Congresso Nacional por lei complementar.**

36. A **formação dos Municípios** está prevista no art. 18, § da Constituição Federal, o qual a criação, incorporação, fusão ou desmembramento de municípios devem ser realizados por lei estadual.

37. A **competência administrativa dos Municípios** se dividem em comum e taxativa. A **comum** refere-se aos quatro entes que compõem a federação e a **taxativa** está prevista no art. 30 da Constituição Federal.

38. A **competência legislativa dos Municípios** é **suplementar,** pois compete aos municípios complementar a legislação federal e estadual no que couber. Possui também **competência tributária expressa**, prevista no art. 156 da Constituição Federal, além da **auto-organização** mediante lei orgânica conforme art. 29.

39. A constituição também prevê como será formado um município. O procedimento ocorrerá em 4 fases: a 1ª é a Lei Complementar Federal, a 2ª estudo de viabilidade, a 3ª plebiscito, e a 4ª Lei estadual.

39.1 Quanto à **1ª fase, a lei complementar federal** é o instrumento normativo apto para regular genericamente o período da criação, incorporação, fusão ou o desmembramento de municípios.

39.2 Na **2ª fase, estudo de viabilidade,** é obrigatória a apresentação, publicação e divulgação do estudo de viabilidade à criação, incorporação, fusão ou desmembramento de municípios conforme exigido na CF.

39.3 A **3ª fase, plebiscito,** será convocado pela Assembleia Legislativa, em conformidade com a legislação federal e estadual, desde que o estudo de viabilidade seja favorável.

39.4 A **4ª fase, lei estadual,** caso ocorra a positividade do plebiscito o legislador estadual terá discricionariedade para aprovar ou rejeitar o projeto de lei de criação de novo município. E, ainda que aprovada a edição da lei pelo legislador estadual, o Governador de Estado poderá vetá-la.

40. Conforme art. 31, §1, com o auxílio do Tribunal de Contas, ocorrerá o controle externo da câmara municipal. Este será exercido todos os anos, devendo as contas dos municípios ficar, durante sessenta dias, à disposição de qualquer contribuinte, para exame e apreciação, o qual poderá questionar a legitimidade dessas contas, nos termos da lei.

41. No modelo brasileiro, a repartição de competências, enquanto processo de distribuição constitucional de poderes entre as entidades federadas, é definida constitucionalmente pela enumeração dos poderes da União, com poderes remanescentes para os estados e indicativos para os municípios.

13. INTERVENÇÃO

1. A **Intervenção** é caracterizada pela cessação temporária e excepcional da autonomia política dos entes federados. Tem como finalidade o restabelecimento do *equilíbrio federativo*. Será cabível quando os entes políticos praticarem fatos de incontroversa gravidade. Possui duas modalidades: a *Intervenção Federal* e *Intervenção Estadual*.

   1.1 A **Intervenção Federal** é realizada pela União nos Estados e Distrito Federal, podendo também intervir em municípios localizados em Territórios Federais; **Intervenção Estadual** é realizada pelos Estados nos Municípios. Como regra, a União não pode intervir nos municípios, a não ser que aqueles localizados em territórios federais.

2. Há três princípios norteadores da Intervenção, sendo eles: **Princípio da não Intervenção**, está deverá ser feita de maneira excepcional, devendo buscar sempre medidas menos drásticas; **Princípio da Taxatividade**, as hipóteses de Intervenção estão descritas na Constituição Federal, em seus Arts. 34 ao 36; **Princípio da Temporariedade**, devendo a Intervenção ser temporária e transitória.

3. A **Intervenção Federal** poderá ocorrer de forma ***Espontânea***, quando o Presidente agir de ofício, ou ***Provocada***, devendo o Presidente agir discricionariamente ou por modo vinculado:

   3.1 A **Intervenção Federal Provocada** é dividida em: **Intervenção Federal por Solicitação,** quando o Presidente da República está desvinculado a aceitar o pedido, logo sua decisão será *discricionária*; **Intervenção Federal Provocada por Requisição do Presidente**, quando está limitado a acatar a decisão do *Supremo Tribunal Federal*, sendo este ato *vinculado*, tornando por fim à ordem como uma intervenção obrigatória.

   3.2 O Presidente da República deverá ouvir o **Conselho da Republica** e o **Conselho de Defesa Nacional** na hipótese da *Intervenção Espontânea*, entretanto, ele *não está obrigado* ao parecer de ambos.

4. A **Decretação da Intervenção** dependerá, no caso de **desobediência à ordem ou decisão judicial,** de requisição do Supremo Tribunal Federal, do Superior Tribunal de Justiça ou do Tribunal Superior Eleitoral.

5. A **Intervenção Federal por Provimento de Representação**, dependerá de provimento do Procurador Geral da República pelo STF. Ocorrerá em duas hipóteses: sendo ajuizado *ADIn Interventiva* para assegurar a supremacia dos princípios constitucionais sensíveis ou a *recusa* à execução de lei federal.

6. As hipóteses de intervenção estão previstas em **rol taxativo** no Art. 34 da Constituição Federal, sendo elas: Manter a *integridade nacional*; Repelir *invasão estrangeira* ou de uma unidade da Federação em outra; Pôr termo a grave *comprometimento da ordem pública*; Garantir o *livre exercício* de qualquer dos Poderes nas unidades da Federação; *Reorganizar as finanças* da unidade da Federação; Prover a *execução* de lei federal, ordem ou decisão judicial; Assegurar a observância dos *princípios constitucionais sensíveis*.

7. A **Intervenção dos Estados nos Municípios,** é caracterizada pela retirada da autonomia municipal com a finalidade de restaurar a ordem. É um ato excepcional e político, possuindo as mesmas regras da Intervenção Federal.

   7.1 No **processo de Intervenção Estadual**, o controle é realizado pela Assembleia, que apreciará no prazo de *24 horas*, e, caso esteja de recesso, ocorrerá a convocação extraordinária em igual período, sendo da competência do Governador de Estado a decretação e execução da intervenção, porém no caso do inciso IV, dependerá da procedência do *Tribunal de Justiça*.

14. DA ADMINISTRAÇÃO PÚBLICA

1. O tópico da Administração Pública, embora menos cobrado no Direito Constitucional, está presente em algumas provas em sua literalidade, sendo importante conhecer aspectos gerais desse tema.

2. Quanto aos **Princípios da Administração Pública,** norteadoras da atuação estatal, eles se dividem em **Princípios: *Expressos*,** com previsão na Constituição Federal, sendo eles, legalidade, impessoalidade, moralidade, publicidade e eficiência; ***Implícitos*,** decorrentes do ordenamento jurídico, abordados pela doutrina e jurisprudência, sendo eles, entre outros, os da supremacia do interesse público, indisponibilidade do interesse público, autotutela, segurança jurídica, razoabilidade e proporcionalidade etc.

3. **Princípios Expressos**: estes definidos e expressos pela Constituição Federal, se dividem em:

3.1 **Princípio da Legalidade**: define que a Administração Pública só ***deve*** praticar atos previstos em lei.

3.2 O **Princípio da Impessoalidade:** dispõe que o administrador público pratique atos tendo com finalidade legal ***apenas*** o interesse público, no qual, será proibido a prática de qualquer ato que satisfaça interesse próprios ou de terceiros. Proíbe-se, inclusive, a prática de nepotismo, conforme Súmula Vinculante n. 13 do STF.

3.3 O **Princípio da Moralidade:** objetiva o estudo ***ético*** da conduta do administrador, devendo ser diferenciado o ato honesto dos desonestos, estes atos devem visar a moral administrativa com o propósito satisfação de interesse público.

3.4 O **Princípio da Publicidade:** condiciona a eficácia do ato e tem o fulcro de fornecer ***transparência*** aos atos administrativos. É possível, no entanto, a decretação de sigilo de determinados atos quando imprescindíveis à segurança do Estado ou da sociedade (CF, art. 5, XXXIII).

3.5 O **Princípio da Eficiência:** opõe o modelo de Administração Pública burocrática ao novo modelo gerencial, que tem por inovação a exigência de resultados qualitativos e quantitativos na prestação do serviço público.

4. **Princípios Implícitos:** disciplinados por meio da doutrina e também pela jurisprudência, são divididos em:

4.1 **Princípio da Supremacia do Interesse Público:** segundo o qual o interesse público prevalece sobre o interesse privado.

4.2 O **Princípio da Autotutela:** é o controle feito pela administração com prerrogativa de *ordenar*, rever e *fiscalizar* os atos dos administrados, tornando possível à Administração **anular** determinados atos administrativos que padecem de ilegalidade ou ainda **revogar** um ato quando este não gerar mais os efeitos esperado, por critério de conveniência e oportunidade. (STF, Súmula 473)

4.3 O **Princípio da Indisponibilidade do Interesse Público:** disciplina que a autoridade administrativa ***jamais*** poderá dispor ou retardar os atos necessários para o atendimento ao ***interesse público***.

4.4 O **Princípio da Segurança Jurídica:** dispõe sobre a manutenção de situações fáticas consolidadas pelo tempo e, consequentemente, afasta a aplicação com efeito retroativo de ***nova interpretação*** da lei administrativa.

4.5 O **Princípio da Razoabilidade:** declara que o Estado deverá buscar atuação destinada em ***critérios objetivos***, sem preconceitos ou distinções, obtendo o resultado mais ***justo possível*** por meio de um juízo de valor.

4.6 O **Princípio da Proporcionalidade:** impõe ao Poder Público dever de ponderar certos valores antes de tomar decisão, para que a torne mais sensata possível, sacrificando o ***mínimo de direitos***.

5. **Agente Público:** este termo é utilizado pela administração pública para demonstrar alguma ***função estatal*** e está prevista no Art. 2º da Lei 8.429/92 que traz a definição legal de agente público. Servidor público (ocupante de cargo público) é apenas uma espécie de agente público.

6. A **Investidura** é o procedimento legal que o servidor público se ***vincula*** à Administração Pública para o exercício de cargo, emprego, função ou mandato que, em regra, se ***materializar*** por meio de **nomeação**. Há algumas espécies de investiduras, sendo elas: *originária, derivada, vitalícia e em comissão.*

6.1 A **Investidura Originária** versa no ***vínculo inicial*** que o agente tem com a Administração Pública. Será inconstitucional **qualquer forma de provimento** que implique a possibilidade de a pessoa se investir em cargo ou emprego público sem prévia ***aprovação em concurso público de provas ou de provas e títulos,*** ressalvada a exceção dos cargos em comissão declarados em lei de livre nomeação e exoneração.

6.2 A **Investidura Derivada** é ***anterior vinculação*** do agente com a Administração, como por exemplo a promoção. É impossível o agente público ser promovido a cargo que ***não integra a carreira*** à qual já integrava investido, conforme previsão na **Súmula Vinculante 43 e Súmula 685, ambas do STF.**

6.3 A **Investidura Vitalícia** é aquela em que, desde que atendidos os requisitos legais, a destituição do agente só será possível ***mediante decisão judicial transitada em julgado***, consistindo dessa forma em uma garantia, ou prerrogativa especial, de permanência no serviço público. Esta investidura é destinada apenas aquelas categorias funcionais titulares de ***cargo vitalício.***

6.4 A **Investidura em Comissão** é aquela destinada aos cargos de ***livre nomeação e exoneração***, sem aprovação em concurso público.

7. Quanto à **Estabilidade dos Servidores Públicos,** a Emenda Constitucional n. 19/98 disciplinou que os servidores públicos nomeados para

cargo de provimento efetivo, em virtude de ***concurso público***, adquirem a estabilidade após **três anos de efetivo exercício.** Está é ***condição obrigatória*** para a aquisição da estabilidade assim como também a avaliação especial de desempenho, realizada por comissão instituída para essa finalidade.

7.1 De acordo com o STF, o candidato aprovado em concurso público dentro do número de vagas previstas no edital, desde que dentro do prazo de validade do certame, terá ***direito subjetivo à nomeação.*** Aqueles fora do número de vagas previstas no edital, dentro do prazo de validade do certamente, terão ***expectativa de direito.***

7.2 A Constituição Federal disciplina que alguns dos direitos assegurados aos trabalhadores urbanos e rurais serão ***estendidos*** aos servidores ocupantes de cargo público, como por exemplo, remuneração de trabalho noturno superior à do diurno.

8. Já o **Empregado Público** (diferente do servidor público) se submete a um ***regime jurídico celetista,*** estabelecendo uma relação bilateral e ***contratual, embora seja necessário concurso público para sua contratação***, não havendo aquisição de estabilidade para os **empregados de empresa pública ou sociedade de economia mista**, que são pessoas jurídicas de direito privado.

9. Os **subsídios e vencimentos** dos ocupantes de cargos ou funções públicas, em regra, são ***irredutíveis***, ressalvada as hipóteses previstas na Constituição Federal.

9.1 Os que são remunerados por **subsídios recebem em parcela única** e são: membros dos Poderes; detentores de mandato eletivo; Ministros de Estado; Secretários Estaduais e Municipais.

9.2 O ***limite máximo*** da remuneração dos subsídios e pensões, incluídas nestas, vantagens pessoas ou de qualquer natureza é o **subsídio recebido pelos Ministros do Supremo Tribunal Federal**, cujo valor será fixado por lei de iniciativa do próprio STF.

10. Quanto à ***acumulação*** de cargos, funções ou empregos tanto na administração direta como na indireta ou fundacional **é vedado**, ressalvadas hipóteses expressamente arroladas na Constituição Federal, desde que haja ***compatibilidade de horários*** e respeitado o ***teto de remuneração***.

10.1 Será permitida a **acumulação de cargos, funções ou empregos** para tais hipóteses: ***dois cargos de professor***, ***professor com outro técnico ou científico***, ***dois cargos privativos de profissionais de saúde, com profissões regulamentadas.***

11. Nos casos de **mandato eletivo federal, estadual ou distrital**, deverá o agente ficar ***afastado do cargo, emprego ou função***. Os **Deputados e Senadores** não podem ser titulares de mais de um cargo ou mandato eletivo ou ocupar cargos que admitem a exoneração *ad nutum*.

11.1 Referente aos **vereadores,** caso haja ***compatibilidade de*** horários, poderão exercer as duas funções e receber as duas remunerações, sendo elas, cargo, emprego ou função mais a remuneração do cargo de vereador. ***Não havendo compatibilidade***, deverá optar entre uma e outra.

12. Já nos casos de **Responsabilidade Civil do Estado**, este possui **responsabilidade objetiva,** sendo atribuído ao Poder Público o dever de reparar os danos suportados por terceiros, decorrentes da conduta de seus agentes no exercício de suas atribuições, sendo necessário o ***nexo de causalidade***.

15. ORGANIZAÇÃO DOS PODERES

1. A República Federativa do Brasil adota três poderes como modelo, sendo eles: Poder Executivo, Poder Legislativo e o Poder Judiciário. Os poderes estão definidos no Art. 2º, da Constituição Federal de 1988.

2. Conforme expresso no próprio Art. 2º, Constituição Federal de 1988, os poderes são **independentes** e **harmônicos** entre si. Os poderes, apesar de serem independentes, exercem um controle entre si com a finalidade de impedir excessos de cada poder. Este controle é também conhecido como sendo um *sistema de freios e contrapesos*.

3. Cada poder possui uma **função regular** para o qual foi criado, também conhecida por *função típica*. Além das funções típicas, existem também as **funções extraordinárias** ou *funções atípicas*, que foram *atribuídas* pela própria Constituição.

3.1 **Funções Típicas do Poder**: *Legislativo*, legislar, através de fiscalização contábil, financeira, orçamentária e patrimonial do Executivo; *Executivo*, prática de condutas de chefia de Estado, chefia de governo e atos de administração; *Judiciário*, julgar (função jurisdicional) manifestando o direito no caso concreto e acabando os enfrentamentos que são levados até ele.

3.2 **Funções Atípicas** do Poder: *Legislativo*, desfrutar sobre sua organização, provendo cargos, concedendo férias, licenças a servidores (***natureza executiva***), Senado Federal julga o Presidente da República nos crimes de responsabilidade (***natureza jurisdicional***);

Executivo, edição de leis, por meio de medida provisória e lei delegada (***natureza legislativa***); *Judiciário*, regimento interno de seus tribunais (***natureza legislativa***), administrar, atribuindo licenças e férias aos magistrados e serventuários (***natureza executiva***).

15.1 Poder Legislativo

1. O **Poder Legislativo** é dividido da seguinte maneira: no âmbito da **União** (Congresso Nacional, dividido entre a Câmara dos Deputados e Senado Federal), no âmbito dos **Estados** (Assembleias Legislativas) no âmbito **Distrital** (Câmara Legislativa do Distrito Federal) e no âmbito **Municipal** (Câmara dos Vereadores).
2. O *Poder Legislativo Federal* é conhecido por ser **bicameral**, ou seja, o Congresso Nacional é composto por duas casas, sendo elas a **Câmara dos Deputados**, representantes do povo, e o **Senado Federal,** representantes dos Estados membros e do Distrito Federal.
3. Na **Câmara dos Deputados** há *representação do povo*, portanto a quantidade de Deputados Federais varia de Estado para Estado, no qual deverá ser observado o limite previsto na Constituição Federal, sendo o *mínimo oito e o máximo de setenta membros.*

   3.1 O *sistema de votação* para a eleição dos *Deputados Federais* dar-se-á pelo sistema **proporcional**, o que significa que o partido político terá *representação proporcional* ao número de votos recebidos. Dessa forma, o eleitor vota no partido, não no candidato.

   3.2 No *sistema proporcional* de votação existe a necessidade de observância da **Fidelidade Partidária**. No sistema proporcional, o mandato eletivo, conforme mencionado, pertence ao partido e não do parlamentar. Dessa forma, caso o parlamentar *troque de partido* após ser eleito pelo sistema proporcional, ***perderá o cargo***.

   3.3 Os *requisitos de elegibilidade* para o cargo de **Deputado Federal** são: nacionalidade brasileira; idade mínima de ***21 anos***; deve obrigatoriamente ser eleitor e não se enquadrar em nenhuma das causas de inelegibilidade. O mandato eletivo será de *uma legislatura*, portanto, *quatro anos*.

4. No **Senado Federal** há *representação dos Estados membros e do Distrito Federal.* Conforme expressa previsão constitucional, haverá três senadores por cada Estado, totalizando 81 senadores, com dois suplentes cada.

4.1 O *sistema de votação* para a eleição no *Senado Federal* dar-se-á pelo sistema **majoritário**, ou seja, o eleitor vota na *figura do candidato*, e não no partido. O mandato eletivo, consequentemente, será do candidato eleito e não ao partido. Logo, caso ele mude de partido ***não perderá o cargo***.

4.2 Os *requisitos de elegibilidade* para o cargo de **Senador Federal**, são: ser obrigatoriamente eleitor; possuir nacionalidade brasileira; ter no mínimo ***35 anos***, e não se enquadrar em nenhuma das causas de inelegibilidade previstas na Constituição Federal.

4.3 O mandato eletivo será de *duas legislaturas*, ou seja, ***8 anos***, sendo que a renovação ocorrerá de quatro em quatro anos, de forma que se renove um terço na primeira eleição e dois terços na eleição subsequente.

4.4 Para assumir o cargo de *presidente do senado*, o senador deverá ser ***obrigatoriamente brasileiro nato***, já que o cargo em análise faz parte da composição da linha sucessória à ***Presidência da República***.

5. **Sessão Legislativa** é o período compreendido entre ***2 de fevereiro a 17 de Julho*** e de ***1 de Agosto a 22 de Dezembro***, sendo denominado, portanto, como *ano legislativo*. Ela é diferente da legislatura, que tem duração total de quatro anos.

6. Os parlamentares possuem *prerrogativas* inerentes à função parlamentar, sendo mencionadas como **Imunidades Parlamentares**. Essas prerrogativas são *irrenunciáveis*, por serem de ordem institucional. As imunidades são divididas em duas: **Imunidade Material e Imunidade Formal.**

6.1 A **Imunidade Material** é aquela que assegura aos parlamentares, no exercício da função, a *inviolabilidade civil e penal*, por suas *opiniões, palavras e votos*. Importante que se esteja relacionado e no *exercício do mandato*. Essa imunidade não os responsabilizam no âmbito penal, civil e administrativo, assim como também, descaracteriza amplamente o tipo penal, não podendo o parlamentar, ser *condenado*.

6.1.1 Os *vereadores* estão abrangidos pela Imunidade Material, desde que ocorra no *exercício da função* e dentro da *circunscrição do município* em que exerce o mandato. ***Não*** estão abrangidos pela Imunidade Formal.

6.2 A **Imunidade Formal** é aquela que se relaciona diretamente com a *prisão*, ao *processo* ou *ao foro* de julgamento dos parlamentares. O parlamentar *não poderá ser preso*, com exceção do caso de flagrante de crime inafiançável.

6.2.1 Quanto à *prisão dos parlamentares* será necessário que se comunique, no prazo de 24 horas, a casa parlamentar a que este se vincula, para que se possa ocorrer a *deliberação*, com voto de *maioria absoluta*. O STF ao receber a denúncia dará ciência a casa respectiva, podendo o partido, *por sua iniciativa*, mediante o *voto da maioria absolta* de seus membros, ***sustar o andamento da ação***.

6.2.2 Quanto ao *processo dos parlamentares*, é dividida em *antes da diplomação* e *depois da diplomação*. Se ocorrer ***antes***, o processo ocorrerá normalmente, alterando apenas a competência em razão do foro por prerrogativa de função. Se ocorrer ***depois*** a casa parlamentar poderá *suspender* o processo, devendo o pedido ser encaminhado à Mesa no prazo de *45 dias* para que decidam sobre a prisão, caso deferida a suspensão do processo o *prazo prescricional* também será suspenso.

6.2.3 A Constituição Federal dispõe que os Deputados Federais e Senadores, ***desde a expedição do diploma***, serão processados e julgados criminalmente perante *o Supremo Tribunal Federal*.

7. As prerrogativas se encerram com o *fim do mandato*. O *parlamentar licenciado* também não possui a imunidade, já que não está exercendo sua função. A Constituição Federal estabelece as hipóteses de *perda do mandato*, sendo elas: ***cassação*** ou a ***extinção***.

7.1 Quanto as hipóteses de ***cassação***: Infringir qualquer das proibições estabelecidas no *Art. 54* da Constituição Federal; Procedimento declarado *incompatível* com o decoro parlamentar; Sofrer condenação criminal com *sentença transitada em julgado*. Nestes casos deverá a Câmara dos Deputados ou o Senado Federal ***decidir***, *por maioria absoluta*, por provação da Mesa ou do partido político representado no Congresso Nacional, assegurada a *ampla defesa*.

7.1.1 Quanto a condenação transitada em julgado do parlamentar, o STF decidiu que haverá perda do cargo em condenações superiores a 120 dias em ***regime fechado****. Caso seja condenado em* ***regime aberto ou semiaberto,*** *o plenário da Casa respectiva deverá deliberar quanto a perda ou não do respectivo cargo.*

7.2 Quanto as hipóteses de ***extinção***: *Ausentar* em cada sessão legislativa, a *terça parte das sessões ordinárias* da Casa a que pertencer; *Perder ou tiver suspensos* os direitos políticos; Quando a *Justiça Eleitoral* decretar; Nestes casos a perda será ***declarada*** pela Mesa da Casa respectiva, de ofício ou provocação de qualquer membro ou partido político representado no Congresso Nacional, assegurada a *ampla defesa*.

7.2.1 O parlamentar que, por *motivo de doença* ou *interesse particular*, ***não perderá o mandato***, se o afastamento não ultrapassar 120 dias por sessão legislativa.

7.3 Os Deputados Federais e Senadores *não serão obrigados* a testemunhar sobre informações recebidas ou prestadas em razão do exercício do mandato, nem sobre as pessoas que lhes confiaram ou deles receberam informações.

8. Os parlamentares também possuem o *foro por prerrogativa de função*. De acordo com o cargo público que preenchem serão *julgados* e *processados* pelos *respectivos órgãos*:

8.1 **STF:** Presidente e Vice-Presidente da República, Deputados Federais e Senadores, Ministros do STF, STJ, STM, TST, TSE e TCU, Procurador-Geral da República, Ministros de Estado, Advogado-Geral da União, Comandantes da Marinha, Exército e Aeronáutica e Chefe de Missão Diplomática de Caráter Permanente.

8.2 **STJ:** Governadores, Desembargadores (TJ, TRF, TRT), Membros do TRE, Conselheiros dos Tribunais de Contas, Membros do MPU que oficiem perante Tribunais.

8.3 **TRF ou TRE e TJ:** Juízes Federais, Juízes Militares e Juízes do Trabalho, Membros do MPU que atuam na 1ª Instância.

8.4 **TJ:** Juízes de Direito, Promotores e Procuradores de Justiça.

8.5 **TJ, TRF OU TRE:** Prefeitos.

9. As **autoridades estaduais** que exercem cargos ou funções que correspondam aos da esfera federal, de acordo com o *Princípio da Simetria*, serão julgados por ***órgão jurisdicional superior***. Já para os casos de *Vice-Governadores e dos Vereadores*, se não estiverem disciplinados por meio da Constituição Estadual, serão julgados em *primeira instancia*.

10. Referente aos ***crimes cometidos*** por Deputado Federal ou Senador, serão processados e julgados ***após a diplomação,*** pelo: **Juízo de Primeiro Grau,** caso ocorrido durante o exercício do cargo não tendo a infração relação com funções desempenhadas pelo parlamentar; **STF,** caso ocorrido durante o exercício do cargo tendo a infração relação com as funções desempenhadas pelo parlamentar.

11. No âmbito do poder legislativo existem também as **Comissões Parlamentares de Inquérito (CPI)**. Essas comissões possuem previsão expressa na

Constituição Federal, tendo três requisitos: *requerimento de 1/3, prazo certo* e *fato determinado.*

11.1 A **Comissão Parlamentar de Inquérito,** para ser instituída, deverá contar com o pedido de pelo menos ***1/3 do total*** de membros da casa, assim como também as ***Comissões Parlamentares Mistas de Inquérito***. Este quórum garante as *minorias legislativas* a instauração com o apoio da oposição a instauração do referido inquérito. Uma vez preenchido os requisitos, à CPI atinge seu objetivo principal: averiguar os fatos de *interesse relevante* para a *vida pública, ordem constitucional, legal econômica ou social do país.*

12. As comissões, conforme disposição Constitucional, detêm poderes de investigação típicas das **autoridades judiciais**. Sendo elas: determinar diligencias, ouvir indiciados, inquirir testemunhas, pegar depoimentos de autoridades federais, estaduais e municipais, solicitar audiência de Deputados e Ministros de Estado, ficar prazos para que sejam atendidas as providencias ou diligencias requisitadas, etc. Além disso, poderão se movimentar em qualquer *lugar do território nacional* para a *prática de investigações* e *audiências públicas.*

13. As Comissões *apuram* e *investigam fatos*, logo, *não poderão punir*. Findadas as diligencias deverão *remeter ao órgão de controle respectivo* para que prossiga as apurações para futuras condenações. Ao receberem poderes próprios das autoridades judiciais estão autorizados a ***realizarem a quebra de sigilo bancário***, ***fiscal*** e ***telefônico***. Porém **não poderão** realizar *interceptação telefônica, decretar indisponibilidade de bens, determinar medidas processuais de garantia, decretar prisão,* etc.

14. As Comissões encontram algumas **barreiras**, sendo elas: *cláusula de reserva de jurisdição*, os *direitos e garantias fundamentais*, a *separação dos poderes* e o *pacto federativo.*

14.1 ***Cláusula de Reserva de Jurisdição***: Alguns atos poderão, somente, serem atribuídos por juízes e tribunais, já que as comissões possuem como objetivo a *apuração* não punição; ***Direitos e Garantias Fundamentais***, deverão ser respeitados já que são *irrenunciáveis*, como por exemplo, o direito de permanecer em silêncio, não sendo este considerado em seu desfavor; ***Separação dos Poderes***, impossibilita que as comissões *anulem* atos de qualquer outro poder; ***Pacto Federativo***, delimita o alcance dos poderes das comissões, ou seja, uma CPI de âmbito federal não poderá investigar atos de interesse predominantemente *estadual* ou *municipal.*

15.1.2 Processo Legislativo

1. Para que leis sejam criadas é necessário que se observe um processo, este denominado como **Processo Legislativo**. Este é conhecido por ser um aglomerado de *regras* previstas na Constituição, que deverão ser respeitadas na edição da norma em questão pelo *poder respectivo*. Estas compreendem a elaboração de: **Emendas Constitucionais, Leis Complementares, Leis Ordinárias, Leis Delegadas, Medidas Provisórias, Decretos Legislativos e Resoluções.**
2. É necessário que se observem e respeitem as fases do *processo legislativo*. Caso contrário, as leis e os atos normativos serão considerados *inconstitucionais*, sujeitos assim ao ***controle repressivo de constitucionalidade***.
3. O **Processo Legislativo** deverá atender ao *Princípio da Simetria Constitucional*. Segundo este, as normas do processo legislativo constantes da Constituição Federal deverão igualmente constar nas ***Constituições Estaduais***, portanto, normas de ***reprodução obrigatória***.
4. O **Processo Legislativo** é composto por *três fases*: **introdutória,** também conhecida por ser a fase de *iniciativa* da lei; **constitutiva,** em que se terá *discussão* e *votação do projeto*; **complementar,** fase de *promulgação* e *publicação* da lei.
5. A **Fase Introdutória** é a fase inicial da lei, no qual ocorre a apresentação do projeto. Esta fase será feita por **iniciativa dos *parlamentares***. Em sua grande maioria os projetos começam na *Câmara dos Deputados*, enquanto que o *Senado* ficará sendo como a casa revisora. O Senado Federal também poderá ser a *casa iniciadora*, isto acontecerá quando o projeto for apresentado por um membro do Senado.
   5.1 Esta fase também poderá contar com a ***Iniciativa Extraparlamentar***, nesse caso tendo como legitimados: Chefe do Poder Executivo, o STF, os Tribunais Superiores, o Procurador-geral da República, o Ministério Público e por último os cidadãos.
6. A **Fase Constitutiva** é aquela em que há discussão e a votação do projeto. Em razão do sistema **bicameral,** dar-se-á nas duas casas do Congresso Nacional e ocorrerá através de *deliberação parlamentar*. Após a **aprovação** o projeto será encaminhado para a *casa revisora*. Se a casa revisora ***rejeitar***, o projeto será arquivado.
   6.1 A *casa revisora* poderá ***alterar*** o projeto de lei, porém, nesse caso em razão da alteração, se significativa ocorrendo mudança no núcleo normativo do projeto de lei, este deverá ser analisado novamente pela casa iniciadora.

7. Com o **arquivamento do projeto**, este não poderá ser apresentado novamente na *mesma sessão legislativa*, salvo mediante proposta da ***maioria absoluta***. Essa impossibilidade de reapresentação se dá por conta do *Princípio da Irrepetibilidade*.

8. Consequentemente, com a aprovação da casa iniciadora e revisora, ocorrerá à fase do processo legislativo denominada *deliberação executiva*. Esta, ocorre quando o chefe do Poder Executivo participa do processo ao **vetar** ou **sancionar o projeto**.

   8.1 A sanção poderá ser **tácita ou expressa**. A *sanção expressa* ocorre quando o chefe do poder executivo sanciona o projeto dentro do prazo de **15 dias**. Já a *tácita* ocorre quando *não há parecer* do Presidente da República.

9. O **veto presidencial** poderá ser *total* ou *parcial* e deverá ter seu como causa a inconstitucionalidade da lei ou caso contrário ao interesse público. Quando ocorrer *o* ***veto***, este fato deverá ser comunicado ao Presidente do Senado no *prazo de 48 horas*. O veto será então apreciado pelas duas casas do Congresso Nacional, em até *30 dias*, podendo ser derrubado caso ocorra manifestação por voto da *maioria absoluta* dos parlamentares de cada Casa.

10. A **Fase Complementar** é a fase final do processo legislativo, no qual será constituída à *promulgação* e publicação da lei. A *promulgação* é aquilo que da existência a lei, enquanto que a *publicação*. O Presidente terá o prazo de *48 horas* para ***promulgar*** a referida lei, não o fazendo, será incumbido ao Presidente de Senado Federal. Consequentemente, incumbirá à autoridade que promulgou ***publicar a lei***, para que por fim ela tenha eficácia.

11. A **Emenda Constitucional** foi reconhecida pelo constituinte originário como sendo uma possibilidade efetiva de *modificação* da Constituição Federal, decorrente do Poder Constituinte Reformador.

    11.1 Fora adotado um *processo legislativo diferente dos demais e mais complexo* para modificação do texto constitucional. Sendo classificada, portanto, pela doutrina como uma ***Constituição Rígida***. Observe, contudo, que os direitos objeto das cláusulas pétreas (previstas no art. 60, parágrafo 4), não poderão ser abolidos (embora o texto possa ser alterado).

    11.1.1 Diferente das demais, a Emenda Constitucional deverá ser discutida e votada em ***dois turnos****, considerando aprovada se obtiver, em ambos,* ***três quintos dos votos*** *dos respectivos membros. Os* ***legitimados*** *para a apresentação da proposta são: um terço dos membros da Câmara* *dos Deputados ou do Senado Federal; Presidente da República; mais da metade das Assembleias Legislativas, manifestando cada uma delas pela maioria relativa de seus membros.*

11.2 Não haverá *veto ou sanção do Presidente da República*, não havendo a necessidade de deliberação executiva. As Emendas Constitucionais serão ***promulgadas*** pelas *Mesas das duas Casas em* ***conjunto,*** sendo a ***publicação*** de competência do *Congresso Nacional.*

11.3 De acordo com o *Princípio da Irrepetibilidade*, ***neste caso não há relativização***, as Emendas Constitucionais que forem *rejeitadas* ou *prejudicadas* **não** poderão ser reapresentadas na mesma sessão legislativa.

12. À **Lei Complementar** e **Lei Ordinária** possuem duas diferenças: ***Diferença material***, para ser objeto de lei complementar é necessário que a matéria deve estar *expressamente prevista* na Constituição Federal, no qual, as demais serão objetos de leis ordinárias; ***Diferença Formal***, referente ao *processo legislativo* especificadamente na fase da votação. O quórum de aprovação de uma lei complementar é ***absoluto*** enquanto para lei ordinária é ***simples***.

12.1 Para que ocorra a ***maioria absoluta*** é necessário a maioria dos membros da casa, ***metade mais um*** do **total** dos membros. Já a ***maioria simples*** é necessário a maioria dos presentes, quando tiver a ***metade mais um*** do total dos presentes.

12.2 O STF entende que ***não há hierarquia*** entre lei ordinária e lei complementar, já que ambas são frutos do poder constituinte originário, sendo assim, estão no *mesmo patamar normativo*. Tendo como diferenças apenas as *divisões de competências* e o *quórum para a aprovação.*

12.3 De acordo com o ***Princípio do Paralelismo das Formas***, uma lei poderá ser revogada apenas por outra lei de mesma natureza. Entretanto, nos casos em que, por exemplo, uma lei complementar trate de matéria distinta da sua fixada pela Constituição Federal, ela poderá ser revogada por uma lei ordinária, hipóteses em que não ocorre violação ao respectivo princípio, segundo o STF.

13. A **Lei Delegada** é elaborada pelo ***Presidente da República,* mediante solicitação ao Congresso Nacional**. Como o próprio nome já diz, ocorre a *delegação* externa da função de legislar, repassando ao Poder Executivo disciplinar assuntos mais próximos deste, com elevado grau de eficiência.

13.1 O Presidente encaminhará sua solicitação para o Congresso Nacional, sendo que este, votará conjuntamente ou isoladamente, devendo ser aprovada mediante ***maioria simples***, tendo como forma **resolução**. Esta, especificará os limites do Presidente da República, detalhando necessidade de remessa para o Congresso Nacional. Sendo assim, este tipo normativo possui duas espécies, sendo elas **Delegação Típica** e **Delegação Atípica**.

13.2 ***Delegação Típica***: o Congresso repassa ao Chefe do Executivo, havendo a *desnecessidade de retorno* para análise; ***Delegação Atípica***: o Congresso repassa ao Chefe do Executivo, porém, com necessidade de *voltar ao Congresso* para análise. Esta, será feita em ***votação única***, vedada emenda. Deverá, portanto, ser aceita ou rejeitada em sua integralidade.

13.3 Não poderá ocorrer **veto,** já que o próprio Presidente a elaborou. Porém caso exorbite os limites da delegação, o Congresso *sustará* o ato conforme, exercendo, deste modo, *controle repressivo de constitucionalidade*.

14. A **Medida Provisória** é espécie normativa que possui força de lei. É elaborada pelo *Presidente da República* quando houver casos de ***relevância e urgência***. De acordo com o Princípio da Simetria, a Constituição Estadual poderá atribuir competência para os Governadores elaborarem medidas provisórias. Entre as matérias ***vedadas*** a serem tratadas pela MP se encontram: nacionalidade, cidadania, direito penal, processual penal e processual civil, organização do Poder Judiciário e do Ministério Público, reservada a lei complementar, etc.

14.1 Há possibilidade que *Prefeitos* e *Governadores* editem medidas provisórias se houver previsão na Lei Orgânica do Município ou na Constituição Estadual respectiva.

15. A MP produzirá *efeitos imediatos*. Entretanto, para que seja transformada em lei definitivamente, dependerá de posterior aprovação do Congresso Nacional lei. O prazo de vigência da medida provisória de *60 dias*, prorrogável por ***igual período mais uma vez***. Poderá ultrapassar 120 dias se houver recesso parlamentar, portanto, seu prazo ficará suspenso.

15.1 Caso não seja aprovada no prazo de ***45 dias***, *contados da sua publicação*, a pauta de votações será trancada, tanto na Câmara ou no Senado, até que ela seja realizada. Poderá nesta hipótese haver ***sessão extraordinária*** na Casa respectiva. Deverá ser respeitado o *Princípio da Irrepetibilidade*, também sendo neste caso tratado de maneira ***absoluta***, logo só poderá ser apreciada em nova sessão legislativa.

16. O **Decreto Legislativo** tem como objetivo replicar matérias de competência exclusiva do Congresso Nacional. Não há previsão de processo legislativo para esta referida norma, já que o próprio Congresso Nacional disciplinará quanto a isto. O processo será entre as duas Casas Legislativas, caso aprovada caberá ao ***Presidente do Senado*** promulgá-la.

    16.1 Há influencia no Decreto Executivo os *princípios da legalidade* e *poder regulamentar*. O Poder Público poderá criar direitos e obrigações mediante lei. Sendo assim, os decretos não poderão inovar no ordenamento jurídico, de maneira *autônoma*. Os decretos têm como fim dar execução a lei existente, logo, são chamados de ***decretos executivos***.

17. A **Resolução** é um ato normativo do Congresso Nacional, por conseguinte, do Senado Federal ou da Câmara dos Deputados. Objetiva *regulamentar* matérias internas ou de competência privativa. Excepcionalmente poderá ter efeitos externos, haverá caso disponha sobre *delegação de legislar*. Existem as resoluções *políticas, deliberativas, coparticipação na função judicial e ato condição da função legislativa.*

    17.1 As ***resoluções políticas*** tratam quando Senado referenda uma nomeação; as ***deliberativas*** podem ser aquelas que fixam alíquotas; ***coparticipação na função judicial*** é quando ocorre suspensão de lei declarada *inconstitucional* pelo STF; o ***ato-condição da função legislativa*** é quando ocorre anuência da elaboração de lei delegada.

15.2 Poder Executivo

1. O **Poder Executivo** tem como função a concretização e aplicação da lei. Desempenha *Chefia de Estado, Chefia de Governo* e da *Administração*. Em nosso país é utilizado o sistema *Presidencialista de governo*, adotando-se um *Executivo Monocrático*. Poderá, *atipicamente*, legislar por meio de Medida Provisória ou Lei Delegada.
2. O chefe do executivo *é eleito pelo povo*, possuindo prerrogativas e imunidades. Estas, apresentam tipos de garantias para qual possam ser exercidas de forma *independente* e *imparcial* de suas funções. O **Presidente da República** será auxiliado pelos Ministros de Estado.
3. Existem dois tipos de sistema de governo, sendo eles: **Presidencialismo,** que tem como característica independência política entre os poderes e estabelecimento das funções executivas concentradas no poder executivo;

Parlamentarismo os poderes terão uma *interdependência*, sendo parte da função executiva *transferida* e *exercida* pelo ***poder legislativo***.

4. O **Poder Executivo** é composto por seus representantes em cada ente federativo, como: **União** representado pelo *Presidente da República*, que cumula a atribuição de ***Chefe de Estado*** (representando o país soberano no cenário internacional) e de ***Chefe de Governo*** (referente política interna nacional); **Estados** pelo Governador; **Distrito Federal** pelo Governador Distrital e **Municípios** pelo Prefeito, todos *chefes de governo*. Todos estão limitados a exercício de dois mandatos consecutivos.

4.1 A ***ordem sucessória***, caso o Presidente da República e subsequentes fiquem impossibilitados em exercer o mandato: Vice-Presidente da República, Presidente da Câmara dos Deputados, Presidente do Senado Federal e o Presidente do STF.

4.1.1 Vagando os cargos de **Presidente e Vice-Presidente da República** nos *primeiros dois anos do período presidencial* deverá ser feita ***novas eleições diretas*** em *noventa dias* depois de aberta a última vaga. Já caso ocorra nos *dois últimos anos do período presidencial*, será feita ***eleição indireta*** para os dois cargos pelo Congresso Nacional, *trinta dias* depois da última vaga.

4.2 Vagando o cargo de **Governador de Estado** e diante do impedimento do Vice-Governador será chamado para governar o *Presidente da Assembleia Legislativa.*

5. Os ***requisitos*** para concorrer ao cargo de presidente são os seguintes: nacionalidade brasileira, ***sendo obrigatoriamente brasileiro nato;*** alistamento eleitoral; estar no pleno exercício dos seus direitos políticos; estar filiado a algum partido; idade mínima de *trinta e cinco anos*; e se encaixar em nenhuma causa de inelegibilidade.

6. O Presidente da República como *Chefe do Poder Executivo*, será ***responsabilizado*** pelo *excesso e abuso de poder* no exercício de suas funções públicas, conhecido como Crime de Responsabilidade, podendo ocorrer o *impeachment*, que o impedirá para o exercício da função pública.

6.1 A Constituição prevê esses crimes como: ***Infrações Políticas***, quando atentem contra a União, livre exercício do Poder Legislativo ou do Judiciário, do Ministério Público e dos Poderes Constitucionais das Unidades da Federação, o exercício dos Direitos Políticos, Individuais e Sociais ou Segurança Interna do País; ***Crimes Funcionais***, quando atentem contra a Probidade da Administração, Lei Orçamentária ou o Cumprimento das Leis e das Decisões Judicias.

7. O **Senado Federal** tem competência para *processar e julgar* o Presidente da República nos crimes de responsabilidade. Para que possa acontecer o julgamento, primeiramente, deverá haver autorização da Câmara dos Deputados, por *dois terços* dos seus membros.

   7.1 O **Senado Federal**, no processo em face o Presidente da República, não funcionará como órgão legislativo, mas sim como *órgão judicial híbrido*, já que em haverá em sua composição senadores da república e o presidente será um membro do poder judiciário: o presidente do Supremo Tribunal Federal.

8. A acusação ligada ao **crime de responsabilidade** realizada pelo Presidente da República poderá ser oferecida por *qualquer cidadão*. Este privilégio é ***privativo do cidadão***, como titular de direito de participar dos negócios políticos do Estado. Porém, esta acusação deverá ser formalizada à Câmara dos Deputados.

9. Quanto às **sanções** do Presidente da República, têm-se a *perda do cargo e inabilitação da função pública* por oito anos, ficando afastado de suas funções em caso de *crime comum*, com o recebimento da denúncia ou queixa pelo STF e em caso de *crime de responsabilidade*, com a instauração do processo de responsabilização pelo Senado.

   9.1 O STF, de acordo com a **Súmula 722**, entende que é competência legislativa da **União** a definição dos *crimes de responsabilidade* e o estabelecimento as respectivas normas de processo e julgamento.

   Embora não esteja abrangido pelas **Imunidades dos Parlamentares**, sejam elas as ***materiais e formais***, a Constituição Federal atribuiu ao Presidente da República ***imunidades processuais***, sendo elas: *imunidade em relação à prisão*; *imunidade formal em relação ao processo*; *relativa e temporária irresponsabilidade penal*.

   9.2 A **Imunidade em Relação à Prisão:** não poderá o Presidente da República ser submetido a *qualquer tipo de prisão*. Excepcionalmente, em infrações penais comuns, poderá o Presidente ser preso, ***apenas***, após a sentença condenatória declarada pelo STF.

   9.3 A **Imunidade Formal:** esta diz respeito ao *processo*. Está ligada à obrigação de autorização prévia da *Câmara dos Deputados*, por dois terços dos seus membros, para que o Presidente seja processado e julgado pelo ***Senado Federal***, em *crimes de responsabilidade*, ou pelo ***STF*** em *crimes comuns*.

   9.4 A **Imunidade Relativa e Temporária Irresponsabilidade Penal:** irresponsabiliza o Presidente, na vigência do mandato, em crimes não relacionados ao exercício das suas funções. Se o crime praticado for o contrário, ou seja, não ter ligação com o exercício de suas funções ou ter sido praticado antes de ter começado o mandato, será responsabilizado apenas *após o encerramento do deste.*

10. Quanto **ao processo por crime comum,** compete ao ***Procurador-Geral da República*** promover a denúncia contra o Presidente da República, existindo duas fases, a *primeira* com o juízo de admissibilidade exercido perante a ***Câmara dos Deputados*** e a *segunda*, relacionada com o processo e julgamento, perante o ***STF.***

10.1 Para que o Presidente seja processado e julgado deverá haver o voto de ***dois terços dos membros da Câmara dos Deputados*** que admitirá ou não a acusação contra o Presidente da República.

10.2 Com o **recebimento** da denúncia ou queixa-crime pelo STF, o Presidente da República ficará *provisoriamente suspenso* de suas funções, sem prejuízo do prosseguimento do processo. Se, em ***cento e oitenta dias***, o julgamento junto ao STF não for concluído, *cessará o afastamento* do Presidente da República, não havendo óbice para o seguimento do processo.

15.3 Poder Judiciário

1. O **Poder Judiciário** possui como *função típica* exercer a jurisdição enquanto poder uno e indivisível, tendo como competências conforme as disposições constitucionais. Já suas *funções atípicas* podem ser de ***natureza legislativa***, por exemplo, quando se edita normas regimentais e ***natureza administrativa***, exercida ao organizar o quadro de pessoal, provimento de cargos de carreira na respectiva jurisdição, entre outros.

2. As **Garantias Institucionais** são aquelas que garantem *independência* e *imparcialidade* da instituição como um todo. Elas envolvem aquelas destinadas ao Poder Judiciário em si, podendo ser separadas em *autonomia orgânico administrativa* e *autonomia financeira.*

2.1 A **Autonomia Orgânico** trata-se das competências privativas atribuídas aos órgãos do Poder Judiciário; **Autonomia Financeira** garante ao poder judiciário *recursos* e *discricionariedade* para que possam usá-los sem que haja interferência de outro poder.

3. Existem também as **Garantias Funcionais**, que funcionam para garantir *independência, imparcialidade* e *liberdade*, que são destinadas aos juízes. As *garantias de independência* possibilitam aos juízes livre desempenho, afastando-os das pressões externas que possam comprometer e prejudicar suas funções. Estar garantias são classificadas em: **vitaliciedade, inamovibilidade** e **irredutibilidade.**

3.1 A **Vitaliciedade** é caracterizada pelo vinculo do titular do cargo, que só poderá perder o posto em decorrência de uma ***sentença judicial transitada em julgado.*** O *magistrado no primeiro grau* alcançará a vitaliciedade após ***dois anos*** de exercício efetivo do cargo. Diferentemente do que ocorrer nos tribunais, sendo necessário apenas que *tome posse do cargo*, independente da forma como ocorreu o acesso; **Inamovibilidade:** para que ocorra a remoção, esta deverá ser por iniciativa própria do magistrado; **Irredutibilidade:** os subsídios dos magistrados *não* poderão ser reduzidos.

4. Para o ingresso na magistratura são necessários *três anos de atividade jurídica*, sendo o cargo inicial o de *juiz substituto*. Deverá ser realizado concurso público de provas e títulos, com a participação da *Ordem dos Advogados do Brasil* em todas as fases. Deverá ser obedecida à ordem de classificação nas nomeações.

5. Nos Tribunais que contenham mais de vinte e cinco julgadores, poderá ser criado **órgão especial,** com mínimo de onze e máximo de vinte e cinco, objetivando o exercício das atribuições administrativas e jurisdicionais delegadas da competência do Tribunal Pleno.

5.1. Somente pelo voto da maioria absoluta de seus membros ou dos membros do respectivo órgão especial poderão os tribunais declarar a inconstitucionalidade de lei ou ato normativo do Poder Público.

6. De acordo com a regra do **quinto constitucional**, um quinto dos lugares dos *Tribunais Regionais Federais*, dos *Tribunais dos Estados*, e do *Distrito Federal e Territórios* será composto por: *membros do Ministério Público*, com mais de ***dez anos de carreira***; *advogados* de notório saber jurídico e de reputação ilibada, com ***mais de dez anos*** de efetiva atividade profissional.

7. A **Aposentadoria dos Magistrados e a Pensão de seus Membros** é dividida em *invalidez permanente, compulsória, voluntária.*

7.1 A **Aposentadoria por Invalidez Permanente** ocorre com proventos *proporcionais* ao tempo de contribuição. Os proventos serão integrais se a invalidez decorrer de *acidente em serviço, doença grave, contagiosa* ou *incurável*, nos termos da lei.

7.2 A **Aposentadoria Compulsória** é aquela em que os magistrados poderão se aposentar aos *70 ou 75 anos de idade*, na forma da lei complementar. Porém, em razão do disposto no Art. 99 do ADCT, os ***Ministros dos Tribunais Superiores, STF e de Contas***, poderão permanecer no cargo até os ***75 anos de idade***, *independentemente da edição* da referida lei complementar.

7.3 A **Aposentadoria Voluntária** obedecida previsão Constitucional e as regras de transição previstas na EC n. 20/98, deverá ser concedida observando-se o tempo mínimo de *10 anos de* ***efetivo exercício no serviço público*** e *5 anos no cargo de juiz.*

8. Faz parte da composição do **Poder Judiciário:** Supremo Tribunal Federal (STF); Conselho Nacional de Justiça (CNJ); Superior Tribunal de Justiça (STJ); Tribunais Regionais Federais (TRFs) e Juízes Federais; Tribunal Superior do Trabalho (TST) e Tribunais Regionais do Trabalho (TRTs) e Juízes do Trabalho; Tribunal Superior Eleitoral (TSE) e Tribunais Regionais Eleitorais (TREs) e Juízes Eleitorais; Superior Tribunal Militar (STM) e Tribunais Militares (TM) e Juízes Militares; Tribunais (TJs) e Juízes dos Estados e do Distrito Federal e Territórios.

8.1 Compõem os **Órgãos de Convergência** o STF e os Tribunais Superiores (STJ, TST, TSE, STM), tendo como sede em Brasília. Exercerão a jurisdição em todo o território nacional

9. O Supremo Tribunal Federal, também chamado como **Órgão de Cúpula** do Poder Judiciário, é o guardião da Constituição e Corte máxima de toda a Federação, possuindo competência para julgamento de autoridades públicas, bem como para realizar julgamento de última instância de matéria constitucional.

9.1 O STF é composto por **onze ministros**, entre cidadãos **entre 35 e 65 anos** de idade de notável saber *jurídico* e reputação *ilibada* (Não precisa ser formado em direito).

9.2 Existem três tipos de competência do STF: **Originária**, processar e julgar originariamente, por exemplo, as ações de inconstitucionalidade de lei ou ato normativo federal ou estadual; **Recurso Ordinário**, julgar em recurso ordinário, por exemplo, os crimes políticos; **Recurso Extraordinário**, julgar mediante recurso extraordinário, por exemplo, as decisões que contrariarem dispositivo da Constituição Federal.

9.3 O STF pode editar **Súmula Vinculante**. Tem por objetivo a garantia da *uniformidade* das decisões judiciais, cabendo, inclusive, ***reclamação constitucional*** para a hipótese de *descumprimento* ou *não aplicação* da referida súmula, a ser protocolada ***diretamente no STF***.

9.4 A **competência** para editar ***Súmulas Vinculantes*** é exclusiva do STF. A *legitimidade* para a edição de súmula vinculante pertence: de ofício, ao STF; por provocação, dos colegitimados para a propositura de ações diretas de inconstitucionalidade e da ação declaratória de constitucionalidade, municípios também poderão desde que incidentalmente em algum processo. Para ser ***aprovada*** deverá haver decisão de ***dois terços de seus membros***, após reiteradas decisões sobre matéria constitucional. Vinculando, portanto, os demais órgãos do Poder Judiciário, Administração Pública Direta e Indireta e as Esferas Estaduais e Municipais.

9.4.1 A Lei 11.417/2006 **ampliou** está legitimidade ao Defensor Público-Geral da União, aos Tribunais Superiores, aos Tribunais de Justiça de Estados ou do Distrito Federal e Territórios, aos Tribunais Regionais Federais, aos Tribunais Regionais do Trabalho, aos Tribunais Regionais Eleitorais e aos Tribunais Militares.

9.5 A **Súmula Vinculante** tem *eficácia imediata*, mas o Supremo Tribunal Federal, observado o quórum de votação, poderá ***restringir*** os seus efeitos ou decidir que só tenha eficácia a partir de outro momento, por razões de segurança jurídica ou de excepcional interesse público.

10. O **Conselho Nacional de Justiça** tem como competência *administrativa*, logo, não possui competências jurisdicionais. Tem como principal função o comando do exercício administrativo e financeiro do poder judiciário e observar o cumprimento das funções estabelecidas aos juízes.

10.1 O **Conselho Nacional de Justiça** é composto por quinze conselheiros com mais de 35 e menos de 66 anos de idade, com mandato de *dois anos*, admitida uma única recondução.

10.2 Os membros do **Conselho Nacional de Justiça** serão nomeados pelo Presidente da República, depois de aprovada a escolha pela *maioria absoluta* do Senado Federal.

10.3 O **Conselho Nacional de Justiça a União**, inclusive no Distrito Federal e nos Territórios, criará ouvidorias de justiça, competentes para receber *reclamações* e *denúncias* de qualquer interessado contra membros ou órgãos do Poder Judiciário, ou contra seus serviços auxiliares, representando diretamente ao CNJ.

11. O **Superior Tribunal de Justiça** é a última instância no julgamento das leis infraconstitucionais tanto no âmbito da Justiça Federal como Estadual, sendo, portanto, o *guardião da lei federal*.

11.1 A **composição do STJ** é de no mínimo, 33 ministros, podendo ser ampliada por meio de Lei Ordinária Federal. Tem como requisitos: ser brasileiro nato ou naturalizado; com mais de 35 anos e menos de 65 anos; notável saber jurídico e reputação ilibada. Serão nomeados pelo Presidente da República imposta na ***lista tríplice*** de candidatos a ele apresentada, depois de aprovada a escolha pela ***maioria absoluta*** do Senado Federal.

11.2 A **competência do STJ** pode ser dividida em: **Originária**, processar e julgar, originariamente, por exemplo, os crimes comuns dos Governadores dos Estados e do Distrito Federal; **Recurso Ordinário**, julgar em recurso ordinário, por exemplo, as causas em que forem partes Estado estrangeiro ou organismo internacional, de um lado, e, do outro, Município ou pessoa residente ou domiciliada no País; **Recurso Especial**, julgar em recurso especial, as decisões que contrariarem tratado ou lei federal, ou negar-lhes vigência.

12. A Constituição traz a especialização da justiça em ***razão da matéria***, sendo divididos em *Justiça Comum* e *Justiça Especial.*

12.1 A **Justiça Comum** é dividida em: **Justiça Federal** (Tribunais Regionais Federais e Juízes Federais); **Justiça do Distrito Federal e Territórios** (Tribunais e Juízes do Distrito Federal e Territórios, organizados e mantidos pela União) e **Justiça Comum Estadual ou Ordinária** (Juízos de primeiro grau de jurisdição, os Juizados Especiais e a Justiça de Paz, Tribunais de Justiça).

12.2 A **Justiça Especial** é dividida em: Justiça do Trabalho (TST); Tribunais Regionais do Trabalho (TRTs) e Juízes do Trabalho; Justiça Eleitoral (TSE); Tribunais Regionais Eleitorais (TREs), Juízes Eleitorais e Juntas Eleitorais; Justiça Militar- Superior Tribunal Militar (STM) e os Tribunais e Juízes Militares instituídos por lei.

13. **Justiça Federal Comum** é composta por *Tribunais Regionais Federais* e pelos *Juízes Federais*. Portanto, cada Estado-membro, bem como o Distrito Federal, constitui uma seção judiciária, que terá sede a respectiva Capital e Varas federais localizadas segundo o estabelecido em lei.

13.1 Os **Tribunais Regionais Federais** são compostos de, ***no mínimo***, sete juízes, que devem ser recrutados, quando possível, na respectiva região. Tais juízes são escolhidos entre brasileiros com mais de 30 e menos de 65 anos de idade, ***nomeados pelo Presidente da República***.

13.2 ***Um quinto*** dos membros dos TRFs deverão ser entre ***advogados*** com mais de ***dez anos*** de efetiva atividade profissional e membros do ***Ministério Público Federal*** com mais de ***dez anos*** de carreira e os demais, mediante promoção de juízes federais com mais de cinco anos de exercício, por antiguidade e merecimento, alternadamente.

13.3 A **competência dos Tribunais Regionais Federais** pode ser dividida em: **Originária**, processar e julgar originariamente, por exemplo, os juízes federais da área de sua jurisdição, incluídos os da Justiça Militar e da Justiça do Trabalho, nos crimes comuns e de responsabilidade; **Recursal,** quando julgar, em grau de recurso, as causas decididas pelos juízes federais e pelos juízes estaduais no exercício da competência federal da área de sua jurisdição.

13.4 Os **Tribunais Regionais Federais** instalarão a Justiça itinerante, com o objetivo em realizar audiências e demais funções da atividade jurisdicional, nos limites territoriais da respectiva jurisdição, servindo-se de ***equipamentos públicos e comunitários.***

13.5 Existem também as **Câmaras Regionais,** como forma de garantir ao jurisdicionado o pleno acesso à justiça em todas as fases do processo possuindo um funcionamento ***descentralizado***.

13.6 Vale destacar que se um **Deputado Estadual** cometer crime federal, competirá o *processo* e *julgamento* ao Tribunal Regional Federal.

14. Já os **Juízes Federais** compõem o primeiro grau de jurisdição da Justiça Federal. Tem como competência apenas **Originária,** como por exemplo, processar e julgar as causas em que a **União**, **entidade autárquica** ou **empresa pública federal** forem interessadas na condição de ***autoras***, ***rés***, ***assistentes*** ou ***oponentes***.

14.1 Segundo a **Súmula 38 do STJ**, a Justiça Federal não possui competência por julgar e processar ***contravenção penal,*** ainda que praticada em detrimento de bens, serviços ou interesses da União ou de suas entidades, cabendo portanto, para a ***Justiça Estadual.***

14.2 Disciplina a **Súmula 150 do STJ,** que cabe à Justiça Federal decidir sobre a existência de interesse jurídico que justifique a presença da União, de suas autarquias ou empresas públicas no processo.

15. O **Incidente de Deslocamento de Competência (IDC)** ocorrerá nas hipóteses de **grave violação de direitos humanos.** O Procurador-Geral da República é o legitimado, podendo suscitar, perante o *Superior Tribunal de Justiça*, em qualquer fase do inquérito ou processo, incidente de deslocamento de competência para a Justiça Federal.

15.1 O **IDC** tem como finalidade assegurar o cumprimento de obrigações decorrentes de tratados internacionais de direitos humanos dos quais o Brasil seja parte. Ele, não envia o processo para ser ***julgado*** pelo STJ em seu mérito, mas apenas o **incidente**. O processo em que a causa está sendo discutida *desloca* da *Justiça Estadual* para a ***Justiça Federal***, de primeiro grau.

16. A **Justiça do Trabalho,** parte da Justiça Especial, é composta pelo *Tribunal Superior do Trabalho, Tribunais Regionais do Trabalho* e *Juízes do Trabalho.*

17. O **Tribunal Superior do Trabalho** é composto de vinte e sete Ministros, escolhidos dentre brasileiros com mais de 35 e menos de 65 anos de idade, nomeados pelo Presidente da República após aprovação pela *maioria absoluta* dos membros do ***Senado Federal.***

17.1 **Um quinto** dos ministros deverão ser entre *advogados* com mais de ***dez anos*** de efetivo exercício da advocacia e de membros do *Ministério Público do Trabalho* com mais de ***dez anos*** de efetivo exercício na carreira. Os demais dentre juízes dos Tribunais Regionais do Trabalho, oriundos da magistratura da carreira, indicados pelo próprio Tribunal Superior.

17.2 Funcionarão órgãos junto ao TST, a **Escola Nacional de Formação e Aperfeiçoamento de Magistrados do Trabalho**, competindo-lhe regulamentar os cursos oficiais para o ingresso e promoção na carreira, e o **Conselho Superior da Justiça do Trabalho**, cabendo-lhe exercer, na forma da lei, a supervisão administrativa, orçamentária, financeira e patrimonial da Justiça do Trabalho de primeiro e segundo graus, como órgão central do sistema, cujas decisões terão efeito vinculante.

18. Os **Tribunais Regionais do Trabalho** são compostos de, no mínimo, sete juízes, recrutados, quando possível na respectiva região, dentre brasileiros com mais de 30 e menos de 65 anos de idade. Os juízes dos Tribunais Regionais do Trabalho são ***nomeados*** pelo Presidente da República.

18.1 **Um quinto** dos juízes deverão ser entre *advogados* com mais de ***dez anos*** de efetiva atividade profissional e membros do *Ministério Público do Trabalho* com mais de ***dez anos*** de efetivo exercício, e os demais, mediante promoção de juízes do trabalho por antiguidade e merecimento, alternadamente.

18.2 Os **TRTs** deverão instalar a **justiça itinerante,** para realizar audiências e outras funções de atividade jurisdicional, nos limites territoriais da respectiva jurisdição, servindo-se de ***equipamentos públicos e comunitários***, e poderão, também, funcionar ***descentralizadamente***, constituindo **Câmaras Regionais,** para assegurar o pleno acesso do jurisdicionado à Justiça em todas as fases do processo.

18.3 Quanto **à competência do TRT,** compete o julgamento dos *recursos ordinários* e *agravos de instrumento* interpostos contra decisões de juízes das Varas do Trabalho. Sua competência ***originária*** é para o julgamento de dissídios coletivos de categorias da área de sua jurisdição, mandados de segurança e ações rescisórias de suas decisões e das decisões dos juízes do trabalho ou das antigas Juntas de Conciliação e Julgamento.

19. Os **Juízes do Trabalho** são os membros da Justiça do Trabalho de primeiro grau de jurisdição. Os Juízes do Trabalho ingressam na carreira mediante ***concurso público*** de provas e títulos. Possuem competência para processar e julgar, por exemplo, os *mandados de segurança, habeas corpus* e *habeas data*, quando o ato questionado envolver matéria sujeita a sua jurisdição.

20. A **Justiça Eleitoral**, parte da Justiça Especial, é composta pelo Tribunal Superior Eleitoral, Tribunais Regionais Eleitorais, juízes eleitorais e Juntas Eleitorais. Ao contrário dos demais órgãos do Poder Judiciário, a composição da Justiça Eleitoral conta com a participação de juízes de outros tribunais e advogados, *não lhe sendo aplicada* a regra referente ao ***quinto constitucional***.

21. O **Tribunal Superior Eleitoral** é composto de, no mínimo, sete membros. São escolhidos por meio de eleição e por escolha do Presidente da República, respeitados os seguintes critérios: ***eleição***, pelo voto secreto, três juízes dentre os Ministros do STF e dois juízes dentre os Ministros do STJ; ***nomeação*** do Presidente da República, dois juízes dentre seis advogados de notável saber jurídico e idoneidade moral, indicados pelo STF.

22. Os **Tribunais Regionais Eleitorais,** serão compostos por sete membros, sendo escolhidos: mediante ***eleição***, pelo voto secreto, dois juízes dentre desembargadores do Tribunal de Justiça e dois juízes, dentre juízes de direito, escolhidos pelo Tribunal de Justiça; Um juiz do **Tribunal Regional Federal** com sede na Capital do Estado ou Distrito Federal, escolhido, em qualquer caso, pelo Tribunal Regional respectivo; por ***nomeação***, pelo Presidente da República, dois juízes dentre seis advogados de notável saber jurídico e idoneidade moral, indicados pelo Tribunal de Justiça.

23. Quanto aos **Juízes Eleitorais** e **Juntas Eleitorais** a *competência* e *organização* dos tribunais serão dispostas por *lei complementar*. Sendo juízes eleitorais os próprios Juízes de Direito da organização judiciária dos Estados e do Distrito Federal.

24. A **Justiça Militar,** parte da Justiça Especial, é composta pelo *Superior Tribunal Militar* e os *Tribunais* e *Juízes Militares*, instituídos por lei.

25. O **Superior Tribunal Militar** é composto por quinze Ministros vitalícios, ***nomeados*** pelo Presidente da República, depois de aprovada a indicação pelo ***Senado Federal***, em votação secreta. Serão compostos por: três dentre oficiais-generais da Marinha; quatro dentre oficiais-generais do Exército; três dentre oficiais-generais da Aeronáutica, todos da ativa e do posto mais elevado da carreira; e cinco dentre civis.

25.1 Os **Ministros Civis** serão ***escolhidos*** pelo Presidente da República dentre brasileiros maiores de 35 anos, sendo: três dentre advogados de notório saber jurídico e conduta ilibada, com mais de dez anos de efetiva atividade profissional, e dois, por escolha paritária, dentre juízes auditores e membros do Ministério Público da Justiça Militar.

26. A **Justiça Militar da União** possui *competência exclusiva* para julgamento de matéria penal, ou seja, restringe-se ao processo e julgamento de crimes militares definidos em lei.

27. A **Justiça Militar Estadual** será constituída, em *primeira instância*, pelos juízes de direito e pelos Conselhos de Justiça e, em *segunda instância*, pelo Tribunal de Justiça ou do Tribunal de Justiça Militar, nos Estados em que o efetivo Militar seja superior a vinte mil integrantes.

28. Quanto aos **Tribunais de Justiça,** parte da Justiça Comum, é o *Tribunal de Justiça*, do respectivo Estado-membro que detém a iniciativa da lei de organização judiciária.

28.1 Os Tribunais atuam como **segundo grau de jurisdição** nos conflitos concretos, mas também podem julgar ações de *caráter abstrato*, como, por exemplo, a *representação de inconstitucionalidade*.

28.2 O **Tribunal de Justiça** poderá funcionar ***descentralizadamente***, constituindo **Câmaras regionais,** a fim de assegurar o pleno acesso do jurisdicionado à justiça em todas as fases do processo. E também instalar a *justiça itinerante*, com a realização de audiências e demais funções da atividade jurisdicional, nos limites territoriais da respectiva jurisdição, servindo-se de equipamentos públicos e comunitários.

29. Os **Juizados Especiais,** parte da Justiça Comum, são criados e providos por juízes togados, ou togados e leigos, competentes para a *conciliação*, o *julgamento* e a *execução* de causas cíveis de *menor complexidade e infrações penais* de ***menor potencial ofensivo***, mediante os procedimentos oral e sumaríssimo, permitidos, nas hipóteses previstas em lei, a transação e o julgamento de recursos por turmas de juízes de primeiro grau.

30. A **Justiça de Paz**, parte da Justiça Comum, é composta de cidadãos eleitos pelo *voto direto*, *universal* e *secreto*, com mandato de ***quatro anos*** e competência para, na forma da lei, celebrar *casamentos*, *verificar*, de ofício ou em face de impugnação apresentada, o processo de habilitação e exercer atribuições conciliatórias, sem caráter jurisdicional, além de outras previstas na legislação.

16. FUNÇÕES ESSENCIAIS À JUSTIÇA

1. O **Ministério Público** é instituição *permanente* e *essencial* à função jurisdicional do Estado. É responsável, perante o Judiciário, pela *defesa da ordem jurídica* e dos *interesses indisponíveis* da sociedade, pela fiel observância da Constituição e das leis.

    1.1 O **provimento** dos cargos da Instituição depende de aprovação em ***concurso público***, sendo estabelecida a *exigência de provas*, ou *provas e títulos*. É vedada realização de concurso unicamente e exclusivamente em títulos, para o provimento de cargos.

2. A **autoridade máxima** do Ministério Público da União é o *Procurador Geral da República*. Já nos Ministérios Públicos dos Estados e do Distrito Federal o chefe será o *Procurador Geral de Justiça*. Para nomeação do PGR, este, deverá será ***nomeado*** pelo presidente da República, sendo necessário que preencha os seguintes requisitos: deve ser integrante de carreira, maior de 35 anos, aprovação ***pela maioria absoluta*** dos membros do **Senado Federal**, com mandato de dois anos, permitida recondução. Para ser destituído necessitará que a iniciativa seja feita pelo Presidente da República, mediante autorização da ***maioria absoluta*** do **Senado Federal**.

3. Quanto à **Estrutura Organizacional** do *Ministério Público da União*, temos: Ministério Público Federal; Ministério Público do Trabalho; Ministério Público Militar; Ministério Público do Distrito Federal e Territórios. Já, separado dos MPU, há o *Ministério Público dos Estados*.

4. O **Ministério Público** possui garantias que assegurem a *isenção* e o *cumprimento fiel de suas atribuições*, sendo: ***Vitaliciedade***, após dois anos de exercício, não podendo perder o cargo salvo por sentença judicial transitada em julgado; ***Inamovibilidade***, salvo por motivo de interesse público, mediante decisão do órgão colegiado competente do Ministério Público,

pelo voto da *maioria absoluta* de seus membros, assegurada ampla defesa; ***Irredutibilidade de Subsídio***, não podendo o subsídio ser reduzidos.

5. No âmbito do **Ministério Público** existem: **Autonomia Funcional**, diz respeito, a instituição não estar subordinada a nenhum órgão, poder ou autoridade pública, sendo *autônomo* e *independente;* **Autonomia administrativa**, trata sobre a iniciativa, pelo Ministério Público, em propor ao Poder Legislativo projeto de lei objetivando a ***criação*** e ***extinção*** de seus cargos e serviços auxiliares, assim como também, em relação a *organização, atribuições* e o *estatuto* de cada Ministério Público; **Autonomia financeira** o Ministério Público, elaborará *proposta orçamentária* dentro dos limites estabelecidos na lei de diretrizes orçamentárias.

6. Quanto aos ***princípios norteadores*** do Ministério Público, são eles, a *unidade*, a *indivisibilidade* e a *independência funcional.*

6.1 O **Princípio da Unidade** disciplina que os membros do Ministério Público formam *uma só instituição*, entendida sob o aspecto funcional, sendo coordenados por um ***Procurador-Geral***.

6.2 O **Princípio da Indivisibilidade** dispõe que o Ministério Público é *indivisível*, podendo seus membros ***substituir*** uns aos outros, não se vinculando nos feitos em que atuam.

6.3 O **Princípio da Independência Funcional** dispõe que os membros do Ministério público devem *obediência* à Constituição e às leis. A ofensa ao princípio em análise poderá ensejar ***crime de responsabilidade***.

7. O **Tribunal de Contas** é caracterizado por ser um *órgão autônomo,* assim como também a Defensoria Pública e o Ministério Público. Tem como finalidade auxiliar o Congresso Nacional, no exercício da *fiscalização*, *execução do orçamento* e do *uso do dinheiro público*, sendo portanto, ***controle externo***.

7.1 O Tribunal será **composto** por nove ministros, entre os quais 2/3 serão escolhidos pelo Congresso Nacional e os outros três pelo Presidente da República. Serão aplicados para estes ministros, igualmente, as *prerrogativas*, *garantias* e *impedimentos* dos membros do *Superior Tribunal de Justiça.*

8. A fiscalização feita por esse órgão será *contábil*, *financeira*, *orçamentária*, *operacional* e *patrimonial da União*, das entidades da administração *direta* ou *indireta*, qualquer pessoa física ou jurídica, pública ou privada, que utilize, arrecade, guarde, gerencie ou administre, dinheiros, bens e valores públicos, terá o dever constitucional de ***prestar contas*** diante do ***Tribunal de Contas.***

9. Por simetria, os **Tribunal de Contas dos Estados** deverão se ater aos mesmos princípios do Tribunal de Contas da União. Quanto à criação de ***Tribunal de Contas Municipais***, a Constituição Federal veda expressamente, porém, é admitido, criação por parte dos estados tribunais com o objetivo de averiguar contas dos munícipios.

10. Mediante *parecer técnico*, o Tribunal de Contas apreciará as contas do Presidente da República, devendo aquele ser elaborado em ***sessenta dias*** contados do seu recebimento. No âmbito municipal, competirá a ***Câmara dos Vereadores*** julgar as contas anuais do poder executivo local.

11. A **Advocacia** é dividida em: **pública**, realizada pela ***União*** pela Advocacia-Geral da União, pelos ***Estados*** pela Procuradoria-Geral do Estado e DF, e pelos ***Municípios***, pela procuradoria ou por meio de contratação; **privada,** estabelecida na Constituição Federal como atividade ***indispensável*** a administração da justiça, no qual, será ***inviolável*** de seus atos a manifestação no exercício da profissão, desde que esteja nos limites previstos em lei.

12. Dentro da **Advocacia Pública** se encontra à **Advocacia-Geral da União.** O *Advogado-Geral da União* é autoridade da AGU. Será nomeado livremente pelo Presidente da República, desde que preenchidos os seguintes requisitos: ser *cidadão*, com mais de ***35 anos***, possuir *notável saber jurídico* e uma *reputação ilibada*. Os Estados, por sua vez, são representados pela Procuradoria-Geral do Estado, com regras próprias no art. 132.

13. **Advocacia-Geral da União** representará, judicial ou extrajudicialmente, as causas em que a União figurar, por meio de órgão vinculado. Caberá as atividades de ***consultoria*** e ***assessoramento*** jurídico do Poder Executivo. Para ingressar como Advogado-Geral deverá ser aprovado em ***concurso público de provas e títulos***, devendo a Ordem dos Advogados do Brasil, assim como nos concursos públicos da magistratura, atuar em todas as fases do processo seletivo. Será garantida a estabilidade após ***três anos*** de efetivo serviço.

14. A **Defensoria Pública** é considerada um órgão *autônomo* e *indispensável* à função jurisdicional do Estado. Objetiva o *atendimento* e *promoção dos direitos humanos*, defesa judicial e extrajudicial dos *direitos individuais e coletivos*, tendo como finalidade servir juridicamente àqueles que de fato *necessitam*, de *forma gratuita* aos que comprovarem *hipossuficiência de recursos*, além de garantia da ampla defesa e contraditório.

15. O Congresso Nacional, disporá por meio de Lei Complementar, as **Defensorias Públicas da União, do Distrito Federal** e dos **Territórios.** Devendo também organizar as Defensoria dos Estados, devendo o ingresso ser feito por meio de concurso público de provas e títulos.

16. Com a **Emenda Constitucional n. 80/14** houve o fortalecimento das Defensorias Estaduais, garantindo **autonomia funcional** e **administrativa**, possibilitando a iniciativa de proposta orçamentária, desde que observados os limites ***impostos pela lei de diretrizes orçamentárias***.

17. De acordo com o STF, será ***inconstitucional*** norma estadual que venha atribuir à ***Defensoria Pública do Estado*** defesa judicial de servidores públicos estaduais que estejam sendo processados civil ou penalmente, em razão do exercício do cargo.

18. Quanto aos princípios institucionais da Defensoria Pública, são eles, *unidade, indivisibilidade* e *independência funcional*.

18.1 O **Princípio da Unidade** trata que a Defensoria Pública e os órgãos que a integram formam *um todo orgânico*, em uma só direção administrativa, não funcional, já que seus membros têm *independência* no exercício das funções.

18.2 O **Princípio da Indivisibilidade** trata que os membros da Defensoria Pública podem substituir uns aos outros, para preservar a *continuidade* na execução de suas *finalidades institucionais*.

18.3 O **Princípio da Independência Funcional** trata que os membros da Defensoria devem obediência, apenas, à *Constituição e às leis*.

19. Existem três julgados que trouxeram inovações à Defensora Pública, sendo eles: **Medida Cautelar da ADPF nº 307**, no qual o STF deliberou que o Chefe do Executivo Estadual, caso a proposta seja compatível com a Lei de Diretrizes, não poderá reduzir a proposta orçamentária da Defensora Pública. Neste caso, deverá remeter à Assembleia Legislativa para que decidam quanto a redução; **ADI nº 2.903**, no qual o STF decidiu pela inconstitucionalidade de lei orgânica estadual que definia como livre nomeação do Defensor Público-Geral pelo governador do Estado **Embargos de Declaração do Agravo de Instrumento nº 598.212**, no qual o STF restringiu alcance do pedido do Ministério Público do Estado do Paraná, na ACP, apenas à *criação* e *implantação* de Defensoria Pública em determinada comarca.

20. A **Advocacia Privada** é garantida ao bacharel em direito que obter a regular inscrição perante a Ordem dos Advogados do Brasil. A entidade representativa da classe é a **Ordem dos Advogados do Brasil (OAB),** que não tem qualquer relação ou dependência com outros órgãos públicos, possuindo *natureza sui generis*. Tem como finalidade *atribuições*, *interesses* e *seleção de advogados*.

17. DA TRIBUTAÇÃO E DO ORÇAMENTO: SISTEMA ORÇAMENTÁRIO E FINANÇAS PÚBLICAS

1. A Constituição apresenta ***cinco modalidades tributárias***, sendo elas: os *impostos*, as *taxas*, as *contribuições de melhoria*, os *empréstimos compulsórios* e as *contribuições sociais*. Para que sejam instituídas deverão ser observadas as competências de cada ente federativo.

2. A Constituição Federal destaca hipóteses em que haverá ***limitações do poder de tributar***, fundamentada em alguns princípios, sendo eles: princípio da legalidade, igualdade tributária, uniformidade, proibição de limites ao tráfego de pessoas ou bens, princípio da anterioridade, irretroatividade.

2.1 O **Princípio da Legalidade** não permite que os entes federativos disponham por meio de *exigência* ou *acréscimo* de tributos sem lei que a estabeleça. Porém, existem *exceções*, devendo nestas terem suas ***alíquotas*** modificadas pelo Poder Executivo por ***decreto***. Os impostos abrangidos na exceção em questão são: ***imposto de importação***, ***imposto de exportação***, ***impostos sobre produtos industrializados*** e ***operações de crédito***.

2.2 O **Princípio da Igualdade Tributária** define que todos deverão ser tratados da mesma forma em condições ***igualitárias***, não podendo haver diferenças entre elas.

2.3 O **Princípio da Uniformidade**, veda a União instituir tributos que não sejam ***uniformes*** pelo território nacional ou que implique distinção ou preferência em relação aos outros entes federativos. Porém, é admitida ***concessão de incentivos fiscais***, desde que sejam destinados com a finalidade em promover o equilíbrio do ***desenvolvimento socioeconômico*** entre as distintas regiões do Brasil.

2.4 O **Princípio da Proibição de Limites ao Tráfego de Pessoas ou Bens** veda a criação de tributos interestaduais ou intermunicipais cuja finalidade seja *limitação do tráfego de pessoas ou bens*. Porém, é admitido a ***cobrança de pedágio*** pela utilização de estradas mantidas pelo poder público.

2.5 O **Princípio da Anterioridade Tributária** determina que instituído o tributo, este, não poderá ser cobrado no mesmo *exercício financeiro* em que foi criado, surtindo efeitos no ***próximo*** exercício financeiro.

2.6 O **Princípio da Irretroatividade** estabelece que o tributo somente poderá ser cobrado por *fatos posteriores* em que a lei o tenha instituído.

3. A Constituição Federal também estabelece hipóteses em que possam ocorrer as **imunidades tributárias.** Estas constituem limites das *competências tributárias*, já que vão eliminar das *pessoas tributantes* as possibilidades por elas definidas. Elas podem ser classificadas em *Imunidade Recíproca, Imunidade dos Templos, Imunidade dos Partidos Políticos, Entidades Sindicais dos Trabalhadores e das Instituições de Educação e Assistência Social sem Fins Lucrativos, Imunidade dos Livros, Jornais, Periódicos e do Papel Destinado à sua Impressão.*

   3.1 ***Imunidade Recíproca***: proíbe a criação de impostos sobre patrimônio, renda ou serviços; ***Imunidade dos Templos***: imunizam cultos/templos, desdobramento da garantida do direito fundamental à liberdade de credo e religião; ***Imunidade dos Partidos Políticos, Entidades Sindicais dos Trabalhadores e das Instituições de Educação e Assistência Social sem Fins Lucrativos***: isenção de impostos nas rendas e serviços por eles geradas; **Imunidade dos Livros, Jornais, Periódicos e do Papel Destinado à sua Impressão**: desdobramento do direito fundamental da livre manifestação de ideias e pensamentos.

4. Quanto a **Imunidade** e **Isenção**, estas possuem distinção. **Imunidade**, as hipóteses de não incidência tributária estão expressas na Constituição; **Isenção**, as hipóteses de não incidência tributária estão previstas em lei.

5. Os **Impostos** são divididos em: ***Impostos de Competência da União***, por exemplo, impostos sobre importação de produtos estrangeiros; ***Impostos de Competência dos Estados e do Distrito Federal***, por exemplo, impostos sobre transmissão *causa mortis* e doação de quaisquer bens ou direitos; ***Impostos de Competência Municipal***, por exemplo, impostos sobre propriedade predial e territorial urbana.

6. A Constituição Federal prevê a repartição de receitas tributárias dos entes tributantes, sendo dividas da seguinte maneira: *Imposto Extraordinário* instituído pela União deverá ser **reservado 20%** de sua arrecadação para o *Distrito Federal e para os Estados*; *ITR* pela União, deverá ser reservado **50% dos valores recebidos** para os *Municípios*; *IPVA* pelos Estados, deverá ser reservado **50% dos valores recebidos** para os *Municípios*.

7. A **Lei de Diretrizes Orçamentárias** possui três finalidades: determinação de ***metas*** e ***prioridades*** que deverão ser seguidas pela Administração Pública Federal; sentido a ser analisado na ***formação*** da lei orçamentária anual; instituição da ***utilização*** das agências financeiras oficiais de fomento.

   7.1 O **Plano Plurianual** tem como objetivo determinar, *regionalizadamente, diretrizes, objetivos* e *metas* para a ***Administração Pública***

Federal. Nenhum investimento cuja realização ultrapassar um exercício financeiro poderá ser acrescentado no ***projeto orçamentário*** sem que esteja incluído do plano plurianual. **Plano Plurianual,** tem ***quadrienal.***

8. No processo legislativo das **leis orçamentárias** existe a *iniciativa vinculada.* Esta deverá estar de acordo com modelo do projeto orçamentário, devendo ser apresentado ***exclusivamente*** pelo Presidente da República. Não há *discricionariedade* para escolher qual momento o projeto será apresentado, já que existe previsão na própria Constituição de qual momento o processo legislativo deverá ser iniciado.

8.1 Quanto ao início do processo, será entregue ao **Presidente da República**, após encaminhado os projetos, propor que estes sejam alterados, atentando ao requisito de não ter sido iniciada a votação na *comissão mista.* Uma vez encaminhados os projetos, deverá propor a modificação destes, observando ser não foi iniciada a votação, na comissão mista, da parte cuja a ***mudança*** é proposta.

8.2 Já iniciado o processo legislativo, os projetos serão analisados pela Câmara dos Deputados e do Senado Federal, observando o previsto no regimento comum, sendo regulada, a presença de uma ***comissão mista*** de Senadores e Deputados.

18. DEFESA DO ESTADO E DAS INSTITUIÇÕES DEMOCRÁTICAS

1. A **Defesa das Instituições Democráticas** é um sistema jurídico extraordinário, no qual, tem como objetivo ***controle de crises.*** São previsões aplicáveis em situações de *anormalidades.* Serão legítimas as medidas até o momento em que voltar a existir o *equilíbrio constitucional.* Caso ocorra de fato crise, a Constituição Federal prevê mecanismos para que volte a haver normalidade, sendo eles: *Intervenção Federal, Estado de Defesa* e *Estado de Sítio.*

2. O **Estado de Defesa e o Estado de Sítio** são mecanismos normativos previstos na Constituição à disposição do Estado com o intento em ***eliminar*** situações de crise. São um conjunto de ***faculdade pública*** atribuído ao Poder Executivo Federal. As medidas realizadas durante o transcurso dos estados de exceção ***não comportaram controle***, mas sim fiscalização e acompanhamento posterior a responsabilidade do ilícito praticado.

3. Existem ***três princípios*** que devem estar de acordo com esses poderes de crise, quais sejam: o Princípio da Necessidade, Princípio da Temporariedade e Princípio da Proporcionalidade.

3.1 O **Princípio da Necessidade** destaca que para declarar Estado de Defesa ou de Sítio será importante que sejam preenchidos os requisitos fáticos que comprovem a necessidade da decretação, sendo elas: *comprometimento da ordem pública e da paz social por instabilidade institucional* ou por *calamidade pública.*

3.2 O **Princípio da Temporariedade** corrobora a existência de um ***limite temporal*** para que as regras sejam adotadas, quando forem de fato *necessárias* para que findar com a crise.

3.3 O **Princípio da Proporcionalidade** informa que é intrínseco que as medidas que forem adotadas sejam proporcionais aos ***fatos reais***, logo, aos fatos devem justificar a decretação de uma das medidas, sejam elas, Estado de Sítio ou o Defesa.

4. O **Estado de Defesa** é um mecanismo menos gravoso que o Estado de Sítio, já que neste ocorre ***supressão*** dos direitos fundamentais e ***concessão*** de maiores poderes ao Poder Executivo em relação à aquele. Para que seja decretado, deverá ocorrer quando: necessário para a ***preservação*** ou ***restabelecimento***, em determinados locais, *da ordem pública ou a paz social*; não houver nenhuma outra medida menos gravosa para resolver a situação.

5. As hipóteses para decretação do **Estado de Defesa** estão previstas na Constituição Federal, sendo elas: *grave e iminente instabilidade institucional* e a *calamidade de grandes proporções na natureza.* Estas hipóteses não precisam acontecer simultaneamente para que ocorra a decretação do Estado de Defesa. Há apenas um legitimado para sua decretação, o ***Presidente da República***. Quanto a este mecanismo de defesa, existem ***pressupostos materiais e formais.***

5.1 **Pressupostos Materiais do Estado de Defesa:** Quanto a matéria, sendo ela, grave perturbação da ordem pública ou da paz social; ordem pública ou paz social não possam ser restabelecidas por instrumentos normais.

5.2 **Pressupostos Formais do Estado de Defesa**: Quanto ao processo sendo, ***prévia oitiva*** do Conselho da República e do Conselho de Defesa Nacional; ***decreto*** do presidente da República, especificando o ***tempo de duração***, ***as áreas*** que serão abrangidas e quais medidas restritivas serão adotadas, dentre elas: **restrição aos direitos de reunião, sigilo de correspondência e de comunicação telegráfica e telefônica, ocupação e uso temporários de bens e serviços públicos**, em hipótese de *calamidade pública*, respondendo a União pelos **danos e custos decorrentes.**

5.2.1 O Presidente da República submeterá o ato, em **24 horas**, para o *Congresso Nacional.* Se este estiver em recesso, deverá ser ocorrer **convocação extraordinária** no prazo de 5 dias, para que seja decidida sobre o decreto, em prazo de 10 dias. Se o decreto for rejeitado o Estado de Defesa deverá ser ***suspenso***.

6. Cessando o Estado de Defesa, ocorrerá por igual, seus efeitos. Poderão ser tomadas medidas contra os atos ***ilícitos eventualmente cometidos***, sendo as autoridades praticantes dos atos devidamente responsabilizadas.

7. Durante a vigência do Estado de Defesa as ***garantias processuais penais,*** tais quais, comunicação imediata da prisão ao Juiz Competente, faculdade do preso em requerer exame de corpo de delito à autoridade policial, vedação da incomunicabilidade do preso, **subsistirão**.

8. O **Estado de Sítio** é um instrumento mais gravoso que o Estado de Defesa, já que ocorrerá maiores restrições em relação à aquele. Deverá o Chefe de Estado utiliza-lo em ***casos extremos***, sendo eles: agressão efetiva por forças estrangeiras ou declaração do estado de guerra, ameaça à ordem constitucional democrática, por comoção grave, de repercussão nacional. É dividido em *repressivo ou defensivo.*

8.1 Quanto ao **Estado de Sítio Repressivo,** deverá respeitar os seguintes pressupostos materiais: ***comoção grave de repercussão nacional***, esta, caracterizada como algo não resolvível de maneira menos gravosa, por ferramentas ordinárias do Estado; ***existência de fatos que comprovem a ineficácia do estado de defesa***, pressuposto *exclusivo* do Estado de Sítio, já que se justifica como um instrumento mais gravoso e repressivo que o primeiro.

8.1.1 Serão adotadas as seguintes medidas: obrigação de permanência em localidade determinada; detenção em edifícios não destinados a essa finalidade; ***restrições*** à inviolabilidade da correspondência, ao sigilo das comunicações, e a liberdade de imprensa; ***suspensão*** da liberdade de reunião; busca e apreensão em domicilio sem formalidade Constitucionais; intervenção em empresas de serviço público; requisição de bens.

8.1.2 Terá como prazo máximo 30 dias, sendo vedado ***renovação por período superior***. Porém, é admitido renovações sucessivas.

8.1.3 Caso decretado o Estado de Defesa e transcorrido o período de 60 dias a crise não tiver sido resolvida, poderá ser ***decretado*** o Estado de Sítio.

8.2 O **Estado de Sítio Defensivo**, deverá respeitar pré-requisito material: *declaração de estado de guerra* ou a *resposta a agressão armada estrangeira*. Hipótese mais incisiva que a primeira, já que poderá ocorrer a suspensão de qualquer garantia constitucional poderá ser suspensa, ocorrendo pelo tempo que perdurar os requisitos materiais.

9. Para que seja ***decretado*** o **Estado de Sítio**, tanto o defensivo quanto o repressivo, obrigatoriamente, deverá ser feito após ***prévia permissão*** do Congresso Nacional e da ***prévia oitiva*** do Conselho da República e do Conselho de Defesa Nacional, estes não são vinculantes.

9.1 É necessário que no decreto esteja estipulado prazo, normas que forem necessárias à sua execução assim como também quais garantias que ficarão ***suspensas***. Deverá constar, ***expressamente***, a designação do *procedimento* e quais *áreas serão abrangidas* pela medida.

10. ***Cessado*** o momento de decretação do Estado de Sítio, deverá o Presidente da República prestar contas, com a possibilidade em responder por eventuais ***arbitrariedades*** e ***abusos***.

18.1 Das Forças Armadas e da Segurança Pública

1. As **Forças Armadas do Brasil** são constituídas pelo *Exército Brasileiro*, pela *Marinha do Brasil* e *Força Aérea Brasileira*, sendo todos, instituições nacionais, permanentes e regulares. Tem como objetivo e missão constitucional *zelar pela defesa da Pátria*, da *soberania nacional* ameaçada por outro Estado, pela *garantia dos poderes constitucionais* e, por iniciativa destes, pela ***lei e pela ordem***.

2. A Constituição Federal define expressamente o *recrutamento constante do serviço militar* ***para todos***, nos termos da lei. Entretanto, existe ***exceção*** ao serviço militar obrigatório, nos casos de: direito de escusa de consciência, decorrente de *crença religiosa*, *convicção filosófica* ou *política*, possibilitando, pois, a ***prestação de serviço alternativo,*** a ser fixado pelas Forças Armadas.

3. À organização das Forças Armadas esta é baseada na ***hierarquia*** e na ***disciplina***, e se encontram sob a autoridade e o comando supremos do ***Presidente da República***, chefe maior. Sendo atribuição deste, nomear os comandantes das Forças Armadas.

3.1 A Emenda Constitucional n. 23/99 criou o ***Ministério da Defesa***, que exerce a direção superior das Forças Armadas. Antes haviam os Ministérios da Marinha, Exército e Aeronáutica, porém, agora são denominados como Comandos, com seus respectivos Comandantes.

4. Para que possa ocorrer a **Intervenção das Forças Armadas** deverá haver convocação de ***um representante*** de qualquer dos poderes em âmbito federal, sendo eles: Presidente da Mesa do Congresso Nacional; Presidente da República ou o Presidente do STF.

5. À **Segurança Pública** tem como finalidade ***manutenção*** e o ***restabelecimento*** da ordem pública e preservação da incolumidade das pessoas e do patrimônio.

6. É **dever do Estado** se manifestar por meio do ***Poder de Polícia***, exercido pelos seguintes órgãos: **União**, Polícia Judiciária Federal, Polícia Rodoviária Federal, Polícia Ferroviária Federal; **Estado**: Polícia Civil, Polícia Militar, Corpo de Bombeiros Militar; **Municípios**: Guarda Municipal. Ao **Distrito Federal e Territórios** não foi estabelecida polícia própria, sendo utilizada portanto, a polícia da União, que será subordinada aos Governadores do Distrito Federal e Territórios.

   6.1 Quanto aos Municípios, serão constituídos Guardas Municipais com finalidade ***proteção de seus bens, serviços e instalações***. **Não** poderão ter funções de exercício de *Polícia Judiciária*.

   6.2 A ***Polícia Penitenciaria***, tem como objetivo a vigilância dos estabelecimentos penais, **não faze parte** da Segurança Pública Nacional.

7. Existem também **Polícia Administrativa**, está será manifestada preventivamente, ou seja, antes de o crime acontecer; **Judiciária,** será manifestada na seara investigativa, com atuação após o cometimento do ilícito penal, atuando repressivamente.

   7.1 As ***Polícias Civis***, dirigidas pelos Delegados de Polícia, exercerão funções de ***Polícia Judiciária*** para apuração das Infrações Penais, salvo as de natureza militar.

19. ORDEM ECONÔMICA E FINANCEIRA

1. O **Estado**, deverá, segundo disposição da Constituição Federal, *fiscalizar*, *incentivar*, *planejar*, de forma indireta, a exploração de atividades que gerem riquezas individuais e particulares, e que atue como um agente normativo e regulador da atividade econômica, e de *forma direta* e ***excepcional*** a exploração de atividades econômicas que se encontram taxadas pelo texto constitucional.

2. A **Ordem Econômica Brasileira** tem como fundamento: valorização do trabalho humano e na livre iniciativa, com a finalidade em assegurar a todas as pessoas uma existência digna, conforme os preceitos da justiça social. Em conseguinte, os *princípios constitucionais* advertem à um caminho para a ordem econômica.

3. O Brasil é considerado um **Estado Liberal**, adotando uma conduta de economia de mercado. Cumpre, portanto, seu papel como estado liberal, ***fiscalizando*** a atividade econômica, de forma que, caso ocorra excessos deverá haver sua intervenção. Esta, é o que determina seu papel na *regulação* e *planejamento econômico*.

   3.1 O Estado, somente, poderá intervir se houver ***violação dos princípios constitucionais***, para que seja sanado assuntos que possam repercutir negativamente a ordem econômica do país.

4. Os *princípios* da atividade econômica são organizados em: soberania nacional; propriedade privada e a função social da propriedade; livre concorrência; defesa do consumidor; defesa do meio ambiente; redução das desigualdades regionais e sociais; busca do pleno emprego; tratamento oferecido às empresas de pequeno porte.

   4.1 O **Princípio da Soberania** define que a atividade econômica não poderá colocar em risco a *soberania nacional*, este como fundamento da República Federativa do Brasil.

   4.2 O **Princípio da Propriedade Privada e a Função Social da propriedade**, tem como desígnio função em atribuir segurança jurídica de forma que os agentes econômicos possam atuar no mercado. Consequentemente, as pessoas não poderão ser depostas de suas propriedades de *forma arbitrária*, salvo nos casos de ***necessidade*** ou uti***lidade pública***.

   4.3 O **Princípio da Livre Concorrência** prevê a liberdade dos agentes econômicos em competir no mercado de forma justa e igualitária.

   4.4 A **Defesa do Consumidor** deverá ser respeitado e zelado pelos agentes econômicos, sendo considerado um ***direito individual*** da pessoa humana.

   4.5 A **Defesa do Meio Ambiente** defende que o meio ambiente é um bem *indispensável*, *substancial*, com isto, é jus que se busque um ***desenvolvimento sustentável***, portanto, toda atividade econômica deverá ser guiada pela **obrigação** em preservar o meio ambiente.

   4.6 **Redução das Desigualdades Regionais e Sociais** visa a promoção de uma integração nacional, de forma que se propicie uma melhor ***distribuição*** dos recursos.

4.7 **Busca do Pleno Emprego** busca estimar da melhor maneira possível o trabalho humano.

4.8 O **Tratamento Favorecido para as Empresas de Pequeno Porte**, se caracteriza como tratamento constitucional diferenciado dado às empresas de pequeno porte, ***simplificando*** as obrigações administrativas, previdenciárias, tributárias e creditícias.

5. Quanto aos **Incentivos de Capital Estrangeiro** deverá a lei disciplinar, com base no interesse nacional, os investimentos de capital estrangeiro, *incentivando* os reinvestimentos e *regulando* a remessa de lucros.

6. **Exploração Direta da Atividade Econômica pelo Estado** denota que será permitida *apenas* quando necessária aos: ***imperativos da segurança nacional*** ou a ***relevante interesse coletivo***, conforme definidos em lei e ressalvados os casos previstos na Constituição Federal.

7. **Exploração Indireta da Atividade Econômica** o Estado atuará como agente normativo que ***regulará*** a atividade econômica, e ***exercerá***, na forma da lei, as seguintes funções: *fiscalização*, *incentivo* e *planejamento*, sendo este ***determinante*** para o *setor público* e ***indicativo*** para o *setor privado*.

8. **Prestação de Serviço Público e Concessão** competirá ao Poder Público, na forma da lei, *diretamente* ou sob regime de *concessão ou permissão*, sempre através de licitação, a prestação de serviços públicos.

9. Quanto as **Jazidas e Recursos Minerais como Propriedade da União** dispõem que as jazidas, em lavra ou não, e os demais recursos minerais e os potenciais de energia hidráulica constituem ***propriedade diversa da do solo***, para efeito de exploração ou aproveitamento, pertencendo à União. Nestes casos é garantido ao concessionário a *propriedade* do ***produto da lavra***.

10. **Regulação dos Transportes**, a Constituição prevê que por meio de lei será estabelecido ordenação dos *transportes aéreo*, *aquático* e *terrestre*, porém, quanto ao ***transporte internacional*** deverá ser observado os acordos que foram firmados pela União. Já referente a *transporte aquático*, a lei deverá estabelecer condições dos transportes de mercadoria na cabotagem e navegação interior feitas por ***embarcações estrangeiras***.

11. Referente a **Proteção e Incentivo ao Turismo**, será dever de todos os entes federativos, tais quais, União, os Estados, o Distrito Federal e os Municípios a promoção e incentivo do turismo como fator de ***desenvolvimento social e econômico***.

12. Já quanto a **Requisição Estrangeira de Documento ou Informação de Natureza Comercial**, feitos por autoridade administrativa ou judiciária competente, para pessoa física ou jurídica, residente ou domiciliada no país dependerá de autorização do Poder competente.

13. A **Política Urbana** tem como competência dos *Municípios*, no qual, estes devem estabelecer a *função social da propriedade urbana* e realizar seu *respectivo controle.*

13.1 A Constituição Federal instituiu a modalidade de **Desapropriação por Descumprimento da Função Social da Propriedade Urbana,** como uma forma penalizadora do não aproveitamento do solo. Para que seja realizada deverá ser promovida pelo Poder Público Municipal, por lei específica de área incluída no Plano Diretor.

13.2 Poderá também, conforme previsão na Constituição Federal, ocorrer a **Desapropriação da Propriedade Rural por Descumprimento da Função Social.** Para que este atinja sua eficácia, deverá a terra ser aproveitada racionalmente e adequadamente com objetivo de preservar o Meio Ambiente. Se descumpridos estará autorizada a **Desapropriação para Fins de Reforma Agrária.**

13.3 A **Política de Desenvolvimento Urbano** objetiva o desenvolvimento das funções sociais da cidade para que seja garantido o bem-estar de seus habitantes. As regras de Política Urbana estão previstas na ***Lei do Estatuto da Cidade (Lei 10.257/201)***, que estabelece normas de ordem pública e interesse social, tratando de temas como a *função social da propriedade, segurança, bem-estar do cidadão e equilíbrio ambiental.*

14. É necessário em cidade com mais de ***vinte mil habitantes*** o **plano diretor**, este, deverá ser aprovado pela Câmara Municipal respectiva. O plano diretor visa política de *desenvolvimento* e *expansão urbana.* A função social será cumprida quando forem atendidas todas as exigências expressas no **Plano Diretor.**

15. O **Usucapião Urbano** define regra de relativização do direito de propriedade. Poderá o possuidor de área urbana de até ***duzentos e cinquenta metros quadrados***, por ***cinco anos***, ininterruptos e sem oposição, desde que utilize como moradia sua ou de sua família, adquirir o domínio. Este direito não poderá ser declarado ao mesmo possuidor por mais de uma vez nem aquele que for proprietário de outro imóvel urbano ou rural.

15.1 Os **Imóveis Públicos, incluindo os Bens Dominicais,** não serão obtidos por meio de usucapião, independentemente de sua natureza, conforme disciplina a **Súmula 340 do STF.**

20. ORDEM SOCIAL

1. A **Ordem Social**: expressa na Constituição Federal, é desdobrada em: Seguridade Social; Educação; Cultura; Desporto; Ciência e a Tecnologia; Comunicação Social; Meio Ambiente; Família, criança, adolescente, o jovem e o idoso e os índios.

2. A **Seguridade Social:** tem como finalidade assegurar a todas as pessoas a garantia de que não passem necessidades consideradas vitais para si mesmo ou para suas famílias, claro desdobramento do fundamento da República Federativa Brasileira: **Dignidade da Pessoa Humana.** Ela é dividida em normas sobre a *saúde, previdência e assistência social.*

   2.1 O **Princípio da Solidariedade a Seguridade Social** dispõe que esta é custeada por *toda a sociedade*, de uma forma que busque a ajuda e o auxílio daqueles que necessitam. Esse auxílio poderá ser ***direto***, por meio das contribuições sociais, ou ***indireto***, por meio de pagamento de tributos

3. **Saúde**: é direito de todos e um dever do estado. Este, está incumbido em diminuir o risco de doenças, a proteção e a recuperação dessas, por meio da criação de políticas econômicas. Estas, poderão ser exercidas por pessoas físicas ou jurídicas de direito privado assim como também terceiros.

   3.1 O **Estado** é responsável e provedor dos deveres relacionados à saúde, já que a saúde está intimamente ligada ao direito fundamental de importância extrema ***direito à vida***. É uma obrigação *solidária* entre os entes políticos, abrangendo e responsabilizando todos eles para com o dever de cuidar e zelar deste direito fundamental.

   3.2 O **Sistema Único de Saúde (SUS)** está previsto na Constituição Federal, tendo como prioridade atividades voltadas para ***prevenção***.

   3.3 A Constituição Federal também prevê **iniciativa privada** para o livre fornecimento de assistência à saúde, mediante contrato de direito público ou convênio, para que assim, as instituições privadas possam participar de forma complementar do SUS. Entretanto, é vedado o fornecimento de recursos públicos, já que são **Instituições Privadas Com Fins Lucrativos.**

4. **Previdência Social:** é organizada por meio de regime geral, este tendo caráter contributivo e filiação obrigatória. Importante, que seja observado os critérios que assegurem o ***equilíbrio financeiro e atuarial***.

   4.1 A Constituição Federal veda a adoção de ***critérios desiguais*** que concedam aposentadoria a aqueles que forem beneficiários do Regime Geral da Previdência Social, salvo, os casos em que as atividades exercidas sejam sob condições especiais que originem lesão a saúde ou a integridade física, conjuntamente os segurados que possuam deficiência.

4.2 A **Previdência Social** resguardara as ocorrências ao trabalhador, por motivos de doença, morte, invalidez, desemprego voluntário, idade avançada e gravidez, não podendo os benefícios, desde aqueles que **substituam o salário de contribuição ou rendimento,** serem inferiores ao salário mínimo.

5. **Assistência Social:** será prestada àqueles que necessitarem. Não precisa que seja feita a contribuição à seguridade social para que se tenha a garantia da ***prestação do serviço***. O Estado é ***obrigado*** a possuir condições assecuratórias básicas de existência, conforme expressos nos objetivos da República Federativa do Brasil.

5.1 Um dos objetivos da assistência social é a garantia de um salário mínimo de benefício mensal à pessoa portadora de deficiência e ao idoso que comprovem não possuir meios de prover à própria manutenção ou de tê-la provida por sua família, conforme dispuser a lei.

5.2 É facultado aos Estados e ao Distrito Federal vincular a programa de apoio à inclusão e promoção social até cinco décimos por cento de sua receita tributária líquida, vedada a aplicação desses recursos no pagamento de: I - despesas com pessoal e encargos sociais; II - serviço da dívida; III - qualquer outra despesa corrente não vinculada diretamente aos investimentos ou ações apoiados.

6. **Educação:** é garantida pela própria Constituição Federal como um direito de todos e dever tanto do Estado quanto da Família. Ela é o cerne dos Direitos Sociais já que promove o desenvolvimento da pessoa para que possa exercer outros direitos previstos na Carta Magna, como por exemplo ***cidadania e trabalho.*** Quanto à qualidade do ensino deverá ser ponderada quanto a *carência* e os *padrões da comunidade.*

6.1 A Educação é **responsabilidade** de todos os entes federativos, devendo cada um destes organizarem seus sistemas de ensino em regime de colaboração.

6.2 Quanto à **União**, dará prioridade ao sistema federal de ensino; **Estados e o Distrito Federal** ao ensino fundamental e ensino médio; **Municípios** o ensino fundamental e a educação infantil. Nota-se, que a atuação na **educação** é um dever ***solidário***, logo, atuação prioritária não excluirá obrigação de garantir outras áreas que não sejam a sua.

6.3 Se o **Poder Público** não oferecer ensino público obrigatório de maneira regular, este poderá ser responsabilizado já que o acesso ao ensino é ***obrigatório***, ***gratuito*** e ***direito subjetivo***.

7. **Cultura:** o Estado deverá cumprir, já que este é um direito de segunda geração devendo aquele agir positivamente, com o seu papel cultural. Portanto, deverá ***proteger*** a sociedade como um todo, seja os populares, indígenas e afrodescendentes.

7.1 **Emenda Constitucional nº 48/05,** criou o ***Plano Nacional de Cultura***, que tem como escopo a defesa do poder público de acordo com a ***valorização do patrimônio cultural brasileiro***.

7.2 **Emenda Constitucional nº 71/12**, instituiu o ***Sistema Nacional de Cultura***. Este, instituiu um processo de ***gestão*** e ***promoção*** conjunta de políticas públicas de cultura, democráticas e permanentes, entre os entes federativos e a sociedade, como objetivo, promover desenvolvimento humano social e econômico com ***pleno exercício dos direitos culturais***.

8. **Desporto:** a Constituição Federal, prevê práticas desportivas formais e não formais, abrangendo não apenas ao esporte, mas sim, a recreação e o lazer. As competições esportivas, que são reguladas em lei, possuem sua ***justiça própria***, sendo ela, ***STJD***.

8.1 O **Poder Judiciário** só será acionado em ações referente às disciplinas e competências desportivas se ***esgotadas*** todas as instâncias da Justiça Desportiva.

8.2 A **Justiça Desportiva** é um órgão **Administrativo**, sendo assim, não compõe o Poder Judiciário. Tem como atribuições julgar questões relacionadas à disciplina e às competições esportivas.

9. **Ciência, Tecnologia e Inovação:** deverá ser ***incentivada***, no sentido de, criar mecanismos permissivos para a realização destas atividades respectivas e ***promovida***, relacionada à atuação de implementação das atividades, pelo Estado. É facultado aos Estados e ao Distrito Federal reservarem parcela de sua receita orçamentária a entidades públicas que possuam fins nessas áreas.

10. **Comunicação Social:** tem como propósito garantir à liberdade de expressão da atividade intelectual, artística, cientifica e de comunicação, ***independente*** de censura ou licença, reservado os casos previstos na Constituição Federal.

11. **Meio Ambiente:** todos têm direito ao meio ambiente ecologicamente ***equilibrado***. O **Direito ao Meio Ambiente** é direito fundamental de terceiro geração, considerada como um direito universal. Caso seja violada poderá ser protegida por meio da ***Ação Popular*** ou ***Ação Civil Pública***.

    11.1 A Constituição Federal disciplina aplicação de ***sanções penais e administrativas*** às pessoas físicas e às pessoas jurídicas por condutas lesivas ao meio ambiente, ***independentemente*** da obrigação de reparar o dano causado.

    11.2 O **Tombamento,** por exemplo, é um procedimento administrativo feito pelo Poder Público em qualquer nível dos entes federativos, que tem como escopo a conservação do patrimônio cultural e ***ambiental*** da sociedade, transformando-os em patrimônio oficial para assegurar seu histórico a toda população.

    11.3 A **Emenda Constitucional n. 96/17,** disciplinou que não serão consideradas cruéis as práticas desportivas que utilizem animais, desde que, sejam ***manifestações culturais*** integrantes do patrimônio cultural brasileiro, ***regulamentada por lei específica.***

12. **Família, Criança, Adolescente, Jovem e Idoso:** Quanto à família, a Constituição Federal a considera como sendo uma ***instituição fundamental***, recebendo dela proteção. Por isto, ela é reconhecida como ***base da sociedade***.

    12.1 A **Família** é considerada de três formas: **Formal,** união formada entre homem e mulher, firmada pelo casamento; **Informal,** formada por união estável entre homem e mulher ou pessoas do mesmo sexo; **Monoparental**, formada entre um dos pais e seus descendentes.

    12.2 A **Emenda Constitucional n. 66/10,** tratou a disponibilidade de dissolução do casamento civil pelo **divórcio,** sendo desnecessária o requisito de ***prévia separação judicial*** por mais de ***um ano*** ou caso comprovada ***separação de fato*** por mais de ***dois anos***.

13. Quanto à **Criança e ao Adolescente**, o Estatuto da Criança e Adolescente prevê que ***criança*** é a pessoa humana com idade até 12 anos incompletos, já, ***adolescente*** aquele entre 12 e 18 anos de idade.

    13.1 É dever do **Estado,** da **Família** e da **sociedade** garantir à criança e ao adolescente, com ***prioridade absoluta***.

    13.2 A Constituição Federal prevê duas normas de proteção às crianças e aos adolescentes: **Punição** ao abuso ou violência e exploração sexual da criança e do adolescente; **Inimputabilidade** dos menores de 18 anos.

13.3 De acordo com o **Supremo Tribunal Federal,** será constrangimento ilegal a determinação de permanência sob a guarda de um dos pais, sem ouvir a deliberação do menor com idade razoável para compreensão dos fatos.

14. Proteção do Idoso: por meio do Estatuto do Idoso, denota que pessoas quando atingem determinada idade não são extinguidas nem diminuídas. O idoso continuará usufruindo assim como ***todos os direitos fundamentais***, assim como também lhe sendo assegurado prioridade e todas as oportunidades e facilidades, para que seja preservada sua saúde física e mental.

14.1 A ***política de atendimento ao idoso*** é feita por conjunto de ações governamentais e não governamentais de todos os entes federativos, sendo eles, União, Estados, Distrito Federal e dos Municípios.

14.2 Os **idosos** terão ***gratuidade nos transportes coletivos***, públicos, urbanos e semiurbanos, ressalvado nos serviços seletivos especiais se forem prestados paralelamente aos serviços regulares aos maiores de 65 anos.

15. Índios: a Constituição Federal reconheceu os direitos indígenas sobre as terras que eles ocuparem tradicionalmente, incumbindo à União demarcá-las, protegê-las e fazer respeitar todos os seus bens. Também são reconhecidos a sua organização social, costumes, línguas, crenças e tradições.

15.1 Caberá também o direito de **Usufruto Exclusivo** para os índios em terras ocupadas e habitadas por eles de forma permanente, das riquezas do solo, rios e lagos naquelas.

15.2 As terras ocupadas pelos índios são inalienáveis e indisponíveis, e os direitos sobre elas, imprescritíveis, não podendo ser objeto de usucapião.

DIREITO PENAL

José Roberto Mello Porto

ASSUNTOS	QUESTÕES	%
1. Da Aplicação da Lei Penal	29	5,65%
2. Do Crime	57	11,11%
3. Da Imputabilidade Penal	10	1,95%
4. Do Concurso de Pessoas	18	3,51%
5. Das Penas	29	5,65%
6. Das Medidas de Segurança	1	0,19%
7. Da Ação Penal	4	0,78%
8. Da Extinção da Punibilidade	26	5,07%
9. Dos Crimes contra a Pessoa	59	11,50%
10. Dos Crimes c/ o Patrimônio	52	10,14%
11. Dos Crimes c/ a Propriedade Imaterial/ Org. Trabalho	6	1,17%
12. Dos Crimes c/ o Sentimento Religioso e c/ o Respeito...	1	0,19%
13. Dos Crimes c/ a Dignidade Sexual	26	5,07%

14. Dos Crimes c/ a Família	4	0,78%
15. Dos Crimes c/ a Incolumidade Pública	3	0,58%
16. Dos Crimes c/ a Paz Pública	2	0,39%
17. Dos Crimes c/ a Fé Pública	11	2,14%
18. Dos Crimes c/ a Administração Pública	43	8,38%
19. Teoria e Princípios	132	25,73%
TOTAL	**513**	**100%**

Quem quer ser delegado de polícia tem que saber Direito Penal. Parece óbvio e, ao mesmo tempo, desesperador, certo? A boa notícia é que, se analisando as estatísticas dos concursos realizados nos últimos tempos, em todo o país, alguns temas merecem atenção triplicada, enquanto outros podem passar despercebidos.

O ponto mais forte em matéria penal tem sido a **Parte Geral do Código**, responsável por mais da **metade das questões.**

Aqui, é importante dominar a parte teórica e principiológica. Por isso, é peça importante na montagem da estratégia de estudos a temática da **Teoria e Princípios de Direito Penal**, incluído aí o estudo da Teoria do Crime, desde a tipicidade até a culpabilidade.

Mesmo na Parte Geral, existem institutos que caem pouco como a ação penal (apesar de ser importante ter em mente a nova sistemática nos crimes contra a liberdade e dignidade) e medidas de segurança.

A **Parte Especial do Código Penal** (crimes em espécie) é bastante versada nas provas, de onde são extraídas **quase 30% das questões**, especialmente sobre crimes contra a pessoa, crimes contra o patrimônio, crimes contra a administração pública e crimes contra a dignidade sexual.

Outros assuntos são as provas versam pouco sobre alguns crimes em espécie, tais como crimes contra propriedade imaterial, organização do trabalho, família, incolumidade pública, paz pública, sentimento religioso e respeito aos mortos.

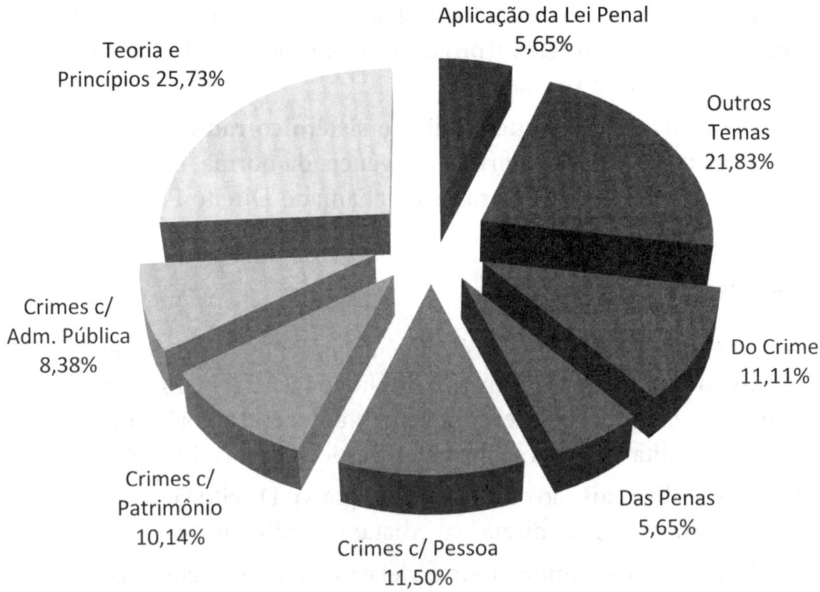

Por fim, é bom observar que as **Leis Penais Especiais**, apesar de conter assuntos pulverizados em inúmeras leis, agrega uma enorme quantidade das questões das provas. Naturalmente, inclusive pela prática dos delegados, a Lei de Drogas e o Estatuto do Desarmamento merecem enfoque especial, sendo temas quase certos de serem cobrados. Quanto a outros diplomas, com menor incidência em provas, vale a pena, às vésperas, uma leitura nos tipos penais.

1. INTRODUÇÃO

1.1. Conceito de Direito Penal

1. Do ponto de vista **formal** (estático), o Direito Penal é um conjunto de normas que define infrações penais e suas sanções.
2. Do ponto de vista **material**, é o conjunto de comportamentos altamente reprováveis que justificam as sanções penais.
3. Do ponto de vista **sociológico** (dinâmico), é um instrumento de controle social.

1.2. Função do Direito Penal

1. Para *Hans Welzel*, o Direito Penal tem uma dupla finalidade (**dupla missão**): (i) ético-social (pedagógica: fazer com que as pessoas ajam segundo o Direito) e (ii) protetiva (proteger bens jurídicos fundamentais).

2. Para *Claus Roxin* (**funcionalismo teleológico/moderado/dualista**), tem apenas a função protetiva (proteger bens jurídicos). É a noção que prevalece na doutrina brasileira.
3. Para *Gunther Jakobs* (**funcionalismo sistêmico/radical/monista**), o Direito Penal serve para reafirmar a vigência da norma. Por isso, autoriza o tratamento mais gravoso através do chamado Direito Penal do Inimigo.

1.3. Fontes do Direito Penal

1. A **fonte material** do Direito Penal é a sua fonte de produção. No Brasil, trata-se de competência *privativa* da União (art. 22, I CF). Logo, excepcionalmente, caso houvesse lei complementar federal autorizando, os Estados poderiam editar normas sobre matéria específica (art. 22, parágrafo único).
2. Já as **fontes formais** são os meios pelos quais o Direito Penal se exterioriza. Se dividem em fontes diretas (mediatas) e indiretas (imediatas).
3. *Tradicionalmente*, a fonte direta é a lei e as fontes indiretas são os costumes e os princípios gerais do Direito.

Fontes imediatas (diretas)	Fontes mediatas (indiretas)
Lei	Costumes Princípios

4. *Modernamente*, são vistas como fontes **diretas**:
   a) a lei (a quem cabe criar infrações e sanções);
   b) a Constituição Federal (estabelecendo limites mínimos para o Direito Penal, chamados mandados de criminalização – caso dos crimes de racismo, hediondos e equiparados e a ação armada de certos grupos contra o Estado democrático);
   c) os tratados e convenções internacionais de direitos humanos (que, segundo o STF, possuem natureza supralegal, se incorporados sem os trâmites de aprovação de uma emenda constitucional, e que não podem criar crimes ou penas);
   d) a jurisprudência (decisões vinculantes, como súmulas vinculantes ou controle concentrado de constitucionalidade, ou persuasivas);
   e) os princípios;
   f) os complementos da norma penal em branco.

5. Como fonte **indireta**, apenas a doutrina.

Fontes Imediatas (Diretas)	Fontes Mediatas (Indiretas)	Fonte Informal
Lei Constituição Tratados/Convenções Jurisprudência Princípios Complementos de norma penal em branco	Doutrina	Costumes

6. Os costumes, por sua vez, seriam fonte **informal**. Por isso, e pelo princípio da legalidade penal escrita, não podem os costumes criar normas incriminadoras ou delitos. Sua função é servir de vetor de interpretação.
7. Discute-se se o costume pode abolir infração penal (*costume abolicionista*). Uma **primeira corrente** entende que sim, independente da necessidade de haver lei revogando a conduta incriminada. Uma **segunda corrente** entende que o costume, por si só, não pode revogar a lei que incriminava a conduta (revogação formal), mas que esta não deveria ser aplicada pelo juiz (revogação material) – embora típica, não deveria ser punida. A **terceira corrente** (posição do STF e do STJ) entende que não, pois apenas uma lei formal poderia revogar a norma incriminadora (até pelo artigo 2º da LINDB: "Não se destinando à vigência temporária, a lei terá vigor até que outra a modifique ou revogue").

1.4. *Classificação da Lei Penal*

1. A lei penal pode ser dividida em **incriminadora** (cria infrações penais e suas sanções) e *não incriminadora* (lei penal em sentido amplo: não cria infrações nem sanções), de quatro tipos.
2. A lei penal **não incriminadora permissiva** é aquela que retira o caráter de delito do fato. Pode ser justificante (torna lícita determinada conduta, afastando a ilicitude – exemplo: legítima defesa) ou exculpante (afasta a culpabilidade – exemplo: inimputabilidade pela menoridade penal).
3. A lei penal **não incriminadora explicativa** (interpretativa) apenas esclarece o conteúdo da norma (exemplo: conceito de funcionário público para fins penal, art. 327 CP).

4. A lei penal **não incriminadora complementar** apenas delimita a aplicação das leis incriminadoras (exemplo: princípio da territorialidade no artigo 5º do CP).
5. A lei penal **não incriminadora integrativa** (de extensão) complementa a lei penal incriminadora, a estendendo para outros casos, permitindo a tipificação da conduta (exemplo: tentativa, art. 14, II CP).

1.5. Interpretação da Lei Penal

1. **Quanto ao sujeito**, a interpretação pode ser **autêntica ou legislativa** (feita pelo próprio legislador, que explica o conteúdo da norma no próprio texto legal, seja *contextual* à própria norma ou *posterior* a ela), **doutrinária ou científica** (feita pela doutrina) ou **jurisprudencial ou judicial** (feita pelos tribunais).
2. **Quanto ao modo**, a interpretação pode ser **literal/gramatical/filológica** (sentido literal das palavras), **teleológica** (busca a vontade da lei – *volunta legis*–, sua finalidade), **histórica** (busca a origem da lei, as circunstâncias em que foi editada), **sistemática** (busca o sentido da norma à luz do ordenamento como um todo), **progressiva/evolutiva** (busca atualizar o sentido da norma de acordo com os progressos ocorridos desde sua edição) ou **lógica** (uso da razão, da dialética, para buscar o sentido da norma).
3. **Quanto ao resultado** (comparação entre a vontade do texto e a vontade da lei), a interpretação pode ser **declarativa** (sentido idêntico entre texto e norma), **restritiva** (o texto disse mais do que queria, o texto é mais amplo do que a norma) ou **extensiva** (o texto disse menos do que queria, a norma é mais ampla que o texto).

Quanto ao sujeito	**Quanto ao modo**	**Quanto ao resultado**
1. Autêntica/Legislativa: a) contextual b) posterior 2. Doutrinária/ Científica 3. Jurisprudencial/ Judicial	1. Literal/ Gramatical/ Filológica 2. Teleológica (*volunta legis*) 3. Histórica 4. Sistemática 5. Progressiva/ Evolutiva 6. Lógica	1. Declarativa (texto = norma) 2. Restritiva (texto > norma) 3. Extensiva (texto < norma)

4. Na **interpretação extensiva** existe norma para o caso concreto e se amplia o significado da palavra. Por ser meio de interpretação, é admitida *in malam partem*, segundo a maioria e o STF (RHC 106481), tendo como limite a *mens legis*. Exemplo: o termo "arma" no roubo majorado (art. 157 § 2º, II CP), incluindo armas brancas.

5. Provas para a Defensoria Pública: é possível criticar essa posição, alegando violação ao princípio da legalidade penal estrita. Em alguns casos, tratar-se-ia de analogia, e não de interpretação extensiva. Exemplo: o uso de carregadores de celular em presídio, para o STF, configuraria a falta grave do art. 50, VII da LEP.

6. Na **interpretação analógica**, existe norma para o caso concreto, em que a lei enumera alguns exemplos e coloca uma cláusula geral em seguida. Por ser meio de interpretação, é admitida *in malam partem*. Exemplo: homicídio qualificado por pagamento, promessa de recompensa ou outro motivo torpe (art. 121, § 2º, I CP).

7. Na **analogia**, não existe norma para o caso concreto, criando-se a norma a partir da influência de outra (analogia *legis*) ou de todo o sistema ou parte dele (analogia *iuris*). Por ser meio de integração, não é admitida *in malam partem*. Exemplo: não é possível aplicar os rigores da Lei Maria da Penha ou o homicídio qualificado do art. 121 § 2º, VI (feminicídio) para casos de vítima do sexo masculino, ainda que se considere do gênero feminino.

1.6. Princípios Penais

1. Os princípios são **fontes formais** do Direito Penal, como visto acima. Para os modernos, são fonte formal imediata; para os tradicionais, fonte formal mediata.

2. Os **destinatários** dos princípios penais são tanto o julgador (Judiciário), ao aplicar, ou não, a sanção, como o legislador (Legislativo), que neles deve se basear para editar normas penais, incriminadoras ou não.

3. Os princípios podem ser **explícitos** (expressamente positivados no ordenamento - exemplo: princípio da legalidade penal, art. 5º, XXXIX CF e art. 1º CP) ou **implícitos** (extraídos pela interpretação sistemática, a partir daqueles positivados - exemplo: princípio da intervenção mínima).

4. O **Princípio da Legalidade** teve origem na Magna Carta de 1215 (embora alguns atribuam a origem ao Direito Romano), limitando o poder do Estado absolutista, fundamentando-se no Estado de Direito. Sua finali-

dade é a segurança jurídica. Pode ser conceituado pelo brocardo *nullum crimen nulla poena sine lege* (não há crime nem pena sem lei), que traz o **princípio da reserva legal**, sendo impossível criação de infrações penais (também de contravenções penais) e sanções senão por lei em sentido formal (e não todas as espécies do artigo 59 CF).

5. Não é possível a criação de crimes e sanções por leis delegadas ou por medidas provisórias, por expressa previsão constitucional (art. 68 § 1º e art. 62 § 1º, I, b CF). Quanto às MPs, contudo, antes do advento dessa proibição expressa por meio da EC 32/2011, havia entendimento do STF e da doutrina no sentido de que, quando para beneficiar o réu, seria possível que tratasse do Direito Penal.
6. O princípio se aplica também para as **contravenções penais**, enquanto espécie de infração penal.
7. Igualmente se aplica para as **medidas de segurança**, para a maioria da doutrina, por ser uma espécie de sanção penal e de controle social, bem como por inspiração nos códigos penais italiano e espanhol. Existe posição minoritária (Paulo José da Costa Júnior, Luiz Vicente Cernicchiaro) que sustenta o oposto, em razão de o art. 1º do CP falar que não há *pena* sem prévia cominação legal.
8. O princípio da legalidade pode ser destrinchado em quatro **subprincípios**.
9. O primeiro subprincípio é o **princípio da anterioridade** ou **da irretroatividade da lei penal mais severa** (*nullum crimen nulla poena sine lege praevia*), que veda a retroatividade maléfica. Vem previsto no art. 5º, XL CF e no art. 1º CP.
10. Para a maioria da doutrina, esse subprincípio se aplica também às **medidas de segurança** (pelas mesmas razões já apresentadas e pelo código italiano e português), embora parcela minoritária (Nelson Hungria, Assis Toledo) entendam que essa espécie de sanção penal, por ter finalidade curativa e preventiva (se fundamentando na periculosidade do agente, e não na sua culpabilidade), poderia receber tratamento mais gravoso por lei posterior ao crime, pois se presumiria que esta traria métodos mais eficazes.
11. O segundo subprincípio é o **princípio da legalidade penal escrita** (*nullum crimen nulla poena sine lege scripta*), que exige que a lei incriminadora seja escrita, vedando a criação de delitos e sanções por meio do costume.
12. O terceiro subprincípio é o **princípio da legalidade penal estrita** (*nullum crimen nulla poena sine lege stricta*), que proíbe o uso da analogia incriminadora, exigindo a adequação perfeita entre a conduta e o tipo penal para que se a considere típica.

13. O quarto subprincípio é o **princípio da taxatividade** ou **destinação** (*nullum crimen nulla poena sine lege certa*), vedando os tipos penais indeterminados, excessivamente amplos, que não esclarecem perfeitamente a conduta proibida pela lei.

14. A legalidade por ser **formal** (analise de vigência da lei: obediência ao devido processo legislativo) ou **material** (analise de validade da lei: compatibilidade com normas hierarquicamente superiores).

15. Pelo **Princípio da Intervenção Mínima**, busca-se reservar o Direito Penal aos casos estritamente necessários, tutelando-se apenas os bens jurídicos mais cruciais (**caráter fragmentário** do Direito Penal), quando as demais esferas do Direito forem incapazes de controlar o problema (**caráter subsidiário** do Direito Penal, a *ultima ratio* do ordenamento jurídico).

16. Alguns autores elevam o caráter fragmentário e o caráter subsidiário ao nível de princípios, chamando-os de **princípio da fragmentariedade** (*Rogério* Greco) e **princípio da subsidiariedade**.

17. O **Princípio da Insignificância** (infração bagatelar, crime de bagatela) é corolário do da Intervenção Mínima, atuando na analise da tipicidade material da conduta, de modo a afastá-la quando inexistir perigo relevante ao bem jurídico protegido.

18. O STF cunhou **quatro requisitos** necessários para se verificar a insignificância da conduta praticada: (i) a ausência de periculosidade social da ação, (ii) a mínima ofensividade da conduta, (iii) o reduzido grau de reprovabilidade do comportamento e (iv) a inexpressividade da lesão jurídica causada. Existe doutrina (*Paulo Queiroz*) que critica esses parâmetros, por serem repetitivos, argumentando em círculo.

19. Tanto o STF como o STJ levam em conta as circunstâncias pessoais (financeiras) da vítima, para se verificar a insignificância da lesão. O STJ (6ª turma, RHC 93472), por exemplo, entendeu que não se aplica o princípio ao furte de bem de inexpressivo valor, pertencente a associação sem fins lucrativos, com induzimento de filho menor a participar do ato.

20. O princípio da bagatela se divide em **princípio da bagatela própria** (fatos que já nascem irrelevantes para o Direito Penal) e **imprópria** (fatos que nascem relevantes, mas cuja punição se torna desnecessária no caso concreto - exemplo: hipótese de perdão judicial no homicídio culposo, art. 121 § 5º CP).

21. O STF (Inq 3788) e o STJ vem aplicando o princípio da insignificância em diversos casos, dentre os quais se destacam os **crimes ambientais** e os **crimes contra a ordem tributária** (inclusive descaminho: Tema 157 dos Recursos Repetitivos). Pontualmente, se afastou a incidência para o crime de pesca ilegal.

22. Quando o crime ambiental é de perigo, porém, o STF (RHC 125566) afasta o princípio da insignificância – exemplo: crime de pesca ilegal, no qual basta o ato tendente a extrair os animais.

23. Nos crimes tributários, por sua vez, os tribunais divergem: o *STF utiliza o limite de R$ 20.000,00*, previsto nas Portarias 75/2012 e 130/2012 do Ministério da Fazenda, enquanto o *STJ se limitava aos R$ 10.000,00* determinados pelo art. 20 da Lei 10.522/02, aplicando a reserva legal. Recentemente, porém, se filiou ao entendimento do STF (3ª Seção, Resp 1688878, Recurso Repetitivo). Além disso, o STJ não admite utilizar esse parâmetro previsto em lei federal para os delitos contra a Administração Tributária municipal e estadual, devendo existir comando análogo para tanto (6ª Turma, inf. 540).

24. Segundo o STJ (EREsp 1217514), no crime de descaminho, em havendo reiteração, não se aplica o princípio da insignificância, *exceto* se o caso concreto apresentar peculiaridades que apontem ser a melhor solução social.

25. Para os **crimes contra a Administração Pública** bem como nos previstos no **decreto-lei 201/67**, há nova divergência: o *STF aplica a insignificância, enquanto o STJ não* aceita a tese (súmula 599).

26. Para os seguintes delitos, ambos os tribunais não aplicam o princípio da insignificância: posse de **droga para uso** pessoal (observação para Defensoria Pública: existe decisão pontual de 2012, do STF, HC 110475, aplicando), **tráfico de drogas**, **crimes de perigo abstrato**, **falsificação de moeda**, **crimes contra a fé pública**, **contrabando**, **violência doméstica** (súmula 589 do STJ) (Lei Maria da Penha).

27. *Excepcionalmente*, porém, entendeu, recentemente, o STF (HC 133984) que é atípica a conduta de portar munição como pingente, ante o princípio da insignificância.

28. O STF (HC 118400) afastou a aplicação da insignificância no crime de disponibilização de provedor clandestino de internet sem fio, mesmo que a potência fosse considerada baixa, na forma da lei.

29. Quanto ao crime de **rádio clandestina**, o STJ (AgRg no AREsp 740434) não aplica o princípio da insignificância, por se tratar de crime formal de perigo abstrato. O STF (HC 138134), em regra, segue esse entendimento, mas, recentemente, afastou a tipicidade material no caso de a rádio operar em local afastado dos grandes centros, em baixa frequência, em circunstâncias que esclarecem a falta de lesividade. O STJ também está pacificado no sentido da não aplicação do princípio para o crime de transmissão clandestina de sinal de internet via radiofrequência (súmula 606).

30. Quanto ao impacto da **condição de reincidente** para fins de aplicar ou não o princípio, os dois tribunais oscilam, mas pode-se verificar uma tendência em reconhecer a tipicidade material da conduta. O STF, porém, já entendeu que uma condenação pretérita pelo crime de lesão corporal não seria apta a afastar a insignificância de um suposto furto (2ª Turma, inf. 756).

31. O STF (1ª Turma, inf. 938) também tem reconhecido uma outra função para o princípio da insignificância, admitindo que, quando a absolvição for penal ou socialmente indesejável, o juiz condene o réu, mas aplique a insignificância para relativizar a forma de fixação de regime, determinando, por exemplo, que se cumpra a pena em regime aberto, fora das hipóteses do art. 33, §2º, do CP.

32. Pelo **Princípio da adequação social**, uma conduta formalmente típica também pode deixar de ser considerada crime. A razão, contudo, é diferente da utilizada pelo princípio da bagatela própria (ausência de lesividade): aqui, a conduta é socialmente adequada ou reconhecida.

33. Tal princípio, cunhado por *Hans Welzel*, tem duas funções: (i) limitar a interpretação do tipo penal e (ii) orientar o legislador a descriminalizar certas condutas. Exemplo: comércio de CDs e DVDs piratas.

34. Há quem critique o referido princípio (*Cezar Bitencourt*), porque este seria inseguro e relativo.

35. Pelo **Princípio da exclusiva proteção de bens jurídicos**, assegura-se que o Direito Penal se volte apenas a tutelar bens jurídicos, isto é, determinado ente material ou imaterial que seja relevante para a sociedade. Quando aos bens jurídicos imateriais, verifica-se o fenômeno da *espiritualização*, *desmaterialização* ou *dinamização* do bem jurídico – exemplo: tutela penal de bens coletivos.

36. Pelo **Princípio da lesividade** ou **ofensividade** (*nullum crimen sine iniuria*), restringe-se a aplicação de sanções penais apenas para casos em que haja lesão a bem jurídico. Uma das vertentes desse princípio pode ser representada pelo brocardo *cogitationis poenam nemo patitur*.

37. Nesse particular, insere-se a discussão acerca da constitucionalidade dos **crimes de perigo abstrato**, isto é, condutas típicas sem que haja lesão efetiva a bem jurídico, representando tutela penal preventiva (*ex ante*). Parte da doutrina, justamente em razão do princípio da lesividade, os considera inconstitucionais (*Paulo Queiroz*), pois se criminaliza a mera atividade. O STF e o STJ, porém, admitem a referida espécie. Exemplo: posse ou porte ilegal de arma de fogo (observação para Defensoria Pública: há decisões pontuais, já posteriormente contrariadas, de ambos os tribunais afastando a tipicidade em casos de arma de fogo desmuniciada) e delito de embriaguez ao volante.

38. Pelo **Princípio da responsabilidade pessoal, da pessoalidade** ou **da intranscedência**, restringe-se a sanção penal a ato do próprio agente. Desdobra-se na individualização da acusação (proibição de denúncias amplas - art. 41 CPP) e da individualização da pena.

39. O **Princípio da individualização da pena** obriga à especialização da sanção penal para o caso particular, de modo que se torne uma pena justa. Incide em três etapas: **legislativa** (ao criar tipos penais - realizada pelo legislador), **judicial** (ao aplicar a pena - realizada pelo juiz da condenação; também chamada de *cominação*) e **executória** (pelo cumprimento da pena - realizada pelo juízo da execução).

40. O STF (HC 111840) entendeu que o estabelecimento de regime inicialmente fechado para todos os condenados por crimes hediondos ou equiparados (inclusive o delito de tortura, como entende o STJ, HC 286925) viola a individualização da pena, embora parte da doutrina (*Rogério Greco*) e mesmo o Min. Marco Aurélio (que assim entendeu quanto ao regime inicial do condenado por crime de tortura no HC 123316) defendam que houve individualização da pena, na primeira fase, pelo legislador.

41. O **Princípio da proporcionalidade** é desdobramento do princípio da individualização da pena, devendo a sanção condizer com a gravidade da conduta.

42. O **Princípio da dignidade da pessoa humana** e o **princípio da limitação das penas** proíbem reprimendas penais que violem a sobrevivência digna do condenado. São proibidas pelo art. 5º, XLVII CF as seguintes penas: (i) de morte, exceto em caso de guerra declarada (por fuzilamento, conforme o art. 56 do CPM), (ii) perpétuas, (iii) de trabalhos forçados, (iv) de banimento e (v) as cruéis.

43. O **Princípio da vedação ao bis in idem** impede a acusação (viés *processual*), a punição (viés material) e a execução da sanção (viés *execucional*) repetida pelo mesmo fato. Está previsto expressamente no art. 20 do Estatuto de Roma. É excepcionado, no Brasil, pelo art. 7º, I do CP, que permite novo julgamento em caso de extraterritorialidade incondicionada da lei penal.

44. O **Princípio da presunção de inocência** ou **da não culpabilidade** (já que o art. 5º, LVII CF fala apenas em não se considerar o acusado como culpado) assegura que, antes do trânsito em julgado, todos devem ser tratados como se inocentes fossem. Por isso, fala-se, também, em **princípio do estado de inocência**.

45. O STF (HC 126292), porém, em julgamento subjetivo (portanto, não vinculante), entendeu, recentemente, contrariando anteriores posicionamentos, que a pena pode ser antecipadamente executada, caso pendentes apenas recursos extraordinários *lato sensu* (RE e REsp).

46. O Estatuto de Roma explicita três consequências desse princípio: (i) impossibilidade de privação de liberdade antes do trânsito em julgado, (ii) ônus da prova incumbe inteiramente à acusação, (iii) em caso de dúvida, aplicação do **princípio do in dubio pro reo** ou do **favor rei**.

47. O **Princípio da culpabilidade** afasta a responsabilidade penal objetiva (**princípio da responsabilidade penal subjetiva**), isto é, sem qualquer elemento subjetivo (dolo ou, ao menos, culpa) por parte do agente. Está previsto no art. 19 do CP.

48. Há crítica na doutrina (*Luiz Flavio Gomes*) ao delito de rixa qualificada e à aplicação da teoria da *actio libera in causa* para fins de responsabilização irrestrita da embriaguez voluntária ou culposa.

49. Segundo a doutrina (*Rogério Greco*), a culpabilidade possui três sentidos fundamentais: (i) culpabilidade como elemento integrante do conceito de crime, (ii) como princípio mediador da pena (na primeira etapa de aplicação, como circunstância judicial do art. 59) e (iii) como princípio impedidor da responsabilidade penal objetiva.

50. O **Princípio da exteriorização** ou **da materialização do fato** ensina que o Direito Penal se presta a punir a conduta (*Direito Penal do fato*) e não a pessoa do autor (*Direito Penal do autor*). Há quem sustente (*Rogério Sanches*) que o ordenamento brasileiro tenha adotado o Direito Penal do fato, mas levando em consideração elementos subjetivos do autor, representando uma espécie de teoria mista (para Defensoria Pública, pode-se criticar qualquer valoração subjetiva, sustentando o Direito Penal do fato puramente).

1.7. Lei Penal no Tempo

1. Existem **três teorias quanto ao tempo do crime**, isto é, a determinação de quando se considera praticado o delito: (i) *teoria da atividade* (considera-se praticado no momento da ação ou omissão – adotada pelo art. 4º

CP); (ii) *teoria do resultado* (considera-se praticado quando se produz o resultado criminoso, quando há consumação); e (iii) *teoria mista ou da ubiquidade* (considera-se praticado em qualquer um dos dois momentos acima).

2. Regra geral, uma lei só se aplica aos crimes praticados durante seu **período de atividade**, ou seja, enquanto é vigente e eficaz. É o **princípio do tempus regit actum**.

3. Excepcionalmente, a lei pode vir a ser aplicada fora do seu período de atividade, ou seja, no seu **período de extra atividade**, por meio de sua *retroatividade* (aplicação a fatos ocorridos anteriores à sua vigência), ou de sua *ultratividade* (aplicação a fatos ocorridos após a sua vigência).

4. Na análise da **sucessão de leis no tempo**, pode-se concluir em diversos sentidos: *novatio legis in mellius* ou *lex mitior* (lei posterior mais benéfica, logo aplicável ao fato anterior, retroagindo), *novatio legis in pejus* ou *lex gravior* (leis posterior mais gravosa, logo inaplicável ao fato anterior – a norma anterior terá ultratividade), *abolitio criminis* (a conduta deixa de ser considerado crime, logo retroage a nova lei para abarcar o fato anterior) e *princípio da continuidade normativo-típica* (mera readequação do conteúdo típico, para outro tipo penal – exemplo: mudança do crime de quadrilha para o de associação criminosa).

5. A *abolitio criminis* é causa de extinção de punibilidade (art. 107, III CP), afastando apenas os efeitos penais da conduta (exemplo: reincidência, maus antecedentes), permanecendo os extrapenais do fato (civis e administrativos).

6. A competência para aplicar a *abolitio* varia de acordo com o estado do processo: (i) no curso da investigação: caberá ao MP pedir o arquivamento, após a promoção da autoridade policial, se for o caso; (ii) processo em curso: órgão julgador (juiz, desembargador ou ministro); (iii) processo findo: juízo da execução (art. 66, I e II da LEP e Súm. 611/STF: Transitada em julgado a sentença condenatória, compete ao Juízo das execuções a aplicação de lei mais benigna).

7. A **combinação de leis** (retroatividade apenas da parte mais benéfica da lei posterior) não é admitida pela jurisprudência do STF (Pleno, Repercussão Geral) e do STJ (Súm. 501). Seguiu-se a doutrina (*Nelson Hungria, Fragoso, Aníbal Bruno*) segundo a qual a combinação significaria que o juiz estaria criando uma *lex tertia* no caso concreto, legislando.

8. Outra parcela (*Cezar Bitencourt, Rogério Greco, Zaffaroni*) entende que o princípio do *favor rei* e os princípios constitucionais da retroatividade

e da ultratividade da lei penal mais benéfica autorizam a combinação de leis (posição a se adotada em provas da Defensoria Pública).

9. Em caso de **crimes permanentes** (nos quais o agente controla a prolongação da consumação no tempo) ou de **crimes continuados**, a lei mais severa que entre em vigor durante seu cometimento pode ser aplicada (Súm. 711/STF: A lei penal mais grave aplica-se ao crime continuado ou ao crime permanente, se a sua vigência é anterior à cessação da continuidade ou da permanência).

10. Quanto ao crime continuado, há posição minoritária (*Celso Delmanto*) que advoga que se realize a divisão das condutas para fins de aplicação da lei mais gravosa (apenas os fatos ocorridos após sua vigência seriam por ela tutelados).

11. A **retroatividade da lei em período de vacatio legis** é um tema polêmico. Uma **primeira corrente** (*Rogério Greco, Paulo José da Costa Júnior*) defende sua aplicação, quando benéfica – e, caso venha a ser revogada ainda antes de produzir efeitos, sucederia uma "desaplicação", aplicando-se a lei anterior. Já uma **segunda corrente** (*Nelson Hungria, Frederico Marques*) defende que a lei em período de *vacatio* não tem eficácia qualquer, inclusive para os fins penais.

12. Em caso de **dúvida quanto a lei mais benéfica**, a doutrina (*Rogério Greco*) defende a aplicação, por analogia, do código penal espanhol (art. 2º, n. 2), que manda ouvir o réu.

13. O STF (RE 418876) já se pronunciou no sentido da aplicabilidade da **lei intermediária**, quando mais benéfica. Trata-se de lei posterior à lei vigente na data da conduta e anterior à lei vigente na data da condenação, sendo retroativa quanto à primeira e ultrativa quanto à segunda. Se for melhor que as duas outras, será aplicada.

14. A **retroatividade da jurisprudência mais benéfica** (mudança de entendimento favorável ao condenado com base no entendimento anterior) não é admitida pela maioria da doutrina, já que a Constituição apenas fala em "lei". Outra parcela (*Paulo Queiroz*), porém, defende sua retroatividade. De todo modo, quando se tratar de decisão com efeitos *erga omnes* e vinculantes, a doutrina aceita sua aplicabilidade imediata (exemplo: edição de súmula vinculante ou decisão em controle concentrado de constitucionalidade).

15. As **leis temporária** e **excepcional** são leis *ultrativas*, ainda que mais gravosa, aplicando-se aos fatos ocorridos durante sua vigência (art. 3º CP) e *autorrevogáveis* (*intermitentes*), ao cabo de sua vigência predeterminada.

16. A **lei temporária** é aquela que possui um tempo determinado de vigência (exemplo: crimes praticados durante um mês específico), enquanto a **lei excepcional** é aquela que vige durante situação fática excepcional (exemplo: tipificação de crimes durante o período das Olimpíadas).

17. A ultratividade de ambas as espécies gera polêmica na doutrina. Uma **primeira corrente** (*Zaffaroni, Nilo Batista*) defende a inconstitucionalidade do art. 3º CP, diante da cláusula constitucional da irretroatividade da lei penal mais gravosa. Por outro lado, uma **segunda corrente** (*Hungria, Damásio de Jesus, Frederico Marques*) sustenta sua constitucionalidade, porque o período de tempo (no caso de lei temporária) ou a situação excepcional (no caso de lei excepcional) integrariam o próprio tipo penal, como seus elementos.

18. Os **prazos penais**, ao contrário dos processuais penais, são improrrogáveis, e se inclui o dia de início no cômputo.

1.8. Teoria da Norma Penal

1. A lei penal é formada pelo **preceito primário** (conduta proibida, normalmente no *caput* do artigo) e pelo **secundário** (sanção prevista para o delito).

2. A lei penal pode ser **completa** ou incompleta. Será completa quando trouxer o preceito *primário* em sua plenitude e, também, o preceito *secundário* – exemplo: homicídio (art. 121).

3. Será **incompleta/imperfeita** quando houver necessidade de complementação em um desses preceitos – seja complemento normativo (remeter a outro diploma legal ou infralegal) ou valorativo (demandar preenchimento pelo intérprete).

4. Quando a incompletude vier no preceito primário, será caso de **norma penal em branco** ou **primariamente remetida** (precisa de ser complementada por outra norma, para que tenha plena aplicabilidade). Tem origem no direito alemão (*blankettstrafgesetz*), onde *Binding* e *Mezger* a apelidaram de "*tipo em branco*".

5. Diante de certas matérias, que demandam uma legislação constante e variável, opta-se por utilizar essa técnica do **reenvio**, também por razões técnicas (complexidade de alguns delitos).

6. A norma penal em branco se divide em razão da fonte material (fonte de produção da norma penal). Pode ser **homogênea/de complementação homóloga/em sentido amplo/imprópria** quando o tipo e o complemento

tiverem a *mesma fonte de produção*, ou seja, o Congresso Nacional. Se dividirá em *homovitelina* (complemento no mesmo ato legislativo – exemplo: definição de funcionário público no art. 327, complementando os tipos dos crimes próprios dos funcionários públicos) e *heterovitelina* (tipo e complemento em atos diferentes – exemplo: conceito de casamento vem no código civil, complementando o tipo do crime de bigamia, previsto no código penal).

7. Já na norma penal em branco **heterogênea/de complementação heteróloga/em sentido estrito/própria** o complemento procede de *outra fonte de produção* – exemplo: Lei de Drogas e seu complemento na Portaria 344/98 da ANVISA.

8. A **revogação do complemento** para a **maioria da doutrina** (*Paulo José da Costa Junior*) implica em *abolitio criminis*, pois integra o tipo penal. O STF (HC 94397) decidiu nesse sentido, excepcionando apenas o caso de o complemento heterólogo modificado guardar essência de excepcionalidade ou temporalidade (raciocínio igual ao da ultratividade das leis excepcionais e temporárias).

9. Uma **segunda corrente** (*Frederico Marques*) entende que não haveria *abolitio*, porque apenas a revogação do próprio tipo o autorizaria; uma **terceira corrente** (*Mirabete*) entende que só há *abolitio* quando existe uma verdadeira mudança abstrata do crime, e não mera modificação de circunstâncias.

10. Quando o complemento vem previsto em diploma infralegal, a **constitucionalidade** é questionada por **uma primeira parcela** da doutrina (*Rogério Greco, Zaffaroni*), em razão do princípio da legalidade. Uma **segunda corrente** (*Fernando Capez*) não enxerga mácula, porque basta a descrição típica vir em diploma legal.

11. Quando a incompletude advier do preceito secundário naquele artigo, remetendo o aplicador para a pena previsto para outro crime – exemplo: crime de genocídio (remete às sanções do código penal) e crime de uso de documento falso (remete às sanções dos crimes de falsificação), estar-se-á diante da chamada **norma penal em branco ao revés**, **invertida** ou **secundariamente remetida**.

12. Há posição minoritária (*Rogério Greco*) defendendo a inconstitucionalidade dessa espécie quando o complemento vier em diploma infralegal, novamente pelo princípio da legalidade.

13. A imperfeição da norma pode vir, ainda, do **tipo aberto**, onde há a necessidade de um juízo de valor por parte do magistrado, em relação a certos elementos do tipo – exemplo: "ato obsceno" no art. 233).

Norma Penal em Branco	Norma Penal em Branco Invertida	Tipo Aberto
Incompleta no preceito primário	Incompleta no preceito *secundário*	Incompleta *no sentido* de um elemento do tipo
Incompletude normativa	Incompletude *normativa*	Incompletude *valorativa*

2. APLICAÇÃO DA LEI PENAL

2.1. Aplicação da Lei Penal em Relação às Pessoas

1. Existem duas categorias que gozam de imunidades penais: os parlamentares e os diplomatas.
2. As imunidades parlamentares são, na verdade, do parlamento, exigindo **vínculo/nexo funcional**. Para o STF (Inq. 3672), incidem mesmo que a conduta tenha sido praticada fora do parlamento, mas desde que em razão da atividade (não há, portanto, limitação territorial).
3. As inviolabilidades parlamentares vêm previstas na Constituição Federal (arts. 52 e 53).
4. A **inviolabilidade material/absoluta/substantiva/real**, **indenidade** ou *freedom from speech* abrange reflexos *civis* e *penais*, pelas *opiniões, palavras e votos*. Sua **natureza jurídica** é polêmica na doutrina, mas o STF a classifica como *causa de exclusão da tipicidade*.
5. As **inviolabilidades relativas/formais/processuais/adjetivas** são um gênero que abarca as espécies dos §§ 1º-8º do art. 53.
6. Entre elas, se encontra a **inviolabilidade prisional**, **incoercibilidade pessoal**, ou *freedom from arrest* (art. 53 § 2º), que impede, desde a expedição do diploma (termo *a quo*) a prisão dos parlamentares, *exceto* em caso de flagrante de crime inafiançável. Neste caso, os autos são remetidos à casa legislativa respectiva para que se delibere, em 24 horas, por voto aberto (previsão do regimento interno) da maioria dos membros sobre ela, o que dá margem para uma *hipótese de relaxamento de prisão fora do Poder Judiciário*.
7. Há polêmica quanto à **prisão civil por dívidas**, havendo quem sustente a favor da inviolabilidade nesse caso (*Uadi Lammêgo Bulos*) e quem sustente contrariamente (*Gilmar Mendes*). Uma terceira posição defende que ape-

nas incidiria nos alimentos definitivos, mas não nos provisórios (*Rogério Sanches*).

8. A **inviolabilidade processual** (art. 53, §§ 3º a 5º) diz respeito à possibilidade de sustação da ação penal por crime ocorrido após a diplomação contra o parlamentar, por decisão da casa legislativa respectiva, em 45 dias, por iniciativa de um dos partidos nela representados, pelo voto da maioria dos membros, até a decisão final da ação (termo *ad quem*), após a ciência dada pelo STF à casa legislativa (termo *a quo*).

Inviolabilidade	Prisional	Processual
Abrangência	Prisões, *exceto* em flagrante de crime inafiançável.	Crimes ocorridos após a diplomação
Prazo para deliberação	24 horas	45 dias
Termo inicial para deliberação	Recebimento dos autos	Comunicação do STF
Termo final para deliberação	Decurso das 24 horas	Decisão final do processo
Quórum	Maioria dos membros da casa	

9. A sustação da ação *suspende o prazo prescricional.*

10. Antes da EC 35/01, existia a figura da *autorização* da casa respectiva para o recebimento da denúncia (i), para qualquer crime (ii). Atualmente, há a possibilidade de *sustação* da ação já recebida (i), para os crimes praticados após a diplomação (ii).

11. A **inviolabilidade de testemunho** (art. 53 § 6º) abrange os fatos criminosos de outrem que guardem relação com o mandado, seja pelo recebimento das informações prestadas em razão dele, seja por envolver pessoas que receberam ou deram essas informações.

12. O **foro por prerrogativa de função** (art. 53 § 1º) garante que os congressistas federais (deputados federais e senadores) sejam julgados perante o Supremo Tribunal Federal, desde a sua diplomação (termo *a quo*).

13. Se estende durante o mandato, seja o crime e a denúncia anteriores a ele (*aquisição superveniente* do foro especial) ou não, e cessa com seu término, sendo o processo remetido às instâncias ordinárias.

14. O STF entende que em caso de renúncia ao cargo motivada pela intenção de fugir da instância especial (fraude processual) não haverá essa remessa. Contudo, o STF ainda não definiu um parâmetro objetivo para o momento limite para que se caracterize essa má-fé.
15. Aos **deputados estaduais** se aplicam todas essas imunidades (art. 27, § 1º, da CF), com as devidas adaptações – exemplo: foro especial no TJ ou no TRF.
16. Já os **vereadores** gozam, pela Constituição Federal (art. 29, VIII), apenas de *imunidade material*, desde que: (i) o fato ocorra na sua circunscrição territorial, o Município, e (ii) no exercício do mandato (para o STF, existir pertinência da conduta com o mandato: RE 600063, repercussão geral).
17. Já a *imunidade processual* e o *foro por prerrogativa* dependem de previsão específica na Constituição estadual.
18. A outra categoria que recebe tratamento subjetivo especial na aplicação da lei penal é a dos diplomatas (**imunidades diplomáticas**), conforme a Convenção de Viena (Decreto 56.435/65), por autorização do art. 5º do CP. Trata-se de *inviolabilidade processual* e de *testemunho* (art. 31) bem como *prisional* (art. 29). Apenas o Estado acreditante pode renunciar a tais garantias (art. 32).
19. A *natureza jurídica* é, para a **maioria da doutrina** (*Cezar Bittencourt*), de causa pessoal de exclusão de pena, embora haja **segunda posição** (*Luiz Flávio Gomes*) que a considere causa impeditiva de punibilidade.

2.2. Aplicação da Lei Penal no Espaço

1. Como regra, incidirá o **princípio da territorialidade**: aplica-se a lei brasileira aos crimes cometidos no Brasil. Contudo, há exceções (o CP adotou a teoria da territorialidade **temperada**).
2. Pelo **princípio da extraterritorialidade**, a lei penal brasileira é aplicada a crimes praticados fora do território nacional (físico e jurídico – que inclui as embarcações e aeronaves públicas ou a serviço do Brasil em qualquer lugar e as privadas/mercantes em alto-mar e no espaço aéreo correspondente).
3. O art. 6º do CP adotou a **teoria da ubiquidade**, **híbrida** ou **mista** para determinar o **lugar do crime**: considera-se o crime praticado tanto no local da ação/omissão como no da produção do resultado.
4. Os **crimes à distância** ou **de espaço máximo** são aqueles que percorrem território de dois Estados (países) – se um deles for o Brasil, pode-se aplicar a lei brasileira (art. 6º).

5. Os **crimes em trânsito** são aqueles que percorrem territórios de mais de dois países: o da conduta, o do resultado e um intermediário - se um deles for o Brasil, pode-se aplicar a lei brasileira (art. 6º).
6. Os **crimes plurilocais** são aqueles que percorrem diferentes comarcas/ seções judiciárias de um mesmo país - aplica-se a lei brasileira, e o reflexo será para fins de competência (art. 70 CPP).
7. Para crimes praticados fora do Brasil, o **foro competente** será o da capital do estado em que houver residido por último o agente ou, se nunca morou no Brasil, o do DF (art. 88 CPP).

2.3. Conflito Aparente de Normas

1. A matéria **não possui previsão legal** - apenas foi tratado pelo Código Penal de 1969.
2. Depende de dois **pressupostos**: existir um só fato (i - *unidade de fato*) para o qual dois tipos penais aparentemente incidiriam (ii - *pluralidade de tipos*). Portanto, poderia ser chamado de conflito de tipos, embora haja quem chame de concurso de leis (*Santiago Mir Puig*).
3. Para **evitar o bis in idem**, a doutrina desenhou três princípios para solucionar os conflitos.
4. Pelo **princípio da especialidade** (art. 12 CP), elege-se a norma que possui maior especialidade (elemento especializante), em abstrato. Opta-se pelo *tipo especial* em vez do *tipo geral* - exemplo: o roubo possui o elemento especializante violência/grave ameaça, em comparação com o furto, bem como o infanticídio em comparação com o homicídio.
5. Pelo **princípio da subsidiariedade**, existe um tipo menos grave (*tipo subsidiário* ou *soldado de reserva*) contido no mais grave (*tipo principal*), em concreto - exemplo: lesão corporal está contida no delito de homicídio.
6. No Brasil, percebe-se que há duas hipóteses em que o princípio se aplica, por força de lei: a desistência voluntária e o arrependimento eficaz (art. 15 CP).
7. Pelo **princípio da consunção**, um delito é absorvido pelo outro. Se divide em três subprincípios.
8. Pelo instituto do **crime progressivo**, o dolo do agente é praticar o segundo crime, mas, para tanto, precisa passar por um crime meio, respondendo pelo crime fim. Caso essa passagem seja obrigatória, esse crime meio será chamado *crime de passagem* (exemplo: ameaça e roubo mediante grave

ameaça, lesão corporal e homicídio); caso esteja na linha de desdobramento daquela hipótese concreta, mas não em abstrato, necessariamente, será chamado *antefato impunível* (exemplo: violação de domicílio e furto).

9. Pelo instituto da **progressão criminosa**, o agente inicia a execução com o dolo de praticar um primeiro crime, mas, no seu curso, altera seu dolo e intende praticar um segundo crime, respondendo pelo crime fim – exemplo: de lesão corporal para homicídio.

10. Pelo instituto do **post-factum impunível**, dois delitos protegem o mesmo bem jurídico. Pode ocorrer que, tendo causado lesão ao bem jurídico pelo primeiro crime, se busque gerar nova lesão pelo segundo crime, que restará impunível – exemplos: falsificação de documento e seu posterior uso ou falsificação e uso no estelionato posterior (Súm. 17/STJ: Quando o falso se exaure no estelionato, sem mais potencialidade lesiva, é por este absorvido), ou uso no crime de descaminho (STJ, REsp 1378053, Tema 933 dos Recursos Repetitivos).

11. Também ocorrerá pós-fato impunível quando o segundo crime for mero exaurimento do primeiro – exemplo: furto e posterior dano do bem furtado.

12. Para aplicação do pós-fato impunível, deve haver nexo fático entre as duas condutas (i), sem desígnios autônomos (ii), e o bem jurídico lesado ser o mesmo (iii). Não havendo esses elementos, haverá dois crimes (exemplo do STJ, HC 309939: furto de veículo e posterior estelionato usando o talão de cheques nele encontrado).

13. O STF (HC 121652) entende que uma **contravenção não pode absorver um crime** (exemplo: uso de documento falso para exercício irregular da profissão de advogado).

14. Para o STJ (REsp 1537773), o crime de falsificação de medicamentos, por exemplo, absorve o delito de tráfico de drogas, caso alguns ou todos os medicamentos também sejam considerados substâncias psicotrópicas ou proibidas por ato administrativo (portaria).

3. CRIME

3.1. Conceito de Crime

1. Os crimes e as contravenções são espécies do gênero **infração penal**, sendo também chamados indistintamente de **delitos**.

2. O critério para selecionar entre os crimes e as **contravenções penais**, no sistema brasileiro, decorre de *vontade política-legislativa*, ou seja, do que

positivar o legislador. O art. 1º da Lei de Introdução ao Código Penal faz a seguinte divisão, quanto às sanções: ao crime se aplicam reclusão ou detenção; à contravenção, prisão simples. Contudo, com o advento do art. 28 da Lei de Drogas, que o STF considera crime, mas sem cominar pena privativa de liberdade, esse critério legal fica comprometido.

3. Existem **nove diferenças** entre os crimes e as contravenções: (i) a *pena privativa de liberdade* cominada (reclusão e detenção para os crimes e prisão simples para a contravenção); (ii) não há *extraterritorialidade* nas contravenções (art. 2º LCP); (iii) não é punível a *tentativa* de contravenção (art. 4º LCP); (iv) o *cumprimento máximo* da pena para as contravenções é de 5 anos (art. 10 LCP), para o crime, 30; (v) o *período de suspensão da pena* é de 1 a 3 anos (art. 11 LCP), e não de 2 a 4; (vi) a *competência* para julgar as contravenções é sempre da justiça estadual, a menos que haja foro especial; (vii) a *ação penal* (pública incondicionada sempre, para as contravenções - art. 17 LCP); (viii) não há previsão para *prisão preventiva e temporária* para as contravenções penais, ao menos literalmente (só se fala em "crime"); (ix) não há previsão da *pena de confisco* para as contravenções.

4. As contravenções penais são também chamadas de crime anão, liliputiano ou vagabundo.

5. O ilícito penal se **distingue do ilícito civil** em razão da gravidade da conduta e de sua consequência.

6. O Código Penal não nos fornece um conceito de crime. A doutrina há muito vem o estudando. Para o **conceito formal de crime**, esse será toda conduta que contrarie formalmente a lei penal editada pelo Estado.

7. Pelo **conceito material**, crime é a conduta que viole bens jurídicos mais importantes.

8. O **conceito analítico** de crime é o adotado pela doutrina, atualmente. Considera-se assim a conduta humana típica, ilícita e culpável. *Zaffaroni* e *Pierangeli* o apelidam de conceito **estratificado** do delito, trazendo cada uma dessas categorias como extratos dessa rocha.

9. Alguns (*Mezger, Basileu Garcia*) defendem que, também, a punibilidade integra esse conceito, embora a maioria da doutrina (*Rogério Greco, Juarez Tavares*) entenda que esta seria apenas consequência do cometimento do delito.

10. Outros (*Damásio, Mirabete, Delmanto*) defendem que a culpabilidade, também, seria mero pressuposto para aplicação da pena, estando fora do conceito de crime (que se resumiria à tipicidade e à ilicitude), até porque o

Código Penal, ao tratar de várias figuras referentes à culpabilidade (exemplo: inimputabilidade) fala em isenção de pena. Contudo, a maioria da doutrina (*Rogério Greco*) entende que todos os três elementos seriam pressupostos para aplicação da pena e que o legislador não foi totalmente criterioso.

3.2. Conduta

1. Primeiro elemento para que exista crime é a conduta, ou seja, a **ação ou comportamento humano**.
2. A Constituição Federal mencionou, no art. 225 § 3º, que as **pessoas jurídicas** poderiam ser responsabilizadas penalmente, o que encerra grande polêmica na doutrina. Uma **primeira corrente** (*Rogério Greco, Zaffaroni, Delmanto*) entende que isso seria impossível, por não existir culpabilidade, nem vontade própria, e pela característica da *ultima ratio* do Direito Penal (problema poderia ser resolvido adequadamente na via administrativa e cível); uma **segunda corrente** (*Fernando Galvão*) entende que a pessoa jurídica não pratica conduta, mas pode ser penalmente responsabilizada; uma **terceira corrente** (STF, STJ) admite a responsabilização penal da pessoa jurídica.
3. Inicialmente, o STF e o STJ adotavam a *teoria da dupla imputação*, exigindo que a responsabilidade se desse em conjunto com pessoas físicas, que deveriam ser denunciadas juntamente com a pessoa jurídica. Posteriormente (STF, RE 548181), passou-se a adotar a possibilidade de responsabilização da pessoa jurídica independente das pessoas físicas, considerando o litisconsórcio como facultativo (*Vladimir Passos de Freitas*).
4. Discute-se quanto à possibilidade de pessoa jurídica de direito público ser autora de crime. Uma **primeira corrente** (*Gilberto e Vladimir Passos de Freitas*) não admite, pois haveria uma autopunição por parte do Estado, enquanto uma **segunda corrente** entende positivamente, pois a lei não faz diferença entre as espécies.
5. O STF (HC 136250) entendeu que não se pode invocar a teoria do domínio do fato, pura e simplesmente, sem nenhuma outra prova, citando de forma genérica os diretores estatutários da empresa, espalhados pelo Brasil, para lhes imputar um crime fiscal que teria sido supostamente praticado no Estado-membro. Deve haver a individualização de suas condutas minimamente, na denúncia. De acordo com o tribunal (2ª turma, AP 975), a teoria do domínio do fato não permite que a mera posição de um agente na escala hierárquica sirva para demonstrar ou reforçar o dolo da conduta.

Do mesmo modo, também não permite a condenação de um agente com base em conjecturas. Assim, não é porque houve irregularidade em uma licitação estadual que o Governador tenha que ser condenado criminalmente por isso.

6. O conceito de ação humana evoluiu ao longo da dogmática do Direito Penal. Pela **teoria clássica**, natural ou mecanicista (sistema causal-naturalista de *Liszt* e *Beling*), ação é o movimento que produz um resultado exterior. Tal conceito era insuficiente em razão das condutas omissivas, por exemplo.
7. Pela **teoria neoclássica** (sistema causal-valorativo de *Mezger*), ação é o comportamento humano manifestado, negativamente, no mundo exterior. Assim, abarca-se a omissão (dentro da noção de comportamento) e se afastam os comportamentos neutros.
8. Pela **teoria finalista** (*Welzel*), adotada pela maioria da doutrina, ação é o exercício de uma atividade final, ou seja, uma conduta voltada a uma finalidade, que pode ser lícita ou ilícita.
9. Pela **teoria social** (*Wessels, Jescheck*), ação é o comportamento humano social e juridicamente relevante dominável pela vontade, em comparação com os padrões de uma determinada época e conjuntura social.
10. Pela **teoria funcionalista moderada** (*Roxin*), ação é o comportamento humano voluntário que cria relevante perigo a bens jurídicos.
11. Pela **teoria funcionalista radical** (*Jakobs*), ação é o comportamento humano voluntário que viola o sistema jurídico.
12. As condutas podem ser **dolosas** ou **culposas**, a depender do elemento subjetivo que as forma.
13. Em todos os conceitos de conduta, a **vontade é elemento essencial**. Se não houver dolo ou culpa na atuação, não haverá ação (**ausência de conduta**). A doutrina aponta certos casos nos quais isso ocorre: (i) força física absoluta, da natureza (exemplo: árvore cai e empurra o agente - força maior) ou de um terceiro (exemplo: terceira pessoa empurra o agente - coação física, *vis absoluta*); (ii) movimento reflexo (organismo reage involuntariamente - exemplo: tomar choque); (iii) casos de inconsciência total (exemplo: sonambulismo, hipnose).
14. Caso os movimentos reflexos sejam previsíveis, há quem sustente ser possível a imputação a título culposo (*Rogério Greco*).
15. Os movimentos reflexos não se confundem com a *ação em curto circuito*, na qual o agente age com vontade, embora reagindo imediatamente a algo ocorrido imediatamente antes.

16. A *embriaguez completa* não exclui a conduta, pela teoria da *actio libera in causa*, se voluntária ou culposa (art. 28, II). Há quem considere sua aplicação uma manifestação de responsabilização penal objetiva (*Luiz Flavio Gomes*).

17. As condutas podem ser **comissivas** (agente tem vontade de atingir determinado fim, por meio de sua conduta positiva, um *fazer*) ou **omissivas** (conduta negativa, um *não fazer*, uma abstenção).

18. Quando essa abstenção for criminalmente típica, estaremos diante dos crimes omissivos, que podem ser **próprios** ou **simples** (dever genérico de proteção, descrição de uma conduta de abstenção no tipo penal) ou **impróprios**, **qualificados**, **espúrios** ou **comissivos por omissão** (dever especial de proteção de certas pessoas que, uma vez violado, leva à sua responsabilização pelo crime praticado por outrem contra o sujeito que deveriam proteger).

19. Há também os **crimes de conduta mista**, nos quais há tipificação de uma conduta positiva (ação) somada a uma negativa (omissão) – exemplo: apropriação de coisa achada, art. 169, parágrafo único, II CP).

20. A ação se **realiza em duas fases** (*Welzel*): a **fase interna** abrange a antecipação mental do resultado que quer alcançar, a escolha dos meios e a consideração dos efeitos colaterais; a **fase externa** consiste na efetivação, exteriorização de todo o planejado. Em regra, o agente só pode ser punido a partir da fase externa, *exceto* quando a lei prevê a polêmica criminalização de atos preparatórios – exemplo: associação criminosa (art. 288).

3.3. Tipicidade

1. O **tipo penal** (*tatbestand* alemão, *fattispecie* italiano, *corpus delicti* latino) é o padrão de conduta que o legislador quis reprovar, e para o qual comina uma sanção penal. É formado pela tipicidade formal e pela material.

2. Numa primeira concepção, havia apenas a **tipicidade formal** ou **legal**, isto é, a adequação entre a conduta prevista na lei e a praticada pelo agente, em concreto.

3. Ante a insuficiência desse conceito, surgiu a **tipicidade material**, consistente na efetiva lesão a bem jurídico advinda do agir do agente (lesividade da conduta). É afastada pela incidência do princípio da insignificância.

4. Atualmente, a teoria da **tipicidade conglobante** coloca lado a lado a tipicidade formal, a material e a necessidade de antinormatividade da

conduta, ou seja, sua proibição numa visão global do ordenamento jurídico, que não pode contrariar a si mesmo, inexistindo normas incompatíveis (*Norberto Bobbio*). Assim, quando for hipótese de estrito cumprimento de dever legal ou quando o ordenamento fomente alguma conduta, mesmo sem obrigá-la, não haverá antinormatividade, e portanto, tipicidade.

5. A tipicidade reflete um juízo de **adequação típica**, que pode ser de **subordinação imediata** (*direta*), pela mera subsunção do fato à norma do tipo penal, ou **mediata** (*indireta*), a depender de *normas de extensão*, de três tipos: temporal (tentativa, art. 14, II), pessoal/espacial (exemplo: participação no concurso de pessoas, art. 29) e causal (relevância da omissão, art. 13 § 2º).

6. Existiram diversas **fases de evolução** do tipo. Na primeira, *teoria da autonomia* ou *absoluta independência* (*Beling*, 1906), o tipo possuía caráter meramente descritivo da conduta proibida.

7. Na *teoria da indiciariedade* ou *da ratio cognoscendi* (*Mayer*, 1915), o tipo passa a ser indício da antijuridicidade, a qual será presumida, até que afastada, diante do aperfeiçoamento da conduta à figura típica. É a adotada pela doutrina brasileira. Por **injusto penal** ou **típico**, entende-se o fato típico e antijurídico, estudados em duas fases distintas (para a teoria da indiciariedade).

8. Na *teoria da absoluta dependência* ou *da ratio essendi* (*Mezger*, 1930), há uma espécie de fusão entre a tipicidade e a ilicitude, analisados no mesmo momento, sendo aquela a razão de ser desta. Não havendo ilicitude, o fato sequer será típico. Traz a figura do **tipo total** (tipicidade mais ilicitude, analisadas na mesma fase).

9. Na *teoria dos elementos negativos do tipo* (*Merkel*), o tipo penal é a soma dos elementos positivos (explícitos) com os negativos (implícitos - causas excludentes da ilicitude). Para que o fato seja típico, não podem estar presentes os elementos negativos.

10. As **elementares do tipo** são dados essenciais para a completa adequação entre a conduta e a norma penal. Sua falta, no caso concreto, pode resultar em *atipicidade absoluta* (será um indiferente penal) e *relativa* (perfaz-se outra figura típica, levando à desclassificação da conduta).

11. São **elementos objetivos** do tipo todos aqueles previstos na lei penal de modo a caracterizar a conduta proibida. Podem ser **descritivos** (mera descrição), **normativos** (demandam valoração por parte do aplicador – exemplo: "decoro", "pudor", "justa causa") e **científicos** (extrapolam os

normativos, porque dependem se preenchimento por meio de conhecimentos da ciência – exemplo: "embrião humano").

12. Os **elementos subjetivos** dizem respeito ao ânimo, ao psicológico, do agente. Podem ser *positivos* (finalidade que o agente deve ter para que a conduta seja crime) ou *negativos* (finalidade que o agente não pode ter para tanto). O elemento subjetivo por excelência é o **dolo**, sendo certo que comumente se coloca também a **culpa** e o **especial fim de agir**.

13. Os **elementos específicos** do tipo são: (i) o *núcleo* (verbo que descreve a conduta); (ii) o *sujeito ativo*, que pode ser genérico e estar oculto (crimes comuns), restrito a alguma categoria de pessoas (crimes próprios – exemplo: funcionários públicos, nos delitos funcionais) ou restrito a uma pessoa específica, que deve perfazer a conduta pessoalmente (crimes de mão própria – exemplo: testemunha, no falso testemunho); (iii) o *sujeito passivo*, tanto o formal/geral/mediato/constante (o Estado, sempre presente) como o material/acidental/particular/imediato/eventual (titular do bem jurídico tutelado, eventualmente presente); (iv) objeto material (pessoa ou coisa contra a qual recai a conduta).

14. Muitas vezes o objeto material se confunde com o sujeito passivo (exemplo: homicídio). O objeto material não se confunde com o objeto jurídico, isto é, o bem jurídico tutelado.

15. As pessoas jurídicas e os entes despersonalizados (crimes vagos) podem ser sujeitos passivos de um crime. Já os animais e os mortos, não.

16. As **funções do tipo** são: (i) função de garantia (permite ao agente saber as condutas proibidas), (ii) função de fundamentação do *ius puniendi* e (iii) função selecionadora de condutas (sempre com base na intervenção mínima).

17. O tipo penal permite diversas **classificações**, dentre as quais a de **tipo simples** ou *uninucleares* (possui apenas um núcleo, uma conduta proibida – exemplo: homicídio) e **mistos** ou *multinucleares* (preveem mais de um verbo), *cumulativos* (diversas condutas, permitindo-se o concurso de crimes entre si) ou *alternativos* (prática de mais de um verbo implica em crime único – exemplo, segundo o STJ: estupro).

18. Os tipos mistos não se confundem com os crimes de **conduta mista** ou híbrida, ou seja, aqueles que preveem a necessidade de uma ação somada a uma omissão para que se perfaça a conduta típica.

19. O **tipo congruente** é aquele no qual o elemento subjetivo coincide com o elemento objetivo, enquanto no **tipo incongruente** o elemento subjetivo pode ir além do objetivo (exemplo: extorsão mediante sequestro) ou ficar aquém (exemplo: crimes preterdolosos).

20. Os **tipos fechados** são aqueles que descrevem a conduta completamente, enquanto os **tipos abertos** necessitam de complementação pelo intérprete. Exemplo: tipos culposos (o elemento "se culposo" precisa de análise por parte do magistrado) e crimes comissivos por omissão (necessidade de aferir a relevância da omissão do agente).

21. Os **tipos básicos** ou *fundamentais* são aquela conduta mais simples prevista pela lei penal para um crime, estando normalmente no *caput* do artigo (exemplo: homicídio simples), enquanto os **tipos derivados** aumentam ou diminuem a reprimenda para aquele crime (exemplo: formas qualificadas e privilegiadas do homicídio).

22. Na vigência da teoria causal da ação, fazia sentido diferenciar entre tipos normais (continha apenas elementos objetivos) e anormais (continha também elementos subjetivos, como o especial fim de agir). Hoje, pela teoria finalista, como os elementos subjetivos estão inseridos na tipicidade (*tipo complexo*), não faz mais sentido tal classificação, vez que todos os tipos seriam anormais.

3.4. Dolo

1. Dolo é a **vontade** e a **consciência** dirigidas a realizar a conduta prevista no tipo penal. É a regra no nosso Código Penal, e a culpa, a exceção (apenas quando prevista em lei, art. 18, parágrafo único).

2. A **consciência** é o elemento *intelectivo*, intelectual, do dolo. Significa saber o que está fazendo (a conduta, não necessariamente conhecer o tipo penal).

3. O **erro de tipo** afasta o dolo, vez que compromete a consciência.

4. A **vontade** é o elemento *volitivo* do dolo. Não se confunde com o mero *desejo*, que, por si só, não tem eficácia para gerar a consequência pretendida. Deve ser livre.

5. Pela **teoria da vontade**, o dolo é apenas a vontade livre e consciente de atingir o fim criminoso. É a figura do *dolo direto*.

6. Pela **teoria do assentimento**, também quando o agente não quer o resultado diretamente, mas assente a ele, assumindo o risco de produzi-lo, haverá conduta dolosa. É a figura do *dolo eventual*.

7. Pela **teoria da representação**, para haver dolo basta que o agente tenha previsto o resultado, inexistindo a figura da culpa consciente (que já será dolo).
8. Pela **teoria da probabilidade**, trabalha-se com dados estatísticos. Caso o sujeito tenha considerado o resultado como provável, já haverá dolo eventual. Quando o repute meramente possível, pode ser caso de imprudência (culpa).
9. O nosso ordenamento adotou, segundo a maioria da doutrina (*Greco, Bitencourt*), as teorias da vontade e do assentimento (*Damásio* sustenta que foi adotada apenas a primeira).
10. O dolo pode ser **direto**, quando agente quer praticar a conduta descrita no tipo. Traçando um paralelo com a fase interna e a externa da conduta (*Welzel*), será **de primeiro grau** quando disser respeito aos fins e aos meios escolhidos para praticá-la e **de segundo grau** quando se referir aos efeitos colaterais necessários (*dolo de consequência necessárias*).
11. O dolo **indireto alternativo** diz respeito à hipótese de o agente destinar sua conduta contra um ou outro sujeito (*alternatividade subjetiva*) ou um ou outro objeto, resultado (*alternatividade objetiva*). Para o agente, tanto faz atingir uma ou outra das opções.
12. Já no dolo **indireto eventual**, o agente não quer praticar uma conduta, mas, ao perceber o risco de que o resultado se realize, assente a essa possibilidade, não se importando em (assumindo o risco de) produzi-lo. Diz-se que falta vontade inicial nesse caso, conquanto haja consciência.
13. No **dolo geral**, espécie de erro sucessivo, o agente pensa ter atingido seu resultado com uma primeira conduta, mas o mesmo só foi realizado com uma posterior ação/omissão (exemplo: imagina já ter matado alguém com facadas, quando, na verdade, a vítima só morre ao bater a cabeça em uma rocha, quando é jogada ao mar). A consequência penal é que o agente responde por apenas um crime, doloso.
14. Quanto ao seu posicionamento no tempo, em relação à conduta, o dolo pode ser: (i) **antecedente**, inicial, preordenado (anterior à conduta), (ii) **concorrente** ou atual (simultâneo à conduta), ou (iii) **dolo subsequente** ou consecutivo (*dolus subsequens*, posterior à conduta, representando indiferente penal).
15. Quando vigia a teoria causal da ação, falava-se em dolo genérico (sem previsão de elemento subjetivo no tipo) e dolo específico. Atualmente, há quem (*Rogério Sanches*) utilize essa classificação para tratar do dolo amplo (dolo **genérico**) e da presença de elementos subjetivos do tipo (dolo **específico**).

16. Quando vigia a teoria neoclássica, falava-se em dolo **normativo** ou híbrido (*dolus malus*), pois havia, no dolo, um elemento normativo, a consciência de ilicitude, potencial (*teoria limitada do dolo*) ou real (*teoria extremada do dolo*). Opõe-se ao dolo **natural** ou neutro, do finalismo (elemento puramente subjetivo).

17. O **dolo de propósito** está presente quando há a intenção de praticar a conduta criminosa, com intervalo entre a cogitação e a execução, enquanto no dolo **de ímpeto** não há esse intervalo, agindo o sujeito em reação imediata.

18. Nos crimes de perigo, **majoritariamente** se entende que existe o **dolo de perigo**, uma suposta vontade de praticar aquela conduta perigosa. Contudo, uma **segunda corrente** (*Greco*) entende que, na verdade, haveria uma conduta culposa, a inobservância de um dever de cuidado.

3.5. Culpa

1. De acordo com o Código Penal, o crime será culposo quando o agente der causa ao resultado por imprudência, negligência ou imperícia (art. 18, II). A doutrina, porém, coloca **seis elementos** para caracterizá-lo.

2. O primeiro elemento é a **conduta humana voluntária**, omissiva ou comissiva. Ainda que dirigida a um fim lícito, pela imprudência, negligência ou imperícia gera um fim ilícito.

3. O segundo elemento é a **inobservância de um dever de cuidado** (*direito penal da negligência*), isto é, por *imprudência* (conduta positiva equivocada - uma ação que deveria ter sido evitada), *negligência* (conduta negativa equivocada - uma omissão que deveria ter sido evitada) ou *imperícia* (inaptidão do agente para exercício de arte, ofício ou profissão, naquele caso concreto - mesmo que possua a aptidão, em geral).

4. O terceiro elemento é o **resultado lesivo**, em geral naturalístico, em crimes materiais (perceptível no mundo dos fatos). *Exceção*: resultado meramente jurídico, em crimes de mera conduta (arts. 228 e 229 do ECA) ou formais (omissão de cautela, art. 13 do Estatuto do Desarmamento, e prescrição culposa de drogas, art. 38 da Lei de Drogas).

5. O quarto elemento é o **nexo de causalidade** entre a conduta e esse resultado.

6. O quinto elemento é a **tipicidade** da modalidade culposa: apenas haverá responsabilidade caso a lei a autorize, expressamente, por meio de uma

norma de extensão. O nosso sistema adotou o modelo do *numerus clausus*, e não o do *numerus apertus*.

7. O sexto elemento é a **previsibilidade**, ou seja, que o fato fosse previsível para o agente. Uma **primeira corrente** (*Hungria*) faz essa análise apenas objetivamente, pelo padrão do "homem médio" (*previsibilidade objetiva*), enquanto uma **segunda corrente** (*Zaffaroni*) prefere a análise do agente em particular (*previsibilidade subjetiva*), o que poderia afastar a culpabilidade do fato, ante a inexigibilidade de conduta diversa.

8. A previsibilidade não quer dizer previsão: pode ser que o agente, embora lhe fosse previsível o resultado, não o tenha previsto (**culpa inconsciente, sem previsão, ex ignorantia**), como pode ser que tenha, efetivamente, o previsto (**culpa consciente, com previsão, ex lascivia**).

9. O dolo eventual se diferencia da culpa consciente porque, naquele, o agente assume o risco de assumir o resultado, sendo-lhe indiferente que este seja alcançado ou não (pouco importa), ao passo que, na culpa consciente, o agente sinceramente acredita que o resultado não vai acontecer.

10. Via de regra, o crime culposo é um **tipo aberto**, porque demandará valoração do intérprete quanto ao fato de aquela conduta perfazer todos esses requisitos ou não. *Excepcionalmente*, a lei descreve em minúcias a conduta culposa – exemplo: receptação culposa (art. 180 § 3º).

11. A **culpa imprópria**, **por assimilação**, **por extensão** ou **por equiparação** diz respeito à punibilidade da conduta praticada com erro evitável na percepção fática das descriminantes putativas (art. 20 § 1º, *in fine*) – exemplo: o agente achava, por erra superável, que estava diante de uma circunstância fática autorizadora da atuação em legítima defesa. O agente, embora tenha agido com dolo, responde por culpa. Trata-se do único caso em que pode haver tentativa em um delito culposo.

12. Não se admite, no Direito Penal, a **compensação** de culpas (irresponsabilidade penal por a vítima também ter agido culposamente) nem a **culpa presumida** (presume-se, ao contrário, a inocência), embora se admita a **concorrência** de culpas (autor e vítima agindo culposamente, o que permite redução da pena, nas circunstâncias judiciais).

3.6. Relação de Causalidade

1. **Nexo causal** é a ligação entre a conduta praticada e o resultado produzido.

2. A relação de causalidade é responsável pela **imputação do resultado** ao agente. Divide-se em **imputatio facti** (física, material – análise do tipo

objetivo), que se dá pela teoria da equivalência causal, em nosso ordenamento, e **imputatio iuris** (dolo - análise do tipo subjetivo).

3. Quanto ao resultado, mencionado no art. 13, uma **primeira corrente** (*Sheila Bierrenbach*) entende que seja apenas o *naturalístico*, só se falando em nexo de causalidade nos crimes de resultado. Logo, os crimes materiais possuem quatro elementos no fato típico (conduta, tipicidade, resultado e relação de causalidade); os formais e os de mera conduta, apenas dois (conduta e tipicidade).

4. Uma **segunda corrente** (*Rogério Greco*) entende que, também, está incluído o resultado jurídico, normativo, que está presente em todos os delitos (lesão a bem jurídico). Logo, em todos os crimes, materiais ou não, há quatro elementos.

5. Existem diversas **teorias** para aferição do nexo de causalidade. *João Mestieri* as diferencia entre (i) teorias que não distinguem causa e condição (*generalizadoras* ou *da condição*) e (ii) teorias que distinguem causa e condição (*individualizadoras* ou *da responsabilidade*).

6. A principal teoria generalizadora é a **teoria da equivalência dos antecedentes causais** ou da **conditio sine qua non** (*Von Buri*), adotada no art. 13 do CP: "considera-se causa a ação ou omissão sem a qual o resultado não teria ocorrido", desde que indispensáveis.

7. A principal crítica à essa teoria diz respeito à possibilidade de *regressus ad infinitum*, isto é, de se considerar tudo como causa de um crime, vez que até mesmo o fato de o agente ter nascido é causa indispensável para que o crime tenha sido cometido. A solução, dada pela doutrina alemã (*Frank*), é a proibição de regresso (*Regressverbot*) quando não houver dolo ou culpa do sujeito na cadeia de fatos (exemplo: vendedor de armas não tem dolo ou culpa quanto a um homicídio específico).

8. Para se verificar as causas, aplica-se o *processo hipotético de eliminação* (*Thyrén*), no qual se elimina, mentalmente, a possível causa, para se aferir se o resultado teria acontecido, mesmo sem ela. Se o resultado se modificar, ter-se-á uma causa. *Rogério Greco* acrescenta, ainda, a cláusula final "como ocorreu", para que apenas se considere como causa aquele fato que, se ausente, não impediria o resultado, mas modificaria a forma como ocorreu (exemplo: a vítima morreria, mas por outro motivo).

9. *Claus Roxin* critica o método de Thirén, porque entende que pode levar a erros, em certos casos (exemplo: paredão de fuzilamento - se um dos soldados não atira, outro atiraria, mas nem por isso pode-se dizer que o tiro fundamental, daquele soldado, não fosse causa). *Gunther Jakobs* critica

o método, por sua vez, porque ele apenas permite chegar ao resultado quando este já ocorreu, portanto tardiamente.

10. Outro ponto problemático da teoria da equivalência dos antecedentes causais está na **causalidade alternativa**, ou seja, aquele caso no qual qualquer um dos fatos, isoladamente, teria sido causa para a ocorrência do resultado (exemplo: dois sujeitos colocam quantidade de veneno suficiente para matar um terceiro). Pela *fórmula de imputação global* (*Welzel*), deve-se considerar cada uma delas como causa.

11. Já a **causalidade cumulativa** diz respeito àquelas hipóteses em que o resultado apenas foi atingido pela soma das duas condutas, que, isoladamente, não teriam o condão de fazê-lo (exemplo: cada um dos sujeitos coloca uma dose de veneno que era insuficiente para matar, mas, juntos, acabam por completar uma quantidade mortal). Para uma **primeira corrente** (*Bitencourt*), deve-se considerar o delito consumado, para ambos, enquanto para uma **segunda corrente** (*Assis Toledo*), deve-se considerá-lo tentado, para ambos.

12. Quanto às teorias individualizadoras, destacam-se a **teoria da relevância jurídica** ou típica (*Muller, Mezger*) – considera-se causa todos os fatos que eram juridicamente relevantes, pela previsibilidade dos objetos somada à intenção teleológica dos tipos –, a **teoria da causalidade adequada**, da condição adequada ou da adequação, para a qual causa é a condição adequada e necessária para a prática do resultado obtido, podendo ser feita a aferição pela subteoria *subjetiva* (*Von Kries*), analisando abstratamente o nexo e causalidade, como pela *objetiva* (*Thon*), analisando a partir da percepção do homem médio.

13. As causas podem ser **absolutamente independentes**, quando teria dado azo ao resultado independente de qualquer outra conduta/causa. Dividem-se em **preexistentes** (anterior à conduta do agente – exemplo: alguém ingere veneno antes de ser atingido pelo tiro, morrendo por aquela razão), **concomitantes** (ocorre ao mesmo tempo da conduta – exemplo: sofre um ataque cardíaco ao mesmo tempo em que sofre o tiro, morrendo por aquela razão) e **supervenientes** (ocorre posteriormente à conduta – exemplo: leva o tiro e morre soterrado por um desmoronamento do prédio). Em qualquer desses casos, como o resultado teria ocorrido independentemente da conduta do agente, este responde apenas pelo seu dolo, mas não pelo resultado consumado.

14. As causas podem ser **relativamente independentes**, quando o resultado só ocorre pela sua conjugação à conduta do agente. Aplica-se a mesma subclassificação. A solução, porém, é diferente: nas **preexistentes** e nas

concomitantes, o agente responde pelo resultado, desde que tenham entrado na sua esfera de conhecimento (o agente tome ciência da sua existência).

15. Já no caso das **supervenientes**, pode ocorrer que, por ter gerado *por si só* o resultado, não seja imputada ao agente (art. 13 § 1º). Significa que o acontecimento (causa) posterior à conduta não *está na linha de desdobramento físico* (natural, anatomopatológico), daquela conduta – exemplo: após levar o tiro, a vítima vai para o hospital; o fato de contrair uma infecção hospitalar está na linha de desdobramento natural, já o fato de haver um erro médico grosseiro pode estar fora dessa previsibilidade normal, isentando o agente do resultado.

16. Uma parcela da doutrina (*Rogério Greco, Alberto Silva Franco*) insere mais uma exigência para a imputação do resultado quando suceder causa superveniente relativamente independente: a *significância da lesão*. Assim, evita-se que resultados desproporcionais sejam imputados ao agente que, efetivamente, apenas perpetrou uma lesão pequena - exemplo: agente faz pequeno corte na vítima que, levada ao hospital, vem a morrer pela demora no atendimento).

17. Alguns (*Costa e Silva, Paulo José da Costa Junior, Antolisei*) buscam estender o tratamento das causas supervenientes para as demais causas relativamente independentes. Outros (*Juarez Tavares*) advogam que a natureza de concausa deve ser vista no momento da produção do resultado, só sendo concausa se ainda estiver gerando resultados. Há, ainda, posição (*Moura Teles*) que sustenta que a classificação (preexistente, concomitante, superveniente) deve ser analisada no momento em que a causa começa a produzir efeitos, de modo que, na prática, seriam todas supervenientes.

18. Nos **crimes omissivos próprios**, onde a omissão é causa típica do resultado, a imputação do resultado se dá de forma semelhante. Já nos **impróprios**, é a posição de garante que permite a tipificação da conduta (norma de extensão) e a imputação do resultado.

19. Nosso Código Penal adotou o **critério das fontes formais** do dever garantidor, o que significa que estabeleceu, em rol taxativo, aquelas pessoas que estão responsáveis de forma específica. Não se adotou a teoria das funções, para a qual a proximidade com a vítima dispensa o dever legal.

20. São hipóteses de posição de agente garantidor (art. 13 § 2º): (i) obrigação legal de cuidado, proteção ou vigilância; (ii) obrigação de impedir a ocorrência do resultado, por outra forma; (iii) criação do risco por um comportamento anterior (dever de ingerência).

21. A *relevância da omissão* se dá quando o omitente *podia* e *devia* agira para evitar o resultado. O **poder agir** demanda a (i) presença física do omitente e a (ii) possibilidade de salvá-lo, em concreto. Já o **dever agir** demanda que o agente atue, fazendo tudo que está ao seu alcance, para tentar evitar o resultado.

22. Os **crimes omissivos por comissão**, por sua vez, se dão quando o agente impede, comissivamente, que um terceiro, obrigado a prestar socorro (dever genérico ou específico). Uma **primeira corrente** (*Rogério Greco*) sustenta tratar-se de crime comissivo, enquanto uma **segunda corrente** entende ser modalidade omissiva.

23. Mais recentemente, surgiu a **teoria da (não) imputação objetiva**, primeiramente com *Richard Honig* (1930), depois com *Claus Roxin* e *Gunther Jakobs*. Basicamente, abandona-se a análise da relação de causalidade puramente material, agregando a imputação jurídica, normativa. Com isso, a causalidade (no Brasil, a teoria da equivalência dos antecedentes causais) se torna mera condição mínima para a imputação. A ela, deve ser somada a relevância jurídica entre a conduta e o resultado. Na realidade, deixa-se de imputar alguns resultados ao agente, embora materialmente isso fosse possível.

24. Num primeiro momento, *Roxin* trabalhou com o *princípio do risco* e os crimes de resultado, extraindo-se quatro vertentes para a sua teoria da não imputação objetiva: (i) a *diminuição do risco* (se a conduta do agente apenas diminuiu o risco do resultado, sua probabilidade, este não lhe será imputado); (ii) *criação de risco juridicamente relevante* (necessidade de o resultado estar na esfera de dominabilidade do agente, ou seja, depender exclusivamente de sua vontade para que seja atingido para que lhe seja objetivamente imputável); (iii) *falta de aumento do risco permitido* (se a conduta do agente não aumentou o risco do resultado ocorrer, este não lhe será imputado); (iv) *esfera de proteção da norma* (se o resultado escapa à finalidade de proteção dos bens jurídicos tutelados por aquele tipo, não será imputado ao agente).

25. Depois, *Gunther Jakobs* tratou a teoria à luz da *imputação do comportamento*, com outras quatro vertentes: (i) *risco permitido* (se o agente se comporta dentro dos riscos que seu papel social abrange, o resultado não lhe pode ser imputado); (ii) *princípio da confiança* (se o agente confiou que os demais fossem se comportar dentro dos padrões esperados, e sucedeu um resultado, este não lhe será imputado); (iii) *proibição do regresso* (semelhantemente à lógica de Frank ao limitar a regressão ao infinito, aqui o agente, caso tenha agido nos limites de sua conduta social, não pode ser responsável pelo resultado – a diferença, portanto, é que, aqui, o vendedor de armas, mesmo sabendo da finalidade ilícita do comprador, não seria responsável); (iv) *esfera de capacidade da vítima* (afastando as hipóteses de consentimento da vítima ou de autolesão).

26. Modernamente, contudo, inclusive por uma revisão de *Roxin* de sua teoria original, podemos esquematizar a **moderna teoria da imputação objetiva** assim: tipo objetivo = ação + resultado + causalidade material + criação de um risco juridicamente desaprovado + realização desse risco juridicamente desaprovado + resultado contido no alcance do tipo.

27. A **criação de um risco juridicamente desaprovado** afasta a imputação nos casos em que o agente diminui o risco, não cria perigo ou cria perigo permitido.

28. A **realização do risco juridicamente desaprovado** afasta a imputação quando o resultado é fruto do acaso, quando o risco criado, embora proibido, não foi causa do resultado, e quando o resultado não está compreendido nos fins de proteção da norma de cuidado.

29. O **alcance do tipo** se refere aos fins de proteção do tipo incriminador, afastando a imputação no caso de autocolocação em perigo (vítima *provoca ou contribui* para que outros criem uma situação de perigo – o Direito Penal não pune o mais, a autolesão, portanto não deve punir o menos, a autocolocação em perigo), de heterocolocação em perigo (casos de perigo consentido, em que a vítima não se coloca ou contribui para que outros o façam, mas *permite* que outros a coloquem em perigo) e de o resultado se encontrar no âmbito de responsabilidade alheio (embora o agente pratique a conduta, a ela sobrevém a obrigação de outrem de enfrentar o perigo – exemplo: responsabilidade dos médicos sobre a vítima).

30. A teoria da imputação objetiva recebe variadas críticas na doutrina, como por supostamente se igualar à teoria da relevância jurídica (*Zaffaroni*), pela falta de clareza quanto ao termo "risco", pelo legislador já ter eleito os casos de perigo que queria reprovar (*Luiz Regis Prado*).

3.7. Consumação e Tentativa

1. O art. 14 diferencia o crime consumado do tentado. Pode-se dizer que o crime **consumado** é aquele no qual se reúnem todos os elementos de sua definição legal.

2. Dá-se nos seguintes **momentos consumativos**: (i) crimes *materiais e culposos*: quando se realiza o resultado naturalístico; (ii) crimes *formais e* *de mera conduta*: quando se pratica a conduta do núcleo do tipo, independente do resultado; (iii) crimes *qualificados pelo resultado* (preterdolosos): quando ocorre o resultado mais grave; (iv) crimes *omissivos próprios*: quando o agente se omite; (v) crimes *omissivos impróprios*: quando o crime cometido contra aquele que o agente deveria garantir se consumar (a depender se é material, formal ou de mera conduta); (vi) *permanentes*: enquanto durar a permanência, ou seja, enquanto o agente prolongar a conduta criminosa no tempo.

3. O **iter criminis** é composto pela *cogitatio* (mera cogitação, não punível), pelos atos preparatórios (preparação, ainda lícita em regra, do crime), pelos atos de execução (já ilícitos), pela consumação e pelo exaurimento (que, por vezes, pode ter algum reflexo penal).

4. Em regra, os atos de cogitação e de preparação não são puníveis, embora pontualmente o legislador decida por tipificá-los – exemplo: associação criminosa (art. 288 CP), associação para o tráfico (art. 35 Lei de Drogas).

5. A **diferença entre preparação e execução** é tênue. Para a *teoria subjetiva*, qualquer conduta exteriorizada com a finalidade de praticar a infração já seria execução; para a *teoria objetiva-formal* (*Frederico Marques*), a execução começa com a prática do núcleo do tipo; para a *teoria objetiva-material* **ou** *objetiva-individual* (*Zaffaroni*), a execução se dá com a prática de condutas ligadas ao núcleo do tipo, aptas a iniciar a colocação de bens jurídicos em perigo, desde a perspectiva concreta do ato; para a *teoria material* ou *da hostilidade ao bem jurídico, a execução se dá com a efetiva agressão ao bem jurídico.* Em havendo dúvida, a doutrina entende que deve se presumir tratar-se de ato preparatório (*Rogério Greco*).

6. O crime **tentado** pressupõe: (i) conduta dolosa; (ii) início da execução; (iii) ausência de consumação por motivos alheios à vontade do agente.

7. Em alguns crimes, portanto, **não cabe a tentativa**: (i) crimes culposos (*exceto* na culpa imprópria); (ii) crimes habituais (necessitam de reiteração e habitualidade para se consumar); (iii) crimes de atentado ou de empreendimento (a mera tentativa já é tipificada autonomamente – exemplo: evasão mediante violência, art. 352); (iv) crimes preterdolosos (o resultado agravador se dá por culpa); (v) crimes unissubsistentes (um só ato é exigido para a consumação – exemplo: injúria); (vi) crimes omissivos próprios.

8. Nas contravenções, embora a tentativa seja possível, no plano fático, ela não é punível, por expressa previsão legal. Outro exemplo é o crime impossível (art. 17 CP).

9. Embora parcela da doutrina (*Rogério Greco*) entenda incabível, outra parcela (*Frederico Marques*) admite a tentativa nos crimes cometidos com dolo eventual.

10. Sobre a **punibilidade** do crime tentado, existem diversas teorias. A *teoria subjetiva, voluntarista ou monista* entende que, em havendo intenção de praticar o crime, mesmo que esse não se consume, deve ser punido como se consumado fosse; a *teoria objetiva ou realista* entende que o crime tentado deve receber pena mais branda que o consumado – é a teoria adotada pelo CP, de forma *temperada ou matizada*, porque excepcionada em alguns pontos (crimes de atentado).

11. Segundo o art. 14, parágrafo único, a tentativa se pune com a **pena** prevista para o crime consumada reduzida de 1/3 a 2/3, a depender do quão próximo chegou à consumação.

12. A tentativa pode ser **branca** ou *incruenta* (sem atingir o bem jurídico) ou **vermelha** ou *cruenta* (com lesão ao bem jurídico). Ou, ainda, **perfeita**, *frustrada, acabada*, ou *crime falho* (agente julga ter esgotado os meios para se chegar à consumação) ou **imperfeita** ou *inacabada* (agente é interrompido durante os atos executórios, sem poder esgotá-los).

13. Nos **crimes complexos**, isto é, aqueles que são resultado da junção de outras duas figuras típicas autônomas, o crime só se consuma quando os dois tipos nele contidos se consumarem. Caso contrário, resta tentado.

14. No caso do latrocínio, porém, existe polêmica quando apenas um dos resultados é consumado. Quando há subtração consumada e homicídio tentado, em geral se considera o latrocínio tentado (apenas *Hungria* considera-o como homicídio qualificado tentado); quando há homicídio consumado e subtração tentada, o STF considera o latrocínio consumado, embora parcela da doutrina (*Greco*) o repute tentado, aplicando a regra geral (novamente, *Hungria* tipifica como homicídio qualificado, agora consumado). Para o STF, portanto, o critério para se aferir a consumação do latrocínio, nesses casos intermediários, é a consumação do homicídio (Súm. 610/STF: Há crime de latrocínio, quando o homicídio se consuma, ainda que não realize o agente a subtração de bens da vítima).

3.8. Crime Impossível

1. É hipótese legal de impunibilidade da tentativa, afastando a referida norma de extensão e, portanto, tem natureza jurídica de **causa de exclusão da tipicidade**.

2. O instituto também é conhecido por **tentativa inadequada**, **inidônea** ou **quase crime.**
3. O crime impossível não se confunde com o crime falho (que é a tentativa perfeita) nem com o crime putativo (agente deseja praticar uma conduta presumindo ser infração penal, quando a mesma é permitida pela legislação – só há crime na mente do agente).
4. Existem diversas **teorias quanto à punibilidade** do crime impossível. Pela **teoria subjetiva** (*Von Buri*), a mera vontade de praticar o delito já permitiria sua punição tal – o que importa é o dolo do agente; pela **teoria objetiva pura/absoluta**, em sendo os meios e/ou o objeto absoluta ou relativamente impróprios/inadequados, não haverá punição pela tentativa; já pela **teoria objetiva temperada/relativa** ou **intermediária**, apenas no caso dos meios absolutamente ineficazes ou do objeto absolutamente impróprio deixará de existir punição pela tentativa (adotada pelo art. 17 CP).
5. Existe, ainda, a **teoria sintomática do crime impossível**, que advoga, basicamente, que este deve ser sempre punido, porque o agente que inicia a execução de um crime, ainda que impossível, indica periculosidade. Diz-se que, pontualmente, foi adotada pelo ordenamento brasileiro, como caso da omissão de socorro do condutor de veículo automotor, mesmo que ocorrida morte instantânea (art. 304, parágrafo único CTB).
6. No Brasil, portanto, para que se considere o crime como impossível, o meio deve ser **absolutamente ineficaz**, ou seja, completamente inidôneo para alcançar os fins pretendidos – exemplo: falsificação grosseira de documento, incapaz de gerar dúvidas.
7. Igualmente, o objeto deve ser **absolutamente impróprio** – exemplo: mulher tenta praticar aborto, mas não existe gravidez.
8. O STJ considera que o fato de existirem câmeras de segurança no estabelecimento comercial não torna o furto nele praticado crime impossível, cabendo a punição pela tentativa (Súm. 567: Sistema de vigilância realizado por monitoramento eletrônico ou por existência de segurança no interior de estabelecimento comercial, por si só, não torna impossível a configuração do crime de furto), no que é seguido pelo STF.
9. Existe decisão do TJRS (Ap 70056160948) entendendo ser crime impossível a entrada com drogas em estabelecimento prisional, tendo em vista a inevitável revista e o dever de vigilância estatal. Embora minoritária, é boa posição para a defesa.
10. O STF considera que o flagrante provocado/preparado constitui crime impossível (Súm. 145: Não há crime, quando a preparação do flagrante

pela polícia torna impossível a sua consumação). Na doutrina, há posição (*Rogério Greco*) que busca estender essa previsão para o flagrante esperado, pois também aí o agente não teria a possibilidade de consumar a conduta.

3.9. Desistência Voluntária, Arrependimento Eficaz e Arrependimento Posterior

1. A **desistência voluntária** ocorre quando o agente desiste de prosseguir na execução do crime, antes de esgotar todos os meios que estavam ao seu alcance (art. 15 CP, 1ª parte). É também chamada de **ponte de ouro**.
2. Não se exige que a desistência seja espontânea, mas apenas que seja voluntária. Ou seja, mesmo que um terceiro tenha estimulado o agente a desistir da execução, caso este o faça voluntariamente (sem coação, podendo prosseguir na execução), será favorecido pelo instituto.
3. A **fórmula de Frank** distingue a desistência voluntária da tentativa: naquela, o agente pode prosseguir, mas não quer; nesta, o agente quer prosseguir, mas não pode (por motivos alheios à sua vontade).
4. No **arrependimento eficaz**, o agente, após ter esgotado os meios de que dispunha para a execução do crime, se arrepende e consegue evitar que o delito se consume.
5. Em ambos os institutos, por questão de política criminal, o legislador opta por punir o agente apenas pelos atos por ele praticados até então, sendo hipótese de *subsidiariedade expressa*. O agente, em síntese, não responderá pela tentativa do delito – afasta-se a norma de extensão do art. 14, II. Por essa razão, uma **primeira corrente** (*Frederico Marques, Rogério Greco*) considera que tenham **natureza jurídica** de *causa de exclusão da tipicidade da conduta*, embora uma **segunda corrente** (*Hungria*) as repute causas de extinção da punibilidade supralegais (não previstas no art. 107).
6. O **arrependimento posterior**, por sua vez, ocorre após a consumação do crime. São requisitos, pela lei art. 16 CP): (i) ser o crime praticado sem violência ou grave ameaça à pessoa; (ii) reparação do dano ou restituição da coisa até o recebimento da denúncia ou queixa; (iii) atitude voluntária do agente arrependido – não necessariamente espontânea.
7. O STJ (REsp 1561276) entende que os delitos *extrapatrimoniais* em geral, dentre os quais os crimes contra a fé pública e o homicídio culposo na direção de veículo, *não são passíveis* de arrependimento posterior, porque não seriam reparáveis.

8. Discute-se se a reparação poderia ser feita por terceiros, havendo posição que exige a pessoalidade do ato e posição que a dispensa (afinal de contas, a lei nada disse a respeito).
9. Também se discute se a reparação poderia ser **parcial**. O **STJ** (REsp 201200194804) e **parcela da doutrina** (*Rogério Greco*) entendem que somente a reparação total ensejaria a redução de pena. Por outro lado, o **STF** (HC 98658) já decidiu que a redução pode ser parcial. Na doutrina, há quem admita a reparação parcial, se a vítima se satisfizer com ela (*Alberto Silva Franco*).
10. Caso o dano seja *reparado após o recebimento* da denúncia, poderá ser aplicada a atenuante do art. 65, III, b ("ter, antes do julgamento, reparado o dano").
11. Nesse caso, a **natureza jurídica** será de *causa geral de diminuição de pena*, de 1/3 a 2/3, também motivada por política criminal.
12. O *quantum* de diminuição, para o STF (HC 98658), varia de acordo com dois fatores: (i) extensão do ressarcimento (parcial ou total) e (ii) momento de ocorrência (logo após o fato ou não) – exemplo: ressarcimento total ocorrido no mesmo dia levará à redução de 2/3.
13. O STJ (REsp 1187976) entende que a referida diminuição de pena deve ser aplicada aos coautores, ante sua natureza objetiva (art. 30). No caso, o Min. Sebastião Reis Junior admitiu, contudo, que o *quantum* fosse aplicado de forma diferente para cada agente.
14. *Excepcionalmente*, a situação que autorizaria a redução de pena pode permitir solução mais benéfica. São exemplos o estelionato cometido pela emissão de cheque sem fundos (art. 171, § 2º, VI), cujo pagamento antes do recebimento da denúncia impede o prosseguimento da ação (Súm. 554/STF – "O pagamento de cheque emitido sem provisão de fundos, após o recebimento da denúncia, não obsta ao prosseguimento da ação penal" – não aplicável ao estelionato do art. 171, *caput*, onde será aplicável apenas o art. 16), e o delito de peculato culposo, onde o ressarcimento antes da sentença irrecorrível leva à extinção da punibilidade (art. 312 § 2º).

Tentativa	Desistência voluntária	Arrependimento eficaz	Arrependimento posterior
Durante a execução: agente esgotou os meios (perfeita) ou não (imperfeita)	Durante a execução: agente não esgotou os meios	Após a execução, antes da consumação	Após a consumação, antes do recebimento da denúncia

Tentativa	Desistência voluntária	Arrependimento eficaz	Arrependimento posterior
Contra a vontade do agente	Condutas voluntárias do agente		
Diminuição de 1/3 a 2/3	Responde pelo que já praticou	Responde pelo que já praticou	Diminuição de 1/3 a 2/3
Norma de extensão (art. 14, II)	Causas de exclusão da tipicidade (art. 15 afasta o art. 14, II)		Causa de diminuição de pena (art. 16)

3.10. Ilicitude (Antijuridicidade)

1. O segundo extrato do conceito estratificado de delito se divide em **ilicitude formal** (oposição entre a conduta e a norma) e **material** (causa lesão ou expõe a perigo o bem jurídico protegido).

2. Majoritariamente, adota-se a **teoria da ratio cognoscendi**, segundo a qual a conduta típica se presume ilícita, salvo se presente alguma causa de exclusão da ilicitude.

3. O art. 23 previu quatro **causas de exclusão da ilicitude** (**dirimentes**), expressas, e a doutrina ainda acrescenta outra, supralegal (o consentimento do ofendido).

4. Todas essas causas possuem **requisitos objetivos** (elementos previstos expressa ou implicitamente na lei para sua configuração) e o **requisito subjetivo** (saber agir amparado por uma excludente da ilicitude). Discute-se a necessidade do elemento subjetivo: uma **primeira corrente** (*Rogério Greco*), é indispensável, enquanto para uma **segunda corrente** seria desnecessário (normalmente adotada pelos causalistas).

5. A primeira dirimente legal é o **estado de necessidade** (art. 24), que tem os seguintes requisitos objetivos: (i) prática do fato para salvar-se de *perigo atual* (*Greco, Assis Toledo*: também o perigo iminente; *Frederico Marques*: somente o atual); (ii) perigo não provocado pela vontade do agente (*Hungria*: provocação culposa ou dolosa afasta o estado de necessidade; *Greco*: a conduta culposa anterior autoriza o estado de necessidade); (iii) impossibilidade de evitar o dano de outra forma (dever de escolher a solução menos gravosa); (iv) razoabilidade do sacrifício do bem (bem protegido

ser de valor maior do que o bem sacrificado); (v) inexistência de dever legal de enfrentar o perigo (*Hungria*: apenas o dever legal; *Costa e Silva*: também outros deveres, como o contratual).

6. Quanto à razoabilidade de exigir o sacrifício do bem, quando esta não estiver presente, poderá ser caso de se alegar *inexigibilidade de conduta diversa* ou, subsidiariamente, aplicar a redução legal de 1/3 a 2/3 da pena (art. 24 § 2º).

7. No estado de necessidade, há sempre uma ponderação de bens jurídicos. O CP adotou a **teoria unitária** do estado de necessidade, segundo a qual toda espécie de estado de necessidade é tratada dentro da ilicitude; já para a **teoria diferenciadora** (adotada no CPM), diferencia-se o estado de necessidade *justificante* (exclui a ilicitude) do *exculpante* (exclui a culpabilidade), servindo de critério para a distinção, o valor do bem jurídico protegido: se superior ou igual, será justificante; senão, exculpante (*Zaffaroni, Fragoso*).

8. O estado de necessidade pode ser **próprio** (defende bem do próprio agente) ou de **terceiros** (defende bem de outrem). Este último só será cabível caso o bem protegido seja indisponível (exemplo: vida) ou, se disponível, existir concordância do terceiro (exemplo: patrimônio).

9. O estado de necessidade pode ser **defensivo** (voltada a conduta contra bem do próprio agente que criou o perigo) ou **agressivo** (sacrificando bem de um terceiro, inocente).

10. Existe tese defensiva, consistente no **estado de necessidade por situação econômica**, que busca afastar a ilicitude de certas condutas quando motivadas por necessidades econômicas do agente. Um exemplo é o furto famélico, voltado a matar a fome do agente ou de seus familiares.

11. A segunda dirimente é a **legítima defesa**, cujos elementos objetivos são: (i) injusta (não necessariamente criminosa – exemplo: furto de uso) agressão (conduta sempre humana; não se confunde com mera provocação – incidirá art. 65, III, c); (ii) atual ou iminente (*Greco*: aquela que está prestes a acontecer; *William Douglas*: também a que vai acontecer em futuro certo, conhecida como *legítima defesa antecipada, preordenada, preventiva, prévia*); (iii) uso moderado (apenas até cessar a agressão); (iv) uso dos meios necessários (*Mirabete*: mesmo que desproporcional, se for o único disponível; *Greco*: apenas os proporcionais, elegendo sempre o menos gravoso); (v) defesa de direito próprio (legítima defesa **própria**) ou de terceiros (legítima defesa de **terceiros** – apenas para bens indisponíveis ou disponíveis com anuência do titular).

12. Uma **primeira corrente** (*Greco*) entende que apenas se pode lançar mão da legítima defesa quando não for possível recorrer à proteção estatal, enquanto uma **segunda corrente** (*José Cerezo Mir*) dispensa esse requisito.
13. Alguns bens jurídicos não podem ser protegidos pela legítima defesa. É o caso dos bens comunitários (supraindividuais, titulados pela sociedade).
14. A legítima defesa pode ser **real** ou **autêntica** (presentes os requisitos tanto na mente do agente como no mundo fático) ou **putativa** ou **imaginária** (presentes os requisitos apenas na mente do agente - pode ser caso de haver descriminante putativa).
15. No caso de agressão de inimputáveis, uma **primeira corrente** (*Hungria*) afasta sua incidência, recaindo o agente em estado de necessidade; já uma **segunda corrente** (*Roxin*) permite que se fale em legítima defesa.
16. Quanto à possibilidade de **legítima defesa de legítima defesa**, há que se fazer uma distinção. É impossível a *legítima defesa recíproca* (legítima defesa autêntica de legítima defesa autêntica), porque a agressão repelida não é injusta (está amparada por uma causa de exclusão da ilicitude - igualmente, se a agressão vier da atuação em estado de necessidade). Já a *legítima defesa contra legítima defesa putativa* é possível, porque a agressão apenas está amparada pela excludente na mente do agente, que erroneamente avaliou a situação.
17. Como visto, é requisito o uso moderado dos meios, ou seja, tão somente para que cesse a agressão e até que cesse a agressão. Quando o agente atua para além desse marco, estamos diante do **excesso**, que pode ser **intensivo** (na intensidade da resposta - exemplo: repele uma agressão com um tiro na cabeça, quando bastava atirar na perna) ou **extensivo** (na extensão da resposta, na sua duração - exemplo: após cessar a agressão, continua a conduta).
18. Pode ser que o referido excesso seja *doloso* (agente sabia que ultrapassava os limites - responderá pelo delito cometido na modalidade dolosa) ou *culposo* (agente extrapola sem intenção - responde apenas se houver previsão culposa para o delito praticado após cessar a agressão original).
19. Igualmente, pode o excesso se referir à *situação de fato* (dirá respeito ao erro de tipo - **descriminante putativa**, afastando a pena, se inescusável o engano; ou levando à punição na modalidade culposa, a chamada culpa imprópria, se escusável) ou à *má compreensão dos limites da norma* (dirá respeito ao erro de proibição).
20. Pode suceder que haja *erro na execução* da legítima defesa, o que afasta a responsabilidade penal do agente, embora mantenha a civil.

21. Em havendo excesso, a conduta originalmente lícita passa a ser ilícita, autorizando a legítima defesa do agredido (**legítima defesa sucessiva**).

22. Fala-se ainda em **excesso na causa**, quando existir enorme desproporção entre o bem protegido e o sacrificado.

23. No CP de 1969 (art. 30 § 1º), havia a figura do **excesso exculpante**, que não seria reprovável ante as suas circunstâncias (medo, surpresa, perturbação de ânimo diante da situação), servindo como *causa supralegal de exclusão de culpabilidade*, atualmente.

24. A natureza jurídica dos *ofendículos* (aparelhos para proteção da propriedade – exemplo: cerca elétrica) é polêmica: alguns (*Hungria*) consideram legítima defesa preordenada; outros (*Aníbal Bruno*), exercício regular de direito.

25. A terceira dirimente legal é o **estrito cumprimento do dever legal**, normalmente voltado aos agente da Administração Pública. Pressupõe: (i) cumprimento estrito do permitido (sem excessos) e (ii) obrigação legal (*Assis Toledo* insere o poder familiar; *Noronha* discorda e o considera exercício regular de direito).

26. Atualmente, com a teoria da tipicidade conglobante, essa causa excludente de ilicitude é deixada de lado, na medida em que a análise pode ser feita dentro da *antinormatividade*.

27. A quarta dirimente legal é o **exercício regular de direito**. Aqui, o conceito é amplo, de modo que nele se inserem autorizações por meio de costumes, regulamentações infralegais, contratos, etc. Seu limite se dará quando o uso do direito se der de modo abusivo (*teoria do abuso de direito*).

28. A quinta dirimente é **supralegal**, definida pela doutrina como o **consentimento do ofendido**. Pressupõe: (i) livre consentimento; (ii) compreensão da vítima; (iii) bem jurídico disponível; (iv) consentimento anterior ou contemporâneo à conduta.

29. Alguns doutrinadores unem os dois primeiros requisitos objetivos em um só, a *capacidade para consentir*, devendo a vítima ser penalmente imputável para que se presuma sua higidez moral.

30. Em certos casos, porém, o consentimento da vítima poderá afastar a própria *tipicidade* da conduta – exemplo: delitos sexuais, invasão de domicílio.

3.11. Culpabilidade

1. A culpabilidade é o **juízo de reprovabilidade** que recai sobre a conduta. Se dá em dois momentos principais: **formal** (pelo legislador, na edição da lei) e **material** (na aplicação da pena, individualizando-a para o agente).

2. Diversas **teorias/sistemas** foram adotadas ao longo da história da dogmática penal. No **sistema causal-naturalista, clássico** ou **teoria psicológica da culpabilidade** (*Liszt-Beling*), o crime possuía um aspecto interno (culpabilidade, abarcando dolo e culpa) e um externo (tipicidade e ilicitude, sem elementos subjetivos).

3. No **sistema neoclássico, neokantista** ou **teoria normativa da culpabilidade** (*Frank*), a culpabilidade passou a ter como elementos: (i) culpa, (ii) dolo normativo (onde se inclui o potencial conhecimento da ilicitude), (iii) imputabilidade e (iv) exigibilidade de conduta diversa.

4. No **sistema finalista, teoria da ação final** ou **teoria normativa pura** (*Welzel*), a culpabilidade passa a ter apenas elementos normativos: (i) imputabilidade, (ii) potencial conhecimento da ilicitude e (iii) exigibilidade de conduta diversa. É o sistema adotado no Brasil.

5. Na **teoria social da ação** (*Schimidt*), a ação é avaliada como um fenômeno social, e a culpabilidade passa a ter, bem como a tipicidade, o elemento dolo, que ostenta uma dupla posição.

6. No **funcionalismo moderado** ou **teoria dos fins da pena** (*Roxin*), a culpabilidade passa à categoria de responsabilidade, cabendo-se indagar se, no caso concreto, realmente há necessidade de reprovação criminal daquela conduta.

7. Na **teoria constitucional do delito** (*Luiz Flavio Gomes*), só se fala em crime se houver um resultado jurídico valioso, de acordo com o Estado Constitucional, levando-se em conta a imputação objetiva, a gravidade da conduta e a intolerabilidade do resultado.

8. Há diferença entre a **culpabilidade do fato** (punição essencialmente pelo fato cometido, sem aspectos pessoais) e a **do autor** (punição por aspectos pessoais do agente). Nosso ordenamento adotou aquela como regra, embora, em diversos momentos, traga maior reprovabilidade em função de características pessoas do sujeito (exemplo: agravante da reincidência).

9. Pela concepção finalista, portanto, adotada pelo CP, tem-se como **elementos da culpabilidade**: (i) imputabilidade do agente; (ii) potencial conhecimento da ilicitude; e (iii) exigibilidade de conduta diversa.

10. A **imputabilidade penal** pode ser afastada por duas razões: (i) por doença mental ou desenvolvimento mental incompleto ou retardado (art. 26) e (ii) pela imaturidade natural (menoridade penal).

11. A inimputabilidade **por doença mental** ou desenvolvimento mental incompleto ou retardado se baseia no *critério biopsicológico*, somando dois

requisitos: a própria doença (*bio*) e a absoluta incapacidade de entender o caráter ilícito do fato ou de se determinar de acordo com seu entendimento (*psicológico*). Nesse caso, o agente será inimputável, sucedendo uma sentença absolutória imprópria, com a imposição de medida de segurança.

12. Caso o agente seja apenas *parcialmente* incapaz, quanto ao aspecto psicológico, será caso de **semi-imputabilidade**, abrindo duas opções para o juiz, na sentença: (i) reduzir a pena de 1/3 a 2/3 (art. 26, parágrafo único); (b) ou, caso precise de especial tratamento curativo, o substituir a pena privativa de liberdade por internação ou tratamento ambulatorial (art. 98)

13. Já a **inimputabilidade por imaturidade natural** se baseia apenas no critério *biológico*, isto é, a idade: menores de 21 anos na data do fato (art. 228 CF, art. 27 CP), comprovada por documento hábil (Súm. 74/STJ – "Para efeitos penais, o reconhecimento da menoridade do réu requer prova por documento hábil" – e art. 155, parágrafo único CPP).

14. A **emoção** e a **paixão**, portanto, não excluem a culpabilidade penal. Aquela é uma perturbação afetiva intensa em um curto espaço de tempo, ao passo que esta é mais duradoura, de maneira mais ou menos estável (exemplo: torcer para um time de futebol). Em diversos pontos, porém, o legislador garantiu consequências penais específicas para essas situações – exemplo: art. 65, III, c, e art. 121, § 1º).

15. A **embriaguez**, em regra, também não exclui a culpabilidade penal. Divide-se em **incompleta** (reduz os freios morais, mas mantém alguma consciência – fase da excitação), **completa** (agente perde consciência e vontade livre – fase da depressão) e **comatosa** (sujeito cai em sono profundo – fase letárgica).

16. Também se divide em **voluntária** *em sentido estrito* (agente faz ingestão buscando se embriagar) ou *culposa* (não observa o dever de cuidado e acaba se embriagando) e **involuntária** (proveniente de caso fortuito ou força maior – agente não atua minimamente buscando se embriagar).

17. Para os fins da culpabilidade, a embriaguez *voluntária*, completa ou incompleta, permite a punição do agente. É a aplicação da teoria da ***actio libera in causa*** (na origem da conduta, antes de ingerir a substância, o agente agia livremente – podia ou devia evitar a embriaguez).

18. Por outro lado, a embriaguez *involuntária completa* exclui a culpabilidade da conduta, isentando o agente de pena. A embriaguez *involuntária incompleta* permite a redução de pena de 1/3 a 2/3 (art. 28 § 2º). O STJ entende que, para que a diminuição se dê abaixo do patamar de 2/3, deve haver fundamentação idônea.

19. Essa dinâmica se estende à embriaguez por uso de entorpecentes, havendo previsões específicas análogas na Lei de Drogas (arts. 45 e 46).

20. A embriaguez **patológica**, enquanto doença mental, pode levar à inimputabilidade do agente (art. 26).

21. A embriaguez **preordenada**, aquela iniciada com intuito de permitir ter coragem para praticar posterior crime, é circunstância agravante (art. 61, II, l).

22. O segundo elemento da culpabilidade é a **potencial consciência da ilicitude** da conduta. Não se confunde com o mero *desconhecimento da lei*, instrumento formal que veicula os tipos penais, o qual não isente o agente de responsabilidade (art. 21).

23. Basta o meio *conhecimento profano do injusto* para que se permita a responsabilidade do agente, não se exigindo a *real* consciência da ilicitude, mas a potencial.

24. É nesse instituto que se analisa o **erro de proibição**, que, quando escusável, afasta a culpabilidade da conduta e, quando inescusável, reduz a pena de 1/6 a 1/3.

25. O terceiro elemento da culpabilidade é a **exigibilidade de conduta diversa**, ou seja, a possibilidade de se exigir que o agente, naquela situação, agisse conforme o Direito, licitamente. Existem causas legais e supralegais.

26. Dentre as causas **legais** de exclusão da culpabilidade por inexigibilidade de conduta diversa, está a **coação moral** (*vis compulsiva*) **irresistível**. Não se confunde com a coação física irresistível (*vis absoluta*), que exclui a própria conduta do agente. Quando resistível, haverá condenação, com a incidência da atenuante do art. 65, III, c, 1ª parte.

27. Também a **obediência hierárquica** afasta a culpabilidade do agente, quando (i) a conduta se der *estritamente* nos limites da ordem; (ii) a ordem *não for manifestamente ilegal*; e (iii) a ordem for *proveniente de superior* hierárquico, ou seja, relação de Direito Público, e não entre particulares. Quando ausente um dos dois primeiros requisitos, pode ser caso de condenação com aplicação da atenuante do art. 65, III, c, 2ª parte.

28. Com o advento da Lei 12.850/13 (Organizações Criminosas), há uma terceira hipótese legal, o **crime cometido por agente infiltrado** (art. 13, parágrafo único), encerrando discussão doutrinária (havia quem defendesse que a conduta não fosse ilícita).

29. **Corrente minoritária** (*Rogério Greco*) sustenta que o aborto cometido por médico quando a gravidez decorre de estupro seria uma quarta causa legal de inexigibilidade de conduta diversa, mas a **corrente majoritária** entende ser caso de estado de necessidade.

30. No ordenamento brasileiro (ao contrário do alemão, onde são impossíveis), admite-se as causas **supralegais** de exclusão da culpabilidade pela inexigibilidade de conduta diversa, de modo que as mais diversas teses podem ser aí inseridas. A doutrina coloca, por exemplo, as seguintes: (i) estado de necessidade quando o sacrifício do bem não era razoável (*Cezar Bitencourt*); (ii) excesso exculpante na legítima defesa e no estado de necessidade; (iii) agressão não iminente na legítima defesa (*Rogério Greco*); (iv) objeção de consciência (deixar de cumprir determinações legais em razão de convicções pessoais).

31. Também a teoria da **coculpabilidade** (ou *coculpabilidade*, como prefere *Zaffaroni*) é trazida como causa supralegal (*Cristiano Rodrigues*). Diz respeito à menor reprovabilidade da conduta do agente quando há negligência estatal em garantir-lhe sua subsistência digna, por meios lícitos. Caso não se aceite a absolvição, pode-se sustentar sua aplicação como circunstância atenuante, dentro da permissão genérica do art. 66.

3.12. Erro de Tipo e Erro de Proibição

1. **Erro** é a *falsa* representação da realidade (um estado positivo), enquanto **ignorância** é a *falta* de representação da realidade (estado negativo).

2. O **erro de tipo** é aquele que recai sobre os elementos do tipo penal, possuindo *reflexos na tipicidade*. Pode ser **essencial** (recai sobre alguma das elementares do tipo) ou **acidental** (recai sobre elemento não essencial ou no movimento da execução).

3. O *erro de tipo essencial* pode ser **invencível**/*escusável*/*inevitável* (o agente não tinha como, naquela situação, evitá-lo), o que afastará o dolo e a culpa, ou **vencível**/*inescusável*/*evitável* (o agente podia, agindo com maior cautela, evitá-lo), que afasta somente o dolo, mas, se houver previsão de modalidade culposa, o agente por ela responderá.

4. Já o *erro de tipo acidental* pode ser: (i) erro sobre o objeto (***error in objecto*** – sem influência jurídica); (ii) erro sobre a pessoa (***error in persona*** – agente atinge uma pessoa acreditando ser outra: serão consideradas as circunstâncias pessoas referentes à pessoa que o agente queria atingir – art. 20 § 3º); (iii) erro na execução (***aberratio ictus*** – agente atinge uma pessoa por acidente ou por erro no uso dos meios executórios: ocorre de pessoa para pessoa – aplica-se a regra do erro sobre a pessoa; caso se atinja também a pessoa pretendida, aplica-se o concurso formal de crimes – art. 73); (iv) resultado diverso do pretendido (***aberratio criminis*** – agente queria praticar um crime e, por acidente ou erro no uso dos meios executórios, pratica outro: ocorre de um crime contra coisa para um crime contra pessoa – agente responderá por culpa, se houver previsão; caso atinja também o resultado pretendido, aplica-se o concurso formal de crimes – art. 74); (v) erro sobre o nexo causal (***aberratio causae* em sentido estrito** – agente busca praticar o crime por um meio, mas o mesmo vem a ser praticado por outro meio – há um só ato: sem influência jurídica); (vi) **dolo geral** (agente imagina já ter consumado o crime, mas apenas o faz por meio de um segundo ato – há mais de um ato: sem influência jurídica).

5. Nas hipóteses de *aberratio causae* (sem sentido estrito e por dolo geral), a **corrente majoritária** defende o **princípio unitário** (agente responde por um só crime, pelo seu dolo), mas há uma **segunda corrente** que sustenta o *princípio do desdobramento* (responde por mais de um crime, em concurso material) e uma **terceira corrente** (*Rogério Sanches*) que defende a aplicação da solução mais favorável, dentre as duas.

6. Por outro lado, o **erro de proibição** gera reflexos na *culpabilidade* (dentro do potencial conhecimento da ilicitude). Pode ser **direto** (recai sobre o conteúdo da norma proibitiva – não sabe que a conduta era proibida), **indireto** (recai sobre uma causa de justificação – imaginava estar amparado por uma excludente de ilicitude) ou **mandamental** (recai sobre uma norma mandamental – imagina que não possuía o dever de agir, decorrente dos tipos omissivos, quando, na verdade, existia esse mandamento).

7. O erro de proibição é o *inverso do delito putativo*, pois naquele o agente age acreditando não estar praticando crime, quando está, e neste o agente age acreditando estar praticando crime, quando não há previsão típica daquela conduta. Existe, ainda, o *delito de alucinação* (delito putativo por erro de tipo), no qual o agente pressupõe estar praticando crime porque teve uma falsa percepção da realidade que, se real fosse, caracterizaria infração penal (exemplo: atirar em boneco de cera).

Quando **inevitável**, o erro de proibição isenta o agente de pena, porque afasta a culpabilidade; quando **evitável**, pode haver diminuição de 1/6 a 1/3 (art. 21).

8. Discute-se se o erro acerca dos elementos normativos do tipo seria sempre erro de tipo (*Rogério Greco*) ou se variariam entre erro de tipo (quando dissessem respeito a elementos jurídico-normativos do tipo, isto é, quando expressos no tipo penal, especificamente – exemplo: "documento") e erro de proibição (elementos jurídico-normativos da ilicitude, quando aumentassem o desvalor da conduta – exemplo: "sem observância da disposição legal"), como quer uma segunda corrente (*Alcides Munhoz Neto*).

10. O **erro de subsunção** diz respeito à falsa percepção do sentido jurídico do comportamento do agente, de algum conceito jurídico – o que não o isenta de pena e, se muito, poderá ser considerado na atenuante genérica do art. 66 (exemplo: ignora a equiparação do cheque a documento público para fins do delito de falsificação).

11. A diferenciação é importante para bem compreender os reflexos das **descriminantes putativas**, isto é, quando o agente acredita estar agindo licitamente, amparado por uma excludente da ilicitude.

12. Pela **teoria limitada da culpabilidade**, adotada pelo art. 20 § 1º (item 17 da Exposição de Motivos), quando a falsa percepção se der em relação a elementos da realidade, fáticos, estaremos diante de um erro de tipo (exemplo: agente acredita que alguém esteja apontando uma arma para si, quando na verdade era uma furadeira); quando a falsa percepção for normativo, isto é, disser respeito ao limite de uma excludente da ilicitude, estaremos diante de um erro de proibição, com as suas consequências penais (exemplo: agente acredita que, uma vez amparado pela legítima defesa, poderia cessar a agressão de forma exagerada, atirando no rosto do seu agressor).

13. Pela **teoria extremada da culpabilidade**, todas as hipóteses de erro quanto à excludentes de ilicitude seriam considerados erros de proibição. Há, ainda, a **teoria da culpabilidade que remete às consequências jurídicas** (*Jescheck*), que as consideram como erros *suis generis*.

4. CONCURSO DE PESSOAS

1. O concurso de pessoas é conceito que depende de **quatro requisitos**: (i) *pluralidade* de agentes e condutas (vários agentes praticam condutas); (ii) *relevância* de cada conduta (todas as condutas devem interferir na produção do resultado – imputação material); (iii) *liame subjetivo* (prévio acordo entre os agentes); (iv) *identidade* da infração penal (agentes todos visando a prática do mesmo ilícito).

2. O instituto volta-se aos **crimes unissubjetivos**, permitindo a responsabilização dos demais agentes, além do autor principal – é o que se chama **concurso eventual**. Nos crimes *plurissubjetivos*, o concurso de pessoas é **obrigatório** para que se perfaça o tipo penal.

3. Existem **três teorias**: (i) *teoria* **pluralista** (cada agente/conduta pratica uma infração diferente); (ii) teoria **dualista** (os autores respondem por uma infração e os partícipes por outra); (iii) teoria **monista** ou **unitária** (todos os agentes respondem pelo mesmo delito).

4. Nosso ordenamento adotou a teoria monista *matizada*, *temperada*, *relativizada*, porque, excepcionalmente, pune-se a participação de forma diferente (parágrafos do art. 29: participação de menor importância, desvio subjetivo), ou há a adoção da teoria pluralista (exemplo: crime de aborto praticada por terceiro, com consentimento da gestante - o terceiro responde pelo art. 126; a gestante, pelo art. 124).

5. Os **conceitos de autor e partícipe** variam de acordo com três teorias: (i) **conceito restritivo** de autor (autor é somente quem pratica o verbo previsto no núcleo do tipo) e **teoria objetiva** de participação (*objetiva-formal*: partícipe é quem não comete o verbo do núcleo; ou *objetiva-material*: autor contribui mais determinantemente para a prática do resultado), criticadas por não resolver, por exemplo, o caso da autoria mediata; (ii) **conceito extensivo** de autor (todos que colaboram para a prática do crime serão autores) e **teoria subjetiva** da participação (o partícipe participa do crime, mas não o quer como próprio), criticadas em casos limítrofes, como o do matador de aluguel; (iii) **teoria do domínio do fato** (*Welzel - coautor* será aquele que, diante da divisão de tarefas, possuir *domínio funcional do fato*, importante e necessário para a empreitada criminosa, pelo qual ficou responsável, podendo decidir se irá ou não até o final). Esta última é a teoria adotada pela maioria da doutrina brasileira.

6. A coautoria é admitida nos crimes próprios, desde que todos os sujeitos ostentem a qualidade específica do autor exigida pelo tipo penal (exemplo: vários funcionários públicos praticando peculato). Já nos crimes de mão própria, uma **primeira corrente** (*Rogério Greco*) não a admite, entendendo somente ser possível participação, enquanto uma **segunda corrente** (STF, STJ) permitem, especificamente no crime de falso testemunho.

7. É possível que a um agente ingresse na empreitada criminosa, havendo acordo com os demais, após seu início (**coautoria sucessiva**). O termo final, limite para o ingresso, para uma **primeira corrente** (*Nilo Batista*) é o exaurimento do crime, enquanto para uma **segunda corrente** é a consumação. O coautor sucessivo, segundo uma **primeira corrente** (*Nilo Batista, Welzel*) responde por todos os fatos praticados, desde que tenha tomado conhecimento deles; para uma **segunda corrente** (*Zaffaroni, Mezger*), responderá apenas pelos delitos cometidos após seu ingresso na empreitada; para uma **terceira corrente** (*Rogério Greco*), o coautor poderá

responder pelos crimes anteriores ao seu ingresso, desde que (i) não sejam mais graves do que os praticados após seu ingresso e (ii) tenha tomado ciência deles.

8. O **autor direto** ou *imediato* é o que executa diretamente a conduta prevista no núcleo do tipo, enquanto o **indireto** ou *mediato* se vale de interposta pessoa para praticar o crime. Existem várias hipóteses de autoria indireta: (i) coação moral irresistível (a do coator - art. 22); (ii) ordem hierárquica (a do superior hierárquico - art. 22); (iii) erro determinado por terceiro (a do terceiro - art. 20 § 2º); (iv) instrumento impunível por condição pessoal (art. 62, III - *Zaffaroni* e *Pierangeli* sustentam a irresponsabilidade do autor mediato, nesse caso); (v) instrumento que não pratica conduta (exemplo: estado de inconsciência decorrente de hipnose).
9. Nos crimes próprios, a autoria mediata é possível, enquanto nos crimes de mão própria não, pois demandam atuação pessoal do agente. A *exceção* fica por conta do crime de falso testemunho (exemplo: testemunha presta depoimento falso por conta de anterior coação moral).
10. O **autor intelectual** é aquele que promove ou organiza a empreitada criminosa, sendo o cabeça do grupo, respondendo de maneira agravada (art. 62, I).
11. O **autor de escritório** é aquele que apenas dá ordens para que outros cometam crimes, servindo como modalidade especial de autoria mediata.
12. O **autor de determinação** (*Zaffaroni*: *delito de terminação*) é aquele que domina a ação de outrem, determinando-o. O autor imediato não atua livremente, mas sob a determinação do autor de determinação, mediato (exemplo: hipnotiza um terceiro, que, inconsciente, comete o crime, embora não pratique conduta, restando o autor de terminação responsabilizado penalmente).
13. O **autor por convicção** é aquele que comete infração por razões de consciência, imbuído de valores políticos, religiosos, filosóficos, sociais, segundo sua ética individual.
14. A **autoria colateral** ocorre quando dois agentes concorrem em suas condutas, mas sem prévio acordo (liame subjetivo), o que afasta o concurso de pessoas, de modo que apenas poderão ser responsabilizados pelo resultado que sua ação, individualmente considerada, causou.
15. A **autoria incerta** ocorre quando, dentre alguns possíveis nomes, não se sabe qual deles efetivamente praticou o crime, enquanto a **autoria desconhecida** ocorre quando se ignora os possíveis autores do delito praticado.

16. A **participação** pode ser **material** (prestação de auxílios materiais) ou **moral**, por *induzimento/determinação* (incute-se, cria-se a ideia criminosa na cabeça do autor) ou por *instigação* (estimula-se a ideia já existente).

17. Quanto à participação material, quando o bem ou o serviço necessário for considerado escasso, raro, se estará diante de uma **cumplicidade necessária**, o que afasta a possibilidade de aplicação da participação de menor importância. Quando o bem/serviço for comum, a cumplicidade será *desnecessária*.

18. A **participação de menor importância** acarretará diminuição de pena de 1/6 a 1/3 (art. 29 § 1º).

19. A participação moral deve se destinar a *fato e pessoa certos*, determinados. Caso contrário, em havendo estímulo a pessoas indeterminadas, genericamente, haverá o crime de *incitação ao crime* (art. 286).

20. A participação não se confunde com o crime de *favorecimento pessoal* (art. 349): na participação, o auxílio se dá antes do cometimento do crime, no favorecimento, após. Vale notar que, embora o art. 349 fale apenas em "fora dos casos de coautoria", também a participação estaria incluída, vez que sua redação é anterior à da atual parte geral.

21. É possível a **participação por omissão**, quando material, mas não quando moral. Excepcionalmente, quando o agente ocupar a posição de garantidor (art. 13 § 2º), não será considerado partícipe por omissão, e sim autor.

22. A **participação negativa** (*conivência, crime silente ou concurso absolutamente negativo*) é o mero conhecimento de um crime por sujeito que não está obrigado a agir para evitá-lo, não configurando, a rigor, participação, nem responsabilizando o sujeito.

23. A configuração da participação pode depender de várias teorias: (i) **da acessoriedade mínima** (basta que a conduta do autor seja típica para que se puna o partícipe); (ii) **da acessoriedade limitada** (basta que a conduta do autor seja típica e ilícita para que se puna o partícipe – adotada pela maioria da doutrina brasileira); (iii) **da acessoriedade máxima** ou **extrema** (exige conduta típica, ilícita e culpável para que o partícipe seja punido – adotada por *Mezger*); (iv) **da hiperacessoriedade** (além de típica, ilícita e culpável, a conduta do autor deveria ser punível, para que se puna o partícipe).

24. Quando o **autor desistir** *voluntariamente* da execução **ou se arrepender** *eficazmente*, uma **primeira corrente** (*Rogério Greco*) entende que o partícipe deveria ser punido, bastando que se iniciem os atos executórios; uma **segunda corrente** (*Nilo Batista*), levando em conta a natureza acessória da participação, entende que, também, o partícipe restaria impune.

25. Já quanto à desistência ou ao arrependimento do próprio partícipe, uma **primeira corrente** (*Nilo Batista*) entende que o partícipe só responderá pelos atos já praticados; uma **segunda corrente** (*Rogério Greco*) sustenta que o partícipe só restará impune se conseguir convencer o autor a também ele desistir da execução ou se arrepender eficazmente.

26. A **participação sucessiva** é admitida, desde que exerça alguma influência sobre o agente. Existe a mesma polêmica relativa à coautoria sucessiva quanto ao limite temporal para tanto (alguns defendem que seria a consumação; outros, o exaurimento).

27. A **tentativa de participação** não é punível, sendo um indiferente penal.

28. É possível a **participação de participação** (*participação em cadeira*), quando um agente, por exemplo, instiga outro a induzir um terceiro ou a prestar-lhe auxílio material.

29. A **punibilidade no concurso de pessoas** se dá na medida da culpabilidade de cada um dos agentes. Todos respondem pelo mesmo crime, mas sua pena pode variar.

30. Havendo um **desvio subjetivo de conduta** de um dos agentes (coautor ou partícipe) no curso da empreitada, os demais agentes, que ignoravam a intenção daquele, responderão apenas pelo delito menos grave, contido no liame subjetivo. Quando, porém, o resultado mais grave for previsível, a pena será aumentada até a metade (art. 29 § 2º). Exemplo: sequestro em que um dos agentes decide estuprar a vítima sem qualquer consentimento ou prévio acordo com os demais.

31. No caso do roubo que se torna latrocínio, por culpa de um dos agentes, sem consentimento dos demais, embora parcela da doutrina entenda por aplicar o desvio subjetivo, o STF (RHC 133575), recentemente, afastou a tese, ante a previsibilidade de ocorrência do resultado mais grave (morte).

32. As **circunstâncias de caráter pessoal** (*subjetivas*) não se comunicam aos demais agentes (exemplo: agravante por cometimento de crime contra ascendente - art. 61, II, e), *exceto* quando integrarem o tipo penal (exemplo: condição de ser mãe no infanticídio). Por outro lado, as *circunstâncias de caráter objetivo* se comunicam. Nos dois casos, porém, as circunstâncias devem ter *entrado na esfera de conhecimento* do agente, sob pena de termos uma responsabilidade penal objetiva.

33. Os **crimes multitudinários** (cometidos por uma multidão) fazem presumir, para **parcela da doutrina** (*Cezar Bitencourt*), o vínculo entre os agentes (logo, o concurso de pessoas), enquanto para **outra parcela** (*Rogério Greco*) este deveria ser comprovado no caso concreto, sem presunções.

34. Nos **crimes omissivos**, **parcela da doutrina** (*Juarez Tavares*) não admite o concurso de pessoas, pois o dever de agir seria pessoal, individual. **Outra parcela** (*Cezar Bitencourt*) admite o concurso, tanto na modalidade da coautoria como na da participação, inclusive para os crimes omissivos impróprios.

35. Nos **crimes culposos**, admite-se a coautoria, de forma majoritária. Já a participação não é admitida por uma **primeira parcela** da doutrina, majoritária (*Bitencourt*, STJ). Outra **parcela** (*Rogério Greco*), contudo, admite a participação culposa em crime culposo, mas não a participação dolosa em crime culposo (que corresponderia ao erro determinado por terceiro).

5. PENAS

5.1. Teoria da Pena

1. São duas as **espécies de sanções penais**: a pena e a medida de segurança.

2. A **pena**, por sua vez, pode ser de três espécies: privativa de liberdade, restritiva de direitos e de multa.

3. A **pena privativa de liberdade** pode ser de **reclusão**, que (i) pode ser iniciada em regime fechado, semiaberto ou aberto; (ii) será executada primeiramente, em caso de concurso de crimes (essa diferenciação acaba por inexistir, na prática); (iii) admite a perda do poder familiar, tutela ou curatela (art. 92, III); (iv) admite a interceptação telefônica (art. 2º, III da Lei 9.296/96); ou de **detenção**, que (i) só pode ser iniciada no regime semiaberto ou aberto; (ii) será executada após a reclusão; (iii) não permite o efeito secundário do art. 92, III; (iv) nem a interceptação telefônica.

4. O **tempo máximo de cumprimento de pena** é de 30 anos (art. 75), devendo suceder a *unificação* das penas, pelo juiz da execução, quando tal patamar for ultrapassado. A pena total, porém, é tomada como base para os benefícios da execução penal (Súm. 715/STF), embora esse posicionamento seja criticado amplamente (*Ney Moura Teles, Rodrigo Roig*). Caso sobrevenha condenação por fato *posterior* ao início do cumprimento, admite-se a soma da nova pena e a posterior unificação.

5. Os **regimes iniciais de cumprimento** variam de acordo com três critérios: quantidade de pena, reincidência e circunstâncias judiciais. A princípio, o regime **fechado** (estabelecimentos de segurança máxima ou média) se destina a penas maiores de 8 anos e para reincidentes, bem como quando as circunstâncias judiciais assim indicarem. O regime **semiaberto** (colônia agrícola, industrial ou estabelecimento similar) se destina a condenados primários com pena maior que 4 anos e até 8 anos. Já o regime **aberto** (casa de albergado ou estabelecimento adequado) se destina a condenados primários com penas até 4 anos.

6. Esse regramento não é totalmente fixo: é possível que um condenado reincidente, com pena de até 4 anos e com circunstâncias judiciais positivas inicie o cumprimento no regime semiaberto (Súm. 269/STJ).

7. Também pode ocorrer de haver fixação de *regime mais gravoso*, desde que com motivação idônea para tanto (Súm. 719/STF), sempre de acordo com o caso *concreto*. O STF (HC 124876) permite de acordo com as circunstâncias judiciais desfavoráveis, vedando a imposição de regime mais gravoso quando a pena base for fixada no mínimo legal; por outro lado, o STJ (HC 309939) decidiu que a fixação da pena de um condenado primário no mínimo legal não autoriza regime mais gravoso.

8. A opinião do julgador sobre a gravidade em abstrato do delito não é suficiente para tanto (Súm. 718/STF e Súm. 440/STJ), bem como não pode ocorrer *bis in idem* (exemplo no STJ, AgRg no AREsp 349732: agravação de regime no roubo porque apontou arma para a vítima, o que já vem valorado no elemento "grave ameaça").

9. Como visto ao tratar do princípio da individualização da pena, o STF não admite a fixação obrigatória de regime integralmente fechado ou inicialmente fechado, por força de lei (caso da Lei de Crimes Hediondos).

10. Com o advento do art. 387 § 2º CPP, o tempo de prisão provisória, prisão administrativa ou internação, no Brasil ou não, será computada para fins de fixação, na sentença, do regime inicial (**detração**, também prevista no art. 42 CP). Discute-se como e aplica esse comando. Uma **primeira corrente** entende que apenas se analisará, no momento da sentença, se o acusado já cumpriu os requisitos objetivos e subjetivos para a progressão de regime – seria uma *antecipação do benefício da execução*; uma **segunda corrente** entende que devem ser analisados apenas os requisitos objetivos, de modo que, cumprido 1/6 da pena, deve ser fixado o regime posterior na sentença – seria um *novo critério para fixação de regime*; uma **terceira corrente** entende que o tempo de pena provisória deve ser descontado, matematicamente, do total de pena da condenação e, após, fixado o regime inicial adequado. Há quem estenda o raciocínio para outros direitos subjetivos do apenado, como a liberdade provisória (*Paulo Rangel*).

11. Em caso de **sentença silente** quanto ao regime de cumprimento, uma **primeira corrente** (*Rogério Greco*) entende que o juiz da execução deverá fixá-lo pelo quantum de pena aplicado; uma **segunda corrente** (Renato Marcão) entende que deve ser fixado o regime mais brando (o aberto); e uma **terceira corrente** (decisão do STJ, 5ª Turma) entende que o título executivo deve voltar para o juiz da condenação, para que este esclareça o regime.

12. Em caso de **falta de vagas** no estabelecimento adequado, o STF (Súm. Vinculante 56: A falta de estabelecimento penal adequado não autoriza a manutenção do condenado em regime prisional mais gravoso, devendo-se observar, nessa hipótese, os parâmetros fixados no RE 641.320-RS) e o STJ entendem que a pena deverá ser cumprida em regime mais benéfico, onde houver vaga. Se não existirem nem em casas de albergado, deverá ser cumprida em prisão domiciliar até que surjam vagas (Súm. Vinculante 56: "a) a falta de estabelecimento penal adequado não autoriza a manutenção do condenado em regime prisional mais gravoso; b) os juízes da execução penal poderão avaliar os estabelecimentos destinados aos regimes semiaberto e aberto, para qualificação como adequados a tais regimes. São aceitáveis estabelecimentos que não se qualifiquem como "colônia agrícola, industrial" (regime semiaberto) ou "casa de albergado ou estabelecimento adequado" (regime aberto) (art. 33, § 1º, alíneas "b" e "c"); c) havendo déficit de vagas, deverá determinar-se: (i) a *saída antecipada* de sentenciado no regime com falta de vagas; (ii) a *liberdade eletronicamente monitorada* ao sentenciado que sai antecipadamente ou é posto em prisão domiciliar por falta de vagas; (iii) o cumprimento de *penas restritivas de direito e/ou estudo* ao sentenciado que progride ao regime aberto. Até que sejam estruturadas as medidas alternativas propostas, poderá ser deferida a *prisão domiciliar* ao sentenciado").

13. A **prisão simples** é a espécie de pena privativa de liberdade cominada para as contravenções penais. É uma sanção sem rigor penitenciário, em estabelecimentos especiais ou seção de prisão comum.

14. As **penas restritivas de direito** são, em regra, substitutivas (ou seja, após a fixação da pena privativa de liberdade, ocorre a **substituição**): para penas privativas de liberdade de até 1 ano, o juiz a substituirá por uma multa ou por uma pena restritiva de direitos; para condenações superiores a 1 ano, será substituída por uma multa e uma pena restritiva ou por duas penas restritivas.

15. Em havendo descumprimento, no curso da execução, haverá **conversão** da pena restritiva de direitos para pena privativa de liberdade, computando-se

o tempo como pena cumprida, devendo restar, ao menos 30 dias de privação de liberdade. O STJ (HC 251312) exige a prévia oitiva do condenado em juízo, vez que a lei exige que o *descumprimento seja injustificado* (art. 44 § 4º). *Exceção*: crime de porte de drogas para uso pessoal (art. 28 Lei 11.343/06), que prevê uma pena restritiva não substitutiva.

16. Segundo o STJ (REsp 1524484), é impossível a reconversão da pena restritiva de direitos em privativa de liberdade a pedido do condenado, pois esta depende do preenchimento dos requisitos legais, não cabendo ao condenado escolher a maneira de cumprir a sanção, conforme se mostre mais cômoda. O STJ também não admite a execução provisória/antecipada da pena restritiva de direitos, exigindo, para tanto, o trânsito em julgado (3ª Seção, EREsp 1619087). Ademais, o STJ (REsp 1.699.665) já negou a possibilidade de se decretar o arresto de bens do condenado para cumprimento da prestação pecuniária, sendo a consequência legal do descumprimento a conversão em PPL.

17. Se sobrevier condenação por outro crime, o juiz pode manter a pena restritiva, se for compatível com a pena imposta por esse novo crime, ou convertê-la, se incompatível.

18. Para que ocorra a substituição, o art. 44 prevê alguns **requisitos**: (i) crime doloso: pena de até 4 anos, desde que não cometido com violência ou grave ameaça à pessoa; (ii) crime culposo: qualquer pena; (iii) réu não seja reincidente em crime doloso (*excepcionalmente*, mesmo o reincidente pode ter sua pena substituída, desde que: a medida seja socialmente adequada e a reincidência não seja específica, ou seja, pelo mesmo crime); (iv) condições judiciais indicarem a substituição (favoráveis).

19. A primeira espécie de pena restritiva de direitos é a **prestação pecuniária**, consistente (i) no pagamento de um valor de até 360 salários mínimos (ii) para a vítima, seus dependentes ou entidade pública ou privada com destinação social, (iii) deduzido da eventual reparação cível.

20. A lei prevê (art. 45 § 2º) a possibilidade de substituição dessa prestação em dinheiro por prestação de outra natureza qualquer, desde que lícita e que o beneficiário aceite. Há **quem sustente** (*Luiz Regis Prado*) a inconstitucionalidade dessa pena, porque violaria a legalidade certa; a **corrente majoritária,** contudo, a considera constitucional, porque não é proibida pelo art. 5º, XLVII da CF.

21. A segunda espécie é a **perda de bens e valores**, em favor do Fundo Penitenciário Nacional ou do fundo específico (exemplo: FUNAD, na Lei de Drogas). Engloba bens móveis e imóveis, no valor do prejuízo causado ou do proveito obtido, o que for maior.

22. Tal pena não se confunde com a perda dos bens produto do crime, consequência do crime (art. 91, II, b), porque: (i) lá, são adquiridos ilicitamente, e, aqui, não (o que leva parte da doutrina a questionar a constitucionalidade dessa modalidade, porque equivaleria ao confisco de bens obtidos licitamente); (ii) a natureza jurídica se diferencia; (iii) lá, há sempre prejuízo, aqui, não necessariamente.

23. A terceira espécie é a **prestação de serviços à comunidade**, (i) em entidade pública a ser escolhida pelo juiz da execução (ii) desde que a condenação seja superior a 6 meses de pena, (iii) na razão de uma hora de prestação por dia de condenação.

24. A quarta espécie é a **interdição temporária de direitos**, dentre os quais: (i) cargo, função, atividade pública ou mandato eletivo; (ii) profissão, atividade ou ofício que dependa de autorização pública; (iii) suspensão da autorização ou da habilitação para dirigir; (iv) proibição de frequentar certos lugares; (v) proibição de inscrever-se em concurso público. A doutrina busca que essas limitações tenham relação com o delito praticado (exemplo: homicídio na condução de automóvel e suspensão da habilitação ou fraude de certame público e proibição de se inscrever em concursos).

25. A quinta espécie é a **limitação de fim de semana**, que consiste em recolhimento aos sábados e domingos em casa de albergado ou estabelecimento semelhante por 5 horas diárias, podendo haver cursos e palestras nesse período.

26. A **duração das penas restritivas de direitos** será, no caso destas três últimas, a mesma da pena privativa de liberdade aplicada. Quando a pena for superior a 1 ano, porém, é possível que se cumpram as penas substitutivas em menor período, desde que não inferior à metade da pena aplicada (exemplo: pena privativa de liberdade de 3 anos, substituída por prestação de serviços, que poderia ser cumprida em, no mínimo, 1 ano e meio).

27. A substituição é possível mesmo nos crimes hediondos e equiparados, especificamente no tráfico privilegiado, após a decisão do STF em sede de controle difuso e a suspensão da eficácia do art. 33 § 4º, nessa parte, pela Resolução 5/2012 do Senado. No entanto, o STJ não admite a substituição para crimes e contravenções cometidos na forma da Lei Maria da Penha (súmula 588). A 2ª turma do STF, porém, admite a substituição para as contravenções.

28. A **pena de multa** é aplicada para os crimes que a cominem em abstrato, cumulativamente ou alternativamente à pena privativa de li-

berdade (inclusive, como visto, como pena substitutiva), por meio do *sistema de dias-multa.*

29. Primeiramente, de forma proporcional à aplicação da pena privativa de liberdade, fixa-se o número de dias-multa, no mínimo de 10 e no máximo de 360. Depois, decide-se, com base na situação econômica do réu, o valor de cada dia-multa (desde 1/30 do salário mínimo até 5 vezes seu valor, podendo ser aumentada até o triplo, logo 15 vezes, se insuficiente o valor). Por fim, multiplica-se o número de dias-multa pelo valor determinada para cada dia, devendo ser pago em até 10 dias ou parceladamente, caso (i) haja requerimento e (ii) as circunstâncias recomendarem. Ademais, é possível o desconto no vencimento ou salário (art. 50).

30. A multa é **dívida de valor** (art. 51) e a legitimidade para sua execução é tema polêmico. De acordo com o STJ, deveria ser cobrada pela Fazenda Pública, por meio da execução fiscal (Súm. 521/STJ: A legitimidade para execução fiscal de multa pendente de pagamento imposta em sentença condenatória é exclusiva da Procuradoria da Fazenda Pública), e não pelo Ministério Público, e para parte da doutrina (*Bitencourt, Nucci*), bem como jamais sendo convertida em pena privativa de liberdade. De todo modo, o MP tem legitimidade para requerer medidas acautelatórias enquanto não houver trânsito em julgado, visando garantir o futuro pagamento da pena de multa, segundo o STJ (REsp 1275834). Para o STF, porém, em novo entendimento, o MP tem legitimidade prioritária, sendo subsidiária a iniciativa da Fazenda Pública (ADI 3150).

31. O STJ (REsp 1519777, Tema 931 dos Recursos Repetitivos) entende que o inadimplemento da pena de multa não impede a extinção da punibilidade do delito.

32. Para o STJ (Tema 20 dos Recursos Repetitivos), é inadmissível a fixação de pena substitutiva (art. 44 do CP) como condição especial ao regime aberto.

5.2. Aplicação da Pena

1. A aplicação da pena, no sistema brasileiro atual, se dá pelo **modelo trifásico** (*Nelson Hungria*), no qual existem três fases (pena base, pena intermediária e pena final), ao contrário do **modelo bifásico** (*Roberto Lyra*), em que as agravantes e as atenuantes são averiguada juntamente com as condições judiciais, na primeira etapa, e as majorantes e minorantes na segunda etapa. De acordo com o STJ (Tema 190 dos Recursos

Repetitivos), o critério trifásico não permite ao magistrado extrapolar os marcos mínimo e máximo abstratamente cominados para a aplicação da sanção penal.

2. São **princípios** básicos no momento de aplicação da pena o da *individualização* da pena, o da *proporcionalidade* e o da *vedação ao bis in idem.*

3. Na **primeira fase** de aplicação, levam-se em conta as **circunstâncias judiciais** (art. 59 CP e disposições específicas em leis especiais), de modo a variar entre a pena mínima cominada e o máximo previsto. Nesse ponto, é que se averigua se é caso de *tipo fundamental* ou *tipo qualificado.*

4. A doutrina (*Cezar Bitencourt*) aponta como parâmetro de aumento 1/8 por cada circunstância desfavorável, advogando que a pena base não poderá ultrapassar o *termo médio* (média da pena em abstrato). Trata-se de juízo de *discricionariedade vinculado* (*Luiz Regis Prado*).

5. O art. 59 traz 8 circunstâncias. A primeira é a **culpabilidade**, uma análise da censurabilidade do ato.

6. Segundo o STF (HC 122940), essa circunstância não se confunde com a culpabilidade enquanto elemento do conceito de crime, dizendo respeito à reprovação social que o crime e o autor do fato merecem.

7. Segundo o STJ (HC 264459), o fato de o agente se utilizar da situação de vulnerabilidade emocional da vítima em razão da morte de seu filho (no caso concreto, por erro médico) pode justificar o aumento de pena.

8. A segunda são os **antecedentes**. Nesse ponto, é vedado utilizar inquéritos e ações penais em curso para aumentar a pena base (Súm. 444/STJ e STF, RE 591054, Tema 129 da Repercussão Geral). O STJ (HC 210787) apenas admite que se considerem como maus antecedentes os fatos (i) anteriores ao crime que está sendo julgado e (ii) pelos quais tenha sido condenado com trânsito em julgado o agente (mesmo que o trânsito em julgado seja posterior ao crime pelo qual está sendo julgado).

9. Existe divergência entre o STF e o STJ quanto ao uso de condenações passadas que não servem mais para fins de reincidência (mais de 5 anos do fim do cumprimento de pena) como maus antecedentes. O **STJ** (HC 238065) e parte da doutrina (*Rogério Greco* e *Cezar Bitencourt*) aplicam o *sistema da* **perpetuidade** e admitem o uso - o agente nunca volta a ser primário; o **STF** (HC 119200), por outro lado, aplica o *sistema da* **temporariedade** e afasta o aumento de pena.

10. O STJ (REsp 1160440), pontualmente e de maneira excepcional, já desconsiderou condenações ocorridas há mais de 5 anos por crimes patrimo-

niais de modo a permitir a aplicação da minorante do tráfico privilegiado (art. 33 § 4º da Lei de Drogas), ante as peculiaridades do caso concreto.

11. Parte da doutrina (*Rogério Greco*) exige que haja, nos autos, a certidão do cartório da vara na qual ocorreu a condenação, não bastando a folha de antecedentes causais para o aumento da pena.

12. A terceira circunstância é a **conduta social** do agente. Existem vozes que admitem utilizar essa circunstância para aumentar a pena quando não existe tecnicamente mau antecedente ou reincidência, mas essa postura é criticada por outra parcela da doutrina, que entende que a conduta social não deve dizer respeito a aspectos criminais, assim como pelo STJ (HC 475.436 e REsp 1.760.972) e pelo **STF (RHC 130132)**, para o qual na conduta social deve-se valorar o (i) comportamento do agente no seio familiar, (ii) no ambiente de trabalho e (iii) no relacionamento com outras pessoas, não se confundindo com antecedentes criminais.

13. A quarta circunstância é a **personalidade** do agente. Grande parte da doutrina (*Ney Moura Teles, Rogério Greco, Zaffaroni*) entende que o juiz não pode aumentar a pena com base nela, porque não se trata de conceito jurídico, averiguável pelo magistrado. Além disso, não foi objeto do processo. Caso contrário, teríamos uma demonstração de Direito Penal do autor.

14. O Superior Tribunal de Justiça (5ª Turma, HC 466746, e 6ª Turma, HC 472654) entende que condenações anteriores, mesmo transitadas em julgado, do agente não se prestam a aumentar a pena base com base na personalidade ("voltada para o crime").

14. A quinta circunstância são os **motivos** do crime, que podem servir favoravelmente ao acusado ou em seu desfavor. Quando, porém, existir previsão específica, como qualificadora ou circunstância atenuante/agravante, a pena base não deverá se alterar em razão dos motivos, sob pena de termos odiável violação ao *ne bis in idem* (exemplo do STF, RHC 117488 AgR: impossibilidade de aumento de pena base no crime de concussão em razão do "ganho fácil" inerente ao delito ou da "cobiça", como entendeu o STJ, 3ª Seção, EDv nos EREsp 1196136).

15. A sexta circunstância judicial são as **circunstâncias**, conhecidas como *circunstâncias* **inominadas**, podendo abarcar outros aspectos do crime, desde que não previstos em dispositivo específico.

16. A sétima circunstância judicial é a **consequência** do crime, tanto para o agente como para a vítima. O STF (HC 134193) entende que os elevados custos da atuação estatal para apuração da conduta criminosa e o enriquecimento ilícito do agente não são motivação idônea para o aumento da pena base, por essa circunstância.

17. A oitava circunstância é o **comportamento da vítima**. O STJ (HC 217819) entende que a ausência de comportamento não deve ser valorado negativamente.

18. Existem **previsões específicas** de circunstâncias a serem avaliadas pelo juiz ao lado daquelas esculpidas no art. 59 do CP. Por exemplo, o art. 42 da Lei de Drogas manda o juiz observar, inclusive com preponderância sobre o art. 59, a natureza e a quantidade da substância, a personalidade e a conduta social do agente.

19. Após a incidências das circunstâncias judiciais, estará formada a **pena base**.

20. Na **segunda fase**, aplicam-se as agravantes e atenuantes, sobre a pena base, de modo a chegar até a **pena provisória**. A doutrina e a jurisprudências apontam para o critério de aumento ou diminuição de *1/6* da pena base, para cada atenuante ou agravante. Excepcionalmente, o STJ admite, mediante motivação idônea e concreta, a adoção de frações maiores. O STJ (Tema 158 da Repercussão Geral) e o STF (RHC 118996) possuem entendimento no sentido da impossibilidade de a incidência de atenuantes reduzir a pena para abaixo do mínimo previsto em abstrato (Súm. 231/STJ), embora admitam que uma agravante eleve a pena para além do máximo em abstrato. Esse posicionamento é criticado por parte da doutrina, em razão dos princípios da isonomia (a confissão, por exemplo, pode se tornar um indiferente penal), da legalidade (o art. 65 é expresso ao afirmar que as atenuantes *sempre* atenuam a pena) e da individualização da pena, estando relacionado ao sistema bifásico de aplicação da pena.

21. No caso de **concurso entre circunstâncias atenuantes e agravantes**, o art. 67 diz que as de natureza subjetiva preponderam: isto é, os motivos, a personalidade (inclusive a menoridade e a confissão) e a reincidência.

22. O STF (RHC 114434) e o STJ entendem que a menoridade se compensa com a reincidência, havendo decisões que fazem preponderar a menoridade.

23. Quanto à confissão, o **STJ** (AgRg no REsp 1424247, Tema 585 dos Recursos Repetitivos) entende que pode ser compensada com a reincidência, exceto em caso de multirreincidência, enquanto o **STF** (RHC 120677) entende que a reincidência sempre prevalecerá, agravando a pena.

24. O STJ (AgRg no AREsp 689064) entende que a atenuante da confissão se compensa com a agravante do cometimento de crime com violência contra mulher.

25. O STJ (HC 318594) entende que a atenuante da confissão se compensa com a agravante da promessa de recompensa.

26. Segundo o STF (HC 120165) e o STJ (REsp 1254749), nos **crimes culposos**, em regra, as agravantes não se aplicam. *Exceto*: (i) a reincidência; (ii) os crimes preterdolosos.

27. São **circunstâncias agravantes** do CP: (i) a *reincidência*; (ii) o cometimento de crime em determinadas condições.

28. Quanto à **reincidência**, há quem a considere inconstitucional e inconvencional (viola o *ne bis in idem*, presente no Pacto de San José da Costa Rica), e até quem cogite que deveria ser uma atenuante, em razão da incapacidade do Estado de ressocializar o condenado (*Zaffaroni*). O STF, porém, julga a previsão constitucional (Tema 114 da Repercussão Geral).

29. O Código Penal considera reincidente aquele sujeito que cometeu novo *crime* após ter sido condenado em definitivo por *crime*, no Brasil ou no exterior (art. 63). O decreto-lei de contravenções penais considera reincidente aquele que cometeu nova *contravenção* após ter sido condenado em definitivo por *contravenção*, no Brasil, ou por *crime*, no Brasil ou no exterior (art. 7º LCP). Logo, apenas se considera, para fins de reincidência: os crimes, no Brasil ou no exterior, e as contravenções, apenas no Brasil.

Crime/Contravenção Local	Crime/Contravenção Local	Reincidência
Crime (Brasil ou exterior)	Crime (Brasil ou exterior)	Sim
Contravenção (Brasil)	Contravenção (Brasil)	Sim
Crime (Brasil ou exterior)	Contravenção (Brasil)	Sim
Contravenção (Brasil)	Crime (Brasil ou exterior)	Não

30. Após passarem 5 anos, desde o final do cumprimento da pena pelo crime anterior, o sujeito deixa de ser reincidente. Conta-se, nesse tempo, o período de prova do *sursis* e do livramento condicional (art. 64, I), sendo a *audiência admonitória* o marco inicial.

31. Também são desconsiderados, para efeito de reincidência, os crimes militares próprios e os políticos. De acordo com o STJ (6ª turma, HC 390038), não se pode reconhecer a reincidência com base em único processo anterior em desfavor do réu, no qual – após desclassificar o delito de tráfico para porte de substância entorpecente para consumo próprio – o juízo extinguiu a punibilidade por considerar que o tempo da prisão provisória seria mais que suficiente para compensar eventual condenação.

32. A reincidência pode ser classificada como *ficta* (após trânsito em julgado, mas antes do fim do cumprimento de pena pelo crime anterior - exemplo: comete crime dentro do presídio) e *real* (após trânsito e julgado e o fim do cumprimento de pena pelo crime anterior - exemplo: comete crime dois anos após o fim da pena).

33. O cometimento de crime em determinadas condições leva ao agravamento da pena (art. 61, II). São os **crimes cometidos**: (i) por motivo fútil ou torpe; (ii) para facilitar ou assegurar a execução, a ocultação, a impunidade ou vantagem de outro crime; (iii) à traição, de emboscada, ou mediante dissimulação, ou outro recurso que dificultou ou tornou impossível a defesa do ofendido; (iv) com emprego de veneno, fogo, explosivo, tortura ou outro meio insidioso ou cruel, ou de que podia resultar perigo comum; (v) contra ascendente, descendente, irmão ou cônjuge; (vi) com abuso de autoridade ou prevalecendo-se de relações domésticas, de coabitação ou de hospitalidade, ou com violência contra a mulher na forma da lei específica; (vii) com abuso de poder ou violação de dever inerente a cargo, ofício, ministério ou profissão; (viii) contra criança, maior de 60 anos, enfermo ou mulher grávida; (ix) quando o ofendido estava sob a imediata proteção da autoridade; (x) em ocasião de incêndio, naufrágio, inundação ou qualquer calamidade pública, ou de desgraça particular do ofendido; (xi) em estado de embriaguez preordenada.

34. Para o STJ (HC 362634), é possível aplicar a agravante da coabitação juntamente com o aumento de pena do crime de tortura contra criança, por terem finalidades diversas, não caracterizando *bis in idem*.

35. Também se agrava a pena, no caso de **concurso de crimes**, por algumas condições (art. 62), quando o agente: (i) promove, ou organiza a cooperação no crime ou dirige a atividade dos demais agentes (segundo o STJ, REsp 1563169, o fato de ser mandante, por si só, não faz incidir essa agravante, havendo necessidade de o autor intelectual ter, efetivamente, praticado essas condutas); (ii) coage ou induz outrem à execução material do crime; (iii) instiga ou determina a cometer o crime alguém sujeito à sua autoridade ou não-punível em virtude de condição ou qualidade pessoal; (iv) executa o crime, ou nele participa, mediante paga ou promessa de recompensa.

36. Ademais, é possível que haja **normas específicas** para determinados crimes, prevendo agravantes e atenuantes. É o caso do art. 76 do CDC, onde o crime será agravado quando cometido, por exemplo, em época de grave crise econômica.

37. As **circunstâncias atenuantes** vêm previstas no art. 65. São elas: (i) "*menoridade*" do agente à data do fato (menor de 21 anos); (ii) *senilidade* do agente na data da sentença (maior de 70 anos); (iii) desconhecimento da lei (segundo *Rogério Sanches*, se diferencia do erro de proibição porque, aqui, o agente não ignora a ilicitude, mas apenas o diploma formal que proíbe sua conduta); (iv) cometimento do crime por relevante valor moral ou social; (v) procurar evitar ou minorar as consequências do delito *espontaneamente* e com *eficiência*; (vi) reparação do dano antes do julgamento; (vi) coação moral resistível; (vii) obediência hierárquica quando a ordem era manifestamente ilegal; (viii) influência de violenta emoção provocada por ato injusto da vítima; (viii) confissão *espontânea* perante a autoridade; (ix) cometimento de crime sob influência de multidão em tumulto, se não o provocou.

38. Percebe-se que estão presentes diversas circunstâncias subsidiárias a institutos mais benéficos, como o arrependimento posterior, as excludentes de culpabilidade da coação moral irresistível e da obediência hierárquica, o homicídio privilegiado.

39. Quanto à **confissão**, o STJ (HC 176405) já entendeu que a *confissão* **extrajudicial** (no inquérito) atenua a pena, mesmo que não reiterada em juízo.

40. Para o STJ, a confissão sempre atenuará a pena, se utilizada para a formação do convencimento do magistrado (Súm. 545)

41. O STJ aplica essa lógica mesmo na confissão retratada (se o agente se retratou e passou a negar a autoria - AgRg no Resp 1712556). O STF, porém, tem decisões contrárias (HC 118375).

41. O STJ (AgRg no REsp 1198354) também admite a atenuante em casos de *confissão* **qualificada** (agente admite a prática, mas apresenta excludente de ilicitude ou culpabilidade), embora o STF (HC 119671) tenha decisão em sentido contrário.

42. O STJ (HC 328021) também admite a atenuante em caso de *confissão* **parcial** (admite a prática do crime em modalidade mais benéfica – exemplo: furto simples, e não qualificado), embora não quando o agente admita apenas a prática de outro delito (exemplo: alega que as drogas portadas destinavam-se ao uso). No crime de tráfico de drogas, porém, o STJ (súm. 630) e o STF (HC 135345) não admitem a aplicação da atenuante da confissão parcial, quando o agente alega que a droga era para uso próprio.

43. A confissão *judicial própria* é aquela feita perante a autoridade competente; a *imprópria* dá-se perante a autoridade incompetente; a *extrajudicial* ocorre perante autoridades administrativas (policiais inclusive) ou parlamentares.

44. O Código Penal deixa margem, ainda, para que o juiz atenue a pena por qualquer outra *circunstância relevante, anterior ou posterior ao crime*. É a chamada **atenuante genérica** (art. 66). O STJ (REsp 1405989) entende que os bons antecedentes não podem ser valorados como tal.

45. Encerrada a aplicação das agravantes e atenuantes, tem-se a **pena intermediária** ou **provisória**.

46. A **terceira fase** diz respeito à aplicação das majorantes e minorantes, chegando-se à **pena definitiva**. Trata-se das causas de aumento e de diminuição de pena, isto é, aquelas previsões legais com *quantum* específico.

47. Há necessidade de fundamentação para aplicação do aumento de pena acima do mínimo, bem como da diminuição abaixo do máximo.

48. No caso de concurso de causas de aumento ou de diminuição previstas na parte especial do CP (ou em legislação específica), o juiz pode aplicar apenas uma delas, a que mais aumente ou a que mais diminua. Segundo o STF (HC 110960), trata-se de faculdade, e não de obrigação para o magistrado.

49. Utiliza-se, aqui, o **método sucessivo**, aplicando-se a fração sobre o total resultante da operação anterior, na seguinte ordem: (i) majorantes da parte especial, (ii) minorantes da parte especial, (iii) majorantes da parte geral, (iv) minorantes da parte especial. Por fim, aplica-se a (v) majorante relativa à exasperação da pena, no concurso formal próprio e no crime continuado.

50. Para aplicação da **pena de multa**, utilizam-se as mesmas três fases.

5.3. Concurso de Crimes

1. O **concurso de crimes** diz respeito à imputação de mais de uma infração ao mesmo agente. Possui três espécies e dois sistemas de aplicação da pena.

2. Os **sistemas de aplicação da pena** são o do *cúmulo material* (soma aritmética das penas dos dois delitos praticados) da *exasperação* (aplicação da pena do crime mais grave aumentada em determinada fração).

3. No sistema da exasperação, a pena aplicada nunca pode restar superior à que seria aplicada caso se usasse o sistema do cúmulo material. Se isso

ocorrer, será esta última a sanção (**concurso material benéfico** – art. 70, parágrafo único). A previsão é voltada para o concurso formal, mas por analogia pode ser importada para o crime continuado.

4. De todo modo, a aplicação da pena deve se dar individualmente para cada delito, porque a prescrição, no concurso de crimes, corre separadamente para cada delito (art. 119). Do mesmo modo, as penas de multa (art. 72).

5. A primeira espécie de concurso de crimes é o **concurso material** ou **real** (art. 69), com dois *requisitos*: (i) pluralidade de condutas ("mais de uma ação ou omissão) e (ii) pluralidade de delitos. Pode ser de duas espécies: **homogêneo** (mesmo tipo penal praticado mais de uma vez, ainda que um na modalidade qualificada e outro não) e **heterogêneo** (dois crimes diversos). Aplica-se o sistema do *cúmulo material*, somando as penas definitivas de cada delito.

6. Caso se aplique pena privativa de liberdade para um dos delitos, os demais não poderão ser substituídos por penas restritivas de direito (art. 69 § 1º); caso todas tenham sido substituídas, serão cumpridas em simultâneo as compatíveis, e sucessivamente as demais (art. 69 § 2º).

7. A segunda espécie é o **concurso formal** ou **ideal** (art. 70), com dois requisitos: (i) unidade de conduta ("mediante uma só ação ou omissão"), ainda que por mais de um ato; e (ii) pluralidade de crimes. Também pode ser **homogêneo** ou **heterogêneo**, além de **próprio/perfeito** (agente só possui dolo em relação a alguns delitos, mas não todos, existindo sempre um resultado culposo) ou **impróprio/imperfeito** (conduta dolosa para todos os crimes praticados, existindo *desígnios autônomos*). Aplica-se, para o concurso formal próprio, o sistema da *exasperação* (aumento de 1/6 a 1/2 da pena, proporcionalmente ao número de crimes – exemplo: 2 crimes, 1/6; 3, 1/5; 6 ou mais, 1/2; e, para o concurso impróprio, o sistema do cúmulo material.

8. O crime continuado pode ser explicado por duas **teorias**, que disputam seu tratamento: (i) **da unidade do delito** (há mais de uma lesão, mas apenas um delito) ou (ii) **da pluralidade** (há vários delitos).

9. A terceira espécie á o **crime continuado** (art. 71), que tem como requisitos: (i) pluralidade de condutas; (ii) pluralidade de crimes (bastam dois); (iii) crime da mesma espécie (para o STF e o STJ -HC 77467-, aqueles previstos no mesmo tipo penal, o que afasta a aplicação entre roubo e latrocínio); (iv) praticados nas mesmas condições de tempo (jurisprudência admitiu até 30 dias, o que não é um parâmetro rígido), lugar (admite para locais próximos, cidades vizinhas, mesma região metropolitana), maneira (mesmo *modus operandi*) e outras semelhantes, de modo que os seguintes sejam tidos como continuação do primeiro. Aplica-se o sistema da *exasperação* (aumento de 1/6 a 2/3).

10. O STJ (HC 311146), como regra, aplica o mesmo critério do concurso formal para a exasperação (número de crimes). Excepcionalmente, porém, entendeu possível aumentar em patamar acima do mínimo mesmo sem saber o número de delitos, utilizando outros parâmetros, como o tempo, por exemplo.

11. A ausência de um desses requisitos não descaracteriza o crime continuado, exigindo-se, em geral, na doutrina, ao menos duas dessas circunstâncias. A jurisprudência superior ainda não se posicionou a respeito.

12. Questiona-se se o dolo do agente deve ser analisado. Pela **teoria objetiva** (adotada pelo CP, item 59 da Exposição de Motivos, pelo STF e pela maioria da doutrina), basta a análise dos requisitos objetivos, sendo indiferente se o agente queria ou não praticar crimes de forma continuada; pela **teoria subjetiva**, importa apenas se o agente planejou agir de maneira continuada; pela **teoria objetivo-subjetiva** (*Rogério Greco*, decisões do STJ), há necessidade dos requisitos legais e do planejamento mental do agente (unidade de desígnios).

13. Com a Lei 7.209/84, que inseriu o parágrafo único no art. 71, passou a ser permitido o **crime continuado qualificado** ou **específico**, isto é, a possibilidade de se aplicar o instituto para crimes dolosos cometidos com violência ou grave ameaça, contra vítimas pessoais diferentes, quando assim indicarem as condições. Nesse caso, as penas podem ser *exasperadas* até o triplo. O STJ (REsp 1471651) não admite a cumulação do crime continuado simples com o crime continuado específico (exemplo: diversos crimes de estupro contra vítimas diferentes – aplica-se apenas o parágrafo único do art. 71, mesmo que, contra cada vítima, também tenha sucedido crime continuado).

14. Três teorias buscam explicar a figura do crime continuado: (i) **teoria da unidade real** (trata todas as infrações como crime único); (ii) **teoria da ficção jurídica** (por meio de uma ficção, consideram-se todas as infrações como apenas uma – adotada pelo CP); (iii) **teoria mista** (o crime continuado é um terceiro crime, fruto do concurso de dois outros).

5.4. Suspensão Condicional da Pena

1. O **sursis da pena** é uma possibilidade de cumprimento da pena em liberdade, mediante o atendimento de alguns requisitos e algumas condições.

2. Os **requisitos objetivos** são: (i) pena privativa de liberdade de até 2 anos no *sursis* simples ou especial (ou 3 anos, nos crimes ambientais); (ii) pena privativa e liberdade de até 4 anos no *sursis* etário ou humanitário; (iii) não cabível ou recomendável a substituição por pena restritiva de direitos.

3. Os requisitos **subjetivos** são: (i) não reincidência em crime doloso (*exceto* se a condenação anterior for à pena de multa); e (ii) circunstâncias judiciais autorizarem.

4. São **espécies** de *sursis*: (i) **sursis simples**: período de prova dura de 2 a 4 anos (fixação pelo juiz), com prestação de serviços à comunidade ou limitação de final de semana, no primeiro ano; (ii) **especial**: período de prova de 2 a 4 anos, sem prestação de serviços ou limitação de final de semana, mas com reparação do dano (exceto impossibilidade de fazê-lo) e cumprimento de certas condições, no primeiro ano (proibição de frequentar certos lugares; de se ausentar da comarca sem autorização do juiz; e obrigação de comparecimento mensal); (iii) **etário**: período de prova de 4 a 6 anos, em razão de o condenado ter ao menos 70 anos na data da sentença; (iv) **humanitário**: período de prova de 4 a 6 anos, em razão de motivos de saúde.

	Simples	Especial	Etário	Humanitário
Pena máxima	2 anos 3 anos (crimes ambientais)		4 anos	
Período de prova	2 a 4 anos		4 a 6 anos	
Condições	Prestação de serviços à comunidade ou limitação de final de semana no primeiro ano	Proibição de frequentar lugares e de se ausentar da comarca e comparecimento mensal.	Seguem a regra dos demais, a depender da reparação do dano ou não.	

5. Segundo uma **primeira corrente** (*Nucci*; STF: RHC 128515), o **período de prova**, por ser o período no qual a pena fica suspensa, não conta para fins de indulto; uma **segunda corrente** (*Renato Marcão)*, contudo, admite sua inclusão para o cômputo.

6. O período de prova pode sofrer **prorrogação automática**, quando surgir processo por outro crime ou contravenção, permanecendo até o trânsito em julgado deste, não se prorrogando as condições, mas apenas o prazo (*Damásio de Jesus*). Para uma **primeira corrente** (*Delmanto*), a prorroga-

ção independe de decisão do juiz, enquanto para uma **segunda corrente** (*Rodrigo Roig*) haveria necessidade de manifestação do juízo.

7. Durante a suspensão, o condenado fica sujeito a **condições legais**: (i) proibição de frequentar determinados lugares; (ii) proibição de se ausentar da comarca em que reside, sem autorização do juiz; (iii) comparecimento mensal em juízo. Também fica sujeito a condições **judiciais**, desde que adequadas ao fato e à pessoa do condenado.

8. A **revogação obrigatória** se dá quando o condenado: (i) é condenado irrecorrivelmente a crime doloso; (ii) não repara o dano ou não paga a multa (salvo impossibilidade); (iii) descumpre a prestação de serviços ou a limitação de fim de semana no primeiro ano da pena (salvo no *sursis* especial).

9. A revogação **facultativa** se dá quando o condenado: (i) descumpre qualquer outra condição que não a do art. 78 § 1º (prestação de serviços ou limitação de fim de semana no primeiro ano); (ii) é condenado irrecorrivelmente por crime culposo ou contravenção a pena privativa de liberdade ou restritiva de direitos. Pode ser que o juiz *opte por não revogar* a suspensão, nesses casos, podendo *prorrogar o período de prova* até o máximo.

10. O **sursis ineficaz** ou **sem efeito** não se confunde com o **sursis revogado**: naquele, o condenado não comparece na audiência admonitória, não se iniciando a suspensão da pena; neste, a suspensão é iniciada, mas posteriormente revogada. A diferença prática é que, na revogação, a prescrição da pretensão executória foi interrompida, com o início do cumprimento da pena.

11. Para uma **primeira corrente** (*Luiz Regis Prado, Rodrigo Roig*), a pena privativa de liberdade se extingue mediante o cumprimento das condições, pelo condenado, independente de decisão judicial, enquanto, para uma **segunda corrente** (*Rogério Greco*), haveria necessidade da decisão, de modo que, sucedendo causa de revogação após o cumprimento das condições, mas antes da manifestação judicial, a pena não estaria extinta.

12. A **maioria da doutrina** entende que os direitos políticos ficam suspensos enquanto perdurar a suspensão da pena (Súm. 9/TSE fala que a suspensão cessa com o cumprimento/extinção da pena), mas **parcela minoritária** defende que não há qualquer incompatibilidade.

5.5. Livramento Condicional

1. O cumprimento da pena privativa de liberdade deve se dar pelo **sistema progressivo**, passando do regime mais grave para o mais brando, até a

obtenção do livramento condicional. Toda essa temática é tratada pelo Direito de Execução Penal, especialmente na LEP, mas o CP traz parte do regramento atinente ao livramento condicional.

2. Trata-se da última etapa no sistema progressivo de cumprimento da pena (*sistema inglês* ou *irlandês*), na qual o condenado passa a conviver no meio social, mediante o cumprimento de certas condições e certos requisitos. Sua **natureza jurídica** é de *direito subjetivo* do apenado.

3. São **requisitos objetivos**: (i) pena privativa de liberdade igual ou superior a 2 anos (requisito abrandado pela doutrina, que o dispensa; subsidiariamente, admite-se interesse recursal do réu para aumentar a pena); (ii) cumprimento de 1/3 da pena, se não reincidente em crime doloso; (iii) cumprimento de 1/2 da pena, se reincidente em crime doloso; (iv) cumprimento de 2/3 da pena se condenado por crime hediondo ou equiparado, bem como pelo crime de tráfico de pessoas, desde que não reincidente específico (para a maioria da doutrina, reincidente em crime hediondo ou equiparado – não há previsão de livramento condicional para reincidentes específicos); (v) reparação do dano, salvo impossibilidade de fazê-lo.

4. São **requisitos subjetivos**: (i) comportamento satisfatório (segundo o STJ: REsp 1325182, a análise não pode se restringir a um período curto de tempo – exemplo: últimos 6 meses); (ii) bom desempenho no trabalho atribuído e condições de prover sua subsistência por trabalho honesto; (iii) nos crimes praticados com violência ou grave ameaça, constatação de que não voltará a delinquir.

5. As **condições obrigatórias** vêm previstas no § 1º do art. 132 da LEP e as **facultativas** no § 2º.

6. As **causas de revogação obrigatórias** são a condenação com trânsito em julgado do liberado a *pena privativa de liberdade*: (i) por crime posterior ao livramento (nesse caso, não se considera o tempo de livramento como pena cumprida, e não pode ser concedido novo livramento); ou (ii) por crime anterior, porém cuja soma com a pena em execução ultrapassa o patamar para concessão de novo livramento (nesse caso, considera-se o tempo de livramento como pena cumprida, que pode servir no cômputo de novo livramento).

7. As causas de revogação **facultativas** são: (i) o descumprimento das condições; e (ii) a condenação definitiva por crime ou contravenção a pena não privativa de liberdade.

8. A **maioria da doutrina** (*Delmanto*), o STF e o STJ consideram o término do período de prova (isto é, o tempo em que o condenado está sujeito às

condições do livramento condicional) como o **fim do livramento condicional**, independentemente da decisão que o declare. Logo, se sobrevier causa de revogação do livramento após o período de prova, mas antes da declaração do juiz, deverá a pena ser considerada extinta. **Corrente minoritária** sustenta que, nesse caso, haveria prorrogação automática do período de prova, com a extinção do "benefício".

5.6. Efeitos da Condenação

1. Os efeitos da condenação podem ser penais e extrapenais. Os **penais** se dividem em **principal** (a própria sanção penal) e **secundários** (maus antecedentes, reincidência e afins).
2. Os efeitos **extrapenais** se dividem em **genéricos** ou **obrigatórios** (previstos no artigo 91) e **específicos** (art. 92 e outros).
3. Os **efeitos genéricos** independem de pronunciamento do juiz, na sentença. Ou seja, ocorrem *automaticamente*.
4. O STF (RE 795567, Tema 187 da Repercussão Geral) entende que esses efeitos genéricos não existem no caso de transação penal.
5. O primeiro efeito genérico é *tornar certa a obrigação de indenizar o dano*, consubstanciando-se em título executivo extrajudicial, a ser liquidado no juízo cível competente.
6. O segundo efeito genérico é a perda, em favor da União: (i) dos *instrumentos* (não se confunde com objeto material, como a arma de fogo no crime de porte) do *crime* (não abarcando contravenções, portanto), desde que sua fabricação, uso, porte e afins constituam ato ilícito; (ii) dos *produtos* do crime ou qualquer bem ou valor proveniente do delito (*Rogério Greco*: juiz deve fundamentar por qual razão assim classifica aquele bem).
7. Esse segundo efeito tão ocorrerá quando diante de direitos de terceiros de boa-fé ou do lesado pelo crime (ou seja, tais bens não serão revertidos para a União, ficarão com esses sujeitos).
8. Pode ser que se decrete a perda de bens ou valores equivalentes, quando os instrumentos ou os produtos do crime não forem encontrados ou quando estiverem no exterior (art. 91 § 1º). Também são possíveis medidas assecuratórias de tais bens, mesmo que no curso da investigação (art. 91 § 2º).
9. Existem previsões esparsas no ordenamento de outros efeitos automáticos da condenação: (i) *cassação de licença para funcionamento* de estabeleci-

mento onde ocorra exploração sexual de vulnerável (art. 218-B § 3º); (ii) *impossibilidade de ser nome de bem público* da União ou da Administração Pública indireta, quando condenado por crime de redução à condição análoga de escravo (art. 1º Lei 12.781/13); (iii) *perda de cargo, emprego ou função pública e do mandado eletivo e inabilitação por 8 anos* após cumprir a pena, em caso de condenação pelos delitos da lei de organizações criminosas (art. 1º § 6º Lei 12.850/13).

10. Já os **efeitos específicos** demandam menção por parte do juiz, que os deve motivar na decisão.

11. O primeiro efeito específico é a *perda do cargo ou função pública ou mandato eletivo.* Ocorrerá para *penas privativas de liberdade* (logo, multa e restritivas de direito não): (i) maiores de 4 anos ou (ii) iguais ou superiores a 1 ano, quando o crime for cometido com abuso de poder ou com violação de dever para com a Administração Pública.

12. Segundo o STJ (REsp 1251621), essa previsão não se aplica para membros do Ministério Público, porque há lei especial exigindo ação civil para esse fim.

13. Segundo o STJ (REsp 1416477), essa previsão também não se aplica para servidores aposentados antes da condenação, mesmo que a conduta tenha sido praticada quando ainda era servidor ativo (interpretação restritiva e taxativa do dispositivo).

14. Segundo o STJ (REsp 1452935), como regra a pera do cargo restringe-se àquele ocupado à época do crime. Excepcionalmente, poderá atingir o novo cargo ou função se o juiz considerar que existe correlação entre eles, apta a ensejar nova prática do delito.

15. O segundo efeito específico é a *incapacidade para o* poder familiar, *para a tutela ou curatela*, quando for o caso de: (i) crimes dolosos; (ii) punidos com reclusão; (iii) cometidos contra filho, filha, outro descendente, tutelado ou curatelado, de acordo com a redação dada pela Lei 13.715/18.

16. O terceiro efeito específico é a *inabilitação para dirigir veículo*, quando (i) este for meio (ii) para praticar crime doloso. Diferencia-se, assim, da penalidade prevista no CTB, voltada para crimes culposos.

17. Existem outros efeitos facultativos em dispositivos especiais: (i) *destruição de bens* apreendidos em crimes contra a propriedade imaterial (art. 530-G CPP); (ii) *fixação de mínimo indenizatório* (art. 387, IV CPP); (iii) crimes de racismo: *perda de cargo ou função pública* e *suspensão do funcionamento de estabelecimento particular* por até 3 meses (art. 16 Lei 7716/89); (iv) crimes da Lei de Licitações: *perda cargo, emprego, função pública ou mandato* *eletivo* (art. 83 Lei 8666/93); (v) crimes da Lei de Falências: *inabilitação para atividade empresária; impedimento para cargo ou função em conselho de administração, diretoria ou gerência; impedimento de gerir por mandato ou gestão de negócios;* todos por até 5 anos (art. 181 Lei 11.101/06).

18. A Lei de Tortura prevê um efeito (*perda de cargo, emprego ou função pública e interdição para seu exercício pelo dobro do tempo da pena cominada*) que uma **primeira corrente** (*Sheila Bierrenbach*) considera automático, enquanto uma **segunda corrente** (*Rogério Greco*) reputa facultativo.

5.7. Reabilitação

1. A reabilitação é uma espécie de **ação penal não condenatória**, que assegura ao condenado o *sigilo dos registros* sobre seu processo e condenação, além de atingir os efeitos do art. 92, III, permitindo a *reabilitação para dirigir.*
2. Tem como **requisitos**: (i) prazo de 2 anos após a extinção da pena; (ii) ter tido domicílio no Brasil nesse prazo; (iii) ter demonstrado bom comportamento público e privado nesse prazo; (iv) ter reparado o dano, *salvo* se a vítima renunciou, se houve novação da dívida ou se o condenado demonstra impossibilidade de fazê-lo.
3. A **competência** para apreciação é do juízo de *conhecimento*. Em caso de negação, é possível renovar o pedido ou interpor apelação.
4. Pode haver **revogação**, de ofício ou a requerimento do MP, se o condenado se torna reincidente, por condenação a pena (*salvo* de multa).
5. Com o advento do artigo 202 da LEP, que garante que, após o cumprimento da pena, esta só terá reflexos para instruir processo por nova infração ou outros casos específicos em lei, o instituto da reabilitação perdeu muito sua utilidade (permanecendo, contudo, quando se busca reabilitação para dirigir).

6. MEDIDA DE SEGURANÇA

1. A segunda espécie de sanção penal, portanto, é a **medida de segurança**, voltada para sujeitos (i) inimputáveis pelo critério biopsicológico (praticam injusto penal, mas não crime), (ii) aos semi-imputáveis quando o caso assim o recomendar (ante a necessidade de especial tratamento curativo - art. 98) ou (iii) aos imputáveis aos quais sobrevém doença mental, no curso do cumprimento da pena.

2. O **fundamento** da medida de segurança é a periculosidade do agente, ao passo que o da pena é a sua reprovabilidade pela culpabilidade. A **finalidade** é preventiva e curativa, ao passo que a da pena é preventiva e retributiva.

3. No caso dos inimputáveis, o **prazo mínimo** de duração será de 1 a 3 anos (a ser determinado pelo juiz – art. 97 § 1º). Já o **prazo máximo** gera polêmica: uma **primeira corrente** (STF) entende que será de 30 anos (art. 75); uma **segunda corrente** (Súm. 527/STJ) elege o prazo máximo em abstrato cominado para o delito; uma **terceira corrente** (*Rodrigo Roig*) opta pelo prazo mínimo em abstrato, ante o princípio do *favor rei*; e uma **quarta corrente** (*Amilton Bueno de Carvalho*) advoga que o limite será a pena que seria aplicada, caso o agente fosse imputável.

4. Para os semi-imputáveis, o prazo da medida de segurança será o da pena de privativa de liberdade que está substituindo. Já para os imputáveis, aos quais sobrevém doença mental no curso da execução (art. 183 LEP), a **corrente majoritária** defende que seja o prazo de pena restante, embora uma **segunda corrente** advogue que deverá perdurar até que cesse a periculosidade.

5. A sentença que impõe medida de segurança para os inimputáveis é **absolutória imprópria**, haja vista a ausência de culpabilidade. Já no caso dos semi-imputáveis, trata-se de condenação com substituição da pena privativa de liberdade por medida de segurança.

6. São dois os **critérios de aplicação**: o *sistema do duplo-binário*, da *dupla via* ou do *doppio binario* (redação originária do CP, em 1940: cumprimento da pena e, após, da medida de segurança) e o *sistema vicariante*, *unitário* ou *substitutivo* (vindo com a reforma de 1984, no qual se cumpre apenas a medida de segurança).

7. As medidas de segurança são de duas espécies: (i) **detentiva/estacionária** (internação em hospital de custódia com tratamento psiquiátrico ou outro estabelecimento adequado) e (ii) **não detentiva/restritiva** (tratamento ambulatorial). Pela letra da lei, os crimes punidos com reclusão devem acarretar internação e os punidos com detenção, tratamento ambulatorial. Contudo, há doutrina (*Renato Marcão, Rodrigo Roig*) que sustenta que a correlação pode ser flexibilizada, tendo em vista as necessidades do sujeito.

8. Em qualquer fase do tratamento ambulatorial, o juiz pode determinar a **(re)internação** do sujeito, se necessário (art. 97 § 4º).

9. O STJ (RHC 38499) é pacífico ao determinar que é *ilegal manter preso* o sentenciado a medida de segurança, enquanto não houver estabelecimento adequado para seu cumprimento.

10. A **prescrição da medida de segurança** também é tema polêmico. Uma **primeira corrente** (*Bitencourt*, STJ: REsp 39920) defende que deve se pautar pela pena máxima em abstrato cominada, no caso dos inimputáveis, e pela pena aplicada, no caso dos semi-imputáveis; uma **segunda corrente** (*Amilton Bueno de Carvalho*) utiliza a pena aplicada como parâmetro; uma **terceira corrente** (*Cernicchiaro*) defende a pena mínima cominada, pelo princípio do *favor rei*; uma **quarta corrente** adota o prazo de 2 anos, pois é o menor previsto em lei.

11. Pela letra da lei, a necessidade da medida de segurança só poderia ser revista após o decurso do prazo mínimo de 1 ano, mas a doutrina (*Rodrigo Roig, Salo de Carvalho*) considera tal prazo inconstitucional, revelando exclusiva retribuição estatal, sendo possível sustentar que mesmo antes do seu decurso, mediante provocação, o juiz pode averiguar eventual cessação de periculosidade.

12. Por até 1 ano após a extinção da medida de segurança, esta pode ser restabelecida, caso suceda algum fato indicativo de persistência da periculosidade do agente (**desinternação condicional** - art. 97 § 3º).

13. Segundo a LEP (art. 171) e o STJ, é **incabível a execução provisória** de medida de segurança, exceto para se colocar o preso cautelar no ambiente adequado.

14. Com o advento da **Lei Antimanicomial** (Lei 10.216/01), busca-se uma nova ótica para a medida de segurança, afastando-se de estabelecimentos de caráter asilar, priorizando os recursos extra-hospitalares (art. 4º), bem como a desinternação progressiva do sujeito, através de saídas terapêuticas e do sistema hospital dia ou hospital noite (art. 5º e Res. 5 CNPCP).

7. EXTINÇÃO DA PUNIBILIDADE

1. O Estado apenas pode abrir mão do direito de punir por meio de lei, como faz pelo hall do art. 107.

2. A primeira causa de extinção da punibilidade é a **morte do agente**. Exige-se que a *certidão de óbito* e a *oitiva do MP* para que o juiz a reconheça (art. 62 CPP).

3. Discute-se acerca da declaração de extinção da punibilidade com base em *atestado de óbito falso*. Uma **primeira corrente** (*Luiz Regis Prado, Fernando Capez*) entende que deve ser considerada válida, sob pena de haver ofensa à coisa julgada (obviamente, após o trânsito da decisão); uma **segunda**

corrente (STF: HC 84525, STJ: HC 143474) reputa a decisão juridicamente inexistente, aceitando sua revisão.

4. A segunda causa é a **anistia**, que advém por meio de lei editada pelo Congresso Nacional (art. 48, VIII CF), perdoando a infração penal. Trata-se de decisão *política* com base constitucional (art. 21, XVIII CF).
5. A anistia abrange todos os **efeitos penais**, persistindo os extrapenais, como o dever de reparar o dano e os aspectos cíveis do injusto.
6. A anistia pode ser *própria* (antes do trânsito em julgado) ou *imprópria* (após o trânsito em julgado); *especial* (destinada a crimes políticos, militares e eleitorais) ou *comum* (voltada aos demais crimes); *geral* (abrange todas as pessoas envolvidas no fato) ou *parcial* (exige condições subjetivas); *condicionada* (exige certas obrigações por parte do beneficiado – ato bilateral) ou *incondicionada* (sem previsão de contraprestações – ato unilateral).
7. Há quem entenda (*Rodrigo Roig*) que, mesmo na anistia incondicionada, o condenado poderia pedir sua suspensão até o trânsito em julgado, de modo a buscar sua absolvição, em homenagem à presunção de inocência.
8. Não cabe ao juiz da execução exigir condição não prevista em lei, a menos que a própria lei de anistia o autorize, expressamente.
9. A terceira causa é o **indulto**, **coletivo** ou **individual** (*graça*), que advém por meio de decreto do Presidente da República (competência privativa delegável ao Advogado Geral da União, ao Procurador Geral de República ou a um Ministro de Estado – art. 84, XII CF).
10. O indulto abarca apenas o efeito penal primário, ou seja, a pena. Os demais efeitos penais (secundários: consideração para fins de reincidência, por exemplo) e extrapenais permanecem. Nessa linha, o STJ editou o enunciado de súmula 631: O indulto extingue os efeitos primários da condenação (pretensão executória), mas não atinge os efeitos secundários, penais ou extrapenais.
11. O **indulto individual** (**graça**) poderá ser requerido pelo condenado, pelo Ministério Público, pelo Conselho Penitenciário ou pela autoridade administrativa, sendo direcionado ao Ministério da Justiça. Em caso de concessão, haverá decreto individual, juntado ao processo de execução, no qual o juiz declarará extinta a punibilidade.
12. O **indulto coletivo** (ou, simplesmente, *indulto*) é um ato de clemência do Executivo, independente de provocação. Normalmente, os decretos exigem determinada quantia de pena já cumprida para a obtenção do benefício.

13. A partir do decreto de indulto de 2013, deixou-se de exigir o parecer do Conselho Penitenciário para a concessão do indulto.

14. Quanto à extensão, o indulto pode ser *total* (extinção da pena) ou *parcial* (extinção de parte da pena - instituto da **comutação**).

15. Quanto à forma, pode ser *condicionado* (decreto exige condições ou contraprestações do condenado) ou *incondicionado* (sem qualquer exigência).

16. A decisão do juiz que reconhece o indulto e extingue a punibilidade é *declaratória*, sendo imprescindível sua manifestação, não bastando o decreto. Entende-se que apenas o indulto condicionado depende de aceitação.

17. Uma **primeira corrente**, seguida pelos últimos decretos de indulto (que, em regra, são editados ao final do ano) permite a extinção da pena mesmo antes do trânsito em julgado, ou, conforme os mais recentes, até quando diante de recurso do Ministério Público, desde que não vise aumentar a pena. Uma **segunda corrente** (*Renato Marcão*) exige o trânsito em julgado.

18. Uma **primeira corrente** (*Renato Marcão*) entende que o período de prova do *sursis*, enquanto cumprimento de pena, deve ser computado para o *quantum* exigido no decreto para o indulto. O **STF (RHC 128515)**, porém, entendeu que não.

19. O STF e o STJ têm interpretado restritiva e literalmente as exigências dos decretos de indulto, entendendo que não cabe ao juiz exigir requisitos além dos previstos (exemplo: exame criminológico).

20. Os **crimes hediondos e equiparados**, por força da Constituição Federal, são insuscetíveis de *anistia e graça*, enquanto, por força do art. 2º, I da Lei 8.072/90, também o indulto estaria vedado. Uma **primeira corrente** (STF, STJ, *Damásio de Jesus*) entende que o indulto (coletivo) estaria incluído dentro da vedação à graça, de modo que a lei se mostraria constitucional. Uma **segunda corrente** (*Rodrigo Roig, Alberto Silva Franco*) sustenta que deveria haver vedação específica para o indulto, e que a primeira interpretação viola a separação dos poderes, não cabendo ao Legislativo se imiscuir na questão. De todo modo, os decretos mais recentes têm permitido a concessão do indulto e da comutação para crimes hediondos, em algumas hipóteses: indulto humanitário, indulto de medida de segurança, indulto da pena de multa, restritiva de direitos ou sursis.

21. A quarta causa é a **abolitio criminis**, já analisada. Existe uma **corrente minoritária** (*Flávio Monteiro Barros*) que sustenta tratar-se de causa de exclusão da tipicidade, embora o CP e a **maioria da doutrina** a considere causa excludente da punibilidade.

22. A quinta causa é a **decadência**, referente ao direito de queixa na ação penal privada e ao direito de representação na ação penal pública condicionada à representação. Dá-se após o prazo de 6 meses, contados da ciência da autoria (art. 38 CPP e art. 103 CP).

23. A sexta causa é a **perempção**, referente à ação penal privada já em curso, significando presunção de desistência, nas hipóteses legais do art. 60 CPP: (i) querelante deixa de promover andamento ao processo por 30 dias; (ii) falecido ou supervenientemente incapaz o querelante, deixam os sucessores de promover o andamento do processo em 60 dias; (iii) querelante não comparece e não justifica a ausência a ato judicial a que deveria estar presente; (iv) querelante não reitera pedido de condenação, nas alegações finais; (v) querelante pessoa jurídica se extingue sem sucessor.

24. A sétima causa é a **renúncia** e a oitava é o **perdão aceito** pela vítima, institutos voltados às ações penais privadas ou condicionadas à representação.

25. A nona causa é a **retratação**, quando a lei assim prever. É o caso da *calúnia* e da *difamação* (art. 143), e do *falso testemunho*, quando se retrata até a sentença (art. 342 § 2º).

26. A décima causa é o **perdão judicial**, também nas hipóteses legais, entre as quais: (i) homicídio culposo com consequências que atinjam agente de forma grave (art. 121 § 5º); (ii) lesão corporal culposa com consequências que atinjam agente de forma grave (art. 129 § 8º); (iii) injúria quando o ofendido provocou diretamente ou quando consistir em retorsão imediata a outra injúria anterior (art. 140 § 1º); (iv) comer em restaurante, alojar-se me hotel ou usar transporte sem ter como pagar (art. 176, parágrafo único); (v) receptação quando era presumível a origem ilícita do bem e o agente for primário e favoráveis as circunstâncias (at. 180 § 5º); (vi) parto suposto ou alteração de estado civil do recém-nascido, a adoção à brasileira, quando motivada por reconhecida pobreza (art. 242, parágrafo único); (vii) subtração de incapazes quando o mesmo for restituído sem sofrer maus tratos (art. 249 § 2º); (viii) associação secreta se objeto for lícito (art. 39 § 2º LCP); (ix) guarda doméstica de animais quando a espécie não for ameaçada de extinção (art. 29 § 2º Lei 9.605/98); (x) colaboração premiada (art. 13 Lei 9.807/99 e art. 4º Lei 12.850/13).

27. A jurisprudência (STF e STJ) admite a aplicação do perdão judicial nos crimes de homicídio culposo e lesão corporal culposa do CTB. Havia previsão expressa, que foi vetada por se entender que a previsão do CP era mais benéfica.

28. O STJ (REsp 1455178) fixou que, para que se fale em perdão judicial, devem existir, alternativamente: (i) consequências físicas graves; ou (ii) consequências morais graves, desde que haja vínculo afetivo com a vítima. Além disso, o STJ (Resp 1444699) entende que, em havendo dois crimes em concurso formal, o perdão judicial concedido para um deles não necessariamente se estende ao outro (exemplo: atropelamento da noiva e de um amigo – o perdão concedido ao primeiro pode não se estender ao segundo).

29. A natureza jurídica da sentença que concede o perdão judicial é de *sentença declaratória de extinção da punibilidade* (Súm. 18/STJ), não subsistindo qualquer efeito condenatório, inclusive para fins de reincidência (art. 120).

30. Uma **primeira corrente** (*Magalhães Noronha*) entende tratar-se de faculdade do juiz, mas a **segunda corrente**, majoritária, (*Damásio, Luiz Regis Prado*) classifica o perdão judicial como um direito subjetivo do acusado.

31. A décima primeira causa é a **prescrição**, instituto de natureza material (*Bitencourt, Rogério Greco*). Trata-se da perda do poder de punir ou de executar por parte do Estado, pelo decurso de um período de tempo, previsto em lei, no qual o mesmo se quedou inerte.

32. A prescrição é matéria cognoscível *de ofício*, podendo o juiz dela conhece a qualquer tempo (art. 61 CPP).

33. A primeira espécie é a **prescrição da pretensão punitiva** (PPP), na qual o Estado não chega a formar qualquer título executivo, não havendo condenação.

34. A segunda espécie é a **prescrição da pretensão executória** (PPE), na qual o Estado, tendo condenado o sujeito, não inicia a execução em tempo hábil, embora permaneçam os efeitos penais secundários (maus antecedentes, reincidência). Minoritariamente, há corrente que sustenta que nem estes seriam gerados (*Rogério Greco*).

35. A prescrição da pena principal abrange a da **pena acessória**, conforme entendimento do STF, do STJ (AgRg no REsp 1381728) e do TSE quanto à inabilitação para exercício de função pública no Decreto-lei 201/67 (crimes de responsabilidade do prefeito).

36. Os **prazos prescricionais** estão elencados no art. 109, levando em conta a pena máxima em abstrato cominada para o delito, antes da condenação (PPP), ou a pena em concreto aplicada, após a condenação (PPE).

Pena máxima cominada:	Prazo:
Abaixo de 1 ano	3 anos*
De 1 ano até 2 anos	4 anos
Maior que 2 anos e até 4 anos	8 anos
Maior que 4 anos e até 8 anos	12 anos
Maior que 8 e até 12 anos	16 anos
Maior que 12 anos	20 anos

37. *Para crimes com pena máxima menor que 1 ano, o prazo prescricional passou a ser de 3 anos com a Lei 12.234/10 – os delitos cometidos antes desse marco (05/05/2010) prescrevem em 2 anos.

38. No caso de substituição por penas *restritivas de direito*, o prazo é o mesmo da pena privativa de liberdade aplicada. A *exceção* fica por conta do delito de uso de drogas (art. 28 Lei 11.343/06), que prescreverá sempre em 2 anos (art. 30 Lei 11.434/06).

39. A pena de *multa* prescreve em 2 anos, quando for a única aplicada, ou no mesmo prazo da pena privativa de liberdade ou restritiva de direitos, quando for aplicada cumulativamente.

40. Na determinação da pena máxima em abstrato (PPP), levam-se em conta as qualificadoras, as causas de aumento e de diminuição de pena, de modo a concluir a pena máxima que poderia ser aplicada no caso (logo, diminui-se no mínimo, aumenta-se no máximo).

41. As agravantes e as atenuantes não devem ser levadas em conta. Do mesmo modo, não deve ser considerado o aumento referente à exasperação, no concurso formal próprio e no crime continuado (Súm. 497/STF).

42. Enquanto prazos de *natureza material*, inclui-se o primeiro dia e exclui-se o último.

43. No caso de ser o réu *reincidente*, o prazo da PPE será aumentado em 1/3.

44. No caso de o réu ser menor de 21 anos na data do crime ou maior de 70 na data da "sentença", o prazo da PPP ou da PPE será reduzido pela metade (1/2). O STF (AP 516-ED) entende que se deve considerar a "data da sentença" também a do acórdão quando: (i) processo for de competência originária do tribunal; (ii) houver reforma da sentença por acórdão, no todo ou em parte. Ademais, se houver embargos de declaração acolhidos, contra sentença (HC 129696) ou contra esses acórdãos, a data será a do julgamento desse recurso, por integrar o título executivo.

45. Certos crimes são **imprescritíveis**, por força constitucional: o racismo (art. 5, XLII e Lei 7.716/89) e a ação de grupos armados civis ou militares contra a ordem constitucional e o Estado democrático de Direito (art. 5º, XLIV e Lei 7.170/83).

46. O **termo inicial da PPP** se dá: (i) no dia de *consumação* do delito; (ii) se *tentado*, no dia em que cessou a execução; (iii) nos *crimes permanentes*, quando terminar a permanência; (iv) nos crimes de *bigamia* e *falsificação de registro civil*, quando as autoridades tomarem ciência dos delitos; (v) nos crimes *contra a dignidade sexual de crianças e adolescentes*, quando completarem 18 anos, *salvo* de a ação penal já tiver sido iniciada; (vi) no *crime continuado*, por ser considerado um crime único por ficção jurídica, na data do primeiro delito.

47. O **termo inicial da PPE** se dá: (i) no dia em que transita em julgado a sentença condenatória para a acusação (literalidade reafirmada pelo STJ e pelo STF - atenção: a 1ª turma do STF, RE 696533, seguindo o entendimento do Min. Roberto Barroso, entendeu, recentemente, que o início da PPE deve ser vista sistematicamente, de modo que somente ocorre quando o Estado possa executar a pena, ou seja, após a decisão de 2ª instância); (ii) no dia em que se revoga o *sursis*; (iii) no dia em que se revoga o livramento condicional; (iv) no dia em que se interrompe a execução (exemplo: fuga), *salvo* se essa interrupção deva ser computada na pena (exemplo: superveniência de doença mental).

48. No caso de revogação de livramento condicional e no de o condenado se evadir, o prazo será computado com o que falta de pena a ser cumprida (art. 113).

49. Durante as **causas suspensivas**, o prazo prescricional para de correr, tornando a fazê-lo quando as mesmas se encerram, pelo prazo restante. São elas: (i) pendência de resolução de questão prejudicial em outro processo (art. 116, I); (ii) cumprimento de pena no estrangeiro (art. 116, II); (iii) pendência de citação do réu por carta rogatória, no estrangeiro, até seu cumprimento (art. 368 CPP); (iv) suspensão do processo e da prescrição quando réu é citado por edital e não constitui advogado para oferecer defesa (art. 366 CPP); (v) cumprimento de suspensão condicional do processo (art. 89 § 6º Lei 9.099/95); (vi) sustação do processo pela casa legislativa, enquanto durar o mandato (art. 53 § 5º CF); (vii) cumprimento de medidas de colaboração, por 6 meses, prorrogáveis por igual período (art. 4º § 3º Lei 12.850/13); (viii) processo administrativo fiscal em curso, nos crimes materiais contra a ordem tributária (Súm. Vinculante 24/STF).

50. Por outro lado, as **causas interruptivas** são aquelas que, se ocorrerem, reiniciam o prazo prescricional. Na prática, só haverá extinção de punibilidade pela prescrição se o prazo decorrer entre esses marcos. São eles: (i) *recebimento da denúncia ou queixa*. Primeira observação: é a data da publicação em cartório da decisão. Segunda observação: se juiz rejeitar, houver recurso e o tribunal receber a exordial, a interrupção se dará nesta decisão em segundo grau, *salvo* quando simplesmente anular a decisão do juiz de primeiro grau. Terceira observação: discute-se se a denúncia é recebida antes (art. 396 CPP – posição do STJ) ou depois da resposta do réu (art. 399 CPP – posição de *Paulo Rangel* e *Rogério Greco*), prevalecendo a primeira corrente. (ii) *decisão de pronúncia*, mesmo que o conselho de sentença desclassifique a infração (Súm. 191/STJ), embora haja entendimento em contrário (*Aramis Assif*); (iii) *decisão confirmatória da pronúncia*. Observação: conta-se a data da realização de julgamento, segundo o STF; (iv) *publicação da sentença ou acórdão condenatórios recorríveis*. Primeira observação: antes da Lei 11.596/07, falava-se apenas em sentença condenatória recorrível, não se incluindo o acórdão. Segunda observação: uma primeira corrente (1ª Turma STF: RE 751394, 6ª Turma STJ: AgRg no REsp 1152014), *André Estefan*) entende que o acórdão que apenas confirmar a sentença condenatória ou que diminuir a pena não interrompe a prescrição, enquanto uma segunda corrente (2ª Turma STF, *Rogério Greco*) defende a interrupção sempre que o acórdão condenar, seja conformando ou reformando a sentença. Terceira observação: o STF (RHC 125078) entende que, para o acórdão, a interrupção se dá na data da sessão de julgamento, e não na publicação; (v) *início ou continuação do cumprimento da pena*; (vi) *reincidência futura*, isto é, por crime posterior. Uma primeira corrente (*Guilherme Nucci*) entende que basta a prática do crime, enquanto uma segunda corrente (*Zaffaroni*) entende que se deve aguardar o trânsito em julgado.

51. Nos *crimes conexos*, os marcos relativos a um deles interrompem, segundo o STJ (RHC 40177), a prescrição de todos. Exemplo: a condenação por um dos crimes, em primeiro grau, e por outro, em segundo grau, interrompem a prescrição de ambos.

52. Haverá **prescrição retroativa** quando, após o trânsito em julgado para a acusação (não podendo mais existir aumento de pena, portanto), se refaz o cálculo do prazo prescricional com a pena efetivamente aplicada, aplicando-o aos marcos anteriores. É uma análise da condenação para trás.

53. Após a Lei 12.234/10, não é possível falar nessa espécie de prescrição para o tempo entre o termo inicial e o recebimento da denúncia ou queixa. O STF (HC 122694) considerou essa alteração constitucional, embora haja posição que a repute inconstitucional (pela duração razoável do processo, pela proporcionalidade, pela culpabilidade, pela individualização da pena).

54. Haverá **prescrição superveniente, intercorrente, subsequente** quando, após o trânsito em julgado para a acusação, toma-se a pena aplicada como parâmetro e, embora o crime não tenha prescrevido até esse momento, prescreve da sentença em diante. É uma análise da condenação para frente.

55. A **prescrição pela pena ideal, hipotética, em perspectiva, virtual, por prognose, projetada, antecipada** é aquela que, em um juízo de probabilidade, ante o caso concreto, ocorre quando se percebe que o crime, embora não esteja prescrito utilizando-se a pena máxima em abstrato, provavelmente estará prescrito na sentença, com a aplicação da pena (mais próxima do mínimo legal, por exemplo). É uma análise de uma possível condenação.

56. O STF (Inq 3574-AgR, Tema 239 da Repercussão Geral) e o STJ não admitem a modalidade, por faltar previsão legal e pelo princípio da presunção de inocência (o sujeito poderia vir a ser absolvido), mas há doutrina que sustenta sua aplicação com base na ausência de interesse de agir para a ação penal, aplicando-se, por analogia o art. 285, VI CPC (*Rogério Greco*).

57. Em síntese, todas as modalidades de prescrição contam com os mesmos marcos interruptivos, variando apenas se tomam em conta o prazo com base na pena máxima em abstrato ou na pena efetivamente aplicada, já transitada a condenação para a acusação.

<table>
<tr><th>Prescrição simples</th><th>Retroativa</th><th>Superveniente</th><th>Virtual</th></tr>
<tr><th colspan="4">Todas são espécies de PPP</th></tr>
<tr><td>Pena máxima em abstrato</td><td colspan="2">Pena aplicada em concreto</td><td>Pena provavelmente aplicada</td></tr>
<tr><td>Pode ocorrer entre qualquer dos marcos interruptivos</td><td>Ocorreu do recebimento da denúncia até a decisão que transitou para a acusação (para trás)</td><td>Ocorre após a decisão transitada para a acusação (para frente)</td><td>Provavelmente ocorreu até o recebimento da denúncia</td></tr>
</table>

8. CLASSIFICAÇÃO DOS CRIMES

1. Crime **material/de resultado** é aquele no qual a consumação depende de um resultado naturalístico, ou seja, visível no mundo dos fatos. Exemplo: homicídio.
2. Crime **formal/de consumação antecipada/de resultado cortado** é aquele no qual a consumação não depende da produção de um resultado naturalística, embora ele exista (a lei antecipa a punição à produção do resultado). Exemplo: extorsão mediante sequestro.
3. Crime **de mera conduta/de mera atividade** é aquele no qual a consumação não depende da produção de um resultado naturalístico, porque ele não existe. Exemplo: violação de domicílio.
4. Crime **comum** é aquele que pode ser praticado por qualquer sujeito, independente de uma qualificação especial.
5. Crime **próprio** é aquele que só pode ser praticado por uma categoria específica de sujeitos. Exemplo: crimes funcionais.
6. Crime **de mão própria** é aquele que só pode ser praticado por um sujeito específico, pessoalmente. Exemplo: falso testemunho.
7. Crimes **militares** são os previstos no Código Penal Militar, e que são praticados por militares. Alguns deles, os **próprios**, não encontram paralelo na legislação civil (exemplo: desertar); outros, os **impróprios**, são similares a delitos previstos na lei geral (exemplo: furto).
8. Crimes **monossubjetivos** são aqueles que podem ser praticados por uma só pessoa.
9. Crimes **plurissubjetivos** dependem da atuação de mais de um agente, podendo ser **bilateral/de encontro** (condutas dos agentes convergem – exemplo: bigamia) ou **de convergência** (condutas são contrapostas – exemplo: rixa – ou paralelas – exemplo: associação criminosa).
10. Crimes de **subjetividade passiva única** atingem apenas um sujeito passivo acidental (isto é, além do Estado), enquanto os de subjetividade passiva **dupla** atingem mais de um sujeito passivo acidental (exemplo: aborto sem consentimento da mãe, que a atinge, bem como ao bebê).
11. Crime **vago** é aquele em que o sujeito passivo é um ente sem personalidade jurídica, como a família, a sociedade. Exemplo: tráfico de drogas.
12. Crimes de **dano** são os que necessitam de uma efetiva lesão (dano) ao bem jurídico para que haja punição penal. Exemplo: homicídio.

13. Crimes de **perigo** são os que a lei pune, embora não tenha havido a lesão efetiva ao bem jurídico. Podem ser de perigo **concreto** (onde é necessária a prova de que efetivamente o bem jurídico se colocou em perigo, analisada *ex post* – exemplo: dirigir sem carteira de habilitação, "gerando perigo de dano", art. 309 CTB) ou **abstrato/presumido** (onde é desnecessária a demonstração de efetivo perigo, sendo este presumido *ex ante* – exemplo: dirigir com capacidade psicomotora alterada, art. 306 CTB).

14. Crime **instantâneo** é aquele em que a consumação se dá em momento exato. Exemplo: furto, com a mera posse do bem.

15. Crime **permanente** é aquele em que a consumação se protrai no tempo, de acordo com a vontade do agente. Exemplo: sequestro.

16. Crime **instantâneo com efeito permanente** é aquele em que a consumação se dá em momento exato, mas a consequência é permanente, não estando submetida à vontade do agente. Exemplo: homicídio.

17. Crimes **complexos em sentido amplo** são aqueles cuja figura típica soma um outro tipo a uma circunstância que, por si só, não seria crime. Exemplo: denunciação caluniosa (calúnia somada à denúncia). Crimes complexos **em sentido estrito/compostos** são aqueles cuja figura típica soma dois outros tipos penais. Exemplo: latrocínio.

18. Crimes **de intenção/de tendência interna transcendente/excessiva** são aqueles em que o agente quer um resultado que ultrapassa o necessário para configurar o tipo (tipo incongruente). Podem ser **de resultado cortado**, no qual o agente não controla a ocorrência deste segundo resultado (exemplo: extorsão mediante sequestro), ou **mutilado de dois atos/incompletos**, em que o agente controla a ocorrência deste segundo resultado (exemplo: associação criminosa e o crime subsequente).

19. Crime **unissubsistente/monossubsistente** é aquele em que o *iter criminis* se perfaz todo com um mero ato, infracionável (exemplo: injúria), enquanto o crime **plurissubsistente** pode ser fracionado em diversas etapas.

20. Crime **transeunte** é aquele que não deixa vestígios, não deixa nenhuma marca visível (exemplo: difamação verbal), enquanto **não transeunte** é o crime que deixa vestígio material (exemplo: homicídio, que deixa o corpo da vítima), exigindo-se exame de corpo de delito como comprovação.

21. Crime **de forma livre** é aquele que pode ser praticado de variadas maneiras, desde que se atinja o resultado previsto no tipo (exemplo: homicídio), enquanto o crime **de forma vinculada** prevê uma maneira específica de se praticar o delito, seja *cumulativa* (necessária a prática de mais de um ato especificamente previsto), seja *alternativa* (o tipo prevê duas maneiras diversas pelas quais o crime pode ser praticado).

22. Crime **de ação múltipla/de conteúdo variado** é aquele no qual o tipo penal traz uma pluralidade de condutas ilícitas. Pode ser um *tipo misto alternativo*, no qual a prática de qualquer uma ou mais das condutas previstas já caracteriza o delito, crime único (exemplo: tráfico de drogas, seja portando, seja ocultando, seja vendendo), ou *cumulativo*, em que o agente tem que praticar todas as condutas penais para que haja configuração do tipo consumado.

23. Crime **de ímpeto** é aquele no qual o agente age de maneira imediata, sem grandes espaços para reflexão, ao contrário dos crimes **de propósito**, nos quais o agente age de forma pensada.

24. Crimes **preterdolosos/preterintencionais** são aqueles em que o agente possui o dolo de praticar um crime, mas produz, culposamente, um resultado mais grave. Exemplo: lesão corporal seguida de morte.

25. Crime **multitudinário** é aquele cometido por uma multidão em tumulto.

26. Crime **político** é aquele que possui conotação política, voltando-se a agredir a segurança do Estado ou o próprio Estado. Exemplo: vários crimes da Lei de Segurança Nacional. De acordo com o STF (1ª turma, RC 1473), para que se configure um crime político, devem estar preenchidos os requisitos objetivos (lesão real ou potencial a um dos bens jurídicos do art. 1º da Lei 7.170/83) e subjetivos (motivação política).

27. Crime **de opinião** é aquele que se perfaz por meio de exteriorização de opiniões do agente.

28. Crime **de responsabilidade** a rigor não é um crime, no ponto de vista penal, mas apenas infração político-administrativa.

29. Crime **habitual** é aquele que, para ser configurado, depende de uma conduta habitual, reiterada, por parte do agente, sendo um desses atos, isoladamente, mero indiferente penal. Exemplo: exercício ilegal da medicina (curandeirismo, art. 284).

30. Crime **de atentado/de empreendimento** é aquele em que se pune uma tentativa como se fosse um crime consumado. Exemplo: evasão mediante violência contra a pessoa.

31. Crime **a prazo** é aquele que possui um elemento do tipo cuja configuração depende de uma análise após determinado tempo. Exemplo: lesão corporal qualificada pela incapacidade por mais de 30 dias, que demanda exame de corpo de delito complementar (art. 168 § 2º CPP).

9. CRIMES CONTRA A PESSOA

9.1. Crimes Contra a Vida

1. O **homicídio** consiste em matar alguém, tutelando o **bem jurídico** *vida humana extrauterina.*

2. Se diferencia do aborto porque este se dá antes do *início do parto*. No parto normal, considera-se, em regra, o rompimento do saco amniótico, embora exista quem considere até mesmo as dores anteriores ou a dilatação do colo do útero (*Noronha*); na cesariana, a incisão abdominal ou os procedimentos anteriores para induzir as contrações (*Luiz Regis Prado*).

3. Se **consuma** com a morte. Para a **maioria da doutrina**, com a morte encefálica, embora haja **corrente** que exija a perda dos sistema cerebral, circulatório e respiratório.

4. O **sujeito passivo** é o ser humano vivo. Em caso de irmãos siameses (xifópagos), a **corrente majoritária** classifica o homicídio do segundo deles como dolo direto de 2º grau, enquanto uma **segunda corrente** (*Hungria*) o repute como dolo eventual. Quando são sujeitos ativos do crime, uma **primeira corrente** (*Euclides Custódio da Silveira)* advoga que se absolva os dois, enquanto uma **segunda corrente** sustenta que se deve condenar o agente, mas não puni-lo.

5. A **modalidade simples** tem pena de 6 a 20 anos, estando prevista no *caput*. A **maioria da doutrina** entende que pode ser hediondo, no caso de prática em atividade típica de grupo de extermínio, enquanto uma **segunda corrente** (*Nucci*) entende que essa circunstância já caracterizaria homicídio qualificado, por motivo torpe.

6. A **modalidade privilegiada** vem prevista no § 1º, não sendo crime hediondo. Pode se dar quando o delito é cometido: (i) por motivo de *relevante valor moral* (sob a perspectiva do agente - exemplo: mata o estuprador de sua filha); (ii) *de relevante valor social* (sob a perspectiva da sociedade coletivamente); ou (iii) *logo em seguida* (doutrina considera esse elemento enquanto durar a violenta emoção) *à injusta provocação* (e não agressão, o que permitira a legítima defesa) *da vítima* (contra si ou contra terceiros), *sob o domínio* de *violenta emoção* (para *Pierangeli*, é a perda do autocontrole, diferente da mera influência, que autoriza a atenuante do art. 65, III, c).

7. Majoritariamente se entende que há direito subjetivo do réu à redução de pena (de 1/6 a 1/3), inclusive no júri.

8. As **modalidades qualificadas** aumentam a pena base para 12 a 30 anos, sendo crime hediondo. Pode se dar por (i) *motivo torpe* (qualquer razão repugnante), como pagamento ou promessa de recompensa. A **maioria da doutrina** exige que a recompensa tenha natureza econômica, numa interpretação teleológica, enquanto a **segunda corrente** (*Damásio*) dispensa, em uma interpretação literal. O **STF** já aplicou tanto ao pagante como ao executor, embora uma **segunda corrente** (*Luiz Regis Prado*) admite que o mandante eventualmente incorra até mesmo no homicídio privilegiado, não sendo obrigatória a extensão da qualificadora para si. Nessa linha, o **STJ** (REsp 1209852) entendeu recentemente, afastando a automática aplicação da qualificadora para o mandante.
9. Também é qualificado o homicídio praticado por (ii) *motivo fútil* (aquele insignificante, desproporcional). Existe divergência, dentro do próprio STJ, quanto à sua compatibilidade com o dolo eventual: a **5ª Turma** (REsp 912904) entende que é compatível, em princípio; já a **6ª Turma** (HC 307617) entende serem incompatíveis, ante a ausência de elemento volitivo.
10. O STJ (AgRg no AREsp 62470) também entende que o fato de ter havido uma anterior discussão não afasta, por si só, essa qualificadora.
11. Segundo o STJ (HC 307617), não existe motivo fútil no homicídio praticado por agente que disputava racha, quando o veículo dele atinge o da vítima, sendo esta terceiro, estranho à disputa.
12. Para a **maioria** (*Damásio*) da doutrina, a ausência de motivo não se confunde com o motivo fútil, embora uma **segunda corrente** (*Rogério Greco*) considere que sim.
13. Também é qualificado o homicídio praticado por (iii) *certos meios*: veneno (qualquer substância que possa causar a morte da vítima ou destruir funções humanas, desde que se dê de forma dissimulada, sem que a vítima saiba, segundo a doutrina); asfixia (impedimento de que a vítima respire, inclusive por afogamento); tortura (aqui, é meio para o homicídio, e não crime autônomo, diferenciando-se pelo dolo do agente); fogo e explosivo; outros meios insidiosos ou cruéis (por aumentar o sofrimento da vítima); ou meios de que possa resultar perigo comum (ou seja, a um grupo indeterminado de pessoas).
14. Também é qualificado o homicídio praticado por (iv) *certos modos*, que dificultem ou impossibilitem a defesa da vítima, como a traição (inesperadamente), a emboscada (o agente se esconde) e a dissimulação (disfarça a intenção). Para o STF, é incompatível com dolo eventual.

15. Também é qualificado o homicídio praticado com (v) *certos fins*: assegurar a execução (homicídio teleológico, voltado ao futuro), a ocultação ou a impunidade (homicídio consequencial, voltado para o passado) de outro crime, ainda que este outro delito já esteja prescrito ou excluída sua punibilidade. A *exceção* fica por conta do roubo, quando será caso de latrocínio.

16. Também é qualificado, desde 10/03/2015, o *feminicídio*, homicídio praticado (vi) *contra mulher* (jamais homem mesmo que transexual) *por razões de condição de sexo* (e não gênero, o que afasta a vítima homossexual ou travesti) *feminino*. Considera-se assim o crime que envolve: (a) violência doméstica e familiar (numa interpretação sistemática, pode-se relacionar aos conceitos da Lei 11.340/06) ou (b) menosprezo ou discriminação à condição de mulher. Não se confunde com o mero femicídio, que é o homicídio praticado contra mulher, independente dessa motivação referente ao sexo. De acordo com o STJ (HC 433.898), o feminicídio é compatível com o motivo torpe, inexistindo *bis in idem* na incidência de ambas as qualificadoras.

17. No feminicídio, há aumento de pena de 1/3 a 1/2 se praticado: (a) durante a gestação; (b) nos 3 meses posteriores ao parto; (c) contra menor de 14 anos; (d) contra maior de 60 anos; (e) contra pessoa deficiente; (f) contra portador de doença degenerativa que acarrete condição limitante ou de vulnerabilidade física ou mental - inserida pela Lei 13.771/18; (g) na presença de descendente ou ascendente da vítima (a Lei 13.771/18 esclarece que a presença pode ser física ou virtual); (h) em descumprimento das medidas protetivas de urgência de (h.1) suspensão da posse ou restrição do porte de armas, com comunicação ao órgão competente, (h.2) afastamento do lar, domicílio ou local de convivência com a ofendida; (h.3) proibição de determinadas condutas, entre as quais aproximação da ofendida, de seus familiares e das testemunhas, fixando o limite mínimo de distância entre estes e o agressor, contato com a ofendida, seus familiares e testemunhas por qualquer meio de comunicação, frequentação de determinados lugares a fim de preservar a integridade física e psicológica da ofendida - causas de aumento inseridas pela Lei 13.771/18.

18. Também é qualificado, desde 06/07/2015, o homicídio praticado (vii) *contra autoridade ou agente dos artigos 142 e 144 da CF* (inclusive os guardas municipais, previstos no § 8º do art. 144, e os agentes da segurança viária, previstos no § 10), *do sistema prisional e da Força Nacional de Segurança Pública, no exercício ou em decorrência da função* (os servidores aposentados não, portanto); *ou contra seu cônjuge, companheiro ou parente* *consanguíneo* (parentesco por afinidade ou civil não, portanto – exemplo: filho socioafetivo) *até o 3º grau, em razão desse parentesco.*

19. No caso de existir **pluralidade de qualificadoras**, a **maioria** da doutrina entende que uma delas incide como qualificadora e as demais como agravantes, se existir previsão legal, enquanto a **segunda corrente** entende que as demais devem ser analisadas na pena base, pelo artigo 59. Tecnicamente, não se deve falar em homicídio duplamente ou triplamente qualificado, portanto.

20. Para uma **primeira corrente** (*Euclides Custódio da Silveira*), é impossível falar em **homicídio qualificado-privilegiado**, pois o privilégio sempre deve prevalecer; para uma **segunda corrente**, prevaleceria a qualificadora. A **maioria da doutrina**, o **STF** e o **STJ**, porém, admitem a cumulação, desde que a qualificadora seja *objetiva* (isto é, meios e modos).

21. Discute-se, ainda, se o homicídio qualificado-privilegiado é hediondo, mas o STJ entende que falta tipicidade para tanto, preponderando o privilégio.

22. Existem também **circunstâncias majorantes**, que aumentam a pena na terceira fase em 1/3. No homicídio *culposo*, quando (i) resultar de *inobservância de regra técnica, de profissão, arte ou ofício* (chamada "culpa profissional"), que se diferencia da imperícia porque nesta majorante o agente possui aptidão, mas inobserva a regra no caso, enquanto na imperícia o agente não possui a aptidão, segundo a maioria da doutrina, existindo tese de que haveria *bis in idem*; (ii) *deixar de prestar socorro imediato* à vítima, exceto, segundo a doutrina, quando houver morte instantânea (para STJ, HC 269038, somente se o óbito for facilmente perceptível), for socorrida por terceiros antes do agente, ou houver risco de morte pessoal; (iii) *não procurar diminuir as consequências do ato* (muito semelhante à condição anterior); (iv) *fugir para evitar prisão em flagrante* (demais espécies de prisão não, portanto).

23. No homicídio *doloso*, o aumento se dará quando a vítima for (i) menor de 14 anos ou (ii) maior de 60 anos, sempre no momento da conduta e desde que o agente tenha ciência dessa circunstância.

24. Também será majorado (aqui, de 1/3 a 1/2) o homicídio praticado por (iii) *milícia privada, sob o pretexto de prestar serviços de segurança*; ou (ii) *grupo de extermínio* (matadores, justiceiros). Há doutrina (*Rogério Sanches*) que advoga a possibilidade de cumulação material com o delito de associação criminosa.

25. Há previsão de **perdão judicial** no *homicídio culposo*, desde que haja grave consequência física ou grave consequência moral, esta última apenas quando houver vínculo afetivo, segundo o STJ. Trata-se, segundo a **maioria da doutrina**, de direito subjetivo do acusado.

26. O segundo crime contra a vida previsto é o **induzimento, instigação ou auxílio ao suicídio.**

27. O auxílio pode ser moral ou material. O **auxílio moral** pode se dar pelo **induzimento** (criação da ideia de suicídio na cabeça da vítima) ou pela **instigação** (estimular uma ideia já pré-concebida na cabeça da vítima), enquanto o **auxílio material** é o fornecimento de meios materiais para tanto, não podendo jamais configurar um ato executório do homicídio.

28. A prestação de auxílio *por omissão* é admitida pela corrente **majoritária** (*Noronha, Hungria*), desde que na omissão imprópria. A **segunda corrente** entende que o agente responderá pela omissão de socorro qualificada pela morte.

29. O **sujeito passivo** deve ter discernimento mental para compreender sua conduta. Caso contrário, sendo a vítima deficiente mental, será caso de tipificação como homicídio.

30. O tipo penal apenas prevê punição diante de *dois* **resultados**: (i) quando a vítima vem a morrer ou (ii) quando sofrer lesão corporal grave. A **primeira corrente** entende serem *condições de punibilidade*: o crime se consumaria com o induzimento, a instigação ou o auxílio, mas sua punibilidade estaria condicionada à ocorrência desses resultados. A **segunda corrente** entende que são *elementos do tipo*: enquanto crime material, dependeria sua consumação da ocorrência de uma dessas consequências.

31. A **consumação** do crime dependerá da visão adotada, portanto. Para a **primeira corrente** acima (*Luiz Regis Prado*), a consumação se dá com a prática dos verbos do tipo (induzir, instigar ou auxiliar), enquanto crime formal. Para a **segunda corrente**, a consumação se dá com a ocorrência de um dos resultados. Uma **terceira corrente** (*Cezar Bitencourt*) sustenta que a consumação ocorreria apenas no caso do resultado morte, sendo a lesão corporal grave uma modalidade de tentativa qualificada do delito.

32. A **tentativa**, portanto, também varia de acordo com a visão adotada. Para a **maioria**, contudo, o crime é unissubsistente, não se falando em modalidade tentada. A **terceira corrente** acima, porém, entende que a lesão corporal é a forma de tentativa permitida pela lei.

33. Existem **modalidades majoradas** do delito, quando praticado: (i) *por motivo egoístico* (motivo patrimonial ou pessoal – exemplo: visando receber a herança); (ii) contra *vítima menor de 18 anos* (uma **primeira corrente**, com base no Código Penal Italiano, entende que, quando a vítima for menor de 14 anos, haverá homicídio, ante sua incapacidade presumida de compreender a conduta, enquanto uma **segunda corrente** sustenta que a análise deve se dar à luz do caso concreto, e não apenas com base na idade); (iii) contra *vítima com capacidade reduzida de resistência* (se for caso de ausência de capacidade de resistência, será homicídio).

34. A doutrina entende que a prática de roleta russa configura o crime, bem como o duelo americano, embora o mesmo não ocorra no caso do pacto de morte (ambicídio – exemplo: um dos sujeitos abre a saída do gás, e apenas o outro morre, respondendo o sobrevivente pelo homicídio que praticou).

35. O terceiro crime contra a vida previsto é o **infanticídio**. Trata-se de **crime próprio**, só podendo ser praticado pela mãe, tendo como **sujeito passivo** o filho, recém-nascido.

36. Não se confunde com o crime do art. 134 § 2º, em que a mãe expõe ou abandona recém-nascido *para ocultar desonra própria*, no qual apenas há morte do filho por resultado culposo, qualificador (crime preterdoloso).

37. Possui um **elemento etiológico**, o **estado puerperal** (perturbação física e psiquiátrica que algumas mulheres sofrem após o parto), que apenas será relevante para caracterizar infanticídio quando efetivamente *gerar alteração*. Caso contrário, será hipótese de homicídio (caso o estado puerperal não gere qualquer alteração), de inimputabilidade ou de semi-imputabilidade (caso gere doença mental na mulher ou diminuição de sua capacidade mental, na forma do artigo 26).

38. Possui um **elemento cronológico**: **durante o parto** ou **logo após**. Embora a medicina estabeleça parâmetros (de 6 a 8 semanas), a doutrina penal vem entendendo que esse elemento cronológico "logo após" está ligado à duração do estado puerperal.

39. Não há previsão culposa, de modo que uma **primeira corrente** (*Damásio*) entende que, nesse caso, ocorrerá fato atípico, embora a **segunda corrente**, majoritária, entenda que a mãe responderá, subsidiariamente, por homicídio culposo.

40. Quando a mãe age em **concurso** com um terceiro, uma **primeira corrente** (*Fragoso*) entende que apenas a mãe responde pelo infanticídio, e o terceiro, por homicídio, enquanto uma **segunda corrente**, majoritária, entende que o infanticídio é circunstância pessoal elementar do tipo, se comunicando para o coautor/partícipe, conforme o artigo 30, respondendo ambos por infanticídio. Uma **terceira corrente** (*Nilo Batista*) sustenta que a participação de terceiro é possível, mas não a coautoria, respondendo o mesmo por homicídio caso venha a praticar atos executórios.

41. O último delito contra a vida previsto no Código Penal é o **aborto**. Consiste na morte do feto, com a interrupção da gravidez no período que vai até o início do parto. O termo inicial é polêmico: uma **primeira corrente** (*Alberto Silva Franco*) considera a nidação; uma **segunda corrente** (*Hungria*) considera a formação do ovo; uma **terceira corrente** adota a fecundação.

42. O **sujeito passivo** é o produto da concepção. No caso de serem gêmeos, a corrente majoritária admite o concurso formal, se o sujeito ativo conhecia essa situação.

43. Não há modalidade culposa (por exemplo, o aborto natural ou por negligência da mãe), mas a mãe pode responder na modalidade omissiva imprópria.

44. Existem diversas **espécies**. A primeira é o **auto aborto**: a mãe provoca o aborto contra si própria, sendo crime de mão própria. A segunda é o **aborto consentido**: a mãe consente que outrem provoque o aborto em si, igualmente crime de mão própria. Nessas duas espécies, a pena é de 1 a 3 anos.

45. A terceira espécie, já voltada para o terceiro que pratica o crime, é o **aborto consensual**, em que a mãe consente. Trata-se de exceção à teoria monista do concurso de pessoas, respondendo o agente de forma mais grave (1 a 4 anos) do que a mãe que consente.

46. A quarta espécie é o **aborto sem consentimento** (abortamento sofrido), crime de dupla subjetividade passiva: a mãe e o filho, com pena de 3 a 10 anos. A ele se equipara o consentimento obtido de gestante: (i) menor de 14 anos; (ii) alienada ou débil mental; (iii) que consentiu mediante fraude, grave ameaça ou violência; (iv) que revogou o consentimento no curso do aborto.

47. A quinta espécie é a **modalidade majorada** pelos resultados culposos: (i) lesão corporal grave ou (ii) morte, desde que consequências dos meios empregados para o aborto. Quando ocorrerem apenas os resultados, mas o aborto restar tentado, uma **primeira corrente**, majoritária, reputa tratar-se de aborto tentado majorado, exceção à regra de que não cabe tentativa de crimes preterdolosos, enquanto uma **segunda corrente** (*Euclides Custódio da Silveira*) sustenta que haverá concurso entre o aborto tentado e o resultado culposo, e uma **terceira corrente** (*Fernando Capez*) advoga tratar-se de aborto qualificado consumado, aplicando o raciocínio análogo ao do latrocínio.

48. A sexta espécie é o **aborto legal**, trazendo duas causas especiais legais de exclusão da ilicitude e uma supralegal, sempre *praticado por médico*.

A primeira é o **aborto necessário, terapêutico** ou **profilático**: quando inexistir outra forma de salvar a vida da gestante, representando hipótese especial de estado de necessidade. Assim, quando for praticado por pessoa que não médico, pode-se alegar o estado de necessidade da parte geral.

49. A segunda é o **aborto humanitário, sentimento** ou ético: quando a gravidez resulta de estupro (inclusive o de vulnerável, segundo a doutrina) e há consentimento da gestante ou de seu representante. O médico deve verificar a ocorrência do estupro, embora a lei não exija comprovação específica (bastando o boletim de ocorrência, por exemplo). Quando praticado por outra pessoa que não médico, a **maioria** da doutrina entende que responderá por homicídio, enquanto a **segunda corrente** (*Nucci*) advoga a aplicação da excludente da inexigibilidade de conduta diversa.

50. Uma terceira espécie de aborto legal, criada pela jurisprudência do STF, é o **aborto de anencéfalo.**

51. O **aborto eugênico** ou **eugenético** (filho com graves deficiências genéticas) não é permitido, havendo menção expressa na Exposição de Motivos. Do mesmo modo o **aborto econômico, miserável** ou **social** e o **aborto honoris causae** (concepção advindo de relação extraconjugal).

52. Em julgado que versava sobre a legalidade da prisão preventiva, o Min. Roberto Barroso (HC 124306) entendeu que o aborto praticado nos três primeiros meses não é crime, em uma interpretação conforme a Constituição, em razão dos supostos direitos fundamentais da mulher e do princípio da proporcionalidade, no que foi acompanhado por outros dois colegas. Embora seja uma decisão de turma, é uma possível tese defensiva.

9.2. Lesões Corporais

1. O delito de **lesão corporal** busca punir a conduta do agente que (i) ofender (ii) a integridade corporal ou a saúde (iii) de outrem (a autolesão não é penalmente relevante; para a **maioria** da doutrina, o feto também pode ser sujeito passivo deste crime), direta ou indiretamente.

2. Existe o *animus laedendi* (intenção de lesionar, causar dano), diferente da contravenção das vias de fato, em que esse não existe (seria uma agressão sem lesão).

3. Para a **maioria** da doutrina, o **consentimento do ofendido** afasta a ilicitude da conduta, embora uma **segunda corrente** (*Bitencourt*) entenda que exclua a tipicidade.

4. A doutrina divide a lesão corporal em leve, grave a gravíssima, de forma que a **lesão corporal leve** (3 meses a 1 ano) é vista como residual, ou seja, quando não houver as hipóteses de lesão grave ou gravíssima, que são **modalidades qualificadas**.

5. Essas modalidades qualificadas podem ocorrer, segundo a **maioria** da doutrina, tanto por dolo como por culpa, *salvo* a hipótese de resultar perigo de vida (lesão grave) ou aborto (lesão gravíssima), quando o fato de o resultado ser dolosamente querido pelo agente configurará crime autônomo.

6. A **lesão corporal grave** (1 a 5 anos) é, pela lei, um gênero dentro do qual estão inseridas as lesões graves propriamente ditas e as gravíssimas, divisão feita apenas pela doutrina. O § 1º do artigo cuidou de trazer em seus incisos hipóteses qualificadoras do delito de lesão corporal, que são observadas pelo resultado causado na vítima, punindo o agente de maneira mais grave – são os casos de lesão corporal grave, de que resulte: (i) *incapacidade para as ocupações habituais, por mais de trinta dias* (pouco importa se a atividade tem ou não fins lucrativos, desde que lícita; há necessidade de comprovação desse prazo por perícia complementar, conforme art. 168 §§ 2º e 3º do CPP); (ii) *perigo de vida* (concreta probabilidade de morte, e não mera possibilidade); (iii) *debilidade permanente de membro, sentido ou função* (exemplo do STJ, REsp 1620158: perda de dois dentes); (iv) *aceleração de parto*.

7. A **lesão corporal gravíssima** (2 a 8 anos) sucederá em um dos casos do § 2º, quando suceder: (i) *incapacidade permanente para o trabalho* (**primeira corrente**: qualquer trabalho; **segunda corrente**: trabalho desempenhado pela vítima); (ii) *enfermidade incurável* (para *Damásio*, também quando for necessária uma intervenção cirúrgica arriscada ou tratamento incerto); (iii) *perda de membro, sentido ou função*; (iv) *deformidade* (para a **maioria** da doutrina, deve ser estética) *permanente* (para o STJ, HC 306677, incide a qualificadora mesmo que haja reparação por cirurgia plástica, embora haja bastante doutrina em contrário; (v) *aborto*.

8. Outra modalidade qualificada é a **lesão corporal seguida de morte** (4 a 12 anos). O § 3º deste artigo cuidou de punir o denominado *homicídio preterdoloso* (intenção é lesionar, mas ocorre o resultado mais grave por culpa, devendo existir nexo entre a ação do agente e a morte e haver previsibilidade objetiva).

9. Existe **modalidade privilegiada**: **lesão corporal privilegiada** (diminuição de 1/6 a 1/3), quando o agente comete o crime impelido por motivo de relevante valor social ou moral ou sob o domínio de violenta emoção, logo

em seguida a injusta provocação da vítima – ou seja, mesmas hipóteses do homicídio privilegiado.

10. O juiz pode *substituir, na lesão corporal leve, a detenção por multa* em dois casos: (i) quando a lesão corporal privilegiada não for grave (ou gravíssima) e (ii) quando as lesões forem recíprocas, ainda que fora dos casos de lesão privilegiada.

11. Existe previsão de **modalidade culposa** (**lesão corporal culposa** – 2 meses a 1 ano).

12. Existem **modalidades majoradas** (1/3), nos mesmos casos do homicídio (quando o delito é praticado contra pessoa menor de catorze ou maior de sessenta anos, ou quando o delito é praticado por milícia privada sob o pretexto de prestação de serviço de segurança, ou por grupo de extermínio, ou se o crime resulta de inobservância de regra técnica de profissão, arte ou ofício, e na lesão corporal culposa quando o agente deixa de prestar imediato socorro à vítima, não procura diminuir as consequências do seu ato, ou foge para evitar prisão em flagrante).

13. Existe previsão de **perdão judicial**, nos mesmos casos do homicídio (as consequências do delito atingirem o próprio agente de forma tão grave que a sanção penal se torne desnecessária).

14. Desde 17/06/2004, existe **modalidade qualificada** (3 meses a 3 anos), quando a **lesão corporal decorrer de violência doméstica**. O conceito é mais amplo que o da Lei Maria da Penha, pois abarca vítimas masculinas: contra ascendente, descendente, irmão, cônjuge ou companheiro, ou com quem conviva ou tenha convivido, ou, ainda, prevalecendo-se o agente das relações domésticas, de coabitação ou de hospitalidade. De acordo com o STJ (5ª turma, RHC 50026), a qualificadora incide mesmo que a lesão não tenha sido proferida no ambiente familiar (exemplo: no trabalho).

15. Caso seja caso de lesão corporal grave, gravíssima ou seguida de morte, decorrente de violência doméstica, a tipificação se dará na forma dos §§ 1º a 3º, com a **modalidade majorada** (1/3) do § 10.

16. Também existe **modalidade majorada** (1/3) quando a lesão praticada em violência doméstica tiver como vítima pessoa portadora de deficiência.

17. Desde 06/07/2015, existe **modalidade majorada** (1/3 a 2/3), quando a lesão corporal *dolosa* (culposa, não), simples ou qualificada, for praticada (i) contra autoridade ou agente descrito no artigo 142 e 144 da Constituição Federal, integrantes do sistema prisional e da Força Nacional de Segurança Pública, no exercício de função ou em decorrência dela, ou (ii) contra seu cônjuge, companheiro ou parente consanguíneo até o terceiro grau, em razão de tal condição.

18. Quando for caso de lesão corporal (i) gravíssima ou (ii) seguida de morte, nessas circunstâncias, o crime será **hediondo**, se praticado após essa data.

19. De acordo com o STF e o STJ, os crimes de lesão corporal praticados contra a mulher no âmbito doméstico e familiar são de ação penal pública incondicionada. (ARE 773765, 4.4.2014, Tema 713 da Repercussão Geral e Pet 11805, 10.5.2017, Tema 177 dos Recursos Repetitivos e Súmula 542 do STJ).

9.3. *Periclitação da Vida e da Saúde*

1. No crime de **perigo de contágio venéreo**, o agente (i) expõe alguém, (ii) por meio de qualquer ato libidinoso, (iii) a contágio de doença venérea de que saiba ou deva saber que está contaminado. Caso haja dolo de transmissão da doença, especificamente, haverá modalidade **qualificada**. De todo modo, é crime de **ação penal pública condicionada à representação**.

2. No crime de **perigo de contágio de moléstia grave**, o agente (i) pratica ato capaz de produzir contágio de doença grave que saiba possuir (apenas dolo direto, portanto) (ii) com finalidade específica de transmiti-la ao sujeito passivo.

3. No crime de **perigo para a vida ou saúde de outrem**, o agente (i) expõe a perigo direto e iminente (ii) a vida ou saúde de alguém. Há **modalidade qualificada** quando o perigo decorre de transporte de pessoas.

4. No crime de **abandono de incapaz**, o agente (i) abandona (ii) pessoa que está sob seu cuidado/guarda/vigilância/autoridade (iii) e que é incapaz de se defender dos riscos. Caso resulte lesão corporal grave ou morte, existem **modalidades qualificadas**. Há **majorantes** (1/3) quando: (i) o abandono ocorre em lugar ermo; (ii) o agente é ascendente, descendente, cônjuge (não há menção ao companheiro), irmão, tutor ou curador da vítima; (iii) a vítima é maior de 60 anos.

5. No crime de **exposição ou abandono de recém-nascido**, o agente (i) abandona ou expõe recém-nascido (ii) com o fim específico de ocultar desonra própria. Há **modalidades qualificadas** quando suceder lesão corporal grave ou morte.

6. No crime de **omissão de socorro**, o agente (i) deixa de prestar assistência, quando era possível fazê-lo, (ii) à criança (abandonada ou extraviada) ou

à pessoa inválida, ferida, desamparada ou em grave e iminente perigo; ou (iii) não pede socorro da autoridade pública, nesses casos todos. Há **modalidades majoradas** quando resulta lesão corporal grave ou morte.

7. No crime de **condicionamento de atendimento médico-hospitalar emergencial**, criado em 28/05/2012, o agente (i) exige garantia de pagamento ou preenchimento de formulários prévios (ii) como condição para atendimento médico-hospitalar emergência. Há **modalidades majoradas** quando resulta lesão corporal grave ou morte.

8. No crime de **maus tratos**, existe uma combinação dos crimes de exposição de perigo para a vida ou saúde e do abandono de incapaz, pois o agente (i) expõe a perigo a vida ou saúde (ii) pessoa sob sua autoridade/guarda/vigilância (não fala em cuidado) *para fins de* educação, ensino, tratamento ou custódia (há esse elemento especializante), (iii) por *três meios*: (iii.a) privando-a de alimentação ou cuidados indispensáveis; (iii.b) sujeitando-a a trabalhos excessivos ou inadequados; ou (iii.c) abusando dos meios de correção e disciplina. Existem **modalidades qualificadas** para o caso de suceder lesão corporal grave ou morte, e **modalidade majorada** quando a vítima for menor de 14 anos.

9.4. Rixa

1. No crime de **rixa**, pune-se a participação em uma rixa, *salvo* se apenas buscou separar os contentores. Existem duas espécies de rixa: (i) *ex improviso* (conflito generalizado surgido pela exaltação de ânimos) e (ii) *ex proposito* (conflito previamente determinado, marcado. A **primeira corrente** insere ambas no tipo penal, embora uma **segunda corrente** o reserve apenas para a rixa súbita, sem predeterminação. Apenas seria possível a **tentativa** nessa segunda modalidade, para aqueles que a admitem.

2. Trata-se, pois, de **crime de concurso necessário**, de **condutas contrapostas**. Deve haver mais de 2 participantes, caso contrário será hipótese de lesões corporais ou vias de fato recíprocas. Incluem-se aí os inimputáveis, embora não sejam sujeitos ativos do crime.

3. É possível a **participação**, tanto moral como material.

4. Existe discussão quanto aos **sujeitos ativo e passivo** do delito: a **corrente majoritária** entende que todos os participantes são sujeitos ativos e passivos, embora a **segunda corrente** (*Manzini*) sustente que trata-se de crime coletivo unilateral, considerado como um todo a conduta dos agentes

como perigosa para a incolumidade pública, de modo que não haveria sujeito passivo específico.

5. Os terceiros, externos à rixa, podem agir em **legítima defesa**, se agredidos. Já quanto aos próprios rixosos, existe divergência. Há **corrente** (*Manzini*) que sustenta a possibilidade de legítima defesa na rixa, quando um dos participantes lança mão de violência desproporcional, destoante daquela aceitada ao ingressar no confronto. A **segunda corrente** (*Aníbal Bruno*) entende que a hipótese seria de inexigibilidade de conduta diversa.

6. Há **modalidade qualificada**, quando resulta lesão corporal grave ou morte.

9.5. Crimes Contra a Honra

1. Por **honra** entende-se a honra **subjetiva** (dignidade, autoestima, decoro - impressão pessoal que o sujeito tem de si) e a **objetiva** (reputação - impressão que a sociedade tem dele). A injúria tutela aquela; a difamação e a calúnia, esta.

2. Discute-se se é possível haver concurso de crimes no mesmo contexto, atingindo aspectos diversos da honra do sujeito passivo. Uma **primeira corrente** advoga a possibilidade de crime continuado, ante a similitude das condições do artigo 71; uma **segunda corrente** sustenta ser crime único, pelo princípio da consunção; uma **terceira corrente**, adotada pelo STJ (RHC 41527), entende que, se houver lesão de honras diferentes (isto é, subjetiva e objetiva), é possível o concurso de delitos.

3. Os delitos contra a honra pressupõem uma conduta séria do agente. Caso falte o **elemento subjetivo específico** no sentido de ofender a honra do sujeito passivo, consistindo apenas em uma brincadeira (*animus jocandi*) ou um aconselhamento, a conduta será atípica (entendimento adotado pelo STJ, Rcl 15574).

4. A doutrina majoritária entende que os crimes contra a honra são **crimes formais**, bastando a conduta para que o crime se consume.

5. O primeiro crime previsto para a tutela da honra objetiva é a **calúnia**, que consiste em (i) imputar fato criminoso (contravenção não, portanto - poderá ser difamação) (ii) falsamente (sabe que a imputação não corresponde à verdade) (iii) a outrem (caso impute a si próprio, será caso de auto acusação falsa, do artigo 341). Igualmente incorre no crime quem (iv) propala ou divulga a informação, sabendo que é falsa (art. 138 § 1º).

6. Consuma-se quando a informação chega ao conhecimento de um terceiro – afinal, defende-se a honra objetiva, a reputação social da vítima (o STJ já entendeu que, quando se der por meio de jornal, o local da consumação é o da impressão, e, quando se der pela internet, é o local do post). Admite-se, majoritariamente, a tentativa, quando feita por escrito.
7. Discute-se se a **pessoa jurídica** pode ser sujeito passivo da calúnia. Embora admitam que pratique crimes, o **STF** e o **STJ** não aceitaram ainda que a pessoa jurídica seja caluniada, embora já tenha admitido que seja vítima de difamação. Uma **segunda corrente** (*Mirabete*), ainda, que as pessoas jurídicas não podem ser vítimas de qualquer dos crimes contra a honra, que estão inseridos no título dos "crimes contra a pessoa", no Código Penal.
8. Quando ao **sujeito passivo**, excluem-se os congressistas, no exercício da sua função (previsão da CF), bem como os advogados, também no exercício da profissão (previsão no Estatuto da OAB). Discute-se quanto à possibilidade de os inimputáveis serem sujeitos passíveis do crime de calúnia, havendo entendimento (*Noronha*) no sentido de que tratar-se-ia de difamação.
9. Por expressa previsão legal, é cabível a calúnia contra os mortos, mas não a difamação nem a injúria (art. 138 § 2º).
10. O segundo delito que tutela a honra objetiva é a **difamação**, que consiste em (i) imputar fato não criminoso, mas prejudicial à sua honra, (ii) verdadeiro ou falso (ou seja, um fato negativo, ainda que verdadeiro), (iii) a outrem (aplica-se o mesmo raciocínio da calúnia quanto à consumação e à possibilidade de tentativa).
11. Na calúnia e na difamação, admite-se o **consentimento da vítima** como excludente da ilicitude, mas não por interposta pessoa (posição de *Noronha*).
12. Há previsão de **exceção da verdade** para a calúnia e a difamação, voltado a demonstrar que o fato imputado é verdadeiro, excluindo a tipicidade da conduta. Na calúnia, em regra será cabível, *exceto*: (i) quando a imputação for de crime de ação penal privada, não tendo havido condenação definitiva; (ii) quando o crime for de ação penal pública de que a vítima foi absolvida; (iii) contra o presidente ou chefe de governo estrangeiro. Na difamação, em regra não será cabível, mas apenas no caso de crime contra funcionário público em razão do exercício de suas funções (o que não alcança presidente e chefe de governo estrangeiro em visita ao país, segundo a Exposição de Motivos).

13. Há, ainda, segundo parte da doutrina, a **exceção de notoriedade** (art. 523 CPP), voltada para os casos em que a afirmação feita é de domínio público, consistindo em mera repetição, ainda que imprudente, do que se costuma repetir na sociedade.

14. Há previsão de **retratação** (excludente da punibilidade) para os delitos de calúnia ou difamação, até o momento da sentença. Após a Lei 13.188/2015, no caso de os delitos terem sido praticados por meio de comunicação, também a retratação se dará por esses meios, se o ofendido assim quiser.

15. O delito que tutela a honra subjetiva é a **injúria**, que consiste em: (i) atribuir conceito negativo, depreciativo (não um fato), (ii) a outrem. Como diz respeito a uma análise pessoal, subjetiva, se consuma quando a informação chega ao conhecimento da vítima, e não de um terceiro, como nos crimes anteriores.

16. Quanto ao **sujeito passivo**, a doutrina exige que este tenha conhecimento de que está sendo injuriado, e discernimento para tanto, afastando-se as pessoas jurídicas e os mortos. A auto injúria, ademais, é um indiferente penal, salvo se atingir também a terceiros.

17. Existem duas **modalidades qualificadas** de injúria. A **injúria real** se diferencia pelos *meios*: se dá mediante violência ou vias de fato, quando aviltantes (o dolo é humilhar, não lesionar), e cuja pena é de 3 meses a 1 ano mais a da violência. Sucedendo lesão corporal, a **maioria** da doutrina entende que a lei, ao falar que as penas devem ser somadas, prevê o concurso material, enquanto uma **segunda corrente** (*Rogério Sanches*) advoga a aplicação do concurso formal impróprio, para evitar o bis in idem.

18. Já a segunda modalidade, a **injúria preconceituosa**, se diferencia pela *motivação/conteúdo* da ofensa, que versa sobre raça (*injuria racial*, que não se confunde com os delitos de racismo, pois na injúria há um sujeito passivo identificado e a intenção é ofendê-lo, enquanto no racismo, imprescritível e inafiançável, a intenção é segregá-lo, em razão de sua raça), cor, etnia, religião, origem, idade (quando idoso) ou deficiência.

19. Sobre o racismo, é importante lembrar que o STF entendeu que os tipos penais da Lei 7.716/89 abarcam, por identidade de razão e mediante adequação típica, as condutas homofóbicas e transfóbicas, reais ou supostas, que envolvem aversão odiosa à orientação sexual ou à identidade de gênero de alguém, até que sobrevenha lei específica que satisfaça o mandado de criminalização do art. 5º, XLI e XLII, da CF (ADO 26 e MI 4733).

20. Existe previsão de **perdão judicial** para a injúria quando (i) ofendido provocou a injúria de forma reprovável ou (ii) consistir em retorsão, resposta, imediata (STF, AP 926, admitiu como imediato o post 24 horas depois do anterior post, também em rede social) a outra injúria anterior. Discute-se se abrangeria também a injúria preconceituosa, havendo quem entenda que não, porque não seria caso de mera retorsão imediata, mas desproporcional.

21. Existem **modalidades majoradas** em 1/3, quando o crime é cometido: (i) contra o presidente ou chefe de governo estrangeiro; (ii) contra funcionário público no exercício das suas funções; (iii) na presença de várias pessoas (além da vítima, uma **primeira corrente** exige duas ou mais pessoas; **segunda corrente** exige três ou mais); (iv) por meio que facilite a divulgação; (v) contra maior de 60 anos (*salvo* injúria); (vi) contra deficiente (*salvo* injúria).

22. Também há modalidade majorada no dobro da pena, quando o crime se dá mediante pagamento ou promessa de recompensa.

23. Existem **causas de exclusão dos crimes** de *injúria ou difamação*, que a **maioria** da doutrina (*Damásio*) entende serem causas excludentes da *ilicitude*, embora uma **segunda corrente** (*Noronha*) entenda que são excludentes da punibilidade e uma **terceira corrente** (*Fragoso*), do elemento subjetivo específico, portanto da tipicidade. São elas: (i) imunidade judiciária (em juízo, na discussão da causa, tanto pela parte como pelo seu advogado, desde que não exceda a profissão, segundo o STF. Observação: o Estatuto da OAB afastava a tipicidade do desacato nessas condições também, mas o STF entendeu inconstitucional a previsão); (ii) imunidade literária, artística ou científica (críticas nessas áreas, *salvo* quando tiverem inequívoca intenção de prejudicar o sujeito passivo); (iii) imunidade funcional (conceito desfavorável emitido por funcionário público nas suas funções).

24. Em todas essas hipóteses, porém, quem divulga o conteúdo da injúria ou difamação, não estando amparado pelas excludentes acima, comete o referido crime.

25. O Código prevê a possibilidade de se pedirem explicações em juízo, mas o STF (RHC 60953) já entendeu que o sujeito não pode ser obrigado a prestá-las.

26. A **ação penal** nos crimes contra a honra é tema interessante. Como regra, será ação penal privada. Como *exceções*, temos: (i) ação penal pública incondicionada na injúria real com lesões corporais; (ii) ação penal pública condicionada à representação na injúria preconceituosa praticada após a

Lei 12.033/09 – antes, enquadrava-se na regra geral mais benéfica de ação penal privada, não retroagindo; (iii) ação penal pública condicionada à requisição do MP nos crimes contra a honra do presidente ou de chefe de governo estrangeiro, circunstância majorante; (iv) ação penal pública condicionada à representação do funcionário público, nos crimes contra sua honra, no exercício da função – o STF (Súm. 714) instaurou a *ação penal concorrente* nesses casos: entende que fica à escolha do funcionário público representar ao MP ou ajuizar queixa-crime, podendo decidir pela ação penal privada.

27. Tais crimes são de forma livre. De acordo com o STF (Pet 5705), a difamação pode ocorrer até mesmo com a edição de um vídeo, com o objetivo de difamar a honra de uma pessoa, cortando pedaços de sua fala.

9.6. Crimes Contra a Liberdade Individual

1. No **constrangimento ilegal**, pune-se o agente por (i) constranger alguém (ii) a não fazer o que a lei permite ou a fazer o que ela não manda, (iii) mediante violência (própria – aplica-se a pena da violência, cumulativamente) ou grave ameaça, ou depois de lhe haver reduzido, por qualquer outro meio, a capacidade de resistência (violência imprópria).
2. Importa ressaltar que aqui a sujeição é ilegítima: se legítima fosse, estaríamos diante do crime de exercício arbitrário das próprias razões (art. 345).
3. O crime se consuma quando a vítima, após ser constrangida, faz ou deixa de fazer algo contrário a sua vontade.
4. Existe **modalidade majorada** (em dobro) quando para a execução do crime (i) se reunirem mais de três pessoas, ou (ii) houver o emprego de arma. Ademais, as penas serão aplicadas cumulativamente.
5. Existem casos de **exclusão do crime**, nos casos de (i) intervenção médica ou cirúrgica, sem o consentimento do paciente ou de seu representante legal, se justificada por iminente perigo de vida e de (ii) a coação ser exercida para impedir suicídio. Uma **primeira corrente** (*Hungria*) advoga ser excludente da ilicitude; uma **segunda corrente** (*Damásio*), da tipicidade.
6. No crime de **ameaça**, pune-se a conduta do agente que (i) ameaça alguém (ii) de lhe causar mal injusto e (iii) grave (para uma **primeira corrente**, deve ser analisado pelos parâmetros do homem médio; para uma **segunda corrente**, diante do caso concreto), por qualquer meio (desde que apto a causar o mal referido).

7. O crime se consuma quando a vítima toma conhecimento da ameaça, cabendo *tentativa*, quando por escrito (posição **majoritária**).
8. No crime de **sequestro ou cárcere privado,** pune-se a conduta do agente por (i) privar alguém de sua liberdade, (ii) mediante sequestro ou (iii) cárcere privado.
9. Para uma **primeira corrente**, não há diferença entre o sequestro e o cárcere privado, enquanto para uma **segunda corrente** (*Hungria*) existe: o sequestro seria um gênero, enquanto o cárcere privado se referiria apenas a confinamentos em recintos fechados. Uma **terceira corrente** (*Rodrigo Roig*) advoga que, no sequestro, existe uma capacidade de mobilidade relativa para a vítima (exemplo: fica preso em sua casa), enquanto, no cárcere privado, não (exemplo: ficar retido em uma jaula).
10. Existe doutrina que exclui da sujeição passiva desse crime aqueles que não podem ir e vir, livremente, bem como os que não compreendem a privação.
11. O delito pode ser praticado por ação ou omissão, sendo crime permanente, se consuma com a privação da liberdade da vítima, de maneira que o agente está em flagrante delito até o efetivo momento da libertação da vítima. Uma **corrente doutrinária** entende que o tempo de privação, se muito irrelevante, poderia levar à configuração da tentativa.
12. Existem **modalidades qualificadas** (2 a 5 anos), quando: (i) a vítima for ascendente, descendente, cônjuge ou companheiro deste, (ii) a vítima for maior de 60 anos no momento da privação da liberdade; (iii) o crime é praticado mediante internação da vítima em casa de saúde ou hospital; (iv) a privação da liberdade dura mais de 15 dias; (v) o crime é praticado contra menor de 18 anos; (vi) o crime é praticado com fins libidinosos (é o antigo *rapto*, que, antes da reforma de 28/03/2005, era crime de ação penal privada e, agora, é de ação penal pública).
13. Existem **modalidades qualificadas** ainda mais graves (2 a 8 anos), quando resultar grave sofrimento físico ou moral, em razão dos mais tratos ou da natureza da detenção.
14. Na **redução a condição análoga à de escravo**, pune-se o agente que reduz alguém a condição análoga à de escravo, quer (i) submetendo-o a trabalhos forçados ou a (ii) jornada exaustiva, quer sujeitando-o a (iii) condições degradantes de trabalho, quer (iv) restringindo, por qualquer meio, sua locomoção em razão de dívida contraída com o empregador ou preposto. Trata-se de crime permanente.

15. Existem **modalidades equiparadas** no § 1º, bem como **modalidade majorada** (1/2) se o crime é cometido (i) contra criança ou adolescente ou (ii) por motivo de preconceito de raça, cor, etnia, religião ou origem.

16. A Lei 13.344/2016 acrescentou o crime de **tráfico de pessoas**, revogando o tráfico para exploração sexual. Sua pena é de 4 a 8 anos.

17. Tal delito consiste em (i) *praticar condutas relativas ao tráfico de pessoas* (agenciar, aliciar, recrutar, transportar, transferir, comprar, alojar ou acolher pessoa), (ii) *mediante* grave ameaça, violência, coação, fraude ou abuso, (iii) *com a finalidade de* remover órgãos, tecidos ou partes do corpo; submeter a trabalho em condições análogas à de escravo; submeter a qualquer tipo de servidão; adoção ilegal; exploração sexual.

18. Existe **modalidade majorada** quando o crime for cometido (i) por funcionário público, desde que guarde relação com a função; (ii) contra criança, adolescente, idoso ou deficiente; (iii) prevalecendo-se de relações de parentesco, domésticas, de coabitação, hospitalidade, dependência econômica, autoridade ou superioridade hierárquica em emprego, cargo ou função; (iv) com retirada da vítima do território nacional.

19. Existe **modalidade privilegiada** caso o agente seja (i) primário e (ii) não integre organização criminosa.

20. Nesse delito, o livramento condicional exige o cumprimento de 2/3 da pena.

21. A **violação de domicílio** é crime comum, podendo ser praticado por qualquer pessoa, até mesmo o proprietário do imóvel locado a outrem.

22. Pune-se o agente que (i) entrar ou (ii) permanecer (iii) em casa alheia (a expressão recebe interpretação legislativa ampliativa no § 4º, alcançando aposentos *ocupados* de habitações coletivas e compartimentos não abertos ao público onde se exerce profissão - exemplo no STJ (HC 298763): gabinete de delegado de polícia) ou em suas dependências, (iv) clandestina, astuciosamente ou contra vontade expressa ou tácita de quem de direito.

23. O crime é de mera conduta e se consuma quando o agente delituoso entra em casa alheia, ou quando instado a sair de lá, permanece no local.

24. Existem **modalidade qualificada** quando o crime é cometido (i) durante a noite, (ii) em lugar ermo, (iii) com emprego de violência ou de arma, ou (iv) por duas ou mais pessoas.

25. Existe **modalidade majorada** (1/3) quando o fato é cometido por funcionário público, (i) fora dos casos legais, (ii) com inobservância das formalidades estabelecidas em lei, ou até mesmo (iii) com abuso de poder.

26. A lei **exclui o crime** a entrada ou permanência em casa alheia for durante o dia para efetuar prisão ou outra diligencia de forma legal, ou a qualquer hora do dia ou da noite, quando algum crime estiver sendo ali praticado ou na iminência de ser.

27. Na **violação de correspondência**, pune-se o agente que (i) devassa (toma conhecimento) indevidamente do (ii) conteúdo de correspondência fechada (iii) dirigida a outrem.

28. Existem **modalidades equiparadas** de sonegação ou destruição de correspondência ou de violação de comunicação telegráfica, radioelétrica ou telefônica.

29. Na **correspondência criminal**, pune-se o agente que (i) abusa da condição de sócio ou empregado de estabelecimento comercial ou industrial, (ii) para desviar, sonegar, subtrair ou suprimir correspondência, ou revelar a estranho seu conteúdo, no todo ou em parte.

30. É *crime próprio*, somente podendo ser praticado pelo sócio ou empregado do estabelecimento comercial ou industrial.

31. Na **divulgação de segredo**, pune-se o agente que (i) divulgar (ii) sem justa causa, (iii) conteúdo de documento particular ou de correspondência confidencial, de que é destinatário ou detentor, e cuja divulgação possa causar dano a outrem.

32. Trata-se de *crime próprio*, somente podendo ser praticado pelo destinatário ou detentor de documento particular ou correspondência confidencial.

33. O crime se consuma com divulgação do segredo, não sendo necessário que cause efetivo dano a vítima, mero exaurimento do delito.

34. Existe **modalidade qualificada** para o agente que divulga sem justa causa, informações sigilosas ou reservadas, assim definidas em lei, contidas ou não nos sistemas de informações ou banco de dados da Administração Pública.

35. Na **violação de segredo profissional**, pune-se o agente que (i) revelar (ii)sem justa causa, (iii) segredo, de que tem ciência *em razão da função, ministério, ofício ou profissão*, e (iv) cuja revelação possa produzir dano a outrem.

36. Trata-se de *crime próprio*, somente podendo ser praticado pelo agente que exerça atividade de função, ministério, ofício ou profissão.

37. Na **invasão de dispositivo informático**, crime advindo em 30/11/2012, pune-se o agente que (i) invadir dispositivo informático alheio, (ii) conectado ou não à rede de computadores, (iii) mediante violação indevida de mecanismo de segurança e (iv) com o fim de obter, adulterar ou destruir dados ou informações sem autorização expressa ou tácita do titular do dispositivo ou (v) instalar vulnerabilidades.

38. Tal crime é de **ação penal condicionada à representação**, *salvo* quando cometido contra (i) a Administração Pública, direta ou indireta, ou (ii) contra empresas concessionárias de serviços públicos.

10. CRIMES CONTRA O PATRIMÔNIO

1. No **furto**, o agente (i) subtrai, (ii) para si ou para outrem (pode ser que não pretenda ficar com o bem; ou que se pratique por interposta pessoa, caracterizando *furto indireto*), (iii) coisa alheia móvel (portanto, imóvel não).

2. Por subtrair, a doutrina entende o *animus furandi* ou *animus rem dibi habendi*, isto é, a intenção de possuir definitivamente o bem. Por isso, a doutrina, o STF e o STJ (REsp 1323275) entendem que o **furto de uso** não é conduta criminosa. São elementos: (i) dolo de uso, desde o início da empreitada; (ii) coisa infungível; (iii) restituição imediata e integral. Existe entendimento (*Hungria*) no sentido de que o furto de uso de um automóvel seria conduta típica, pois significaria furto da gasolina, mas a maioria da doutrina afasta essa tese, pois o dolo não é de furtar, mas de usar.

3. O **bem jurídico** protegido divide a doutrina. **Majoritariamente**, entende-se que a proteção se estende à propriedade, à posse e à detenção. Uma **segunda corrente** (*Noronha*) restringe à propriedade e à posse; uma **terceira corrente** (*Hungria*) sustenta que apenas se proteja a propriedade; e uma **quarta corrente**, mais antiga, fala apenas na posse.

4. O proprietário, para a **maioria** da doutrina, não pode ser sujeito passivo do delito, em razão do elemento típico "alheia". Uma **segunda corrente** (*Noronha*), porém, entende que sim, desde que o bem esteja na posse de outrem.

5. Caso a coisa não pertença a ninguém (*res nullius*) ou tenha sido abandonada (*res derelicta*), a conduta será atípica. Já quando se furta algo perdido (*res desperdita*), incorre-se no delito do art. 169, parágrafo único, II do CP.

6. Também se discute se é necessária que o bem subtraído possua valor econômico (*Fragoso, Nucci*) ou se basta o valor afetivo, mesmo que economicamente sem relevância (corrente **majoritária**: *Hungria, Luiz Regis Prado*).

7. Existe **cláusula de equiparação** para incluir como objeto do furto *energia elétrica ou qualquer outra energia que tenha valor econômico*. Discute-se

se o furto de sinal de televisão estaria contido: uma **primeira corrente** (decisões STF, HC 97261) entende que não, pois seria mera captação de imagens; uma **segunda corrente** (decisões STJ) sustenta que sim.

8. Houve discussão, no âmbito do STJ, se tal modalidade se equipararia aos crimes tributários, para fins de aplicação da causa de extinção da punibilidade relativa ao pagamento do débito antes do oferecimento da denúncia: a 6ª turma (AgRg no AREsp 796250) entendeu que sim, a 5ª turma (HC 412208), que não. Depois, a 3ª Seção pacificou o entendimento, nesse último sentido, já que a previsão legal apenas abarca tributos e contribuições, e não a dívida de tarifa de energia elétrica.

9. O **consentimento** da vítima no furto exclui a tipicidade, e não a ilicitude.

10. O **furto famélico** diz respeito à conduta cometida em *estado de necessidade*, para matar a fome do agente, ante a insuficiência dos valores obtidos por meios lícitos. O STJ exige que o objeto furtado seja capaz de satisfazer as necessidades do sujeito, de maneira direta.

11. São **delitos específicos** em relação ao furto: o furto de coisa comum (em condomínio, de coerdeiro ou sócio – art. 156), de material de salvamento (art. 257), de livro ou documento (art. 337), de tecidos, órgãos ou partes do corpo ou cadáver em desacordo com a lei (art. 14 da Lei 9434/97), de coisa própria que se ache em poder de outrem por lei ou contrato (art. 346).

12. Existe **modalidade majorada** pelo repouso noturno. A **maioria da doutrina** e o STJ (HC 29153) entendem que o critério é o período do dia (estar de noite), mas uma **segunda corrente** (*Sanches Cunha*) sustenta que apenas incide em locais de moradia, enquanto uma **terceira corrente** (*Rodrigo Roig*) entende que apenas é cabível se existir efetivo repouso, afastando, por exemplo, casos em que esteja ocorrendo uma festa.

13. Existe **modalidade privilegiada** quando, cumulativamente: (i) o réu é primário (isto é, não reincidente) e (ii) a coisa é de pequeno valor (normalmente, usa-se o critério do salário mínimo, embora se admita a ponderação, no caso concreto). Nesse caso, o juiz pode substituir a pena por detenção, reduzir a pena de 1/3 a 2/3 ou aplicar apenas a multa.

14. Existem **modalidades qualificadas** (2 a 8 anos): (i) furto praticado *mediante rompimento ou destruição de obstáculo* (qualquer aparato que proteja a coisa, mas não a integre – pela proporcionalidade, há posição que sustenta que o furto de bem no interior do automóvel mediante quebra do vidro deveria se enquadrar no *caput*, mas o STJ (AgRg no REsp 1326187) pacificou que se trata de modalidade qualificada); (ii) *mediante abuso de* *confiança, escalada* (acesso extraordinário ao bem), *destreza* (necessária excepcional habilidade, segundo o STJ, REsp 1478648) *ou fraude* (aqui, é um meio para que o agente subtraia o bem, enquanto no estelionato é elementar típica, sendo a vítima que entrega o bem, voluntariamente); (iii) *com emprego de chave falsa* (qualquer instrumento que sirva como chave, inclusive uma cópia, mas jamais a própria chave verdadeira – embora *Noronha* a inclua na qualificadora, minoritariamente); (iv) *mediante concurso de* duas ou mais *pessoas* (**majoritariamente**, exige-se que ambas estejam praticando o crime, no local; **majoritariamente**, admite-se que se conte nesse número os inimputáveis, como os menores de idade. O STJ admite o concurso desse crime com o de associação criminosa, ante a diferença de bens jurídicos, embora uma **segunda corrente** entenda que a cumulação deveria se dar com o furto simples); (v) *subtração de veículo automotor que venha a ser transportado para outro Estado* (discute-se, pelo princípio da legalidade, se o Distrito Federal estaria incluído) *ou país* (pena de 3 a 8 anos, diferente das demais).

15. Em 02/08/2016, adicionou-se a qualificadora (2 a 5 anos – pena máxima inferior a das demais qualificadoras) para o caso de a coisa ser *semovente domesticável de produção, ainda que abatido ou dividido em partes no local da subtração*. Depois, pela Lei 13.654/2018, surgiram duas novas modalidades qualificadas (4 a 10 anos), para quando (i) *houver emprego de explosivo ou de artefato análogo que cause perigo comum* ou (ii) *a subtração for de substâncias explosivas ou de acessórios que, conjunta ou isoladamente, possibilitem sua fabricação, montagem ou emprego*.

16. O STF (HC 130952) e o STJ (HC 306450) vinham entendendo que a majoração pelo repouso noturno apenas era cabível no furto simples, mas recentemente passaram a entender que é possível a majoração também do furto qualificado (**furto majorado-qualificado**).

17. O STF e o STJ estão pacificados no sentido de que é possível o **furto privilegiado-qualificado**, se a qualificadora for objetiva (Súm. 511/STJ e Tema 561 dos Recursos Repetitivos).

18. A **consumação** é tema polêmico. Uma **primeira teoria** (*contrectatio*) entende que se consuma quando o agente toca a coisa (basta o simples contato); uma **segunda teoria** (*illactio*) entende que se consuma quando o agente leva a coisa ao seu local de destino; uma **terceira teoria** (*amotio* ou *apprehensio rei*) entende que se consuma quando a coisa é removida da esfera de disponibilidade da vítima (inversão da posse), mesmo que não da sua esfera de vigilância; uma **quarta teoria** (*ablatio*) entende que se consuma quando a coisa é apreendida e deslocada até outro local.

19. O STF (HC 114329) e o STJ encontram-se pacificados quanto à adoção da teoria da *amotio*. Em sede de recurso repetitivo, o STJ (REsp 1524450, Tema 934 dos Recursos Repetitivos) entendeu que "consuma-se o crime de furto com a posse de fato, ainda que por breve espaço de tempo e seguida de perseguição do agente, sendo prescindível a posse mansa e pacífica ou desvigiada".

20. O STJ (REsp 1385621, Tema 924 dos Recursos Repetitivos) está pacificado no sentido de que o impedimento de furto em mercado por conta do circuito interno configura tentativa, e não crime impossível, porque a inidoneidade do meio é relativa.

21. Aplica-se o **princípio da insignificância**. Quanto às modalidades qualificadas, há decisões do STF e do STJ para os dois lados, aplicando e deixando de aplicar.

22. No **roubo**, além dos elementos típicos do furto, existem o cometimento mediante violência (*violência própria*, contra a vítima ou terceiro), grave ameaça ou redução da vítima à impossibilidade de resistência (*violência imprópria*).

23. Justamente por isso, o **roubo de uso** é considerado crime pelo STJ (REsp 1323275), pois a vítima tem imediata ciência de que perde o bem e a violência e a grave ameaça são irrepetíveis, havendo sempre lesão a bem jurídico. Uma **segunda corrente** pondera que deveria haver desclassificação para o delito de constrangimento ilegal.

24. O bem jurídico protegido é igual ao do furto. O STJ (AgRg no REsp 1490894) coloca algumas ponderações: (i) quando há apenas um patrimônio violado, mas violência ou grave ameaça contra mais de uma vítima, será caso de crime único; (ii) quando há mais de um patrimônio, mas na posse de apenas uma pessoa, também será caso de crime único (exemplo: rouba dinheiro do contador e do caixa do ônibus). Para o STF (RHC 112871), o roubo contra mais de uma pessoa no mesmo contexto configura concurso formal (exemplo: assalto a ônibus, diversas vítimas).

25. Existem duas **espécies**: roubo *próprio* (emprego de violência própria, grave ameaça ou violência imprópria antes da subtração) e roubo *impróprio* (emprego de violência, própria apenas, ou grave ameaça, após a subtração, com a finalidade de assegurar a impunidade ou a detenção da coisa).

26. Quanto à **consumação**, aplica-se, no roubo próprio, o mesmo raciocínio do furto, conforme entendimento do STJ (Súm. 582 e Tema 916 dos Recursos Repetitivos) e do STF.

27. Já o roubo impróprio se consuma com o emprego da violência própria ou grave ameaça. Por isso, discute-se se cabe tentativa: uma **primeira corrente** (*Damásio*) entende que não cabe – será caso de furto consumado; uma **segunda corrente** (*Fragoso*) entende que é cabível, respondendo por tentativa de roubo impróprio.

28. Existem **modalidades majoradas** (de 1/3 a 1/2): (i) *concurso de duas ou mais pessoas* (mesmas questões do furto); (ii) *transporte de valores* (para o STJ, REsp 1309966, qualquer coisa com expressão econômica), quando o agente conhecia essa circunstância; (iii) *subtração de veículo automotor que venha a ser transportado para outro Estado ou país* (como no furto); (iv) *mantendo a vítima em seu poder, restringindo sua liberdade* (nesse caso, a vítima da violência deve ser a mesma do roubo; exige-se que a restrição se dê por tempo relevante); (v) *se a subtração for de substâncias explosivas ou de acessórios que, conjunta ou isoladamente, possibilitem sua fabricação, montagem ou emprego*. Além disso, a Lei 13.654/2018, que excluiu a majorante para o emprego de arma (de acordo com o STJ, ocorreu *novatio legis in mellius* em relação à majorante do uso de arma branca), inseriu **modalidades majoradas** (de 2/3) para (i) a *violência ou ameaça exercida com emprego de arma de fogo* (o STJ, ao cancelar a Súm. 174, pacificou que não há majoração quando se usa arma de brinquedo ou simulacro; o STF e o STJ dispensam a apreensão da arma para que se majore a pena, mas, se apreendida, deve ser realizada perícia para que se verifique seu potencial lesivo, aptidão para disparar); (ii) se há *destruição ou rompimento de obstáculo mediante o emprego de explosivo ou de artefato análogo que cause perigo comum*.

29. Existem **modalidades qualificadas** quando resulta, dolosa ou culposamente, lesão corporal grave (7 a 18 anos – antes da Lei 13.654/2018, a pena máxima era de 15 anos) ou morte (latrocínio: 20 a 30 anos), *em razão da violência*. Portanto, se os resultados se derem em razão da ameaça, não se qualifica o crime.

30. Existe doutrina (*Rodrigo Roig*) que diferencia o roubo seguido de morte do latrocínio, pois naquele o resultado se daria culposamente e, neste, dolosamente.

31. Segundo decisão do **STF** (HC 109539), o fato de morrerem vários sujeitos não implica em uma pluralidade de latrocínios (crime único). O **STJ** (HC 33618), por sua vez, já entendeu que se trataria de concurso formal imperfeito, ante a existência de desígnios autônomos.

32. No caso do latrocínio, existe polêmica quando apenas um dos resultados é consumado. Quando há subtração consumada e homicídio tentado, em geral se considera o latrocínio tentado (apenas *Hungria* considera-o como homicídio qualificado tentado); quando há homicídio consumado e subtração tentada, o STF considera o latrocínio consumado, embora parcela da doutrina (*Greco*) o repute tentado, aplicando a regra geral (novamente, *Hungria* tipifica como homicídio qualificado, agora consumado). Para o STF, portanto, o critério para se aferir a consumação do latrocínio, nesses casos intermediários, é a consumação do homicídio (Súm. 610/STF: Há crime de latrocínio, quando o homicídio se consuma, ainda que não realize o agente a subtração de bens da vítima).

33. Não existe *roubo majorado-qualificado*, pela topografia do artigo.

34. O STJ (Súm. 443) e o STF não admitem a majoração da pena no roubo majorado ou qualificado pelo simples número de qualificadoras, em abstrato, devendo haver fundamentação idônea.

35. No caso do roubo que se torna latrocínio, por culpa de um dos agentes, sem consentimento dos demais, embora parcela da doutrina entenda por aplicar o desvio subjetivo, o STF (RHC 133575), recentemente, afastou a tese, ante a previsibilidade de ocorrência do resultado mais grave (morte).

36. Na **extorsão**, há o (i) constrangimento da vítima, (ii) mediante violência ou grave ameaça (para o STJ, REsp 1207155, de prejuízo econômico, moral ou até espiritual), (iii) com o especial fim de agir de obter vantagem *econômica* (se moral, pode ser crime de constrangimento ilegal; se sexual, pode ser caso de estupro) *indevida* (se devida, pode ser crime de exercício arbitrário das próprias razões – art. 345).

37. Diferencia-se do roubo porque (i) nele, a coisa é subtraída, sendo indiferente a conduta da vítima; aqui, é entregue pela vítima, cuja conduta é imprescindível; (ii) nele, a vantagem econômica se restringe aos bens móveis; aqui, pode ser bem móvel ou imóvel.

38. Como se trata de **crime formal**, a consumação se dá com a **submissão** da vítima; caso a vítima não se submeta, não praticando qualquer comportamento será caso de *tentativa*. Já se a vítima pratica comportamento e o agente vem a efetivamente receber a vantagem econômica, o crime estará exaurido.

39. Existe **modalidade majorada** pelo (i) *concurso de duas ou mais pessoas* e (ii) *pelo emprego de arma* (com as mesmas observações do furto e do roubo).

40. Esse aumento, segundo o STJ (REsp 1353693), pode ser aplicado em todas as modalidades de extorsão, inclusive nas qualificadas dos parágrafos seguintes.

41. Existem **modalidades qualificadas**: (i) na extorsão mediante violência, aplicam-se as qualificadoras do roubo (lesão corporal grave e morte); (ii) *mediante restrição da liberdade da vítima*, se necessária à obtenção da vantagem econômica ("sequestro relâmpago" - 6 a 12 anos; se resultar lesão grave ou morte, aplicam-se as penas da extorsão mediante sequestro qualificada).

42. A lei de crimes hediondos assevera que a extorsão qualificada pela morte é crime hediondo, mas apenas menciona a do § 2º, sem falar na do § 3º, de modo que há entendimento, pelo princípio da legalidade, no sentido de que apenas a primeira dessas modalidades qualificadas seria delito hediondo.

43. Na **extorsão mediante sequestro**, temos crime permanente, com núcleo "sequestrar", que será o meio para alcançar a vantagem. Pode se dar: pelo deslocamento da pessoa para lugar diverso ou pela retenção da pessoa no próprio local.

44. Necessário o especial fim de agir de *obter vantagem* (**maioria** entende que deve ser econômica, em uma interpretação sistemática, embora **segunda corrente** dispense essa natureza, pela interpretação literal) *como condição ou preço do resgate*. A obtenção dessa vantagem é dispensada para a consumação do delito, haja vista que é crime **formal**.

45. Existem **modalidades qualificadas** (12 a 20 anos): (i) privação para além de 24 horas; (ii) vítima menor de 18 anos ou maior de 60; (iii) cometimento por quadrilha ou bando (hoje, associação criminosa); (iv) resultar lesão grave (16 a 24 anos); (v) resultar morte (24 a 30 anos, maior pena do Código Penal).

46. Existe *diminuição de pena* pela **colaboração premiada**, desde que: (i) cometimento em concurso de pessoas; (ii) o agente denuncia à autoridade; (ii) facilitando a libertação da pessoa detida (dispensa-se a recuperação do dinheiro).

47. Na **extorsão indireta**, o agente (i) exige ou recebe, (ii) como garantia de dívida, (iii) documento que pode dar causa a procedimento criminal contra a vítima ou terceiro, abusando da situação dessa pessoa.

48. Na **usurpação pela alteração de limites**, pune-se a conduta do agente que, (i) com o intuito de apropriar-se, no todo ou em parte de coisa imóvel alheia (a simples remoção do marco divisório não configura o crime, sem essa finalidade específica), (ii) suprime ou desloca tapume, marco ou qualquer sinal de linha divisória.

49. Trata-se de *crime próprio,* somente podendo ser praticado pelo vizinho ou futuro vizinho contíguo.

50. O delito se consuma no momento da supressão ou deslocamento da linha divisória, não sendo necessário a efetiva apropriação da coisa.

51. A **modalidade equiparada** da **usurpação de águas** volta-se para o agente que desvia ou represa, em proveito próprio ou de outrem, águas alheias.

52. Já a **modalidade equiparada** do **esbulho possessório** volta-se para o agente que (i) invadir terreno ou edifício alheio, (ii) com violência à pessoa ou grave ameaça, ou (iii) mediante concurso de mais de duas pessoas, (iv) com o fim de esbulho possessório.

53. Na **supressão ou alteração de marca em animais**, pune-se o agente que (i) suprimir ou alterar, indevidamente, (ii) em gado ou rebanho alheio, (iii) marca ou sinal indicativo de propriedade.

54. O crime se consuma com a simples supressão ou alteração da marca ou sinal, não sendo necessário que o agente se apodere dos semoventes.

55. No crime de **dano**, destrói-se, inutiliza-se ou deteriora-se algo. A pena é de 1 a 6 meses. Discute-se se há necessidade do dolo específico de causar prejuízo: embora uma **primeira corrente** (*Hungria*) o exija, uma **segunda corrente** (decisões do STF) o dispensa.

56. Existem **modalidades qualificadas** (6 meses a 3 anos): (i) mediante violência à pessoa ou grave ameaça (soma-se a pena da violência); (ii) usando substância explosiva ou inflamável; (iii) contra patrimônio da União, Estados, Municípios, empresas concessionárias, sociedades de economia mista e, após a Lei 13.531/2017, do Distrito Federal, de empresa pública, de autarquia e de fundação pública (antes do diploma, o STJ, HC 154051, já havia afastado para empresas públicas e para o Distrito Federal, ante a literalidade da lei); (iv) por motivo egoístico; (v) gerando prejuízo considerável (necessário especial dolo).

57. No caso do dano simples e do qualificado por motivo egoístico ou gerando prejuízo considerável, a **ação penal** é privada. Nos demais, é pública.

58. O caso de o preso danificar a cela, para tentar fugir gera polêmica: enquanto existem decisões do STJ considerando atípica a conduta, pela falta de *animus nocendi*, o STF entende que se trata de fato típico, dano qualificado.

59. Na **introdução ou abandono de animais em propriedade alheia**, pune-se o agente que (i) introduzir ou deixar animais em propriedade alheia, (ii) sem consentimento de quem de direito (o consentimento exclui a tipicidade, portanto), (iii) desde que o fato resulte prejuízo.

60. No **dano em coisa de valor artístico, arqueológico ou histórico**, deteriora-se coisa tombada pela autoridade competente. Entende-se que tal delito

foi tacitamente revogado pela Lei 9605/98, que passou a dispor acerca das sanções a serem aplicadas às condutas que forem lesivas ao meio ambiente.

61. Do mesmo modo, a **alteração de local especialmente protegido**.

62. Na **apropriação indébita**, apropria-se de coisa alheia móvel de que tenha a posse ou detenção. Portanto, existe uma prévia posse ou detenção, lícita, que se torna ilícita quando o agente decide não devolver a coisa móvel, com *animus rem sibi habendi.*

63. Existem **modalidades majoradas**: (i) coisa recebida em depósito necessário (pelo Código Civil, é aquele recebido em razão de função legal, calamidades ou por equiparação - a maioria da doutrina penal restringe a majorante aos casos de calamidade); (ii) coisa recebida em razão da qualidade pessoal do agente (tutor, curador, síndico - STJ, REsp 1552919: é o administrador judicial da massa falida, e não o síndico do condomínio -, inventariante, testamenteiro e depositário judicial); (iii) coisa recebida por cargo, ofício, emprego ou profissão.

64. Para a maioria da doutrina, é cabível a tentativa.

65. Caso ocorra acordo cível, este, segundo a lei e o STJ, não produz qualquer efeito penal. Contudo, o STF (RHC 125283) entendeu, pontualmente, que, diante do caso concreto, seria razoável trancar a ação penal.

66. Na **apropriação indébita previdenciária**, pune-se o agente que deixa de repassar à Previdência Social as contribuições recolhidas dos contribuintes, no prazo e forma legal ou convencional.

67. Trata-se de crime próprio, omissivo, segundo a **maioria** da doutrina, e *formal*, dispensando-se o enriquecimento do agente ou o prejuízo ao erário.

68. Existem **modalidades equiparadas**, punindo da mesma forma quem (i) deixar de recolher, no prazo legal, contribuição ou outra importância destinada à Previdência Social que tenha sido descontada de pagamento efetuado a segurados, a terceiros ou arrecadada do público; (ii) deixar de recolher contribuições devidas à Previdência Social que tenham integrado despesas contábeis ou custos relativos à venda de produtos ou à prestação de serviços; ou (iii) deixar de pagar benefício devido a segurado, quando as respectivas cotas ou valores já tiverem sido reembolsados à empresa pela Previdência Social.

69. O agente terá sua punibilidade extinta (**extinção da punibilidade**) se espontaneamente, declara, confessa e efetua o pagamento das contribuições, importâncias ou valores e presta as informações devidas à

Previdência Social, na forma definida em lei ou regulamento, antes do início da ação fiscal.

70. Existe, ainda, hipótese de **perdão judicial**, facultando ao juiz deixar de aplicar a pena ou aplicar somente a de multa, se o agente for (i) primário e (ii) de bons antecedentes, (iii) desde que tenha promovido, após o início da ação fiscal e antes de oferecida a denúncia, o pagamento da contribuição social previdenciária, inclusive acessórios ou (iv) se o valor das contribuições devidas, inclusive acessórios, for igual ou inferior àquele estabelecido pela Previdência Social, administrativamente, como sendo o mínimo para o ajuizamento de suas execuções fiscais. De acordo com o § 4º, inserido pela Lei 13.606/2018, a faculdade do perdão judicial não pode ser aplicada se o valor superar o mínimo previsto, administrativamente, para o ajuizamento das execuções fiscais.

71. Na **apropriação de coisa havida por erro, caso fortuito ou fato da natureza**, a apropriação é de bem recebido em razão dessas situações. Equipara-se (i) o encontro de tesouro em prédio alheio e (ii) coisas achadas – se não devolver em até 15 dias.

72. A todas as modalidades de apropriações indébitas, aplica-se a **modalidade privilegiada** do furto.

73. No **estelionato**, (i) obtém-se (ii) vantagem ilícita (**primeira corrente**: necessário que seja econômica; **segunda corrente**: a lei não exigiu) (iii) em prejuízo alheio (o sujeito passivo deve ser determinado ou determinável), (iv) mediante fraude, induzindo ou mantendo alguém em erro (necessário que a vítima tenha discernimento; caso contrário, pode ser crime de abuso de incapazes – art. 173).

74. Para o STJ (Súm. 17), a falsidade empregada para o estelionato é absorvida por ele, se o falso se exaure no estelionato (*ante factum impunível*).

75. Por ser crime **material**, consuma-se com a obtenção da vantagem. A competência para julgamento, portanto, é do local da obtenção da vantagem, mesmo que diverso do local do prejuízo (STJ, CC 139800).

76. O STJ (HC 332676) entendeu que o fato de a vítima depositar grande confiança no estelionatário permite o aumento da pena base.

77. Existem **modalidades equiparadas**: (i) disposição de coisa alheia como própria; (ii) alienação ou oneração fraudulenta como própria; (iii) defraudação de penhora; (iv) defraudação na entrega da coisa (se ocorrer na atividade comercial, será crime do art. 175); (v) fraude para recebimento de indenização ou valor de seguro; (vi) emissão de cheque sem fundos (no momento da emissão) ou frustração de seu pagamento (necessário que haja o dolo específico de fraude - Súm. 246/STF; seu pagamento até o recebimento da denúncia impede o prosseguimento da ação penal - Súm. 554/STF; o cheque pós-datado sem fundos não configura essa modalidade, mas pode configurar a do *caput*).

78. Existe **modalidade privilegiada**, quando: (i) o acusado for primário e (ii) for de pequeno valor *o prejuízo* (diferença da literalidade do art. 155 § 2º: levam-se em consideração as condições pessoais da vítima). Nesse caso, aplicam-se as mesmas vantagens do furto privilegiado.

79. Existe **modalidade majorada**, quando o crime é praticado em detrimento de entidade de direito público ou instituição de econômica popular, assistência social ou beneficiária. O STJ (REsp 1380672) aplica essa causa de aumento para o crime contra o INSS (*estelionato previdenciário*), entendendo, com o STF (RHC 126917), que o art. 9º da Lei 10.604/03 não incide aqui (não está no rol), embora possa permitir o arrependimento posterior.

80. Outra modalidade majorada, recentemente inserida (28/12/2015), é o *estelionato praticado contra idoso*, dobrando a pena.

81. O **estelionato judiciário** consiste em apresentar inverdades para o juiz, de modo a querer induzi-lo em erro. O STJ (RHC 53471) passou a entender que, se o juiz percebe essas mentiras ao longo do processo, não há crime; senão, sim.

82. No crime de **duplicata simulada**, pune-se o agente que emitir fatura, duplicata ou nota de venda que não corresponda à mercadoria vendida, em quantidade ou qualidade, ou ao serviço prestado. O crime se consuma com a colocação do título falso em circulação.

83. Existe **modalidade equiparada** para o agente que falsificar ou adulterar a escrituração do livro de registro de duplicatas.

84. No **abuso de incapazes**, pune-se o agente que (i) abusar, (ii) em proveito próprio ou alheio, (iii) de necessidade, paixão ou inexperiência de menor, ou (iv) da alienação ou debilidade mental de outrem, (v) induzindo qualquer deles à prática de ato suscetível de produzir efeito jurídico, em prejuízo próprio ou de terceiro.

85. O delito se consuma no momento em que a vítima incapaz, pratica o ato a que foi induzida a praticar.

86. No **induzimento à especulação**, pune-se o agente que (i) abusar, (ii) em proveito próprio ou alheio, (iii) da inexperiência ou da simplicidade ou inferioridade mental de outrem, (iv) induzindo-o à prática de jogo ou aposta ou à especulação com títulos ou mercadorias, (v) sabendo ou devendo saber que a operação é ruinosa (dolo direto ou eventual).

87. Na **fraude no comércio**, pune-se o agente que (i) enganar, (ii) no exercício de atividade comercial, (iii) o adquirente ou consumidor, (iv) vendendo como verdadeira ou perfeita, mercadoria falsificada ou deteriorada, ou entregando uma mercadoria por outra.

88. Trata-se de crime próprio, somente podendo ser praticado por quem exerça atividade comercial, que se consuma com o engano da vítima.

89. Existe **modalidade qualificada**, quando o agente altera, em obra que lhe é encomendada, a qualidade ou o peso de metal, ou substitui pedra verdadeira por falsa ou por outra de menor valor, ou vende pedra falsa por verdadeira, ou vende como precioso, metal de outra qualidade.

90. Existe **modalidade privilegiada**, nos casos do furto privilegiado (art. 155 § 2º).

91. Existem **outras fraudes**, punindo o agente que (i) tomar refeição em restaurante, (ii) alojar-se em hotel ou (iii) utilizar-se de meio de transporte, (iv) sem dispor de recursos para efetuar o pagamento.

92. Trata-se de crime de **ação penal condicionada à representação**, havendo previsão genérica de **perdão judicial**.

93. Nas **fraudes e abusos na fundação ou administração de S.A.**, pune-se o agente que promover a fundação de sociedade por ações, fazendo, em prospecto ou em comunicação ao público ou à assembleia, afirmação falsa sobre a constituição da sociedade, ou ocultando fraudulentamente fato a ela relativo.

94. Na **emissão irregular de conhecimento de depósito ou warrant**, pune-se o agente que emitir conhecimento de deposito ou warrant, em desacordo com disposição legal.

95. Na **fraude à execução**, pune-se o agente que fraudar a execução, alienando, desviando, destruindo ou danificando bens, ou simulando dívidas.

96. É crime próprio, somente podendo ser praticado pelo devedor não comerciante, se consumando quando, pelo emprego da fraude, o devedor fica insolvente de maneira a inviabilizar a execução.

97. Para a configuração de tal delito, se faz necessário que haja processo civil de execução em curso. Ademais, trata-se de crime de **ação penal privada**.

98. Na **receptação**, existem duas **espécies**. Na receptação **própria**, o agente (i) adquire, recebe, transporta, conduz ou oculta, (ii) em proveito próprio

ou alheio (exige intenção de lucro, portanto – o que o diferencia do crime do art. 349), (iii) coisa (a **maioria** da doutrina e o STF entendem que a coisa deva ser móvel, pois se pressupõe seu deslocamento) que *sabe* (dolo direto, portanto) ser produto de crime (de contravenção, não, portanto; é indiferente que se saiba quem foi o autor do crime anterior para que haja receptação). É crime *material*.

99. Na receptação **imprópria**, o agente (i) influi (ii) para que terceiro, de boa-fé (se de má-fé, responderá pela receptação), (iii) adquira ou receba a coisa. Discute-se a natureza desse crime, e sua consumação: **primeira corrente** (*Cezar Bitencourt*) entende que é crime formal, **segunda corrente** (*Luiz Regis Prado*), que é de mera conduta (para essas duas, a consumação se daria com qualquer ato apto a influenciar o terceiro); uma **terceira corrente** (*Rogério Greco*) sustenta ser crime material, sendo necessário que o terceiro adquira ou receba para que o crime se consuma.

100. A maioria da doutrina apenas aceita a tentativa na modalidade própria.

101. Existe **modalidade qualificada** (3 a 8 anos) quando a coisa está inserida na atividade comercial ou industrial (mesmo que irregular ou clandestino ou na própria residência), desde que o agente deva saber que é produto de crime. Embora a lei fale apenas no dolo eventual, a **maioria** da doutrina admite, também, o dolo direto (a lei teria dito menos do que queria), embora a **segunda corrente** critique essa posição, pela literalidade da lei. A **maioria** afasta a modalidade culposa, tendo em vista que a lei nada falou a respeito.

102. Também há qualificadora quando se tratar de bens ou instalações da União, Estado, Município, empresa concessionária ou sociedade de economia mista, e, após a Lei 13.531/2017, também do Distrito Federal, das autarquias, das fundações públicas e das empresas públicas aplicando-se em dobro as penas.

103. Também, recentemente (2/8/2016), passou a ser modalidade qualificada de receptação (i) a aquisição, o recebimento, o transporte, a condução, a ocultação, o depósito ou a venda, (ii) com finalidade de produção ou de comercialização, de (iii) semovente domesticável de produção, ainda que abatido ou dividido em partes, (iv) que deva saber produto de crime (novamente, fala-se apenas no dolo eventual, aplicando-se as discussões acima).

104. Existe **modalidade culposa** (1 mês a 1 ano) quando (i) pela natureza, (ii) pela desproporção entre o valor e o preço ou (iii) pela condição de quem oferece, o agente *deve presumir* obtida por meio criminoso. Trata-se de exceção ao tipo culposo aberto, havendo descrição pormenorizada da conduta negligente.

105. Na receptação culposa, cabe **perdão judicial**, ante as circunstâncias do caso, quando o condenado for primário. Na receptação dolosa, aplica-se a **modalidade privilegiada** do furto (art. 155 § 2º).

106. Nos crimes contra o patrimônio, existem **imunidades absolutas**, escusas absolutórias (causas pessoais de exclusão de pena), sendo isento de pena quem comete crime contra: (i) cônjuge na constância da sociedade conjugal (por analogia, também o companheiro), (ii) ascendente ou (iii) descendente.

107. Também existem **imunidades relativas**, casos em que apenas se processa mediante representação, quando o crime é cometido contra: (i) cônjuge desquitado ou separado judicialmente (hoje, também divorciado); (ii) irmão, unilateral ou germânico; (iii) tio ou sobrinho com que coabite.

108. As referidas imunidades **não se aplicam**: (i) quando houver violência contra pessoa ou grave ameaça; (ii) a outras pessoas que praticaram o crime (pois as causas são pessoais); (iii) contra pessoa de 60 anos ou mais velha (previsão veio com o Estatuto do Idoso, em 2003, não retroagindo).

11. CRIMES CONTRA A PROPRIEDADE IMATERIAL

1. É crime comum, podendo ser praticado por qualquer pessoa.

2. Na **violação de direito autoral**, pune-se o agente que (i) violar (transgredir, de diversas formas: publicando, modificando ou reproduzindo sua obra sem autorização do autor.) (ii) direitos do autor e os que lhe são conexos.

3. Trata-se de norma penal em branco, que recebe seu complemento da Lei 9.610/98, a qual dispõe sobre a violação de direitos autorais.

4. A jurisprudência é uníssona em afirmar que, se a imitação objeto da violação for grosseira, não estará caracterizado o crime.

5. Existem **modalidades majoradas** nos §§ 1º a 3º e causa de **exclusão da tipicidade** dessas modalidades quando se tratar de exceção ou limitação ao direito de autor ou os que lhe são conexos, em conformidade com o previsto na Lei 9.610, ou quando a cópia de obra intelectual ou fonograma, for em um só exemplar, para uso privado do copista, sem intuito de lucro direto ou indireto.

6. Segundo o STJ (Súm. 574 Tema 926 dos Recursos Repetitivos), é suficiente, para configurar a materialidade desse crime, perícia realizada por amostragem no produto apreendido, nos aspectos externos do material, sendo desnecessário identificar os titulares dos direitos autorais violados.

7. O STJ é pacífico, também quanto à impossibilidade de se aplicar o princípio da adequação social à venda de CDs e DVDs "piratas" (Tema 593 dos Recursos Repetitivos).

12. CRIMES CONTRA A ORGANIZAÇÃO DO TRABALHO

1. No **atentado contra a liberdade de trabalho**, pune-se o agente que constranger alguém, mediante violência ou grave ameaça a exercer ou não exercer arte, ofício, profissão ou indústria, ou a trabalhar ou não trabalhar durante certo período ou em determinados dias, bem como a abrir ou fechar o seu estabelecimento de trabalho, ou a participar de parede ou paralisação de atividade econômica.
2. No **atentado contra a liberdade de contrato de trabalho e boicotagem violenta**, pune-se o agente que constranger alguém mediante violência ou grave ameaça, a celebrar contrato de trabalho, a não fornecer a outrem ou não adquirir de outrem matéria prima ou produto industrial ou agrícola.
3. No **atentado contra a liberdade de associação**, pune-se o agente que constranger alguém mediante violência ou grave ameaça, a participar ou deixar de participar de determinado sindicado ou associação.
4. Na **paralisação de trabalho, seguida de violência ou perturbação da ordem**, pune-se o agente que participar de suspensão ou abandono coletivo (por 3 ou mais empregados) de trabalho, praticando violência contra a pessoa ou contra coisa (a consumação se dá com a violência).
5. Na **paralisação de trabalho de interesse coletivo**, pune-se o agente que participar de suspensão ou abandono coletivo de trabalho, provocando a interrupção de obra pública ou serviço de interesse coletivo (é crime próprio, portanto).
6. Na **invasão de estabelecimento industrial, comercial ou agrícola e sabotagem**, pune-se o agente que invadir ou ocupar estabelecimento industrial, comercial ou agrícola, com o fim de impedir ou embaraçar o curso normal do trabalho, ou com o mesmo fim de danificar o estabelecimento ou as coisas nele existentes ou delas dispor.
7. Na **frustração de direito assegurado por lei trabalhista**, pune-se o agente que frustrar, mediante fraude ou violência, direito assegurado pela legislação do trabalho.

8. Existe **modalidade majorada** (1/6 a 1/3), se a vítima é menor de dezoito anos, idosa, gestante, indígena ou portadora de deficiência física ou mental.
9. Na **frustração de lei sobre nacionalização do trabalho**, pune-se o agente que frustrar, mediante fraude ou violência, obrigação legal relativa à nacionalização do trabalho.
10. No **exercício de atividade com infração de decisão administrativa**, pune-se o agente que exercer atividade de que está impedido por decisão administrativa.
11. No **aliciamento para o fim de emigração**, pune-se o agente que recrutar trabalhadores, mediante fraude, com o fim de leva-los para território estrangeiro.
12. No **aliciamento de trabalhadores de um local para outro do território nacional**, pune-se o agente que aliciar trabalhadores, com o fim de levá-los de uma localidade do território nacional para outra.

13. CRIMES CONTRA O SENTIMENTO RELIGIOSO E CONTRA O RESPEITO AOS MORTOS

1. No **ultraje a culto e impedimento ou perturbação de ato a ele relativo**, pune-se o agente que escarnecer (zombar, ridicularizar) de alguém publicamente, por motivo de crença ou função religiosa; impedir ou perturbar cerimônia ou prática de culto religioso; vilipendiar (desprezar, rebaixar) publicamente ato ou objeto de culto.
2. Existe **modalidade majorada** (1/3 mais a pena da violência), se o crime é praticado com emprego de violência.
3. No **impedimento ou perturbação de cerimônia funerária**, pune-se o agente que impedir ou perturbar enterro ou cerimônia funerária.
4. Existe **modalidade majorada** (1/3 mais a pena da violência), quando o crime é praticado com emprego de violência.
5. Na **violação de sepultura**, pune-se o agente que violar ou profanar sepultura ou urna funerária.
6. Na **destruição, subtração ou ocultação de cadáver**, pune-se o agente que destruir, subtrair ou ocultar cadáver ou parte dele (as cinzas não caracterizam este crime).
7. O crime se consuma, na destruição, com a destruição total ou parcial; na subtração, quando o cadáver é retirado da esfera de proteção de seus

familiares ou responsáveis pelo cemitério; na ocultação, com o desaparecimento ainda que por curto tempo do cadáver.

8. No **vilipêndio de cadáver**, pune-se a conduta do agente que vilipendiar (desprezar, rebaixar, aviltar) cadáver ou suas cinzas.

14. CRIMES CONTRA A DIGNIDADE SEXUAL

1. No **estupro**, existe o (i) constrangimento da vítima, (ii) mediante violência ou grave ameaça, (iii) para que pratique conjunção carnal ou outro ato libidinoso (para o STJ, REsp 1309394, não precisa ser invasivo: bastam toques íntimos, por exemplo, ou um beijo forçado) com o agente.
2. Se a prática se dá sem violência ou grave ameaça, pode ser caso da contravenção de importunação ofensiva ao pudor (ato que não se assemelhe à conjunção carnal), ou do crime de ato obsceno (art. 233), que pressupõe manifestação corpórea, não bastando proferir palavras.
3. Hoje, a **sujeição ativa e passiva** são amplas. Discute-se se o marido pode ser sujeito ativo em relação à esposa: uma **primeira corrente** entende que não, por estar amparado pelo exercício regular de direito (*Hungria*), enquanto uma **segunda corrente** (*Damásio*) entende que sim.
4. Anteriormente à Lei 12.015/09, atos diversos da conjunção carnal caracterizavam crime de atentado violento ao pudor. Hoje, a prática de mais de um ato libidinoso em um mesmo contexto, ainda que cumulado com uma conjunção carnal, é crime único, servindo a pluralidade apenas para o aumento da pena base, segundo o STJ (HC 212305). A lei, portanto, retroage.
5. Segundo o STF (HC 100612), o estupro e o atentado violento ao pudor (hoje, inserido no próprio tipo relativo ao estupro) são crimes hediondos, tenham sido praticados antes ou depois do advento da Lei 12.015/09.
6. Segundo o STJ, a impotência circunstancial configura tentativa.
7. Existem **modalidades qualificadas**, se resulta: (i) lesão corporal grave ou (ii) morte, ou se (iii) a vítima é menor de 18 e maior de 14 anos.
8. No **assédio sexual**, há o (i) constrangimento, (ii) com intuito de obter vantagem ou favorecimento sexual, (iii) prevalecendo-se de condição de superior hierárquico (para alguns, apenas para agentes públicos; para outros, também em relações profissionais privadas; há, ainda, quem defenda a incidência na relação professor-aluno), ou relação de ascendência relativa a cargo, emprego ou função.

9. A consumação se dá, para uma **primeira corrente**, com o constrangimento; para uma **segunda corrente**, com a habitualidade do constrangimento.

10. Na **violência sexual mediante fraude**, utiliza-se de fraude ou outro meio que impeça ou dificulte a livre manifestação de vontade da vítima (há uma vulnerabilidade relativa). Caso se anule a capacidade de resistência, será caso de estupro de vulnerável (há vulnerabilidade absoluta).

11. No **estupro de vulnerável**, existe um elemento especializante em relação ao estupro: o **sujeito passivo** é (i) menor de 14 anos (STF e STJ se pacificaram no sentido de que, por ser elemento do tipo, é critério objetivo, sendo indiferente eventual consentimento, experiência sexual anterior ou existência de relacionamento amoroso com o agente – súmula 593 do STJ, positivada pela Lei 13.718/18), (ii) não tem discernimento para o ato, por enfermidade ou doença mental, ou (iii) não pode oferecer resistência, por qualquer causa.

12. Também nesse crime basta a prática de atos libidinosos, como passar a mão nos seios ou na coxa da vítima (entendimento do STF, RHC 133121).

13. Segundo o STJ (RHC 70976), é dispensável o contato físico entre o autor e a vítima – exemplo: pagamento para menor de 14 anos se deixe contemplar nua.

14. Existem **modalidades qualificadas**, pela ocorrência de lesão corporal grave ou morte.

15. Segundo o STJ (REsp 897734), não se pode reduzir a pena base porque o menor já possui experiência sexual anterior ou é homossexual.

16. Segundo o STJ (AgRg no AREsp 12700), a menoridade pode ser provada por outros meios, quando não houver certidão de nascimento (exemplo: laudo pericial, declarações de testemunhas ou do acusado, compleição física da vítima).

17. Na **corrupção de menores**, é crime o induzimento de menor de 14 anos a satisfazer lascívia de outrem. A consumação se dá com a prática do ato, segundo a maioria da doutrina.

18. Na **satisfação de lascívia mediante presença de criança ou** adolescente, é crime a (i) prática de ato libidinoso ou conjunção carnal na presença de menor de 14 anos, ou (ii) induzimento do menor a presenciar tal ato, (iii) a fim de satisfazer lascívia própria ou de outrem.

19. A *consumação*, para uma **primeira corrente**, varia: quando for caso de praticar ato, se dá com essa prática (crime material); quando o núcleo for induzir, com o induzimento (crime formal) - embora uma **segunda corrente** entenda que ambos os verbos se consumam com a prática do ato.

20. No **favorecimento da prostituição ou de outra forma de exploração sexual de criança ou adolescente ou de vulnerável**, é crime (i) submeter, induzir, atrair à prostituição (ou outra forma de exploração sexual) ou facilitá-la (consumação com a colocação à disposição dos clientes) ou (ii) impedir ou dificultar que abandone (crimes permanentes) (iii) menor de *18* anos (e não 14) ou (iv) deficiente ou enfermo sem discernimento para a prática do ato.

21. Desde 22/05/2014 (Lei 12.978/14), trata-se de **crime hediondo**.

22. Existem **modalidades equiparadas**: (i) quem pratica ato com esses menores (cliente que sabe da situação - essa modalidade, segundo o STJ (HC 288374 e HC 371633), dispensa a habitualidade, sendo o critério meramente biológico, independente de vulnerabilidade; além disso, o STJ entende que o cliente pode ser punido sozinho, mesmo que tenha negociado o programa sem intermediários); (ii) proprietário, gerente ou responsável pelo local (haverá efeito extrapenal obrigatório na sentença: cassação da licença).

23. O STJ entendeu que a vulnerabilidade desse tipo penal é relativa, não bastando aferir a idade da vítima, sendo necessário verificar se o menor de 18 ou a pessoa enferma ou doente mental não tem o necessário discernimento ou realmente não pode oferecer resistência (HC 371.633).

24. A **ação penal nos delitos sexuais** é, desde a Lei 13.718/18 (25/09/2018), **pública incondicionada**. Antes, **ação penal nos delitos sexuais contra a liberdade sexual ou contra vulneráveis** (os acima elencados) era, em regra, **condicionada à representação**. *Excepcionalmente*, seria **incondicionada**, nos casos de vítima menor de 18 anos ou vulnerável (*exceção da exceção*: o STJ - HC 276510 - considera que a vulnerabilidade temporária, pontual, sem incapacidade permanente, é caso de ação penal condicionada à representação). Para o STF, havia uma terceira hipótese de ação incondicionada: o estupro praticado mediante violência real, mantendo-se em vigor a súmula 608), posição prestigiada pela Lei 13.718.

25. Antes da normativa de 2009, a ação penal era, em regra, privada (portanto, mais favorável), *exceto* quando: (i) os pais da vítima não possuíam condição financeira (condicionada à representação); (ii) crime cometido por abuso de poder familiar (incondicionada); (iii) sucedia lesão grave ou morte (incondicionada - há divergência se é constitucional o estupro seguido de morte ter se tornado ação penal condicionada à representação,

pois antes era incondicionada); (iv) havia violência real (Súm. 608/STF – incondicionada – mantida em vigor pelo STF até hoje – 1ª turma, HC 125360 – embora, na doutrina, majoritariamente, entende-se que passou a ser condicionada).

26. Existem **modalidades majoradas** dos crimes acima, quando praticados: (i: 1/4) em *concurso de pessoas* (duas ou mais) ou (ii:1/2) por ascendente, padrasto ou madrasta, tio, irmão, cônjuge, companheiro, tutor, curador, preceptor ou empregado ou que, por qualquer outro título, tivesse *autoridade sobre a vítima*. Após a Lei 13.718/18, também há majoração (1/3 a 2/3) quando (iii) o crime é praticado mediante concurso de 2 ou mais agente (apenas aplicável ao estupro, de acordo com a doutrina – estupro coletivo) ou (iv) para controlar o comportamento social ou sexual (estupro corretivo).

27. Na **mediação para servir a lascívia de outrem**, (i) induz-se alguém (ii) a satisfazer lascívia de outrem (**lenocídio**).

28. Existe **modalidade qualificada** quando (i) a vítima tem mais de 14 e menos de 18 anos; (ii) é descendente, ascendente, cônjuge, companheira, irmão, tutelada, curatelada ou confiada para fins de educação, tratamento e guarda do agente; (iii) é cometido mediante grave ameaça, violência ou fraude; (iv) é praticado com intuito de lucro (nesse caso, aplica-se, também, multa).

29. No **favorecimento da prostituição ou outra forma de exploração sexual**, é crime (i) induzir, atrair à prostituição (ou outra forma de exploração sexual) ou facilitá-la (consumação com a colocação à disposição dos clientes) ou (ii) impedir ou dificultar que abandone (crimes permanentes).

30. Há **modalidade qualificada** quando o agente (i) for ascendente, padrasto, madrasta, irmão, enteado, cônjuge, companheiro, tutor, curador, preceptor, empregador da vítima ou (ii) assumiu, por lei ou outra forma, obrigação de cuidado, proteção ou vigilância; (iii)comete crime mediante violência, grave ameaça ou fraude; (iv) comete o crime com intuito de lucro (nesse caso, aplica-se, também, multa).

31. No crime de **casa de prostituição**, pune-se a (i) manutenção de estabelecimento onde haja exploração sexual, (ii) própria ou por terceiro, (iii) haja intenção de lucro ou não. De acordo com o STJ (REsp 1.683.375), manter casa para fins libidinosos, por si só, não mais caracteriza crime, sendo necessário, para a configuração do delito, que haja exploração sexual, assim entendida como a violação à liberdade das pessoas que ali exercem a mercancia carnal. Não se tratando de estabelecimento voltado exclusivamente para a prática de mercancia sexual, tampouco havendo notícia de envolvimento de menores de idade, nem comprovação de que o réu tirava proveito, auferindo lucros da atividade sexual alheia mediante ameaça, coerção, violência ou qualquer outra forma de violação ou tolhimento à liberdade das pessoas, não há falar em fato típico a ser punido na seara penal. Não se trata do crime do art. 229 do CP.

32. No **rufianismo**, o agente tira proveito da prostituição alheia, lucrando ou se fazendo sustentar dessa forma.

33. Existem **modalidades qualificadas** pela idade da vítima (menor de 18 e maior de 14), por condições pessoais, pelos meios (violência, grave ameaça, fraude, ou outro meio que impeça ou dificulte a livre manifestação da vítima).

34. Punia-se, ainda, o tráfico internacional de pessoa para fim de exploração sexual (promover ou facilitar entrada ou saída das vítimas do Brasil, bem como agenciar, aliciar ou comprar a pessoa traficada) e o tráfico interno de pessoa para fim de exploração sexual (promove ou facilita o deslocamento dentro do Brasil, ou agencia, alicia, vende ou compra a pessoa, transporta-a, transfere-a ou aloja-a, desde que saiba dessa condição).

35. Em ambos, havia modalidades qualificadas, quando a vítima (i) era menor de 18 anos, (ii) possuía enfermidade ou doença mental que a retira o discernimento, (iii) estava sob proteção ou cuidado do agente ou guarda com ele certas condições (como nos crimes acima); (iv) sofria violência, grave ameaça ou fraude. Em caso de haver (v) fim econômico, aplica-se, também, multa.

36. Contudo, a Lei 13.344/2016 revogou esses dois crimes, acrescentando o delito de **tráfico de pessoas** no art. 149-A, cuja uma das finalidades é a exploração sexual. Sua pena base é de 4 a 8 anos, superior a dos crimes extintos, que era de 3 a 8 anos.

37. No **ato obsceno**, pratica-se ato obsceno em local público ou aberto/exposto ao público.

38. No **escrito ou objeto obsceno**, proíbe-se qualquer objeto obsceno, para fins de comércio ou exposição pública, bem como representações teatrais ou cinematográficas de caráter obsceno, ou audição pública ou pela rádio. Trata-se de crime eventualmente afastado pelo princípio da adequação social.

39. A Lei 13.718/18 inseriu um novo tipo penal (**importunação sexual**), consistente na prática contra alguém e sem sua anuência de ato libidinoso, com o objetivo específico de satisfação da própria lascívia ou de terceiro, punido com reclusão, de 1 a 5 anos. Trata-se de crime subsidiário, apenas ocorrendo caso os atos não constituam delito mais grave (um estrupo, por exemplo, onde haverá violência ou grave ameaça). É típica, portanto, a conduta de frotteurismo (tocar e esfregar-se em uma pessoa sem seu consentimento).

40. Na mesma ocasião, se revogou a contravenção penal da importunação ao pudor, punida com multa.

41. É fundamental que haja uma vítima específica, não bastando a prática de ato obsceno em local público, que configura crime de menor potencial ofensivo (ato obsceno), o qual dispensa elemento subjetivo especial.

42. Também foi inserido o tipo da **divulgação de cena de estupro ou de cena de estupro de vulnerável, de cena de sexo ou de pornografia** (oferecer, trocar, disponibilizar, transmitir, vender ou expor à venda, distribuir, publicar ou divulgar, por qualquer meio - inclusive por meio de comunicação de massa ou sistema de informática ou telemática -, fotografia, vídeo ou outro registro audiovisual que contenha (i) cena de estupro ou de estupro de vulnerável ou que faça apologia ou induza a sua prática, (ii) ou, sem o consentimento da vítima, cena de sexo, nudez ou pornografia), punido com reclusão, de 1 a 5 anos, se o fato não constitui crime mais grave.

43. Há **majorante** de 1/3 a 2/3, quando o crime é praticado (i) por agente que mantém ou tenha mantido relação íntima de afeto com a vítima ou (ii) com o fim de vingança ou humilhação (*revenge porn*).

44. **Por outro lado, exclui-se a ilicitude da ação quando** o agente pratica as condutas descritas em publicação de natureza jornalística, científica, cultural ou acadêmica (i) com a adoção de recurso que impossibilite a identificação da vítima, (ii) ou com sua prévia autorização, caso seja maior de 18 (dezoito) anos.

45. A Lei 17.772/18 criou o crime de **registro não autorizado da intimidade sexual**, consistente em produzir (criar, financiar), fotografar, filmar ou registrar, por qualquer meio, conteúdo com cena de nudez ou ato sexual ou libidinoso de caráter íntimo e privado sem autorização dos participantes, sendo punido com detenção de 6 meses a 1 ano.

46. Ensina *Rogério Sanches* que, se o agente também divulga a cena, responde pelo crime de divulgação, anteriormente analisado.

47. Existe figura equiparada consistente em realizar montagem em foto, vídeo, áudio ou qualquer registro para inserir pessoa em cena de nudez ou ato sexual/libidinoso íntimo. Mesmo que a intenção seja jocosa.

48. Existem **modalidades majoradas** em todos os crimes contra a dignidade sexual quando: (i: 2/3 - antes da Lei 13.718/18, 1/2) resulta gravidez; (ii: 1/3 a 2/3 - antes da Lei 13.718/18, 1/6 a 1/2) se transmite doença que sabia ou devia saber; (iii: 1/3 a 2/3, inserida pela Lei 13.718/18) a vítima é idosa ou pessoa com deficiência.
49. Os crimes sexuais correm em **segredo de justiça**.

15. CRIMES CONTRA A FAMÍLIA

15.1. Crimes Contra o Casamento

1. No crime de **bigamia,** pune-se quem contrai, sendo casado, novo casamento.
2. Trata-se de **crime próprio**, de **concurso necessário**.
3. No **crime de induzimento a erro essencial e ocultação de impedimento**, pune-se o agente que (i) contrair casamento, (ii) induzindo em erro essencial o outro contraente, (iii) ou ocultando-lhe impedimento que não seja casamento anterior.
4. Em que pese a lei silenciar, a doutrina explica que a ocultação deve ser comissiva, sendo a forma omissiva um indiferente penal.
5. Trata-se do único crime de ação penal privada personalíssima (a titularidade da ação não se transmite aos sucessores).
6. No crime de **conhecimento prévio de impedimento**, pune-se quem (i) contrair casamento, (ii) conhecendo a existência de impedimento que lhe cause a nulidade absoluta. Nessa conduta, não há emprego de fraude (induzimento ou ocultação), sendo suficiente que um nubente saiba da existência do impedimento.
7. No crime de **simulação de casamento**, pune-se o agente que (i) simular casamento, (ii) mediante engano de outra pessoa (diretamente interessada na celebração do matrimônio - os nubentes e os seus responsáveis.
8. O crime de **adultério** foi revogado pela Lei 11.106/2005.

15.2. Crimes Contra o Estado de Filiação

1. No crime de **registro de nascimento inexistente**, pune-se o agente que promover, no registro civil, a inscrição de nascimento inexistente (assentamento de pessoa que não foi concebida, inclusive de natimorto).

2. O delito de falsidade ideológica, portanto, é um crime-meio para o cometimento desta infração, ficando por ele absorvido.

3. No crime de **parto suposto, supressão ou alteração de direito inerente ao estado civil de recém-nascido**, pune-se o agente que pratica uma das quatro seguintes condutas: (i) dar parto alheio como próprio; (ii) registrar, como seu, o filho de outrem (a famosa "adoção à brasileira"); (iii) ocultar recém-nascido, suprimindo ou alterando direito inerente ao estado civil e por fim, ocorrerá o delito quando o: (iv) substituir o recém-nascido, suprimindo ou alterando direito inerente ao estado civil.

4. Existe possibilidade de **perdão judicial**, quando crime é cometido por motivo de reconhecida nobreza.

5. No crime de **sonegação de estado de filiação**, pune-se o agente que (i) deixar (abandonar) em asilo de expostos (abrigo de crianças abandonadas) ou outra instituição de assistência (pública ou particular) (ii) filho próprio ou alheio, ocultando-lhe a filiação ou atribuindo-lhe outra, com o fim de prejudicar direito inerente ao estado civil.

15.3. Crimes Contra a Assistência Familiar

1. No crime de **abandono material**, pune-se o agente que pratica uma das três seguintes condutas: **(i)** deixar, sem justa causa, de prover a subsistência do cônjuge, ou de filho menor de dezoito anos ou inapto para o trabalho, ou de ascendente inválido ou maior de sessenta anos, não lhes proporcionando os recursos necessários (abandono material em sentido estrito); **(ii)** faltar ao pagamento de pensão alimentícia judicialmente acordada, fixada ou majorada; **(iii)** deixar, sem justa causa, de socorrer descendente ou ascendente, gravemente enfermo. Trata-se de um *delito omissivo*.

2. No crime de **entrega de filho menor a pessoa inidônea**, pune-se o agente que desencarregar-se de filho menor de 18 anos, entregando-o a pessoa com a qual saiba ou deva presumir que ele ficará moral ou materialmente em perigo.

3. Existem **modalidades qualificadas**: (i) o agente pratica o delito para obter lucro (o simples ânimo de lucrar justifica a qualificadora, mesmo que não ocorra o locupletamento); (ii) se o menor é enviado para o exterior; (iii) se, embora excluído o perigo moral ou material, auxilia a efetivação de ato destinado ao envio de menor para o exterior, com o condão de obter lucro.

4. No crime de **abandono intelectual**, pune-se quem (i) deixar, (ii) sem justa causa, de prover a instrução primária de (iii) filho em idade escolar.

5. No crime de **abandono moral**, pune-se o agente que pratica uma das quatro seguintes condutas: (i) permitir que o menor frequente casa de jogo ou mal-afamada, ou conviva com pessoa viciosa ou de má vida; (ii) permitir que o menor frequente espetáculo capaz de pervertê-lo ou de ofender-lhe o pudor, ou participe de representação de igual natureza; (iii) permitir que o menor resida ou trabalhe em casa de prostituição; (iv) permitir que o menor mendigue ou sirva a mendigo para excitar a comiseração pública.

6. Também são crimes o **induzimento a fuga, entrega arbitrária ou a sonegação de incapazes**, ocorrendo quando o agente (i) induzir menor de dezoito anos, ou interdito, a fugir do lugar em que se acha por determinação de quem sobre ele exerce autoridade, em virtude de lei ou de ordem judicial; (ii) confiar a outrem sem ordem do pai, do tutor ou do curador algum menor de dezoito anos ou interdito, (iii) ou deixar, sem justa causa, de entregá-lo a quem legitimamente o reclame.

7. Na **subtração de incapazes**, o agente subtrai menor de 18 anos ou interdito do poder de quem o tem sob sua guarda, por força da lei ou de decisão judicial. Pode ser praticado até mesmo pelos pais do incapaz.

8. Existe previsão de **perdão judicial** para os casos em que o menor é restituído sem sofrer maus-tratos ou privações.

16. CRIMES CONTRA A INCOLUMIDADE PÚBLICA

1. No crime de **incêndio**, pune-se aquele que (i) causar incêndio, (ii) expondo a perigo a vida, a integridade física ou o patrimônio de outrem.

2. Trata-se de um crime de perigo comum, para o qual existem **modalidades majoradas**, se o sujeito pratica o crime (i) com objetivo de obter vantagem pecuniária, para si ou para outrem; (ii) em casa habitada ou destinada a habitação; (iii) em edifício público ou destinado a uso público ou a obra de assistência social ou de cultura; (iv) em embarcação, aeronave, comboio ou veículo de transporte coletivo; (v) em estação ferroviária ou aeródromo; (vi) em estaleiro, fábrica ou oficina; (vii) em depósito de explosivo, combustível ou inflamável; (viii) em poço petrolífero ou galeria de mineração; (ix) em lavoura, pastagem, mata ou floresta.

3. No crime de **explosão**, pune-se o agente por (i) expor a perigo a vida, a integridade física ou o patrimônio de outrem, (ii) mediante explosão,

arremesso ou simples colocação de engenho de dinamite ou de substância de efeitos análogos.

4. É dispensável a efetiva explosão, bastando que da ação do indivíduo ocorra perigo concreto à incolumidade pública.
5. Existe **modalidade privilegiada**, quando a substância não é dinamite ou explosivo de efeitos análogos.
6. Estão previstas **modalidades majoradas** (1/3), nas circunstâncias análogas às do crime de incêndio, bem como **modalidade culposa**.
7. No crime de **uso de gás tóxico ou asfixiante**, pune-se o agente que (i) expuser a perigo a vida, a integridade física ou o patrimônio de outrem, (ii) usando de gás tóxico ou asfixiante.
8. É necessário que se crie efetivo perigo (exemplo: gás lacrimogêneo utilizado pelas policias, cujo uso, em circunstâncias legais e legítimas afasta a ilicitude.
9. Está prevista **modalidade culposa**.
10. No crime de **fabrico, fornecimento, aquisição, posse ou transporte de explosivos ou gás tóxico, ou asfixiante**, pune-se o agente que (i) fabricar, fornecer, adquirir, possuir ou transportar, (ii) sem licença da autoridade, (iii) substância ou engenho explosivo, gás tóxico ou asfixiante, ou material destinado à sua fabricação.
11. Também são crimes a **inundação** (efetivo causamento, gerando perigo concreto) e o **perigo de inundação** (retirada de obstáculo à inundação, gerando perigo concreto).
12. No crime de **desabamento ou desmoronamento**, pune-se quem (i) causar desabamento (queda, total ou parcial, de construção) ou (ii) desmoronamento (deslizamento, ainda que parcial, do solo), (iii)expondo a perigo a vida, a integridade física ou o patrimônio de outrem.
13. Existe **modalidade culposa**.
14. Igualmente é típica a conduta de **subtração, ocultação ou inutilização de material de salvamento**.
15. Em todos os **crimes de perigo comum**, existem **modalidade majoradas**, quando resultar: (i – 1/2) lesão grave; (ii – em dobro) morte. Também nas modalidades culposas, incidem essas causas de aumento de pena, sendo que, em sucedendo morte, aplica-se a pena do homicídio culposo agravada de 1/3.
16. No crime de **Difusão de doença ou praga**, pune-se quem difundir doença ou praga que possa causar dano a floresta, plantação ou animais de utilidade econômica.
17. Existe **modalidade culposa**.

16.1. Crimes Contra a Segurança dos Meios de Comunicação e Transporte e Outros Serviços Públicos

1. O crime de **perigo de desastre ferroviária** tipifica quatro maneiras de *impedir* ou *perturbar* serviço de estrada de ferro: **(i)** destruindo, danificando ou desarranjando, total ou parcialmente, linha férrea, material rodante ou de tração, obra-de-arte ou instalação; **(ii)** colocando obstáculo na linha, ou seja, deitar entre os trilhos, por exemplo, objetos ou mesmo animais, que impeçam ou dificultem a livre circulação dos veículos ferroviários; **(iii)** transmitindo falso aviso acerca do movimento dos veículos ou interrompendo ou embaraçando o funcionamento de telégrafo, telefone ou radiotelegrafia; **(iv)** praticando outro ato de que possa resultar desastre.
2. Existem as seguintes **modalidades majoradas** (i – 1/2) se do *crime doloso* resulta desastre, que, por sua vez, causa lesão corporal grave; (ii – em dobro) se resultar desastre que causar morte; (iii – 1/2) se do *crime culposo* resulta desastre, e causar lesão corporal grave, a pena é aumentada de metade; (iv – pena do homicídio culposo majorada de 1/3) se do *crime culposo* resultar causa morte, a pena é a do homicídio culposo, aumentada de um terço.
3. São crimes dessa espécie, ainda, o **atentado contra a segurança do transporte marítimo, fluvial ou aéreo** e o **atentado contra a segurança de outros meios de transporte**, consistindo a expor a perigo esses meios de transporte, impedindo ou dificultando seu funcionamento.
4. No crime de **arremesso de projétil,** a conduta típica baseia-se em (i) arremessar projétil (ii) contra veículo, (iii) em movimento, (iv) destinado ao transporte público (de pessoas ou coisas) por terra, por água ou pelo ar.
5. Existe **modalidade qualificada** para o caso de suceder lesão grave ou morte.
6. No crime de **atentado contra a segurança de serviço de utilidade pública**, o agente é punido se atentar contra a segurança ou o funcionamento de serviço de água, luz, força ou calor, ou qualquer outro de utilidade pública.
7. Existe **modalidade majorada**, que restará configurada se da conduta do agente resultar dano em virtude de subtração de material essencial ao funcionamento dos serviços.
8. Por fim, está previsto o crime de **interrupção ou perturbação de serviço telegráfico, telemático ou de informações de utilidade pública**.

16.2. Crimes Contra a Saúde Pública

1. No crime de **epidemia**, pune-se o agente que causar epidemia (o surto de uma doença *humana* e *transitória* que ataca simultaneamente número indeterminado de indivíduos em certa localidade), mediante a propagação de germes patogênicos.
2. Em se tratando de enfermidade que atinja plantas ou animais, o crime será o do art. 61 da Lei 9.605/98.
3. Tendo em vista se tratar de um crime de *perigo concreto*, a consumação somente se dará com a ocorrência da epidemia, ou seja, quando vários indivíduos forem contaminados em razão da conduta do autor do fato.
4. Na **modalidade majorada** pelo resultado morte, temos **crime hediondo**.
5. O crime de **envenenamento de água potável ou de substância alimentícia ou medicinal** consiste em colocar veneno em três possíveis objetos materiais: (i) água potável, pode ser de uso comum ou particular; (ii) substância alimentícia, podendo ser líquida ou sólida, desde que se destine à alimentação humana; (iii) ou substância medicinal.
6. O crime de **falsificação, corrupção, adulteração ou alteração de substância ou produtos alimentícios** consiste na punição de quem (i) corromper (deteriorar), (ii) adulterar (modificar para pior), (iii) falsificar ou alterar (modificar de qualquer forma) (iv) substância ou produto alimentício destinado a consumo (de primeira necessidade ou não).
7. O crime de **falsificação, corrupção, adulteração ou alteração de produto destinado a fins terapêuticos ou medicinais** possui os mesmos núcleos acima mudando apenas o bem objeto do crime.
8. Segundo o STJ (REsp 1537773), esse crime absorve o delito de tráfico de drogas, caso alguns ou todos os medicamentos também sejam considerados substâncias psicotrópicas ou proibidas por ato administrativo (portaria), aplicando-se o *princípio da consunção*.
9. Existem **modalidades equiparadas**, entre as quais o medicamento ser de *procedência ignorada*, cuja pena o **STJ** (AI no HC 239363) considerou inconstitucional, pela falta de proporcionalidade, mandando aplicar a pena do artigo 33 da Lei de Drogas. O **STF** (AgRg no RE 829226), contudo, possui decisão entendendo que a mesma seria constitucional.
10. Com relação ao crime de **medicamento em desacordo com receita médica** percebe-se que o delito é baseado em fornecer (ainda que gratuitamente; desnecessário ser farmacêutico o sujeito ativo) substância

medicinal em desacordo com receita médica (prescrição escrita feita pelo médico).

11. No crime de **exercício ilegal da medicina, arte dentária ou farmacêutica**, na primeira parte (exercício sem autorização legal), o crime é comum; na segunda (excedendo-lhe os limites da autorização legal), somente o médico, o dentista ou o farmacêutico (crime próprio).

12. Se trata de típico exemplo de **crime habitual.**

13. O STJ (RHC 66641) entendeu atípico o exercício da acupuntura por indivíduo que não é médico.

14. O crime de **charlatanismo** consiste no agente (charlatão) que busca (i) inculcar (recomendar, influenciar) ou (ii) anunciar (por diversos meios) cura (iii) por meio secreto ou (iv) infalível.

15. Já o crime de **curandeirismo**, existem três formas de praticá-lo (cura por métodos grosseiros): (i) prescrever, ministrar (fornecer) ou aplicar qualquer substância; (ii) usando gestos, palavras ou qualquer outro meio; (iii) fazendo diagnósticos.

16. A tentativa é impossível, em razão da necessidade da prática habitual.

17. CRIMES CONTRA A PAZ PÚBLICA

1. O crime de **incitação ao crime** é baseado na conduta delitiva de (i) incitar (induzir, provocar, instigar), (ii) em público (atingindo um número indeterminado de pessoas), (iii) a prática de determinado crime (não basta ato imoral ou contravenção).

2. Segundo o STF (Inq 3932), ao aceitar a denúncia contra o deputado Jair Bolsonaro, para que se consuma esse direito não é necessário que o agente incentive, verbal e literalmente, a prática de determinado crime, podendo ser praticado por meio de qualquer conduta apta a provocar ou reforçar em terceiros a intenção da prática criminosa.

3. O crime de **apologia de crime ou criminoso** funda-se em fazer apologia (elogio, exaltação) de (i) fato criminoso ou de (ii) autor de crime (novamente, afasta-se o delito na hipótese de o agente se referir a contravenção ou ao contraventor).

4. O crime de **associação criminosa** foi reformulado pela Lei 12.850/13, que modificou seu *nomen iuris* (era o delito de quadrilha ou bando).

5. Antes do advento da Lei 12.850/13, para configuração do crime era necessária a presença de mais de três pessoas, em quadrilha ou bando, para o

fim de cometer crimes. Após o advento dessa norma, a tipificação passou a ser: associarem-se *três ou mais* pessoas para o fim específico de cometer crimes (houve *novatio in pejus*, no tocante à possibilidade de se praticar o crime por 3 pessoas, apenas – a **maioria** da doutrina admite computar os inimputáveis envolvidos neste número).

6. A finalidade da associação criminosa deve ser a prática de crimes indeterminados (não necessariamente da mesma espécie). Trata-se de um *crime permanente* e **autônomo**, mesmo que não venham a ser cometidos esses outros delitos (entendimento do STF e do STJ – persistindo, inclusive, quando extinta a punibilidade do crime tributário correlato).

7. Existe **modalidade majorada** quando houver: (i) uso de arma (para *Hungria*, basta que um dos agentes se utilize de arma; para *Bento de Faria*, a maioria deveria portar armas; para *Rogério Sanches*, o juiz deverá avaliar essa circunstância no caso concreto) ou (ii) participação de criança ou adolescente. A majoração, após a Lei 12.850/13, é de 1/2 da pena, sendo uma *novatio in mellus*.

8. Existe **modalidade qualificada**, prevista no art. 8º da Lei 8.072/90, quando a associação visar a prática de crimes hediondos ou a eles equiparados.

9. Existe previsão de **colaboração premiada**, na Lei de Crimes Hediondos, também em seu art. 8º, com a referida diminuição de pena, estando presentes os seguintes requisitos: (i)deve partir do integrante ou partícipe; (ii) deve ser eficaz, isto é, possibilitar o desmantelamento da associação, havendo nexo entre a delação e a desorganização do bando.

10. O crime de **constituição de milícia privada** baseia-se nas condutas de (i) constituir, (ii) organizar, (iii) integrar, (iv) manter ou (v) custear (sustentar, pagar o custo, não apenas financeiramente, mas com o fornecimento de materiais etc) (vi) organização paramilitar (aquela com estrutura militar), (vii) milícia particular (intuito de segurança nas comunidades carentes), (vii) grupo ou esquadrão (grupo de extermínio).

11. Veja-se o elucidante quadro comparativo, elaborado por *Rogério Sanches*:

Associação Criminosa	Organização Criminosa	Constituição de Milícia Privada
Art. 288 CP	Art. 22 da Lei 12.850/13	Art. 288-A CP
Pena: reclusão de 1 a 3 anos	Pena: reclusão de 3 a 8 anos	Pena: reclusão, de 4 a 8 anos

Associação Criminosa	Organização Criminosa	Constituição de Milícia Privada
Associarem-se 3 ou mais pessoas	Associação de 4 ou mais pessoas	Constituir organização paramilitar, milícia particular ou grupo de extermínio
Dispensa estrutura ordenada e divisão de tarefas	Pressupõe estrutura ordenada e divisão de tarefas, ainda que informalmente	Apesar de dispensar, em regra apresenta divisão de tarefas
A busca de vantagem para o grupo é o mais comum, porém dispensável	Com o objetivo de obter vantagem de qualquer natureza	A busca de vantagem é dispensável
Para o fim específico de cometer crimes (dolosos, não importando o tipo ou a sua pena).	Mediante a prática de infrações penais, abrangendo contravenções cujas penas máximas sejam superiores a 4 anos, ou que sejam de caráter transnacional.	Com finalidade de praticar qualquer dos crimes previstos no código penal.

18. CRIMES CONTRA A FÉ PÚBLICA

1. No crime de **moeda falsa**, pune-se aquele que falsificar, fabricando-a ou alterando-a, moeda metálica ou papel-moeda de curso legal no país ou no estrangeiro.
2. A falsificação grosseira, incapaz de induzir em erro outrem, é, em geral, considerada crime impossível. Contudo, em alguns casos, a falsificação grosseira, não será considerado como fato atípico, podendo configurar o delito de estelionato (Súm. 73/STJ).
3. Existe **modalidade equiparada** para quem, por conta própria ou alheia, importar, exportar, adquirir (obter de forma onerosa ou gratuita), vender (transferir a título oneroso), trocar (entregar a alguém mediante o recebimento de outra coisa), ceder (transferir a título á título gratuito) emprestar (entregar a outrem para receber de volta posteriormente), guardar (preservar), introduzir em circulação (fazer com que a moeda circule como legítima) moeda falsa.

4. Existe **modalidade privilegiada**, consistente na colocação da moeda falsa em circulação, isto é, a hipótese daquele que a tendo recebido de boa-fé, como verdadeira, a restitui à circulação, depois de conhecer a falsidade.

5. Existe **modalidade qualificada** (falsificação funcional), crime próprio voltado para aqueles funcionários que autorizam ou emitem a emissão oficial, com peso menor que o legal ou em quantidade maior que o autorizado.

6. Segundo o STJ (REsp 1242294), não se aplica o arrependimento posterior ao crime de moeda falsa. O tribunal não exige que o maquinário voltado à fabricação de moeda falsa, que configura o crime de petrechos para falsificação de moeda, se destinem exclusivamente a tal fim (REsp 1.758.958).

7. Os delitos de **falsificação documental** se dividem em falsificação **material/externa** (ligada à forma) e **ideológica/interna** (conteúdo).

8. No crime de **falsificação de documento público** (falsificação material), (i) falsifica-se documento público, no todo (falsificação total - quando o documento é criado inteiramente), ou em parte (falsificação parcial, adicionando-se, nos espaços em branco da peça escrita, novos elementos), ou (ii) alterar (o autor do fato modifica) documento público existente, substituindo ou alterando dizeres inerentes à própria essência do documento.

9. No que tange ao significado do que vem a ser "público", existem duas espécies: (i) documento formal e substancialmente público (emanado de agente público no exercício de suas funções, com conteúdo dizendo respeito a questões ligadas ao interesse público) e (ii) documento formalmente público, mas substancialmente privado (o interesse é de natureza privada, mas o documento é emanado de entes públicos). O fundamental é que o documento seja elaborado na forma prescrita em lei, por funcionário público.

10. Para uma **primeira corrente** (*Bitencourt*), o documento autenticado não se enquadraria nesse tipo penal; para uma **segunda corrente** (*Rogério Sanches*), estaria inserido.

11. Para se ter certeza da aptidão ilusória do documento é fundamental e necessária a perícia técnica.

12. A lei equipara certos documentos particulares a documento público, para fins penais - merece destaque o testamento particular (não abrangido o codicilo).

13. Existe **modalidade majorada**, por conta da possibilidade de o crime ser *cometido por funcionário público.*

14. Existem **modalidades equiparadas** referentes à Previdência Social. O STJ (CC 135200) já entendeu que: (i) aplica-se o princípio da insignificância; (ii) exige-se conduta dolosa, no sentido de lesar a fé pública; (iii) é de competência da Justiça Federal.
15. Segundo o STF (AP 971), o prefeito que, ao sancionar lei, acrescenta artigo não constante no projeto aprovado, pratica esse crime. A circunstância de ser prefeito, contudo, só pode ser considerada uma vez, na aplicação da pena: ou na primeira fase ou na terceira, para majorar a sanção.
16. No crime de **falsificação de documento particular** (falsificação material), a conduta delitiva funda-se em (i) falsificar (contrafação), no todo ou em parte, documento particular ou (ii) alterar (modificar) documento particular verdadeiro.
17. O tipo é idêntico ao anterior, exceto a espécie de documento, obviamente (o conceito de documento particular é realizada por exclusão, ou seja, todo aquele que não seja compreendido como documento público ou equiparado.)
18. Com o advento da Lei 12.737/12, houve um acréscimo ao art. 298, elencando equiparar-se a documento particular o *cartão de crédito ou débito*. O STJ (REsp 1579479), porém, entende que, mesmo antes de sua edição, a conduta já era típica, por se tratar de documento, elemento normativo do tipo de falsificação.
19. O crime de **falsidade ideológica** (falsificação interna) apresenta cinco núcleos do tipo, a saber: (i) omitir declaração (o indivíduo ao confeccionar o documento deixa de mencionar informação que nele deveria constar); (ii) inserir declaração falsa (o agente introduz ideia falsa no documento que redige); (iii) inserir declaração diversa da que deveria ser escrita (o agente substitui o conteúdo verdadeiro por outro que, embora contenha informações diversas, tem a mesma natureza); (iv) fazer inserir declaração falsa (induz terceiro a inserir informação falsa no documento); (v) fazer inserir declaração diversa da que devia constar (induz terceiro a substituir uma informação verdadeira por outra).
20. Como no crime de falsidade material, também este deve ser apto a iludir. De acordo com o STJ (6ª turma, RHC 81451), quando o documento é passível de averiguação, não existe crime de falsidade ideológica (exemplo: informação falsa em currículo Lattes, que, ademais, não é considerado documento e não é assinado digitalmente).
21. Como a falsidade ideológica afeta o documento tão somente em sua concepção e não a sua autenticidade ou inalterabilidade, entende-se desnecessária perícia.

22. Existem duas **modalidades majoradas**: (i) se o crime é cometido por funcionário público, desde que se prevaleça de do cargo de ocupa; (ii) se a falsificação ou alteração é de assentamento de registro civil.

23. Segundo o STJ (HC 261074) e o STF (HC 85976), a declaração inverídica de pobreza para fins processuais não configura o presente delito, haja vista não ser documento para os fins penais.

24. O crime de **falsidade de atestado médico**, consistente em dar o médico atestado total ou parcialmente falso, somente poderá ser praticado por médico (crime próprio), de modo que os demais sujeitos incorrerão no tipo de falsidade ideológica.

25. Existe **modalidade majorada**, impondo-se multa ao crime em questão, quando é cometido com intuito de obter lucro *(animus lucri fociendi).*

26. No crime de **uso de documento falso,** o agente faz uso de qualquer dos papéis referidos pelos artigos anteriores.

27. O STJ (HC 307586) dispensa a prova pericial, visto que considera o crime formal.

28. Enquanto norma penal secundariamente remetida, a pena será a mesma cominada para o delito de falsificação correspondente. Caso a falsificação se exaurir no uso (ou seja, foi feita voltada para o uso, pontualmente), o agente responderá apenas por um crime, a depender da corrente adotada: para uma **primeira corrente** (STF, STJ, doutrina majoritária), o uso será *post factum* impunível, sendo imputada apenas a falsificação; para uma **segunda corrente**, o agente responde pelo uso, sendo a falsificação um *ante factum* impunível.

29. Segundo a **doutrina majoritária** e o STF, dispensa-se a espontaneidade do uso, embora uma **segunda corrente** (*Rodrigo Roig*) exige que o agente utilize o documento sem que lhe seja requisitado.

30. Segundo uma **primeira corrente** (*Noronha*), Basta que o escrito saia da esfera de disponibilidade do agente, ainda que empregado em finalidade diversa daquela a que se destinava, embora a **corrente majoritária** exija que o documento seja empregado na finalidade para a qual se destinava originalmente.

31. A corrente **majoritária** entende incabível a tentativa, por se ratar de crime unissubsistente; uma **segunda corrente**, no entanto, advoga a possibilidade, caso o ato executório seja fracionável.

32. Uma **primeira corrente** (*Damásio*) restringe o crime ao dolo direto, enquanto uma **segunda corrente** (*Hungria*) entenda que o dolo eventual também estaria inserido no tipo penal.

33. Se, por uma mesma conduta, o agente utilizar mais de um documento falso, uma **primeira corrente** (*Luiz Regis Prado*) entende se tratar de crime único, enquanto uma **segunda corrente** (*Bitencourt*) enxergue concurso formal de crimes.

34. No crime de **falsa identidade**, o agente atribui falsa identidade (ii) a si ou a terceiro, (iii) com o fim específico de obter vantagem, em proveito próprio ou alheio ou (iv) de causar dano a outrem.

35. Trata-se de **tipo subsidiário expresso.**

36. Segundo o STF (Tema 478 da Repercussão Geral) e o STJ (Súm. 522 e Tema 646 dos Recursos Repetitivos), os delitos de falsa identidade e de uso de documento falso **não estão abrangidos pelo *nemu tenetur se detegere*** (direito à não auto-incriminação).

37. É relevante, ainda, o delito de **fraude em certames de interesse público**, em que o agente (i) utiliza ou divulga conteúdo sigiloso (a informação deve ser sigilosa, privilegiada), (ii) com o especial fim de agir de se beneficiar ou a outrem, ou de comprometer a credibilidade do certame.

38. Existe **modalidade equiparada** para quem permite ou facilita, por qualquer meio, o acesso de pessoas autorizadas a essas informações.

39. Existe **modalidade qualificada**, quando resultar dano para a Administração Pública, bem como **modalidade majorada** (1/3) quando o crime é cometido por funcionário público.

19. CRIMES CONTRA A ADMINISTRAÇÃO PÚBLICA

19.1. Crimes Praticados por Funcionário Público Contra a Administração

1. Um primeiro grupo de crimes contra a administração pública só podem ser cometidos pelos funcionários públicos, caracterizando *crimes próprios*. O **conceito de funcionário público, para os fins penais** desse capítulo, está inserido no artigo 327, que serve como complemento dessas normas penais em branco.

2. Considera-se funcionário público, portanto, quem exerce cargo, emprego ou função pública, mesmo que transitoriamente e sem remuneração.

3. Existe **cláusula de equiparação**, incluindo as pessoas que (i) exercem cargo, emprego ou função em entidade paraestatal e (ii) quem trabalha para empresa prestadora de serviço contratada ou conveniada para execução de atividade típica da Administração Pública.

4. Na Lei de Abuso de Autoridade, essa última cláusula de equiparação não está presente, trazendo conceito menos amplo que o do Código Penal.

5. Existe discussão se a cláusula de equiparação do artigo 327 § 1º se aplica para os crimes em que o funcionário público seja sujeito passivo, sendo a **corrente majoritária** no sentido de não se estender a previsão, embora haja **segunda corrente** (*Mirabete*) que entenda favoravelmente.

6. Existe uma **modalidade majorada** (1/3) quando os autores de tais crimes forem ocupantes de cargos em comissão ou função de direção ou assessoramento de órgão da administração direta, sociedade de economia mista, empresa pública ou fundação instituída pelo poder público.

7. Segundo o STF (Inq 3983), o simples fato de o réu exercer mandato popular não basta para que se faça incidir essa causa de aumento, sendo necessário que ocupe uma posição de superior hierárquico ("imposição hierárquica").

8. No **peculato**, existem várias modalidades, envolvendo sempre dinheiro, valor ou qualquer outro bem móvel, público ou particular de que o funcionário tenha posse em razão do cargo. No **peculato próprio (peculato apropriação)**, o agente se apropria desse bem, com *animus rem sibi habendi.*

9. O fato de o agente ser funcionário público é elementar típica, de sorte que, para o STJ, o depositário judicial não pode cometer tal delito.

10. A consumação do crime ocorre, na modalidade apropriação, quando o funcionário se apropria do dinheiro, valor ou bem móvel de que tem a posse, dispondo do bem como se fosse dono – é possível fazer uma analogia com o crime de apropriação indébita. Entendeu o STJ (6ª turma, RHC 75768) que, quando os valores apropriados possuírem estrita derivação tributária, a ação penal deve ser suspensa enquanto não há deliberação administrativa quanto ao parcelamento perante a PGE.

11. A segunda modalidade é o **peculato desvio**, em que o agente desvia o referido bem, em proveito próprio ou alheio.

12. Em ambas as condutas, de desvio e apropriação, a consumação ocorre ainda que o agente delituoso não consiga a vantagem indevida visada.

13. O STF (AP 916) entendeu que o prefeito que ordena a retenção de empréstimos consignados sem repassar à instituição, mas sim a despesas do município, no último ano de mandato, pratica esse crime, bem como assunção de obrigação no último ano de mandato.

14. O STF (AP 504) entendeu que, em tese, um servidor público que contrate ou nomeie outro servidor público para que preste exclusivamente serviços

particulares comete o crime de peculato. Diferente é o caso em que um servidor pede a outro, seu subordinado, que preste, pontualmente, serviços particulares, hipótese em que não há crime (exceto se se tratar de prefeito, para o qual incide o Decreto-lei 201/67, art. 1º, II).

15. O STF (Inq 2593) entendeu que, em tese, o desvio de recursos da verba indenizatória dos parlamentares para pagamento de pensão alimentícia a filhos configura peculato.

16. O **peculato furto** (**peculato impróprio**), ocorre quando há a subtração da coisa, mas não por ter o funcionário público a posse da coisa, e sim pela facilidade que a qualidade de funcionário lhe proporciona para subtrair o bem.

17. Em todas as condutas, deve estar presente o *animus rem sib habendi*, ou seja, a intenção de não devolver a coisa ao verdadeiro proprietário, caso contrário, não haverá prática de ilícito penal (exigência reafirmada pelo STF, HC 108433 AgR, que considerou atípica a figura do peculato de uso).

18. Existe previsão da **modalidade culposa** (**peculato culposo**), que ocorre quando, através de negligência, imprudência ou imperícia, o funcionário público viola o dever objetivo de cuidado, de maneira a criar condições favoráveis à prática do crime de peculato.

19. Existe previsão de **causa de extinção da punibilidade** pela reparação do dano: no caso do peculato culposo, se o agente delituoso repara o dano causado pela prática do crime antes da sentença penal condenatória irrecorrível. Quando é posterior à sentença, reduz a pena pela metade (**modalidade privilegiada**).

20. O STJ já entendeu que, nas modalidades dolosas, a conduta análoga do agente levaria à aplicação do arrependimento posterior.

21. No **peculato mediante erro de outrem** (chamado, por alguns, de *peculato estelionato*), o agente não induz o terceiro em erro (se o faz, responderá pelo estelionato), mas se apropria de coisa que recebeu por erro de terceiro, com ânimo definitivo.

22. A consumação de tal delito ocorre quando o agente delituoso, percebendo o erro de terceiro, se apropria da coisa recebida por erro do terceiro, e passa a agir como se fosse dono da coisa.

23. No crime de **inserção de dados falsos em sistema de informações,** pune-se a conduta do agente que, prevalecendo-se do acesso privilegiado em razão da função pública, (i) insere ou facilita a inserção de dados falsos, mediante ação ou omissão, bem como a conduta do agente de (ii) alterar ou excluir indevidamente dados corretos, objetivando causar dano a Administração Pública ou a obtenção de vantagem indevida para si ou para outrem.

24. No crime de **modificação ou alteração não autorizada de sistema de informações**, busca-se proteger o próprio sistema em si, e não os dados da Administração. Por isso, é punida a conduta do funcionário público que, voluntariamente, modifica ou altera sistema de informações ou programa de informática sem autorização ou solicitação da autoridade competente.

25. Existe **modalidade majorada**, que ocorre quando, da prática da conduta delitiva, resulta dano para a Administração Pública ou para o Administrado.

26. No **extravio, sonegação ou inutilização de livro ou documento**, se pune a conduta do agente em fazer extraviar (crime permanente), sonegar (crime permanente) ou inutilizar total ou parcialmente livro oficial ou qualquer documento público ou particular guardado por funcionário público em razão de sua função.

27. Importa ressaltar que não há necessidade de que o agente delituoso queira tirar proveito ou de qualquer maneira se beneficiar com a empreitada.

28. No **emprego irregular de verbas ou rendas públicas**, crime próprio mais restrito (apenas o funcionário público que possui o poder de gerir e administrar as verbas públicas pode cometer tal delito, como por exemplo o Presidente da República, Governadores, Secretários e etc.), pune-se a aplicação de verbas públicas em destinação diversa da estabelecida em lei (lei orçamentária anual).

29. O desvio se faz em favor da própria Administração Pública (exemplo no STF, Inq 3731: pagamento de folha de servidores): se fosse em favor do agente ou terceiro, seria crime de peculato.

30. Importa ressaltar que, no caso de o prefeito praticar tal conduta, não responderá na forma deste artigo, mas sim pelo disposto no art. 1º, III, do decreto-lei 201/67, em observância ao princípio da especialidade.

31. No crime de **concussão**, pune-se a conduta delituosa que consiste na ação do agente em *exigir*, direta ou indiretamente, para si ou para outrem, vantagem indevida (para uma **primeira corrente**, tem que ter natureza econômica; para uma **segunda corrente**, não), em razão da função, ainda que antes de assumi-la.

32. Importa ressaltar que, ainda que a vantagem indevida seja para proveito não do agente mas da própria Administração Pública, haverá o crime de concussão, uma vez que foi violada a moralidade pública com a exigência de vantagem indevida.

33. A consumação de tal delito ocorre com a mera exigência da vantagem indevida, sendo *crime formal* (posição do STJ).

34. Existe a **modalidade qualificada** do *excesso de exação*: é punido o funcionário público que se excede dolosamente na cobrança de tributo ou contribuição social, exigindo o que não é devido.

35. Outra **modalidade qualificada** consiste em o funcionário público desviar o tributo, após ser exigido, em proveito próprio ou alheio, quando devia ter sido recolhido aos cofres públicos.

36. Segundo o STF (HC 132990), é possível aumentar a pena base pela circunstância judicial de o autor da concussão ser policial, por estar revestido de parcela da autoridade pública (mesmo caso de um juiz ou promotor).

37. Na **corrupção passiva**, se pune as condutas de (i) *solicitar* ou (ii) *receber* vantagem indevida, ainda que fora da função pública ou antes de assumi-la, mas em razão dela, ou até mesmo (iii) *aceitar promessa* de vantagem indevida.

38. O crime de corrupção passiva se consuma no tocante aos núcleos do tipo solicitar vantagem indevida e aceitar promessa de tal vantagem, no momento da solicitação ou da aceitação, por se tratar de *crime formal.*

39. Já no tocante à conduta de receber vantagem indevida, o delito é material, ou seja, para sua consumação é necessário que o agente receba a indevida vantagem.

40. Importa ressaltar que a forma *tentada* somente é admitida na modalidade solicitar, quando tal solicitação se der por meio escrito, clássico exemplo da carta interceptada.

41. Existe **modalidade majorada**, punindo mais severamente o funcionário público que, em consequência da vantagem ou promessa, deixa de praticar qualquer ato seu de ofício ou o pratica infringindo dever funcional. É hipótese de *exaurimento penalizado.*

42. Por outro lado, existe **modalidade privilegiada**, quando o funcionário, sem pretensão de satisfazer interesse próprio, pratica, deixa de praticar ou retarda ato de ofício, com infração do dever funcional, cedendo a pedido ou influência de outrem. Aqui, o crime é *material.*

43. Na **facilitação de contrabando ou descaminho**, se pune a conduta do funcionário público de facilitar, por ação ou omissão, a pratica do contrabando ou descaminho.

44. Importa ressaltar que o autor de tal conduta poderia, perfeitamente, ser enquadrado como participe do crime de contrabando ou descaminho. Todavia, pelo princípio da especialidade e tendo em vista que o legislador cuidou de punir tal conduta de forma autônoma, o agente delituoso responde por este crime – é exemplo da teoria *dualista* do concurso de pessoas.

45. Com o advento da Lei 13.008/2014, o descaminho e o contrabando estão em artigos diversos, mas o tipo em analise continua fazendo referência apenas ao art. 334, de modo que, para salvar o comando legal, se sustenta que a menção é meramente explicativa, embora exista entendimento pela sua inaplicabilidade quanto ao art. 334-A, nova morada do contrabando.

46. No crime de **prevaricação**, é punida a conduta do funcionário público que (i) retarda ou (ii) deixa de praticar ato de ofício, ou o pratica de forma contrária à disposição expressa de lei, para satisfazer interesse ou sentimento pessoal (alguns o chamam de *autocorrupção*).

47. Existe um *especial fim de agir*, que o diferencia do delito de corrupção na modalidade majorada.

48. No crime chamado de **prevaricação imprópria,** se visa punir a conduta do funcionário público (diretor de penitenciaria e/ou agente público) que deixa de cumprir com seu dever de vedar o acesso do preso a aparelhos eletrônicos que permitam a comunicação com outros presos ou com o ambiente externo.

49. Tal delito foi acrescentado em 28/03/2007, sendo crime de mera conduta e se consumando com a efetiva omissão do dever por lei exigido do funcionário, não sendo necessário que o preso efetivamente tenha acesso ao aparelho.

50. Na **condescendência criminosa**, é punida a conduta do funcionário público em tolerar que seu subordinado pratique infrações administrativas ou penais no exercício do cargo, (i) deixando de responsabilizá-lo, ou, se lhe faltar competência para tal, (ii) deixando de comunicar a pratica da conduta a autoridade competente

51. O sujeito ativo de tal delito é o funcionário público que seja hierarquicamente superior ao funcionário que cometa infração administrativa ou penal.

52. Na **advocacia administrativa**, é punida a conduta do funcionário público que, valendo-se de sua qualidade, patrocina, direta ou indiretamente, junto à Administração Pública, interesse privado.

53. Na **violência arbitrária**, é punida a conduta de praticar o funcionário público violência arbitrária no exercício da função ou a pretexto de exercê-la.

54. Importa ressaltar que, se da violência resultar lesão corporal ou até mesmo a morte do sujeito passivo, haverá cúmulo material das penas dos respectivos crimes.

55. No **abandono de função**, é punida a conduta do funcionário público que abandona seu cargo, fora das hipóteses legalmente previstas, com *animus* de não mais voltar a exercê-lo, como por exemplo a deserção militar.

56. O crime se consuma quando é possível se verificar que a ausência do servidor perdura por certo tempo capaz de causar concreto dano a Administração Pública.

57. No **exercício funcional ilegalmente antecipado ou prolongado**, se pune a conduta (i) de entrar no exercício da função pública antes de satisfeitas as exigências legais (diplomação, posse e etc.) ou (ii) de continuar o funcionário exercendo sua função sem autorização, depois de saber que foi exonerado, removido, substituído ou suspenso.

58. O crime se consuma quando o agente pratica ato inerente a função que está impedido de exercer.

59. Na **violação de sigilo profissional**, é punida a conduta do agente público que revela ou facilita a revelação de fato que tem ciência em razão do cargo e que deva permanecer em segredo.

60. O crime se consuma quando 3º não autorizado a conhecer do segredo toma ciência deste. Trata-se de crime formal.

61. Existe previsão de **modalidades equiparadas**, bem como de **modalidade qualificada,** punindo com uma pena mais grave se da ação ou omissão resultar dano à Administração Pública.

62. O crime de **violação do sigilo de proposta de concorrência** foi implicitamente revogado pela Lei 8.666/1993, em seu art. 94.

19.2. Crimes Praticados por Particular Contra a Administração Pública

1. No crime de **usurpação de função pública**, pune-se a conduta do particular em assumir, exercer ou desempenhar qualquer atividade pública, ainda que gratuitamente, sendo necessário que o agente pratique ato inerente a função ocupada.

2. O crime se consuma com a prática de algum ato inerente a função indevidamente exercida pelo agente.

3. Existe **modalidade qualificada**, aumentando a pena do crime no caso de o agente auferir vantagem.

4. No crime de **resistência**, é punível a conduta do agente que (i) se opõe à execução de (ii) ato legal, (iii) utilizando de violência ou ameaça (a mera fuga, chamada resistência passiva, não é conduta típica) (iv) a funcionário competente para executá-lo ou a terceiro que o auxilie.

5. Existe **modalidade qualificada**, se o ato pretendido não se executa em razão da resistência.

6. Há previsão expressa de **concurso material**: se a violência caracterizar mais algum crime, a pena deste e a do crime de resistência se aplicam cumulativamente.

7. No crime de **desobediência**, é punível a conduta do agente que (i) voluntária e injustificadamente (ii) desobedece, descumpre ou não atende a (iii) ordem legal (que deve ser individualizada, dirigida à pessoa específica, que tenha dever de atendê-la) (iv) emanada por funcionário público competente.

8. A doutrina já vinha entendendo que não deveria haver **sanção específica** para o descumprimento, e o STJ (REsp 1374653) adotou esse posicionamento: pelo princípio da subsidiariedade do Direito Penal, se houver outra sanção prevista para o descumprimento (seja cível ou administrativa), não será típica a conduta, *salvo se* a lei previr a cumulatividade (exemplo: testemunha cível que não comparece não responde, enquanto a testemunha penal, sim; do mesmo modo, o descumprimento das medidas protetivas da Lei Maria da Penha não enseja o crime em tela). A Lei 13.641/2018 (03/04/2018), porém, inseriu um novo tipo penal na Lei Maria da Penha (art. 24-A), considerando típica a conduta de descumprir decisão judicial que defere medidas protetivas de urgência previstas nessa lei, com pena base de detenção de 3 meses a 2 anos.

9. Importante ressaltar que, diferentemente do crime de resistência, o presente delito não traz previsão da necessidade da presença de violência ou ameaça.

10. Segundo o STJ (HC 310901), não configura o crime de desobediência o não atendimento, por parte do Defensor Público Geral, da requisição judicial para nomear defensor público para que atue em uma determinada causa.

11. No crime de **desacato**, pune-se o agente que (i) voluntária e injustificadamente (ii) desacata o funcionário público (por meio de gestos, palavras

ou por escrito, menospreza, humilha, desrespeita ou desprestigia o funcionário), (iii) no exercício da função ou em razão dela.

12. O crime se consuma no momento em que o funcionário público toma conhecimento da palavra, gesto ou escrito que o humilhe, ofenda, desrespeita ou desprestigia. Por ser *crime formal*, é desnecessário que o funcionário efetivamente se sinta ofendido.

13. O STJ, em um primeiro momento (REsp 1640084), filiando-se ao entendimento da Comissão Interamericana de Direitos Humanos, decidiu que o crime de desacato é **inconvencional**, sendo, assim, incompatível com o ordenamento convencional, traduzindo discriminação entre particulares e funcionários públicos e ofendendo o humanismo, em que a pessoa humana deve estar em primeiro plano. Posteriormente, a 3ª Seção (HC 379269) entendeu que continua a se tratar de crime, sendo seguida pelo STF (2ª turma, HC 141949).

14. Discute-se se o funcionário público pode ser sujeito ativo desse crime. Embora haja posicionamento em contrário, entende-se que sim, nas situações em que se comporta como particular.

15. No **tráfico de influência**, pune-se a conduta do agente que (i) voluntariamente e (ii) a pretexto de influir em ato praticado por funcionário público no exercício da função, (iii) solicita, exige, cobra ou obtém, (iv) para si ou para outrem (v) vantagem ou promessa de vantagem de qualquer natureza.

16. Existe **modalidade majorada**, se o agente alega ou insinua ser a vantagem também destinada ao funcionário público.

17. No crime de **corrupção ativa**, pune-se a conduta do agente delituoso de (i) *oferecer* ou (ii) *prometer* a funcionário público, direta ou indiretamente, (iii) vantagem indevida, (iv) a fim de determiná-lo a praticar, omitir ou retardar ato legal de ofício.

18. O crime se consuma quando o funcionário público a quem é dirigida a oferta ou promessa de vantagem indevida, toma conhecimento de tal oferta ou promessa, sendo dispensável sua aceitação, não sendo necessário que o funcionário pratique, omita ou retarde o ato de ofício, ou receba a vantagem indevida.

19. É atípica a conduta de *dar* ou *entregar* vantagem exigida pelo funcionário público, que cometa, por exemplo, o delito de concussão. Só se pune a postura ativa do particular, exigindo-se sua espontaneidade (posição adotada pelo STF e pelo STJ).

20. Existe **modalidade majorada** que ocorre quando, em razão da vantagem ou promessa, o funcionário efetivamente retarda ou omite ato de ofício, ou o pratica infringindo dever funcional. É um *exaurimento penalizado*.

21. No crime de **descaminho**, pune-se a conduta do agente que busca iludir, no todo ou em parte, o pagamento de direito ou imposto devido pela entrada, pela saída ou pelo consumo de mercadorias não proibidas.

22. A doutrina majoritária fixou entendimento segundo o qual a mera omissão na declaração ao fisco da quantidade das mercadorias só caracteriza o delito de descaminho se o agente houver empregado fraude ou malícia.

23. A consumação do crime ocorre com a liberação pela alfândega sem o pagamento dos impostos.

24. Importa ressaltar que, inobstante o Supremo Tribunal Federal tenha consolidado entendimento na forma da Súm. Vinculante 24, no sentido de que a constituição definitiva do credito tributário nos crimes materiais contra a ordem tributária é condição para que o crime seja considerado típico, tal entendimento não se aplica ao crime de descaminho posto que este se trata de *crime formal*, ou seja, não necessita que a pratica do delito cause prejuízo ao erário para que se consume.

25. Porém, segundo o STJ (REsp 1343463), se a decisão administrativa é no sentido de que não houve importação irregular, não há crime, afastando-se a tipicidade.

26. De todo modo, o STJ (REsp 1413829) entendeu que, ainda que o crime seja formal, a decisão administrativa que anula o processo administrativo fiscal caracteriza questão prejudicial externa facultativa, permitindo a suspensão do processo penal, na forma do art. 93 do CPP.

27. Segundo o STJ (REsp 1378053), o falso pode ser absorvido pelo delito de descaminho, quando nele se exaurir.

28. Atualmente é perfeitamente aplicável o **princípio da insignificância** no crime de descaminho, tendo o STF afirmado que, no crime de descaminho, para a avaliação da insignificância, deve ser observado o patamar de R$ 20.000,00, enquanto o STJ adotava o valor de R$ 10.000,00. Recentemente, porém, se filiou ao entendimento do STF (3ª Seção, Resp 1688878, Recurso Repetitivo).

29. Existem **modalidades assemelhadas**, no § 1º, que se assemelham ao crime de descaminho e são punidas com a mesma pena deste. Entre elas está, por exemplo, vender essas mercadorias em sua atividade comercial.

30. Em seu § 2º, amplia-se o significado de "atividades comerciais", de maneira a incluir qualquer forma de comércio, irregular ou clandestino de mercadorias estrangeiras, inclusive o exercício em residências.

31. Existe **modalidade majorada**, que ocorre quando o crime de descaminho é praticado em transporte aéreo, marítimo ou fluvial.

32. Por outro lado, o delito de **contrabando** pune a conduta do agente de exportar ou importar mercadorias proibidas.

33. Segundo o STJ, configura contrabando, por exemplo, importar colete à prova de balas sem autorização legal (RHC 62851), bem como de arma de ar comprimido (REsp 1427796) ou por ação de mole (STF: HC 131943). Isso porque a importação de arma de pressão está sujeita à autorização prévia da Diretoria de Fiscalização de Produtos Controlados do Exército Brasileiro e só pode ser feita por colecionadores, atiradores e caçadores registrados no Exército., se submetendo às normas de desembaraço alfandegário previstas no Regulamento para a Fiscalização de Produtos Controlados. Assim, há proibição relativa, baseada também na segurança pública, além de questões tributárias. Os tribunais superiores não aplicam o princípio da insignificância no contrabando, mesmo que a arma seja de calibre inferior a 6 mm.

34. No denominado **contrabando impróprio**, a entrada ou saída da mercadoria proibida se dá de forma clandestina sem passar pela alfândega.

35. O crime se consuma, na importação ou exportação, quando a mercadoria passa pela alfândega; já no tocante ao contrabando impróprio, quando as mercadorias saem ou ingressam por meios clandestinos, a consumação ocorre quando a mercadoria passa pela fronteira do país.

36. Existem **modalidades assemelhadas**, como a colocação à venda dessas mercadorias, hipótese de julgamento desse crime pela Justiça Estadual.

37. Em seu § 2º, o artigo cuidou de ampliar o significado de "atividades comerciais", de maneira a incluir qualquer forma de comércio, irregular ou clandestino, de mercadorias estrangeiras, inclusive o exercício em residências.

38. Existe **modalidade majorada**, que ocorre quando o crime de contrabando é praticado em transporte aéreo, marítimo ou fluvial. Antes da Lei 13.008/14, o aumento ocorria apenas no caso de transporte aéreo.

39. De acordo com o STJ, o descaminho e o contrabando são julgados pela Justiça Federal, ainda que inexistentes indícios de transnacionalidade na conduta (3ª Seção. CC 160.748).

40. No **impedimento, perturbação ou fraude de concorrência**, pune-se a conduta do agente delituoso de impedir, perturbar ou fraudar concorrência pública ou venda em hasta pública, promovida pela administração federal, estadual ou municipal, ou por entidade paraestatal, bem como a conduta do agente de afastar concorrente ou licitante, por meio de violência ou grave ameaça, fraude ou oferecimento de vantagem.

41. Existe **modalidade equiparada** para quem, em razão de vantagem oferecida, se abstém de concorrer ou licitar, sendo punido com a mesma pena do caput.

42. Na **inutilização de edital ou de sinal**, pune-se a conduta do agente delituoso de (i) rasgar ou de qualquer forma inutilizar ou conspurcar (sujar) edital afixado por ordem de funcionário público; (ii) violar ou inutilizar selo ou sinal empregado por determinação legal ou por ordem de funcionário público, para identificar ou cerrar qualquer objeto.

43. Na **subtração ou inutilização de livro ou documento**, pune-se a conduta do agente delituoso de subtrair ou inutilizar no totó ou e parte livro oficial, processo ou documento confiado à custódia de funcionário ou particular em serviço público. Importa ressaltar que, se o sujeito ativo for funcionário público que tenha como função guardar livros, processos ou documentos públicos, não se incorrerá no delito em análise, mas sim no crime de extravio, sonegação ou inutilização de livro ou documento (art. 314). Do mesmo modo, no caso de o agente delituoso ser advogado ou procurador que está sob a custódia de processo ou documento, seu crime será o de sonegação de papel ou objeto de valor probatório (art. 356).

44. Importa ressaltar que se discute quanto a restauração do documento inutilizado: **primeira corrente** defende que tornaria o fato atípico, enquanto a **segunda corrente** entende que tal restauração deverá ser observada pelo magistrado na dosimetria da pena em caso de condenação.

45. Na **sonegação de contribuição previdenciária**, é punida a conduta de suprimir ou reduzir contribuição social previdenciária e qualquer acessório, mediante omissão.

46. Enquanto *norma pena em branco*, é necessária complementação da legislação previdenciária que direciona e regulamente o recolhimento das contribuições previdenciárias e acessórias.

47. Existe **causa de extinção da punibilidade**, que ocorre se o agente (i) espontaneamente (ii) declara e confessa as contribuições, importâncias ou valores e presta as informações devidas à previdência social, na forma definida em lei ou regulamento, (iii) antes do início da ação fiscal. A doutrina **majoritária** leciona que, caso o agente assim aja, ainda que após o início da ação fiscal, mas antes do recebimento da denúncia, também restaria extinta sua punibilidade, com base no artigo 34 da Lei 9.249/95.

48. Existe, também, **modalidade privilegiada** ou **perdão judicial, consistente na** possibilidade de o juiz deixar de aplicar a pena ou aplicar somente a pena de multa, quando o agente delituoso for (i) primário e (ii) portador de bons antecedente, bem como seja de (iii) pequeno valor a dívida.

49. Existe **modalidade privilegiada** (1/3 a 1/2, ou somente pena de multa), nos casos em que o empregador não seja pessoa jurídica e sua folha de pagamento mensal não ultrapasse R$ 1.510,00 (mil quinhentos e dez reais).

19.3. Crimes Praticados por Particular Contra a Administração Pública Estrangeira

1. Na **corrupção ativa em transação comercial internacional**, pune-se a conduta do agente de prometer, oferecer ou dar, direta ou indiretamente, vantagem indevida, a funcionário público estrangeiro ou a terceira pessoa, a fim de determiná-lo a praticar, omitir ou retardar ato de ofício relacionado a transação comercial internacional.

2. Existe **modalidade majorada**, se, em razão da vantagem ou promessa indevida, o funcionário retarda, omite ou pratica ato de ofício, infringindo dever funcional.

3. No **tráfico de influência em transação comercial internacional**, pune-se a conduta do agente delituoso que solicita, exigi, cobra ou obtém, para si ou para outrem, direta ou indiretamente, vantagem ou promessa de vantagem, a fim de influir em ato praticado por funcionário público estrangeiro no exercício de suas funções, relacionado a transação comercial internacional.

4. Existe **modalidade majorada**, se o agente alega ou insinua que a vantagem é direcionada a funcionário público estrangeiro.

5. Existe **conceito de funcionário público estrangeiro** no artigo 337-D: o que, ainda que transitoriamente e sem remuneração, exerce cargo, emprego ou função pública em entidades estatais ou em representações diplomáticas de país estrangeiro, bem como **cláusula de equiparação**, de modo a abarcar aquele que exerce cargo, emprego ou função em (i) empresa controlada, direta ou indiretamente, pelo Poder Público de país estrangeiro, ou (ii) em organizações públicas internacionais.

19.4. Crimes Contra a Administração da Justiça

1. No **reingresso de estrangeiro expulso**, pune-se a conduta do agente delituoso que após ter sido expulso (não extraditado nem deportado) do território nacional (por procedimento formal), nele reingressa.

2. Trata-se de crime permanente.
3. Na **denunciação caluniosa**, pune-se a conduta do agente que (i) voluntária e conscientemente (ii) dá causa, direta ou indiretamente, a (iii) instauração de investigação policial (não necessariamente inquérito), processo judicial (para a doutrina **majoritária**, apenas processo penal), investigação administrativa, inquérito civil ou ação de improbidade administrativa (iv) contra alguém, imputando-lhe crime (fato típico, ilícito e culpável) de que o sabe ser inocente (apenas dolo direto, portanto; já o STF, Inq 3133, exige a intenção de má-fé).
4. Para o STJ (REsp 1482925), o fato de, durante os atos investigatórios do inquérito instaurado, se descobrir que a comunicação era falsa em nada altera a configuração do crime.
5. Existe **modalidade majorada**, quando o agente se serve de anonimato ou nome suposto para praticar o crime.
6. Existe **modalidade privilegiada**, quando a injusta imputação não se tratar de crime, mas de contravenção.
7. Diferencia-se da calúnia, portanto, pelas seguintes características: (i) é crime contra a Administração da Justiça, e não contra a honra; (ii) abarca imputações de contravenção; (iii) é ação penal pública; (iv) exige instauração de um dos procedimentos mencionados, e se consuma com essa efetiva instauração; (v) não é típica a denunciação contra sujeitos mortos.
8. Na **comunicação falsa de crime ou contravenção**, pune-se a conduta do agente que (i) provoca a ação de autoridade judicial ou policial, (ii) comunicando-lhe infração penal (crime ou contravenção penal) inexistente ou que sabe não ter ocorrido (dolo direto, portanto).
9. Salienta-se que, se a intenção do agente ao comunicar a infração penal é de obter indevidamente indenizações ou valores de seguro, este pratica o crime de estelionato mediante fraude na forma do art. 157, § 2º, V.
10. No crime de **autoacusação falsa**, pune-se a conduta do agente que se (i) autoacusa (ii) perante autoridade policial ou judicial, (iii) de crime inexistente ou praticado por outrem (a conduta do agente delituoso de chamar para si a exclusiva responsabilidade de crime que tenha cometido em concurso de agentes, não configura o delito).
11. No crime de **falso testemunho ou falsa perícia**, pune-se a conduta do agente, testemunha, contador, tradutor ou intérprete, que em processo judicial, administrativo ou em juízo arbitral, faz afirmação falsa, nega ou cala a verdade quando incumbido de dizê-la.

12. Discute-se se o informante pode praticar o crime: uma **primeira corrente** entende que não, pois não te dever de falar a verdade; uma **segunda corrente** (parece ser a posição do STF) entende que sim, pois todos têm a obrigação de falar a verdade, sendo o compromisso da testemunha meramente processual.

13. O crime se consuma, quanto à testemunha, no momento em que esta assina seu depoimento ao terminá-lo; já quanto ao perito, contador, tradutor ou intérprete, o crime se consuma no momento da entrega do documento pericial à autoridade.

14. Existe **modalidade majorada**, se o crime é praticado mediante suborno ou cometido com o fim de obter prova destinada a produzir efeito em processo penal ou civil, em que for parte entidade da Administração Pública direta ou indireta.

15. Existe **causa de extinção da punibilidade**, se, antes da sentença no processo em que ocorreu o ilícito, o agente se retrata ou declara a verdade. No júri, a **maioria** da doutrina entende que a retratação possa se dar até a sentença final, proferida em plenário.

16. Trata-se do único caso em que se admite a coautoria em crimes de mão própria, segundo o STF e o STJ, embora se critique esse entendimento na doutrina.

17. A pena base aumentou para 2 a 4 anos, após a Lei 12.850/13 (antes, era de 1 a 3 anos), não retroagindo.

18. Em havendo mentiras sucessivas, tem-se crime único.

19. No crime de **corrupção ativa de testemunha, perito, contador, tradutor ou intérprete**, pune-se o agente que dá, oferece, ou promete dinheiro ou qualquer outra vantagem a testemunha, perito, contador, tradutor ou intérprete (a vítima está excluída desse rol, sendo atípica a conduta de a corromper), a fim de que este faça afirmação falsa, negue ou cale a verdade em depoimento, perícia, cálculos, tradução ou interpretação.

20. Caso na prática do crime o agente utilize de violência ou grave ameaça, incorrerá no delito de coação no curso do processo.

21. Existe **modalidade majorada**, se o crime for cometido com o fim de obter prova destinada a produzir efeito em processo penal ou em processo civil, em que for parte entidade da Administração Pública direta ou indireta.

22. Na **coação no curso do processo**, pune-se o agente que usa de (i) violência ou grave ameaça, (ii) a fim de favorecer interesse próprio ou alheio, contra autoridade, parte, ou qualquer outra pessoa que funciona ou é chamada a intervir em processo judicial, policial ou administrativo, ou até em juízo arbitral.

23. O STJ (HC 315743) inseriu nesse rol o procedimento investigatório criminal em sede do Ministério Público.
24. O crime se consuma no momento do emprego da coação por violência ou ameaça, não sendo necessário que o interesse visado pelo agente se satisfaça. Se houver violência, aplica-se a pena deste delito mais a pena correspondente a violência.
25. No **exercício arbitrário das próprias razões**, pune-se o agente que, (i) para satisfazer pretensão legítima (interesse próprio ou alheio), (ii) faz justiça pelas próprias mãos (decide de acordo com a sua vontade, como se juiz fosse), excetuados os casos autorizados por lei.
26. Segundo o STJ (HC 211888), a prostituta que arranca o cordão do cliente que não quis pagar o programa comete esse delito.
27. Segundo a **maioria** da doutrina, é crime material, exigindo a satisfação da pretensão, embora uma **segunda corrente** (*Nucci*) advogue ser delito formal.
28. Se houver violência, aplica-se a pena deste delito mais a pena correspondente a violência.
29. Na **subtração, supressão ou danificação de coisa própria no legítimo poder de terceiro**, pune-se o agente que tira, suprime, destrói ou danifica coisa própria, que se acha em poder de terceiro legitimamente, por decisão judicial ou convenção.
30. Importa ressaltar que, caso o agente pratique tal delito com a finalidade de fraudar execução, este incorre no delito de fraude à execução (art. 147).
31. O crime se consuma com a inversão da posse da coisa, nas condutas de tirar ou suprimir; já nas modalidades destruir ou danificar, o crime se consuma com a ocorrência do dano.
32. Na **fraude processual**, pune-se a conduta do agente que, (i) inovando artificiosamente (mediante fraude), (ii) altera ou modifica, (iii) na pendência de processo civil ou administrativo, (iv) o estado de lugar, de coisa ou de pessoa, (v) a fim de induzir a erro o juiz ou o perito.
33. Se difere do estelionato, pois aqui a fraude é destinada ao juiz ou perito.
34. Existe **modalidade qualificada**, quando a conduta do agente se destina a produzir efeito em processo penal, ainda que não iniciado.
35. No crime de **favorecimento pessoal**, pune-se o agente (i) que auxilia, de qualquer maneira, (ii) pessoa que acaba de cometer crime, de maneira a subtraí-lo à ação da autoridade pública.

36. Se o agente do crime anterior for absolvido, não se pune o autor do crime de favorecimento pessoal.

37. Existe **modalidade privilegiada**, quando a pena do crime principal não for de reclusão.

38. Existe **escusa absolutória**, se o agente delituoso for ascendente, descendente, cônjuge ou irmão do criminoso auxiliado.

39. No **favorecimento real**, pune-se o agente que (i) presta a criminoso auxílio destinado a torna seguro proveito do crime praticado, (ii) fora dos casos de coautoria ou de receptação.

40. Veja-se que, neste crime, o agente delituoso presta auxílio a criminoso (há doutrina que exige o trânsito em julgado da condenação, como *Delmanto*), direcionado a tornar seguro o proveito do crime (se tentado, *Hungria* entende que não haverá favorecimento real), enquanto no favorecimento pessoal o agente presta auxilio diretamente ao criminoso, a fim de que se furte da ação de autoridade pública.

41. Importa ressaltar que, inobstante os delitos de favorecimento pessoal e real sejam parecidos, neste o legislador não previu a escusa absolutória.

42. Na **introdução de aparelho de comunicação sem autorização legal em estabelecimento prisional,** pune-se a conduta do agente que ingressa, promove, intermedeia, auxilia ou facilita a entrada de aparelho telefônico de comunicação móvel, de rádio ou similar, sem autorização legal, em estabelecimento prisional.

43. Se o sujeito ativo de tal delito for o diretor da penitenciaria, este incorrerá no delito denominado de prevaricação imprópria (art. 319-A).

44. O crime se consuma com a pratica de qualquer umas das condutas nucleares do tipo penal acima descritas, não importando se o aparelho é entregue a seu destinatário ou utilizado.

45. O **exercício arbitrário ou abuso de poder** foi revogado pela Lei n.4.898/65, que passou a definir os crimes cometidos com abuso de poder.

46. Na **fuga de pessoa preso ou submetida a medida de segurança**, pune-se a conduta do agente que promove ou facilita a fuga de pessoa legalmente presa ou submetida a medida de segurança detentiva.

47. Existe **modalidade qualificada**, punindo o agente de forma mais grave se o crime for praticado (i) à mão armada (revolver, faca e etc.), (ii) por mais de uma pessoa, ou (iii) mediante arrombamento.

48. Existirá o cumulo material de penas, aplicando a pena deste mais a pena da violência, quando empregada contra pessoa para a prática do delito.

49. Existe **modalidade qualificada**, punindo o agente de forma mais grave, quando este é pessoa possuidora da guarda ou custódia do preso ou internado. Aqui, trata-se de crime próprio.

50. Existe **modalidade culposa**, quando por imprudência, negligência ou imperícia do funcionário incumbido da custódia ou guarda, o detendo ou o preso conseguem fugir.

51. Na **evasão mediante violência contra pessoa**, pune-se a fuga ou a tentativa de fuga do preso ou internado (crime de mão própria) mediante violência contra a pessoa.

52. A fuga, sem o emprego da violência, não configura crime, mas tão somente falta grave (art. 50, II da LEP).

53. Perceba-se que a tentativa é punida da mesma maneira do delito consumado, caracterizando *crime de atentado.*

54. No **arrebatamento de preso**, pune-se o agente que arrebatar (arrancar, subtrair ou retirar com violência) o preso do poder de quem o tenha sob custódia ou guarda, com a finalidade de maltratá-lo.

55. No **motim de presos**, pune-se a conduta dos presos em amotinarem-se (revoltarem-se para buscar algo, ainda que justo) de maneira a perturbar a ordem ou a disciplina da prisão.

56. Trata-se de crime próprio e ao mesmo tempo plurissubjetivo, só podendo ser praticado por certo número de presos em conjunto, número este que deve ser analisado e medido no caso concreto, uma vez que o legislador não deixou explicito no artigo.

57. O crime se consuma com a infração dos presos à ordem ou à disciplina da prisão, devendo o motim perdurar por tempo juridicamente relevante.

58. Importa ressalta que havendo violência, as penas deste delito e os da correspondente a violência serão somadas.

59. No **patrocínio infiel**, pune-se o agente advogado ou procurador judicial que em juízo, trai, agindo de maneira contrária aos interesses daquele a quem representa, prejudicando seus interesses.

60. Não se pode confundir a traição com o erro profissional. Havendo erro no exercício do patrocínio por parte do advogado, este pode vir a responder disciplinarmente, mas não penalmente.

61. Existe **modalidade equiparada**, sendo punido da mesma forma o advogado que defende, na mesma causa, simultânea ou sucessivamente, partes contrárias (**patrocínio simultâneo**).

62. Na **sonegação de papel ou objeto de valor probatório**, pune-se a conduta do agente que inutilizar, total ou parcialmente, ou deixar de restituir autos, documentos ou objeto de valor probatório, que recebeu na qualidade de advogado ou procurador.

63. Na conduta do gente em inutilizar, o crime se consuma no momento em que a coisa não mais possuir valor probatório; já na conduta de deixar de restituir, o crime se consuma após o decurso do prazo concedido pelo juiz para devolução, após a intimação do advogado ou procurador para devolvê-los.

64. No crime de **exploração de prestígio**, pune-se o agente que solicita ou recebe dinheiro ou qualquer outra utilidade, a pretexto de influir em juiz, jurado, órgão do Ministério Público, funcionário de justiça, perito, tradutor, interprete ou testemunha.

65. Na modalidade solicitar, o crime se consuma no momento da solicitação; já na modalidade receber para a consumação do crime é necessário que o agente receba dinheiro ou outra utilidade indevida.

66. Existe **modalidade majorada**, que irá incidir se, ao praticar o crime, o agente alega ou insinua que o dinheiro ou utilidade, também, se destina ao juiz, jurado, órgão do Ministério Público, funcionário de justiça, perito, tradutor, interprete ou testemunha.

67. Na **violência ou fraude em arrematação judicial**, pune-se a conduta do agente de impedir, perturbar ou fraudar arrematação judicial; afastar ou procurar afastar concorrente ou licitante, por meio de violência, grave ameaça, fraude ou oferecimento de vantagem de qualquer natureza.

68. Este delito se diferencia do delito de impedimento, perturbação ou fraude de concorrência, previsto no art. 335 do Código Penal, uma vez que naquele a arrematação é promovida pelo Poder Público, já neste a arrematação é promovida por particular em razão de ordem judicial.

69. Nas modalidades de condutas de impedir, perturbar ou fraudar arrematação judicial, o crime se consuma no exato momento em que a arrematação sofre com tais condutas; já nas modalidades afastar ou procurar afastar concorrente ou licitante, o crime se consuma no momento da utilização de meios efetivos para tais finalidades, não sendo necessário que o concorrente ou licitante se afaste.

70. Se para a prática do crime for empregada violência, aplica-se a pena deste crime mais a relativa à violência empregada.

71. Na **desobediência a decisão judicial sobre perda ou suspensão de direito**, pune-se o agente que exercer função, atividade, direito, autoridade ou múnus, de que foi suspenso ou privado por decisão judicial.

19.5. Crimes Contra as Finanças Públicas

1. Na **contratação de operação de crédito**, pune-se a conduta do agente que ordenar, autorizar ou realizar operação de crédito, interno ou externo, sem prévia autorização legislativa.
2. Trata-se de crime próprio, de maneira que o sujeito ativo será o agente público incumbido da prática das condutas acima descritas.
3. Na **inscrição de despesas não empenhadas em restos a pagar**, pune-se a conduta do agente que ordenar ou autorizar a inscrição em restos a pagar, de despesa que não tenha sido previamente emprenhada ou que exceda limite estabelecido em lei.
4. Também se cuida de crime próprio, de maneira que só pode ser praticado pelo agente que tenha atribuição para praticar tais condutas acima descritas.
5. Na **assunção de obrigação no último ano de mandato ou legislatura**, pune-se a conduta do agente que nos dois últimos quadrimestres do último no do mandato ou legislatura, ordena ou autoriza a assunção de obrigação, cuja despesa não possa ser paga no mesmo exercício financeiro ou, caso reste parcela a ser paga no exercício seguinte, que não tenha contrapartida suficiente de disponibilidade de caixa.
6. Importa ressaltar que, no primeiro caso, se a dívida for assumida em momento anterior aos dois últimos quadrimestres, não há que se falar em crime.
7. O sujeito ativo de tal delito é o detentor de mandato, tratando-se, portanto, de crime próprio.
8. O STF (AP 916) entendeu que o prefeito que ordena a retenção de empréstimos consignados sem repassar à instituição, mas sim a despesas do município, no último ano de mandato, pratica esse crime, bem como peculato.
9. Na **ordenação de despesa não autorizada**, busca-se punir o agente que ordena despesa não autorizada por lei. Trata-se de crime subsidiário, que somente se aplica tal artigo quando da conduta não resultar delito mais grave
10. Na **prestação de garantia preciosa**, pune-se o gestor competente de realizar operações de crédito com terceiros, quando este prestar garantia em operação de crédito, sem que tenha sido constituída contragarantia em valor igual ou superior ao valor da garantia prestada.

11. Trata-se de crime próprio, só podendo ser cometido pelo gestor com competência para realizar operações de crédito com terceiro.
12. No **não cancelamento de restos a pagar**, pune-se a conduta do agente que deixa de ordenar, autorizar ou promover o cancelamento do montante de restos a pagar inscrito em valor superior permitido em lei.
13. Trata-se de crime próprio, ou seja, só pode ser praticado pelo agente que tenha atribuição para ordenar, autorizar ou promover, o cancelamento da inscrição de restos a pagar.
14. Importa ressaltar que, no caso de o valor da dívida inscrita não ser superior ao determinado em lei, não há que se falar em crime.
15. No **aumento de despesa total com pessoal no último ano do mandato ou legislatura**, pune-se a conduta do agente que ordenar, autorizar ou executar ato que acarrete aumento de despesas com pessoal, nos 180 dias anteriores ao final do mandato ou legislatura.
16. O crime é próprio, somente podendo ser praticado pelo titular de mandato ou legislatura, que tenha atribuição para aumentar despesas.
17. Tal conduta já era tida como nula, conforme previsto no art. 21 da Lei de Responsabilidade Fiscal.
18. Na **oferta pública ou colocação de títulos no mercado**, pune-se o agente que ordenar, autorizar ou promover a oferta pública ou a colocação no mercado financeiro de títulos da dívida pública, sem que tenham sido criados por lei ou sem que estejam registrados em sistema centralizado de liquidação e de custódia.
19. Tal delito também é próprio, somente podendo ser praticado pelo agente capaz de ordenar, autorizar ou promover a introdução de título no mercado financeiro.

20. LEI PENAIS ESPECIAIS

20.1. Lei de Drogas (Lei 11.343/06)

1. Os delitos da Lei 11.343/06 são **crimes vagos**, porque possuem como sujeito passivo a coletividade, a sociedade.
2. São exemplos de **normas penais em branco**.
3. O STJ (REsp 1444537) entendeu que o fato de a substância possuir canabinoides, mesmo que sem tetrahidrocanabinol (THC) já a classifica como droga.

4. No crime de **uso de drogas**, punem-se as condutas de (i) adquirir (crime instantâneo: aquisição de graça ou não), (ii) guardar (quantidade menor), ter em depósito (quantidade maior – crimes permanentes); (iii) trazer consigo (quantidade menor) ou transportar (quantidade maior), (iv) *para consumo pessoal* (elemento subjetivo específico), (v) drogas (na forma da Portaria 344/98 da ANVISA), (vi) em desacordo ou sem autorização legal.
5. Houve a **descarcerização** desse delito, e não sua descriminalização. Continua sendo crime, mas sem previsão de pena privativa de liberdade (*despenalização no tocante à pena privativa de liberdade*). São penas previstas: (i) advertência (na própria audiência); (ii) serviço comunitário; (iii) comparecimento a curso ou programa educativo (essas duas últimas com duração de, no máximo, 5 meses, salvo reincidente, quando o máximo será 10 meses).
6. Caso o agente descumpra, injustificadamente, essas penas, poderá o juiz adverti-lo ou impor-lhe multa.
7. Existe **modalidade equiparada** para quem (i) semeia, cultiva ou colhe (ii) plantas destinadas à preparação de pequena quantidade de substância ou produto capaz de causas dependência física.
8. Para determinar se as drogas se destinam a **consumo pessoal**, o juiz analisará: (i) natureza e (ii) quantidade das drogas; (iii) local e (iv) condições da apreensão; (v) circunstâncias sociais e (vi) pessoais, (vii) conduta, e (viii) antecedentes do agente. Critica-se, na doutrina, esses últimos elementos, pois revelariam exclusivo Direito Penal do autor, e não do fato.
9. Pontualmente, a 1ª Turma do STF (HC 110475) decidiu que cabe aplicação do *princípio da insignificância* nesse crime, embora o STJ (RHC 35920) e mesmo o STF afastem essa tese.
10. O crime em análise prescreve em 2 anos.
11. Atualmente, o STF decide se esse crime é inconstitucional, por violar os princípios da intimidade, do autodomínio, da lesividade, entre outros. Na doutrina, afirma-se a inconstitucionalidade em razão de se tratar de autolesão, impunível, violando o princípio da igualdade (porque drogas lícitas não implicariam tratamento penal).
12. O STJ (HC 275126) entendeu, inicialmente, que a condenação pelo artigo 28 implicava na condição de reincidente do condenado, embora houvesse doutrina (*Rodrigo Roig*) que sustente que não, porque, ante as penalidades, é um delito menos grave que uma contravenção penal, que não leva à reincidência. Posteriormente, o tribunal passou a entender que

a condenação anterior pelo crime do art. 28 não configura reincidência (5ª Turma. HC 453.437, 6ª Turma. REsp 1672654).

13. Tal crime é de competência do juizados especial criminal.

14. O crime de **tráfico de drogas** vem previsto no artigo 33 (5 a 15 anos), trazendo dezoito núcleos. A diferença, além da maior variedade de condutas, é que, aqui, o agente não destina as drogas para seu uso pessoal. Desnecessária, ainda, a intenção de lucro, vez que o tipo fala em "ainda que gratuitamente".

15. Para o STJ (HC 212528), a conduta de adquirir dispensa a tradição, bastando o ajuste para que seja típica.

16. Existem **modalidades equiparadas**: (i) ligadas às matérias primas, insumos ou produtos químicos destinados à preparação das drogas; (ii) semeio, cultivo, colheita de plantas que sejam matérias primas para a produção; (iii) uso ou consentimento para que se use local ou bem para fins de tráfico (necessário o dolo, portanto).

17. Existe **modalidade privilegiada** para quem induz, instiga ou auxilia alguém ao uso de drogas (1 a 3 anos).

18. Existe **modalidade privilegiada** (6 meses a 1 ano mais as sanções do uso) para quem (i) oferece ou fornece droga (gratuitamente ou dividindo o preço da droga, apenas), (ii) a alguém de seu relacionamento (guarda relação anterior), (iii) eventualmente (pontualmente, sem habitualidade), (iv) sem objetivo de lucro, (v) para juntos consumirem (especial fim de agir).

19. Existe **modalidade privilegiada** para quem (i) é primário; (ii) possui bons antecedentes; (iii) não se dedica ao crime (como atividade principal; o STJ (REsp 1380741), porém, entende que o fato de o réu possuir ocupação lícita, por si só, não garante a aplicação do privilégio); (iv) não integra organização criminosa. Trata-se do traficante ocasional, o que autoriza a redução da pena de 1/6 a 2/3.

20. Para o STJ (EREsp 1431091), ações penais e inquéritos em curso podem afastar o privilégio, por revelarem que o réu integra organização criminosa. Trata-se de entendimento a ser criticado em provas para a Defensoria, pelo princípio da presunção de inocência.

21. Embora se proíba a conversão para pena restritiva de direitos, o STF entendeu tal vedação inconstitucional, tendo sido sua eficácia suspensa pena Resolução 5/2012 do Senado Federal. O STJ (AgRg no REsp 1359941) entende, ademais, que o fato de se traficar para dentro do presídio não impede, por si só, a conversão.

22. Existe discussão no STF sobre se a quantidade elevada de drogas afastaria a incidência do privilégio. A 1ª Turma (HC 130981) já decidiu que sim (caso com 500 kg de maconha), enquanto a 2ª Turma (HC 138138) reafirmou que, isoladamente, a quantidade não é circunstância apta a afastar a minorante.
23. Discute-se se quem cumpre a função de *mula* pode se beneficiar desse parágrafo 4º: a 1ª Turma do STF (RHC 118008) e a 5ª Turma do STJ (HC 387077) entenderam que sim (mero transporte não acarreta envolvimento decisivo na organização criminosa), a 2ª Turma (HC 101265), que não (pois seria indispensável ao tráfico).
24. O STF (RHC 118099) e o STJ (Súm. 512) haviam pacificado que se trata de crime hediondo. Contudo, recentemente, o STF (HC 118533) entendeu que a modalidade privilegiada em questão não caracteriza hediondez, de modo que seria possível a concessão dos benefícios como o indulto, antes vedado pelos tribunais de cúpula. Por isso, o STJ cancelou a Súm. 512, alinhando-se à orientação do STF, inclusive fixando tese em sede de julgamento de recurso repetitivo (Tema 600).
25. Discute-se se é possível utilizar a natureza e a quantidade de drogas para fixar a pena base e, ainda, para afastar o artigo 33 § 4º. O STJ (HC 271897) entendeu, inicialmente, que sim, pois cada fase de aplicação da pena tem uma finalidade diversa; o STF (RHC 116947) entende que não, havendo *bis in idem*, cabendo ao juiz aplicar em um ou outro momento (As circunstâncias da natureza e da quantidade da droga apreendida devem ser levadas em consideração apenas em uma das fases do cálculo da pena – ARE 666334, 4.4.2014, Tema 712 da Repercussão Geral). Seria possível, assim, utilizar a natureza em uma fase e a quantidade em outra, conforme entendeu, posteriormente, o STJ (AgRg no REsp 1271189), se filiando parcialmente ao entendimento do STF.
26. A jurisprudência dos tribunais de cúpula não admite a combinação de leis, retroagindo apenas a parte mais benéfica da Lei 11.343/06 aos fatos ocorridos anteriormente (Súm. 501/STJ, Tema 191 dos Recursos Repetitivos e Tema 169 da Repercussão Geral).
27. Quanto ao tráfico, existe **corrente minoritária** (*Alberto Silva Franco*) que sustenta que seria necessário o especial fim de comércio, para que se configure.
28. Quanto à aplicação da pena, o STF (RHC 122469) já entendeu que é impossível aumentá-la por: (i) haver várias trouxinhas, se a quantidade total é pequena; (ii) traficar em casa; (iii) ter se declarado usuário frequente no interrogatório.

29. No **tráfico de maquinário**, punem-se diversas condutas (algumas caracterizando crimes permanentes, como guardar ou possui) envolvendo objeto destinado à fabricação, preparação, produção ou transformação de drogas, sempre sem autorização (com autorização, afasta-se a tipicidade – exemplo: farmácias de manipulação).

30. O STJ entende que apenas haverá cúmulo material com o crime de tráfico se existirem *contextos autônomos* (maquinário suficiente para produção vasta de drogas, constituindo verdadeiro laboratório). Já se o maquinário não é suficiente para produção da droga, este delito será absorvido por aquele.

31. A maioria da doutrina e da jurisprudência equiparam este crime a hediondo.

32. Há quem critique essa figura típica (*Rodrigo Roig*), por criminalizar atos preparatórios, reputando-a inconstitucional.

33. Na **associação para o tráfico**, duas ou mais pessoas se associam com o fim de praticar (i) crimes previstos nos artigos 33 (tráfico), 33§ 1º (modalidades equiparadas ao tráfico) e 34 (tráfico de maquinário), reiteradamente ou não, (ii) ou do artigo 36 (financiamento), desde que reiteradamente. O crime é formal, sendo dispensável a prática efetiva de algum desses crimes.

34. Embora a lei aparentemente dispense a reiteração, a doutrina em peso e o STJ (HC 149330) exigem o ânimo de estabilidade para que se configure o delito, diferenciando-o do mero concurso de pessoas, respondendo apenas pelo artigo 33, se o concurso for eventual (STJ, HC 202760).

35. O STJ (HC 311656) entende, fazendo uma interpretação histórica, que o crime do artigo 35 *não é equiparado a hediondo*. Contudo, pelo artigo 44, parágrafo único, exige prazo de 2/3 para o livramento condicional, embora progrida pela regra geral (1/6 da pena). Portanto: livramento condicional com 2/3, progressão com 1/6.

36. No **financiamento do tráfico**, se pune o financiamento ou o custeio dos crimes dos artigos 33, 33 § 1º e 34 (mesmos da associação). A pena é a mais alta da lei: 8 a 20 anos.

37. **Prevalece** que o crime é instantâneo, embora haja **segunda corrente** (*Cláudia Barros*) que exige a habitualidade.

38. O STJ (REsp 1290296), na linha da doutrina majoritária, entende que o agente que se *autofinancia* incorre no artigo 33 com a majorante do artigo 44, VII.

39. Na **colaboração como informante**, se pune a colaboração, como informante, com grupo, organização ou associação (portanto, colaboração com

traficante individual, não – e, como seria partícipe do tráfico, com pena superior, entende-se atípica a conduta, pela proporcionalidade) destinados à prática dos mesmos crimes da associação e do financiamento (arts. 33 e § 1º e 34).

40. Há **posição minoritária** que sustenta que o fogueteiro não praticaria conduta típica, ante a publicidade das informações passadas (qualquer pessoa poderia avisar a chegada da polícia), não havendo confidencialidade. O STF (HC 106155), contudo, entendeu típica a conduta. O STJ (HC 224849) já afastou a cumulação deste com o crime de associação.

41. Na **prescrição culposa de drogas**, o agente prescreve ou ministra culposamente drogas de que o paciente não precisa ou o faz em doses excessivas. Com pena de 6 meses a 2 anos, é de competência do JECRIM.

42. Na **condução sob efeito de drogas**, pune-se a condução de embarcação ou aeronave (se de veículo automotor de via terrestre, incidirá o artigo 306 CTB), após o consumo de drogas, gerando dano potencial (crime de perigo concreto, devendo ser provado) à incolumidade de outrem.

43. O artigo 40 traz **modalidades majoradas** dos delitos previstos na Lei de Drogas: (i) *transnacionalidade* do tráfico (deverá ser crime em todos os países envolvidos, segundo o STJ), sendo desnecessária a efetiva transposição de fronteiras – basta a demonstração inequívoca da intenção (súmula 607 STJ; STF, 2ª turma, HC 127221); (ii) agente se utiliza de *função pública, abusa da missão educativa, do poder familiar, de guarda ou vigilância*; (iii) cometimento na *proximidade de determinados locais* – o STF, (HC 120624) e o STJ (AgRg no REsp 1295786) dão interpretação teleológica a este inciso, exigindo que haja efetiva atividade de tráfico, e não o mero transporte ou porte de drogas – decidiram assim para a majorante relativa ao transporte público, sem aumentar a pena quando o agente simplesmente transporta a droga, sem vendê-la. O STJ afastou a aplicação quando a traficância se deu em um domingo de madrugada, em horário em que não funciona o estabelecimento de ensino (6ª turma, Resp 1719792). Por outro lado, o STF (HC 138944) e o STJ (6ª turma, HC 359088) consideram que o mero tráfico nas intermediações de presídios, mesmo que sem intenção de venda para detentos ou demais frequentadores, configura a causa de aumento; (iv) *mediante violência, grave ameaça, arma de fogo ou outro processo de intimidação* difusa ou coletiva (como meios para o tráfico); (v) *tráfico entre Estados* ou entre Estado e o Distrito federal (STF, HC 122791, entende desnecessária a ultrapassagem da fronteira, bastando a destinação interestadual; STJ (HC 214942) exige que fique comprovada a intenção de comercializar a droga em mais de um Estado, não bastando que passe por mais de um Estado, se apenas queria vender em um deles) – de todo modo, o STJ considera desnecessária a efetiva comercialização no Estado fim, bastando a demonstração inequívoca da intenção de tráfico interestadual (súmula 587 do STJ; STF, 1ª turma, HC 122791); (vi) envolvendo ou atingindo *criança ou adolescente ou pessoa sem discernimento* (o STJ, HC 250455, admite que a presença de menor de idade pode servir tanto para configurar o crime de associação como para aumentar a pena desse crime; além disso, entende que o fato de se pagar a participação do menor com drogas permite a majoração da pena além do mínimo previsto); (vii) *financiamento ou custeio* (STJ coloca aqui o autofinanciamento).

44. Segundo o STJ (HC 313677), é impossível, por ser *bis in idem*, considerar o tráfico nas dependências de estabelecimento prisional como majorante e como justificativa para redução menor que a máxima no artigo 33 § 4º (tráfico privilegiado), devendo apenas haver a majoração do artigo 40, III.

45. Existe previsão de **colaboração premiada**, com redução de 1/3 a 2/3 da pena, quando o agente ajuda a (i) identificar demais coautores/partícipes (delação premiada); (ii) recuperar total ou parcialmente o produto do crime.

46. Existe previsão de **critérios específicos para aplicação da pena**. O juiz deverá observar, preponderando sobre as circunstâncias do artigo 59 do CP: (i) natureza e (ii) quantidade de drogas; (iii) personalidade e (iv) conduta social do agente.

47. Esses parâmetros servem também para a fixação do regime: o STF (HC 133308) já aceitou a fixação de regime semiaberto para condenado a menos de 4 anos, pela quantidade e natureza das drogas apreendidas.

48. O STF (HC 132909) entende, atento a esses critérios, que o *grau de pureza* da droga é indiferente para a dosimetria penal.

49. Existe proibição de suspensão da pena, graça, indulto e anistia para os crimes do artigo 33 a 37, vedando a conversão em penas restritivas de direitos. O STF já reputou inconstitucional a vedação à liberdade provisória (Tema 959 da Repercussão Geral) e à conversão em pena restritiva de direitos (Tema 626 da Repercussão Geral). Nesses crimes, que, à exceção do artigo 35, são equiparados a hediondos, o livramento condicional se dará com 2/3 da pena.

50. Existe previsão de semi-imputabilidade e inimputabilidade em razão de (i) dependência ou (ii) embriaguez por caso fortuito ou força maior. Nos casos de semi-imputabilidade, o STJ (HC 167376) exige que se motive para que a redução seja inferior ao máximo previsto (1/3 a 2/3).

51. Segundo entendeu o STF (RE 638491), em sede de Repercussão Geral, é possível o confisco de todo e qualquer bem de valor econômico apreendido em decorrência do tráfico de drogas, sem a necessidade de se perquirir a habitualidade, reiteração do uso do bem para tal finalidade, a sua modificação para dificultar a descoberta do local do acondicionamento da droga ou qualquer outro requisito além daqueles previstos expressamente no art. 243, parágrafo único, da Constituição Federal.

20.2. Código de Trânsito Brasileiro (Lei 9.503/97)

1. O CTB inicia o tratamento penal, em seu art. 291, tratando dos **procedimentos** no crime de trânsito. Deverão ser aplicadas, de modo subsidiário, as normas gerais do Código Penal e do Código de Processo Penal, bem como da aplicação da Lei 9.099/95, no que couber.

2. Em certas situações, porém, o legislador decidiu afastar institutos benéficos (a transação penal, a extinção da punibilidade pela composição civil dos danos e a suspensão do processo), quando a infração penal ocorrer: (i) sob a *influência de álcool* ou qualquer outra *substância psicoativa* que determine dependência; (ii)em *participação*, em via pública, *de corrida, disputa ou competição automobilística, de exibição* ou demonstração de perícia em manobra de *veículo automotor*, não autorizada pela autoridade competente; (iii) em trânsito em *velocidade superior* à máxima permitida para a via *em 50 km/h.*

3. Vale destacar que, para os fins desta lei e destes crimes, os veículos de propulsão humana, bem como de tração animal não se amoldam ao conceito de veículos.

4. No início da lei, há o conceito de ***vias terrestres abertas ao público***, incluindo praias abertas e vias internas a condomínio formado por propriedades autônomas.

5. O CTB traz uma penalidade genérica de ***suspensão ou proibição de se obter permissão ou habilitação para dirigir***, com duração de 2 meses a 5 anos. Em regra, só pode ser imposta quando houver previsão legal específica no delito ou quando o réu for reincidente específico nos crimes desta lei.

6. Por expressa previsão legal, o agente somente tem que entregar o documento após o trânsito em julgado. Excepcionalmente, caso entenda necessário, o juiz pode, cautelarmente, antecipar essa sanção.

7. A lei 13.804/19 passou a prever o efeito da condenação, imposta de forma aparentemente automática, de cassação de documento de habilitação ou proibição de se obter habilitação por 5 anos, quando o condutor utilizar veículo para a prática de crime de receptação, descaminho ou contrabando, ficando aberta a possibilidade de reabilitação. Em caso de flagrante por um desses delitos, pode o juiz, de ofício ou a requerimento do MP ou representação do delegado de polícia, decretar, motivadamente, a suspensão da permissão ou habilitação, durante a investigação ou o processo penal (art. 278-A).

8. O CTB prevê critérios para a fixação da **pena-base** nos delitos de trânsito, destacando, entre as circunstâncias do art. 59 do CP, (i) a culpabilidade, (ii) as circunstâncias do crime e (iii) as consequências do crime. Além disso, existem ***circunstâncias agravantes*** para os crimes do CTB: (i) com dano potencial para duas ou mais pessoas ou com grande risco de grave dano patrimonial a terceiros; (ii) utilizando o veículo sem placas, com placas falsas ou adulteradas; (iii) sem possuir Permissão para Dirigir ou Carteira de Habilitação; (iv) com Permissão para Dirigir ou Carteira de Habilitação de categoria diferente da do veículo; (v) quando a sua profissão ou atividade exigir cuidados especiais com o transporte de passageiros ou de carga; (vi) utilizando veículo em que tenham sido adulterados equipamentos ou características que afetem a sua segurança ou o seu funcionamento de acordo com os limites de velocidade prescritos nas especificações do fabricante; (vii) sobre faixa de trânsito temporária ou permanentemente destinada a pedestres.

9. O primeiro delito previsto no código é o de **homicídio culposo na condução de veículo automotor**. A pena base é superior à do homônimo do Código Penal, o que leva parte da doutrina a considerá-la desproporcional e, portanto, inconstitucional (*Walter Antonio Dias Duarte*), embora o STJ e o STF a apliquem normalmente.

10. Percebe-se que a caracterização da culpa nos crimes de trânsito advém, habitualmente, do desrespeito às normas de trânsito, tais como o excesso de velocidade, embriaguez, desrespeito a sinalização etc. Caso a denúncia não especifique a imprudência, a negligência ou a imperícia, será considerada inepta (entendimento do STJ: HC 305.194). Quando, porém, ocorrer culpa exclusiva da vítima, a responsabilização do condutor inexiste.

11. Desde a Lei 12.971/14, havia modalidade qualificada (em vez de detenção, reclusão) para o crime que ocorre quando (i) o agente está com a capacidade psicomotora alterada em razão de substância que cause dependência (similar ao art. 306) ou (ii) em disputa, corrida, em via pública (similar

ao 308). A Lei 13.281/2016, porém, excluiu tais hipóteses. A partir da Lei 13.546/2017, existe **modalidade qualificada** para quando o agente conduz veículo automotor sob a influência de álcool ou de qualquer outra substância psicoativa que determine dependência (em vez de detenção de dois a quatro anos, reclusão de cinco a oito).

12. O STF entende que o homicídio praticado por agente embriagado é dotado de dolo eventual, enquanto aquele praticado em participação em corrida é culposo. Por outro lado, o STJ tem decisão (REsp 1.689.173) no sentido da necessidade de análise pelo magistrado de primeiro grau, não havendo presunção de dolo eventual pelo fato de o agente estar embriagado, por si só.

13. O crime seguinte é o de **lesão corporal culposa na direção de veículo automotor**. Também aqui a pena é superior até à da lesão corporal dolosa no Código Penal, o que enseja críticas doutrinárias (*Rodrigo Roig*).

14. Existem **modalidades majoradas** (1/3 a 1/2) comuns aos dois crimes: (i) falta de permissão ou de habilitação (segundo o STF: HC 128.921, que reformou decisão do STJ, presente esta agravante, não se aplica o art. 309 do CTB; segundo o STJ (HC 226.128), a CNH vencida não configura essa agravante); (ii) o cometimento do crime na faixa de pedestre ou na calçada; (iii) omissão de socorro (só ocorre quando era possível o condutor socorrer sem risco pessoal e se ele tiver agido com culpa – caso não haja culpa, poderá incorrer no crime de omissão de socorro do art. 304 CP; também não existe o crime se a vítima for, de imediato, socorrida por terceiro); (iv) no exercício de profissão ou atividade ou (v) conduzindo veículo de transporte de passageiros.

15. A partir da Lei 13.546/2017, também existe **modalidade qualificada** (reclusão, de dois a cinco anos), para o caso de se preencherem dois requisitos: (i) o agente conduzir o veículo com capacidade psicomotora alterada em razão da influência de álcool ou de outra substância psicoativa que determine dependência, e (ii) do crime resultar lesão corporal de natureza grave ou gravíssima.

16. Segundo o STJ (HC 153.549), o aumento da pena base não pode se dar pelo excesso de velocidade, pois é ínsito ao homicídio e à lesão corporal culposos na direção de veículo, mas pode se dar pelo motivo (exemplo: transportar drogas).

17. O crime de **omissão de socorro** é caso de um crime omissivo puro e existem duas condutas típicas: (i) deixar de prestar, de imediato, socorro à vítima e (ii) deixar de solicitar auxilio à autoridade pública.

18. No CTB, o agente será punido mesmo que ocorra uma das seguintes circunstâncias, ignoradas pelo agente quando se omitiu: (i) o socorro seja prestado por terceiros; (ii) tenha ocorrido morte instantânea; (iii) os ferimentos sejam leves. Adota-se a *teoria sintomática do crime impossível*, punindo o agente pela reprovabilidade de sua conduta, mesmo sem gerar danos.

19. No crime de **fuga do local do acidente**, a conduta incriminadora é o (i) afastamento do local do acidente, (ii) com a intenção de não ser identificado, para não responder civil ou penalmente.

20. Existe **corrente doutrinária** (*Rodrigo Roig*) que sustenta a inconstitucionalidade desse tipo penal, ante a garantia da não autoincriminação, enquanto uma **segunda corrente** entende que o *nemu tenetur se detegere* só se aplica quando existir uma demanda formal contra o agente. O STF (RE 971959, decidido com repercussão geral) entendeu que é constitucional, posto não infirmar o princípio da não incriminação, garantido o direito ao silêncio e ressalvadas as hipóteses de exclusão da tipicidade e da antijuridicidade, como quando foge do local com medo de retaliações.

21. Trata-se de uma modalidade de crime contra a Administração da Justiça, que fica prejudicada pela fuga, o que impede sua identificação e a consequente apuração do ilícito na esfera penal e civil.

22. O crime de **embriaguez ao volante** tem como requisitos do tipo: (i) o agente estar na condução de veículo automotor; (ii) com sua capacidade psicomotora alterada em razão do álcool ou de outra substância psicoativa.

23. A alteração pode ser constatada por: (i) concentração igual ou superior a 6 decigramas de álcool por litro de sangue ou igual ou superior a 0,3 miligrama de álcool por litro de ar alveolar; ou (ii) sinais que indiquem, na forma disciplinada pelo CONTRAN (Resolução 432/2013), alteração da capacidade psicomotora.

24. Após a reforma de 2012, a concentração do álcool não é mais elementar típica, mas mera comprovação da alteração da capacidade psicomotora. Antes, o STJ entendeu que a concentração inferior não configurava ação típica (Tema 447 dos Recursos Repetitivos).

25. **Majoritariamente**, se considera o crime como de perigo abstrato, embora uma **segunda corrente** advogue tratar-se de perigo concreto, havendo necessidade de comprovação de risco a bem jurídico alheio, à luz do princípio da lesividade. Há, ainda, uma **terceira corrente**, que o classifica como crime de dano à segurança do trânsito.

26. O STF (HC 113.598) entendeu que a entrega de veículo a pessoa embriagada não constitui crime de homicídio doloso por dolo eventual para o agente que empresta o carro.

27. O crime de **violação da suspensão ou da proibição imposta** funda-se em dirigir veículo automotor durante o período em que esta conduta está proibida, com fundamento no CTB – o que, para o STJ (HC 427.472), exige decisão judicial, sendo atípica a conduta quando a proibição decorrer de restrição administrativa. Para sua ocorrência, basta o ato de dirigir, independentemente de expor alguém a risco.

28. O crime de **participação em competição não autorizada** (participar, na direção de veículo automotor, em via pública, de corrida, disputa ou competição automobilística não autorizada pela autoridade competente, gerando situação de risco à incolumidade pública ou privada) visa alcançar o maior número possível de condutas: o "racha", tomada de tempos individuais disputadas entre vários veículos, disputa de acrobacias sobre uma roda ou duas rodas, etc. O fato somente caracterizará crime se ocorrer: (i) na via pública, (ii) se não houver autorização das autoridades, (iii) gerando situação de risco à incolumidade pública ou privada (crime de perigo concreto, inclusive de acordo com o STJ: HC 101698). A partir da Lei 13.546/2017, também a mera exibição ou demonstração de perícia em manobra de veículo automotor configura crime, nessas circunstâncias.

29. Quando três ou mais pessoas se reunirem para praticar, frequentemente, em via pública, rachas ou disputas não autorizadas, poderão incorrer no crime de associação criminosa em concurso material com o art. 308 do CTB.

30. Desde a Lei 12.971/14, existem **modalidades qualificadas**, quando sucederem (i) lesões graves, culposamente; (ii) homicídio, culposamente.

31. Nesse último caso, existe uma antinomia com a modalidade qualificada do homicídio culposo, existindo posição no sentido de, em favor do réu, se aplicar a previsão do art. 302, por ser mais benéfica, e no sentido de, se for culpa inconsciente, se aplicar o art. 302, mas, se for consciente, o art. 308.

32. O crime de **direção sem habilitação** exige que haja perigo de dano concreto (posição do STJ), de modo que simples conduta de dirigir sem habilitação configura mero ilícito administrativo (art. 162, I).

33. A obtenção posterior de CNH não exclui o delito. Do mesmo modo, existe o crime se o condutor for habilitado para dirigir veículo de uma categoria e for pego dirigindo veículo de outra.

34. Se a permissão ou habilitação estão suspensas, por decisão fundada no CTB, ocorre o delito do art. 307.

35. Também importa dizer o conteúdo da Súm. 720/STF: "O art. 309 do Código de Trânsito Brasileiro, que reclama decorra do fato perigo de dano, derrogou o art. 32 da Lei das Contravenções Penais no tocante à direção sem habilitação em vias terrestres". Por isso, condenações anteriores ao delito do artigo 32 da LCP não podem ser consideradas na pena (existem decisões do STJ nesse sentido).

36. O delito de **entrega de veículo a pessoa não habilitada** consiste em (i) permitir, confiar ou entregar a direção de veículo automotor (ii) a pessoa não habilitada, com habilitação cassada ou com o direito de dirigir suspenso, ou, ainda, (iii) a quem, por seu estado de saúde, física ou mental, ou por embriaguez, não esteja em condições de conduzi-lo com segurança.

37. O **STJ** (Súm. 575 e Tema 901 dos Recursos Repetitivos) pacificou que o referido crime é de **perigo abstrato**, bastando a conduta, ainda que sem qualquer dano ou anormalidade, embora uma **segunda corrente** sustente o contrário.

38. O delito de **excesso de velocidade em determinados locais** criminaliza a conduta de (i) trafegar em velocidade incompatível com a segurança (ii) nas proximidades de escolas, hospitais, estações de embarque e desembarque de passageiros, logradouros estreitos, ou onde haja grande movimentação ou concentração de pessoas, (iii) gerando perigo de dano.

39. Já o crime de **fraude no procedimento apuratório**, trata de se (i) inovar artificiosamente, em caso de acidente automobilístico com vítima, (ii) na pendência do respectivo procedimento policial preparatório, inquérito policial ou processo penal, o estado de lugar, de coisa ou de pessoa, (iii) a fim de induzir a erro o agente policial, o perito, ou juiz.

40. A lei 13.804/19 acrescentou um efeito extrapenal para os autores de crimes de receptação, descaminho e contrabando mediante uso de veículo: cassação do documento de habilitação ou proibição de obter habilitação por 5 anos (art. 278-A). Inclusive, o juiz pode determinar, de ofício ou a requerimento do Ministério Público ou do delegado, medida cautelar de suspensão da permissão ou habilitação para dirigir veículo automotor.

20.3. Estatuto do Desarmamento (Lei 10.826/03)

1. O capitulo I regulamenta o Sistema Nacional de Armas (Sinarm), instituição ligada ao Ministério da Justiça. As questões pertinentes ao registro e ao porte de armar de fogo, encontram-se regulamentado nos capítulos II e III.

2. Já as descrições dos tipos penais são disciplinadas no capítulo IV. E, por último, no capítulo V, estão elencadas as disposições gerais do Estatuto.

3. Inicialmente, é importante esclarecer que o rol de armas de uso permitido, proibido ou restrito são disciplinados em ato pelo Chefe do Poder Executivo Federal, mediante proposta do Comando do Exército, conforme em seu art. 23 (Estatuto). Tal complemento é fundamental, vez que os crimes do Estatuto são normas penais em branco.

4. O primeiro crime é o de **posse irregular de arma de fogo de uso permitido** consiste em (i) possuir ou manter a guarda de (ii) arma de fogo, acessório ou munição, de uso permitido, (iii) em desacordo com determinação legal ou regulamentar, (iv) no interior de sua residência ou dependência desta, ou, ainda (v) no seu local de trabalho, desde que seja o titular ou o responsável legal do estabelecimento ou empresa, sem o devido registro.

5. Esse tipo penal é uma espécie de crime permanente, de perigo abstrato e de mera conduta.

6. Para que um sujeito porte arma de fogo, faz-se necessário o preenchimento dos requisitos legais, além de possuir o mero porte de arma. Assim, por exemplo, deverá registrar o armamento na Polícia Federal. Para o STJ (RHC 70141), comete o delito um delegado de polícia que tenha autorização para portar ou possuir arma de fogo em sua casa, mas o faça sem registro no órgão competente.

7. Discute-se se a posse da arma com registro vencido caracterizaria crime. A 5ª Turma do STJ entendia que não, mas a 6ª Turma decidia que sim. A Corte Especial (AP 686), porém, pacificou o tema, entendendo ser atípica a conduta, por ausência de dolo.

8. O crime de **omissão de cautela** consiste na punição do agente que (i) por omissão, não observa as cautelas devidas para evitar o apoderamento de arma de fogo (aqui, a munição e o explosivo não são elementares do tipo) de sua posse ou propriedade (ii) por um menor de 18 anos (se a entrega é dolosa, responde pelo art. 16, parágrafo único) ou (iii) um deficiente.

9. Existe a ***modalidade equiparada da omissão na comunicação***, na qual incorrem o proprietário ou diretor responsável de empresa de segurança e transporte de valores que deixarem de registrar ocorrência policial e de comunicar à Polícia Federal perda, furto, roubo ou outras formas de extravio de arma de fogo, acessório ou munição que estejam sob sua guarda, nas primeiras 24 (vinte quatro) horas depois de ocorrido o fato.

10. O crime de **porte ilegal de arma de fogo de uso permitido** possui (i) vários núcleos de tipo (portar, deter, adquirir, fornecer, receber, ter em depósito, transportar, ceder, ainda que gratuitamente, emprestar, remeter, empregar, manter sob guarda ou ocultar) envolvendo (ii) arma de fogo (arma branca, portanto, não), acessório ou munição, (iii) de uso permitido, sem autorização e em desacordo com determinação legal ou regulamentar.

11. A previsão desse crime ser inafiançável, salvo quando a arma de fogo estiver registrada em nome do agente, conforme preconizado em seu parágrafo único, já foi superada pelo STF (ADI 3112), que declarou a inconstitucionalidade desse dispositivo.

12. Segundo o STJ (REsp 1456622), o fato de o empregador obrigar seu empregado a portar arma de fogo não configura coação moral irresistível apta a excluir a culpabilidade do vigia que é flagrado, em via pública, portando arma de fogo após o seu expediente laboral.

13. O crime de **disparo de arma de fogo** consiste em (i) disparar arma de fogo ou (ii) acionar munição (iii) em lugar habitado ou em suas adjacências, (iv) em via pública ou em direção a ela, (v) desde que essa conduta não tenha como finalidade a prática de outro crime.

14. Se ocorrerem vários disparos, em um mesmo momento, só é configurado um crime, já que a situação de risco a coletividade é única. Todavia, o juiz pode considerar a quantidades de disparos na fixação da pena base.

15. O projétil deve ser verdadeiro, além do que não se pode confundir munição com artefato explosivo (não está tipificada a explosão).

16. Novamente, aqui, o STF entendeu inconstitucional a previsão de inafiançabilidade.

17. O crime de **posse ou porte ilegal de arma de fogo de uso restrito** possui como condutas típicas (i) vários verbos (possuir, deter, portar, adquirir, fornecer, receber, ter em depósito, transportar, ceder, ainda que gratuitamente, emprestar, remeter, empregar, manter sob sua guarda ou ocultar) sobre (ii) arma de fogo, acessório ou munição de uso proibido ou restrito, (iii) sem autorização e em desacordo com determinação legal ou regulamentar. Trata-se de um crime de mera conduta.

18. As modalidades possuir, deter, portar, ter em depósito, guardar e ocultar constituem *crime permanente*. As modalidades adquirir, fornecer, receber, transportar e ceder constituem *crime instantâneo*.

19. Existem ***modalidades equiparadas:*** (i)suprimir ou alterar marca, numeração ou qualquer sinal de identificação de arma de fogo ou artefato;

(ii) modificar as características de arma de fogo, de forma a torná-la equivalente a arma de fogo de uso proibido ou restrito ou para fins de dificultar ou de qualquer modo induzir a erro autoridade policial, perito ou juiz; (iii) possuir, detiver, fabricar ou empregar artefato explosivo ou incendiário, sem autorização ou em desacordo com determinação legal ou regulamentar; (iv) portar, possuir, adquirir, transportar ou fornecer arma de fogo com numeração, marca ou qualquer outro sinal de identificação raspado, suprimido ou adulterado; (v) vender, entregar ou fornecer, ainda que gratuitamente, arma de fogo, acessório, munição ou explosivo a criança ou adolescente; (vi) produzir, recarregar ou reciclar, sem autorização legal, ou adulterar, de qualquer forma, munição ou explosivo.

20. O porte de granada ou spray de pimenta não configura o delito, por não se enquadrarem do conceito de "artefato explosivo", como já assentou o STJ (REsp 1627028).

Posse Irregular de Arma de Fogo de Uso Permitido (Art. 12)	Porte Ilegal de Arma de Fogo de Uso Permitido (Art. 14)	Posse ou Porte Ilegal de Arma de Fogo de Uso Restrito (Art. 16)
Possuir na residência ou no local de trabalho.	Portar em qualquer lugar que não seja a residência ou o local de trabalho do agente	Possuir ou portar na casa, no trabalho ou em qualquer outro lugar
Arma de fogo, acessório ou munição,	Arma de fogo, acessório ou munição,	Arma de fogo, acessório ou munição,
De uso permitido.	De uso permitido,	De uso proibido ou restrito,
Em desacordo com determinação legal ou regulamentar.	Sem autorização e em desacordo com determinação legal ou regulamentar.	Sem autorização e em desacordo com determinação legal ou regulamentar.
Pena – detenção, de 1 a 3 anos, e multa.	Pena – reclusão, de 2 a 4 anos, e multa.	Pena – reclusão, de 3 a 6 anos, e multa
Ex.: Diego guarda em sua casa um revólver calibre 38, sem ter autorização.	Ex.: Gabriel guarda em seu carro um revólver calibre 38, sem ter autorização.	Ex.: Daymiller guarda em sua casa ou carrega consigo uma metralhadora importada, sem ter autorização.

21. Já o crime de **comércio ilegal de arma de fogo** possui como núcleos de tipo as ações de comerciantes e industriais (adquirir, alugar, receber, transportar, conduzir, ocultar, ter em depósito, desmontar, montar, remontar, adulterar, vender, expor à venda, ou de qualquer forma utilizar), (ii) em proveito próprio ou alheio, (iii) no exercício de atividade comercial ou industrial, (iv) arma de fogo, acessório ou munição, (v) sem autorização ou em desacordo com determinação legal ou regulamentar.

22. É considerado crime de perigo abstrato e de mera conduta.

23. O crime de **tráfico internacional de arma de fogo** tem a seguinte tipificação: (i) importar, exportar, favorecer a entrada ou saída do território nacional, a qualquer título, (ii) de arma de fogo, acessório ou munição, (iii) sem autorização da autoridade competente.

24. O diploma legal não traz distinção entre importação e exportação de arma de fogo de uso permitido ou restrito, mas há previsão de **modalidade majorada** para o crime de comércio ilegal e de tráfico internacional de armas de uso proibido ou restrito.

25. No tocante ao descrito no art. 20, acerca da impossibilidade da liberdade provisória, o mesmo já foi superado pelo STF, que declarou a inconstitucionalidade deste parágrafo único.

26. Segundo o STF (HC 120.678) e o STJ, caso a arma seja utilizada para o homicídio, apenas, haverá consunção; caso o agente já possuía antes o armamento, sem nexo necessário com o outro crime, haverá crimes autônomos.

27. Merece destaque a Súm. 513/STJ (a ***abolitio criminis*** temporária prevista na Lei 10.826/2003 aplica-se ao crime de posse de arma de fogo de uso permitido com numeração, marca ou qualquer outro sinal de identificação raspado, suprimido ou adulterado, praticado somente até 23/10/2005). Isso porque de 23/12/2003, houve previsão de *abolitio criminis* para o crime do artigo 12 da lei (posse de arma de uso permitido), decorrente de diversas prorrogações de prazo. Houve, no entanto, uma lacuna entre 24/06/2005 e 30/01/2008, quando houve nova prorrogação, que, para o **STF**, não retroage, e, para o **STJ**, retroage, por isso a súmula foi editada.

28. A súmula trata apenas da *abolitio* do crime do artigo 16, porte de arma de uso restrito ou proibido, mas se estende para o do artigo 12. Quanto ao artigo 16, existiu previsão de *abolitio* de 23/12/2003 até 23/10/2005. Eis tabela com as datas:

Norma	Início	Fim
Artigo 12	De 23.12.2003	Até 31.12.2009
Artigo 16	De 23.12.2003	Até 23.10.2005

29. Desse modo, segundo o STJ, é típica a conduta de possuir arma de fogo de uso permitido com numeração, marca ou qualquer outro sinal de identificação raspado, suprimido ou adulterado, praticada após 23.10.2005, pois, em relação a esse delito, a "abolitio criminis" temporária cessou nessa data, termo final da prorrogação dos prazos previstos na redação original dos arts. 30 e 32 da Lei 10.826/03. (REsp 1311408, 13.3.2013, Tema 596 dos Recursos Repetitivos).

30. O STF, seguindo a linha da interpretação restritiva das datas trazidas pela lei para a extinção da punibilidade, considera incabível a aplicação retroativa do art. 30 da Lei 10.826/03, inserido pela MPv 417/08, para extinguir a punibilidade do delito de posse de arma de fogo de uso permitido cometido antes da sua entrada em vigor. (RE 768494, 19.9.2013, Tema 650).

31. Atualmente, não existe mais prazo para regularizar a arma de fogo (era a *abolitio* prevista, até 31/12/2009), mas existe possibilidade de entregar as armas, espontaneamente, devendo, para tanto, se expedir guia de tráfego (art. 32).

32. Prevalece no STJ e no STF que a arma desmuniciada configura crime. Contudo, existem decisões recentes no sentido de que, se a perícia constatar que a arma de fogo, por estar quebrada, é incapaz de realizar disparos, a conduta será atípica, por crime impossível (REsp 1451397).

33. Justamente por isso, advoga-se a necessidade de perícia sobre esses objetos, em homenagem à presunção de inocência. O STJ (AgRg no REsp 1294.551), contudo, dispensa a apreensão e a perícia sobre a arma.

34. A munição, mesmo independente da arma, configura os crimes previstos (**STF:** HC 119154 e **STJ:** AgRg no REsp 1442.152 assim entendem, em atenção à literalidade da lei), embora haja **corrente** que sustente contrariamente, em atenção ao princípio da lesividade. *Excepcionalmente*, porém, entendeu, recentemente, o STF (HC 133.984) que é atípica a conduta de portar munição como pingente, ante o princípio da insignificância.

35. A arma desmontada, podendo ser montada imediatamente, também configura os crimes em análise, segundo o STJ e o STF.

20.4. Lei do Terrorismo (Lei 13.260/16)

1. A Lei 13.260/2016, passou a regulamentar e a tipificar o crime de terrorismo, disposto no inciso XLIII do art. 5º da Constituição Federal.

2. O Art. 2º dessa lei trouxe um **conceito de terrorismo**, esclarecendo que tal delito consiste na prática (i) por um ou mais indivíduos (ii) dos atos previstos nesse artigo, (iii) por razões de xenofobia, discriminação ou preconceito de raça, cor, etnia e religião, (iv) quando cometidos com a finalidade de provocar terror social ou generalizado, (v) expondo a perigo pessoa, patrimônio, a paz pública ou a incolumidade pública.

3. Desta forma, ainda que um ato terrorista seja praticado com o fim de promover terror social ou generalizado, mas sua razão é diferente das acima descritas, não restará configurado o crime de terrorismo.

4. Os **atos de terrorismo** são os seguintes: (i) usar ou ameaçar usar, transportar, guardar, portar ou trazer consigo explosivos, gases tóxicos, venenos, conteúdos biológicos, químicos, nucleares ou outros meios capazes de causar danos ou promover destruição em massa; (ii) sabotar o funcionamento ou apoderar-se, com violência, grave ameaça a pessoa ou servindo-se de mecanismos cibernéticos, do controle total ou parcial, ainda que de modo temporário, de meio de comunicação ou de transporte, de portos, aeroportos, estações ferroviárias ou rodoviárias, hospitais, casas de saúde, escolas, estádios esportivos, instalações públicas ou locais onde funcionem serviços públicos essenciais, instalações de geração ou transmissão de energia, instalações militares, instalações de exploração, refino e processamento de petróleo e gás e instituições bancárias e sua rede de atendimento; (iii) atentar contra a vida ou a integridade física de pessoa.

5. A lei cuidou de punir o **crime de terrorismo** com pena de doze a trinta anos, além das sanções correspondentes à ameaça ou a violência se empregadas na prática do delito.

6. A lei também teve a preocupação de demonstrar quais condutas não se enquadrariam neste tipo penal, esclarecendo que não se aplica à (i) conduta individual ou coletiva de pessoas em manifestações políticas, movimentos sociais, sindicais, religiosos, de classe ou de categoria profissional, (ii) direcionados por propósitos sociais ou reivindicatórios, visando a contestar, criticar, protestar ou apoiar, (iii) com o objetivo de defender direitos, garantias e liberdades constitucionais, sem prejuízo da tipificação penal contida em lei (não significa a impunidade dos atos descritos, eles somente não tipificam o delito em análise).

7. O art. 3º desta lei tipificou o **crime de organização terrorista**, punindo com pena de reclusão de cinco a oito anos e multa, o agente que promover, constituir, integrar ou prestar auxílio, pessoalmente ou por interposta pessoa, a organização terrorista (assim entendida aquela com o fim de práticas os atos de terrorismo previsto nesta lei e acima estudados).
8. O art. 5º desta lei decidiu **punir atos preparatórios,** quando o agente os realizar com o propósito inequívoco de consumar tal delito, com pena correspondente ao delito consumado, diminuída de um quarto até a metade.
9. Não se pode confundir com a tentativa, uma vez que não teve início a execução do crime.
10. Existe **modalidade equiparada** para o agente que, (i) com o propósito de praticar atos de terrorismo, (ii) recrutar, organizar, transportar ou municiar indivíduos que viajem para país distinto daquele de sua residência ou nacionalidade; ou (iii) fornecer ou receber treinamento em país distinto daquele de sua residência ou nacionalidade.
11. Nesses casos, existe **modalidade privilegiada**: se a conduta não envolver treinamento ou viagem para país distinto daquele de sua residência ou nacionalidade, a pena será a correspondente ao delito consumado, diminuída de metade a dois terços.
12. O § 6º cuidou de tipificar e punir o crime de **financiamento de terrorismo**, punindo o agente que receber, prover, oferecer, obter, guardar, manter em depósito, solicitar, investir, de qualquer modo, direta ou indiretamente, recursos, ativos, bens, direitos, valores ou serviços de qualquer natureza, para o planejamento, a preparação ou a execução dos crimes previstos nesta lei, com pena de reclusão de quinze a trinta anos.
13. Existe **modalidade equiparada** para o agente que oferecer ou receber, obtiver, guardar, mantiver em depósito, solicitar, investir ou de qualquer modo contribuir para a obtenção de ativo, bem ou recurso financeiro, com a finalidade de financiar, total ou parcialmente, pessoa, grupo de pessoas, associação, entidade, organização criminosa que tenha como atividade principal ou secundária, mesmo em caráter eventual, a prática dos crimes previstos nesta lei.
14. O art. 7º prevê **modalidades majoradas**, dispondo que, salvo quando for elementar da prática de qualquer crime previsto nesta Lei, se de algum deles resultar lesão corporal grave, aumenta-se a pena de um terço, se resultar morte, aumenta-se a pena da metade

15. O art. 10º, dispõe que no caso do art. 5º (que pune os atos preparatórios), é possível aplicar a regra do art. 15 do Código Penal, que dispõe sobre o instituto do **arrependimento eficaz e da desistência voluntária**.

16. O art. 11º dispõe que, considerando-se que os crimes previstos nesta Lei são praticados contra o interesse da União, cabe à Polícia Federal a investigação criminal, em sede de inquérito policial, e à **Justiça Federal** o seu processamento e julgamento, nos termos do inciso IV do art. 109 da Constituição Federal.

17. Insta ressaltar que conforme art. 16º e 17º desta lei, aplicam-se no que couber as disposições da lei de organização criminosa (Lei 12.850/2013), e a lei dos crimes hediondos (Lei 8.072/90), nesse caso porque os crimes de terrorismo equiparado a crime hediondo por disposição constitucional.

18. O art. 18º desta lei cuidou de incluir os crimes acima estudados, no rol dos crimes que **admitem prisão temporária**.

20.5. Lei dos Crimes Hediondos (Lei 8.072/90)

1. A Constituição Federal, em seu artigo 5º, XLIII, criou a categoria dos crimes hediondos. Contudo, apenas previu em seu texto os crimes equiparados a hediondos, quais sejam, tráfico de Drogas - Lei 11.343/06, tortura - Lei 9.455/97, e terrorismo - Lei 13.260/2016, que possuem as mesmas regras dos hediondos.

2. Os crimes hediondos propriamente ditos estão **previstos taxativamente** no art. 1º, incisos I a VIII desta lei. São eles: (i) *homicídio* (art. 121), quando praticado em atividade típica de grupo de extermínio, ainda que cometido por um só agente, e (ii) *homicídio qualificado* (art. 121, § 2º, incisos I, II, III, IV, V, VI e VII); (iii) *lesão corporal dolosa de natureza gravíssima* (art. 129, § 2º) e *lesão corporal seguida de morte* (art. 129, § 3º), quando praticadas contra autoridade ou agente descrito nos art. 142 e 144 da Constituição Federal, integrantes do sistema prisional e da Força Nacional de Segurança Pública, no exercício da função ou em decorrência dela, ou contra seu cônjuge, companheiro ou parente consanguíneo até terceiro grau, em razão dessa condição (Incluído pela Lei 13.142/2015); (iv) Latrocínio (art. 157, § 3º, *in fine*); (v) *Extorsão qualificada pela morte* (art. 158, § 2º - ver discussão a respeito da modalidade do 3º); (vi) *Extorsão mediante sequestro e na forma qualificada* (art. 159, caput, e §§ 1º, 2º e 3º; (vii) Estupro (art. 213, caput e §§ 1º e 2º); (viii) *Estupro de vulnerável* (art.

217-A, caput e §§ 1º, 2º, 3º e 4º); (ix) *Epidemia com resultado morte* (art. 267, § 1º); (x) *falsificação, corrupção, adulteração ou alteração de produto destinado a fins terapêuticos* ou medicinais (art. 273, caput e § 1º, § 1º-A e § 1º-B); (xi) *Favorecimento da prostituição* ou de outra forma de exploração sexual de criança ou adolescente ou de vulnerável (art. 218-B, caput, e §§ 1º e 2); (xii) *genocídio* (arts. 1º, 2º e 3º da Lei nº 2.889/56); (xiii) posse ou porte ilegal de arma de fogo de uso restrito (art. 16 da Lei 10. 826/03, a partir da Lei 13.497/2017).

3. Segundo o STJ, os crimes de estupro e atentado violento ao pudor praticados antes da edição da Lei 12.015/09, ainda que em sua forma simples, configuram modalidades de crime hediondo. (REsp 1110520, 26.9.2012, Tema 581 dos Recursos Repetitivos).

4. Ademais, o STJ também pacificou que o tráfico ilícito de drogas na sua forma privilegiada (art. 33, § 4º, da Lei 11.343/06) não é crime equiparado a hediondo. (Pet 11796, 23.11.2016, Tema 600 dos Recursos Repetitivos).

5. Os crimes hediondos e os equiparados a hediondos são inafiançáveis e **insuscetíveis de graça e anistia**.

6. Discute-se, quanto ao **indulto**. Os crimes hediondos e equiparados, por força da Constituição Federal, são insuscetíveis de *anistia e graça*, enquanto, por força do art. 2º, I da Lei 8.072/90, também o indulto estaria vedado. Uma **primeira corrente** (STF, STJ, *Damásio de Jesus*) entende que o indulto (coletivo) estaria incluído dentro da vedação à graça, de modo que a lei se mostraria constitucional. Uma **segunda corrente** (*Rodrigo Roig, Alberto Silva Franco*) sustenta que deveria haver vedação específica para o indulto, e que a primeira interpretação viola a separação dos poderes, não cabendo ao Legislativo se imiscuir na questão. De todo modo, os decretos mais recentes têm permitido a concessão do indulto e da comutação para crimes hediondos, em algumas hipóteses (Dec. 8.615/15, art. 9º, p.ú.): indulto humanitário, indulto de medida de segurança, indulto da pena de multa, restritiva de direitos ou sursis.

7. A lei que a pena dos crimes hediondos será cumprida **inicialmente em regime fechado**, foi considerado inconstitucional pelo Supremo Tribunal Federal (HC 111840), por ferir o princípio da individualização das penas (Tema 972 da Repercussão Geral). Embora proferido em sede de controle difuso, tal entendimento vem sendo respeitado sem divergências.

8. O prazo da **prisão temporária** nos casos de crimes hediondos é de 30 dias, prorrogável por igual período em caso de extrema e comprovada necessidade.

9. Importante se atentar quanto a nomenclatura, para não confundir em provas, crimes hediondos e crimes equiparados a hediondos.

10. Existem diversos sistemas de seleção dos crimes considerados hediondos: (i) *sistema judicial* (juiz tem liberdade para decidir, no caso concreto); (ii) *sistema* **legal/etiquetamento/rotulação**: a lei prevê taxativamente (critério eleito pelo Brasil); (iii) *sistema misto* (lei dá parâmetros para o juiz decidir).

11. Para os crimes hediondos, a lei prevê uma **progressão de regime mais severa**, com redação trazida pela Lei. 11.464/2007, dando-se após o cumprimento de 2/5 da pena, se o apenado for primário, ou de 3/5, se reincidente. A Lei 13.679/18 esclareceu que esses requisitos devem obedecer aos do art. 112 e §§3º e 4º da LEP, garantindo o direito das mulheres gestantes ou mães de crianças ou deficientes de progredir mais facilmente.

12. Note-se que, para os crimes cometidos antes de 29 de março de 2007, aplica-se a regra de progressão de regime prevista no art. 112 da Lei 7.210/84 (Lei de Execução Penal), tendo em vista que é mais benéfica ao acusado, uma vez que a progressão se dá após o cumprimento de somente 1/6 da pena. Nesse sentido é a Súm. 471/STJ e a Súm. Vinculante 26/STF (Tema 59 de Repercussão Geral).

13. Nos casos de crime hediondo, para obtenção do **livramento condicional** será observada a regra prevista no Código Penal, sendo certo que o condenado por crime hediondo a pena privativa de liberdade igual ou superior a 2 anos, poderá obter livramento condicional, desde que tenha cumprido mais de dois terços da pena, na forma do artigo 83 do Código Penal. Já reincidente específico (isto é, para a **maioria**, em crime hediondo, não terá direito ao livramento, o que leva uma **corrente** a sustentar a inconvencionalidade da previsão, ante o princípio ressocializador que orienta o cumprimento da pena).

14. O Supremo Tribunal Federal entende ser perfeitamente **cabível a substituição da pena privativa de liberdade** pela pena restritiva de direitos no caso de condenação por crime hediondo, uma vez que a Lei 8.072 não veda tal possibilidade, devendo estarem presentes os requisitos do artigo 44 do Código Penal.

15. Da mesma forma é o entendimento do STF quanto a aplicação da **suspenção condicional da pena**. Se a Lei 8.072 não vedou tal possibilidade, seria perfeitamente cabível sua aplicação se estiverem presentes os requisitos do artigo 77 do Código Penal (é o exemplo do crime de estupro na forma tentada).

20.6. Crimes Contra a Ordem Tributária (Lei 8.137/90)

1. A lei prevê alguns **crimes praticados por particulares.** Nessa linha, o art. 1º desta lei leciona que constitui crime contra a ordem tributária suprimir ou reduzir tributo, ou contribuição social e qualquer acessório, punindo com pena de reclusão de dois a cinco anos e multa, o agente que: omitir informação, ou prestar declaração falsa às autoridades fazendárias; fraudar a fiscalização tributária, inserindo elementos inexatos, ou omitindo operação de qualquer natureza, em documento ou livro exigido pela lei fiscal; falsificar ou alterar nota fiscal, fatura, duplicata, nota de venda, ou qualquer outro documento relativo à operação tributável; elaborar, distribuir, fornecer, emitir ou utilizar documento que saiba ou deva saber falso ou inexato; negar ou deixar de fornecer, quando obrigatório, nota fiscal, ou documento equivalente, relativa à venda de mercadoria ou prestação de serviço, efetivamente realizada, ou fornecê-la em desacordo com a legislação.
2. Segundo o STJ (REsp 1.561.442), se o contribuinte deixa de apresentar declaração ao Fisco, a fim de obter redução ou supressão de tributo e consegue atingir o resultado, a conduta será típica, vez que o lançamento pode depender dessas informações acessórias.
3. Nesse primeiro artigo, os crimes são **materiais** (*salvo*, o do parágrafo único: não atendimento da exigência da autoridade no prazo). Logo, com base na Súm. Vinculante 24/STF, o crime só se consuma com o lançamento definitivo do crédito tributário, sendo, porém, desnecessária a juntada integral do Procedimento Administrativo Fiscal correspondente (STJ, RHC 94.288). Tal enunciado vinculante é aplicável aos crimes anteriores à sua edição, no entender do STF e do STJ.
4. O mesmo não ocorre, segundo o mesmo STF (HC 106152), quanto `instauração de investigação policial, sendo possível que se inicie esse procedimento antes da constituição definitiva do crédito.
5. No artigo 2º, também, crime comum, pune-se com pena de detenção de 6 meses a dois anos o agente que fizer declaração falsa ou omitir declaração sobre rendas, bens ou fatos, ou empregar outra fraude, para eximir-se, total ou parcialmente, de pagamento de tributo; deixar de recolher, no prazo legal, valor de tributo ou de contribuição social, descontado ou cobrado, na qualidade de sujeito passivo de obrigação e que deveria recolher aos cofres públicos; exigir, pagar ou receber, para si ou para o contribuinte beneficiário, qualquer percentagem sobre a parcela dedutível ou deduzida de imposto ou de contribuição

como incentivo fiscal; deixar de aplicar, ou aplicar em desacordo com o estatuído, incentivo fiscal ou parcelas de imposto liberadas por órgão ou entidade de desenvolvimento; utilizar ou divulgar programa de processamento de dados que permita ao sujeito passivo da obrigação tributária possuir informação contábil diversa daquela que é, por lei, fornecida à Fazenda Pública.

6. Para o STJ (RHC 36.024), o termo inicial da prescrição é a data da fraude, vez que se trata de **crime formal**.

7. Nesse caso, o crime se consuma com a prática de uma das condutas delituosas acima descritas. Para o STJ, o tipo do art. 2º, II, da Lei nº 8.137/90 não fica restrito apenas às hipóteses em que há substituição tributária (3ª Seção. HC 399.109).

8. Existem também ***crimes próprios***, praticados por funcionários públicos, no artigo 3º, prevendo que constitui crime funcional contra a ordem tributária, além dos previstos no Código Penal, a conduta do agente público de extraviar livro oficial, processo fiscal ou qualquer documento, de que tenha a guarda em razão da função; sonegá-lo, ou inutilizá-lo, total ou parcialmente, acarretando pagamento indevido ou inexato de tributo ou contribuição social; exigir, solicitar ou receber, para si ou para outrem, direta ou indiretamente, ainda que fora da função ou antes de iniciar seu exercício, mas em razão dela, vantagem indevida; ou aceitar promessa de tal vantagem, para deixar de lançar ou cobrar tributo ou contribuição social, ou cobrá-los parcialmente, punindo o agente com pena de reclusão, de três a oito anos, e multa; patrocinar, direta ou indiretamente, interesse privado perante a administração fazendária, valendo-se da qualidade de funcionário público. De acordo com o STJ (REsp 1.770.444), é atípica a conduta de agente público que procede à prévia correção quanto aos aspectos gramatical, estilístico e técnico das impugnações administrativas, não configurando o crime de advocacia administrativa perante a Administração Fazendária.

9. Importa ressaltar que, para verificar a ***competência*** para julgamento de tais delitos, é necessário verificar seu sujeito passivo: se for a União, é competente a Justiça Federal; se o tributo é estadual ou municipal, a competência será da Justiça Estadual.

10. A Lei em estudo possuía em vigor um art. 14, no qual era prevista uma **causa extintiva de punibilidade**, que ocorria se o pagamento do débito tributário fosse feito antes do recebimento da denúncia. Contudo, tal artigo foi revogado pelo art. 98 da Lei 8.383/91.

11. No ano de 1995, passou a vigorar a Lei 9.249/95, a qual, em seu art. 34, voltou a prever tal causa extintiva de punibilidade.

12. Com a evolução legislativa, no ano de 2003, passou a vigorar a Lei 10.684, que repaginou o regramento da extinção da punibilidade nos crimes contra a ordem tributária, dispondo em seu artigo 9º que é suspensa a pretensão punitiva do Estado, referente aos crimes previstos nos arts. 1º e 2º da Lei nº 8.137, de 27 de dezembro de 1990, e nos arts. 168A e 337A do Decreto-Lei nº 2.848, de 7 de dezembro de 1940 – Código Penal, durante o período em que a pessoa jurídica relacionada com o agente dos aludidos crimes estiver incluída no *regime de parcelamento*, não correndo a prescrição durante o período de suspensão da pretensão punitiva, extinguindo-se a punibilidade dos crimes referidos neste artigo quando a pessoa jurídica relacionada com o agente efetuar o pagamento integral dos débitos oriundos de tributos e contribuições sociais, inclusive acessórios.

13. Ademais, importa ainda ressaltar a ausência da previsão da necessidade de o pagamento do débito se dar antes do recebimento da denúncia, admitindo, desta forma, que seja extinta a punibilidade do agente se o pagamento integral do débito for feito a qualquer tempo, ainda que depois de recebida a denúncia. O STF (ED na AP 516) já admitiu até mesmo que o pagamento feito após a condenação extinguisse a punibilidade, sendo seguido pelo STJ (5ª turma, HC 362478).

14. A **extinção do crédito tributário pela prescrição** não influencia a ação penal por crime tributário, segundo o STJ (RHC 67.771).

15. O pagamento integral do débito, apesar de excluir a punibilidade do crime tributário, não o faz em relação a crimes relacionados, como uma eventual corrupção, como reconhece o STJ (RHC 95.557).

16. O pagamento da multa tributária (acessória) não exclui a punibilidade dos delitos contra a ordem tributária, segundo o STJ (REsp 1.630.109).

17. Para o STF, os crimes previstos na Lei 8.137/90 não violam o disposto no art. 5º, inc. LXVII, da CF. (ARE 999425, 3.3.2017, Tema 937 da Repercussão Geral).

18. Quanto à causa de aumento do art. 12, I, para quando o crime ocasiona "grave dano à coletividade", o STF (2ª turma, HC 129284) e o STJ (5ª turma, AgRg no Resp 1274989) não admitiram sua interpretação à luz da Portaria 320 da PGFN, que considera "grandes devedores" os que devem acima de R$ 10 milhões.

20.7. Lei das Contravenções Penais (DL 3.688/41)

1. De acordo com o STF, o art. 25 da Lei de Contravenções Penais (DL 3.688/41) não foi recepcionado pela CF, por violar os princípios da dignidade da pessoa humana (CF, art. 1º, III) e da isonomia (CF, art. 5º, caput e I). (RE 583523, 3.10.2013, Tema 113 da Repercussão Geral).

DIREITO PROCESSUAL PENAL

Leonardo Barreto Moreira Alves
Celso Azoury

A vitória em qualquer disputa exige a observância de dois fatores igualmente relevantes, técnica e tática. No âmbito do concurso público, o domínio da técnica advém do conhecimento da legislação, doutrina e jurisprudência pertinentes ao certame. Contudo, dentro desse cada vez maior e mais profundo arcabouço jurídico, existem temas que são mais importantes e relevantes para cada carreira. Nesse contexto que surge, com especial relevância, a escolha da tática adequada, a qual, permite que o candidato identifique em que área do conhecimento conferir especial ênfase.

Em concursos na área da Segurança Pública, a matéria Processo Penal tem muita relevância e responde por uma parcela considerável e valiosa de pontos do certame. Apesar de ser um tópico relativamente extenso, nas provas para o cargo de Delegado de Polícia há uma relevante concentração de questões em assuntos específicos da matéria o que permite, com boa margem de sucesso, direcionar um estudo de revisão de forma exitosa.

ASSUNTOS	QUESTÕES	%
1. Disposições Preliminares	13	2,93%
2. Do Inquérito Policial	87	19,59%
3. Da Ação	38	8,56%
4. Da Competência	41	9,23%
5. Das Questões e Processos Incidentes	27	6,08%
6. Da Prova	87	19,59%
7. Dos Sujeitos do Processo	2	0,45%

ASSUNTOS	QUESTÕES	%
8. Da Prisão, das Medidas Cautelares e da Liberdade...	54	12,16%
9. Das Citações e Intimações	12	2,70%
10. Da Sentença	7	1,58%
11. Dos Processos em Espécie	21	4,73%
12. Das Nulidades e dos Recursos em Geral	16	3,60%
13. Das Relações Jurisdicionais com Autoridade Estrangeira	0	0,00%
14. Disposições Gerais	2	0,45%
15. Teoria e Princípios	37	8,33%
TOTAL	**444**	**100%**

A análise da estatística demonstra que os assuntos Do Inquérito Policial, Da Prova e Da Prisão e das Medidas Cautelares e da Liberdade Provisória correspondem a mais de metade das questões das provas. É imperioso que o candidato dê especial ênfase nesses assuntos.

Importante registrar que o Código de Processo Penal possui 811 artigos e o Título referente ao Inquérito Policial, que correspondem a quase 20% das questões, é formado por meros 20 artigos. O candidato ao cargo de Delegado de Polícia deve conhecê-los profundamente.

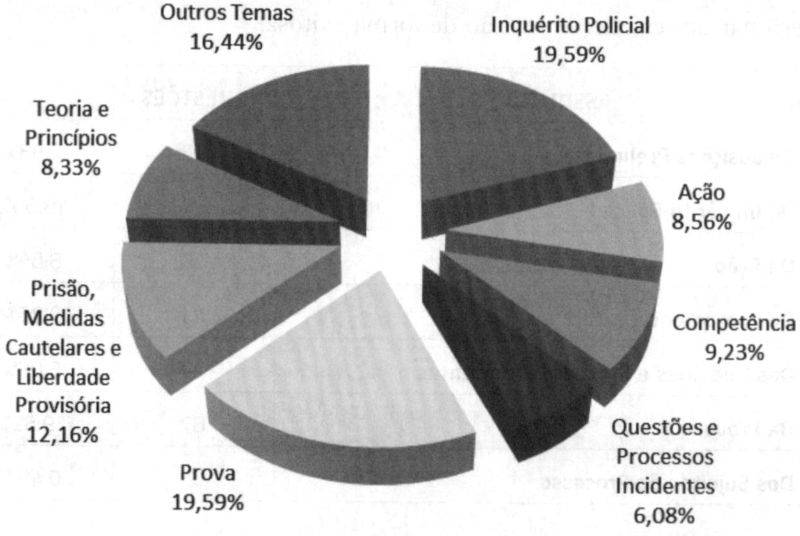

O assunto Da Prova também corresponde a cerca de 20% das perguntas. O Título desse assunto é um dos mais longos do CPP, com cerca de 100 artigos. Contudo, as questões envolvendo esse tema, em regra, podem ser resolvidas com o mínimo de perspicácia e conhecimento da norma vigente. Vamos abordar os principais tópicos nas frases.

É importante ficar atento e realizar um especial estudo no conteúdo da Lei 12.850/2013, a qual define organização criminosa e dispõe sobre a investigação criminal e os meios de obtenção da prova e é comumente cobrado, pois tem grande relação com o tema Da Prova.

As questões mais difíceis da prova de processo penal geralmente concentram-se no tema Da Prisão, das Medidas Cautelares e da Liberdade Provisória. Esse retrospecto decorre das recentes alterações na legislação e constante inovação na jurisprudência. Para ir bem nesse tópico é fundamental estar atento às decisões dos Tribunais Superiores.

Outro assunto de bastante relevo nas provas para o cargo de Delegado de Polícia é a Competência. Esse tema, o qual responde por quase 10% das perguntas, é regulado por meros 37 artigos do CPP, os quais já estão com a interpretação bem sedimenta na doutrina e jurisprudência. A última alteração legislativa ocorreu em 2002, no tópico da competência pela prerrogativa de função.

1. INTRODUÇÃO AO DIREITO PROCESSUAL PENAL

1. **Conceito de Processo Penal**: O processo penal deve ser entendido não só como meio de aplicação do Direito Penal no caso concreto, mas também como uma forma de proteção dos direitos fundamentais do indivíduo contra a força impingida pelo Estado na persecução penal.
2. **Classificação das fontes de Processo Penal:** Quanto às fontes do Processo Penal, é possível apontar a existência da fonte de produção ou material e da fonte formal ou de cognição. Com relação à fonte de produção ou material, que se refere ao ente federativo responsável pela elaboração da norma, o Direito Processual Penal é matéria que deve ser legislada privativamente pela União. No que tange à fonte formal ou de cognição, que se refere ao meio pelo qual uma norma jurídica é revelada no ordenamento jurídico, ela é subdividida em fontes primárias ou imediatas ou diretas e em fontes secundárias ou mediatas ou indiretas ou supletivas. As fontes primárias ou imediatas ou diretas são aquelas aplicadas imediatamente. Consideram-se fontes primárias do Processo Penal a lei e os tratados, convenções e regras de Direito Internacional. As fontes secundárias ou

mediatas ou indiretas ou supletivas são aquelas aplicadas na ausência das fontes primárias. Consideram-se fontes secundárias do Processo Penal: costumes; princípios gerais do direito; analogia.

3. **Diferença entre analogia e interpretação analógica:** A analogia difere da interpretação analógica: nesta a própria lei autoriza o seu complemento, já prevendo hipótese de preenchimento, geralmente por meio de uma expressão genérica, que resume situações casuísticas precedentes; na analogia, aplica-se o regramento jurídico de uma dada situação semelhante a outra, na qual não há solução aparente – há verdadeira criação de uma norma. A analogia é um modo de autointegração da norma, ao passo que a interpretação analógica é forma de interpretação da norma processual penal. Ambas podem ser feitas *in malam partem* no Processo Penal.

2. PRINCÍPIOS DO PROCESSO PENAL

1. **Rol de princípios constitucionais expressos:** São princípios constitucionais expressos do Processo Penal: princípio da presunção de inocência; princípio da igualdade processual; princípio da ampla defesa; princípio da plenitude de defesa; princípio do *favor rei*; princípio do contraditório; princípio do juiz natural; princípio da publicidade; princípio da vedação das provas ilícitas; princípios da economia processual, celeridade processual e duração razoável do processo; princípio do devido processo legal.
2. **Princípio da presunção de inocência:** O princípio da presunção de inocência é princípio por meio do qual se entende que ninguém será considerado culpado até o trânsito em julgado de sentença penal condenatória.
3. **Princípio da igualdade processual:** O princípio da igualdade processual ou da paridade das armas é princípio por meio do qual se entende que as partes devem ter, em juízo, as mesmas oportunidades de fazer valer suas razões e ser tratadas igualitariamente, na medida de suas igualdades, e desigualmente, na proporção de suas desigualdades.
4. **Princípio da ampla defesa:** Por força do princípio da ampla defesa, entende-se que o réu tem direito a um amplo arsenal de instrumentos de defesa como forma de compensar sua enorme hipossuficiência e fragilidade em relação ao Estado. Divide-se em autodefesa, defesa promovida pessoalmente pelo próprio réu, sem assistência de procurador, sendo disponível,

e defesa técnica, defesa promovida por um defensor técnico, bacharel em Direito, sendo ela indisponível.

5. **Princípio da plenitude de defesa:** O princípio da plenitude de defesa é princípio aplicado especificamente para o Tribunal do Júri. Trata-se de um *plus*, um reforço à ampla defesa, que é atribuída apenas para os acusados em geral, permitindo-se que o réu, no Tribunal do Júri, se utilize de todos os meios lícitos de defesa, ainda que não previstos expressamente pelo ordenamento jurídico.
6. **Princípio do *favor rei*:** Por força do princípio do *favor rei*, entende-se que, havendo dúvida entre admitir-se o direito de punir do Estado ou reconhecer-se o direito de liberdade do réu, deve-se privilegiar a situação deste último, por ser ele a parte hipossuficiente da relação jurídica estabelecida no processo penal.
7. **Princípio do contraditório:** Por força do princípio do contraditório, ambas as partes têm o direito de se manifestar sobre qualquer fato alegado ou prova produzida pela parte contrária, visando a manutenção do equilíbrio entre o direito de punir do Estado e o direito de liberdade do réu e o consequente estado de inocência, objetivo de todo Processo Penal Justo.
8. **Princípio do juiz natural:** Em virtude do princípio do juiz natural o julgador a atuar em um determinado feito deve ser aquele previamente escolhido por lei ou pela Constituição Federal. Veda-se com isso o Tribunal ou Juiz de Exceção.
9. **Princípio da publicidade:** O princípio da publicidade é princípio segundo o qual os atos processuais devem ser praticados publicamente, sem qualquer controle, permitindo-se o amplo acesso ao público, bem como os autos do processo penal estão disponíveis a todos. Esse princípio, porém, comporta exceções (art. 5º, inciso LX, da Constituição Federal): a lei poderá restringir a publicidade dos atos processuais quando a defesa da intimidade ou o interesse social o exigirem.
10. **Princípio da vedação das provas ilícitas:** O princípio da vedação das provas ilícitas é estampado no art. 5º, inciso LVI, da Constituição Federal, segundo o qual são inadmissíveis, no processo, as provas obtidas por meios ilícitos.
11. **Princípios da economia processual, celeridade processual e duração razoável do processo:** Segundo os princípios da economia processual, celeridade processual e duração razoável do processo, incumbe ao Estado dar a resposta jurisdicional no menor tempo e custo possíveis.

12. **Princípio do devido processo legal:** O princípio do devido processo legal vem insculpido no art. 5º, LIV, da Carta Magna Federal, segundo o qual "Ninguém será privado da liberdade ou de seus bens sem o devido processo legal".

13. **Rol de princípios constitucionais implícitos:** São princípios constitucionais implícitos do Processo Penal: princípio da não autoincriminação; princípio da demanda e princípio consequencial da correlação entre acusação e sentença; princípio do duplo grau de jurisdição; princípio do juiz imparcial; princípio do promotor natural; princípio do *ne bis in idem*.

14. **Princípio da não autoincriminação:** O princípio da não autoincriminação considera que o Estado é infinitamente superior ao réu no processo penal, não necessitando, portanto, de sua ajuda na atividade persecutória, sob pena de se decretar a falência de seus órgãos.

15. **Princípio da não autoincriminação, provas obtidas por intervenções corporais e recurso repetitivo (STJ):** O indivíduo não pode ser compelido a colaborar com os referidos testes do "bafômetro" ou do exame de sangue, em respeito ao princípio segundo o qual ninguém é obrigado a se autoincriminar – "nemo tenetur se detegere" (STJ, REsp 1111566).

16. **Princípio da demanda:** O princípio da demanda veda que o juiz deflagre a ação penal de ofício, exigindo-se para tanto a iniciativa do titular da ação, ao passo que o princípio da correlação entre acusação e sentença implica na exigência de que o fato imputado ao réu, na peça inicial acusatória, guarde perfeita correspondência com o fato reconhecido pelo juiz, na sentença, sob pena de grave violação aos princípios do contraditório e da ampla defesa, consequentemente, ao devido processo legal.

17. **Princípio do duplo grau de jurisdição:** O princípio do duplo grau de jurisdição garante à parte o direito de reexame da causa por instância superior.

18. **Princípio do juiz imparcial:** O princípio do juiz imparcial é princípio por meio do qual se exige que o magistrado não tenha vínculos subjetivos com o processo de molde a lhe tirar a neutralidade necessária para conduzi-lo com isenção.

19. **Princípio do promotor natural:** Por força do princípio do promotor natural, entende-se que o agente delitivo deve ser acusado por órgão imparcial do Estado, previamente designado por lei, vedada a indicação de acusador para atuar em casos específicos.

20. Princípio do *ne bis in idem*: O princípio do *ne bis in idem* impede que a pessoa seja processada e condenada duas vezes pelo mesmo fato. Implica ainda na proibição de o agente ser processado novamente pelo mesmo fato quando já foi absolvido com sentença transitada em julgado.

21. Rol de princípios do Processo Penal propriamente ditos: São princípios do Processo Penal propriamente ditos: princípio da busca da verdade real; princípio da oralidade e princípios consequenciais da concentração, imediatidade e identidade física do juiz; princípio da comunhão da prova; princípio do impulso oficial; princípio da lealdade processual.

22. Princípio da busca da verdade real: No processo penal, em que prevalecem direitos indisponíveis, notadamente a liberdade, há a necessidade de busca da verdade real ou material dos fatos, a verdade do mundo real, a verdade objetiva, daí porque o juiz passa a ter maior iniciativa probatória, como se vê do teor do art. 156, incisos I e II, do CPP, com a redação dada pela Lei 11.690/08.

23. Princípio da oralidade: Quanto ao princípio da oralidade, há de se registrar que, em algumas etapas do processo, a palavra oral deve prevalecer sobre a palavra escrita, como forma de promover os princípios da concentração, da imediatidade e da identidade física do juiz. No que tange ao princípio da concentração, entende-se que toda a colheita da prova e o julgamento devem ocorrer em uma única audiência (audiência de instrução e julgamento). Com relação ao princípio da imediatidade, compreende-se que o magistrado deve ter contato direto com a prova produzida, formando mais facilmente sua convicção. Por seu turno, o princípio da identidade física do juiz consiste no fato de que o juiz que preside a instrução do processo, colhendo as provas, deve ser aquele que julgará o feito, vinculando-se à causa. É novidade do processo penal, estando consagrado atualmente no art. 399, § 2º, CPP, com a redação dada pela Lei 11.719/08.

24. Princípio da comunhão da prova: O princípio da comunhão da prova é princípio segundo o qual, uma vez produzida, a prova pertence ao juízo e pode ser utilizada por qualquer das partes e pelo juiz, ajudando na busca da verdade real, mesmo que tenha sido requerida por apenas uma das partes.

25. Princípio do impulso oficial: Por força do princípio do impulso oficial, uma vez iniciada a ação penal, o juiz tem o dever de promover o seu andamento até a sua etapa final, de acordo com o procedimento previsto em lei, proferindo decisão. Este princípio está consagrado expressamente no art. 251 do CPP.

26. **Princípio da lealdade processual:** O princípio da lealdade processual consiste no dever de verdade, vedando-se o emprego de meios fraudulentos (ilícitos processuais).

3. APLICAÇÃO DA LEI PROCESSUAL PENAL NO ESPAÇO

1. **Regra geral da aplicação da lei processual no espaço – princípio da territorialidade (art. 1º, *caput*, CPP):** Quanto à aplicação da lei processual penal no espaço, vale, como regra geral, o princípio da territorialidade (*locus regit actum*), consagrado no art. 1º, *caput*, do CPP, segundo o qual é aplicada a lei processual penal brasileira a todo crime ocorrido em território nacional.
2. **Exceções ao princípio da territorialidade (art. 1º, I a V, CPP):** Os incisos I a V do art. 1º do CPP apresentam exceções ao princípio da territorialidade, situações em que, na verdade, continuará sendo aplicada a lei processual penal brasileira, mas não o Código de Processo Penal e sim outros instrumentos normativos.
3. **Art. 1º, I, CPP:** ressalva os tratados, convenções e regras de direito internacional: em firmando o Brasil um tratado ou uma convenção ou ainda participando o país de uma organização mundial regida por regras internacionais, não há de ser aplicado o Código de Processo Penal ao caso concreto, incidindo a lei material do respectivo país e, via de consequência, tramitando o processo penal em tal localidade.
4. **Art. 1º, II, CPP:** ressalva a jurisdição política: em determinados crimes de responsabilidade (infrações político-administrativas), não será o Judiciário que julgará o fato delitivo, mas sim determinado órgão do Poder Legislativo.
5. **Art. 1º, III, CPP:** ressalva a Justiça Militar, órgão jurisdicional em que será aplicado o Código de Processo Penal Militar.
6. **Art. 1º, IV, CPP:** ressalva o Tribunal de Segurança Nacional, que, no entanto, não mais existe no ordenamento, tendo sido extinto pela Lei Constitucional n. 14/45. Hoje os crimes contra a segurança nacional, que eram julgados pelo referido Tribunal, estão previstos na Lei 7.170/83 e são, em regra, julgados pela Justiça Federal (art. 109, IV, da Constituição Federal), pois são delitos políticos.
7. **Art. 1º, V, CPP:** ressalva a Lei de Imprensa. Contudo, o STF, no julgamento da ADPF 130, julgou pela não recepção ou revogação de toda essa lei, daí

porque, para esses casos, deve haver a aplicação direta do procedimento previsto no CPP.

8. **Art. 1º, parágrafo único, CPP:** deve ser interpretado de forma a permitir a aplicação subsidiária do CPP às leis especiais em geral, caso não dispuserem de modo contrário. É o que ocorre, por exemplo, com a Lei de Tóxicos (Lei 11.343/06), Lei de Abuso de Autoridade (Lei 4.898/65) etc.

4. APLICAÇÃO DA LEI PROCESSUAL PENAL NO TEMPO

1. **Regra geral da aplicação da lei processual penal no tempo – princípio do efeito imediato ou da aplicação imediata (art. 2º CPP):** Quanto à aplicação da lei processual penal no tempo, vale, como regra geral, o princípio do efeito imediato ou da aplicação imediata (*tempus regit actum*), consagrado expressamente no art. 2º do CPP, segundo o qual a norma processual penal entra em vigor imediatamente, pouco importa se mais gravosa ou não ao réu, embora os atos processuais praticados na vigência da lei anterior sejam absolutamente válidos.
2. **Exceção ao princípio do efeito imediato ou da aplicação imediata (art. 3º LICPP):** Exceção ao princípio do efeito imediato ou da aplicação imediata vem prevista no art. 3º da Lei de Introdução ao Código de Processo Penal, por meio do qual se entende que se um determinado prazo já estiver andamento, incluindo prazo recursal, valerá o prazo da lei anterior se o prazo da nova lei for menor do que aquele outro.
3. **Norma processual penal mista ou híbrida:** Outra exceção diz respeito à norma processual penal mista ou híbrida, aquela que, apesar de estar no contexto do processo penal, regendo atos praticados pelas partes durante a investigação policial ou durante o trâmite processual, tem forte conteúdo de Direito Penal. Em havendo hipótese de incidência desta norma, é aplicado, para a norma como um todo, o princípio típico do Direito Penal da retroatividade da lei mais benéfica.

5. INTERPRETAÇÃO DA LEI PROCESSUAL PENAL

1. **Interpretação da lei processual penal de acordo com o sujeito que a realiza:** Quanto ao sujeito que realiza a interpretação da lei processual penal, são destacadas as seguintes espécies de interpretação: autêntica ou legislativa (aquela que procede da mesma origem da lei e tem força obri-

gatória); jurisprudencial ou judicial (conjunto de manifestações judiciais sobre determinado assunto legal, exaradas num sentido razoavelmente constante, em regra sem força obrigatória); doutrinária ou científica (é o entendimento dado aos dispositivos legais pelos escritores ou comentadores do direito, sem força obrigatória).

2. **Interpretação da lei processual penal de acordo com os meios empregados ou o modo de interpretação:** Quanto aos meios empregados ou ao modo de interpretação, são destacadas as seguintes espécies: gramatical ou literal ou sintática (aquela que se espelha no exato significado das palavras constantes do texto legal); sistemática (aquela que resulta de um confronto lógico entre os dispositivos da lei); lógica (aquela que se vale das regras de raciocínio e conclusão para compreender o espírito da lei); histórica (aquela que analisa o contexto da votação do diploma legislativo, os debates, as emendas propostas etc.); teleológica (aquela por meio da qual se procura o sentido e o alcance da norma).

3. **Interpretação da lei processual penal de acordo com os resultados:** Quanto aos resultados da interpretação, são destacadas as seguintes espécies: declarativa (espécie de interpretação que ocorre quando o texto examinado não é ampliado nem reduzido, encontrando-se apenas o significado oculto do termo ou expressão utilizada pela lei); restritiva (espécie de interpretação que procura restringir o alcance dos termos utilizados na lei para atingir seu real significado); extensiva ou ampliativa (modalidade de interpretação por meio da qual se alarga o sentido dos termos legais para dar eficiência à norma); analógica (espécie de interpretação mediante a qual o intérprete se vale de um processo de semelhança com outros termos constantes na mesma norma para analisar o conteúdo de algum termo duvidoso ou aberto); progressiva ou adaptativa ou evolutiva (ocorre para que sejam abarcadas no processo novas concepções ditadas pelas transformações sociais, científicas, jurídicas ou morais que devem permear a lei processual estabelecida).

6. INQUÉRITO POLICIAL

1. **Conceito de inquérito policial:** Inquérito policial é um procedimento preparatório da ação penal, de caráter administrativo, conduzido pela polícia judiciária e voltado à colheita preliminar de provas para apurar a prática de uma infração penal e sua autoria. Seu objetivo precípuo é a formação da convicção do representante do Ministério Público, mas também a colheitas de provas urgentes, que podem desaparecer, após

o cometimento do crime. Não podemos olvidar, ainda, que o inquérito serve à composição das indispensáveis provas pré-constituídas que servem de base à vítima, em determinados casos, para a propositura da ação penal privada.

2. **A Polícia Judiciária como órgão presidente do inquérito policial:** A Polícia Judiciária é aquela voltada para a investigação criminal, tendo, portanto, caráter repressivo, já que atua após a prática da infração penal, apurando a sua autoria e a materialidade. No âmbito estadual, é exercida pela Polícia Civil (art. 144, § 4º, da Constituição Federal) e, no âmbito federal, pela Polícia Federal (art. 144, § 1º, incisos I e IV, da Constituição Federal). É a Polícia Judiciária o órgão responsável pela presidência do inquérito policial, consoante dispõe o art. 4º, *caput*, do CPP. Distingue-se da Polícia Administrativa ou de Segurança, a exemplo da Polícia Militar (art. 144, § 5º, da Constituição Federal), porque esta é polícia ostensiva, preventiva, que visa, pois, evitar a ocorrência de um delito.

3. **Outras formas de investigação criminal:** Nos termos do art. 4º, parágrafo único do CPP, entende-se que o inquérito policial (espécie) não é a única forma de investigação criminal (gênero). Há outras tantas formas de investigação, distintas do inquérito policial, presididas por autoridades administrativas, desde que previstas em lei.

4. **Poder investigatório do Ministério Público e repercussão geral (STF):** O Ministério Público dispõe de atribuição para promover, por autoridade própria, e por prazo razoável, investigações de natureza penal, desde que respeitados os direitos e garantias que assistem a qualquer indiciado ou a qualquer pessoa sob investigação do Estado, observadas, sempre, por seus agentes, as hipóteses de reserva constitucional de jurisdição e, também, as prerrogativas profissionais de que se acham investidos os Advogados (Lei 8.906/94, art. 7º, notadamente os incs. I, II, III, XI, XIII, XIV e XIX), sem prejuízo da possibilidade - sempre presente no Estado democrático de Direito - do permanente controle jurisdicional dos atos, necessariamente documentados (Súm. Vinculante 14), praticados pelos membros dessa Instituição. (STF, RE 593727).

5. **Inquisitivo:** O inquérito policial é inquisitivo, eis que não submetido ao contraditório e à ampla defesa. Por isso, em regra, não é possível condenação apenas com base em prova produzida ao longo do inquérito, salvo com relação às provas cautelares, não repetíveis e antecipadas.

6. **Inexistência de nulidades:** Sendo o inquérito mero procedimento informativo e não ato de jurisdição, os vícios nele acaso existentes não afetam a ação penal que a deu origem (inexistência de nulidades).

7. **Procedimento escrito:** O inquérito deve ser todo escrito (art. 9º do CPP). Quanto aos atos orais, devem ser reduzidos a termo.
8. **Sigiloso:** A autoridade policial deve conferir ao inquérito o sigilo necessário para o êxito das investigações. Ante seu caráter sigiloso, o inquérito não está disponibilizado para qualquer do povo, pois não há a publicidade. Entretanto, isso não se aplica ao juiz, ao Ministério Público e ao advogado. A esse respeito, frise-se que o advogado pode consultar o inquérito mesmo que não tenha procuração nos autos (art. 7º, XIV, do Estatuto da OAB). Esclarecendo o alcance desta prerrogativa funcional do advogado está o teor da Súmula Vinculante n. 14 do STF, a qual faculta o amplo acesso do defensor aos elementos de prova já documentados no procedimento investigatório. *A contrario sensu*, é pleno o sigilo para atos investigatórios em andamento.
9. **Oficialidade:** O inquérito policial deve ser presidido por autoridade oficial do Estado, no caso, o Delegado de Polícia (oficialidade).
10. **Autoritariedade:** O inquérito policial é presidido por autoridade pública, o Delegado de Polícia (autoritariedade). A remoção do Delegado de Polícia dar-se-á somente por ato fundamentado da autoridade superior.
11. **Oficiosidade:** Nos crimes de ação penal pública incondicionada, a autoridade policial tem o dever de ofício de proceder à apuração do fato delitivo (oficiosidade).
12. **Indisponibilidade:** A autoridade policial não pode determinar o arquivamento do inquérito policial, nos termos do art. 17 do CPP (indisponibilidade).
13. **Incomunicabilidade (revogada):** A incomunicabilidade do investigado, prevista no art. 21 do CPP, não foi recepcionada pelo art. 136, § 3º, IV, da Constituição Federal.
14. **Formas de instauração:** As formas de instauração do inquérito policial podem ser extraídas basicamente da leitura do art. 5º do Código de Processo Penal, a saber: de ofício pela autoridade policial (art. 5º, I, CPP); por requerimento do ofendido ou de quem tiver qualidade para representá-lo (art. 5º, II, CPP), que, se indeferido, permite o oferecimento de recurso administrativo ao chefe de Polícia (art. 5º, § 2º, do CPP); por delação de terceiro ou *delatio criminis* (art. 5º, § 3º, CPP); por requisição da autoridade competente (art. 5º, II, CPP); pela lavratura do auto de prisão em flagrante delito.
15. **Instauração a partir de delação anônima ou apócrifa:** é vedado a instauração de inquérito policial com base meramente em delação anônima ou apócrifa, salvo quando a denúncia constituir o próprio corpo de delito.

16. **Início do inquérito policial em crimes de ação penal pública condicionada e ação penal privada:** Se o crime for de ação penal pública condicionada (à representação do ofendido e à requisição do Ministro da Justiça) ou de ação penal privada, o inquérito policial somente pode ser instaurado por provocação do ofendido ou de quem tiver qualidade para representá-lo ou ainda do Ministro da Justiça, a depender do caso (art. 5º, §§ 4º e 5º, CPP).

17. **Reprodução simulada dos fatos:** Para verificar a possibilidade de haver a infração sido praticada de determinado modo, a autoridade policial poderá proceder à reprodução simulada dos fatos. É vedada, porém, a reconstituição que ofenda a moralidade ou a ordem pública (art. 7º CPP).

18. **Prazo do inquérito policial:** Se o inquérito policial tramitar perante a Justiça Estadual, em se tratando de investigado solto, ele deve ser concluído em 30 dias, mas se o fato for de difícil elucidação será possível que a autoridade policial requeira ao magistrado a dilação deste prazo. Se, porém, o investigado está preso, o prazo é de 10 dias, não podendo ser dilatado (art. 10 CPP).

19. **Indiciamento:** O indiciamento é ato administrativo privativo do Delegado de Polícia que se dá por ato fundamentado, mediante análise técnico-jurídica do fato e no qual indica-se autoria, materialidade e suas circunstâncias. Não é cabível requisição de indiciamento (STF HC 115.015)

20. **Relatório final:** A autoridade policial, ao final do inquérito, deve relatar tudo quanto apurado nas investigações (art. 10, § 1º, do CPP). Neste relatório, a autoridade policial poderá indicar testemunhas que não tiverem sido inquiridas, mencionando o lugar onde possam ser encontradas (art. 10, § 2º, do CPP).

21. **Dispensabilidade:** O inquérito policial serve para preencher a justa causa da ação penal. Por isso, quando ele preenche esse requisito, deve acompanhar a denúncia ou queixa. Mas, se há outros elementos investigatórios que preencham esse requisito, ele é dispensável (art. 12 CPP).

22. **Discricionariedade:** Nos termos do art. 14 do CPP, o requerimento para produção de provas feito pelo ofendido, seu representante legal ou até mesmo pelo indiciado pode ser indeferido pela autoridade policial sob a simples alegação de que a diligência não é recomendável para o andamento das investigações, afinal de contas vige no inquérito policial o princípio da discricionariedade. Por força desse princípio, não há uma sequência de atos que devam ser obrigatoriamente seguidos pela autoridade.

23. **Redistribuição**: O inquérito policial somente poderá ser avocado ou redistribuído por superior hierárquico, mediante despacho fundamentado, por motivo de interesse público ou nas hipóteses de inobservância dos procedimentos previstos em regulamento da corporação que prejudique a eficácia da investigação.

24. **Curador especial:** Em virtude da redução da maioridade civil de 21 (vinte e um) para 18 (dezoito) anos de idade operada pelo Código Civil de 2002, entende-se que não há mais a necessidade de a autoridade policial nomear curador ao investigado maior de 18 (dezoito) anos e menor de 21 (vinte e um) anos de idade, estando, pois, revogado tacitamente o art. 15 do CPP.

25. **Novas diligências:** O Ministério Público somente pode pedir ao juiz a devolução dos autos do inquérito policial à Delegacia de Polícia se houver a necessidade da prática de diligências imprescindíveis ao oferecimento da denúncia (art. 16 CPP). Ademais, se o Ministério Público julgar necessários maiores esclarecimentos e documentos complementares ou novos elementos de convicção, deverá requisitá-los, diretamente, de quaisquer autoridades ou funcionários que devam ou possam fornecê-los (art. 47 CPP).

26. **Arquivamento do inquérito policial:** Se esgotadas todas as diligências cabíveis, percebendo o órgão do Ministério Público que não há indícios suficientes de autoria e/ou prova da materialidade delitiva, deverá ser formulado ao juiz pedido de arquivamento do inquérito policial. Na hipótese de o magistrado discordar desse pedido de arquivamento, no âmbito da Justiça Estadual, deverá remeter os autos ao Procurador-Geral de Justiça, o qual poderá seguir 3 caminhos distintos: I – pode ser determinada a realização de novas diligências (art. 16 do CPP); II – o próprio órgão superior pode oferecer denúncia; III – o órgão superior pode designar novo membro do Ministério Público para oferecer denúncia.

27. **Desarquivamento do inquérito policial:** A decisão de arquivamento do inquérito não gera coisa julgada material, podendo ser revista a qualquer tempo, desde que haja provas novas, o que ensejará o desarquivamento do procedimento, nos termos do art. 18 do CPP e da Súmula 524 do STF. Entretanto, segundo o próprio STF, se o arquivamento ocorre por atipicidade do fato, há a coisa julgada material, não sendo possível o desarquivamento.

28. **Existência de filhos:** o CPP arrola uma série de providências que o Delegado de Polícia deverá adotar quando da ciência da prática de uma infração penal. Ante a discricionariedade vigente na condução do inquérito

policial, nenhuma das medidas enumeradas é de realização compulsória. Contudo, é importante destacar o inciso X, que foi inserido em 2016 e determinada a colheita de informações referente a filhos e o contato de eventual responsável pelos cuidados dos filhos, indicado pela pessoa presa. Ante a recente decisão do STF deferindo *Habeas Corpus* para presas com filhos, torna-se especialmente relevante tal tópico.

7. AÇÃO PENAL

1. **Espécies de ação penal:** A regra quanto à espécie de ação penal é a ação penal pública, cujo titular privativo é o Ministério Público, e a exceção a ação penal privada, cujo titular é o ofendido ou seu representante legal, desde que haja previsão legal expressa a esse respeito. Dentre as ações penais públicas, a regra é a ação penal pública incondicionada, as exceções, se autorizadas por lei, a ação penal pública condicionada à representação do ofendido e a ação penal pública condicionada à requisição do Ministro da Justiça.
2. **Ação penal nos crimes contra a honra de funcionário público no exercício das funções (Súmula 714 STF):** Em havendo crime contra a honra de funcionário público praticado no exercício de suas funções, a Súmula 714 do STF afirma que haverá um caso de legitimidade concorrente, podendo o próprio funcionário público ingressar com a ação penal privada, sem prejuízo da legitimidade conferida ao Ministério Público para oferecer a ação penal pública condicionada à representação do ofendido.
3. **Ação penal nos crimes contra a dignidade sexual:** Os crimes contra a dignidade sexual são sempre de ação penal pública incondicionada, nos termos do art. 225 do Código Penal, com a redação dada pela Lei nº 13.718/18.
4. **Condições da ação penal genéricas:** São condições da ação penal genéricas: a possibilidade jurídica do pedido; interesse de agir; legitimidade de parte; justa causa.
5. **Condições da ação penal específicas:** São condições da ação penal específicas ou condições de procedibilidade: a representação do ofendido e a requisição do Ministro da Justiça.
6. **Condições objetivas de punibilidade:** São condições objetivas de punibilidade: a sentença anulatória do casamento, no crime de induzimento a erro essencial e ocultação de impedimento; o ingresso no país do autor do crime praticado no estrangeiro; a declaração de procedência da acusação

pela Câmara dos Deputados, no julgamento do Presidente da República; a sentença que decreta a falência, concede a recuperação judicial ou extrajudicial, nas infrações falimentares.

7. **Condições de prosseguibilidade:** As condições de prosseguibilidade são condições indispensáveis à continuidade da ação já deflagrada, implicando em crise de instância.

8. **Princípios regentes da ação penal pública:** São princípios regentes da ação penal pública: a obrigatoriedade; indisponibilidade; oficialidade; oficiosidade; autoritariedade; intranscendência.

9. **Representação do ofendido:** A representação do ofendido, em regra, deve ser oferecida no prazo decadencial de 6 meses, contados desde o conhecimento da autoria. Ela pode ser apresentada pelo ofendido, seu representante legal, curador especial, procurador com poderes especiais ou sucessores (cônjuge, ascendente, descendente ou irmão), em caso de morte do ofendido ou declaração judicial de ausência. Não há qualquer formalismo para a elaboração desta peça. É possível a retratação da representação até o oferecimento da denúncia, salvo nos casos de crimes praticados mediante violência doméstica ou familiar contra a mulher, hipótese em que será possível a retratação até o recebimento da denúncia, desde que em audiência especial perante o juiz, ouvido o Ministério Público.

10. **Princípios regentes da ação penal privada:** São princípios regentes da ação penal privada: oportunidade; disponibilidade; indivisibilidade; intranscendência.

11. **Queixa-crime:** A queixa-crime, em regra, deve ser oferecida no prazo decadencial de 6 meses, contados desde o conhecimento da autoria, sendo que esse prazo não se interrompe, não se suspende nem se prorroga, nem mesmo com o andamento do inquérito policial.

12. **Renúncia ao direito de queixa:** A renúncia ao direito de queixa opera-se sempre até o oferecimento da ação (pré-processual). É irretratável, já que enseja a extinção da punibilidade. Pelo princípio da indivisibilidade da ação penal privada, a renúncia feita para um agressor necessariamente beneficia os demais. É ato unilateral do ofendido, não necessitando de aceitação do agressor. Ela pode ser expressa (procedimental ou extraprocedimental) ou tácita (por meio de gestos feitos para o agressor incompatíveis como o desejo de processá-lo).

13. **Perdão do ofendido:** O perdão do ofendido, também causa de extinção da punibilidade, é ato bilateral, dependendo da aceitação do agressor, já

que ele pode recusá-lo, prosseguindo no feito visando obter uma sentença absolutória. Essa aceitação do perdão pode ser feita por procurador, desde que possua poderes especiais. A aceitação pode ser processual ou extraprocessual. O perdão pode ocorrer até o trânsito em julgado da sentença condenatória. Ele pode ser expresso (processual: o querelado será intimado para, no prazo de 3 dias, se manifestar, sendo que o seu silêncio importará em aceitação; ou extraprocessual) ou tácito (quando o ofendido toma atitudes incompatíveis com o desejo de processar). Por força do princípio da indivisibilidade, o perdão dirigido a um dos agentes pode beneficiar todos os demais, devendo o juiz intimar todos os querelados para que se manifestem se aceitam ou não este perdão. No entanto, como ele é ato bilateral, é possível que alguns aceitem e outros não, sendo que a ação penal continuará para aqueles agentes que não aceitaram.

14. **Perempção:** A perempção é uma penalidade imposta ao negligente querelante, incapaz de conduzir corretamente a ação penal, da qual é titular. Por consequência, ela acarreta a extinção da punibilidade do agente. As hipóteses de perempção estão previstas no art. 60 do CPP.

15. **Espécies de ação penal privada:** São espécies de ação penal privada: ação penal exclusivamente privada; ação penal privada personalíssima; ação penal privada subsidiária da pública.

16. **Requisitos da denúncia ou queixa (art. 41 CPP):** A elaboração da denúncia ou queixa deve seguir os requisitos exigidos pelo art. 41 do CPP: exposição do fato criminoso com todas as suas circunstâncias; qualificação do acusado ou esclarecimentos pelos quais se possa identificá-lo; classificação do crime; rol de testemunhas. Com relação à queixa-crime, o art. 44 do CPP ainda exige que ela venha acompanhada de procuração com poderes especiais, devendo constar em tal instrumento de mandato o nome do querelado e a menção ao fato criminoso, salvo quando esses esclarecimentos dependerem de diligências que devem ser previamente requeridas ao juízo criminal. Eventuais defeitos da procuração serão supridos se o querelante assinar a petição inicial juntamente com o advogado.

17. **Prazo para oferecimento da denúncia:** Em regra, o prazo para oferecimento de denúncia, em se tratando de investigado preso, é de 5 dias, contados da data em que o órgão do Ministério Público receber os autos do inquérito policial e, para o investigado solto, é de 15 dias.

18. **Atuação do Ministério Público na ação penal privada:** A atuação do Ministério Público é obrigatória na ação penal privada, devendo operar como fiscal da lei, sob pena de nulidade do feito. Nesta espécie de ação

penal, o órgão ministerial possui o poder de aditar a queixa, no prazo de 3 dias – se não se pronuncia nesse prazo, entende-se que não há o que aditar, devendo a ação prosseguir normalmente. No exercício desta atividade, o *Parquet* poderá elaborar correções de ordem formal e incluir novos fatos delitivos. Destarte, na ação penal exclusivamente privada, não pode o Ministério Público incluir agente que o ofendido não incluiu, sob pena de violação do princípio da oportunidade.

8. AÇÃO CIVIL "EX DELICTO"

1. **Legitimidade ativa:** Transitada em julgado a sentença condenatória, poderão promover-lhe a execução, no juízo cível, para o efeito da reparação do dano, o ofendido, seu representante legal ou seus herdeiros.
2. **Valor mínimo de reparação do dano:** Transitada em julgado a sentença condenatória, a execução poderá ser efetuada pelo valor mínimo da reparação do dano fixado na sentença condenatória (art. 387, IV, CPP), sem prejuízo da liquidação para a apuração do dano efetivamente sofrido. Nesse contexto, o magistrado só poderá fixar o valor mínimo da reparação do dano se houver pedido expresso nesse sentido do ofendido formulado na inicial acusatória, não podendo, portanto, arbitrá-lo de ofício, sob pena de julgamento *extra petita.*
3. **Ação de ressarcimento do dano**: Caso a parte prejudicada não queira aguardar o trânsito em julgado de uma sentença penal condenatória, poderá, desde já, oferecer a ação para ressarcimento do dano, no juízo cível, contra o autor do crime e, se for o caso, contra o responsável civil.
4. **Suspensão facultativa da ação civil:** Uma vez intentada a ação penal, para evitar decisões contraditórias, o juiz da ação civil poderá suspender (suspensão facultativa) o curso desta, até o julgamento definitivo daquela.
5. **Coisa julgada da sentença penal no juízo cível:** O art. 65 do CPP prevê as situações em que a sentença penal fará coisa julgada no juízo cível. São os casos de reconhecimento das excludentes de ilicitude do estado de necessidade, legítima defesa, estrito cumprimento do dever legal e exercício regular de direito.
6. **Causas que não impedem a ação civil indenizatória:** O CPP prevê expressamente causas que não impedem o oferecimento da ação civil indenizatória. São elas: I – sentença penal absolutória que não reconhecer categoricamente a inexistência material do fato (art. 66 CPP); II – despacho de arquivamento do inquérito ou das peças de informação (art. 67,

I, CPP); III - decisão que julgar extinta a punibilidade (art. 67, II, CPP); IV - sentença absolutória que decidir que o fato imputado não constitui crime (art. 67, III, CPP).

7. **Legitimidade ativa do Ministério Público em caso de pobreza da parte:** Quando o titular do direito à reparação do dano for pobre, a execução da sentença penal condenatória (art. 63 do CPP) ou a ação civil de conhecimento (art. 64 do CPP) será promovida, a seu requerimento, pelo Ministério Público.

9. JURISDIÇÃO E COMPETÊNCIA

1. **Jurisdição:** É o poder soberano do Estado de dizer o direito no caso concreto, resolvendo conflitos, em substituição à vontade das partes. A substitutividade é, pois, a característica mais marcante desse poder.

2. **Competência:** É a medida da jurisdição. No processo penal, a competência poderá ser absoluta ou relativa. A competência absoluta é aquela que não permite prorrogação, por envolver interesse público, podendo ser arguida a qualquer tempo e em qualquer grau de jurisdição, inclusive de ofício, sob pena de nulidade absoluta de todos os atos praticados no feito (decisórios ou instrutórios), segundo posicionamento doutrinário mais abalizado. Há três hipóteses de competência absoluta: I. Competência em razão da matéria (*ratione materiae*); II. Competência por prerrogativa de função (*ratione personae*); III. Competência funcional. Já a competência relativa permite prorrogação, caso não seja arguida a tempo a incompetência do foro, afinal de contas ela interessa sobretudo às partes. O desrespeito às normas de competência relativa, segundo posicionamento doutrinário prevalente, leva apenas à nulidade relativa dos atos decisórios (não são anulados os atos instrutórios, conforme melhor interpretação conferida ao art. 567 do CPP). No Processo Penal, é hipótese de competência relativa a competência territorial (*ratione loci*). Ressalte-se, porém, que, no Processo penal, a competência territorial pode ser reconhecida de ofício pelo juiz, motivo pelo qual a Súmula 33 do STJ só tem aplicabilidade no processo civil. Contudo, o magistrado só poderá declarar-se de ofício incompetente até a absolvição sumária (art. 397, CPP).

3. **Regra geral da competência territorial:** Como regra geral para definição da competência territorial, adota-se o local em que ocorreu a consumação do delito ou, no caso de tentativa, o local em que foi praticado o último ato de execução (teoria do resultado), nos termos do art. 70, *caput*, do CPP.

4. **Competência em caso de imprecisão territorial:** Se for incerto o limite territorial entre duas ou mais jurisdições, ou quando incerta a jurisdição por ter sido a infração consumada ou tentada nas divisas de duas ou mais jurisdições, a competência firmar-se-á pela prevenção (teoria da ubiquidade ou mista ou eclética).

5. **Competência em caso de infração continuada ou permanente, praticada em território de duas ou mais jurisdições:** A competência também será definida pela prevenção no caso de infração continuada ou permanente, praticada em território de duas ou mais jurisdições (teoria da ubiquidade).

6. **Competência em caso de crime à distância:** Se, iniciada a execução no território nacional, a infração se consumar fora dele, a competência será determinada pelo lugar em que tiver sido praticado, no Brasil, o último ato de execução. Quando o último ato de execução for praticado fora do território nacional, será competente o juiz do lugar em que o crime, embora parcialmente, tenha produzido ou devia produzir seu resultado.

7. **Foro supletivo ou subsidiário:** Quando não se tem conhecimento sobre o local da consumação do crime, vale a regra supletiva do foro do domicílio ou residência do réu. Se o réu tiver mais de um domicílio ou residência, a competência será firmada pela prevenção. E se o réu não tiver residência certa ou for ignorado o seu paradeiro, será competente o juiz que primeiro tomar conhecimento do fato.

8. **Competência em caso de ação penal exclusivamente privada:** No caso de ação penal exclusivamente privada, mesmo que conhecido o local da infração, o querelante pode optar pelo foro do domicílio ou residência do réu.

9. **Competência do Tribunal do Júri:** A competência do Tribunal do Júri envolve o julgamento dos crimes dolosos contra a vida e a eles conexos ou continentes. Os crimes dolosos contra a vida são apenas aqueles previstos entre os artigos 121 e 127 do Código Penal, consumados ou tentados.

10. **Competência da Justiça Eleitoral:** A Justiça Eleitoral tem competência para o julgamento dos crimes eleitorais e aqueles que lhes são conexos ou continentes.

11. **Competência da Justiça Militar:** A Justiça Militar julga crimes militares, além das ações judiciais contra atos disciplinares militares.

12. **Competência da Justiça Federal:** A competência da Justiça Federal é sempre expressa e taxativa, ao passo que a competência da Justiça Estadual é residual. Por conta disso, em havendo conexão ou continência entre crime de competência da Justiça Federal e crime de competência

da Justiça Estadual, prevalece a competência da Justiça Federal (Súmula 122 do STJ). As hipóteses de competência da Justiça Federal de primeiro grau estão previstas nos incisos IV, V, V-A c/c § 5º, VI, VII, IX, X, XI e § 3º do art. 109 da Constituição Federal.

13. **Conexão:** A conexão é o vínculo, o liame entre duas ou mais infrações penais, que, em regra, enseja a união entre os feitos para facilitar a produção da prova e para evitar decisões contraditórias. Entretanto, ela não determina a reunião dos processos se um deles já foi julgado (Súmula 235 STJ). As espécies de conexão vêm previstas no art. 76 do CPP, a saber: I. Conexão intersubjetiva (art. 76, I, CPP): Ela é dividida nas seguintes subespécies: A) Conexão intersubjetiva por simultaneidade (art. 76, I, 1ª parte, CPP); B) Conexão intersubjetiva por concurso (art. 76, I, 2ª parte, CPP); C) Conexão intersubjetiva por reciprocidade (art. 76, I, 3ª parte, CPP); II. Conexão objetiva ou material ou consequencial ou lógica ou teleológica ou finalista (art. 76, II, CPP); III. Conexão instrumental ou probatória ou processual ou ocasional (art. 76, III, CPP).

14. **Continência:** A continência ocorre quando um fato criminoso engloba outro fato desta natureza. Ela está prevista no art. 77 do CPP, possuindo as seguintes espécies: I. Continência em razão do concurso de pessoas ou por cumulação subjetiva (art. 77, I, CPP); II. Continência em razão do concurso formal de crimes ou por cumulação objetiva (art. 77, II, CPP).

15. **Foro prevalente:** Havendo conexão ou continência, impõe-se a junção dos feitos para facilitar a prova e evitar decisões contraditórias. Nesse caso, o foro prevalente é apontado pela redação do art. 78 do CPP: I. Competência prevalecente do Júri (art. 78, I, CPP); II. Jurisdição da mesma categoria (art. 78, II, CPP): No concurso de jurisdições de mesma categoria, preponderará a do: A) Foro onde foi cometida a infração mais grave (art. 78, II, "a", CPP); B) Foro onde foi cometido o maior número de infrações (art. 78, II, "b", CPP); C) Foro residual estabelecido pela prevenção (art. 78, II, "c", CPP); III. Jurisdição de categoria diversa (art. 78, III, CPP); IV. Jurisdição comum e especial (art. 78, IV, CPP).

16. **Separação obrigatória de processos:** O art. 79 do CPP apresenta situações nas quais a conexão e a continência não importarão unidade de processo e julgamento: I. Jurisdição comum e jurisdição militar (art. 79, I, CPP); II. Justiça comum e Justiça da Infância e Juventude (art. 79, II, CPP); III. Superveniência de doença mental (art. 79, § 1º, CPP); IV. Fuga de um dos réus (art. 79, § 2º, CPP).

17. **Separação facultativa de processos:** O art. 80 do CPP traz situações em que a separação dos processos é meramente facultativa: I. Separação facul-

tativa em caso de tempo ou lugar diferenciado (art. 80, 1ª parte, CPP); II. Separação facultativa em virtude do excessivo número de acusados (art. 80, 2ª parte, CPP); III. Separação facultativa em face de motivo relevante (art. 80, 3ª parte, CPP).

18. ***Perpetuatio jurisdictionis*****:** No caso de junção dos feitos, se constatada a incompetência do juízo que exerceu a força atrativa (por absolvição ou desclassificação), o crime conexo ou continente será julgado também pelo juízo de atração (*perpetuatio jurisdictionis*). As exceções a essa regra ocorrem no Tribunal do Júri. Nesse juízo, em primeiro lugar, se o juiz singular profere decisão de absolvição sumária, impronúncia ou desclassificação do crime doloso contra vida para crime que não é doloso contra a vida, não deve julgar tal crime e nem o crime conexo ou continente, devendo remeter os autos ao juízo competente para o seu julgamento. A segunda hipótese no Júri ocorre se a desclassificação do crime doloso contra a vida é feita pelo Conselho de Sentença: o crime doloso contra a vida e o crime conexo ou continente deverão ser julgados pelo juiz-presidente. Destarte, se o Conselho de Sentença julga pela absolvição do réu pelo crime doloso contra a vida, será o próprio Conselho de Sentença que continuará julgando o crime conexo ou continente.

19. **Duração da regra de competência por prerrogativa de função:** A competência por prerrogativa de função só persiste enquanto o agente permanecer em tal cargo. Ademais, de acordo com entendimento do STF, o foro por prerrogativa de função de Deputados Federais e Senadores é válido somente para infrações penais cometidas no exercício do cargo e em razão das funções desempenhadas (STF, AP 937).

20. **Foro por prerrogativa de função, aposentadoria e repercussão geral (STF):** O foro especial por prerrogativa de função não se estende a magistrados aposentados (STF, RE 549560).

21. **Foro por prerrogativa de função e competência territorial:** Sempre que a autoridade que possua foro por prerrogativa de função praticar infração penal, ainda que esteja fora da jurisdição territorial do respectivo tribunal, deverá ser julgada perante o tribunal de origem.

22. **Competência por prerrogativa de função dos prefeitos:** Os prefeitos, em regra, são julgados pelos Tribunais de Justiça. Porém, se cometem crime de competência da Justiça Federal, são julgados pelos Tribunais Regionais Federais. E se cometem crime de competência da Justiça Eleitoral, são julgados pelos Tribunais Regionais Eleitorais. Idêntico regramento é aplicável aos deputados estudais. Ademais, os prefeitos são julgados pelo foro por

prerrogativa de função (TJ ou TRF, a depender do caso) se cometerem crime doloso contra a vida.

23. **Competência por prerrogativa de função dos magistrados e membros do Ministério Público:** No caso de cometimento de crime por parte de magistrados e membros do Ministério Público, tais autoridades são sempre julgadas pelo Tribunal a que estão vinculados, ressalvada apenas a competência da Justiça Eleitoral, pouco importando a natureza do crime que cometem.

24. **Foro por prerrogativa de função estabelecido pela Constituição estadual (Súmula Vinculante n. 45 STF):** Se a competência por prerrogativa de função é estabelecida exclusivamente pela Constituição estadual, praticando o agente crime doloso contra a vida, deverá ser julgado perante o Tribunal do Júri, cuja competência é prevista na Constituição Federal (Súmula Vinculante n. 45 STF).

25. **Inconstitucionalidade do art. 84, §§ 1º e 2º, do CPP:** Considerando que o STF, na ADI 2797, julgou inconstitucional o art. 84, §§ 1º e 2º, do CPP, a competência especial por prerrogativa de função não subsiste se o inquérito ou a ação judicial forem iniciados após a cessação do exercício da função pública, e somente é assegurado para a ação penal, o que exclui a ação de improbidade administrativa.

26. **Deslocamento de Competência:** O incidente de deslocamento de competência para a Justiça Federal, previsto no art. 109, § 5º da Constituição da República de 1988, é cabível nas hipóteses de grave violação de direitos humanos, com a finalidade de assegurar o cumprimento de obrigações decorrentes de tratados internacionais de direitos humanos dos quais o Brasil seja parte. O mesmo poderá ser suscitado pelo Procurador-Geral da República, junto ao STJ, em qualquer fase do inquérito policial ou processo.

27. **Contravenção penal e competência:** É de competência da justiça comum estadual o julgamento de contravenções penais, mesmo que conexas com crimes de competência da justiça comum federal.

28. **Verbas Pública:** A competência para julgar desvio de verba sujeita a prestação de contas perante órgão federal é Justiça Federal.

10. QUESTÕES E PROCESSOS INCIDENTES

1. **Questão prejudicial:** Questão prejudicial é toda questão relacionada ao mérito da causa, que necessita ser julgada antes deste. É possível

apontar a existência de questões prejudiciais homogêneas e de questões prejudiciais heterogêneas. As questões prejudiciais homogêneas ou não devolutivas ou impróprias ou imperfeitas são as que pertencem e podem ser resolvidas na mesma jurisdição, ou no mesmo ramo do Direito, referindo-se à matéria da causa principal, que é de natureza penal. As questões prejudiciais heterogêneas ou devolutivas ou próprias ou perfeitas referem-se a outras áreas do direito, devendo ser decididas por outro juízo que não o penal.

2. **Questões prejudiciais obrigatória e facultativa:** O Código de Processo Penal trata expressamente da questão prejudicial obrigatória e da questão prejudicial facultativa. A questão prejudicial obrigatória **é aquela que impõe a suspensão do processo penal até que haja decisão prolatada por juízo cível.** Ela vem prevista no art. 92 do CPP. A questão prejudicial facultativa é aquela que permite ao juiz criminal, de acordo com seu critério, suspender o processo, aguardando solução de determinada questão em outra esfera. Está prevista no art. 93 do CPP.
3. **Exceções:** O Código de Processo Penal prevê, no seu art. 95, 5 espécies de exceções: a de suspeição, a de incompetência de juízo, de litispendência, de ilegitimidade de parte e de coisa julgada. Essas exceções deverão ser processadas em autos apartados. Como regra geral, não suspenderão o andamento da ação penal.
4. **Exceção de suspeição:** A parte que pretender recusar o juiz deverá fazê-lo em petição assinada por ela própria ou por procurador com poderes especiais (exceção de suspeição), aduzindo as suas razões acompanhadas de prova documental ou de rol de testemunhas.
5. **Exceção de incompetência:** A exceção de incompetência é a defesa indireta apresentada pela parte para que seja reconhecida a incompetência relativa (territorial) do foro perante o qual está tramitando o feito criminal.
6. **Exceções de litispendência, ilegitimidade de parte e coisa julgada:** Para as exceções de litispendência, ilegitimidade de parte e coisa julgada, deve ser observado, no que lhes for aplicável, o disposto sobre a exceção de incompetência do juízo nos artigos 108 e 109 CPP.
7. **Conflito de jurisdição:** As questões atinentes à competência resolver-se-ão não só pela exceção de incompetência, mas também pelo conflito de jurisdição. Esse conflito pode ser tanto positivo (quando dois ou mais órgãos jurisdicionais afirmam a sua competência para julgar determinado caso) como negativo (quando dois ou mais órgãos jurisdicionais negam a sua competência para julgar determinado caso).

8. **Restituição de coisas apreendidas:** A restituição das coisas apreendidas, quando cabível, poderá ser determinada pela própria autoridade policial ou pelo juiz, mediante termo nos autos. Nesse sentido, para que seja possível a restituição de coisas apreendidas, é necessário não existir dúvida quanto ao direito do reclamante.

9. **Medidas assecuratórias:** São medidas assecuratórias no processo penal: o sequestro; a hipoteca legal; o arresto.

10. **Sequestro:** O sequestro consiste em reter os bens imóveis e móveis do indiciado ou acusado, ainda que em poder de terceiros, quando adquiridos com o proveito da infração penal, para que deles não se desfaça, durante o curso da ação penal, a fim de se viabilizar a indenização da vítima ou impossibilitar ao agente que tenha lucro com a atividade criminosa. Para a sua decretação, bastará a existência de indícios veementes da proveniência ilícita dos bens, não se exigindo prova cabal e inequívoca a esse respeito.

11. **Hipoteca legal:** A hipoteca legal é a medida que visa assegurar a indenização do ofendido pela prática do crime, bem como ao pagamento das custas e despesas processuais. Ela recai sobre bens imóveis de origem lícita, desde que haja certeza da infração e indícios suficientes da autoria.

12. **Arresto:** Arresto é a medida que visa tornar indisponível bem de origem lícita (no que difere do sequestro), para garantia de futura indenização ao ofendido ou ao Estado.

13. **Incidente de falsidade:** O incidente de falsidade é um incidente voltado à constatação da autenticidade de um documento, inclusive os produzidos eletronicamente, inseridos nos autos do processo criminal principal, sobre o qual há controvérsia.

14. **Incidente de insanidade mental do acusado:** O incidente de insanidade mental do acusado é um procedimento instaurado para apurar a inimputabilidade ou a semi-imputabilidade do acusado, levando-se em conta a sua capacidade de compreensão do ilícito ou de determinação de acordo com esse entendimento, à época da infração penal.

11. PROVA

1. **Sistemas de avaliação da prova:** São 3 os sistemas de avaliação da prova: I – íntima convicção (aplicado no Brasil apenas no Tribunal do Júri, no qual os jurados não motivam o seu voto, até porque ele é sigiloso); II – sistema tarifário (resquício desse sistema é encontrado no Brasil no art. 158

do CPP, que exige o exame de corpo de delito, direto ou indireto, para a formação da materialidade da infração penal que deixar vestígios, vedando a sua produção através da confissão); III – sistema do livre convencimento motivado ou persuasão racional (adotado, como regra, no Brasil, por força do art. 93, IX, CF e art. 155, *caput*, CPP, permite que o juiz decida a causa de acordo com seu livre convencimento, devendo, no entanto, cuidar de fundamentá-lo, nos autos, buscando persuadir as partes e a comunidade em abstrato).

2. **Provas utilizadas para a formação do convencimento do juiz:** Para formação do convencimento do magistrado, em regra, o juiz só pode se utilizar de prova produzida ao longo do processo penal. Excepcionalmente, porém, é possível a utilização de provas produzidas no inquérito policial para a formação da convicção do magistrado, se tais provas forem cautelares, não repetíveis e antecipadas.
3. **Prova do estado das pessoas:** Toda prova lícita pode ser utilizada no processo penal, havendo apenas limitação quanto ao estado das pessoas, hipótese em que serão seguidas as restrições estabelecidas na lei civil.
4. **Ônus da prova:** Quanto ao ônus da prova, há de se salientar que, em regra, a prova da alegação incumbirá a quem a fizer. Nesse sentido, em regra, o ônus é da acusação. Excepcionalmente, é ônus da defesa a prova da existência de excludentes de ilicitude e de culpabilidade. O art. 156 do CPP permitiu que o juiz ordenasse, mesmo antes de iniciada a ação penal, a produção antecipada de provas consideradas urgentes e relevantes, observando a necessidade, adequação e proporcionalidade da medida (inciso I), bem como determinasse, no curso da instrução, ou antes de proferir sentença, a realização de diligências para dirimir dúvida sobre ponto relevante (inciso II).
5. **Provas ilícitas:** São inadmissíveis, no processo, as provas obtidas por meios ilícitos. São provas ilícitas aquelas que violam tanto normas constitucionais como legais.
6. **Provas ilícitas por derivação:** O CPP, no art. 157, § 1º, consagrou expressamente, também, a impossibilidade de utilização das provas ilícitas por derivação (teoria dos frutos da árvore envenenada ou do efeito à distância – *fruits of the poisonous tree*), que são aquelas provas que decorrem de uma prova ilícita originária, sendo que tal ilicitude somente restará caracterizada se houver demonstração do nexo causal entre as provas ou quando as derivadas não puderem ser obtidas por uma fonte independente das primeiras.
7. **Uso de prova ilícita:** Excepcionalmente, em atenção ao princípio da proporcionalidade, a prova ilícita poderá ser admitida no processo penal

quando ela for produzida em benefício do acusado, objetivando comprovar sua inocência.

8. **Exame de corpo de delito:** Se a infração deixar vestígios, necessariamente deverá ser feito o exame de corpo de delito, não podendo supri-lo nem mesmo a confissão do acusado, sob pena de nulidade absoluta do feito.

9. **Exames de corpo de delito direto e indireto:** O exame de corpo de delito pode ser feito de modo direto (quando os peritos têm contato pessoalmente, diretamente com o objeto a ser periciado) ou indireto (que será realizado quando inexistentes ou desaparecerem os vestígios, através de outros meios de prova em direito admitidos, principalmente através da prova testemunhal).

10. **Peritos oficial e não oficial:** A perícia, em regra, é formulada por um (não mais dois) perito oficial, portador de diploma de curso superior. Apenas quando não houver peritos oficiais é que deverá o juiz nomear duas pessoas portadoras de diploma de curso superior preferencialmente na área específica, dentre as que tiverem habilitação técnica relacionada com a natureza do exame: são os peritos não oficiais. Estes peritos, para que possam exercer suas funções, deverão prestar o compromisso de bem desenvolver sua atividade.

11. **Quesitos e indicação de assistentes técnicos:** O art. 159, § 3º, do CPP, com a redação dada pela Lei 11.690/08, passou a permitir que o Ministério Público, o assistente de acusação, o ofendido, o querelante e o acusado formulem quesitos e indiquem assistentes técnicos.

12. **Momento do exame:** O exame de corpo de delito pode ser realizado em qualquer dia e em qualquer hora. Já a autópsia deverá ser feita pelo menos seis horas depois do óbito, salvo se os peritos, pela evidência dos sinais de morte, julgarem que possa ser feita antes daquele prazo, o que declararão no auto.

13. **Interrogatório:** O interrogatório é a oportunidade que o réu possui para apresentar, perante o juiz, a sua versão pessoal dos fatos delitivos narrados na peça acusatória, em um legítimo exercício da autodefesa. Por ser um meio de exercício da autodefesa, que é sempre disponível, não obrigatória, o acusado pode se calar, sem que o seu silêncio seja interpretado em seu desfavor, assim como poderá mentir.

14. **Interrogatório e defensor técnico:** Por envolver o exercício de defesa, o interrogatório necessariamente deve ser acompanhado por defensor, ainda que dativo, sob pena de nulidade absoluta. Este defensor poderá inclusive formular perguntas ao réu. Além disso, o réu tem direito a entrevista prévia

com o seu defensor, em qualquer modalidade de interrogatório, sob pena de nulidade absoluta.

15. **Interrogatório do réu preso:** Quanto ao interrogatório do réu preso, como regra geral, ele deve ser feito no estabelecimento prisional, em sala própria, desde que estejam garantidas a segurança do juiz, do membro do Ministério Público e dos auxiliares, bem como, a presença do defensor e a publicidade do ato. Excepcionalmente, em não estando atendidos os requisitos acima referidos, o interrogatório do réu preso poderá ser feito por videoconferência, desde que para prevenir risco para à segurança pública, para viabilizar participação do réu no ato, por conta de impossibilidade vivenciada por ele, como problema de saúde, para impedir influência do réu no ânimo da vítima ou testemunha e para responder a questão de gravíssima questão de ordem pública. Não havendo a possibilidade de realização do interrogatório do réu preso no estabelecimento prisional ou por videoconferência, deverá ser feito por meio de uma terceira modalidade, qual seja, por requisição do réu preso em juízo.
16. **Confissão:** A confissão é o reconhecimento por parte do réu dos fatos narrados na peça acusatória. Ela é divisível e retratável, podendo até ser extraprocessual.
17. **Ofendido:** O ofendido, por ser a vítima da infração penal cometida pelo réu, não é considerado testemunha. Por isso, não tem o compromisso de dizer a verdade, mas é possível a sua condução coercitiva se, intimado, não comparecer em juízo sem motivo justo, pois ele tem o dever de depor. Antes do início da audiência e durante a sua realização, será reservado espaço separado para o ofendido. Ademais, o juiz deve tomar todas as providências necessárias à preservação de sua intimidade, vida privada, honra e imagem.
18. **Testemunhas:** No processo penal, toda e qualquer pessoa tem capacidade para testemunhar. A testemunha, em regra, tem o compromisso de dizer a verdade. Há hipóteses, porém, em que se opera a dispensa do dever de depor (art. 206 do CPP), a dispensa do dever de prestar compromisso (art. 208 do CPP) e a proibição de depor (art. 207 do CPP).
19. **Perguntas às testemunhas:** As perguntas serão formuladas às testemunhas diretamente pelas partes (cross examination), com a fiscalização constante do juiz, que poderá indeferir aquelas que puderem induzir a resposta, não tiverem relação com a causa ou importarem na repetição de outra já respondida, o que constará no termo de audiência. No entanto, no Tribunal do Júri, os jurados não podem fazer perguntas diretamente ao

ofendido e às testemunhas. Apenas após as perguntas diretas das partes é que o juiz poderá formular as suas perguntas complementares. Contudo, se o magistrado formular primeiramente as perguntas será caso de mera nulidade relativa.

20. **Oitiva de testemunha por carta precatória, ausência do réu preso e repercussão geral (STF)**: Inexiste nulidade pela ausência, em oitiva de testemunha por carta precatória, de réu preso que não manifestou expressamente intenção de participar da audiência (STF, RE 602543).

21. **Testemunha referida:** se o juiz reputar conveniente, pode determinar a oitiva das pessoas referidas no depoimento das testemunhas, ainda que não tenham sido arroladas por nenhuma das partes.

22. **Reconhecimento de pessoas:** primeiramente, a pessoa que tiver de fazer o reconhecimento deve descrever a pessoa a ser reconhecida, a qual deverá ser colocada, sempre que possível, ao lado de outras com que tenha qualquer semelhança. Ao final, deverá ser lavrado auto pormenorizado, subscrito pela autoridade, pela pessoa chamada para proceder ao reconhecimento e por duas testemunhas presenciais.

23. **Reconhecimento fotográfico:** conforme STF e STJ é legítimo e legal o reconhecimento fotográfico, contudo, é inegavelmente uma prova frágil que deve ser reforçada por outros elementos de prova.

24. **Documentos:** Documento é qualquer escrito, instrumento ou papel, público ou particular. Será sempre possível a juntada de documentos no processo penal, em qualquer fase, desde que submetidos ao contraditório, salvo exceções previstas em lei. A exceção diz respeito ao procedimento do Tribunal do Júri, no qual só é possível a utilização de documento em plenário, se tiver sido apresentado com a antecedência mínima de 3 dias úteis, dando-se ciência à outra parte.

25. **Indício:** Indício é a circunstância conhecida e provada, que, tendo relação com o fato, autorize, por indução, concluir-se a existência de outra ou outras circunstâncias.

26. **Busca e apreensão:** A busca e apreensão pode ser domiciliar ou pessoal. A busca e apreensão domiciliar ocorre na residência de outrem ou na extensão da residência feita pelo art. 246 do CPP, exigindo sempre ordem judicial fundamentada e escrita. Já a busca e apreensão pessoal não exige ordem judicial para sua efetivação, desde que presentes razões de natureza cautelar e, por isso, urgentes.

27. **Busca em mulheres:** Deverá será feita por outra mulher, se não importar retardamento ou prejuízo da diligência.

28. **Busca em jurisdição alheia:** A autoridade ou seus agentes poderão penetrar no território de jurisdição alheia, ainda que de outro Estado, quando, para o fim de apreensão, forem no seguimento de pessoa ou coisa, devendo apresentar-se à competente autoridade local, antes da diligência ou após, conforme a urgência desta.

29. **Documentos com advogado:** Como regra, documentos com o defensor do acusado não podem ser apreendidos, salvo se constituírem em si mesmo elemento do corpo de delito.

30. **Informações no aparelho celular:** De acordo com o STJ é necessário mandado judicial para se ter acesso ao conteúdo das mensagens constantes em celulares apreendidos. Ao contrário, conforme STF, não há qualquer problema em verificar no aparelho apreendido as chamadas recebidas e efetuadas.

12. SUJEITOS NO PROCESSO PENAL

1. **Impedimento do juiz:** As causas de impedimento da atuação do juiz no processo penal estão previstas taxativamente no art. 252 do CPP. A atuação de juiz impedido provoca a nulidade absoluta do ato processual por ele praticado.

2. **Suspeição do juiz:** As causas de suspeição da atuação do juiz no processo penal estão previstas no rol não taxativo do art. 254 do CPP. A atuação de juiz suspeito provoca a nulidade relativa do ato processual por ele praticado.

3. **Ministério Público:** O Ministério Público é parte imparcial ou parte formal no processo penal. Por força disso, exige-se imparcialidade na atuação dos membros do Ministério Público, motivo pelo qual eles não funcionarão nos processos em que o juiz ou qualquer das partes for seu cônjuge, ou parente, consanguíneo ou afim, em linha reta ou colateral, até o terceiro grau, inclusive. Além disso, estendem-se, no que lhes for aplicável, as prescrições relativas à suspeição e aos impedimentos dos juízes.

4. **Atuação do Ministério Público dos Estados no STF e no STJ e repercussão geral (STF):** Os Ministérios Públicos dos Estados e do Distrito Federal têm legitimidade para propor e atuar em recursos e meios de impugnação de decisões judiciais em trâmite no STF e no STJ, oriundos de processos de sua atribuição, sem prejuízo da atuação do Ministério Público Federal (STF, RE 985392).

5. **Acusado:** O acusado é o sujeito passivo da relação processual. Nesse trilhar, a ação penal somente pode ser oferecida em face de pessoa individualizada e devidamente identificada. Contudo, a impossibilidade de identificação do acusado com o seu verdadeiro nome ou outros qualificativos não retardará a ação penal, quando certa a identidade física. A qualquer tempo, no curso do processo, do julgamento ou da execução da sentença, se for descoberta a sua qualificação, far-se-á a retificação, por termo, nos autos, sem prejuízo da validade dos atos precedentes.

6. **Condução coercitiva do réu:** Embora o CPP, no seu art. 260, *caput*, consagre a possibilidade de condução coercitiva do réu que não atender à intimação para o interrogatório, reconhecimento ou qualquer outro ato que, sem ele, não possa ser realizado, certo é que a doutrina majoritária, o STJ e o STF não admitem essa possibilidade, por violação aos princípios da não autoincriminação e do direito ao silêncio.

7. **Indisponibilidade da defesa técnica:** Nenhum acusado, ainda que ausente ou foragido, será processado ou julgado sem defensor (indisponibilidade do direito de defesa - defesa técnica).

8. **Curador:** A figura do curador designado para o réu maior de 18 (dezoito) anos de idade e menor de 21 (vinte e um) anos deixou de existir no processo penal com o advento do Código Civil de 2002, que reduziu a maioridade civil para 18 (dezoito) anos.

9. **Defensor:** O advogado é essencial à administração da justiça. No exercício de sua função, o advogado do réu deve sempre buscar uma decisão favorável ao seu constituinte.

10. **Atuação do defensor na causa:** O defensor não poderá abandonar o processo senão por motivo imperioso, comunicado previamente o juiz, sob pena de multa de 10 a 100 (cem) salários mínimos, sem prejuízo das demais sanções cabíveis. Além disso, a audiência poderá ser adiada se o defensor provar a existência de motivo justo que o impeça de comparecer ao ato, sendo que a prova desse motivo deve ser feita até a abertura da audiência.

11. **Assistente de acusação:** O assistente de acusação é a posição ocupada pelo ofendido, quando ingressa no feito, atuando, ao lado do Ministério Público, no polo ativo. Ele poderá atuar em todos os termos da ação penal pública, até o trânsito em julgado da sentença condenatória. No caso de morte do ofendido, podem sucedê-lo como assistente de acusação o cônjuge, ascendente, descendente e irmão. E se o ofendido for incapaz, deverá intervir no feito o seu representante legal. Veda-se a possibilidade de o

correú servir como assistente de acusação. O Ministério Público deve ser ouvido acerca do ingresso do assistente de acusação no feito, bem como sobre o requerimento de produção de prova por este formulado. A decisão que admite ou não o assistente de acusação é irrecorrível, podendo ser impugnada, porém, por mandado de segurança.

12. **Assistência da OAB:** No âmbito da OAB, o art. 49 do Estatuto da OAB prevê a possibilidade de intervenção desta instituição em processos criminais, tanto no polo ativo (assistente de acusação) como no polo passivo (assistente de defesa), quando determinado advogado for réu ou ofendido e o processo interessar a toda a classe. Essa atuação se dará por meio dos Presidentes dos Conselhos e das Subseções da OAB.

13. PRISÃO, MEDIDAS CAUTELARES E LIBERDADE PROVISÓRIA

1. **Requisitos das medidas cautelares:** São requisitos para a concessão de uma medida cautelar: (a) *necessidade* para aplicação da lei penal, para a investigação ou a instrução criminal e, nos casos expressamente previstos, para evitar a prática de infrações penais (art. 282, I, CPP); (b) *adequação* da medida à gravidade do crime, circunstâncias do fato e condições pessoais do indiciado ou acusado (art. 282, II, CPP).
2. **Aplicação das medidas cautelares:** As medidas cautelares poderão ser aplicadas isolada ou cumulativamente (art. 282, § 1º, CPP). A prisão preventiva é uma das possíveis medidas cautelares.
3. **Decreto judicial das medidas cautelares:** As medidas cautelares podem ser decretadas pelo juiz, de ofício ou a requerimento das partes ou, quando no curso da investigação criminal, por representação da autoridade policial ou mediante requerimento do Ministério Público (art. 282, § 2º).
4. **Decreto judicial das medidas cautelares:** No caso de descumprimento de qualquer das obrigações impostas, o juiz, de ofício ou mediante requerimento do Ministério Público, de seu assistente ou do querelante, poderá substituir a medida, impor outra em cumulação, ou, em último caso, decretar a prisão preventiva.
5. **Fundamentação da decisão judicial que mantém ou não a prisão em flagrante:** O magistrado necessariamente deve fundamentar a manutenção ou não da prisão em flagrante, considerando que o novel art. 310, incisos I a III, do CPP passou a dispor o seguinte: *"Ao receber o auto de prisão em flagrante, o juiz deverá fundamentadamente: I – relaxar a prisão ilegal; ou II – converter a prisão em flagrante em preventiva, quando presentes os*

requisitos constantes do art. 312 deste Código, e se revelarem inadequadas ou insuficientes as medidas cautelares diversas da prisão; ou III - conceder liberdade provisória, com ou sem fiança".

6. **Cadastro nacional de mandados de prisão:** O art. 289-A do CPP, criado pela reforma de 2011, disciplinou um verdadeiro cadastro nacional de mandados de prisão.

7. **Cumprimento de mandados de prisão:** Por expressa determinação legal, qualquer agente policial poderá efetuar a prisão determinada no mandado de prisão registrado no Conselho Nacional de Justiça, ainda que fora da competência territorial do juiz que o expediu. Mesmo que não registrado no CNJ é possível o cumprimento do mandado por qualquer agente policial, desde que adote as cautelas necessárias para verificar a autenticidade do documento e comunique ao juiz que decretou a prisão. Se o réu, sendo perseguido, passar ao território de outro município ou comarca, o executor poderá efetuar-lhe a prisão no lugar onde o alcançar, apresentando-o imediatamente à autoridade local, que, depois de lavrado, se for o caso, o auto de flagrante, providenciará para a remoção do preso.

8. **Cumprimento de mandados de prisão em perseguição:** Se o réu, sendo perseguido, passar ao território de outro município ou comarca, o executor poderá efetuar-lhe a prisão no lugar onde o alcançar, apresentando-o imediatamente à autoridade local. Os parágrafos do art. 290 explicitam o conceito de perseguição e como fazer em caso de dúvida de identidade.

9. **Resistência à prisão:** Em caso de resistência ao cumprimento da prisão, seja em flagrante ou por mandado, podem os agentes policiais usar dos meios necessários para defender-se ou para vencer a resistência, do que tudo se lavrará auto subscrito também por duas testemunhas.

10. **Uso de algemas:** A Súmula Vinculante nº 11, do STF, define como requisitos para o uso de algemas a resistência, o fundado receio de fuga ou o perigo à integridade física própria ou alheia. Sem prejuízo, o CPP veda o uso de algemas em mulheres grávidas durante os atos médico-hospitalares preparatórios para a realização do parto e durante o trabalho de parto, bem como em mulheres durante o período de puerpério imediato.

11. **Ordem judicial para prisões:** Exige-se ordem judicial escrita e fundamentada para a efetivação de qualquer prisão, salvo no caso de prisão em flagrante.

12. **Prisão especial:** A prisão especial implica tão somente em dois efeitos. O primeiro deles é o recolhimento do preso especial em local distinto daquele destinado ao preso comum. Não havendo estabelecimento es-

pecífico para o preso especial, este será recolhido em cela distinta do mesmo estabelecimento. O segundo efeito da prisão especial consiste no fato de que o preso especial não será transportado conjuntamente com o preso comum.

13. **Presos provisórios e presos definitivos:** As pessoas presas provisoriamente ficarão separadas das que já tiverem sido definitivamente condenadas, nos termos da lei de execução penal.

14. **Prisão especial do advogado:** O advogado tem direito à prisão especial, mas ela somente é válida até o trânsito em julgado da sentença condenatória, consoante o art. 7º, inciso V, da Lei 8.906/94 – Estatuto da OAB. Não incide, pois, na execução provisória da pena privativa de liberdade, consoante entendimento do STJ e do STF. Essa prisão especial do advogado deve ser garantida em sala de Estado Maior, com instalações e comodidades condignas e, na sua falta, em prisão domiciliar. O dispositivo legal mencionava que a OAB é que deveria reconhecer se as instalações e comodidades eram condignas. Entretanto, o STF, no julgamento da ADIn n. 1.127-8, decidiu que essa expressão do dispositivo é inconstitucional.

15. **Prisão temporária:** A prisão temporária é aquela que visa assegurar uma eficaz investigação criminal, quando se tratar de apuração de infração penal de natureza grave. Ela somente pode ser decretada, portanto, na fase da investigação criminal, diferente do que ocorre com a prisão preventiva. Para decretação dessa prisão, é preciso conjugar as hipóteses ou do inciso I ou do inciso II do art. 1º da Lei 7.960/89 com a hipótese do inciso III do mesmo dispositivo legal.

16. **Prazo legal de duração da prisão temporária:** Há prazo fixado em lei para a duração da prisão temporária (ao contrário da prisão preventiva): em regra, 5 dias, podendo ser prorrogado por outros 5 dias, em caso de extrema e comprovada necessidade. Quando a prisão decorrer de crime hediondo ou equiparado, o prazo é de 30 dias, prorrogáveis por mais 30 dias, em caso de extrema e comprovada necessidade.

17. **Decreto judicial da prisão temporária:** Diferente do que ocorre com a prisão preventiva (se no curso da ação penal), não é possível a decretação da prisão temporária de ofício pelo juiz, devendo haver requerimento do Ministério Público ou representação da autoridade policial.

18. **Conversão da prisão temporária:** Caso a prisão temporária seja convertida em prisão preventiva no curso de investigação criminal, o prazo para conclusão do inquérito policial contar-se-á a partir do cumprimento do mandado de prisão preventiva.

19. **Prisão em flagrante do advogado:** O advogado somente poderá ser preso em flagrante, por motivo de exercício da profissão, em caso de crime inafiançável, hipótese em que terá direito à presença de representante da OAB para a lavratura do auto respectivo, sob pena de nulidade; se o crime não decorrer do exercício da profissão, será possível a prisão em flagrante do advogado em qualquer caso, mas, ainda assim, ele terá direito de que a sua prisão seja comunicada expressamente à seccional da OAB.
20. **Flagrantes facultativo e obrigatório:** O flagrante facultativo é aquele realizado por qualquer pessoa do povo, que não está obrigada a realizá-lo. O flagrante obrigatório é aquele imposto às autoridades policiais e seus agentes, sob pena de responsabilização criminal e funcional pelo seu descaso.
21. **Espécies de flagrante (art. 302 CPP):** São espécies de prisão em flagrante: flagrante próprio ou propriamente dito ou perfeito ou real ou verdadeiro (art. 302, I e II, CPP); flagrante impróprio ou imperfeito ou irreal ou quase flagrante (art. 302, III, CPP); flagrante presumido (art. 302, IV, CPP).
22. **Flagrante preparado ou provocado (Súmula 145 STF):** Não há crime quando a preparação do flagrante pela polícia torna impossível a sua consumação (flagrante preparado ou provocado - Súmula 145 STF).
23. **Flagrante forjado:** O flagrante forjado é um flagrante totalmente artificial, pois integralmente composto por terceiros. É o caso de um agente policial "plantando" drogas no veículo de um determinado sujeito. Trata-se de fato atípico.
24. **Flagrante esperado:** O flagrante esperado, por não contar com a interferência de um agente provocador, é absolutamente válido. Por meio dele, leva-se ao conhecimento da polícia a notícia de que um crime será, em breve, cometido, o que provoca o deslocamento de agentes ao local dos fatos, aguardando-se a sua ocorrência.
25. **Flagrante diferido:** O flagrante diferido ou retardado ou prorrogado ou postergado ou ação controlada é a possibilidade que a polícia possui de retardar a realização da prisão em flagrante, para obter maiores dados e informações a respeito do funcionamento, dos componentes e da atuação de uma organização criminosa. Ele vem consagrado no art. 53, II, da Lei 11.343/06, com previsão semelhante no art. 4º-B da Lei 9.613/98, com redação dada pela Lei 12.683/12, e, mais recentemente, também nos arts. 8º e 9º da Lei 12.850/13.
26. **Flagrante em crimes permanentes:** Em se tratando de crime permanente, caberá a prisão em flagrante a qualquer tempo, enquanto não cessar a permanência.

27. **Formalização da prisão em flagrante:** A formalização da prisão em flagrante se dá com a lavratura do Auto de Prisão em Flagrante Delito. Nele, deve constar o depoimento do condutor, de duas testemunhas do fato criminoso (mas, na falta delas, não se impede a lavratura do Auto de Prisão em Flagrante Delito, sendo possível a oitiva de testemunhas da apresentação do preso à autoridade; é possível ainda que nesse rol de duas testemunhas seja incluído o próprio condutor) e do conduzido (se quiser).

28. **Momentos da prisão em flagrante:** a prisão em flagrante é composta de dois momentos: apreensão física do infrator e a lavratura ou documentação da prisão no respectivo auto. Em crimes de menor potencial ofensivo, apesar de não ocorrer a lavratura do auto de flagrante a apreensão da pessoa infratora ocorre regularmente.

29. **Comunicação da prisão em flagrante:** É obrigatória a comunicação imediata da prisão em flagrante e do local onde o preso se encontra ao juiz competente, ao Ministério Público e à família do preso ou à pessoa por ele indicada.

30. **Envio do auto de prisão em flagrante:** Em até 24 (vinte e quatro) horas *após a realização da prisão*, será encaminhado ao juiz competente o auto de prisão em flagrante e, caso o autuado não informe o nome de seu advogado, cópia integral para a Defensoria Pública, consoante o disposto no art. 306, § 1º, do CPP, com a redação dada pela reforma de 2011. Além disso, exige-se a entrega da nota de culpa ao preso, no prazo de 24 (vinte e quatro) horas.

31. **Prisão preventiva:** A prisão preventiva é uma medida cautelar de constrição à liberdade do indiciado ou réu, por razões de necessidade, respeitados os requisitos estabelecidos por lei. Somente deve ser decretada quando não for cabível a sua substituição por outra medida cautelar.

32. **Momento de decreto da prisão preventiva:** A prisão preventiva pode ser decretada em qualquer fase da investigação policial ou do processo penal (art. 311 do CPP), ao contrário da prisão temporária, que apenas pode ser decretada na fase de investigação criminal.

33. **Decreto judicial da prisão preventiva:** Também diferente da prisão temporária, a prisão preventiva pode ser decretada de ofício pelo juiz. Todavia, a atual redação do art. 311 do CPP, após a reforma de 2011, somente permite o decreto da prisão preventiva de ofício pelo juiz no curso da ação penal, não sendo mais cabível, pois, na fase de investigação criminal. Pode ainda ser decretada com base em requerimento do Ministério Público

ou do querelante ou do assistente ou ainda mediante representação da autoridade policial.

34. **Requisitos da prisão preventiva (art. 312 CPP):** São 3 os requisitos exigidos pelo art. 312 do CPP para a decretação da prisão preventiva: I - prova da existência do crime (materialidade); II - indício suficiente da autoria (autoria); III - um dos requisitos que evidenciem a necessidade da prisão preventiva indicados pelo próprio art. 312 do CPP, quais sejam, garantia da ordem pública, garantia da ordem econômica, conveniência da instrução criminal e garantia de aplicação da lei penal (*caput* do art. 312 do CPP), bem como em caso de descumprimento de qualquer das obrigações impostas por força de outras medidas cautelares (art. 282, § 4º), novidade acrescentada pela reforma de 2011 ao parágrafo único deste dispositivo legal.

35. **Circunstâncias legitimadoras da prisão preventiva (arts. 313 CPP):** As circunstâncias legitimadoras da prisão preventiva estão previstas no art. 313 do CPP, ou seja, nos crimes dolosos punidos com pena privativa de liberdade máxima superior a 4 (quatro) anos, se tiver sido condenado por outro crime doloso, em sentença transitada em julgado e se o crime envolver violência doméstica e familiar contra a mulher, criança, adolescente, idoso, enfermo ou pessoa com deficiência, para garantir a execução das medidas protetivas de urgência.

36. **Circunstâncias impeditivas da prisão preventiva (arts. 314 CPP):** As circunstâncias impeditivas da prisão preventiva estão previstas no art. 314do CPP, ou seja, caso o juiz verifique pelas provas constantes dos autos ter o agente praticado o fato nas condições previstas nos incisos I, II e III do caput do art. 23 do Código Penal.

37. **Fundamentação da prisão preventiva:** Deve haver fundamentação da decisão que decretar, substituir ou denegar a prisão preventiva, nos termos do art. 315 do CPP, com a redação dada pela reforma de 2011, sempre com base na necessidade.

38. **Revogação e novo decreto da prisão preventiva:** Caso as circunstâncias fáticas que ensejaram a decretação da prisão preventiva sejam alteradas, evidenciando que ela não mais se torna necessária, o juiz poderá revogá-la. De outro lado, se houver nova alteração das circunstâncias fáticas e a prisão preventiva voltar a ser necessária, o juiz poderá novamente decretá-la.

39. **Prisão domiciliar:** A prisão domiciliar consiste no recolhimento do indiciado ou acusado em sua residência, só podendo dela ausentar-se com autorização judicial (art. 317 do CPP).

40. **Hipóteses de prisão domiciliar:** As hipóteses de prisão domiciliar estão nos arts. 318 e 318-A do CPP (este último dispositivo com a redação dada pela Lei nº 13.769/18

41. **Prisão decorrente de pronúncia:** É possível que o juiz, quando da pronúncia do réu, decrete a sua prisão, mas essa prisão não pode ser automática, como simples efeito da pronúncia do acusado, devendo o decreto prisional ser sempre fundamentado em uma necessidade cautelar da medida.

42. **Prisão decorrente de sentença condenatória recorrível:** É possível que o juiz, quando da sentença condenatória do réu, decrete a sua prisão, mas essa prisão não pode ser automática, como simples efeito da condenação do acusado, devendo o decreto prisional ser sempre fundamentado em uma necessidade cautelar da medida.

43. **Constitucionalidade da execução provisória da pena privativa de liberdade e repercussão geral (STF):** A execução provisória de acórdão penal condenatório proferido em grau recursal, ainda que sujeito a recurso especial ou extraordinário, não compromete o princípio constitucional da presunção de inocência afirmado pelo art. 5º, LVII, da CF (STF, ARE 964246).

44. **Rol de medidas cautelares:** Além das modalidades de prisão cautelar, o CPP, após a reforma de 2011, no art. 319, passou a elencar também outras medidas cautelares diversas da prisão.

45. **Fiança como medida cautelar:** A fiança, medida cautelar indicada no art. 319, inciso VIII, do CPP, pode ser cumulada com outras medidas cautelares (art. 319, § 4º, do CPP).

46. **Medida cautelar de proibição de ausentar-se do País:** A proibição de ausentar-se do País, que se extrai do disposto no art. 319, IV, do CPP, deverá ser comunicada pelo juiz às autoridades encarregadas de fiscalizar as saídas do território nacional, intimando-se o indiciado ou acusado para entregar o passaporte, no prazo de 24 (vinte e quatro) horas (art. 320 do CPP).

47. **Liberdade provisória:** A liberdade provisória é uma medida de contracautela pela qual determinado agente deverá ser colocado em liberdade, se a lei expressamente autorizar.

48. **Espécies de liberdade provisória:** São duas as espécies de liberdade provisória: liberdade provisória com fiança e liberdade provisória sem fiança.

49. **Fiança na delegacia:** Nos termos do art. 322, do CPP, a autoridade policial somente poderá conceder fiança nos casos de infração cuja pena privativa

de liberdade máxima não seja superior a 4 (quatro) anos. Nos demais casos, a fiança será requerida ao juiz, que deverá decidir em 48 (quarenta e oito) horas.

50. **Crimes inafiançáveis:** Os crimes inafiançáveis estão previstos nos arts. 323 e 324 do CPP.
51. **Valor da fiança:** O valor da fiança é previsto no art. 325, do CPP. Se a situação econômica do preso recomendar, a fiança poderá ser dispensada ou ter ser valor reduzida em até 2/3 ou aumentado em até mil vezes.
52. **Condições da fiança:** As condições da fiança estão previstas nos arts. 327 c/c art. 341, 1ª parte, 328 e 341, 2ª parte, do CPP. O descumprimento de quaisquer dessas condições faz com que a fiança seja tida como quebrada.
53. **Hipóteses de liberdade provisória sem fiança:** As hipóteses de liberdade provisória sem fiança, no CPP, estão previstas nos arts. 309, 310, 321 e 350.

14. CITAÇÕES E INTIMAÇÕES

1. **Citação:** O processo terá completada a sua formação quando realizada a citação do acusado.
2. **Citação pessoal:** Como regra geral, a citação é pessoal, feita por meio de oficial de justiça.
3. **Citação por carta precatória ou rogatória:** Estando o réu fora do território da jurisdição, deve haver a citação por carta precatória, ou, se estiver no exterior ou em sede de embaixada ou consulado, por carta rogatória.
4. **Citação do militar:** A citação do militar é feita por intermédio do chefe do respectivo serviço.
5. **Citação do funcionário público:** A citação do funcionário público deverá ser feita por notificação a ele, ficando prejudicada a necessidade de expedição de ofício requisitório ao chefe de sua repartição, já que a citação é feita para permitir o oferecimento de defesa escrita pelo réu, não mais para seu comparecimento à audiência de interrogatório.
6. **Citação do réu preso:** A citação do réu preso é sempre pessoal.
7. **Citação por edital:** A citação por edital ocorre quando o acusado não for encontrado para ser citado pessoalmente. O prazo de publicação do edital é de 15 dias. Não cabe a citação por edital no procedimento do Juizado Especial Criminal.

8. **Citação por hora certa:** A citação por hora certa, que passou a ser expressamente permitida no processo penal, é cabível se o réu se oculta para não ser citado.

9. **Constitucionalidade da citação por hora certa e repercussão geral (STF):** É constitucional a citação por hora certa, prevista no art. 362 do CPP. Ademais, a ocultação do réu para ser citado infringe cláusulas constitucionais do devido processo legal e viola as garantias constitucionais do acesso à justiça e da razoável duração do processo (STF, RE 635145).

10. **Suspensão do processo (art. 366 CPP):** Se o réu, citado por edital, não comparecer nem constituir advogado, não poderá ser julgado, ficando suspensos o processo e o curso do prazo prescricional, podendo o juiz, se necessário, determinar a produção antecipada de provas e a prisão preventiva do réu.

11. **Súmula 415 STJ**: "O período de suspensão do prazo prescricional é regulado pelo máximo da pena cominada".

12. **Súmula 455 STJ**: "A decisão que determina a produção antecipada de provas com base no artigo 366 do CPP deve ser concretamente fundamentada, não a justificando unicamente o mero decurso do tempo".

13. **Revelia:** O processo seguirá sem a presença do acusado que, citado ou intimado pessoalmente para qualquer ato, deixar de comparecer sem motivo justificado, ou, no caso de mudança de residência, não comunicar o novo endereço ao juízo.

14. **Efeitos da revelia:** No processo penal, a revelia não produz o efeito da presunção da veracidade dos fatos, tendo o único efeito de promover o andamento regular do processo sem que o acusado tenha direito de ser intimado dos atos posteriores. Ademais, o réu, mesmo revel, será representado por um defensor dativo nomeado pelo juiz.

15. **Intimações:** Para as intimações, será observado, no que for cabível, o regramento previsto para a citação.

16. **Intimações pelo órgão oficial:** O defensor constituído, o advogado do querelante e o assistente de acusação serão intimados pelo órgão oficial, desde que conste na publicação o nome do acusado, sob pena de nulidade.

17. **Intimações pessoais:** A intimação do Ministério Público, do defensor dativo e do defensor público deve ser sempre pessoal.

18. **Ministério Público, termo inicial da contagem do prazo para impugnar decisão judicial e recurso repetitivo (STJ):** O termo inicial da contagem do prazo para impugnar decisão judicial é, para o Ministério Público, a

data da entrega dos autos na repartição administrativa do órgão, sendo irrelevante que a intimação pessoal tenha se dado em audiência, em cartório ou por mandado (STJ, REsp 1349935).

19. **Súmula 710 STF**: No processo penal, considera-se efetivada a intimação com o mero cumprimento do mandado de intimação e não com a sua juntada nos autos (Súmula 710 do STF).

15. SENTENÇA

1. **Sentenças absolutória e condenatória:** A sentença pode ser condenatória ou absolutória. A primeira se configura quando o juiz conclui pela procedência da acusação, impondo ao agente delitivo determinada sanção penal. A segunda se opera quando se julga improcedente a acusação. Dentre as sentenças absolutórias, há as sentenças absolutórias próprias, que implicam em simples absolvição do réu, sem qualquer outra consequência relevante no processo penal, e as sentenças absolutórias impróprias, que, apesar de não considerarem o réu um criminoso, porque inimputável, impõem a ele medida de segurança, uma sanção penal constritiva à liberdade, mas no interesse da sua recuperação e cura.

2. **Requisitos da sentença:** São requisitos da sentença o relatório, a fundamentação e o dispositivo. A falta de qualquer desses requisitos provoca nulidade absoluta, salvo no Juizado Especial Criminal, em que é dispensado o relatório.

3. ***Emendatio libelli*:** A *emendatio libelli* é a mera adequação feita de ofício pelo juiz dos fatos narrados na peça acusatória à correta tipificação legal, caso o autor da ação penal tenha se equivocado nesta atividade de tipificação. Para tanto, não se exige aditamento à inicial.

4. ***Emendatio libelli* e suspensão condicional do processo:** Se, em virtude da *emendatio libelli*, surgir a possibilidade de proposta de suspensão condicional do processo, o juiz procederá de acordo com o disposto na lei, ou seja, deverá abrir vista dos autos ao Ministério Público para que, se presentes os requisitos previstos no art. 89, *caput*, da Lei 9.099/95, ofereça ao denunciado a proposta anteriormente mencionada (art. 383, § 1º, CPP).

5. ***Emendatio libelli* e desclassificação:** Se a *emendatio libelli* promover a desclassificação do crime para crime que é de competência de outro juízo, a este serão remetidos os autos (art. 383, § 2º, CPP).

6. ***Mutatio libelli*:** Havendo necessidade de ampliação da tese acusatória, faz-se imprescindível o aditamento à denúncia, conferindo-se, também,

à defesa a oportunidade para que se manifeste a respeito do teor desse aditamento. Quando isso ocorre, há hipótese de *mutatio libelli.*

7. ***Mutatio libelli* e aditamento à peça acusatória:** A *mutatio libelli* permite a alteração da definição jurídica do fato se, encerrada a instrução probatória, surgir nos autos prova a respeito de elemento (elementar do crime) ou circunstância da infração penal (qualificadoras) não contida na peça acusatória. Para que isso ocorra, é imprescindível que o Ministério Público formule aditamento à denúncia ou queixa, no prazo de 5 dias, podendo arrolar até 3 testemunhas.

8. **Não aditamento à peça acusatória pelo Ministério Público e postura do juiz**: Se o Ministério Público não realizar o aditamento à denúncia, o magistrado, no exercício da sua função anômala de fiscal do princípio da obrigatoriedade da ação penal pública, deverá seguir o procedimento previsto no art. 28 do CPP.

9. **Aditamento à peça acusatória e direito de defesa:** Uma vez apresentado o aditamento, a defesa terá o prazo de 5 dias para se manifestar a respeito dele, podendo arrolar até 3 testemunhas.

10. **Aditamento à peça acusatória e dilação probatória:** Caso o aditamento seja aceito, o juiz, a requerimento das partes, designará dia e hora para continuação da audiência, com inquirição de testemunhas, novo interrogatório do acusado, realização de debates e julgamento. Ademais, o juiz, na sentença, fica adstrito aos termos do aditamento.

11. ***Mutatio libelli*, suspensão condicional do processo e desclassificação:** O disposto no art. 383, §§ 1º e 2º, CPP também se aplica à *mutatio libelli.*

12. ***Emendatio libelli e mutatio libelli* em segundo grau:** Ao contrário do que ocorre com a *mutatio libelli* (Súmula 453 do STF), a *emendatio libelli* é cabível na fase recursal.

13. **Independência do juiz na sentença:** Nos crimes de ação penal pública o juiz, ao sentenciar, tem ampla liberdade e independência, no sentido de que poderá condenar o réu mesmo que o Ministério Público tenha pedido a sua absolvição. Além disso, poderá reconhecer circunstâncias agravantes, ainda que nenhuma tenha sido alegada.

14. **Hipóteses de sentença absolutória (art. 386 CPP):** Os casos de absolvição do réu no processo penal são apenas e tão somente aqueles previstos nos incisos I a VII do art. 386 CPP.

15. **Elementos da sentença condenatória (art. 387 CPP):** A sentença condenatória deverá necessariamente incluir os elementos previstos nos incisos I a VI do art. 387 do CPP.

16. PROCEDIMENTOS

1. **Procedimento comum:** O procedimento comum é dividido em ordinário (aplicado para crimes com sanção máxima igual ou superior a 4 anos de pena privativa de liberdade), sumário (aplicado para crimes com sanção máxima inferior a 4 anos e superior a 2 anos de pena privativa de liberdade) e sumaríssimo (aplicado para infrações penais de menor potencial ofensivo, ou seja, contravenção penal ou crime com sanção máxima igual ou inferior a 2 anos de pena privativa de liberdade, mesmo que possua procedimento especial). Já o procedimento especial, em verdade, engloba diversos procedimentos, existindo tanto no CPP como em leis esparsas.

2. **Aplicação de procedimentos:** O procedimento comum é a regra geral, somente sendo possível a aplicação de procedimento especial se houver menção expressa da lei nesse sentido.

3. **Aplicação subsidiária do procedimento comum ordinário:** O procedimento comum ordinário tem aplicação subsidiária aos procedimentos especiais, sumário e sumaríssimo.

4. **Aplicação dos arts. 395 a 398 CPP a todos os procedimentos penais de 1º grau:** As disposições dos arts. 395 a 398 do CPP aplicam-se a todos os procedimentos penais de primeiro grau, ainda que não regulados por ele.

5. **Procedimento comum ordinário:** O procedimento comum ordinário possui a sequência de atos processuais adiante indicada: 1. Rejeição (art. 395 do CPP) ou recebimento (art. 396 do CPP) da denúncia ou queixa; 2. Citação do acusado (art. 396 do CPP); 3. Resposta escrita do réu (art. 396-A do CPP); 4. Absolvição sumária (art. 397 do CPP); 5. Audiência de instrução e julgamento (arts. 399 a 401 do CPP); 6. Fase de diligências (art. 402 do CPP); 7. Alegações finais (arts. 403 e 404 do CPP); 8. Sentença (arts. 403, *caput* e § 3º, e 404 do CPP); 9. Registro da audiência (art. 405 do CPP).

6. **Diferenças entre o procedimento comum ordinário e o procedimento comum sumário:** Podem ser apontadas 5 diferenças entre o procedimento sumário e o procedimento ordinário: 1. Prazo para a realização da audiência de instrução e julgamento (art. 531 do CPP) - 60 dias para o ordinário, 30 dias para o sumário; 2. Número de testemunhas (art. 532 do CPP): 8 testemunhas para o ordinário e 5 testemunhas para o sumário; 3. Inexistência da fase de diligências no procedimento sumário; 4. Alegações finais sempre orais no procedimento sumário; 5. Sentença sempre oral no procedimento sumário.

7. **Juizado Especial Criminal:** O Juizado Especial Criminal tem competência para a conciliação, o julgamento e a execução das infrações penais de menor potencial ofensivo, as quais envolvem as contravenções penais e os crimes a que a lei comine pena máxima não superior a 2 anos, cumulada ou não com multa, ainda que possua procedimento especial previsto em lei.
8. **Conexão ou continência com infração de menor potencial ofensivo:** Se a infração penal de menor potencial ofensivo for praticada em conexão ou continência com crime de competência do juízo comum ou do tribunal do júri, será este último o órgão competente para o julgamento de ambas as infrações. No entanto, mesmo neste segundo juízo, será possível a aplicação da composição civil dos danos e da transação penal para a infração de menor potencial ofensivo.
9. **Fase preliminar do procedimento comum sumaríssimo:** Na fase preliminar do procedimento do Juizado Especial Criminal, que se desenvolve durante a audiência preliminar, haverá a tentativa de realização dos institutos despenalizadores da composição civil dos danos e da transação penal.
10. **Transação penal e repercussão geral (STF):** As consequências jurídicas extrapenais previstas no art. 91 do CP são decorrentes de sentença penal condenatória. Tal não ocorre, portanto, quando há transação penal (art. 76 da Lei 9.099/95), cuja sentença tem natureza meramente homologatória, sem qualquer juízo sobre a responsabilidade criminal do aceitante. As consequências geradas pela transação penal são essencialmente aquelas estipuladas por modo consensual no respectivo instrumento de acordo (STF, RE 795567).
11. **Transação penal e Súmula Vinculante n. 35 STF:** A homologação da transação penal prevista no artigo 76 da Lei 9.099/1995 não faz coisa julgada material e, descumpridas suas cláusulas, retoma-se a situação anterior, possibilitando-se ao Ministério Público a continuidade da persecução penal mediante oferecimento de denúncia ou requisição de inquérito policial (Súmula Vinculante n. 35 STF).
12. **Procedimento comum sumaríssimo propriamente dito:** O procedimento comum sumaríssimo propriamente dito tem a sequência de atos adiante apontada: denúncia ou queixa oral na audiência preliminar; realização da citação, notificação e intimações; audiência de instrução e julgamento, iniciada com a tentativa de composição civil dos danos e transação penal, se não foi possível ocorrer na fase preliminar, seguindo-se com a defesa oral do réu, o recebimento ou não da denúncia ou queixa, a oitiva da

vítima, testemunhas de acusação e defesa e do réu, alegações finais orais e sentença oral.

13. **Suspensão condicional do processo:** Quando o Ministério Público oferecer a denúncia, poderá também apresentar a proposta de suspensão condicional do processo, desde que a pena mínima cominada for igual ou inferior a 1 ano, que o acusado não esteja sendo processo ou não tenha sido condenado por outro crime, presentes os demais requisitos exigidos para a suspensão condicional da pena. O feito ficará suspenso pelo prazo de 2 a 4 anos, período no qual o réu fica submetido a determinadas condições legais, podendo o magistrado fixar outras condições, desde que adequadas ao fato e à situação pessoal do acusado. Durante o período de suspensão do processo, fica suspenso também o curso do prazo prescricional. Findo o prazo com o cumprimento das condições estabelecidas, haverá a extinção da punibilidade do agente.

14. **Suspensão condicional do processo, descumprimento de condições e recurso repetitivo (STJ):** Se descumpridas as condições impostas durante o período de prova da suspensão condicional do processo, o benefício poderá ser revogado, mesmo se já ultrapassado o prazo legal, desde que referente a fato ocorrido durante sua vigência (STJ, REsp 1498034).

15. **Suspensão condicional do processo, obrigações equivalentes a sanções penais e recurso repetitivo (STJ):** Não há óbice a que se estabeleçam, no prudente uso da faculdade judicial disposta no art. 89, § 2º, da Lei 9.099/95, obrigações equivalentes, do ponto de vista prático, a sanções penais (tais como a prestação de serviços comunitários ou a prestação pecuniária), mas que, para os fins do sursis processual, se apresentam tão somente como condições para sua incidência (STJ, REsp 1498034).

16. **Procedimento bifásico do tribunal do júri:** O procedimento do tribunal do júri é bifásico: a primeira fase é conhecida como fase da formação da culpa ou sumário da culpa ou instrução preliminar ou juízo de admissibilidade ou juízo de acusação (*judicium accusationis*), ao passo que a segunda fase é conhecida como fase do julgamento propriamente dito ou da acusação em plenário ou juízo de mérito ou juízo da causa (*judicium causae*).

17. **Primeira fase do procedimento especial do tribunal do júri:** A primeira fase do procedimento é praticamente idêntica ao procedimento comum ordinário, com as seguintes diferenças: 1. Manifestação do autor da ação penal após a resposta escrita do réu, no prazo de 5 dias (art. 409 do CPP); 2. Prazo máximo para realização da audiência de instrução e julgamento é de 10 dias (art. 410 do CPP); 3. Inexistência de fase de diligências do

art. 402 do CPP; 4. Alegações finais sempre orais (art. 411, § 4º, do CPP); 5. Prazo para conclusão da primeira fase é de 90 (noventa) dias (art. 412 do CPP).

18. **Pronúncia:** Quando houver indícios suficientes de autoria e prova da materialidade delitiva, a decisão será de pronúncia, a qual submeterá o réu a julgamento em plenário.

19. **Impronúncia:** Se não houver indícios suficientes de autoria ou prova da materialidade delitiva, a decisão será de impronúncia. Essa decisão tem caráter nitidamente processual (decisão interlocutória mista de conteúdo terminativo), daí porque será possível o oferecimento de nova denúncia ou queixa baseada em nova prova, desde que não extinta a punibilidade do réu.

20. **Absolvição sumária:** O juiz deverá decretar a absolvição sumária do acusado nos seguintes casos: I – provada a inexistência do fato; II – provado não ser ele autor ou partícipe do fato; III – o fato não constituir infração penal; IV – demonstrada causa de isenção de pena (salvo a inimputabilidade do art. 26, *caput*, do CP, exceto se for a única matéria de defesa) ou de exclusão do crime.

21. **Desclassificação:** Quando o juiz se convencer, em discordância com a acusação, da existência de crime que não seja doloso contra a vida e não for competente para o seu julgamento, fará a desclassificação do crime, remetendo os autos ao juízo competente.

22. **Desclassificação ao final da segunda fase:** Se a desclassificação for feita na segunda fase do procedimento pelos jurados, o crime desclassificado, e, também, o eventual crime conexo, deverão ser julgados pelo juiz-presidente do tribunal do júri.

23. **Absolvição ao final da segunda fase:** Se houver absolvição pelos jurados do crime doloso contra a vida, eventual crime conexo será julgado pelos próprios jurados.

24. **Início da segunda fase do procedimento especial do tribunal do júri:** O início da segunda fase do tribunal do júri ocorre com a abertura de vista dos autos às partes para que, no prazo de 5 dias, arrolem as testemunhas que pretendem ouvir em plenário, até o máximo de 5 – e não mais 8 (oito), como na primeira fase –, juntem documentos e requeiram diligências. Em seguida, o juiz ordena as diligências necessárias para sanar qualquer nulidade ou esclarecer fato que interesse ao julgamento da causa, assim como fará relatório sucinto do processo, determinando sua inclusão em pauta da reunião do tribunal do júri.

25. **Sessão de julgamento:** A sessão de julgamento desenvolve-se da seguinte forma: instrução em plenário, havendo, nessa ordem, a oitiva da vítima, testemunhas de acusação e defesa; fase de debates orais, iniciando-se com o Ministério Público, depois com o assistente de acusação e encerrando com a defesa – o tempo dos debates orais é o de uma hora e meia para cada parte, acrescido de uma hora se houver mais de um réu; réplica e tréplica, uma hora cada, dobrando-se o prazo se houver mais de um réu; votação dos quesitos; sentença.

26. **Quesitação:** A quesitação deve seguir a seguinte ordem: I – quesito da materialidade delitiva; II – quesito da autoria ou participação; III – se o acusado deve ser absolvido; IV – se há causa de diminuição de pena alegada pela defesa; V – se há qualificadoras ou causas de aumento de pena reconhecidas na pronúncia ou em decisões posteriores que julgaram admissível a acusação.

17. NULIDADES

1. **Nulidades:** Nulidades são os vícios que contaminam determinados atos processuais, praticados sem observância da forma prevista em lei, podendo levar à sua inutilidade e consequente renovação.

2. **Espécies de nulidades:** Há duas espécies de nulidades: as absolutas e as relativas. As nulidades absolutas contêm vício mais grave, pois violam normas constitucionais. Por conta desta gravidade do vício ocasionado pelas nulidades absolutas, estas podem ser decretadas de ofício pelo juiz ou a requerimento das partes, a qualquer tempo, não precluem nem convalidam e independem da prova do prejuízo, afinal de contas há presunção absoluta de prejuízo com a violação de norma constitucional. Já as nulidades relativas contêm vício menos grave, pois violam regras meramente processuais, daí porque devem ser arguidas pelas partes no momento oportuno, não podem ser reconhecidas de ofício pelo juiz, precluem, convalidam e dependem da demonstração do prejuízo.

3. **Hipóteses de nulidades absolutas e relativas:** São hipóteses de nulidades absolutas aquelas previstas no art. 564, incisos I, II, III, alíneas "a", "b", "c", "e", "f", "i", "j", "k", "l", "m", "n", "o", "p", e parágrafo único, CPP. São hipóteses de nulidades relativas aquelas previstas no art. 564, incisos III, alíneas "d", "e", 2ª parte, "g", "h", e IV, CPP.

4. **Princípios regentes das nulidades:** São princípios regentes das nulidades: não há nulidades sem prejuízo (art. 563 CPP); instrumentalidade das for-

mas – *pas de nullité sans grief* (arts. 563 e 572, II, CPP); não há nulidade provocada pela parte (art. 565, 1ª parte, CPP); não há nulidade por omissão de formalidade que só interesse à parte contrária (art. 565, 2ª parte, CPP); interesse (art. 565 CPP); não há nulidade de ato irrelevante para o deslinde da causa (art. 566 CPP); princípio da causalidade (art. 573, § 1º, CPP).

5. **Preclusão das nulidades relativas:** As nulidades relativas devem ser arguidas nos prazos fixados no art. 571 do CPP, sob pena de preclusão.
6. **Convalidação das nulidades relativas:** A convalidação das nulidades relativas ocorre em 3 hipóteses: I – se ultrapassados os prazos do art. 571 CPP (preclusão); II – se o ato processual for praticado de outra forma e atingir o seu fim (princípio da instrumentalidade das formas); III – se a parte, ainda que tacitamente, aceitar os seus efeitos.
7. **Renovação e retificação:** Caso não seja possível corrigir ou superar o vício, a consequência natural da decretação da nulidade é a renovação (pratica-se novamente o ato) ou a retificação (conserta-se o que estava errado) do ato anulado.

18. RECURSOS

1. **Recurso:** O recurso é o direito que a parte possui de, na mesma relação jurídica processual, atacar decisão judicial que lhe contrarie, pleiteando sua revisão, total ou parcial.
2. **Características dos recursos:** São características dos recursos: voluntariedade; tempestividade; taxatividade; unirrecorribilidade; vedação da *reformatio in pejus*.
3. **Efeitos dos recursos:** São efeitos dos recursos: devolutivo; suspensivo; regressivo ou iterativo; extensivo.
4. **Recurso de ofício:** A decisão que está sujeita ao recurso de ofício não transita em julgado enquanto não submetida ao duplo grau obrigatório (Súmula 423 STF). No Código de Processo Penal, as hipóteses de recurso de ofício estão previstas nos arts. 574, I, 625, § 3º, 663 e 746. A hipótese do art. 574, II, CPP está revogada, conforme entendimento do STF. O art. 7º da Lei 1.521/51 também prevê caso de recurso de ofício.
5. **Vedação de desistência do recurso pelo Ministério Público:** O Ministério Público não poderá desistir de recurso que haja interposto.
6. **Múltipla legitimidade recursal**: O recurso pode ser interposto pelo Ministério Público, pelo querelante, pelo réu pessoalmente, por seu procu-

rador ou por seu defensor. Pode, também, ser interposto pelo assistente de acusação (arts. 584, § 1º, e 598 do CPP).

7. **Pressupostos de admissibilidade objetivos:** Os pressupostos de admissibilidade objetivos dos recursos são: cabimento; adequação; tempestividade; inexistência de fatos impeditivos ou extintivos.

8. **Pressupostos de admissibilidade subjetivos:** Os pressupostos de admissibilidade subjetivos dos recursos são: I – interesse da parte; II – legitimidade.

9. **Princípio da fungibilidade:** A interposição de um recurso por outro, inexistindo má-fé, não impedirá que seja ele processado e conhecido como se fosse o recurso cabível (princípio da fungibilidade).

10. **Apelação:** Apelação é o recurso cabível em face de decisão ou sentença contra a qual não caiba recurso em sentido estrito. Deve ser interposto no prazo de 5 dias, sendo possível a entrega das razões do recurso em separado, no prazo de 8 (oito) dias ou 3 dias, nesta última hipótese se o processo for de contravenção penal ou o recorrente for o assistente de acusação ou ainda se este último não for recorrente, mas arrazoar após o Ministério Público. Suas hipóteses de cabimento vêm previstas no art. 593 do CPP.

11. **Recurso em sentido estrito:** Recurso em sentido estrito é o recurso cabível contra as decisões previstas taxativamente no art. 581 do CPP. O prazo de interposição é de 5 dias. O recorrente pode primeiro interpor o recurso e depois apresentar as razões recursais, no prazo de 2 dias. O recurso possui efeito regressivo ou juízo de retratação.

12. **Embargos de declaração:** Os embargos de declaração constituem o recurso que visa integrar a decisão, a sentença ou o acórdão obscuro, ambíguo, contraditório ou omisso. É cabível no prazo de 2 dias e é apresentado perante o mesmo órgão prolator da decisão impugnada (efeito regressivo). Possui efeito modificativo ou infringente.

13. **Embargos infringentes e de nulidade:** Os embargos infringentes e de nulidade constituem o recurso que visa atacar decisões proferidas por Tribunais de forma não unânime e que sejam desfavoráveis ao réu. Ele será apreciado pelo mesmo Tribunal prolator da decisão recorrida. É recurso privativo da defesa. O prazo de interposição é de 10 dias.

14. **Carta testemunhável:** Carta testemunhável é o recurso cabível contra decisão denegatória de recurso ou contra a que impedir o processamento do recurso que, embora admitido, não tenha sido remetido ao tribunal. Deve ser oferecido no prazo de 48 (quarenta e oito) horas e dirigido ao

escrivão (se o recurso for interposto em primeiro grau) ou ao secretário do tribunal (se interposto em segundo grau).

15. **Recurso ordinário constitucional:** Recurso ordinário constitucional é o recurso com hipóteses de cabimento previstas expressamente na Constituição Federal, artigos 102, II, alíneas "a" e "b" (quando dirigidos ao STF), e 105, II, alíneas "a" e "b" (quando dirigidos ao STJ).
16. **Recurso extraordinário:** Recurso extraordinário é aquele interposto quando determinada decisão viola diretamente a Constituição Federal. Suas hipóteses de cabimento estão previstas no art. 102, III, alíneas "a", "b", "c" e "d", da Constituição.
17. **Recurso especial:** Recurso especial é aquele interposto quando determinada decisão viola direito infraconstitucional. Suas hipóteses de cabimento estão previstas no art. 105, III, alíneas "a", "b" e "c", da Constituição Federal.
18. **Agravo em execução:** O agravo em execução é o recurso cabível para atacar decisões proferidas na execução penal. Deve ser oferecido no prazo de 5 dias, possui efeito regressivo, mas não possui efeito suspensivo. Segue o rito do recurso em sentido estrito.

19. AÇÕES AUTÔNOMAS DE IMPUGNAÇÃO

1. **Ações autônomas de impugnação**: As ações autônomas de impugnação são ações cabíveis contra decisões criminais condenatórias já com trânsito em julgado ou contra as quais não haja previsão de recurso. São 3 as espécies destas ações: revisão criminal, *habeas corpus* e mandado de segurança em matéria criminal.
2. **Revisão criminal:** A revisão criminal é a ação autônoma de impugnação que visa reexaminar sentença condenatória ou decisão condenatória proferida por tribunal já transitada em julgado.
3. **Hipóteses de cabimento da revisão criminal:** A revisão criminal somente pode ser oferecida em favor do réu, em proteção ao seu estado de liberdade, não sendo possível, portanto, o manejo desta ação *pro societate*. As hipóteses de cabimento estão previstas no rol taxativo do art. 621 do CPP.
4. **Legitimidade ativa da revisão criminal:** A revisão criminal poderá ser pedida pelo próprio réu ou por procurador legalmente habilitado ou, no caso de morte do réu, pelo cônjuge, ascendente, descendente ou irmão.
5. ***Habeas corpus*:** O *habeas corpus* é uma ação autônoma de impugnação, de caráter penal, que visa proteger a liberdade de locomoção quando ameaçada ou violada por ilegalidade ou abuso de poder.

6. **Espécies de *habeas corpus*:** O *habeas corpus* pode ser preventivo (quando a privação da liberdade estiver prestes a se concretizar) ou repressivo (quando a privação da liberdade de locomoção já tiver ocorrido).

7. **Princípios regentes do *habeas corpus*:** O *habeas corpus* é regido pelos princípios da celeridade (qualquer do povo pode impetrar, mesmo sem advogado), gratuidade (o impetrante não necessita recolher custas processuais) e informalidade (não há forma previamente definida).

8. **Súmula 693 STF:** Se a decisão condenatória aplica pena de multa ou se a infração penal prevê como única pena a pena pecuniária, não caberá o *habeas corpus*, cabendo mandando de segurança em matéria criminal.

9. **Liminar em *habeas corpus*:** A jurisprudência admite a formulação de pedido liminar do *habeas corpus*, embora não haja previsão legal expressa a esse respeito.

10. **Sujeitos do *habeas corpus*:** impetrante (qualquer pessoa, física ou jurídica); paciente (somente pessoa física); impetrado (não necessariamente é autoridade pública).

11. **Mandado de segurança em matéria criminal:** O mandado de segurança é a ação autônoma de impugnação cabível para proteger direito líquido e certo, não amparado por *habeas corpus* ou *habeas data*, quando o responsável pela ilegalidade ou abuso de poder for autoridade pública ou agente de pessoa jurídica no exercício de atribuições do Poder Público.

12. **Espécies de mandado de segurança:** Ele pode ser impetrado de forma preventiva (quando há ameaça a direito líquido e certo) ou repressiva (quando há violação a direito líquido e certo).

13. **Sujeitos do mandado de segurança:** O mandado de segurança envolve 2 sujeitos: o impetrante (qualquer pessoa, física ou jurídica) e o impetrado (autoridade coatora).

14. **Procedimento do mandado de segurança:** O procedimento do mandado de segurança está previsto na Lei 12.016/09.

DIREITOS HUMANOS

Rafael Soares Leite

INTRODUÇÃO

Concursos relacionados à segurança pública têm demandado conhecimentos relacionados a direitos humanos, envolvendo principalmente, de um lado, como o direito brasileiro recebe e aplica essas normas e, por outro, o conteúdo dos próprios direitos e dos sistemas internacionais (principalmente o Sistema ONU e o Sistema Interamericano) voltados ao seu monitoramento.

INCIDÊNCIA EM CONCURSOS RECENTES

ASSUNTOS	QUESTÕES	%
1. Normas Constitucionais	11	16,18%
2. Declaração Universal dos Direitos Humanos	12	17,65%
3. Sistema ONU	6	8,82%
4. Sistema Interamericano	14	20,59%
5. Sistema Nacional	2	2,94%
6. Convenções e Pactos Internacionais	12	17,65%
7. Outros Temas	11	16,18%
TOTAL	68	100%

O conteúdo da disciplina é pouco explorado nos certames desta carreira jurídica.

Seu conteúdo baseia-se em vários diplomas esparsos, que formam os chamados "sistemas de proteção de direitos humanos". Dentre eles, destacam-se o Sistema Internacional (ONU) e o Sistema Interamericano (OEA), cujas questões de referência agregam quase **30% da matéria** versada nas provas.

Outros três pontos, explorados de maneira mais ou menos equitativa, fecham o aglomerado básico de conteúdos das questões objetivas: Declaração Universal dos Direitos Humanos (doravante, também DUDH), Convenções e Pactos Internacionais esparsos e normas constitucionais que dizem respeito ao tema.

O que o estudante deve considerar quando se prepara para o concurso dessa carreira jurídica:

1. **Conhecer a Declaração Universal de Direitos Humanos (DUDH)**: A Declaração Universal dos Direitos Humanos não é um texto normativo muito extenso e é interessante que o candidato conheça sua estrutura e suas principais disposições, de maneira geral.
2. **Verificar nominalmente quais os tratados e outros atos normativos internacionais estão sendo exigidos no concurso:** É importante que o candidato verifique se o conteúdo programático da disciplina se refere, nominalmente, a algum tratado particular ou outro tipo de ato normativo (como declarações ou regras). O direito internacional dos direitos humanos é relativamente vasto e se compõe de diversos tratados de direitos humanos, bem como atos normativos que nem sempre se qualificam, tecnicamente, como tratados, mas que são normalmente cobrados e que possuem relevância para o Estado brasileiro (por exemplo, as "Regras de Mandela").

   Em relação a tratados, em provas para Delegado de Polícia Civil, tem aparecido, com alguma frequência, questões relacionadas à **Convenção Contra a Tortura e Outros Tratamentos ou Penas Cruéis, Desumanos ou Degradantes** e também em relação ao **Tribunal Penal Internacional (Estatuto de Roma)**.

   Em relação a textos normativos que não se qualificam como tratados, embora possuam relevância normativa, destacam-se as **Regras de Mandela**.
3. **Atenção aos direitos relacionados à segurança pública, como direito à vida, integridade física e garantias processuais**, principalmente aquelas com repercussão no inquérito e processo criminal. Por ter maior relevância e influência nas atividades exercidas pela Polícia Civil, os concursos tendem a cobrar com maior frequência os direitos relacionados à proteção

da vida e integridade física, bem como garantias processuais. É importante que o candidato possua o conhecimento do conteúdo dessas regras.

Abaixo, de modo a facilitar o estudo, apresentamos o quadro com importantes dispositivos previstos na DUDH, no Pacto Internacional sobre Direitos Civis e Políticos (PIDCP) e na Convenção Americana sobre Direitos Humanos (CADH) relacionados a essas matérias:

	DUDH	PIDCP	CADH
Direito à vida	Art. 3º	Art. 6º	Art. 4º
Proibição da tortura e outros tratamentos ou penas cruéis, desumanos ou degradantes	Art. 5º	Art. 7º	Art. 5º
Proibição da escravidão ou servidão	Art. 4º	Art. 8º	Art. 6º
Proibição de prisão arbitrária, direito à liberdade e segurança pessoal	Art. 9º	Art. 9º	Art. 7º
Garantias processuais	Arts. 8º, 10 e 11	Arts. 9º a 11, 14 e 15	Arts. 7º a 10, 25

4. **Convenção Americanas sobre Direitos Humanos** – "Pacto de San José da Costa Rica": além dos dispositivos indicados acima, é importante conhecer outros direitos previstos e as regras relacionadas à legitimidade para apresentar petição no Sistema Interamericano de Direitos Humanos e as competências da CorteIDH (consultiva e contenciosa). Nesse sentido, sugerimos que o candidato domine, principalmente, **os artigos 48 a 69 da Convenção Americana sobre Direitos Humanos**. Nessa parte do estudo, **sugerimos ênfase nos itens: Sistema Interamericano de Direitos Humanos, Comissão Interamericana de Direitos Humanos e Corte Interamericana de Direitos Humanos.**

1. CONCEITO DE DIREITOS HUMANOS

1. **Conceito formalista-positivo:** Sob um ponto de vista do **direito jurídico-positivo**, os direitos humanos podem ser compreendidos como o

conjunto de direitos e garantias legais reconhecidos em instrumentos normativos amplamente aceitos pela comunidade internacional e em tratados de direitos humanos.

2. Nessa perspectiva, sua **principal fonte é o direito internacional**.
3. **Conceito filosófico-normativo:** Sob um ponto de vista **filosófico**, os direitos humanos podem ser compreendidos como **faculdades e instituições, a serem reconhecidas e atualizadas em cada momento histórico, voltadas à realização da liberdade, igualdade e da dignidade humanas.**
4. Assim, de acordo **com o conceito filosófico-normativo**, eles devem servir para evitar o abuso do poder e ao mesmo tempo realizar as potencialidades humanas que permitam viver uma vida digna em sociedade.
5. O seu principal fundamento é a necessidade de respeitar a **dignidade humana** e **princípios de justiça**.
6. **Distinção entre direitos fundamentais e direitos humanos:** Há uma distinção tradicionalmente aceita entre **direitos fundamentais** e **direitos humanos**.
7. Os **direitos fundamentais** seriam aqueles **presentes e reconhecidos no catálogo de direitos existentes nas Constituições nacionais**, sejam eles **explícitos ou implícitos.**
8. Os **direitos humanos** estariam presentes em **instrumentos internacionais aceitos pela comunidade internacional**, como as declarações e os tratados ratificados pelos Estados.
9. Na prática, há cada vez mais trocas entre a disciplina dos direitos fundamentais e a dos direitos humanos, o que torna **a rigidez dessa categorização um pouco artificial**.

DIREITOS FUNDAMENTAIS →	Direitos previstos na Constituição
DIREITOS HUMANOS →	Direitos previstos em instrumentos jurídicos internacionais aceitos pela comunidade internacional

2. CARACTERÍSTICAS DOS DIREITOS HUMANOS

1. **Características dos direitos humanos:** Diversas características são atribuídas aos direitos humanos, tanto pelos tratados que os preveem como

também pela doutrina e jurisprudência. As principais características são: (*i*) **inerência**; (*ii*) **inalienabilidade**; (*iii*) **imprescritibilidade**; (*iv*) **universalidade**; (*v*) **indivisibilidade e interdependência**; (*vi*) **historicidade ou não taxatividade ou não tipicidade**; (*vii*) **transnacionalidade**.

2. **Inerência:** Essa característica indica que o indivíduo se torna titular de direitos pelo único fato de se **constituir como um ser humano**. Assim, numa afirmação que pode parecer um pouco repetitiva, basta ser humano para possuir direitos humanos.

3. Em razão da **inerência**, como regra, o exercício dos direitos humanos **não pode ser condicionado ao cumprimento de quaisquer outras condições pessoais**, como, por exemplo, nacionalidade, gênero, raça, idade, origem social e nascimento.

4. Assim, não importa onde, quando ou sob qual regime político o indivíduo vive: seus direitos humanos deverão ser sempre respeitados.

5. Uma das poucas exceções referem-se aos direitos políticos, em que o vínculo de nacionalidade é admitido como condição para o exercício desse direito.

6. **Inalienabilidade:** Os direitos humanos **não podem ser transferidos nem renunciados por seu titular**. Os Estados não podem suprimir esses direitos e retroceder no seu reconhecimento.

7. **Imprescritibilidade:** Os direitos humanos podem ser **exercidos a qualquer tempo** e **não estão sujeitos a perda ou caducidade pelo simples decurso de tempo**.

8. **Universalidade ou transnacionalidade:** Todos os indivíduos são titulares dos direitos humanos reconhecidos, sendo **irrelevante o Estado em que se encontram ou com o qual possuem um vínculo de nacionalidade**.

9. Dessa forma, o **vínculo de nacionalidade**, ou mesmo possuir uma nacionalidade, é um aspecto que deve ser **raramente considerado** para o exercício dos direitos humanos (Mas não para todos: como dito acima, um exemplo clássico são os direitos políticos, como o direito de votar e ser votado, que normalmente exige um vínculo de nacionalidade ou cidadania).

10. **Indivisibilidade e interdependência:** Os direitos humanos possuem igual peso, **não existindo uma hierarquia ou prevalência entre eles**.

11. O conteúdo de um direito está sempre em **conexão com o exercício de outro direito**. Não é possível o respeito somente em relação a alguns direitos, pois não há ser humano semidigno.

12. Assim, **direitos civis e políticos**, por um lado, e **direitos econômicos, sociais e culturais**, por outro, são **interdependentes** e se encontram no **mesmo nível hierárquico na escala de valores.**

13. **Historicidade ou não taxatividade ou não tipicidade:** Os direitos humanos atendem à necessidade de cada momento histórico e podem ser, portanto, **ampliados**, a partir do reconhecimento de novos direitos.

3. CLASSIFICAÇÕES DOS DIREITOS HUMANOS

1. **Quanto à natureza:** Seguindo uma divisão feita nos Pactos Internacionais e em outros tratados, os direitos humanos podem ser classificados quanto à natureza em: (i) direitos civis e políticos; (ii) direitos econômicos, sociais e culturais.

    (i) **Direitos Civis e Políticos:** esses direitos demandariam uma **atuação mais negativa** (ou inação) do Estado. Referem-se normalmente à vida, integridade física, devido processo legal, liberdade civil e participação política dos cidadãos.

    (ii) **Direitos Econômicos, Sociais e Culturais:** Envolveriam principalmente o **dever de os Estados proverem prestações positivas**. Incluem, entre outros, o direito à alimentação, saúde, educação, habitação, assim como direitos trabalhistas e o direito a um seguro social.

2. **Da controvérsia da classificação quanto à natureza:** Uma **doutrina** – que podemos considerar ser **clássica** – dividia os direitos civis e políticos e os econômicos, sociais e culturais com fundamento no critério das **atitudes negativas** (caso dos primeiros) ou **prestações positivas** (caso dos segundos) esperadas do Estado.

3. Hoje, reconhece-se que esse **critério de distinção está baseado em premissas erradas.**

4. Isso porque para o exercício de certos direitos civis e políticos básicos, como o devido processo legal e o direito de voto, há enorme dispêndio de recursos públicos com a manutenção e qualificação do sistema judiciário e da máquina eleitoral.

5. Por outro lado, alguns aspectos de certos direitos sociais – como o direito à cultura ou saúde – demandará simplesmente que o Estado respeite as decisões do indivíduo ou de uma determinada minoria cultural, abstendo-se de intervir.

6. **Quanto à geração ou dimensão:** Outra classificação, baseada e popularizada no meio jurídico pela obra "A Era dos Direitos", do jurista e filósofo

italiano Norberto Bobbio, refere-se a uma classificação dos direitos sob um **critério temporal** – isto é, **a partir dos períodos históricos em que foram reconhecidos.**

7. De acordo com o **critério da geração ou dimensão**, eles seriam divididos em direitos de 1ª geração até direitos de 4ª geração.

(i) **Direitos de 1ª geração:** Decorre das **Revoluções burguesas dos séculos XVII e XVIII**, envolvendo **direitos de autonomia, defesa e participação.** Referem-se, basicamente, aos **direitos civis e políticos.**

(ii) **Direitos de 2ª geração:** Conquistados a partir dos **movimentos sociais do século XIX e XX** e **envolvem maior intervenção do Estado na economia.** Referem-se aos **direitos econômicos e sociais** e visam garantir a proteção das necessidades materiais.

(iii) **Direitos de 3ª geração:** São denominados de **direitos de solidariedade ou direitos globais.** São de titularidade não do indivíduo, mas de **todo o gênero humano.** São também chamados de **direitos transindividuais.** Incluem o **direito ao desenvolvimento, o direito a um ambiente sadio e ecologicamente equilibrado, o direito à paz e o direito ao patrimônio comum da humanidade.**

(iv) **Direitos de 4ª geração:** Tendo como um dos seus defensores no direito brasileiro o **Prof. Paulo Bonavides**, seriam direitos decorrentes da globalização política, correspondendo à fase de **institucionalização do Estado social.** A aceitação dos direitos de 4ª geração é controversa pela doutrina desenvolvida no âmbito do direito internacional dos direitos humanos.

8. **Crítica da classificação quanto às gerações:** Duas críticas são normalmente feitas:

(1) Não se trata de uma geração de direitos que vai se substituindo à anterior, mas são **direitos que vão se acumulando historicamente.** Daí a preferência por se falar em **"dimensões de direitos"**, e não de "gerações de direitos".

(2) **Na verdade, não há uma correspondência exata entre os processos históricos e o reconhecimento de direitos.**

9. Por exemplo, no Brasil, o direito à educação pública gratuita já era objeto de atenção antes mesmo do reconhecimento de direitos de caráter previdenciário.

10. Outro exemplo refere-se aos direitos políticos. O direito ao voto reconhecido universalmente – por exemplo, às mulheres e independentemente do

nível patrimonial do indivíduo – é uma conquista consolidada apenas no século XX, isto é, após o reconhecimento de direitos trabalhistas (considerados direitos sociais) em diversos Estados.

4. PRINCÍPIOS DO DIREITO INTERNACIONAL DOS DIREITOS HUMANOS

1. **Sujeitos de direito internacional:** Sujeitos de direito internacional são definidos, em regra, como os titulares de direitos e obrigações no âmbito do direito internacional.
2. Classicamente, os Estados são os principais sujeitos de direitos reconhecidos pelo direito internacional.
3. No século XX, algumas Organizações Internacionais (OIs) – como, por exemplo, a Organização das Nações Unidas (ONU), a Organização dos Estados Americanos (OEA) e a Organização Mundial do Comércio (OMC) – passaram também a ser reconhecidas como sujeitos de direito internacional.
4. **O ser humano como um sujeito de direito internacional:** Embora ainda haja alguma resistência, **a doutrina tende atualmente a reconhecer os indivíduos como sujeitos de direito internacional**, ainda que de maneira limitada.
5. Isso porque o ser humano possui **direitos reconhecidos em diversos tratados** – como, por exemplo, os tratados de direitos humanos – e pode ainda **responder criminalmente no âmbito do direito internacional penal**.
6. Além disso, **o indivíduo pode eventualmente acessar diretamente órgãos internacionais de proteção**, como o Comitê de Direitos Humanos e a Comissão Interamericana de Direitos Humanos, ainda que, **em alguns casos, isso dependa de um consentimento expresso do Estado envolvido por meio de expressa aceitação ou adesão ao tratado correspondente**.
7. **Convenções internacionais:** Também denominadas de **"tratados"**, podem ser definidos como **"acordo internacional concluído por escrito entre Estados e regido pelo Direito Internacional, quer conste de um instrumento único, quer de dois ou mais instrumentos conexos, qualquer que seja sua denominação específica"** (art. 1, 'a', da Convenção de Viena sobre Direito dos Tratados).
8. Na prática internacional, há uma variedade de nomes para se designar os tratados (como, por exemplo, Protocolo, Acordo, Convenção, Pacto, etc.)

9. **O nome dado ao tratado não é relevante**. O que importa é verificar se os Estados pretenderam constituir obrigações por instrumento escrito a serem regidas pelo direito internacional.

10. **Convenções internacionais e o direito internacional dos direitos humanos:** O direito internacional dos direitos humanos possui uma **forte base convencional**. Isso quer dizer que **os direitos humanos são principalmente reconhecidos e juridicizados pelos Estados por meio de tratados,** aprovados no âmbito de organismos internacionais universais e regionais.

11. **Costumes internacionais e o Direito Internacional dos Direitos Humanos:** a **principal importância dos costumes internacionais no âmbito dos direitos humanos** refere-se à controvérsia se **determinadas declarações que, inicialmente, não teriam um caráter normativo internacional, passariam a tê-lo diante de sua consolidação como um costume internacional** (ver abaixo a questão da DUDH como um costume internacional).

12. **Peculiaridades do direito internacional dos direitos humanos:** O direito internacional dos direitos humanos tende a ser considerado como um ramo do direito internacional público, embora possua algumas peculiaridades em razão do seu objeto de proteção.

13. Diferente do direito internacional geral, **o direito internacional dos direitos humanos protege indivíduos e grupos ao invés de Estados.**

14. Pode-se mencionar como peculiaridades do direito internacional dos direitos humanos **(a) inaplicabilidade do princípio da reciprocidade**; **(b) critério de interpretação em favor da vítima.**

15. **Inaplicabilidade do princípio da reciprocidade:** no campo dos direitos humanos, as obrigações dos Estados **não têm o caráter sinalagmático ou de reciprocidade**, isto é, não exigem que uma parte cumpra a obrigação para que a outra tenha o igual dever de cumprimento.

16. Desse modo, **o Estado não pode invocar uma exceção de tratado não cumprido para se eximir de suas obrigações**. Embora isso seja peculiar ao direito internacional dos direitos humanos, não é exclusivo dele, existindo em outros ramos do direito internacional como, por exemplo, o direito internacional ambiental.

17. **Critério de interpretação em favor da vítima (*pro homine*):** um princípio interpretativo específico do direito internacional dos direitos humanos é o denominado **princípio da aplicação da regra mais favorável à vítima, ou *pro homine*.**

18. De acordo com esse princípio, diante da existência de mais de uma regra aplicável, **o aplicador deverá escolher aquela que, no caso concreto, se revela mais favorável à proteção da vítima.**

5. OUTRAS VERTENTES DE PROTEÇÃO DA PESSOA HUMANA NO DIREITO INTERNACIONAL

1. **Direito internacional humanitário:** É o ramo do direito internacional que lida com a **proteção de pessoas e bens durante conflitos armados internacionais e não-internacionais.**
2. É normalmente considerado o **ramo de proteção da pessoa humana em tempos de guerra**, enquanto o **direito internacional dos direitos humanos garantiria a proteção do indivíduo em tempos de paz.**
3. O direito internacional humanitário possui como tratados centrais, basicamente, em **quatro Convenções de Genebra aprovadas em 1949 e em três protocolos, sendo os dois primeiros de 1977 e o último de 2007.**
4. **Direito de proteção dos refugiados:** É o ramo do direito internacional que tem como **objetivo proteger indivíduos que sofrem perseguição por motivos de raça, religião, nacionalidade, grupo social ou opiniões políticas e que se encontram fora do seu país de nacionalidade**.
5. No Brasil, o Estatuto dos Refugiados encontra-se disciplinado na **Lei federal n.º 9.474.1997**. Essa lei também criou o **Comitê Nacional para Refugiados (CONARE)**, órgão responsável por reconhecer a condição de refugiado.
6. **Direito internacional criminal (ou penal):** É o ramo do direito internacional que tem como objetivo **regulamentar a repressão e persecução criminal de crimes considerados internacionais** (isto é, que são reconhecidos como crimes em convenções e costumes internacionais).
7. A qualificação de determinadas condutas como crimes internacionais visam a proteger o indivíduo e sua dignidade.
8. São exemplos de **crimes internacionais relacionados também à proteção dos direitos humanos: genocídio, crimes contra a humanidade, crimes de guerra, tortura e desaparecimentos forçados.**

Tribunal Penal Internacional (TPI)

9. A partir da Segunda Guerra Mundial, após a ocorrência de conflitos armados, e principalmente na década de 90, foram instaurados **tribunais**

internacionais específicos (*ad hoc*) para o julgamento de **crimes internacionais**, cuja gravidade exigiam a pronta repressão pela comunidade internacional para a realização da justiça.

10. O exemplo mais conhecido é o **Tribunal de Nuremberg**, que julgou ministros e comandantes das forças armadas alemães do mais alto grau, subordinadas a Adolf Hitler.

11. Na **década de 90**, foram instaurados pelo Conselho de Segurança **dois principais tribunais ad hoc** para o julgamento de crimes cometidos em guerras civis, como o **Tribunal Criminal Internacional para Ruanda e o Tribunal Criminal Internacional para a Antiga Iugoslávia**.

12. Para evitar o casuísmo e dúvidas quanto à legitimidade desses Tribunais, uma vez que eram constituídos somente após a ocorrência dos crimes que buscavam julgar, foi concebido o **Tribunal Penal Internacional (TPI), de natureza permanente**, a partir do **Estatuto de Roma**.

13. O Estatuto de Roma **entrou em vigor em 1º de julho de 2002**, e **passou a vigorar, para o Brasil, em 1º de setembro de 2002**, nos termos de seu art. 126.

14. O **Tribunal Penal Internacional (TPI) figura como órgão judiciário internacional permanente cuja finalidade é reprimir, subsidiariamente aos Estados, principalmente as seguintes categorias de crimes internacionais: o crime de genocídio, crimes de guerra, crimes contra a humanidade e crimes de agressão**.

15. **Prescrição:** De acordo com o art. 29 do Estatuto de Roma, **os crimes de competência do TPI não prescrevem**.

16. **Composição do TPI**: O TPI é composto por dezoito juízes, com mandato de nove anos cada, e possui os seguintes órgãos, conforme estabelece o art. 34 do Estatuto de Roma: a) Presidência; b) Câmaras (que se subdividem em Câmara de Questões Preliminares, Câmara de Primeira Instância e Câmara de Apelações); c) Promotoria; e d) Secretaria.

17. **Atuação do TPI**: O TPI pauta-se pelo **princípio da subsidiariedade**, pois **somente poderá agir quando o Estado onde ocorreram os crimes indicados não queira julgá-los ou não tiver condições de fazê-lo**.

18. Seu objetivo **é impedir que graves violações de direitos humanos restem impunes**, uma vez que, por diversas vezes, as instituições nacionais, seja por sua precariedade ou por circunstâncias adversas, não realizam a justiça como deveriam.

19. Os processos do TPI buscam **responsabilizar primordialmente indivíduos**, e não Estados.

20. Os processos de julgamento do TPI se iniciam por **provocação dos Estados-partes, do Conselho de Segurança da ONU ou de ofício pelo órgão de Promotoria do próprio TPI.**

21. Entre as penas previstas, encontra-se a **regra de pena de prisão máxima de 30 anos, embora se admita a prisão perpétua**, naqueles casos justificados pela extrema gravidade do crime e pelas circunstâncias pessoais do condenado (art. 77).

22. O TPI também pode estabelecer **sanções de natureza civil**, destinadas à **reparação das vítimas dos crimes, bem como de seus familiares.**

23. O art. 27 do Estatuto de Roma prevê a isonomia no exercício jurisdicional do TPI, pouco importando o cargo público titularizado pelo acusado. Isto é, **sujeitam-se ao processo criminal internacional desde Chefes de Estados e altas autoridades oficiais até servidores de baixa hierarquia.**

24. ***Ne bis in idem* no TPI:** De acordo com o art. 20 do Estatuto de Roma, em regra, nenhuma pessoa poderá ser julgada pelo Tribunal por atos constitutivos de crimes pelos quais este já a tenha condenado ou absolvido e nenhuma pessoa poderá ser julgada por outro tribunal por um crime ao qual já tenha sido condenada ou absolvida pelo TPI.

25. **Ressalva:** O próprio art. 20 estipula uma ressalva em relação aos **crimes de guerra, genocídio e crimes contra a humanidade**, ao estipular que o TPI poderá exercer a jurisdição quando o processo em outro tribunal:

    (a) Tenha tido por objetivo subtrair o acusado à sua responsabilidade criminal por crimes da competência do Tribunal; ou

    (b) Não tenha sido conduzido de forma independente ou imparcial, em conformidade com as garantias de um processo equitativo reconhecidas pelo direito internacional, ou tenha sido conduzido de uma maneira que, no caso concreto, se revele incompatível com a intenção de submeter a pessoa à ação da justiça.

26. **Asilo político e crimes submetidos à jurisdição do TPI**: O art., 28 da Lei de Migração (Lei 13.445/2017) dispõe que não se concederá asilo a quem tenha cometido crime de genocídio, crime contra a humanidade, crime de guerra ou crime de agressão, nos termos do Estatúto de Roma do Tribunal Penal Internacional, de 1998, promulgado pelo Decreto nº 4.388, de 25 de setembro de 2002.

27. **A Lei de Migração também inclui entre as causas de expulsão de estrangeiro** (art. 54, par. 1º, I) o cometimento de **crimes estabelecidos pelo Estatuto de Roma**.

6. NORMAS DE DIREITOS HUMANOS NA CONSTITUIÇÃO

1. **Constituição e direitos humanos:** A Constituição brasileira de 1988 faz diversas referências ao direito internacional dos direitos humanos, algumas explícitas, outras implícitas.

2. **Direitos humanos nas relações internacionais:** O art. 4º estabelece como princípios da República Federativa do Brasil nas relações internacionais **a prevalência dos direitos humanos (inc. II)**, a **autodeterminação dos povos (inc. III)**, **o repúdio ao terrorismo e ao racismo (inc. VIII)** e a **concessão de asilo político (inc. X)**.

3. ADCT. O art. 7º do Ato das Disposições Constitucionais Transitórias estabelece que "O Brasil propugnará pela formação de um **tribunal internacional dos direitos humanos.**"

4. **A Emenda Constitucional n.º 45/2005:** Essa emenda constitucional trouxe diversas inovações quanto à relação entre o direito brasileiro e o direito internacional dos direitos humanos.

5. Essa Emenda Constitucional (*i*) conferiu **hierarquia de norma constitucional aos tratados de direitos humanos ratificados segundo o procedimento de emenda** (art. 5º, § 3º); (*ii*) **admitiu a jurisdição do Tribunal Penal Internacional** (art. 5º, § 4º); e (*iii*) instituiu o **incidente de deslocamento de competência para grave violação de direitos humanos** (art. 109, V-A e § 5º).

6. **Alusão no art. 5°, § 2° da Constituição:** Esse dispositivo estabelece que "**os direitos e garantias expressos nesta Constituição não excluem outros decorrentes do regime e dos princípios por ela adotados, ou dos tratados internacionais em que a República Federativa do Brasil seja parte.**"

7. Entendia-se que a referência feita nesse artigo aos "tratados internacionais" envolvia principalmente tratados de direitos humanos. De acordo com a interpretação defendida por doutrinadores como **Antônio Augusto Cançado Trindade e Flávia Piovesan, essa cláusula constitucional teria como finalidade uma equiparação automática dos direitos e garantias previstos em tratados de direitos humanos** à natureza das normas constitucionais, uma vez que esses tratados fossem ratificados pelo Brasil.

8. O Supremo Tribunal Federal (STF), até a presente data dessa edição, **não admite essa tese.**

7. HIERARQUIA DE TRATADOS DE DIREITOS HUMANOS NO DIREITO BRASILEIRO

1. **Hierarquia de tratados gerais (que não tratam especificamente da matéria de direitos humanos) e sua natureza hierárquica:** Seguindo um entendimento há muito tempo consolidado pelo STF, **a regra geral é de que os tratados ratificados e incorporados ao direito brasileiro possuem o nível de leis ordinárias.**
2. Nesse sentido, eles **poderiam ser derrogados a partir do critério temporal** (lei posterior revoga a lei anterior) e do **critério da especialidade** (norma especial derroga a lei geral).
3. **Exceções legais:** Por expressa disposição constitucional e legal, alguns tratados se afastam da regra geral de equiparação de tratado internacional à lei ordinária. São eles:
   (i) **transportes internacionais** (Constituição Federal - Art. 178. A lei disporá sobre a ordenação dos transportes aéreo, aquático e terrestre, devendo, **quanto à ordenação do transporte internacional, observar os acordos firmados pela União**, atendido o princípio da reciprocidade.) – ver RE 636331, Relator(a): Min. GILMAR MENDES, Tribunal Pleno, julgado em 25/05/2017, PROCESSO ELETRÔNICO REPERCUSSÃO GERAL - MÉRITO DJe-257 DIVULG 10-11-2017 PUBLIC 13-11-2017);

   (ii) **matéria tributária** (Código Tributário Nacional - Art. 98. Os tratados e as convenções internacionais revogam ou modificam a legislação tributária interna, e **serão observados pela que lhes sobrevenha.**).
4. **Incorporação de tratados internacionais de direitos humanos após a vigência do art. 5º, § 3º da Constituição, inserido pela Emenda Constitucional n. 45/2004:** De acordo com o art. 5º, § 3º da Constituição Federal, "Os tratados e convenções internacionais sobre direitos humanos que forem aprovados, em cada Casa do Congresso Nacional, em dois turnos, por três quintos dos votos dos respectivos membros, **serão equivalentes às emendas constitucionais.**"
5. **O rito previsto nesse parágrafo é o mesmo das emendas constitucionais**. Portanto, se aprovados segundo esse rito, terão a natureza de emenda constitucional.
6. **Natureza hierárquica de tratados de direitos humanos aprovados anteriormente ou não aprovados nos termos do art. 5º, § 3º da Constituição:**

Segundo a jurisprudência hoje dominante do Supremo Tribunal Federal, os tratados de direitos humanos que **não foram incorporados nos termos do rito previsto no art. 5º, § 3º da Constituição** possuem natureza de **norma supralegal, mas infraconstitucional**.

7. Dito de outro modo, **tratados de direitos humanos não podem ser derrogados por lei ordinária.**

8. Porém, se foram aprovados sem observância do rito do art. 5º, § 3º, da Constituição, possuem **natureza infraconstitucional** e, nesse sentido, as normas constitucionais são hierarquicamente superiores às normas previstas nos tratados de direitos humanos.

A questão do depositário infiel e os tratados de direitos humanos

9. Um dos dispositivos de tratados de direitos humanos que criaram grande celeuma na doutrina, a ponto de provocar a manifestação do STF, é a questão da prisão do depositário infiel, autorizada no art. 5º, LXVII, da Constituição, com o seguinte texto: "**não haverá prisão civil por dívida, salvo a do responsável pelo inadimplemento voluntário e inescusável de obrigação alimentícia e a do depositário infiel**".

10. Contudo, a Convenção Americana sobre Direitos Humanos (CADH), e também o Pacto Internacional sobre Direitos Civis e Políticos (PIDCP), **não admitem a possibilidade da prisão civil do depositário infiel. A CADH só admite a prisão civil por inadimplemento de obrigação alimentícia.**

11. O art. 7º (7) da CADH, assim prevê: "Ninguém deve ser detido por dívidas. Este princípio não limita os mandados de autoridade judiciária competente expedidos em virtude de inadimplemento de obrigação alimentar."

12. O STF entendeu que a ratificação do Brasil da CADH e do PIDCP e sua incorporação ao direito brasileiro significam que a prisão do depositário infiel "deixou de ter aplicabilidade diante do **efeito paralisante desses tratados em relação à legislação infraconstitucional que disciplina a matéria.**" (RE 466.343, voto do rel. min. Cezar Peluso, P, j. 3-12-2008, DJE 104 de 5-6-2009, Tema 60 – destaque nosso).

13. Assim, o STF editou a seguinte tese de repercussão geral: "**É ilícita a prisão civil de depositário infiel, qualquer que seja a modalidade de depósito.**" (Tese definida no RE 466.343, rel. min. Cezar Peluso, P, j. 3-12-2008, DJE 104 de 5-6-2009, Tema 60.)

8. EFICÁCIA E APLICAÇÃO DOS TRATADOS

1. **Eficácia e aplicação dos tratados**: No direito brasileiro, os tratados tendem a seguir os seguintes passos: a) submissão pelo Poder Executivo do texto de um tratado ao Congresso Nacional; b) aprovação por Decreto legislativo; c) ratificação do tratado pelo Estado brasileiro; d) edição de Decreto executivo incorporando o tratado na ordem doméstica.

2. Sob esse rito, o tratado somente inicia sua vigência no plano doméstico após o Decreto executivo firmado pelo Presidente da República. A regra geral, portanto, é que o **Decreto executivo é um ato condicional sem o qual o tratado não pode vigorar na ordem jurídica brasileira**.

3. **Eficácia e aplicação dos tratados de direitos humanos:** Flávia Piovesan vislumbra um sistema misto. Para essa autora, os **tratados de direitos humanos sujeitam-se à incorporação automática**, dispensando o Decreto executivo, enquanto todos os demais tratados exigiriam a expedição do Decreto executivo. A autora extrai essa interpretação da leitura que faz da Constituição, em especial do art. 5º, § 2º.

4. Contudo, a jurisprudência dos Tribunais Superiores ainda não se manifestou sobre a tese da profa. Flávia Piovesan e a **doutrina tradicional** tende a compreender que não há distinção entre os tratados de direitos humanos e demais tratados quanto à incorporação: ambos precisariam do Decreto Executivo para vigorar na ordem jurídica brasileira.

5. **Controle de convencionalidade das leis**: De acordo com esse postulado reconhecido pela Corte Interamericana de Direitos Humanos, incumbe aos órgãos do Poder Judiciário nacional realizar o controle de convencionalidade das leis.

6. Em suma, de maneira similar ao controle de constitucionalidade, **os juízes e tribunais devem verificar se as leis internas** – o que, na visão da Corte Interamericana, deve incluir até mesmo a Constituição – **estão adequadas aos tratados de direitos humanos.**

7. A ideia de controle de convencionalidade tem sido aplicada principalmente em relação à Convenção Americana sobre Direitos Humanos (CADH), mas **nada impede que essa perspectiva posa ser também adotada em relação a outros tratados de direitos humanos.**

8. O Superior Tribunal de Justiça considera-se competente para exercer o controle de convencionalidade das leis: "**A adequação das normas legais aos tratados e convenções internacionais adotados pelo Direito Pátrio configura controle de constitucionalidade** (*sic*), o qual, no caso

concreto, por não se cuidar de convenção votada sob regime de emenda constitucional, **não invade a seara do controle de constitucionalidade e pode ser feito de forma difusa, até mesmo em sede de recurso especial.**" (REsp 1640084/SP, Rel. Ministro RIBEIRO DANTAS, QUINTA TURMA, julgado em 15/12/2016, DJe 01/02/2017) Ver também AgRg no REsp 1577745/MG.

9. O STF também recepciona o controle de convencionalidade das leis, ao apontar que "para além do controle de constitucionalidade, o modelo brasileiro atual comporta, também, um controle de convencionalidade das normas domésticas." (HC 141949).

10. Com amparo em doutrina, o STJ considera que o controle de convencionalidade tem por finalidade "compatibilizar verticalmente as normas domésticas (as espécies de leis, lato sensu, vigentes no país) com os tratados internacionais de direitos humanos ratificados pelo Estado e em vigor no território nacional." (HC 379.269/MS)

9. INCIDENTE DE DESLOCAMENTO DE COMPETÊNCIA

1. **Federalização dos crimes contra os direitos humanos e o Incidente de Deslocamento de Competências (IDC):** De acordo com a distribuição de competências decorrente do modelo federal, muitas vezes são os Estados-membros da federação brasileira os responsáveis pela proteção e defesa de direitos humanos em situações específicas.

2. Contudo, no plano internacional, é a União quem representa o Estado brasileiro e é ela quem responde precipuamente em processos que tramitam em órgãos internacionais.

3. O **incidente de deslocamento de competências** foi a ferramenta constitucional desenhada para permitir à União exercer maior controle e responder com maior eficiência às demandas internacionais.

4. **A previsão constitucional do IDC:** O incidente de deslocamento de competência foi introduzido no art. 109, § 5º pela Emenda Constitucional n. 45/2004, com o seguinte texto: "§ 5º Nas hipóteses de grave violação de direitos humanos, **o Procurador-Geral da República**, com a finalidade de assegurar o cumprimento de obrigações decorrentes de tratados internacionais de direitos humanos dos quais o Brasil seja parte, poderá suscitar, **perante o Superior Tribunal de Justiça**, em qualquer fase do inquérito ou processo, **incidente de deslocamento de competência para a Justiça Federal.**"

5. **Definição:** De acordo com o Superior Tribunal de Justiça, o IDC é "*um instrumento político-jurídico, de natureza processual penal, destinado a assegurar a efetividade da prestação jurisdicional e casos de crimes contra os direitos humanos, previstos em tratados internacionais dos quais o Estado brasileiro seja parte.*" (AgRg no IDC 5/PE, Rel. Min. Rogerio Schetti Cruz, Terceira Seção, julgado em 28/05/2014, DJe 03/06/2014.)

6. **Legitimidade e competência:** A única autoridade constitucionalmente autorizada a promover o IDC é o **Procurador-Geral da República**. O órgão judiciário competente para apreciar o IDC é o **Superior Tribunal de Justiça.**

7. **Eficácia:** Para o STJ, o IDC tem eficácia direta e imediata, dispensando a existência de uma lei integrativa ou regulamentação própria.

8. **Excepcionalidade do instrumento:** O IDC somente deve ser aplicado em **situações excepcionais**, justificadas pela **necessidade e imprescindibilidade**. Para o STJ, deve ser dada uma **interpretação restrita à norma**.

9. **Três pressupostos:** O STJ entende que devem ser cumpridos três pressupostos para a aplicação do IDC:
   (a) **ocorrência de grave violação dos direitos humanos**;
   (b) **risco de responsabilização internacional** decorrente do **descumprimento das obrigações jurídicas assumidas em tratados;**
   (c) **incapacidade das instâncias e autoridades locais** em oferecer respostas efetivas.

10. **Os três pressupostos são cumulativos**, isto é, todos devem estar presentes para que ocorra o deferimento da medida.

11. **Ocorrência de grave violação dos direitos humanos:** é verificada a partir do caso concreto. De acordo com o STJ, **a ausência de uma definição constitucional a respeito do que seja uma violação grave não impede a aplicação do IDC.**

12. **Risco de responsabilização internacional decorrente do descumprimento das obrigações jurídicas assumidas em tratados**: é importante que se demonstre a ameaça efetiva que poderá advir aos compromissos assumidos pelo Estado brasileiro se determinado caso concreto não for deslocado para a Justiça Federal.

13. **Incapacidade das instâncias e autoridades locais em oferecer respostas efetivas:** de acordo com esse pressuposto implícito, somente quando as **instâncias locais forem manifestamente falhas, omissas e negligentes** é que se poderá provocar o incidente de deslocamento de competência.

14. **Princípio da proporcionalidade:** O princípio da proporcionalidade também deve ser observado no IDC, e se localizaria na **demonstração concreta de risco a descumprimento de obrigações decorrentes de tratados internacionais** firmados pelo Brasil diante de atuação inadequada da Justiça, Polícia Judiciária e Ministério Público estaduais.

10. CONSELHO NACIONAL DOS DIREITOS HUMANOS

1. Instituído pela Lei federal n. 12.986/2014, o Conselho Nacional dos Direitos Humanos (CNDH) substitui o Conselho de Defesa dos Direitos da Pessoa Humana.
2. O CDNH tem a finalidade de **promover e defender os direitos humanos, mediante ações preventivas, protetivas, reparadoras e sancionadoras das condutas e situações de ameaça ou violações desses direitos.**
3. Ele é composto **paritariamente por representantes de órgãos públicos e da sociedade civil.** As amplas competências do CNDH, necessárias ao cumprimento de suas finalidades, estão estabelecidas no **art. 4° da Lei federal n. 12.986/2014.**

11. PROTEÇÃO INTERNACIONAL DOS DIREITOS HUMANOS

1. **Níveis de proteção:** a **obrigação primária de proteção** dos direitos humanos recai sobre os **Estados.**
2. Dessa forma, **o primeiro nível de proteção é o doméstico-estatal.**
3. Contudo, **o direito internacional dos direitos humanos tem como objetivo oferecer meios de proteção dos indivíduos também no plano internacional**, daí emergir a relevância dos sistemas regionais e do sistema universal.
4. **Sistema doméstico-estatal:** Consiste no aparato jurídico e judicial disponibilizado pelos Estados no seu plano interno para a proteção dos direitos humanos.
5. É expresso, normalmente, pela declaração de direitos existentes nas Cartas constitucionais e pela legislação voltada a dar eficácia a essas disposições. Como decorrência de obrigações assumidas internacionalmente, **os Estados têm também o dever de conformar suas leis e procedimentos aos parâmetros internacionais de direitos humanos.**

6. **Sistema internacional-regional:** Corresponde às normas jurídicas e órgãos estabelecidos por meio de **tratados regionais de direitos humanos**, voltados à proteção desses direitos em um **âmbito geográfico delimitado**.
7. Exemplos: **Sistema Interamericano de Proteção dos Direitos Humanos; Sistema Europeu de Proteção dos Direitos Humanos; Sistema Africano de Proteção dos Direitos Humanos.**
8. **Sistema internacional global, universal ou onusiano:** Corresponde a tratados e órgãos internacionais de **vocação universal**, integrados às **Nações Unidas**.
9. Exemplo: Pacto Internacional sobre Direitos Civis e Políticos e o órgão internacional responsável pela sua supervisão, o Comitê de Direitos Humanos (CDH).
10. **Princípio da subsidiariedade:** Em relação às comunicações ou petições apresentadas por indivíduos, organizações não-governamentais e Estados, aplica-se o princípio da subsidiariedade, de acordo com o qual **deve-se primeiro oportunizar ao Estado, a partir de seu sistema doméstico-estatal, fazer cessar e reparar uma violação de direitos humanos**.
11. O **princípio da subsidiariedade** se manifesta, por exemplo, na **regra do esgotamento dos recursos internos** (ver item abaixo sobre sua aplicação no Sistema Interamericano).
12. **Inexistência de hierarquia entre níveis universal e regional: Não há uma hierarquia entre os sistemas universal e regional de proteção dos direitos humanos.**
13. Todavia, se a mesma petição, contendo mesmas partes e objeto, for apresentada em uma dessas instâncias, é comum que os tratados impeçam que a outra instância conheça a mesma demanda (ver o art. 46.c da Convenção Americana sobre Direitos Humanos e o art. 5.2.a do Primeiro Protocolo Facultativo ao Pacto Internacional sobre Direitos Civis e Políticos).

12. O SISTEMA ONU OU UNIVERSAL DE PROTEÇÃO DOS DIREITOS HUMANOS

1. **Carta da ONU:** A Carta das Nações Unidas, aprovada em **1945** na cidade de São Francisco – daí também ser conhecida como Carta de São Francisco – é considerada um dos primeiros instrumentos internacionais a fazer alusão aos direitos humanos.
2. O termo **"igualdade de direito"** e **"respeito aos direitos humanos e às liberdades fundamentais"** surgem já no seu art. 1°, parágrafos 3° e 4°.

Também **"o respeito universal e efetivo dos direitos humanos e das liberdades fundamentais"** aparece referido no art. 55, alínea 'c' da Carta da ONU.

3. **Declaração Universal dos Direitos Humanos (DUDH):** O principal marco para a projeção dos direitos humanos no plano internacional é a **Declaração Universal dos Direitos Humanos** (referida doravante também como DUDH), aprovada pela Assembleia-Geral da ONU em **10 de dezembro de 1948**.

4. É a primeira vez que uma declaração contendo um **catálogo de direitos** é aprovada por uma **organização internacional de caráter universal**.

5. Tanto as referências na **Carta da ONU** como na **DUDH** à necessidade de os Estados respeitarem os direitos humanos decorrem de uma resposta da sociedade internacional às atrocidades cometidas na **2ª Guerra Mundial** e dos horrores do **Holocausto**.

6. **Pactos Internacionais:** No plano universal ou global, o **Pacto Internacional sobre Direitos Civis e Políticos** (doravante também referido como **PIDCP**) e o **Pacto Internacional sobre Direitos Econômicos, Sociais e Culturais** (doravante também referido como **PIDESC**) foram **aprovados pela Assembleia-Geral da ONU em 1966**, com **vigência iniciada em 1976**.

7. Esses **Pactos Internacionais** são considerados os principais tratados do sistema universal, por conferir normatividade aos direitos reconhecidos na DUDH ao serem elaborados na forma de tratados.

8. Os **Pactos Internacionais, junto com seus protocolos facultativos e a DUDH**, são considerados a **Carta Internacional de Direitos Humanos** (*International Bill of Human Rights*).

9. **Convenções temáticas:** A partir da década de 60, foram aprovados no âmbito das Nações Unidas diversos **tratados que lidam com temas específicos de direitos humanos ou visam à proteção de grupos considerados mais vulneráveis**.

10. Pode-se mencionar, entre outras, a Convenção sobre a Eliminação de todas as Formas de Discriminação Racial **(1966)**, a Convenção sobre a Eliminação de todas as Formas de Discriminação contra a Mulher **(1979)**, a Convenção contra a Tortura e outras Formas de Tratamentos Cruéis, Desumanos ou Degradantes **(1984)**, a Convenção sobre Direitos da Criança (**1989**) e a Convenção sobre Direitos das Pessoas com Deficiências (**2006**). Somam-se a essas convenções principais alguns protocolos opcionais.

11. **Declaração de Viena e Programa de Ação**: Em **1993**, realizou-se em Viena uma **Conferência Mundial sobre Direitos Humanos.**

12. Essa conferência produziu um documento final conhecido como **Declaração de Viena e Programa de Ação.** Esse documento é relevante na medida em que **reafirma o comprometimento dos Estados com a proteção dos direitos humanos, manifesta sobre temas específicos e elabora medidas a serem adotadas para a efetivação desses direitos.**

13. ESTRUTURA DA DECLARAÇÃO UNIVERSAL DOS DIREITOS HUMANOS (DUDH)

1. **A DUDH e sua importância:** A DUDH pode ser percebida como possuindo 4 partes: 1) arts. 1 a 20 – direitos civis; 2) art. 21 – direitos políticos; 3) arts. 22 a 27 – direitos econômicos, sociais e culturais; 4) art. 28 a 30 – direitos uma ordem favorável à proteção dos direitos, deveres do indivíduo e norma de interpretação.

2. **Indivisibilidade e interdependência na DUDH**: Verifica-se, portanto, que a DUDH **prevê, em um único instrumento, tanto os direitos civis e políticos como os direitos econômicos, sociais e culturais**, daí o fato de parte da doutrina identificar nela a existência de direitos relacionados à "liberdade, igualdade e fraternidade."

3. A distinção entre direitos civis e políticos e direitos econômicos, sociais e culturais **ganharia força no direito internacional principalmente a partir da formulação de dois Pactos internacionais**, cada um voltado para garantias de uma dessas modalidades.

4. **Asilo político na DUDH:** No art. 14, a DUDH prevê o direito de qualquer pessoa procurar e gozar asilo quando vítima de perseguição. Contudo, esse direito **não pode ser invocado** em caso de **perseguição legitimamente motivada por crimes de direito comum** ou por **atos contrários aos objetivos e princípios das Nações Unidas.**

5. **Direito ao trabalho na DUDH**: A DUDH prevê o direito ao trabalho no art. 23, englobando o direito ao trabalho, à livre escolha de emprego, a condições justas e favoráveis de trabalho e à proteção contra o desemprego.

6. Em relação ao **direito ao trabalho**, prevê ainda:
   (a) direito a igual remuneração por igual trabalho;
   (b) direito a uma remuneração justa e satisfatória que assegure, assim como à sua família, uma existência compatível com a dignidade

humana e a que se acrescentarão, se necessário, outros meios de proteção social;

(c) direito a organizar sindicatos e a neles ingressar para proteção de seus interesses.

7. **Direito à educação na DUDH**: O direito à educação está contemplado no art. 26 da DUDH, com as seguintes regras:

(a) a instrução será gratuita pelo menos nos níveis elementares e fundamentais;

(b) a instrução elementar é obrigatória;

(c) a instrução técnico-profissional e superior serão acessíveis a todos, e a instrução superior será baseada no mérito;

8. **Orientação da educação:** De acordo com a DUDH, a instrução será orientada no sentido do **pleno desenvolvimento da personalidade humana e do fortalecimento do respeito pelos direitos do ser humano e pelas liberdades fundamentais**. A instrução promoverá a compreensão, a tolerância e a amizade entre todas as nações e grupos raciais ou religiosos e coadjuvará as atividades das Nações Unidas em prol da manutenção da paz.

9. A DUDH atribui ainda aos pais a prioridade de direito na escolha do gênero de instrução que será ministrada a seus filhos.

10. **Reconhecimento de deveres na DUDH**: A DUDH reconhece no art. 29 a **existência de deveres dos indivíduos**, ao estabelecer que "todo ser humano tem deveres para com a comunidade, na qual o livre e pleno desenvolvimento de sua personalidade é possível."

11. A DUDH é importante, no mínimo, como uma **declaração de reconhecida legitimidade** sobre as aspirações do ser humano para que possa desfrutar de uma existência digna e justa. **Quase todos os tratados de direitos humanos existentes fazem referência à DUDH.**

12. **Força normativa no momento da aprovação:** Quando aprovada em 1948, a DUDH **não foi concebida como um instrumento internacional vinculante para os Estados-membros da ONU**, servindo mais como um modelo de inspiração para futuros desenvolvimentos no âmbito do direito internacional dos direitos humanos.

13. Seus formuladores estavam conscientes quanto à necessidade de estabelecer um tratado posterior para positivar no direito internacional a obrigação de os Estados observarem os direitos humanos.

14. **Posições a respeito da atual força normativa da DUDH:** Atualmente, **há diversas linhas de argumentos que buscam atribuir à DUDH o caráter**

de norma jurídica internacional, isto é, de observância obrigatória pelos Estados.

15. Os fundamentos não se excluem mutuamente, e são frequentemente utilizados em conjunto para reforçar o caráter normativo da DUDH. As três posições mencionadas a seguir podem ser consideradas as mais dominantes atualmente na doutrina.

16. **A DUDH como interpretação autorizada das obrigações previstas na Carta da ONU:** De acordo com essa posição, a DUDH integraria a Carta da ONU ao servir como um **instrumento legítimo e autorizado para definir quais são os direitos humanos que compõem a categoria "direitos humanos" referida na Carta.**

17. Nessa linha, a partir do momento em que um Estado assume suas obrigações na Carta da ONU, por consequência, também deverá observar a DUDH, como **leitura autorizada a respeito do catálogo de direitos humanos a serem protegidos.**

18. **A DUDH como direito costumeiro internacional:** De acordo com essa posição, a reiterada e constante referência à DUDH feita por Estados e também em resoluções de órgãos das Nações Unidas serviria como **evidência de um costume internacional.**

19. Nessa perspectiva, os direitos elencados na DUDH – ou ao menos alguns deles – desfrutariam hoje da **qualificação de normas costumeiras internacionais.**

20. **A DUDH como encartando princípios gerais do direito:** De acordo com essa posição, **a DUDH poderia ser concebida como "princípios gerais de direito"**, como uma importante fonte de obrigações internacionais (art. 38.1.c do Estatuto da Corte Internacional de Justiça).

21. Os direitos reconhecidos na DUDH consistiriam, portanto, em **princípios comuns aos sistemas jurídicos do mundo e internacional quanto às garantias necessárias à proteção da dignidade humana.**

22. Essas três perspectivas não são necessariamente excludentes, e por vezes são argumentos utilizados para reforçar o caráter jurídico e vinculante da DUDH.

14. SISTEMA UNIVERSAL DE PROTEÇÃO DOS DIREITOS HUMANOS

1. **Mecanismos não-convencionais e mecanismos convencionais:** A partir da DUDH, começou-se a constituir, no âmbito das Nações Unidas ou me-

diante tratados de direitos humanos, diversos órgãos, a quem se atribui a responsabilidade de supervisionar a aplicação das normas internacionais de direitos humanos. Eles podem ser classificados como:

(a) **mecanismos não-convencionais:** são aqueles criados no âmbito das Nações Unidas por **decisões e resoluções de outros órgãos superiores, como a Assembleia-Geral ou o Conselho Econômico e Social da ONU** e, em razão disso, tendem a monitorar a situação de direitos humanos em todos os Estados-membros da ONU;

(b) **mecanismos convencionais:** são aqueles cuja criação e atribuição decorre de um tratado de direitos humanos, e possui competência, regra geral, de supervisionar apenas os Estados que são partes do tratado (isto é, ratificaram o tratado).

Mecanismos não-convencionais

2. **Mecanismos não-convencionais:** Os principais mecanismos não-convencionais são (i) Conselho de Direitos Humanos; (ii) Alto Comissariado de Direitos Humanos; (iii) Relatores especiais ou temáticos; (iv) Grupos de trabalho *ad hoc*.

3. **Conselho de Direitos Humanos:** O Conselho de Direitos Humanos é um órgão **subsidiário à Assembleia Geral da ONU**. Nele participam 47 Estados. O Conselho tem como objetivo o fortalecimento da proteção e defesa dos direitos humanos no âmbito universal. Ele foi **criado em 2006, em substituição à Comissão de Direitos Humanos**.

4. **Exame periódico universal:** É um importante instrumento do Conselho de Direitos Humanos. Por meio do **escrutínio universal** e **não seletividade política**, ele **visa monitorar a situação dos direitos humanos de todos os membros das Nações Unidas a cada quatro anos**.

5. No **exame periódico universal**, cada Estado indica quais as medidas que foram adotadas nos últimos anos para melhorar a situação dos direitos humanos e o que tem feito para cumprir suas obrigações internacionais.

6. **Procedimento de denúncia:** Outro instrumento do Conselho de Direitos Humanos é o procedimento de denúncia. Por meio dele, submete-se ao Conselho uma situação **sistemática e consistente de violação dos direitos humanos**.

7. O **procedimento de denúncia** possui natureza **confidencial** e culmina, no caso de constatação de um quadro generalizado de violações, em recomendações a serem cumpridas pelo Estado.

8. **Alto Comissariado de Direitos Humanos:** O Alto Comissariado é um **órgão administrativo, próximo ao Secretariado-Geral da ONU**, responsável por **coordenar as ações dos diversos órgãos e comitês da ONU que atuam na área dos direitos humanos**, bem como auxiliar os governos na promoção e proteção dos direitos humanos.
9. **Relatores especiais ou temáticos:** Por vezes, **são designados relatores especiais ou temáticos para produzir um estudo a respeito de um determinado tema de direitos humanos** (como, por exemplo, o direito à alimentação) ou da **situação de direitos humanos em um determinado país**. Os relatores apresentam periodicamente relatórios sobre os temas que lhe foram atribuídos, nele constando geralmente recomendações para aprimorar ou solucionar um problema identificado.
10. **Grupos de trabalho *ad hoc*:** Também tem sido constituídos, de maneira casuística e de acordo com a relevância de certos temas, grupos de trabalho *ad hoc* para investigar determinado campo dos direitos humanos, podendo, em certos casos, inclusive, receber e apurar denúncias a respeito de violações (como é o caso do Grupo de Trabalho sobre Desaparecimento Forçados ou Involuntários).

Mecanismos convencionais

11. **Mecanismos convencionais:** São os **órgãos constituídos por tratados (em inglês, *treaty bodies*)**, cuja competência decorre desses mesmos instrumentos internacionais. Esses órgãos são denominados geralmente de Comitês.
12. Ampliação da competência: Por vezes, a competência desses órgãos é ampliada por outros tratados (por exemplo: o Protocolo facultativo ao Pacto Internacional sobre Direitos Civis e Políticos - PIDCP possibilita a esse órgão receber comunicações individuais, o que não está previsto no PIDCP).
13. **Composição dos mecanismos convencionais:** Os **órgãos de tratados** são **constituídos por um número de membros que varia de tratado a tratado.** Esses indivíduos **atuam em sua própria capacidade**, isto é, não atuam como representantes dos Estados de sua nacionalidade.
14. Em regra, proíbem-se dois membros que possuam a mesma nacionalidade de pertencer a determinado Comitê ao mesmo tempo.
15. **Principais procedimentos de supervisão dos mecanismos convencionais:** Embora haja algumas diferenças quanto ao que preveem os tratados de direitos humanos no Sistema Universal, pode-se conceber alguns instrumentos que aparecem de maneira mais consistente entre eles.

16. Os principais instrumentos são: (*i*) **relatórios periódicos**; (*ii*) **comunicações interestatais ou individuais**; (*iii*) **comentários ou observações gerais.**

17. Relatórios periódicos: Essa tende a ser a principal obrigação dos Estados em relação aos Comitês. Os Estados-partes dos tratados são **obrigados a submeter, dentro de determinada periodicidade (variável de acordo com cada tratado e Comitê), um relatório informando a situação dos direitos humanos abrangidas no tratado.**

18. Esse relatório é submetido à análise do Comitê, que costuma convocar uma audiência em que é mantido um diálogo com o Estado. Os Comitês aceitam, em regra, relatórios paralelos submetidos por organizações da sociedade civil (chamados de "*shadow reports*").

19. Ao final, o Comitê pertinente **formula suas considerações e apresenta recomendações ao Estado-parte** para cumprir as obrigações internacionais estabelecidas no tratado.

20. Comunicações interestatais ou individuais: Diversos tratados – principais ou por via de protocolos subsequentes – admitem que outros **Estados-partes e indivíduos ou grupo de indivíduos submetam uma denúncia escrita**, denominada de **comunicação**, sobre violações de direitos humanos.

21. Quando submetidos pelos **Estados**, são denominadas de **comunicações interestatais**. Quando por **particulares**, são denominadas **comunicações individuais.**

22. Os Comitês analisam os fatos e se eles configuram uma violação ao tratado cuja supervisão é de sua responsabilidade. Em caso positivo, os Comitês **emitem conclusões, com recomendações a serem cumpridas pelos Estados para cessar e reparação.**

23. Comentários ou observações gerais: Os Comitês emitem também comentários ou observações gerais, em que **consolidam a interpretação sobre determinados direitos previstos nos tratados os aspectos dos procedimentos e obrigações que incumbem aos Estados.** Esses comentários servem tanto para orientar os Estados na elaboração dos relatórios periódicos como também para avançar certos entendimentos dos Comitês sobre o conteúdo dos tratados.

Convenções e Pactos Internacionais do Sistema Universal

Apresentamos o quadro com os principais tratados internacionais de direitos humanos celebrados no âmbito das Nações Unidas[1], indicando ainda

1. Os nomes dos tratados foram abreviados. Informações sobre data e ratificação extraídas de http://treaties.un.org/Pages/Treaties.aspx?id=4&subid=A&lang=en. Acesso em 26 ago 2013.

a data da ratificação pelo Brasil (quando este o fez) e o Decreto executivo correspondente[2]:

Tratado	Data de aprovação	Início de vigência	Data de ratificação pelo Brasil	Decreto executivo
Pacto Internacional sobre Direitos Civis e Políticos (PIDCP)	16 dezembro 1966	23 março 1976	24 janeiro 1992	Decreto n. 592, 6 julho 1992
Primeiro Protocolo ao PIDCP	16 dezembro 1966	23 março 1976	25 setembro 2009	(Não identificado)
Segundo Protocolo ao PIDCP	15 dezembro 1989	11 julho 1991	25 setembro 2009	(Não identificado)
Pacto Internacional sobre Direitos Econômicos, Sociais e Culturais (PIDESC)	16 dezembro 1966	3 janeiros 1976	24 janeiro 1992	Decreto n. 591, 6 julhos 1992
Protocolo ao PIDESC	10 dezembro 2008	5 maios 2013	Não ratificou nem assinou	----
Convenção sobre Eliminação da Discriminação Racial	21 dezembro 1965	4 janeiro 1969	27 março 1968	Decreto n. 65.810, 8 dezembro 1969
Convenção sobre Eliminação de Discriminação contra as Mulheres	18 dezembro 1979	3 setembro 1981	1 fevereiro 1984	Decreto n. 4.377, 13 setembro 2002

2 Quadro extraído da obra "Leis Especiais – Direitos Humanos – 2 edição", publicado pela Juspodivm.

Tratado	Data de aprovação	Início de vigência	Data de ratificação pelo Brasil	Decreto executivo
Protocolo à Convenção sobre Eliminação de Discriminação contra as Mulheres	6 outubro 1999	22 dezembro 2000	28 junho 2002	Decreto n. 4.316, 30 julho 2002
Convenção contra a tortura	10 dezembro 1984	26 junho 1987	28 setembro 1989	Decreto n. 40, de 15 fevereiro 1991
Protocolo à Convenção contra a tortura	18 dezembro 2002	22 junho 2006	12 janeiro 2007	Decreto N. 6.085, 19 abril 2007
Convenção sobre Direitos da Criança	20 novembro 1989	2 setembro 1990	24 Setembro 1990	Decreto N. 99.710, 21 novembro 1990
Dois primeiros protocolos à Convenção sobre Direitos da Criança	25 Maio 2000	18 de janeiro de 2002 (venda, prostituição e pornografia infantil) e 12 fevereiro 2002 (conflito armado)	27 Janeiro 2004	Decretos n. 5.006 e 5.007, 8 MARÇO 2004
Protocolo à Convenção sobre Direitos da Criança quanto ao procedimento de comunicação	19 Dezembro 2011	14 abril 2014	29 Setembro 2017	Há Decreto legislativo – n. 87/2017
Convenção sobre trabalhadores migrantes	18 Dezembro 1990	1 julho 2003	Não ratificou nem assinou	----

Tratado	Data de aprovação	Início de vigência	Data de ratificação pelo Brasil	Decreto executivo
Convenção sobre Direitos da Pessoa com deficiência	13 Dezembro 2006	3 maio 2008	1 Agosto 2008	Decreto n. 6.949, 25 agosto 2009
Protocolo à Convenção sobre Direitos da Pessoa com deficiência	13 Dezembro 2006	3 maio 2008	1 Agosto 2008	Decreto n. 6.949, 25 agosto 2009
Convenção para proteção contra o Desaparecimento forçado	20 Dezembro 2006	23 dezembro 2010	29 Novembro 2010	Decreto Nº 8.767, 11 maio 2016

15. CONVENÇÃO CONTRA A TORTURA E OUTROS TRATAMENTOS OU PENAS CRUÉIS, DESUMANOS OU DEGRADANTES E SEU PROTOCOLO FACULTATIVO[3]

1. Diante da frequência com que conhecimentos relacionados a esse tratado e seu protocolo têm sido exigido em concursos para a carreira de Delegado de Polícia Civil, deliberamos por incluir breve estudo a seu respeito.

Convenção contra a Tortura e Outros Tratamentos ou Penas Cruéis, Desumanos ou Degradantes

2. De forma a detalhar e criar mecanismos mais fortes para prevenir e erradicar a tortura e tratamentos ou penas cruéis, desumanas ou degradantes, foi celebrada a **Convenção contra a Tortura e Outros Tratamentos ou Penas Cruéis, Desumanos ou Degradantes**, adotada pela Assembleia Geral das Nações Unidas em **10 de dezembro de 1984.**

3. A Convenção contra Tortura e Outros Tratamentos ou Penas Cruéis, Desumanos ou Degradantes estabelece uma **definição de tortura**. Além

3 Esse item foi baseado em obra de nossa autoria "Leis Especiais – Direitos Humanos. 3 ed. Salvador: Juspodivm, 2018."

disso, **determina aos Estado-partes o dever de adotarem medidas a fim de impedir a prática de atos de tortura em sua jurisdição.**

4. O artigo 1° da Convenção contra a Tortura da ONU conceitua tortura como "qualquer ato pelo qual dores ou sofrimentos agudos, físicos ou mentais, **são infligidos intencionalmente a uma pessoa a fim de obter dela ou de uma terceira pessoa, informações ou confissões**; de castigá-la por ato que ela ou uma terceira pessoa tenha cometido ou seja suspeita de ter cometido; de intimidar ou coagir esta pessoa ou outras pessoas; ou por qualquer motivo baseado em discriminação de qualquer natureza; quando tais **dores ou sofrimentos são infligidos por um funcionário público ou outra pessoa no exercício de funções públicas**, ou por sua **instigação, ou com seu consentimento ou aquiescência**."

5. Nos termos da Convenção, para que um ato seja qualificado como tortura, ele deve ser praticado por um **agente público**, ou, se realizado por um **agente privado**, isto é, um particular sem vínculo funcional com o Estado, poderá ser caracterizado como tortura, **desde que tenha agido com a concordância ou aquiescência de um agente público.**

6. A Convenção igualmente determina que os Estados-partes adotem as medidas que lhe competirem para considerar atos de tortura como crimes no âmbito de seus ordenamentos jurídicos nacionais (art. 4°).

7. No direito brasileiro, a **Lei federal n.º 9.455/1997 prevê o crime de tortura e estabelece sanções severas para aqueles que a praticarem.**

8. Além disso, a Convenção atribui aos Estados-partes uma série de obrigações, de modo a **evitar que um indivíduo seja submetido a tortura bem como propondo medidas para que alguém acusado de tortura seja processado e eventualmente punido.**

9. O Estado-parte **não poderá expulsar, devolver ou extraditar** uma pessoa para outro Estado **se existirem suspeitas fortes de que nesse Estado essa pessoa poderá ser vítima de tortura** (art. 3°)

10. O Estado-parte deverá considerar crimes de tortura sob sua jurisdição quando: (i) os **crimes tenham sido cometidos em qualquer território sob sua jurisdição ou a bordo de navio ou aeronave registrada no Estado**; (ii) o suposto **autor** for **nacional do Estado**; (iii) a **vítima** for **nacional do Estado e este o considerar apropriado**.

11. ***Aut dedere aut judicare***: Se o **acusado do crime de tortura** se **encontrar no seu território e o Estado resolva não o extraditar**, ele passa a ter o **dever de julgar o suposto autor.**

12. **Caso não extradite o acusado**, o Estado é **obrigado a instaurar uma investigação preliminar e eventualmente processar criminalmente o suposto autor da tortura**.
13. Essa norma, mencionada nos pontos 11 e 12 acima, é denominada de ***aut dedere aut judicare***. Ela tem como objetivo tentar atribuir jurisdição universal aos crimes de tortura.
14. Diante da gravidade do crime de tortura, a norma *aut dedere aut judicare* visa a **impedir que os acusados de tortura possam obter refúgio seguro em qualquer lugar** (ver os arts. 5º a 7º da Convenção).
15. Os crimes de tortura passam a ser considerados como **crimes extraditáveis e os Estados-partes se obrigam a incluir essa hipótese nos tratados de extradição que celebrarem**.
16. Nos casos em que a **extradição se baseie em reciprocidade** e não haja um tratado, **a própria Convenção passa a servir como base legal da extradição** (art. 8º).
17. As provas obtidas mediante tortura são consideradas **ilícitas e imprestáveis para serem invocadas em qualquer processo**, salvo contra uma pessoa acusada de tortura como prova de que a declaração foi prestada (art. 15).
18. A Convenção também garante à vítima de tortura **o direito à reparação e a uma indenização justa e adequada, incluídos os meios necessários para a mais completa reabilitação possível**.
19. Em caso de **morte da vítima** como resultado de um ato de tortura, **seus dependentes terão direito à indenização**.

Comitê contra a Tortura

20. O **Comitê contra a Tortura**, instituído pela Convenção Contra a Tortura e Outros Tratamentos ou Penas Cruéis, Desumanos ou Degradantes, **é composto por 10 especialistas**, com **mandatos de quatro anos**, com **possibilidade de reeleição**.
21. O Comitê contra a Tortura tem competência para realizar análise periódica dos relatórios encaminhados pelos Estados-partes à Convenção (art. 19) e de comunicações interestatais e individuais (art. 21 e 22).
22. **Instauração de inquéritos:** Esse instrumento é típico da **Convenção contra a Tortura. Após a indicação de ocorrência de prática sistemática de tortura em um determinado Estado, o Comitê poderá instaurar um inquérito confidencial**. Esse inquérito tem como propósito investigar a

ocorrência das violações à Convenção contra a Tortura. Suas conclusões serão comunicadas ao Estado responsável.

23. Nessas investigações, os Estados-partes deverão cooperar de boa-fé e apresentar suas informações ao Comitê. As investigações levadas a cabo pelo Comitê poderão incluir a visita *in loco* ao território do Estado-parte (art. 20).

Protocolo Facultativo à Convenção contra a Tortura e Outros Tratamentos ou Penas Cruéis, Desumanos ou Degradantes

24. O Protocolo Facultativo à Convenção contra a Tortura e Outros Tratamentos ou Penas Cruéis, Desumanos ou Degradantes introduz ainda novos mecanismos para a prevenção e repressão da tortura.

25. Esse Protocolo facultativo

(i) estabelece o que denomina de "**sistema de visitas regulares**";

(ii) institui um novo órgão internacional para coordenação do mecanismo (**Subcomitê de Prevenção da Tortura** e outros Tratamentos ou Penas Cruéis, Desumanos ou Degradantes do Comitê contra a Tortura, denominado abreviadamente como **Subcomitê de Prevenção**); e

(iii) determina aos Estados-partes **manter um órgão nacional de visitas encarregados da prevenção**, denominados pelo Protocolo como **mecanismos preventivos nacionais.**

26. Esse Protocolo tem como intenção permitir que esses órgãos – o Subcomitê de Prevenção e os mecanismos preventivos nacionais – tenham **acesso a lugares sob jurisdição dos Estados em que pessoas podem ser privadas de sua liberdade, como penitenciárias, cadeias e congêneres.**

27. Esses lugares são denominados pelo Protocolo como **centros de detenção.** Nos termos do art. 4°, § 2° desse Protocolo, "**privação da liberdade** significa **qualquer forma de detenção ou aprisionamento ou colocação de uma pessoa em estabelecimento público ou privado de vigilância, de onde, por força de ordem judicial, administrativa ou de outra autoridade, ela não tem permissão para ausentar-se por sua própria vontade.**"

28. **Visitas *in loco*:** Esse instrumento está previsto no **Protocolo Facultativo da Convenção contra a Tortura** e tem como objetivo **permitir que o Subcomitê contra a Tortura visite centros de detenção dos Estados--partes.**

29. A finalidade dessas visitas é **fortalecer a proteção das pessoas privadas de liberdade contra a tortura e outras formas de tratamento cruel, desumano ou degradante.**

30. Nos termos do art. 11 do Protocolo, o **Subcomitê de Prevenção** tem competência para:

a) Visitar os centros de detenção e fazer recomendações para os Estados-Partes a respeito da proteção de pessoas privadas de liberdade contra a tortura e outros tratamentos ou penas cruéis, desumanos ou degradantes;

b) Quanto aos mecanismos preventivos nacionais:

(*i*) Aconselhar e assistir os Estados-Partes, quando necessário, no estabelecimento desses mecanismos;

(*ii*) Manter diretamente, e se necessário de forma confidencial, contatos com os mecanismos preventivos nacionais e oferecer treinamento e assistência técnica com vistas a fortalecer sua capacidade;

(*iii*) Aconselhar e assisti-los na avaliação de suas necessidades e no que for preciso para fortalecer a proteção das pessoas privadas de liberdade contra a tortura e outros tratamentos ou penas cruéis, desumanos ou degradantes;

(*iv*) Fazer recomendações e observações aos Estados-Partes com vistas a fortalecer a capacidade e o mandato dos mecanismos preventivos nacionais para a prevenção da tortura e outros tratamentos ou penas cruéis, desumanos ou degradantes;

c) Cooperar para a prevenção da tortura em geral com os órgãos internacionais que trabalhem para fortalecer a proteção de todas as pessoas contra a tortura e outros tratamentos ou penas cruéis, desumanos ou degradantes.

31. No sistema de visitas, os Estados-partes do Protocolo **são obrigados a oferecer acesso irrestrito ao Subcomitê de Prevenção às informações sobre pessoas privadas de liberdade em centros de detenção e ao seu tratamento, bem como acesso irrestrito aos próprios centros de detenção.**

32. Em relação ao <u>**acesso aos centros de detenção**</u>, ele **somente poderá ser restringido por fundamentos urgentes e imperiosos ligados à defesa nacional, à segurança pública, ou a algum desastre natural ou séria desordem** no lugar a ser visitado que **temporariamente** impeçam a realização dessa visita.

33. Também os Estados-partes se comprometem a **possibilitar entrevistas privadas do Subcomitê de Prevenção com pessoas privadas de liberdade**, sem testemunhas.

34. Os **mecanismos preventivos nacionais** devem ser **independentes** e visam a **prevenir a tortura no nível doméstico.**

35. Nos termos do art. 19 do Protocolo, os **mecanismos preventivos nacionais** devem ter competência mínima para:

a) Examinar regularmente o tratamento de pessoas privadas de sua liberdade, em centro de detenção, com vistas a fortalecer sua proteção contra a tortura e outros tratamentos ou penas cruéis, desumanos ou degradantes;

b) Fazer recomendações às autoridades relevantes com o objetivo de melhorar o tratamento e as condições das pessoas privadas de liberdade e o de prevenir a tortura e outros tratamentos ou penas cruéis, desumanos ou degradantes, levando-se em consideração as normas relevantes das Nações Unidas;

c) Submeter propostas e observações a respeito da legislação existente ou em projeto.

36. No Brasil, a **Lei federal n.º 12.847, de 2 de agosto de 2013, estabeleceu o Sistema Nacional de Prevenção e Combate à Tortura**. Essa lei também instituiu tanto o **Comitê Nacional de Prevenção e Combate à Tortura – CNPCT como Mecanismo Nacional de Prevenção e Combate à Tortura – MNPCT**. Esse último órgão é o mecanismo preventivo nacional adotado pelo Estado brasileiro, em cumprimento às obrigações determinadas no Protocolo.

16. REGRAS MÍNIMAS DAS NAÇÕES UNIDAS PARA TRATAMENTO DE PRESOS ("REGRAS DE MANDELA")[4]

1. Exigência de conhecimento a respeito das "Regras de Mandela" tem sido também frequente em concursos públicos. Diante da amplitude das regras e do que pode ser cobrado, sugerimos ao candidato que conheça as principais regras. Nessa parte do estudo, fazemos breve introdução às regras, apresentando aspectos relacionados à sua aprovação e à estrutura do texto.

4 Para material de consulta referente às "Regras de Mandela", recomendamos a publicação do Conselho Nacional de Justiça (CNJ) – "Regras de Mandela – Regras mínimas das Nações Unidas para Tratamento de Presos. Série Tratados Internacionais de Direitos Humanos. CNJ: Brasília, 2016."

2. O instrumento a que se deu o nome de "Regras de Mandela" consiste em uma **revisão**, após 60 anos da vigência do texto original, das **Regras Mínimas das Nações Unidas para Tratamento de Presos**.
3. As "Regras de Mandela" foram discutidas no âmbito da Comissão sobre Prevenção ao Crime e Justiça Criminal, órgão das Nações Unidas. O texto final da revisão foi aprovado por essa Comissão em 22 de maio de 2015.
4. As "Regras de Mandela" foram **aprovadas pela Assembleia Geral das Nações Unidas em 17 de dezembro de 2015** por meio da Resolução 70/175.
5. A denominação "Regras de Mandela", prevista pelo próprio texto, foi feita "para honrar o legado do ex-Presidente da África do Sul, Nelson Rolihlahla Mandela, que passou 27 anos na prisão durante sua luta pelos direitos humanos globais, pela igualdade, pela democracia e pela promoção da cultura de paz".
6. Tratam-se de normas referentes à **estruturação da justiça e dos sistemas penais, para o adequado tratamento de presos.**
7. As "Regras de Mandela", como aprovadas internacionalmente, **não possuem caráter vinculante**. Contudo, poderão ser transformadas em regras obrigatórias na medida em que os Estados internalizarem em seus ordenamentos jurídicos nacionais.
8. Ao atualizar as regras antigas, o instrumento revisto incorpora normas decorrentes do Pacto Internacional de Direitos Civis e Políticos, o Pacto Internacional de Direitos Econômicos, Sociais e Culturais e a Convenção contra a Tortura e Outros Tratamentos ou Penas Cruéis, Desumanos ou Degradantes e seu Protocolo Facultativo.
9. Além das observações preliminares, as Regras de Mandela são divididas em duas partes: a Parte I contém Regras de Aplicação Geral e a Parte II contém regras aplicáveis a categorias distintas de presos.

10 A Parte I apresenta os parâmetros que são aceitos como princípios de boas práticas relacionadas ao tratamento de presos e administrações de estabelecimentos penais. A primeira parte das Regras trata da **administração geral dos estabelecimentos prisionais** e aplica-se a todas as categorias de presos, criminais ou civis, em prisão preventiva ou condenados, inclusive os que estejam em medidas de segurança ou medidas corretivas ordenadas pelo juiz.

11. A Parte I possui regras: sobre **princípios básicos** (regra 1 a regra 5); **sistema de registros de presos** (regra 6 a regra 10; **separação de ca-**

tegorias de presos (regra 11); **acomodação** (regras 12 a 17); **higiene pessoal** (regra 18); **vestuário próprio e roupas de cama** (regras 19 a 21); **alimentação** (regra 22); **exercícios** (regra 23); **serviços de saúde** (regras 24 a 35); **restrições, disciplinas e sanções** (regras 36 a 46); **instrumentos de restrição** (regras 47 a 49); **revistas íntimas e inspeção em celas** (regras 50 a 53); **queixas** (regras 54 a 57); **contatos com o mundo exterior** (regras 58 a 63); **disponibilização de livros** (regra 64); **religião** (regras 65 e 66); **retenção de pertences dos presos** (regra 67); **notificação de morte, doença e transferência** (regras 68 a 70); **investigações** (regra 71 e 72), **remoção de prisioneiros** (regra 73); **qualidade e treinamento de pessoal de prisão** (regras 74 a 82); e **inspeções internas e externas** (regra 83 a 85).

12. A Parte II apresente regras referentes a **princípios orientadores** (regras 86 a 90); **reabilitação de presos** (regras 91 e 92), **classificação e individualização** (regras 93 e 94), **privilégios** (regra 95), **trabalho** (regras 96 a 103), **educação e recreação** (regras 104 e 105), **relações sociais e assistência pós-prisional** (regras 106 a 108); **presos com transtornos mentais e/ou problemas de saúde** (regras 109 e 110); **presos sob custódia ou aguardando julgamento** (regras 111 a 120); **presos civis** (regras 121) e **pessoas presas detidas sem acusação** (regra 122).

13. As "Regras de Mandela" não pretendem descrever em detalhes um modelo de sistema prisional e nem todas as regras podem ser sempre aplicadas em todos os lugares.

14. **Exemplo de regras - Regra 43**: "Em nenhuma hipótese devem as restrições ou sanções disciplinares implicar em tortura ou outra forma de tratamento ou sanções cruéis, desumanos ou degradantes. As seguintes práticas, em particular, devem ser proibidas: (a) Confinamento solitário indefinido; (b) Confinamento solitário prolongado; (c) Encarceramento em cela escura ou constantemente iluminada; (d) Castigos corporais ou redução da dieta ou água potável do preso; (e) Castigos coletivos."

15. **Regra 44**: "... o confinamento solitário refere-se ao confinamento do preso por 22 horas ou mais, por dia, sem contato humano significativo. O confinamento solitário prolongado refere-se ao confinamento solitário por mais de 15 dias consecutivos."

16. A **Regra 45** estipula ainda que "o confinamento solitário será utilizado somente em casos excepcionais como último recurso, pelo menor prazo possível e sujeito a uma revisão independente, e somente de acordo com autorização de autoridade competente" e que "a determinação de confinamento solitário será proibida no caso de preso portador de deficiência mental ou física quando essas condições possam ser agravadas por tal medida."

17. SISTEMA INTERAMERICANO DE DIREITOS HUMANOS

1. **A Organização dos Estados Americanos (OEA):** O Sistema Interamericano de Proteção dos Direitos Humanos, constituído principalmente pela Comissão Interamericana de Direitos Humanos (CIDH) e pela Corte Interamericana de Direitos Humanos (CorteIDH) se desenvolve no âmbito da OEA.
2. A OEA é uma organização internacional de caráter regional, aberta à participação dos **Estados localizados no continente americano.** Ela foi **constituída em 1948**, muito embora tenha sido precedida de diversas conferências e agências regionais.
3. A OEA tem como objetivo precípuo **manter a paz e segurança no continente** bem como promover o **desenvolvimento econômico e social**.
4. **Órgãos da OEA:** Os principais órgãos da OEA são:
   (*i*) **Assembleia Geral**, órgão de cúpula da organização que se reúne ordinariamente uma vez ao ano;
   (*ii*) **Reunião de Consulta dos Ministros das Relações Exteriores**, órgão que tem a finalidade de considerar problemas de caráter urgente e de interesse comum para os Estados americanos;
   (*iii*) o **Conselho Permanente**, que se reúne com maior periodicidade;
   (*iv*) a **Secretaria Geral**, que é o órgão de secretariado e permanente da organização; e
   (*v*) a **Comissão Interamericana de Direitos Humanos**, que será mais detidamente analisada.
5. **Direitos Humanos na Carta da OEA:** A Carta da OEA, também conhecida como **"Pacto de Bogotá"**, foi aprovada em **1948**.
6. Ela foi objeto de sucessivas emendas. No seu texto atualmente vigente, os **arts. 3 e 17 se destacam como referências expressas aos direitos fundamentais da pessoa humana.** Contudo, ela não apresenta um rol desses direitos.
7. **A Declaração Americana sobre Direitos e Deveres do Homem:** Essa Declaração, aprovada em 1948, foi o **primeiro instrumento regional voltado a enumerar os direitos e também deveres da pessoa humana**, tendo **precedido à própria Declaração Universal (DUDH)**.

8. A **Declaração Americana** engloba **direitos civis e políticos assim como direitos econômicos, sociais e culturais.** A Declaração Americana também **estabelece deveres.**

9. Assim como ocorre com a Declaração Universal, a Declaração Americana **não foi pensada inicialmente como possuindo um caráter juridicamente vinculante.**

10. **A Comissão Interamericana na estrutura da OEA:** A CIDH é um órgão integrante da estrutura da OEA **criado em 1959** e que **iniciou suas atividades em 1960**. De acordo com a Carta da OEA, sua principal função é promover a observância e proteção dos direitos humanos no continente americano.

18. A CONVENÇÃO AMERICANA SOBRE DIREITOS HUMANOS (CADH) – PACTO DE SAN JOSÉ DA COSTA RICA

1. **Histórico:** A Convenção Americana de Direitos Humanos – também conhecida como **"Pacto de San José da Costa Rica"** – é um **tratado regional de direitos humanos** resultante da **Conferência Especializada interamericana sobre Direitos Humanos**, que se realizou na **Costa Rica em novembro de 1969.**

2. A Convenção **entrou em vigor em julho de 1978**. O Estado brasileiro **ratificou a Convenção em 25 de setembro de 1992**. O Estado brasileiro aceitou a competência da Corte Interamericana de Direitos Humanos em todos os casos relativos à interpretação ou aplicação da CADH sob reserva de reciprocidade e para **fatos posteriores a 10 de dezembro de 1998.**

3. **Três situações dos Estados-membros no sistema interamericano:** Diante da Convenção Americana, há três possíveis tipos de relações entre os Estados-membros da OEA e esse tratado:

   (*i*) Estados-membros da OEA que **não são partes** da Convenção Americana;

   (*ii*) Estados que **são partes** da Convenção, mas **não reconhecem a competência geral da Corte Interamericana de Direitos Humanos;**

   (*iii*) Estados que **são partes** da Convenção Americana que **reconhecem a competência da Corte Interamericana.**

4. **Estados-membros da OEA que não são partes da Convenção Americana:** Para esses Estados-membros, suas obrigações em matéria de direitos

humanos decorrem da Carta da OEA e da Declaração americana sobre Direitos e Deveres do Homem.

5. Nesse caso, embora a **CIDH possa processar as petições individuais que aleguem violações de direitos humanos, ela terá como parâmetro a Declaração Americana**, e não a Convenção.
6. **Estados que são partes à Convenção, mas não reconhecem a competência geral da Corte Interamericana de Direitos Humanos:** Para esses Estados-membros, aplicam-se os dispositivos da Convenção Americana.
7. Porém, as comunicações interestatais e individuais relacionadas a violações de direitos humanos **não poderão ser submetidas à Corte Interamericana**, encerrando-se com o relatório previsto no art. 51 da CADH.
8. **Estados-partes da Convenção Americana que reconhecem a competência da Corte Interamericana (CorteIDH):** Além de se aplicar os dispositivos da Convenção Americana e se submeterem às recomendações da CIDH, **para esses Estados-membros as comunicações individuais e interestatais poderão ser submetidas à jurisdição da** CorteIDH.
9. **Direitos reconhecidos na Convenção Americana:** A CADH prevê **principalmente direitos civis e políticos**, como, por exemplo: o direito ao reconhecimento da personalidade jurídica (art. 3); direito à vida (art. 4); integridade pessoal (art. 5); proibição da escravidão e da servidão (art. 6); liberdade pessoal (art. 7); garantias judiciais (art. 8); direito de reunião (art. 15); proteção da família (art. 17); direitos da criança (art. 19); direito à nacionalidade (art. 20). Há também uma previsão genérica sobre os direitos econômicos, sociais e culturais (art. 26).
10. ***Habeas corpus* na Convenção:** O direito de habeas corpus está previsto no **art. 7º da CADH**. Os Estados-partes **estão impedidos de proibirem ou restringirem o conteúdo do habeas corpus**.
11. A CADH admite ainda que o habeas corpus seja **interposto pela própria pessoa interessada (paciente), sem necessidade de intermediação**.
12. **Direito à propriedade privada e sua evolução conceitual:** A CADH também prevê a **proteção da propriedade privada no art. 21**, ressalvado o interesse social e a desapropriação mediante o pagamento de uma indenização justa.
13. Tanto a Comissão como a Corte Interamericana aplicaram uma **interpretação evolutiva** para **considerarem protegidos por esse dispositivo também a propriedade coletiva ou territorial dos povos indígenas ou tribais**.
14. **Liberdade de expressão e crime de desacato:** Por outro lado, revendo posição anterior (REsp 1640084/SP), o Superior Tribunal de Justiça, em

exercício ao controle de convencionalidade de leis, passou a afirmar que o **crime de desacato não constitui violação de dispositivo da Convenção Americana sobre Direitos Humanos (CADH) que estabelece o direito à liberdade de expressão no *leading case* HC 379.269/MS** (Rel. Ministro REYNALDO SOARES DA FONSECA, Rel. p/ Acórdão Ministro ANTONIO SALDANHA PALHEIRO, TERCEIRA SEÇÃO - julgado em 24/05/2017, DJe 30/06/2017).

15. A Segunda Turma do **Supremo Tribunal Federal confirmou esse entendimento do STJ**, ao determinar que o **crime de desacato a militar não violaria a CADH (HC 141949**, Relator(a): Min. GILMAR MENDES, Segunda Turma, julgado em 13/03/2018, PROCESSO ELETRÔNICO DJe-077 DIVULG 20-04-2018 PUBLIC 23-04-2018).

16. **Recurso de amparo ou mandado de segurança:** A CADH também prevê em seu art. 25 o **direito à proteção judicial**, consistente no "direito a um recurso simples e rápido ou a qualquer outro recurso efetivo, perante os juízes ou tribunais competentes, que a proteja contra atos que violem seus direitos fundamentais reconhecidos pela Constituição, pela lei ou pela presente Convenção...".

17. Esse dispositivo é lido como a inserção do **mandado de segurança** (ou ***recurso ou juicio de amparo***, como é conhecido por outros países do continente de fala espanhola) na CADH.

18. **Garantias judiciais e o dever de investigar e processar os responsáveis pelas violações de direitos humanos**: A partir de uma **interpretação conjugada do art. 8 e 25 da CADH**, os órgãos do Sistema Interamericano instituíram o **dever de os Estados-partes conduzirem uma investigação imparcial e séria relacionadas às violações dos direitos humanos, que deverá eventualmente resultar no julgamento e punição dos responsáveis por essas violações.**

19. **Restrição de direitos políticos:** A CADH admite a restrição dos direitos políticos (direito devotar e ser votado, bem como ter acesso às funções públicas) apenas com base nos seguintes critérios: (a) idade; (b) nacionalidade; (c) residência; (d) idioma; (e) instrução; (f) capacidade civil ou mental; (g) condenação, por juiz competente, em processo penal.

20. **Suspensão de direitos em situações de emergência:** No **art. 27**, a CADH admite que, em certas situações excepcionais (guerra, perigo público ou emergência de mesma gravidade), o Estado possa suspender obrigações previstas.

21. Todavia, **não poderá suspender**:

(i) direito ao reconhecimento da personalidade jurídica;
(ii) direito à vida;
(iii) direito à integridade pessoal;
(iv) proibição da escravidão e servidão;
(v) princípio da legalidade e retroatividade;
(vi) liberdade de consciência e religião;
(vii) proteção da família;
(viii) direito ao nome;
(ix) direitos da criança;
(x) direito à nacionalidade;
(xi) direitos políticos.

22. **Cláusula federal:** O **art. 28 da CADH** estabelece a **"cláusula federal"** que estabelece a **obrigação do governo nacional** em cumprir as disposições sobre as quais tem competência e adotar medidas para que os estados-membros componentes da federação adotem as disposições cabíveis para o cumprimento da Convenção.

23. **Normas de interpretação e ampliação dos direitos humanos - princípio *pro homine* ou *pro persona*:** O art. 29 da CADH estabelece normas de interpretação, cujo principal sentido, na forma como tem sido lida, é **aplicar a regra mais favorável para a proteção dos direitos humanos, pouco importando a fonte ou sua hierarquia normativa.**

24. Assim, ainda que a CADH tenha sido aprovada e incorporada posteriormente a uma lei mais benéfica, é essa última que se aplicará, e não a Convenção.

25. Do mesmo modo, uma lei posterior restritiva deverá ser afastada para que se aplique a regra mais favorável da CADH. **O princípio da aplicação da norma mais favorável é conhecido como princípio *pro homine* ou *pro persona*.**

26. **Relação entre direitos e deveres na Convenção:** a CADH também atribui deveres e limitações ao exercício dos direitos nela previstos em seu art. 32. **Os deveres são constituídos em relação à família, comunidade e humanidade**. Os direitos são limitados pelos direitos dos demais, pela **segurança e justas exigências do bem comum numa sociedade democrática.**

19. A COMISSÃO INTERAMERICANA DE DIREITOS HUMANOS (CIDH)

1. **Composição e estrutura**: A CIDH é composta por **sete membros**, escolhidos pela **Assembleia-Geral da OEA**. A CIDH **integra a estrutura da OEA**, possuindo previsão na Carta dessa organização internacional.
2. **Funções**: A CIDH possui **funções consultivas, promocional e de proteção de direitos humanos.**
3. A principal missão da CIDH é **promover a proteção e defesa dos direitos humanos no continente americano.**
4. A Comissão Interamericana **emite recomendações aos Estados da OEA**, tanto em âmbito geral como em razão de petições individuais; **elabora relatórios sobre a situação de direitos humanos nos países do continente**; **realiza visitas *in loco*** para verificar as situações de direitos humanos.
5. **Atuação em relação a Estados-membros da OEA que NÃO são partes da Convenção:** A CIDH poderá receber **denúncias sobre violação de direitos contidos na Declaração Americana**. As denúncias concluirão sempre com o Relatório final elaborado pela CIDH. Nesse caso, a CIDH **não aplica a Convenção.**
6. **Atuação em relação a Estados-membros da OEA que SÃO partes da Convenção:** A CIDH **poderá receber petições sobre violação de direitos contidos na Convenção Americana** e poderá **emitir recomendações** sobre elas. Caso não sejam cumpridas, **o caso poderá ser submetido à Corte Interamericana de Direitos Humanos, desde que o Estado tenha aceitado a jurisdição da Corte.**
7. **Recebimento de denúncias pela Comissão segundo o Pacto de San José da Costa Rica:** As denúncias feitas perante a Comissão são denominadas indistintamente de **petição ou comunicação.**
8. **Legitimados a apresentar petição individual perante a Comissão Interamericana:** Poderão apresentar petições alegando violações de direitos humanos **indivíduos, grupo de pessoas e organizações não-governamentais.**
9. **Não é necessária a concordância das vítimas para apresentação da comunicação/petição.** Contudo, o interesse das vítimas **poderá influenciar o reconhecimento de litispendência ou coisa julgada internacional.**
10. **Petições apresentadas por Estados – sistema de comunicação interestatal:** Os Estados-partes também poderão apresentar petições alegando violações à Convenção. Porém, é necessário que o Estado acusado também tenha aceitado a realização de denúncias contra ele por outro Estado.

11. **Os requisitos de admissibilidade para a apreciação de um Estado contra o outro são os mesmos previstos para o caso das petições individuais.** Para que a denúncia de um Estado-parte contra outro chegue à Corte, **deverá ocorrer antes o processamento do caso perante a Comissão.** Até a presente data, não há notícia de que uma comunicação interestatal tenha chegado à apreciação pela Corte.

12. **Requisitos para apresentação de comunicações no sistema interamericano:** Para que a CIDH possa analisar e julgar o mérito de uma comunicação, seja ela individual ou interestatal, impõe-se a observância de alguns requisitos:

    (*i*) esgotamento dos recursos internos;

    (*ii*) denúncia deve ser apresentada em 6 (seis) meses desde a notificação da decisão definitiva do processo que tramitou internamente;

    (*iii*) inexistência de litispendência ou coisa julgada internacional;

    (*iv*) qualificação e assinatura do denunciante.

Esgotamento dos recursos internos

13. Essa regra possui sua **origem em normas relacionadas à proteção diplomática**. De acordo com essa regra procedimental, **exige-se que a vítima ou seu representante tenham utilizados os meios disponíveis no sistema jurídico do país para obter o fim da violação ou reparação dos danos eventualmente causados.**

14. Seu fundamento é possibilitar ao Estado – a quem incumbe a principal responsabilidade pela proteção dos direitos humanos – uma oportunidade para cessar ou reparar a violação antes que ela chegue às instâncias internacionais.

15. **Ônus da alegação do esgotamento dos recursos internos e momento processual:** O ônus de demonstrar que os recursos internos não foram esgotados recai sobre o Estado, caso ele invoque essa preliminar para que a petição seja inadmitida. De acordo com a jurisprudência do sistema interamericano, **o momento processual para invocar essa regra é a primeira manifestação do Estado durante a fase de admissão perante a Comissão.**

16. Dito de outro modo, **se o Estado somente alegar a ausência de esgotamento de recursos internos perante a Corte, esse tribunal considerará preclusa a exceção arguida pelo Estado.**

17. **Inaplicabilidade da preliminar de esgotamento dos recursos internos e comunicação extemporânea:** O Pacto de San José da Costa Rica prevê

algumas exceções para a regra do esgotamento dos recursos internos: (a) **inexistência de devido processo legal para reparação da violação; (b) impedimento de acesso à justiça; (c) demora injustificada na decisão final dos recursos internos.**

18. A CIDH e a Corte Interamericana têm adotado uma **posição anti-formalista em relação à regra dos esgotamentos dos recursos internos**, dispensando o cumprimento desse requisito quando os **remédios legais disponíveis são inadequados ou não efetivos, ou quando há o abuso das autoridades governamentais em seu processamento**.

19. Quando ocorre a exceção a uma regra de esgotamento dos recursos internos, a Comissão tende a flexibilizar também o prazo para apresentação da comunicação/petição, conforme a data da alegada violação e as circunstâncias do caso.

Período para apresentação da comunicação

20. O prazo de 6 (seis) meses desde a notificação da decisão definitiva do processo interno é considerado por alguns comentadores como um prazo de natureza prescricional.

Inexistência de litispendência ou coisa julgada internacional

21. A **denúncia contida na petição não pode estar sendo processada ao mesmo tempo em outra instância internacional e nem pode ter sido já julgada pela Comissão ou outro órgão internacional.**

22. A igualdade de demandas é identificada a partir da igualdade de partes e vítimas, fatos e fundamento legal (embora não necessariamente texto legal).

23. Exceções à regra da inexistência de litispendência ou coisa julgada internacional: Há duas exceções reconhecidas para o caso de litispendência ou coisa julgada internacional:

(*i*) o outro órgão internacional em que tramita apenas **examinou a situação geral dos direitos humanos** em determinado Estado e **não proferiu uma decisão relacionada aos fatos específicos contidos na petição**, assim como se esse **órgão apenas apresenta recomendações ao Estado, sem decisão de caráter vinculante e obrigatório**;

(*ii*) os peticionários perante a Comissão são as vítimas ou familiares das vítimas da violação, e o peticionário perante a outra organização internacional é uma organização não-governamental ou terceiro que não foi autorizado pelas vítimas a apresentar a petição.

Qualificação e assinatura do denunciante

24. Embora não haja um apego estrito à formalidade dos denunciantes, a identificação e assinatura é uma exigência imposta pelo art. 46 da CADH.

Outras possibilidades de inadmissibilidade da comunicação ou petição

25. Não será admitida a petição que

(a) não expuser fatos que impliquem violação dos direitos nela previstos;

(b) for infundada ou manifestamente improcedente;

(c) for a cópia de uma petição já apresentada, seja perante a própria Comissão, seja perante outro organismo internacional.

26. **Solução amistosa:** A solução amistosa é um mecanismo mediante o qual o Estado, peticionários e vítimas alcançam um acordo sobre as medidas a serem adotadas pelo Estado para cessação, garantias de não-repetição e reparação das violações de direitos humanos.

27. Uma vez alcançado o acordo, ele é encaminhado aos requerentes e aos Estados-partes da CADH, e transmitido posteriormente ao Secretário-geral da OEA para a publicação.

28. **Medidas cautelares na Comissão Interamericana de Direitos Humanos:** A CIDH pode, por sua própria iniciativa ou da parte, solicitar a um Estado que adote medidas cautelares. Essas medidas deverão se relacionar com situações de gravidade e urgência que apresentem um risco de dano irreparável a pessoas ou ao objeto de uma petição ou caso que esteja pendente nos órgãos do Sistema Interamericano (art. 25 do Regulamento da CIDH).

29. **Relatórios da CIDH:** A CIDH emite, em regra, **dois relatórios**: um de **admissibilidade** e, se admitida a petição, posteriormente um de **mérito**.

30. **Relatório de admissibilidade:** O relatório de admissibilidade decide se foram observados os **requisitos processuais e de competência para que a CIDH** possa conhecer as denúncias de violações.

31. **Relatório de mérito**: O segundo relatório emitido pela CIDH – o relatório de mérito – **tem como objetivo verificar se existiram violações à CADH** e, em caso positivo, **quais as medidas que o Estado deverá tomar para cessar e reparar as violações.**

32. **Não cumprimento das recomendações no prazo de 3 (três) meses:** Se, após três meses, <u>**o caso não foi resolvido pelo Estado ou foi submetido à Corte**</u>, **a Comissão poderá emitir, por voto da maioria absoluta de**

seus membros, sua opinião e conclusões sobre a questão, inclusive com a indicação de medidas a serem tomadas pelo Estado dentro de um prazo determinado.

33. Após esse prazo, a Comissão decidirá se o Estado tomou ou não as medidas adequadas e se ela deve publicar ou não o seu relatório (art. 51 da CADH).

34. **Encaminhamentos de casos à Corte Interamericana de Direitos Humanos:** A **Convenção Americana não determina o procedimento a ser observado pela CIDH** para que encaminhe um caso à Corte quando alcance uma decisão de mérito.

35. De acordo com a Corte, **essa avaliação e decisão incumbe exclusivamente à Comissão**, e **não está sujeita a qualquer objeção preliminar.**

36. De acordo com o Regulamento da CIDH vigente, constatada violação à CADH, **a regra é o encaminhamento do caso à Corte interamericana.**

37. Todavia, **a maioria absoluta dos membros da CIDH poderá se opor ao encaminhamento do caso à Corte**. Nessa hipótese, a Comissão poderá emitir o relatório a que se refere o art. 51 da CADH.

38. **Publicização dos relatórios de mérito da Comissão:** O Regulamento da CIDH atribui a esse órgão a possibilidade de **apresentar no seu relatório anual submetido à Assembleia Geral da OEA o seu relatório final sobre o caso.** Isso teria como objetivo constranger o Estado a adotar mecanismos para reparar as violações de direitos humanos.

39. **Cumprimento das recomendações da Comissão:** Após emitir seu relatório final (art. 51), quando o caso não foi submetido à Corte, a CIDH permanece supervisionando o **cumprimento de suas recomendações por um mecanismo de seguimento** (*follow-up*).

40. Embora isso não tenha expressa previsão na CADH e conte com uma escassa referência no Regulamento da CIDH (art. 48), **os Estados são instados a se manifestar a respeito de quais medidas tomaram para cumprir as recomendações**. A progressão do cumprimento é publicada no Relatório anual da CIDH apresentado à Assembleia Geral da OEA.

41. De acordo com o STJ, "as funções da Comissão Interamericana de Direitos Humanos não ostentam caráter decisório, mas tão somente instrutório ou cooperativo", ao que "a CIDH não possui função jurisdicional". (HC 379.269/MS)

42. Ainda, afirma o STJ que "as recomendações expedidas pela CIDH não possuem força vinculante, mas tão somente 'poder de embaraço' ou 'mobilização da vergonha'." (HC 379.269/MS)

20. A CORTE INTERAMERICANA DE DIREITOS HUMANOS (CORTEIDH)

1. **Estrutura e composição:** A Corte Interamericana de Direitos Humanos (CorteIDH) é composta por **sete juízes**. Ela atua como o **órgão jurisdicional do Pacto de San José da Costa Rica**. A CorteIDH iniciou seus trabalhos em **1979**. Sua sede está localizada em **San José, Costa Rica**.
2. **Jurisdição:** A Corte exerce **jurisdição contenciosa e consultiva**.
3. Contudo a **jurisdição contenciosa** da CorteIDH não decorre apenas da ratificação da Convenção Americana sobre Direitos Humanos pelo Estado. **É necessário que o Estado manifeste expressamente sua concordância quanto à jurisdição da Corte para que um caso possa ser submetido a ela** (art. 62 da CADH).

Competência consultiva

4. A CorteIDH pode emitir uma **opinião consultiva sobre temas relacionados aos direitos humanos e sua aplicação no continente americano**.
5. Nesse caso, **não há um conflito de interesses intersubjetivo a ser decidido pela Corte**: o que se almeja é um esclarecimento sobre determinada questão jurídica relacionada a direitos humanos.
6. **Legitimidade para solicitar opinião consultiva:** Podem solicitar opinião consultiva da CorteIDH:
   (a) os Estados-partes da OEA;
   (b) os órgãos da OEA – são considerados aqueles listados no Capítulo VIII da Carta da OEA: Assembleia Geral, Reunião de Consulta dos Ministros das Relações Exteriores, Comissão Jurídica Interamericana, a CIDH, entre outros.
7. **A CIDH possui, em regra, a prerrogativa de submeter quaisquer questionamentos relacionados aos direitos humanos.**
8. **A consulta dos demais órgãos deverá guardar pertinência com a sua competência.**
9. **Assuntos em que a Corte poderá emitir opinião consultiva:** A CorteIDH pode se manifestar quanto à sua competência consultiva em três áreas:
   (1) questões relacionadas à **interpretação da Convenção Americana e seus protocolos**;
   (2) questões relacionadas a **"outros tratados concernentes à proteção dos direitos humanos nos Estados americanos"**, o que inclui tra-

tados em que sejam partes Estados não pertencentes ao sistema interamericano;

(3) pedidos para **verificar se as leis domésticas ou locais de um Estado são compatíveis com a CADH ou "outros tratados"** (art. 64 da CADH).

Competência contenciosa

10. A CorteIDH aprecia casos submetidos a elas desde que o Estado consinta com a sua jurisdição e se verifiquem alguns requisitos de competência.

11. Os principais deles são:

(i) *ratione personae* – a vítima da violação encontrava-se sob a jurisdição do Estado-parte à Convenção Americana;

(ii) *rationae materiae* – o direito supostamente violado tem amparo no Pacto de San José da Costa Rica ou em tratados que remetem à possibilidade de a CorteIDH analisa-los;

(iii) *ratione temporis* – os fatos relacionados à violação ocorreram após a aceitação da jurisdição da CorteIDH pelo Estado.

12. Contudo, nesse último caso – competência ratione *temporis* - há exceção quanto a **violações de caráter continuado** – como desaparecimentos forçados – em que a **jurisdição poderá incidir sobre casos que tiveram início antes da aceitação da jurisdição, se o Estado não tiver apresentado reserva quanto a isso.**

13. Legitimidade para submeter um caso a sua apreciação: somente os Estados-partes à Convenção e a Comissão Interamericana possuem legitimidade para submeter um caso à CorteIDH.

14. Assim, **indivíduos e organizações não-governamentais não podem submeter um caso diretamente à Corte Interamericana de Direitos Humanos.**

15. Vítimas e representantes: As vítimas e peticionários não podem submeter um caso à CorteIDH. Contudo, mudanças no Regulamento da CorteIDH e da Comissão conferiram uma importância à participação das vítimas que, embora não possam postular o caso, **poderão participar dos procedimentos perante a CorteIDH, inclusive apresentando alegações escritas e provas.**

16. O papel da Comissão Interamericana perante a Corte: Os regulamentos da CorteIDH atribuem um papel distinto à Comissão, que passa atuar mais como um **órgão de defesa da "ordem pública interamericana"**.

17. Além de submeter os casos, a CIDH atua, assim, como um **órgão similar ao Ministério Público nas cortes nacionais**, isto é, **zela pela aplicação da normativa internacional relacionada à proteção dos direitos humanos**, submete pedidos de medida provisória e auxilia na averiguação do cumprimento das sentenças da CorteIDH.
18. **Poderes de revisão da Corte:** Após a submissão de um caso pela CIDH ou pelo Estado, **a CorteIDH poderá verificar se foram preenchidos os requisitos de admissibilidade, inclusive podendo modificar as conclusões da CIDH quanto à admissibilidade.**
19. Contudo, em relação aos fatos submetidos a ela, **a CorteIDH considera-se vinculada ao marco fático descrito pela CIDH no seu relatório final** (art. 50 da CADH).
20. **Procedimento perante a Corte:** A CADH prevê parcamente o procedimento perante a Corte. A seção na CADH denominada de "procedimento" regula, na verdade, os requisitos e efeitos das sentenças da CorteIDH.
21. **O procedimento está disciplinado no Regulamento da Corte e consiste, basicamente, de uma fase escrita seguida de uma fase oral (audiência) e de alegações escritas finais.**
22. **Natureza das sentenças da Corte:** A sentença proferida pela CorteIDH é definitiva e irrecorrível.
23. **Conteúdo das sentenças:** A Corte poderá proferir decisões de **conteúdo declaratório, condenar ao pagamento da indenização em dinheiro** e **especificar como o Estado deve reparar a violação e evitar a sua ocorrência.**
24. **Interpretação de sentenças:** As sentenças da CorteIDH somente poderão ser objeto de pedidos de correção de erro materiais e de interpretação.
25. **Prazo para interpretação de sentenças:** Os pedidos de esclarecimentos quanto ao sentido e alcance da sentença emitida pela CorteIDH deve ser apresentado **dentro de noventa dias a contar da sua notificação.** Embora não seja propriamente um recurso, esse pedido assemelha-se aos embargos de declaração previsto no processo civil brasileiro.
26. **Execução das sentenças da Corte e sua aplicação ao direito brasileiro:** Se a sentença da CorteIDH indicar uma indenização à vítima, ela pode ser executada dentro do próprio país. **Deverão ser observadas as regras quanto à execução de quantias contra o Estado.**
27. No direito brasileiro, isso implica observância aos arts. 534 e 535 do Código de Processo Civil e normas constitucionais de pagamento (art. 100

da Constituição). **Não há necessidade de homologação da sentença da CorteIDH por nenhum órgão jurisdicional.**

28. Assim, as sentenças põem ser executadas diretamente no juízo de 1° grau, observadas as regras de competência.

Medidas provisórias

29. A tutela de urgência pela CorteIDH está prevista no **art. 63, § 2° da CADH.**

30. A CorteIDH poderá expedir medidas provisórias para os **casos que já foram encaminhados à sua apreciação como também para casos que se encontram em trâmite perante a Comissão, mas que ainda não foram submetidos à Corte.**

31. Quando os **casos já tiverem sido encaminhados à Corte**, ela poderá atuar **de ofício ou a pedido de uma das partes.**

32. Quando ainda tramitar na Comissão, **a Corte somente poderá determinar as medidas provisórias a partir do requerimento da Comissão.**

33. Outros tratados de direitos humanos no âmbito do Sistema Interamericano: Assim como ocorre no sistema das Nações Unidas, também no âmbito do sistema interamericano celebraram-se outros tratados de direitos humanos, envolvendo temas específicos ou a proteção de categorias consideradas vulneráveis. A data de sua aprovação, início de vigência e ratificação pelo Estado brasileiro encontram-se no quadro abaixo:

Tratado	Data de aprovação	Início de vigência	Data de ratificação pelo Brasil	Decreto executivo
Convenção Americana sobre Direitos Humanos	22 Novembro 1969	18 julho 1978	25 setembro 1992	Decreto n. 678, 6 novembro 1992
Protocolo de San Salvador	17 novembro 1988	16 novembro 1999	21 agosto 1996	Decreto n. 3.321, 30 dezembro 1999
Protocolo à Convenção Americana – Abolição pena de morte	8 junho 1990	Imediata após a ratificação dos Estados	13 agosto 1996	Decreto 2.754, 27 agosto 1998

Tratado	Data de aprovação	Início de vigência	Data de ratificação pelo Brasil	Decreto executivo
Convenção Interamericana sobre Desaparecimento Forçado de Pessoas	9 junho 1994	28 março 1996	03 fevereiro 2014	Decreto 8.766, 11 maio 2016
Convenção Interamericana para Prevenir e Punir a Tortura	09 dezembro 1985	28 fevereiro 1987	20 julho 1989	Decreto 98.386, 9 dezembro 1989
Convenção de "Belém do Pará" – Prevenção e punição de violência contra a Mulher	09 junho 1994	05 março 1995	27 novembro 1995	Decreto 1973, 1° agosto 1996
Convenção Interamericana para Eliminação contra todas as Formas de Discriminação das Pessoas Portadoras de Deficiência	08 junho 1999	14 setembro 2001	15 agosto 2001	Decreto 3.956, 8 outubro 2001
Convenção Interamericana contra Racismo e Discriminação Racial	6 junho 2013	11 novembro 2017	---	---
Convenção Interamericana contra todas as Formas de Discriminação e Intolerância	6 junho 2013	Ainda não entrou em vigor	---	---
Convenção Interamericana sobre a proteção dos direitos humanos dos idosos	15 junho 2015	11 novembro 2017	---	---

DIREITO AMBIENTAL

Romeu Thomé

INTRODUÇÃO

Nas últimas décadas, os reflexos da crescente preocupação com o meio ambiente e com a preservação dos bens naturais são claramente identificados nas normas jurídicas, que passaram a prever instrumentos de prevenção e reparação do meio ambiente degradado. No Brasil, a Constituição de 1988 alçou o meio ambiente ecologicamente equilibrado à categoria de direito fundamental ao apresentar um capítulo exclusivo sobre o tema. Na esfera infraconstitucional, inúmeras normas jurídicas ganharam destaque, tais como a Lei de Política Nacional do Meio Ambiente e a Lei de Crimes Ambientais.

Concursos relacionados à segurança pública têm exigido dos candidatos conhecimentos relacionados ao direito ambiental, especialmente em relação ao direito constitucional ambiental e aos crimes ambientais.

Incidência em concursos recentes

ASSUNTOS	QUESTÕES	%
1. Código Florestal	5	10,42%
2. Constituição Federal	5	10,42%
3. Lei dos Crimes Ambientais	7	14,58%
4. Política Nacional de Recursos Hídricos	1	2,08%
5. Política Nacional do Meio Ambiente	4	8,33%
6. Sistema Nacional de Unidades de Conservação	6	12,50%

7. Licenciamento Ambiental	4	8,33%
8. Teoria e Princípios	16	33,33%
TOTAL	**48**	**100%**

A parte doutrinária (**Teoria e Princípios**) é a mais exigida em provas, correspondendo **a mais de um terço** das questões de prova.

Alguns diplomas preponderam na fase objetiva, principalmente, e nesta ordem: a **Lei dos Crimes Ambientais** (Lei 9.605/98), o **Sistema Nacional de Unidades de Conservação** (Lei 9.985/00), a **Constituição Federal** e o novo **Código Florestal** (Lei 12.651/12).

Ponto pouco exigido nas provas: Lei da Política Nacional de Resíduos Sólidos (Lei 12.305/10).

Gráfico 04

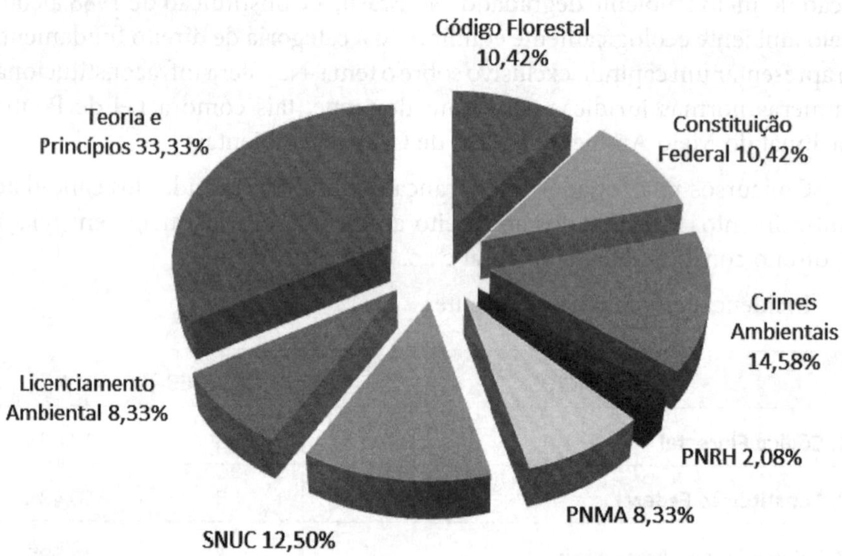

1. PRINCÍPIOS DE DIREITO AMBIENTAL

1. **O princípio do desenvolvimento sustentável** tem como pilar a harmonização das seguintes vertentes: **crescimento econômico / preservação ambiental / equidade social**.

2. O desenvolvimento sustentável busca **"um desenvolvimento que faz face às necessidades das gerações presentes sem comprometer a capacidade das gerações futuras na satisfação de suas próprias necessidades"**.

3. O desenvolvimento sustentável está previsto nos artigos 170, II, III, VI e 225 da Constituição de 1988.

4. O direito a um meio ambiente equilibrado está **intimamente ligado ao direito fundamental à vida e à proteção da dignidade da vida humana**, garantindo, sobretudo, condições adequadas de qualidade de vida, protegendo a todos contra os abusos ambientais de qualquer natureza.

5. O princípio da **prevenção** é aplicado quando se conhece os impactos negativos provocados ao meio ambiente decorrentes de atividades potencialmente predadoras ou poluidoras (atividades sabidamente perigosas).

6. Quando não se conhece o impacto de atividades potencialmente causadoras de degradação ambiental, deve ser aplicado o princípio da **precaução**. Podemos citar como exemplo as discussões sobre os impactos, ainda desconhecidos, dos alimentos transgênicos (OGM) e da radiofrequência das antenas de telefonia celular ao meio ambiente e à saúde humana.

7. **STJ:** O princípio da precaução pressupõe a **inversão do ônus probatório**, competindo a quem supostamente promoveu o dano ambiental comprovar que não o causou ou que a substância lançada ao meio ambiente não lhe é potencialmente lesiva.[1]

8. **Súmula 618 de STJ:** A **inversão do ônus da prova** aplica-se às ações de degradação ambiental.

9. **STF:** No atual estágio do conhecimento científico, que indica ser incerta a existência de efeitos nocivos da exposição ocupacional e da população em geral a campos elétricos, magnéticos e eletromagnéticos gerados por sistemas de energia elétrica, não existem impedimentos, por ora, a que sejam adotados os parâmetros propostos pela Organização Mundial de Saúde, conforme estabelece a Lei 11.934/09.[2]

10. O princípio do poluidor-pagador pode ser entendido como um instrumento econômico que exige do poluidor, uma vez identificado, suportar as despesas de **prevenção, reparação e repressão** dos danos ambientais.

11. O princípio do **usuário-pagador** estabelece que o usuário de recursos naturais deve pagar por sua utilização. A ideia é de definição de valor

1. STJ: Jurisprudência em teses, número 30, 2015.

2 STF. RE 627189, 8.6.2016.

econômico ao bem natural com intuito de racionalizar o seu uso e evitar seu desperdício.

12. **Cabe ao Poder Público** e à **coletividade o dever de defender e preservar o meio ambiente** ecologicamente equilibrado para as presentes e futuras gerações.

13. O **princípio da participação comunitária** decorre do direito de todos ao meio ambiente ecologicamente equilibrado e do regime jurídico do ambiente como bem de uso comum do povo, impondo a toda a sociedade o dever de atuar na sua defesa.

14. O meio ambiente assume função dúplice no microssistema jurídico, na medida em que se consubstancia simultaneamente **em direito e em dever dos cidadãos**.

15. **O direito à participação pressupõe o direito de informação ambiental.**

16. Incumbe ao Poder Público "promover a **educação ambiental** em todos os níveis de ensino e a conscientização pública para a preservação do meio ambiente".

17. A Constituição de 1988 condicionou o direito de propriedade à sua função social, que engloba a proteção do meio ambiente (**função socioambiental da propriedade**).

18. O **princípio da cooperação entre os povos** é de vital relevância em matéria ambiental, uma vez que fenômenos poluidores geralmente ultrapassam a fronteira de uma nação, atingindo outro território (v.g. emissão de gases causadores do efeito estufa).

19. Como o direito ao meio ambiente ecologicamente equilibrado é dotado de *status* de direito fundamental, **as garantias de proteção ambiental, uma vez conquistadas, não podem retroagir**. De acordo com o **princípio da vedação de retrocesso ambiental,** é inadmissível o recuo da salvaguarda ambiental para níveis de proteção inferiores aos já consagrados, a não ser que as circunstâncias de fato sejam significativamente alteradas.

2. O MEIO AMBIENTE NA CONSTITUIÇÃO DE 1988

1. Com o advento da Constituição da República Federativa do Brasil de 1988 as **normas de proteção ambiental são alçadas à categoria de normas constitucionais** com a elaboração de capítulo especialmente dedicado à proteção do meio ambiente, tema que permeia todo o texto constitucional.

2. O **meio ambiente ecologicamente equilibrado**, em regra, é classificado como interesse **difuso e de 3º geração** em decorrência de sua natureza

indivisível, bem como por envolver segmentos indeterminados da sociedade e estar relacionado à proteção de direitos dotados de enorme carga de humanidade e universalidade.

3. Como principais ações constitucionais de defesa do meio ambiente, temos a Ação Civil Pública (art. 129, III, CF 88) e a Ação Popular ambiental (art. 5º, LXXIII, CF 88).
4. A competência para legislar sobre proteção do meio ambiente é **concorrente**, ou seja, compete à **União, aos Estados e ao Distrito Federal** (art. 24, VI e VII, da CF 88), sendo que a União estabelecerá normas gerais (art. 24, § 1º da CF 88).
5. A competência legislativa dos **municípios** não está prevista no artigo 24, mas sim no artigo **30, I e II da CF 88**: "legislar sobre assuntos de interesse local" e "**suplementar** a legislação federal e a estadual no que couber".
6. **STF:** O município é competente para legislar sobre o meio ambiente com a União e o Estado, no limite do seu **interesse local** e desde que tal regramento seja **harmônico com a disciplina estabelecida pelos demais entes** federados.[3]
7. A competência material (administrativa) para proteção do meio ambiente é **comum**, ou seja, é atribuída conjuntamente à **União, Estados, Distrito Federal e Municípios (art. 23, VI e VII, da CF 88).**
8. A **alteração e supressão** de uma área ambientalmente protegida somente pode ser feita por **lei (art. 225, § 1º, III, CF 88).**
9. A **criação** de uma área ambientalmente protegida pode ser feita por **decreto** ou por **lei (art. 225, § 1º, III, CF 88).**
10. O **Estudo Prévio de Impacto Ambiental (art. 225, § 1º, IV, CF 88)** deve ser realizado para subsidiar o procedimento de licenciamento ambiental de **atividades** consideradas efetiva ou potencialmente causadoras de **significativa degradação do meio ambiente.**
11. O **Estudo Prévio de Impacto Ambiental** antes da implantação de empreendimentos e de atividades consideradas efetiva ou potencialmente causadoras de degradação ambiental constitui exigência que atende ao **princípio da prevenção.**
12. Ao E.P.I.A. deve ser dada publicidade.
13. Incumbe ao Poder Público proteger a fauna e a flora, vedadas, na forma da lei, as práticas que coloquem em risco sua função ecológica, provoquem a extinção de espécies ou submetam os animais a crueldade.

3 STF. RE 586224, 9.3.2015.

14. A CF 88 prevê a possibilidade de responsabilização do poluidor, em decorrência do mesmo dano ambiental, nas esferas **penal, administrativa e civil.**

15. A Floresta Amazônica, a Mata Atlântica, a Serra do Mar, o Pantanal Mato-Grossense e a Zona Costeira são **patrimônio nacional** (art. 225, § 4º, CF 88), o que não significa dizer que são bens da União.

16. As usinas que operem com reator nuclear deverão ter sua localização definida em Lei Federal.

17. **Não se consideram cruéis** as práticas desportivas que utilizem animais, desde que sejam **manifestações culturais.** (art. 225, § 7º, CF 88).

3. O DIREITO AMBIENTAL COMO DIREITO ECONÔMICO. A NATUREZA ECONÔMICA DAS NORMAS DE DIREITO AMBIENTAL

1. A defesa do meio ambiente é um dos princípios da ordem econômica e financeira, previsto no artigo 170, VI, da CRFB/1988.

2. Trata-se de novo papel do Estado no domínio econômico o exercício das funções de fiscalização, incentivo e planejamento, contido no artigo 174 da CRFB/1988.

3. O Direito Econômico pode ser considerado como o ramo do ordenamento jurídico destinado a promover o equilíbrio entre os interesses dos agentes econômicos privados e os da coletividade.

4. É inequívoca a relação intrínseca entre o desenvolvimento de atividades econômicas e os impactos ambientais, o que estreita sobremaneira o contato das normas de Direito Econômico com as normas de Direito Ambiental.

5. O Estado pode atuar no domínio econômico por meio da utilização de diversos instrumentos, com o intuito de implementar uma política econômica socioambiental sustentável.

6. Os meios utilizados pelo Estado para intervir indiretamente na economia são fundamentais para a implementação de políticas públicas ambientalmente corretas, seja através da regulamentação de atividades utilizadoras de recursos naturais, seja por meio de uma eficiente fiscalização das atividades econômicas potencialmente degradadoras, seja pela aplicação de multas ambientais ou mesmo pela oferta de incentivos fiscais para as empresas ambientalmente responsáveis.

7. A mesma Constituição que protege o meio ambiente também incentiva o Estado brasileiro a garantir a livre iniciativa (arts. 1º, IV, e 170) e o desenvolvimento nacional (art. 3º, II), a erradicar a pobreza e a marginalização, e a reduzir as desigualdades sociais e regionais (arts. 3º, III, e 170, VII), a proteger a propriedade (arts. 5º, "caput" e XXII, e 170, II), a buscar o pleno emprego (arts. 170, VIII, e 6º) e a defender o consumidor (arts. 5º, XXXII, e 170, V).

4. POLÍTICA NACIONAL DO MEIO AMBIENTE

1. **Meio ambiente** é o conjunto de condições, leis, influências e interações de ordem física, química e biológica, que permite, abriga e rege a vida em todas as suas formas (art. 3, I da Lei 6.938/81).
2. **Poluição** é a degradação da qualidade ambiental resultante de atividades que direta ou indiretamente: (a) prejudiquem a saúde, a segurança e o bem-estar da população; (b) criem condições adversas às atividades sociais e econômicas; (c) afetem desfavoravelmente a biota; (d) afetem as condições estéticas ou sanitárias do meio ambiente; (e) lancem matérias ou energia em desacordo com os padrões ambientais estabelecidos.
3. **Poluidor** é a pessoa física ou jurídica, de direito público ou privado, responsável, direta ou indiretamente, por atividade causadora de degradação ambiental.
4. O **SISNAMA** – Sistema Nacional do Meio Ambiente tem como finalidade estabelecer uma rede de agências governamentais, nos diversos níveis da federação, visando a assegurar mecanismos capazes de, eficientemente, implementar a política nacional do meio ambiente.
5. **Atenção** aos **instrumentos da PNMA** elencados no **artigo 9º da Lei 6.938/81**.

5. RESPONSABILIDADE CIVIL POR DANO AMBIENTAL

1. A responsabilidade civil por dano ambiental está prevista no art. 4, VII, da Lei 6.938/81 (Lei de Política Nacional do Meio Ambiente): "**imposição ao poluidor da obrigação de recuperar e/ou indenizar os danos causados.**"
2. Ao poluidor será imposta a **obrigação de recuperar os danos causados**, na maior medida possível. **Caso o dano seja irrecuperável, caberá ao poluidor indenizar** os danos causados por meio do pagamento de um

montante em dinheiro, que deverá ser revertido à preservação do meio ambiente.

3. A **responsabilidade civil** em matéria ambiental **é objetiva** (art. 14, parágrafo 1º da Lei 6.938/81).

4. A **responsabilidade civil objetiva** está baseada na ideia de risco da atividade. Não há que se analisar a existência de ato ilícito (dolo/culpa). Devem restar comprovados, regra geral, os elementos "dano" e "nexo causal".

5. **STJ:** A responsabilidade por dano ambiental é **objetiva, informada pela teoria do risco integral,** sendo o nexo de causalidade o fator aglutinante que permite que o risco se integre na unidade do ato, sendo descabida a invocação, pela empresa responsável pelo dano ambiental, de excludentes de responsabilidade civil para afastar sua obrigação de indenizar. (Tese julgada sob o rito do art. 543-C do CPC).[4]

6. **STJ:** Admite-se a **condenação simultânea e cumulativa** das obrigações de fazer, de não fazer e de indenizar na reparação integral do meio ambiente.[5]

7. **STJ:** A obrigação de recuperar a degradação ambiental é do titular da propriedade do imóvel, mesmo que não tenha contribuído para a deflagração do dano, tendo em conta sua **natureza *propter rem*.**[6]

8. **STJ:** Os responsáveis pela degradação ambiental são **coobrigados solidários**, formando- se, em regra, nas ações civis públicas ou coletivas **litisconsórcio facultativo.**[7]

9. **STJ:** Em matéria de proteção ambiental, há **responsabilidade civil do Estado** quando a omissão de cumprimento adequado do seu dever de fiscalizar for determinante para a concretização ou o agravamento do dano causado.[8]

10. **STJ: Não há direito adquirido a poluir** ou degradar o meio ambiente, não existindo permissão ao proprietário ou posseiro para a continuidade de práticas vedadas pelo legislador.[9]

11. **STJ:** A **alegação de culpa exclusiva de terceiro** pelo acidente em causa, como excludente de responsabilidade, **deve ser afastada,** ante a incidên-

4 Jurisprudência em teses. STJ, março de 2015, n. 30.

5 Jurisprudência em teses. STJ, março de 2015, n. 30.

6 Jurisprudência em teses. STJ, março de 2015, n. 30.

7 Jurisprudência em teses. STJ, março de 2015, n. 30.

8 Jurisprudência em teses. STJ, março de 2015, n. 30.

9 Jurisprudência em teses. STJ, março de 2015, n. 30.

cia da **teoria do risco integral** e da responsabilidade objetiva ínsita ao dano ambiental (art. 225, § 3º, da CF e do art. 14, § 1º, da Lei 6.938/81), responsabilizando o degradador em decorrência do princípio do poluidor-pagador.[10]

12. **STJ:** É devida a **indenização por dano moral** patente o sofrimento intenso do pescador profissional artesanal, causado pela privação das condições de trabalho, **em consequência do dano ambiental**.[11]

13. **STJ:** Para demonstração da legitimidade para vindicar indenização por dano ambiental que resultou na redução da pesca na área atingida, o registro de pescador profissional e a habilitação ao benefício do seguro-desemprego, durante o período de defeso, somados a outros elementos de prova que permitam o convencimento do magistrado acerca do exercício dessa atividade, são idôneos à sua comprovação.[12]

14. **STJ:** O dano material somente é indenizável mediante prova efetiva de sua ocorrência, **não havendo falar em indenização por lucros cessantes dissociada do dano efetivamente demonstrado** nos autos; assim, se durante o interregno em que foram experimentados os efeitos do dano ambiental houve o período de "defeso" - incidindo a proibição sobre toda atividade de pesca do lesado –, não há cogitar em indenização por lucros cessantes durante essa vedação.[13]

15. **STJ:** As empresas adquirentes da carga transportada pelo navio Vicuña no momento de sua explosão, no Porto de Paranaguá/PR, em 15.11.2004, **não respondem pela reparação dos danos alegadamente suportados por pescadores** da região atingida, **haja vista a ausência de nexo causal** a ligar tais prejuízos (decorrentes da proibição temporária da pesca) à conduta por elas perpetrada (mera aquisição pretérita do metanol transportado).[14]

6. LICENCIAMENTO AMBIENTAL

1. **Licenciamento ambiental** é definido no artigo 2º, I da Lei Complementar 140/2011 como um "**procedimento administrativo** destinado a licenciar

10 STJ. REsp 1114398, 8.2.2012.

11 STJ. REsp 1114398, 8.2.2012.

12 STJ. REsp 1354536, 26.3.2014.

13 STJ. REsp 1354536, 26.3.2014.

14 STJ. REsp 1602106, 25.10.2017.

atividades ou empreendimentos utilizadores de recursos ambientais, efetiva ou potencialmente poluidores ou capazes, sob qualquer forma, de causar degradação ambiental".

2. O licenciamento ambiental é um instrumento multifuncional da Política Nacional do Meio Ambiente na medida em que busca não apenas prevenir impactos ambientais negativos, mas também mitigá-los e compensá-los através da imposição de condicionantes aos agentes impactantes.

3. Os tipos de licenças ambientais estão previstos no artigo 8º da Resolução CONAMA 237/97: Licença Prévia (LP), Licença de Instalação (LI) e Licença de Operação (LO).

4. **Licença Prévia (LP)** – concedida na fase preliminar do planejamento do empreendimento ou atividade aprovando sua localização e concepção, atestando a viabilidade ambiental e estabelecendo os requisitos básicos e condicionantes a serem atendidos nas próximas fases de sua implementação.

5. **Licença de Instalação (LI)** – autoriza a instalação do empreendimento ou atividade de acordo com as especificações constantes dos planos, programas e projetos aprovados, incluindo as medidas de controle ambiental e demais condicionantes, da qual constituem motivo determinante.

6. **Licença de Operação (LO)** – autoriza a operação da atividade ou empreendimento, após a verificação do efetivo cumprimento do que consta das licenças anteriores, com as medidas de controle ambiental e condicionantes determinados para a operação.

7. Os empreendimentos e atividades são **licenciados ou autorizados,** ambientalmente, **por um único ente federativo.**

8. A definição do ente federativo competente para o licenciamento deve ser fixada em cada caso concreto, e para tanto se faz necessária a utilização de **critérios definidores de competência**.

9. Indica-se a leitura atenta da **Resolução CONAMA 237/97**, que dispõe sobre a revisão e complementação dos procedimentos e critérios utilizados para o licenciamento ambiental, além da **Lei Complementar 140/2011**, que fixa normas para a cooperação entre a União, os Estados, o Distrito Federal e os Municípios nas ações administrativas decorrentes do exercício da competência comum em matéria ambiental.

10. As licenças ambientais não são perenes, ou seja, elas têm prazos de validade e precisam ser renovadas (artigo 18 da Resolução CONAMA 237/97).

11. O prazo de validade da **Licença Prévia (LP)** deverá ser, no mínimo, o estabelecido pelo cronograma de elaboração dos planos, programas e

projetos relativos ao empreendimento ou atividade, **não podendo ser superior a 5 (cinco) anos.**

12. O prazo de validade da **Licença de Instalação (LI)** deverá ser, no mínimo, o estabelecido pelo cronograma de instalação do empreendimento ou atividade, **não podendo ser superior a 6 (seis) anos.**

13. O prazo de validade da **Licença de Operação (LO)** deverá considerar os planos de controle ambiental e será de, **no mínimo, 4 (quatro) anos e, no máximo, 10 (dez) anos.**

14. Seja em respeito ao princípio da supremacia do interesse público sobre o privado, seja em decorrência da má-fé do empreendedor, seja pela superveniência de irregularidades de atividades já licenciadas, pode uma **licença ambiental ser modificada, suspensa ou cancelada antes de findo o seu prazo de validade** (artigo 19 da Resolução CONAMA 237/97).

7. CÓDIGO FLORESTAL (LEI 12.651/2012)

1. A Lei 12.651/2012 (Código Florestal) reafirma que as florestas e demais formas de vegetação nativa são consideradas de interesse comum a todos os habitantes do país.

2. Observa Paulo Affonso Leme Machado que as florestas vêm sendo consideradas "bens comuns de todos os habitantes do país" desde o Código Florestal de 1934 (art. 1º), passando pelo Código de 1965 (art. 1º), até a previsão do artigo 2º do Código Florestal de 2012. Para o professor, o conceito de "bem comum" sempre foi levado em conta, no sentido de determinar o exercício de direitos de propriedade com as limitações que a legislação em geral estabelece.[15]

3. O Código Florestal impõe **limitações ao exercício do direito de propriedade**, seja através da previsão da instituição de áreas de preservação permanente (APP) ou de áreas de reserva legal, que deverão ser protegidas pelo proprietário devido à relevância ambiental da vegetação ali situada.

4. **Área de preservação permanente** é a área protegida, coberta ou não por vegetação nativa, com a função ambiental de preservar os recursos hídricos, a paisagem, a estabilidade geológica e a biodiversidade, facilitar

15. MACHADO, Paulo Affonso Leme. Inovações na legislação brasileira: a proteção das florestas. In: **Veredas do Direito**, Belo Horizonte, v.10, n.19, p.11-21. Janeiro/Junho de 2013, p. 14.

o fluxo gênico de fauna e flora, proteger o solo e assegurar o bem-estar das populações humanas (art. 3º, II, Lei 12.651/2012).

5. São **exemplos de APP** as áreas no **entorno das nascentes e dos olhos d'água perenes ou intermitentes**, qualquer que seja sua situação topográfica, no **raio mínimo de 50 (cinquenta) metros; e** as **faixas marginais de qualquer curso d'água natural perene e intermitente**, excluídos os efêmeros, desde a borda da calha do leito regular, em largura definida pelo inciso I do artigo 4º do Código Florestal.

6. **Reserva Legal** é a área localizada no interior de uma propriedade ou posse rural, delimitada nos termos do art. 12 da Lei 12.651/2012, com a função de assegurar o uso econômico de modo sustentável dos recursos naturais do imóvel rural, auxiliar a conservação e a reabilitação dos processos ecológicos e promover a conservação da biodiversidade, bem como o abrigo e a proteção de fauna silvestre e da flora nativa (art. 3º, III, Lei 12.651/2012).

7. A supressão de vegetação em APP deve ser, por óbvio, uma **exceção**. Os requisitos estão previstos no artigo 8º da Lei 12.651/2012: hipóteses de **utilidade pública, de interesse social ou de baixo impacto ambiental.**

8. A intervenção excepcional em APP, por utilidade pública ou interesse social, está condicionada à **inexistência de alternativa técnica e/ou locacional** à atividade proposta.

9. O Código Florestal admite a utilização dos recursos naturais da **Reserva Legal** mediante **manejo sustentável.**

10. **STJ:** A obrigação de recuperar a degradação ambiental é do titular da propriedade do imóvel, mesmo que não tenha contribuído para a deflagração do dano, tendo em conta sua **natureza *propter rem*.**[16] Dessa forma, tal obrigação adere ao título e se transfere ao futuro proprietário, prescindindo-se de debate sobre a boa ou má-fé do adquirente, pois não se está no âmbito da responsabilidade subjetiva, baseada na culpa do agente. Logo, torna-se clara a obrigação do atual proprietário/possuidor do imóvel de manter e/ou regularizar a área de reserva legal, independentemente de ter contribuído para a degradação da vegetação.[17]

11. O percentual de Reserva Legal em cada propriedade rural é **variável em função da localização regional e da natureza da vegetação** (art. 12 da Lei 12.651/2012).

16. STJ: Jurisprudência em teses, número 30, 2015.
17. THOMÉ, Romeu. Manual de Direito Ambiental. Salvador: Juspodivm.

12. Todo imóvel rural deve manter área com cobertura de vegetação nativa, a título de Reserva Legal, sem prejuízo da aplicação das normas sobre as Áreas de Preservação Permanente, observados os seguintes **percentuais mínimos em relação à área do imóvel**:

I - localizado na **Amazônia Legal**:

a) **80%** (oitenta por cento), no imóvel situado em área de **florestas;**

b) **35%** (trinta e cinco por cento), no imóvel situado em área de **cerrado;**

c) **20%** (vinte por cento), no imóvel situado em área de **campos gerais;**

II - localizado nas **demais regiões do País: 20%** (vinte por cento).

13. O Cadastro Ambiental Rural - CAR, no âmbito do Sistema Nacional de Informação sobre Meio Ambiente - SINIMA, registro público eletrônico de âmbito nacional, obrigatório para todos os imóveis rurais, com a finalidade de integrar as informações ambientais das propriedades e posses rurais.

14. O cadastramento da propriedade no CAR não será considerado título para fins de reconhecimento do direito de propriedade ou posse.

15. De acordo com o art. 15 do Código Florestal, **será admitido o cômputo das Áreas de Preservação Permanente no cálculo do percentual da Reserva Legal** do imóvel, desde que: I) não implique a conversão de novas áreas para o uso alternativo do solo; II) a área a ser computada esteja conservada ou em processo de recuperação, conforme comprovação do proprietário ao órgão estadual integrante do Sisnama; III) o proprietário ou possuidor tenha requerido inclusão do imóvel no Cadastro Ambiental Rural - CAR.

16. A área de Reserva Legal deverá ser registrada no órgão ambiental competente por meio de **inscrição no Cadastro Ambiental Rural-CAR**.

17. O registro da Reserva Legal no CAR **desobriga a averbação** no Cartório de Registro de Imóveis (artigo 19, *caput* e § 4º da Lei 12.651/2012).

18. O artigo 38, *caput*, do Código Florestal, **proíbe o uso de fogo** na vegetação, mas prevê, em seus incisos, **situações excepcionais** em que justifica-se o seu emprego.

19. **STJ:** O emprego de fogo em práticas agropastoris ou florestais depende necessariamente de autorização do Poder Público.[18]

18. STJ: Jurisprudência em teses, número 30, 2015.

20. O Código Florestal apresenta regras específicas para as denominadas "**áreas consolidadas" até 22 de julho de 2008**, implementando regras mais benéficas aos produtores rurais que impactaram negativamente o meio ambiente até aquela data. Além da suspensão das sanções administrativas e da punibilidade dos crimes ambientais relacionados à supressão de vegetação protegida, a propriedade ou posse rural inscrita no Programa de Regularização Ambiental-PRA passa a observar regramentos diferenciados também para a recomposição da vegetação de áreas especialmente protegidas, como as Áreas de Preservação Permanente.

8. SISTEMA NACIONAL DE UNIDADES DE CONSERVAÇÃO DA NATUREZA – SNUC (LEI 9.985/2000)

1. **Unidade de conservação** é o espaço territorial e seus recursos ambientais, incluindo as águas jurisdicionais, com características naturais relevantes, legalmente instituído pelo Poder Público, com objetivos de conservação e limites definidos, sob regime especial de administração, ao qual se aplicam garantias adequadas de proteção.
2. A lei do SNUC divide as unidades de conservação em **dois grandes grupos**, utilizando-se como critério a **intensidade de proteção**: **unidades de proteção integral e unidades de uso sustentável.**
3. O Grupo de **Unidades de Proteção Integral** compõe-se das seguintes categorias (art. 8º da Lei 9.985/00): Estação Ecológica; Reserva Biológica; Parque Nacional; Monumento Natural; Refúgio de Vida Silvestre.
4. O grupo de **unidades de Uso Sustentável** compõe-se de (art. 14 da Lei 9.985/00): Área de Proteção Ambiental; Área de Relevante Interesse Ecológico; Floresta Nacional; Reserva Extrativista; Reserva de Fauna; Reserva de Desenvolvimento Sustentável; Reserva Particular do Patrimônio Natural.
5. **Quadro comparativo**

Unidades de Proteção Integral (Art. 8º)	Unidades de Uso Sustentável (Art. 14)
Estação Ecológica	Área de Proteção Ambiental (APA)
Reserva Biológica	Área de Relevante Interesse Ecológico
Parque Nacional	Floresta Nacional
Monumento Natural	Reserva Extrativista

Unidades de Proteção Integral (Art. 8º)	Unidades de Uso Sustentável (Art. 14)
Refúgio de Vida Silvestre	Reserva de Fauna
–	Reserva de Desenvolvimento Sustentável
–	Reserva Particular do Patrimônio Natural (RPPN)

6. A Lei 9.985/00 não definiu a natureza do ato de **criação** das UC's, estabelecendo apenas que serão **criadas por ato do poder público** (art. 22, *caput*). Assim, pode-se concluir que elas podem ser **criadas tanto por lei** quanto por **decreto do Chefe do Poder Executivo** federal, estadual ou municipal.
7. Instituída uma unidade de conservação da natureza, seja por decreto do Executivo ou por lei formal, a **redução dos seus limites (alteração) ou a sua supressão (desafetação)** total **somente serão permitidas através de lei específica**. Esta é a determinação do **artigo 225, § 1º, III, da CF 88.** Neste mesmo sentido o **§ 7º do artigo 22 da lei do SNUC** determina que a desafetação ou redução dos limites de uma unidade de conservação só pode ser feita mediante lei específica.
8. **Quadro comparativo**

Criação ou ampliação de Unidade de Conservação (art. 22, caput; e § 6º, da Lei 9.985/00)	Alteração (redução dos limites) ou supressão (desafetação) de Unidade de Conservação (artigo 225, § 1º, III, da CRFB/1988; e art. 22, § 7º, da Lei 9.985/00)
Decreto do Chefe do Executivo (União, Estados, DF e Municípios)	Lei formal (União, Estados, DF e Municípios)
Lei formal (União, Estados, DF e Municípios)	–

9. **Zoneamento** é a definição de setores ou zonas em uma unidade de conservação com objetivos de manejo e normas específicos, com o propósito de proporcionar os meios e as condições para que todos os objetivos da unidade possam ser alcançados de forma harmônica e eficaz.

10. **Zona de amortecimento** é o entorno de uma unidade de conservação, **onde as atividades humanas estão sujeitas a normas e restrições** específicas, com o propósito de minimizar os impactos negativos sobre a unidade (art. 2º, XVIII). A zona de amortecimento **não faz parte da unidade de conservação, mas fica sujeita a normas e restrições específicas** a serem estipuladas pelo órgão responsável pela administração da unidade.

11. **Plano de manejo** é o "documento técnico mediante o qual, com fundamento nos objetivos gerais de uma unidade de conservação, se estabelece o seu zoneamento e as normas que devem presidir o uso da área e o manejo dos recursos naturais, inclusive a implantação das estruturas físicas necessárias à gestão da unidade" (art. 2º, XVII).

12. A compensação ambiental está prevista no **artigo 36** da Lei 9.985/00. O empreendedor de atividades de significativo impacto ambiental deverá **destinar recursos financeiros para a implantação e manutenção de unidade de conservação** do grupo de Proteção Integral (*caput*) ou de Uso Sustentável (§ 3º).

13. **Instituto Chico Mendes de Conservação da Biodiversidade – ICMBio** (art. 6, III da Lei 9.985/00) é autarquia federal vinculada ao Ministério do Meio Ambiente. As ações ambientais de âmbito federal relacionadas às unidades de conservação passaram a ser competência do Instituto Chico Mendes, permanecendo o IBAMA com a possibilidade de exercício supletivo do poder de polícia ambiental nos casos de omissão do referido Instituto.

14. O **uso do fogo** pode ser autorizado em Unidades de Conservação, desde que expressamente previsto no Plano de Manejo respectivo e mediante prévia aprovação do órgão gestor da Unidade.

9. LEI DE CRIMES AMBIENTAIS (LEI 9.605/1998)

1. A lei ambiental não deve ser aplicada para punir as chamadas "*ações insignificantes*" (sem potencial ofensivo ao meio ambiente). Aplicação do **princípio da insignificância.**

2. A Lei 9.605/98 utiliza a técnica legislativa denominada **norma penal em branco:** necessidade de complementação através de outras normas jurídicas.

3. A Lei de Crimes Ambientais tipifica uma série de **crimes de perigo abstrato**, ou seja, que independem de verificação do dano efetivo ao meio ambiente, bastando a constatação do simples perigo de dano.

4. O sujeito ativo das infrações penais ambientais pode ser qualquer pessoa, física ou jurídica.

5. **Não vigora, no direito penal, a responsabilidade objetiva**, aplicável na responsabilidade civil por dano ao meio ambiente. Penalmente torna-se imprescindível a comprovação do elemento subjetivo da conduta - dolo ou culpa - do agente.

6. O artigo 8º da Lei 9.605/98 elenca as **penas restritivas de direito** aplicáveis às **pessoas físicas**: I - prestação de serviços à comunidade; II - interdição temporária de direitos; III - suspensão parcial ou total de atividades; IV - prestação pecuniária; V - recolhimento domiciliar.

7. Requisitos para que o diretor, o administrador, o membro de conselho e de órgão técnico, o auditor, o gerente, o preposto ou mandatário de pessoa jurídica respondam por crime ambiental: (a) que a pessoa tenha ciência da existência da conduta criminosa de outrem; (b) que a pessoa possa agir para impedir o resultado (omissão penalmente relevante).

8. Segundo o STJ (Resp 610114/RN) e o STF (RE 548.181), **há possibilidade de penalização criminal das pessoas jurídicas por danos ao meio-ambiente**.

9. **Condicionantes para a responsabilização da pessoa jurídica: (a)** a infração tenha sido cometida em seu interesse ou benefício; (b) seja cometida por decisão de seu representante legal ou contratual, ou de seu órgão colegiado.

10. **"É admissível a condenação de pessoa jurídica pela prática de crime ambiental, ainda que absolvidas as pessoas físicas** ocupantes de cargo de presidência ou de direção do órgão responsável pela prática criminosa". (STF: RE 548.181).

11. As penas aplicáveis isolada, cumulativa ou alternativamente **às pessoas jurídicas**, são: I - multa; II - restritivas de direitos; III - prestação de serviços à comunidade.

12. As **penas restritivas de direito** aplicáveis às **pessoas jurídicas** encontram-se previstas no artigo 22 da Lei 9.605/98: I - suspensão parcial ou total de atividades; II - interdição temporária de estabelecimento, obra ou atividade; III - proibição de contratar com o Poder Público, bem como dele obter subsídios, subvenções ou doações.

13. São circunstâncias que **atenuam** a pena **(art. 14 da Lei 9.605/98)**: I - baixo grau de instrução ou escolaridade do agente; II - arrependimento do infrator, manifestado pela espontânea reparação do dano, ou limitação

significativa da degradação ambiental causada; III – comunicação prévia pelo agente do perigo iminente de degradação ambiental; IV – colaboração com os agentes encarregados da vigilância e do controle ambiental.

14. São circunstâncias que **agravam** a pena, quando não constituem ou qualificam o crime **(art. 15 da Lei 9.605/98)**: I – reincidência nos crimes de natureza ambiental; II – ter o agente cometido a infração: a) para obter vantagem pecuniária; (b) coagindo outrem para a execução material da infração; (c) afetando ou expondo a perigo, de maneira grave, a saúde pública ou o meio ambiente; (d) concorrendo para danos à propriedade alheia; (e) atingindo áreas de unidades de conservação ou áreas sujeitas, por ato do Poder Público, a regime especial de uso; (f) atingindo áreas urbanas ou quaisquer assentamentos humanos; (g) em período de defeso à fauna; (h) em domingos ou feriados; (i) à noite; (j) em épocas de seca ou inundações; (l) no interior do espaço territorial especialmente protegido; (m) com o emprego de métodos cruéis para abate ou captura de animais; (n) mediante fraude ou abuso de confiança; (o) mediante abuso do direito de licença, permissão ou autorização ambiental; (p) no interesse de pessoa jurídica mantida, total ou parcialmente, por verbas públicas ou beneficiada por incentivos fiscais; (q) atingindo espécies ameaçadas, listadas em relatórios oficiais das autoridades competentes; (r) facilitada por funcionário público no exercício de suas funções.

15. Nas infrações penais previstas na Lei 9.605/98 a **ação penal é pública incondicionada (art. 26),** de competência exclusiva do Ministério Público.

16. A **suspensão condicional da pena** nos crimes ambientais pode ser aplicada nos casos de condenação a pena privativa de liberdade não superior a três anos.

17. O Capítulo V da Lei 9.605/98 **elenca os crimes ambientais. Indicamos a leitura atenta de todos os tipos penais ali relacionados.**

18. As regras da Lei 9.605/98 são específicas e prevalecem sobre as regras gerais do Código Penal e do Código de Processo Penal, por força do **princípio da especialidade** (norma especial prevalece sobre norma geral). Todavia, em caso de omissão da lei penal ambiental, aplicar-se-ão, subsidiariamente, as disposições do Código Penal e do Código de Processo Penal e da Lei 9.099/95.

19. Nos crimes ambientais de **menor potencial ofensivo**, a proposta de aplicação imediata de pena restritiva de direitos ou multa, prevista no artigo 76 da Lei nº 9.099/95, somente poderá ser formulada desde que tenha havido a **prévia composição do dano ambiental**, de que trata o artigo 74 da mesma lei, salvo em caso de comprovada impossibilidade.

20. **STF:** Compete à **Justiça Federal** processar e julgar o crime ambiental de **caráter transnacional** que envolva **animais silvestres, ameaçados de extinção e espécimes exóticas ou protegidas por Tratados** e Convenções internacionais.[19]

21. **STF:** Compete à **Justiça Federal** processar e julgar pesca predatória no mar territorial ou no entorno de unidades de conservação da natureza;[20] crime contra a fauna perpetrado em parques nacionais, reservas ecológicas ou áreas sujeitas ao domínio eminente da Nação; e conduta que ultrapassa os limites de um único estado ou as fronteiras do país.[21]

10. TUTELA ADMINISTRATIVA DO MEIO AMBIENTE

1. **Infração administrativa ambiental** representa toda ação ou omissão que viole as regras jurídicas de uso, gozo, promoção, proteção e recuperação do meio ambiente.

2. **STJ:** É vedado ao Instituto Brasileiro do Meio Ambiente e dos Recursos Naturais Renováveis - IBAMA impor sanções administrativas sem expressa previsão legal.[22]

3. **STJ:** É defeso ao IBAMA impor penalidade decorrente de ato tipificado como crime ou contravenção, cabendo ao Poder Judiciário referida medida.[23]

4. **STJ: Prescreve em cinco anos,** contados do término do processo administrativo, **a pretensão da Administração Pública de promover a execução da multa** por infração ambiental. (Súmula 467/STJ) (Tese julgada sob o rito do art. 543-C).[24]

5. A aplicação de penalidades administrativas não obedece à lógica da responsabilidade objetiva da esfera cível (para reparação dos danos causados), mas deve obedecer à sistemática da teoria da culpabilidade, ou seja, a conduta deve ser cometida pelo alegado transgressor, **com demonstração de seu elemento subjetivo,** e com demonstração do nexo causal entre a conduta e o dano.

19 STF. RE 835558/SP. Rel. Min. Luiz Fux. Publ. 08.08.2017.

20. STJ: CC 115.282-RS, Rel. Min. Maria Thereza de Assis Moura, julgado em 8/6/2011.

21. STJ: CC 34.689-SP, Rel. Min. Gilson Dipp, julgado em 22/5/2002.

22 Jurisprudência em teses. STJ, março de 2015, n. 30.

23 Jurisprudência em teses. STJ, março de 2015, n. 30.

24 Jurisprudência em teses. STJ, março de 2015, n. 30.

11. POLÍTICA NACIONAL DE RECURSOS HÍDRICOS

1. A **Lei 9.433, editada em 8 de janeiro de 1997, institui a Política Nacional de Recursos Hídricos**, regulamentando o artigo 21, XIX, da Constituição Federal de 1988. O mencionado artigo constitucional incumbiu à União o dever de instituir o Sistema Nacional de Gerenciamento de Recursos Hídricos e de definir critérios de outorga de direitos de seu uso.

2. Para que sejam alcançados os objetivos estabelecidos em seu artigo 2º, a Lei 9.433/1997 define os instrumentos da Política Nacional de Recursos Hídricos: I – os Planos de Recursos Hídricos; II – o enquadramento dos corpos de água em classes, segundo os usos preponderantes da água; III – a outorga dos direitos de uso de recursos hídricos; IV – a cobrança pelo uso de recursos hídricos; V – o Sistema de Informações sobre Recursos Hídricos.

3. A Lei n. 9.433/1997, ao reconhecer a água como um recurso natural limitado, dotado de valor econômico (art. 1º, II), insere a cobrança pelo uso deste bem ambiental estratégico como um relevante instrumento da Política Nacional de Recursos Hídricos, cujos **objetivos** são: a) permitir o reconhecimento da água como **bem econômico** e dar ao usuário uma indicação de seu real valor; b) incentivar a **racionalização** de seu uso; e c) **obter recursos financeiros** para o financiamento de programas e intervenções contempladas nos planos de recursos hídricos.

4. A Lei n. **9.984, de 17 de julho de 2000,** criou a Agência Nacional de Águas –ANA, integrando-a ao Sistema Nacional de Gerenciamento de Recursos Hídricos. Trata-se de uma **autarquia sob regime especial, com autonomia administrativa e financeira, vinculada ao Ministério do Meio Ambiente**, com a finalidade de implementar, em sua esfera de atribuições, a Política Nacional de Recursos Hídricos.

EDITORA *Jus*PODIVM
www.editorajuspodivm.com.br
Impressão e acabamento: BMF Gráfica e Editora